AF328962

RECUEIL

DES LOIS

PUBLIÉES A MAURICE DEPUIS LA DISSOLUTION DE

L'ASSEMBLÉE COLONIALE,

EN 1803,

SOUS LE GOUVERNEMENT DU GENERAL DECAEN;

JUSQUES A LA FIN DE L'ADMINISTRATION DE

SON EXC. SIR R. T. FARQUHAR,

EN 1823.

IMPRIMÉ A MAURICE

PAR MALLAC FRERES,

1822. — 1824.

AVERTISSEMENT.

Les Editeurs de ce Recueil avaient formé le projet de publier les lois émises dans la colonie depuis l'époque où les Français s'y établirent jusques à ce jour : ils n'ont pu l'exécuter qu'en partie.

Sachant que les lois publiées sous le Gouvernement du Général Decaen, et ensuite depuis la conquête, étaient désirées par tous les gens d'affaires et par les hommes de loi particulièrement, ils ont commencé par là leur travail ; mais cet essai est devenu si préjudiciable à leurs intérêts qu'ils ont dû borner là leurs sacrifices. Cette publication leur a fait perdre une somme considérable et un tems précieux. Leur seul dédommagement est dans la persuasion qu'ils ont rendu un service important à la colonie.

Cette publication formait la première des trois grandes livraisons qu'ils devaient faire d'après leur Prospectus. Ils ont donc acquitté envers leurs Souscripteurs la partie proportionnelle de leurs engagemens.

La fin de l'administration de Son Excellence Sir R. T. Farquhar, dont le Gouvernement a duré douze ans, termine ce travail. Les Editeurs ont pensé que leurs Souscripteurs préféreraient à quelques réglemens de la fin de 1823, la publication beaucoup plus importante des lettres patentes, connues sous le nom de Code noir, du Code de police municipale et correctionnelle, et enfin du Code pénal ; ces réglemens étant toujours en vigeur dans la colonie, et ne se trouvant guères plus qu'en manuscrit dans les mains de la plupart des gens de loi. En cela les Editeurs ont été au-delà de leurs engagemens, quoique justement découragés par la perte qu'ils venaient d'éprouver.

A diverses reprises, on a fait à Maurice des essais de publications d'ouvrages. Toutes ont été onéreuses pour les Editeurs ou pour les Imprimeurs. La colonie ne contient pas un assez grand nombre de personnes qui veuillent ou puissent s'intéresser à ces sortes de projets ; et, d'une autre part, les frais d'impression sont triples de ce qu'ils sont en Europe. Lorsque le Code civil fut publié à Maurice en 1805, l'Imprimeur aurait également perdu une forte somme s'il n'eût été indemnisé par le Gouvernement. Quant au Recueil qui est entre les mains du lecteur, il n'a obtenu que cent souscriptions, dont les quatre cinquièmes seulement ont été payés. On sent qu'il était impossible de le continuer.

Au surplus la partie de l'entreprise la plus intéressante pour le public est achevée. Nous en trouvons la preuve dans une lettre écrite, en 1819, à Son Honneur George Smith, alors Commissaire de Justice dans cette colonie, par M. Virieux, Procureur-Général. Ce magistrat qui a exercé avec tant de distinction, pendant plus de trente ans, à Maurice, les fonctions du ministère public, pouvait mieux que personne donner quelque poids à notre assertion.

" En général, dit-il dans cette lettre, nous n'avons plus recours aux lois de l'Assemblée Colo-
" niale que lorsque nous ne trouvons pas, dans le Code Decaen, l'autorité dont nous avons besoin,
" ce qui est fort rare. Il en est de même des anciennes ordonnances. Quant au Code Delaleu,
" il a très-peu de dispositions qui ne soient fondues dans les lois du général Decaen ou dans
" celles émises depuis la conquête. Beaucoup des règlemens contenus dans ce Code sont abrogés,
" et il est très-important d'éviter les méprises à cet égard. Il ne reste proprement en pleine
" vigueur, parmi ces lois antérieures à l'administration du général Decaen, que le Code de police
" correctionnelle et le Code pénal. Le recueil des lois de l'Assemblée Coloniale, que vous voudriez
" avoir, vous serait peu utile. Ces lois ont été faites à une époque fort orageuse, et sont presque
" toutes des règlemens produits par les nécessités du moment, et par des circonstances dont le
" changement continuel a multiplié ces règlemens hors de toute mesure."

RECUEIL COMPLET

DES LOIS ET RÉGLEMENS

DE L'ILE MAURICE.

QUATRIEME PARTIE,

CONNU SOUS LE NOM DE CODE DECAEN.

PROCLAMATION.

François Louis Magallon Lamorliere, Gouverneur-Général des îles de France et de la Réunion.

Aux autorités constituées et aux habitans desdites îles.

Paris, le 20 Ventose an XI.

Le Ministre de la marine et des colonies,
au général Magallon.

Le Gouvernement général, avait nommé le général Decaen, à la Capitainerie-générale des établissemens français dans l'Inde.

Mais la situation de l'Europe ayant changé, le Premier Consul a décidé qu'aussitôt que cette lettre vous sera remise par le général Decaen, vous aurez à le faire reconnaître pour Capitaine-général des îles de France et de la Réunion, et vous y servirez en qualité de son Lieutenant-général, immédiatement sous ses ordres.

M. Leger sera reconnu comme Préfet colonial des deux îles.

Signé DECRÈS.

En conséquence, le général Decaen et le préfet colonial Leger, sont reconnus, le premier en qualité de Capitaine-général, et le second en qualité de Préfet colonial des îles de France et la Réunion.

Port Nord-Ouest, Ile de France, le 2 Vendémiaire an XII.

MAGALLON.

PROCLAMATION.

2. Decaen, Capitaine-général des Isles de France et de la Réunion.

Les grands intérêts politiques qui ont occupé la sollicitude du gouvernement, ont retardé jusqu'à ce moment l'arrivée des ordres annoncés depuis long-temps, pour rendre à ces précieuses colonies une organisation stable, fondée sur des bases qui doivent en consolider le bonheur.

Le Premier Consul rendant justice aux sentimens généreux des colons, qui ont donné les preuves les plus distinguées de leur dévoûment aux véritables intérêts de la France, compte dans cette circonstance particulière, sur leur zèle et leur empressement à concourir à l'exécution de ses vues pour la prospérité de ces importantes colonies.

A l'Ile de France, le 3 Vendémiaire an XII.

DECAEN.

EXTRAIT des registres des délibérations du Gouvernement de la République.

3. Paris, le 13 Pluviose an XI.

Le gouvernement de République, sur le rapport du ministre de la marine et des colonies; le conseil-d'état entendu, arrête ce que suit :

Les îles de France et de la Réunion, et dépendances, seront régies par trois magistrats ; savoir : un Capitaine-général, un Préfet colonial et un Commissaire de justice.

TITRE PREMIER.

Du Capitaine-général.

Art. Ier. Le Capitaine-général a sous ses ordres immédiats, les forces de terre et de mer des deux colonies, les gardes nationales et la gendarmerie : il est exclusivement chargé de la défense intérieure et extérieure des îles de France, de la Réunion et dépendances.

1.

II. Il pourvoit provisoirement à tous les emplois militaires, selon l'ordre de l'avancement graduel, jusqu'à celui de chef de bataillon ou d'escadron exclusivement, et propose au ministre tous les remplacemens à faire dans les grades supérieurs.

III. Il délivre les passe-ports à l'île de France ; il y ordonne tout ce qui est relatif au port d'armes ; il communique, pour les deux îles, avec les gouvernemens des pays neutres, alliés et ennemis, au-delà du cap de Bonne-Espérance ; il détermine et arrête, chaque année, avec le préfet colonial, pour chacune desdites îles et dépendances, les travaux à faire pour fortifications, ouvertures de nouvelles routes ou communications avec les anciennes ; il arrête de même avec lui l'état de toute dépense à faire dans l'année suivante, conformément aux besoins du service, pour être envoyé au ministre, avec l'aperçu des recettes qui pourraient y faire face ; il exerce enfin tous les pouvoirs ci-devant attribués aux gouverneurs généraux des colonies, sauf en ce qui y serait dérogé par le présent arrêté.

IV. Ne pourra le capitaine général, entreprendre directement ni indirectement sur les fonctions du préfet colonial, du commissaire de justice, ni des tribunaux ; mais il sera toujours libre de se faire donner par eux tous les renseignemens qu'il jugera à propos de leur demander, et qu'ils seront obligés de lui fournir, sur quelque partie du service que ce puisse être.

V. Il pourra encore, en cas d'urgente nécessité, et sur sa responsabilité, surseoir, en tout ou en partie, à l'exécution des lois et réglemens, après en avoir toutefois délibéré avec le préfet colonial ou le commissaire de justice, selon la nature des objets, sans qu'il puisse être arrêté par leur opinion contraire ; il y aura, à cet effet, un registre de délibérations où les avis motivés seront transcrits et signés, pour en être sur-le-champ adressé expédition au ministre.

VI. Il sera également adressé au ministre, tous les trois mois, un double, en forme, de toutes les délibérations prises en commun.

VII. Le pouvoir de concéder les terres vagues de l'île de France, appartient au capitaine général, conjointement avec le préfet colonial, en se conformant aux règles établies : en cas de diversité d'avis, la voix du capitaine général sera prépondérante : le tout sauf l'approbation du gouvernement.

VIII. Le capitaine général nomme dans les deux îles et dépendances, et dans le délai de dix jours, à l'intérim des places vacantes dans toutes les parties de l'administration et de l'ordre judiciaire, sur la présentation respective du préfet colonial ou du commissaire de justice, chacun en ce qui le concerne.

IX. Toutes les nominations faites par le capitaine général, dans le militaire, dans l'administration et dans l'ordre judiciaire, ne deviendront définitives qu'après confirmation par le premier consul.

X. Aucune place, dans toutes les parties du service, ne pourra être créée que par arrêté du gouvernement.

XI. Tous les mandemens, ordres et proclamations émanés de l'autorité immédiate du capitaine-général, seront toujours précédés de ces mots : « Au nom de la République Française.

XII. Le capitaine-général, en cas de mort, ou d'absence hors des îles de France et de la Réunion, sera, par intérim, remplacé par le préfet colonial : si l'un et l'autre se trouvaient absens des deux îles, le général commandant des troupes à l'île de France, y aurait l'autorité du capitaine-général.

TITRE DEUXIÈME.
Du Préfet colonial.

XIII. Le préfet colonial a sous sa direction l'administration des finances, la comptabilité générale et la destination des officiers d'administration, dans les îles de France, de la Réunion et dépendances.

XIV. Le préfet colonial est chargé exclusivement, à l'île de France, de l'administration civile et de la haute police de la colonie ; ce qui comprend la levée des contributions, les recettes, les dépenses, la comptabilité, les douanes, la solde et l'entretien des troupes, les appointemens des divers entretenus, les magasins, les approvisionnemens, les consommations, les baux et fermages, les ventes et achats, les hôpitaux, les bagnes, les salaires d'ouvriers, les travaux publics, les bacs et passages, les domaines nationaux, les distributions d'eau, l'inscription maritime, la police de la navigation, l'agriculture et le commerce, les recensemens, la répression du commerce interlope, la répartition des prises, les invalides de la marine, le régime des noirs, l'instruction publique, le culte, l'usage de la presse, et généralement tout ce qui était ci-devant attribué aux intendans ou ordonnateurs, soit en particulier, soit en commun avec le gouverneur-général, autant néanmoins qu'il n'y est pas dérogé par le présent arrêté.

XV. Les comptables et tous les employés civils d'administration, sont sous les ordres du préfet colonial, à l'île de France.

XVI. Les officiers d'administration exercent, sous son autorité, les fonctions de sous-préfet et de commissaires de marine et des guerres, dans les arrondissemens de la colonie, qui leur sont par lui assignés.

XVII. Quant à la répartition des contributions qui seront établies par le gouvernement, le préfet ne pourra y procéder qu'après avoir appelé trois principaux habitans et trois principaux négocians de l'île, lesquels n'auront néanmoins que voix consultative ; il sera dressé procès-verbal de leur avis motivé, pour être envoyé au ministre.

XVIII. Le préfet colonial, les sous-préfets et chefs d'administrations requièrent la gendarmerie pour l'exécution de leurs mandemens, même plus ample main-forte, laquelle ne peut leur être refusée.

XIX. Le préfet colonial a seul le droit de faire des réglemens provisoires dans les matières de son attribution, tant à l'île de France, qu'à celle de la Réunion, et leurs dépendances, après en avoir néanmoins délibéré conformément à l'article V du titre premier, avec le capitaine-général, qui peut en suspendre la publication, jusqu'à ce qu'il y ait été statué par le gouvernement.

XX. Lesdits réglemens, lorsque la publication en aura été autorisée par le capitaine-général, seront enregistrés au bureau de l'inspection de la marine, et adressés, s'il y a lieu, par ledit préfet, au commissaire de justice, avec invitation de les faire enregistrer au greffe des tribunaux ; ce qui sera exécuté sans aucun retard ni empechement.

XXI. Le préfet colonial ne pourra, sous aucun prétexte, entreprendre sur les fonctions de l'ordre judiciaire, comme le commissaire de justice et les tribunaux ne pourront entreprendre sur les siennes.

XXII. En cas de mort ou d'absence hors des deux îles, le préfet colonial sera provisoirement remplacé par l'officier d'administration desdites îles, le plus ancien en grade supérieur.

TITRE TROISIEME.
Du Commissaire de Justice.

XXIII. Le commissaire de justice aura la surveillance des tribunaux des îles de France, de la Réunion et dépendances, et celle des officiers ministériels établis près d'eux ; il se fera rendre des comptes par les présidens des tribunaux et par le commissaire du gouvernement.

XXIV. Il donnera tous ses soins à la prompte distribution de la justice, tant au civil qu'au criminel, ainsi qu'à la sûreté et à la salubrité des prisons.

XXVI. Il veillera à la bonne tenue des greffes et dépôts des actes civils, à l'exécution des lois, tarifs et réglemens.

Il recevra les réclamations des justiciables, et donnera, en conséquence, les ordres nécessaires.

XXVII. Dans les dix premiers jours de chaque mois, il fera remettre des états visés par le président de chaque tribunal, et signés par le greffier, tant des procès jugés dans le mois précédent, que de ceux qui seraient encore indécis, ou en instruction, pour en référer au capitaine-général, et en rendre compte au ministre.

XXVIII. Le commissaire de justice a seul le droit de faire des réglemens provisoires sur les matières de procédure, sans s'écarter des lois, et publier lesdits réglemens sous la formule prescrite en l'article XI du titre premier ; lorsqu'ils auront été consentis par le capitaine-général, il les fait enregistrer au greffe des tribunaux, sur son propre mandement.

XXIX. Les agens du gouvernement ne peuvent être poursuivis pour des délits commis dans leurs fonctions, sans l'autorisation préalable du commissaire de justice.

XXX. Aucun individu non attaché au service, ne pourra être arrêté extra-judiciairement, que sur le visa du commissaire de justice ; il en sera rendu compte au ministre.

XXXI. Le commissaire de justice préparera les lois qu'il croira les plus propres à former, à l'avenir, le code civil et criminel des colonies dont il s'agit ; ses projets seront communiqués au capitaine-général et au préfet, et envoyés au ministre, avec le procès-verbal de leurs délibérations et des opinions respectives.

XXXII. Il est spécialement chargé de la police envers les gens sans aveu, les vagabonds, les perturbateurs de la tranquillité publique, contre lesquels il pourra décerner des mandats d'arrêt, sauf à les faire poursuivre devant les tribunaux compétens, s'il y échoit.

XXXIII. Il requiert la gendarmerie, même plus ample main-forte, s'il est nécessaire, soit pour l'exécution de ses ordres ou ordonnances, soit pour celle des jugemens des tribunaux ; ce qui ne peut lui être refusé.

XXXIV. Le commissaire de justice, en cas de mort ou d'absence hors deux îles, sera remplacé provisoirement par le commissaire du gouvernement près le tribunal d'appel, et celui-ci par le premier de ses substituts.

TITRE QUATRIEME.
De l'île de la Réunion.

XXXV. Le Commandant de l'île de la Réunion, lieutenant du capitaine-général, correspond avec lui, reçoit ses ordres et instructions ; il conserve néanmoins les détails du service courant. Il pourra correspondre directement avec le ministre, lorsque le service l'exigera, à la charge d'en rendre compte au Capitaine-général.

XXXVI. Il délivre les passe-ports, ordonne en ce qui concerne le port d'armes, et exerce tous les pouvoirs attribués aux ci-devant gouverneurs, sauf en ce qui y est dérogé par le présent arrêté.

XXXVII. Le chef d'administration correspond avec le préfet colonial, reçoit ses ordres et instructions, et conserve néanmoins les détails du service courant. Il peut correspondre directement avec le ministre, lorsque le bien du service l'exige, à la charge d'en rendre compte au préfet colonial.

XXXVIII. Il concède au nom de la République, les terres vagues de l'île de la Réunion, conjointement avec le lieutenant du capitaine-général, en se conformant aux règles établies ; et, en cas de diversité d'avis, la voix du lieutenant-commandant sera prépondérante : le tout sauf l'approbation du gouvernement.

XXXIX. Le chef d'administration exerce, au surplus, à l'île de la Réunion, tous les pouvoirs exercés à l'île de France par le préfet, autant qu'il n'y est pas dérogé par le présent arrêté.

XL. Les attributions du commissaire de justice, s'étendent également sur l'Ile de la Réunion et sur l'Ile de France.

Néanmoins le commissaire du gouvernement près le tribunal séant à l'île de la Réunion, est chargé de la police dans cette cette île, envers les gens sans aveu, les vagabonds, les perturbateurs de la tranquillité publique, contre lesquels ils pourra décerner des mandats d'arrêt, sauf à les faire poursuivre devant les tribunaux eompétens, s'il y échoit, et en rendre compte au commissaire de justice.

XLI. Le ministre de la marine et des colonies est chargé de l'exécution du présent arrêté, qui sera inséré au bulletin des lois.

Le Premier Consul, signé BONAPARTE.

Pour copie conforme : le ministre de la marine et des colonies,   DECRES.

EXTRAIT *des registres des délibérations du Gouvernement de la République.*

4.   Paris, le 3 Germinal an XI.

Le gouvernement de la République, sur le rapport du ministre de la marine et des colonies ;

Vu l'arrêté du 29 Prairial an X, qui maintient les tribunaux des colonies, restituées à la France, par le traité d'Amiens, dans leurs anciennes attributions ;

Vu l'arrêté du 13 Pluviose dernier, qui détermine la manière dont seront régies les îles de France et de la Réunion ;

Vu enfin l'arrêté du 14 Ventose dernier, qui rend applicable à toutes les colonies, l'arrêté du 17 Floréal an IX, concernant les attributions des officiers d'administration de la marine, en cas de naufrages, prises, etc.

Le Conseil-d'Etat entendu, arrête :

Art. I*er*. Les tribunaux des îles de France et de la Réunion, sont rétablis sur le même pied qu'en 1792.

II. Ils jugeront tant au civil qu'au criminel, suivant les formes de procéder, des lois, réglemens et tarifs alors observés, et sans qu'il soit innové à l'organisation, au ressort et à la compétence desdits tribunaux, sauf les exceptions portées dans l'article suivant.

III. Les dénominations de « Jurisdiction Royale et de Conseil supérieur », seront remplacées par celles de « Tribunal de Première instance et de Tribunal d'Appel, » sans que du changement de dénomination, l'on puisse inférer aucun changement dans les cas d'amirauté purement contentieux. Seront exécutées, au surplus, toutes les dispositions des arrêtés du 17 Floréal an 9, et du 14 Ventose dernier.

IV. Le ministère public sera exercé par des commissaires du gouvernement, et leurs substituts.

V. L'ordonnance du 25 Septembre 1766, portant création d'un tribunal terrier dans chacune des deux îles, sera exécutée, sauf en ce qui concerne la composition des tribunaux, laquelle se fera ainsi qu'il suit :

Le tribunal terrier sera composé du capitaine-général, du préfet, du commissaire de justice, ou de quatre membres du Tribunal d'appel, dans le ressort duquel lesdites contestations seront élevées ; lesdits membres du tribunal d'appel devant composer le tribunal terrier, seront aux choix du capitaine-général. L'un d'eux fera les fonctions de ministère public.

VI. Tous autres tribunaux et toutes autorités créées dans les dites îles, pendant la révolution et non confirmées par le gouvernement, demeurent suprimées.

VII. Les jugemens seront intitulés : « Au nom de la République Française. »

VIII. Le ministre de la marine et des colonies est chargé de l'exécution du présent arrêté qui sera inséré au bulletin des lois.

Le Premier Consul, Signé BONAPARTE.

Pour copie conforme, le ministre de la marine et des colonies,   DECRES.

Pour copie conforme,

Le Capitaine-général, DECAEN.

ARRETÉ.

5.   DECAEN, Capitaine-général des établissemens français à l'Est du Cap de Bonne-Espérance.

En vertu des pouvoirs qui lui ont été délégués par le gouvernement de la République, nomme Louis Réné CRESPIN, précédemment commissaire national, près les tribunaux de l'île de France, à l'emploi de commissaire de justice par interim, des îles de France, de la Réunion et dépendances.

A l'île de France, le 5 Vendémiaire an XII.

Le Capitaine-général, DECAEN.

REGLEMENT.

6.   L. R. CRESPIN, Commissaire de justice, etc.,

Arrête ce qui suit :

Art. I*er*. Les tribunaux de cette colonie, rétablis par l'article I*er*. de l'arrêté du gouvernement, du I*er*. Ventose an XI, seront composés, savoir :

Le Tribunal d'Appel.

D'un président, d'un vice-président, de trois juges, de quatre supléants, d'un commissaire du gouvernement, d'un substitut exerçant, par interim, les fonctions du commissaire du gouvernement, d'un greffier.

Le Tribunal Civil.

D'un juge, d'un Suppléant, d'un commissaire du gouvernement, d'un greffier.

II. Le tribunal civil connaîtra de toutes les affaires civiles, criminelles, de commerce, d'amirauté et de police. La formalité des conciliations est abolie.

III. Le tribunal d'appel jugera en dernier ressort, des appels de tous jugemens de première instance, savoir : au nombre de cinq juges, en matière civile, et au nombre de sept, dans les affaires criminelles.

IV. Les deux tribunaux se conformeront provisoirement et jusqu'à nouvel ordre, pour l'instruction et le jugement des procès, aux lois, réglemens et arrêtés suivis jusqu'à ce moment dans la colonie.

V. Ils seront installés et tiendront leurs séances, sa

voir : le tribunal civil, dans la salle ordinaire des audiences de la ci-devant jurisdiction royale, et le tribunal d'appel, dans le local qu'occupait le ci-devant conseil supérieur.

Les juges prêteront le serment entre les mains du commissaire de justice.

VI. Le tribunal civil tiendra ses audiences les lundi et mercredi, pour les affaires civiles ; les mardi, pour les affaires de commerce et d'amirauté, depuis 8 heures jusqu'à 11 du matin ; le lundi, 3 heures de relevée, pour les affaires de police. L'audience des criées aura lieu le mercredi, à l'issue de l'audience.

Les séances du tribunal d'appel, commenceront le premier lundi de chaque mois, et les audiences publiques auront lieu les jeudi, vendredi et samedi, depuis sept heures du matin, jusqu'à huit heures et demie, pour les affaires sommaires, provisoires et célères ; et depuis neuf heures jusqu'à midi, pour les autres causes ; les vendredi, trois heures de relevée, pour les appels de jugemens de police ; le tout sans préjudice des audiences extraordinaires, que les cas requerront.

VII. Le tribunal civil entrera en fonctions le premier lundi qui suivra son installation, et le tribunal d'appel, le premier jeudi ; et pour accélérer d'autant le cours de la justice, les assignations données pour les anciens tribunaux, vaudront pour les nouveaux.

VIII. Les hommes de loi, avoués et défenseurs officieux, continueront provisoirement de remplir leurs fonctions dans les tribunaux.

IX. Les huissiers près les anciens tribunaux, continueront leurs fonctions près les tribunaux d'appel ; ils y feront le service à tour de rôle.

Le présent sera lu, publié, affiché et enregistré aux greffes des tribunaux, aussitôt leur installation.

Port N.-O. île de France, le 6 Vendémiaire an XII.

Le Commissaire de justice, L. R. CRESPIN.

Vu et approuvé, le Capitaine-général, DECAEN.

REGLEMENT.

7. L. R. CRESPIN, Commissaire de justice, etc.,

Arrête ce qui suit :

Art. Ier. En conformité de l'article II de l'arrêté du gouvernement, du 3 Germial an 11, l'instruction des jurés est abolie aux îles de France, de la Réunion et dépendances ; les affaires criminelles s'instruiront et se jugeront en conséquence suivant les formes prescrites par l'ordonnance de 1670.

II. Néanmoins toutes les instructions seront publiques, dérogeant, quant à ce, à l'ordonnance criminelle.

III. Toutes dispositions contraire sont abrogées.

Le présent sera lu, publié, affiché et enregistré aux greffes des tribunaux.

Port N.-O. Ile de France, le 8 Vendémiaire an XII.

Le Commissaire de justice, CRESPIN.

Approuvé par le Capitaine-général, DECAEN.

ARRETÉ.

8. DECAEN, Capitaine-général, etc. etc.,

Sur l'exposé qui lui a été fait par le préfet colonial et le commissaire de justice, que les lois du gouvernement de la République, sur l'exercice du culte, bornant les fonctions des ministres de la religion, aux seules cérémonies religieuses, sans leur accorder aucun caractère pour constater légalement les actes civils qui intéressent les citoyens, il était indispensable d'établir un commissaire civil dans chaque quartier, pour dresser, recevoir, conserver les actes publics qui étaient autrefois du ressort des ministres du culte, et autoriser, en conséquence, après prestation de serment, à retirer des mains des officiers publics, ou des greffes des municipalités, tous les registres des actes civils dont ils demeureraient chargés à l'avenir ;

Arrête ce qui suit :

Art. Ier. Il y aura dans chaque quartier des Iles de France et de la Réunion, un commissaire civil, dont fonctions sont ci-après déterminées.

II. Le commissaire civil sera chargé de la tenue des registres de naissances, mariages et décès, dans la forme prescrite par les lois et réglemens de la Métropole.

III. Ces fonctionnaires publics seront nommés par le Capitaine-général, sur la présentation commune du préfet colonial et du commissaire de justice.

IV. Aussitôt qu'ils auront reçu leurs commissions, qui devront être enregistrées au bureau de l'inspection et aux greffes des tribunaux, et qu'ils auront prêté serment par-devant le président du tribunal d'appel ; les officiers maintenant chargés des fonctions attribuées par le présent aux commissaires civils, cesseront de les exercer, et seront tenus de leur remettre les registres, dont il leur sera donné décharge sur inventaire.

V. Les commissaires civils auront un droit d'expéditions, fixé par le tarif qui sera fait incessamment.

VI. Le présent sera enregistré, imprimé, lu, publié et affiché dans tous les quartiers des deux colonies, et un extrait en sera adressé au préfet colonial et au commissaire de justice.

A l'Ile de France, le 9 Vendémiaire an XII.

Le Capitaine-général, DECAEN.

ARRETÉ.

9. DECAEN, Capitaine-général, etc. etc.;

Arrête ce qui suit :

Art. Ier. La division militaire et civile des îles de France, de la Réunion et dépendances, est rétablie provisoirement par quartiers, telle qu'elle était en 1789 ; cependant à l'île de France, le canton connu sous le nom de Savanne, formera un nouveau quartier.

II. Le présent sera lu, enregistré, publié et imprimé dans toute l'étendue des deux îles.

A l'Ile de France, le 9 Vendémiaire an XII.

Le Capitaine-général, DECAEN.

REGLEMENT.

10. Leger, Préfet colonial des Iles de France, etc.

Considérant que les dépositaires des deniers publics, dans toutes les parties du service, doivent présenter une garantie pour la sûreté des dépôts dont ils sont responsables, soit envers le gouvernement, soit envers les particuliers ; après en avoir délibéré avec le capitaine-général, aux termes de l'article XIX du titre II de l'arrêté des consuls, du 13 Pluviose an 11 de la République, établit comme disposition réglementaire pour l'admission des receveurs des deniers publics, ce qui suit :

Les receveurs des deniers publics, à quelque titre que ce soit, fourniront un cautionnement proportionné à l'importance des perceptions dont ils seront chargés.

Ces cautionnemens seront assis sur des immeubles francs d'hypothèques.

Les actes de cautionnement acceptés par le préfet colonial, seront assujettis au contrôle, à l'enregistrement, et déposés au bureau de l'inspection de la marine.

Ces cautionnemens seront provisoirement fixés ainsi qu'il suit :

Le cautionnement du receveur des impositions directes sera pour l'île de France, de cinquante cinq mille francs, argent de France, ... 55,000

Pour l'île de la Réunion, de trente trois mille francs, ci 33,000

Le cautionnement du directeur et receveur des douanes de l'île de France, sera de vingt cinq mille francs, ci 25,000

Pour l'île de la Réunion, de vingt mille francs, 20,000

Le cautionnement du receveur des contributions indirectes, comme timbre, contrôle, enregistrement, sera pour l'île de France, de quatre-vingt mille francs, ci 80,000

Pour l'île de la Réunion, de cinquante mille francs. 50,000

Le cautionnement du curateur aux biens vacants, sera pour l'île de France, de quarante mille francs, ... 40,000

Pour l'île de la Réunion, de trente mille francs, ... 30,000

Port N.-O. Ile de France, le 10 Vendém. an XII.

Le Préfet colonial, Leger.

Permis la publication, le Capitaine-gén. DECAEN.

REGLEMENT.

11. L. R. Crespin, Commissaire de justice, etc.,

Au ci devant maire du canton de

Je vous commets provisoirement, pour remplir les fonctions de l'officier public de votre canton, recevoir toutes les déclarations qu'on faisait à la municipalité, faire tous les actes conservatoires dont étaient chargés les juges de paix, procéder à la levée des cadavres et à la constatation des délits qui pourraient se commettre, veiller à la sûreté de tous les titres, pièces, minutes, registres et autres papiers qui sont tant au greffe de la justice de paix, qu'au secrétariat de la municipalité, ordonner toutes les mesures provisoires qui tiendront à leur conservation et dans le plus bref délai.

Vous voudrez bien m'accuser réception de la présente.

J'ai l'honneur de vous saluer,

Le Commissaire de justice, L. R. CRESPIN.

Port N.-O. Ile de France, 6 Vendémiaire an XII.

ARRÊTÉ.

12. Decaen, Capitaine-général, etc etc.,

En vertu des articles VIII et IX de l'arrêté du gouvernement de la République, du 13 Pluviose an XI ; arrête :

Art. Ier. Sur la présentation du commissaire de justice, sont nommés aux emplois ci-dessous désignés, savoir :

Au Tribunal d'Appel.

Bertrand de Molleville, ancien juge. Président.
Leverger, ancien assesseur au tribunal. Vice-présid.
Allanic, ancien assesseur au tribunal. Juge.
Dudrésit, ancien juge. id.
Petit, ancien juge, notaire public. id.
Peltier, ancien assesseur au conseil de l'île de la Réunion. Suppléant.
Morin, ancien juge. id.
Bayard, homme de loi. id.
Bidard, ci-devant substitut du commissaire national. id.
Virieux, ancien substitut du procureur-général. Substitut commissaire du gouv.
Lefevre, ancien greffier. Greffier.

Au Tribunal Civil.

Martin, ancien conseiller au conseil. Président.
Magon, ancien conseiller au parlement. Suppléant.
Pépin, notaire public. Comre. du gouv.
Husson, avoué et ancien greffier. Greffier.

II. Un extrait du présent sera adressé au commissaire de justice, pour être à exécution.

A l'Ile de France, le 6 Vendémiaire an XII.

Le Capitaine-général, DECAEN.

ARRÊTÉ.

13. Decaen, Capitaine-général, etc. etc.,

Sur la représentation faite par le commissaire de justice, qu'il serait avantageux que les juges ne pussent être comme avant 1789, distraits de leur résidence par des transports hors des arrondissemens du Port Nord-Ouest et de Saint-Denis, pour appositions, levées de scellés, etc.

Qu'en raison de la grande augmentation de population depuis cette époque, ces déplacemens deviendraient très-fréquens, et ne feraient conséquemment que retarder la décision des affaires et augmenter la masse des frais qui pèsent sur les justiciables.

Que d'ailleurs plusieurs opérations survenant le même jour dans les quartiers opposés, elles ne pourraient se faire en même temps à moins d'interruption dans le service ordinaire des tribunaux, ou d'autres inconvéniens qu'il est nécessaire de prévenir.

Qu'enfin l'éloignement de l'inspecteur général de police, peut, dans beaucoup de cas, nuire à la sûreté publique et aux intérêts des habitans ; arrête :

Art. Ier. Les juges des îles de France et de la Réunion, seront dispensés de faire dans les quartiers, autres que ceux du Port N.-O. et de Saint-Denis, les divers actes et opérations dont ils étaient autrefois chargés ; leurs fonctions à cet égard, se borneront aux banlieues de leur résidence.

II. En raison de l'article ci-dessus, les commissaires civils de quartier sont chargés, en outre de leurs fonction spéciales, de toutes les mesures provisoires et conservatoires de justice et de police ; ils reçoivent toutes déclarations et dénonciations de délits, ils constatent, ordonnent l'arrestation de flagrants-délits, procèdent à la reconnaissance et levée des cadavres, assistés des chirurgiens, en autorisent l'inhumation, reçoivent toutes déclarations y relatives, recueillent toutes pièces de conviction, en dressent procès-verbal, et font envoi du tout dans le plus bref délai, au commissaire du gouvernement, près le tribunal de première instance.

III. Ils apposent les scellés, y établissent des gardiens, en font la levée, lorsqu'elle a été légalement ordonnée, assistent pour les absens aux inventaires et ventes mobiliaires ordonnées par justice ; lesquelles ne pourront être faites que par les notaires.

IV. Ils ont un registre double, cotté et paraphé par le juge du tribunal de première instance, sur lequel ils inscrivent leurs divers actes, sans blanc, interligne ni rature.

L'un de ces registres est remis tous les ans, au greffe de première instance.

V. En cas d'empêchement légitime, les commissaires civils seront remplacés de la manière qu'il va être incessamment arrêté.

VI. Il leur sera alloué un droit pour frais de transports, vacations, opérations et expéditions de leurs actes suivant le tarif ci-après, argent au cours de France, la piastre à 5 francs 10 c. l'une.

1°. Appositions, levées et reconnaissance de scellés, quatre francs, ci. . . . . 4 fr. c.

2°. Vacations aux inventaires, et ventes mobiliaires, par heure, deux francs cinquante centièmes . . . . 2 50.

3°. Procès verbal de constatation de délits, visite de l'état d'une personne blessée, levée de cadavres dans l'arrondissement d'une lieue de leur domicile, six francs. ci. . . . . 6 ».

4°. Transport au-delà de la lieue d'arrondissement, y compris frais de voyages, nourriture et monture par jour, dix-huit francs, ci. . . . 18 ».

Dans ce dernier cas le droit de six francs ci-dessus, n'est par alloué.

5° Expéditions de toutes déclarations, procès-verbaux et autres actes de leurs attributions, n'ayant pas au-delà d'un rôle d'écriture ordinaire, un franc, ... 1 ».

Pour chaque rôle en sus du premier cinquante centimes, ci . . . . ». 50.

Les commissaires civils feront mention au bas de leurs expéditions, des droits perçus : ils ne pourront sous aucun prétexte exiger plus, directement ni indirectement, sous peine d'être poursuivis extraordinairement.

Le présent sera imprimé, lu, publié et affiché.

A l'île de France, le 14 Vendémiaire an XII.

Le Capitaine-général, DECAEN.

ARRÊTÉ.

14. Decaen, Capitaine-général, etc. etc.,

Sur la représentation faite par le préfet colonial, et le commissaire de justice, que, pour activer d'une manière régulière les fonctions spéciales attribuées aux commissaires civils des quartiers, par arrêté du 10 de ce mois, il est nécessaire de promulguer dans le plus bref délai, la loi qui les détermine et les règle ;

Que par la loi du 20 Ventose an XI, le gouvernement de la République y a pourvu de la manière la plus claire et la plus précise ; qu'elle est applicable aux colonies Orientales, à quelques changemens près nécessités par la position des lieux, et la différence du climat et des populations ; arrête :

La loi de la République, du 10 Ventose an XI, sur l'état civil, sera promulguée aux îles de France, de la Réunion et dépendances, ainsi qu'il suit : (*)

VII. Les actes de l'état civil seront inscrits dans chaque quartier, sur trois registres, tenus triples pour la population blanche, et trois également tenus triples pour les noirs libres.

X. Les registres seront clos et arrêtés par le commissaire civil, à la fin de chaque année ; et l'un des triples concernant les citoyens et les libres, sera déposé au greffe du tribunal de première instance, l'autre restera

______

(*) Par deux arrêtés, l'un du 25 Vendémiaire an XIV et l'autre du Brumaire suivant, le Code civil a été promulgué et mis en vigueur aux îles de France et de la Réunion, mais, antérieurement, quelques parties de ce code ont été publiées et prescrites comme loi, avec les modifications qu'exigeaient les localités coloniales. Pour ces publications antérieures à celle du Code, on se contentera de consigner dans ce recueil les seuls articles modifiés, en indiquant le renvoi. — La loi qui donne lieu à cette note, n'est autre chose que le titre II du livre 1er. du Code civil.

au commissariat, et le troisième sera remis au préfet colonial pour être envoyé au ministre de la marine et des colonies, etc. etc.

Port N.-O. Ile de France, 16 Vendémiaire an XII.
Pour copie conforme, le Capitaine-gén. DECAEN.

REGLEMENT.

15. L. R. CRESPIN, Commissaire de justice, etc.,

Considérant que le tribunal de première instance est en pleine activité de service, et qu'il est aussi instant que nécessaire qu'il soit saisi en son greffe de tous titres, pièces, minutes, procès-verbaux, registres et dépôts, étant, soit dans les greffes des ci-devant tribunaux de paix et de commerce, soit au secrétariat de la ci-devant municipalité du port Nord-Ouest, en ce qui concerne le contentieux dont le tribunal de première instance doit connaître :

Ordonne, que dans le plus bref délai, remise du tout sera faite au greffier du tribunal de première instance, par devant le juge ou son suppléant en présence du ministère public, et ce, après inventaire préalablement fait dans la forme légale, en présence des greffiers desdits tribunaux, du secrétaire greffier de ladite municipalité, dûment appellés, du ci-devant maire du port Nord-Ouest, pour décharge de chacun en ce qui le concerne, et encore en présence de l'officier d'administration, qui pourra être délégué, quant à ce qui touche les droits de l'administration de la République.

Pour cet effet, invite le préfet colonial à donner tous les ordres, pouvoirs et instructions qu'il jugera convenables, pour ce qui regarde sa partie.

Le présent sera commun aux greffes et secrétariats des ci-devant tribunaux de paix et municipalités des cantons, aussitôt après l'installation des commissaires civils créés par l'arrêté du 9 du courant, et l'inventaire prescrit se fera par le notaire pour ce requis.

Il sera de suite notifié à qui de droit et exécuté à la diligence du commissaire du gouvernement, près le tribunal de première instance, seulement pour le port Nord-Ouest, quant à présent.

Port N.-O. Ile de France, le 17 Vendémiaire an XII.
Le Commissaire de justice, L. R. CRESPIN.

Approuvé, le Capitaine-Général, DECAEN.

ARRETÉ.

16. DECAEN, Capitaine-général, etc. etc.,

Sur la représentation faite par le commissaire de justice, que la hiérarchie des tribunaux est pour les citoyens, le premier modèle de la subordination :

Que la sagesse du gouvernement de la République, a consacré ce principe salutaire par le Senatus-Consulte, organique, du 16 Thermidor an X, titre IX de la justice des tribunaux :

Que la déclaration en date du Ier. Octobre 1766, sur la discipline des ci-devant conseils supérieurs, aux îles de France et de la Réunion, doit en conformité de l'arrêté du 3 Germinal an XI, reprendre sa pleine exécution, sauf les différences qu'y apporte nécessairement l'état actuel des choses : Arrête :

Art. Ier. En exécution de la loi du 16 Thermidor an X, et de l'arrêté du gouvernement du 3 Germinal an XI, la hiérarchie des tribunaux est rétablie aux îles de France et de la Réunion.

En conséquence, la déclaration du Ier. Octobre 1766, sera exécutée en tout ce qui n'y est pas dérogé.

II. L'arrêt du réglement du ci-devant conseil supérieur de l'île de France, du 12 Novembre 1778, lequel ordonne que deux de ses membres se transporteront au siége de la jurisdiction royale, au premier jour d'audience après la rentrée, pour y siéger et tenir l'audience, est révoqué.

Le présent sera enregistré, imprimé, lu, publié et affiché partout où besoin sera.

A l'Ile de France, le 19 Vendémiaire an XII.
Le Capitaine-général, DECAEN.

ARRETÉ.

17. DECAEN, Capitaine-général, etc. etc.,

Considérant que pendant la durée de la guerre, les bâtimens neutres et alliés, sont dans le cas de faire la majeure partie de l'exportation des denrées et marchandises des îles Françaises Orientales, et que pour l'intérêt de la République, il ne faut point qu'elle soit frustrée des droits d'entrée qu'elle percevrait sur ces mêmes denrées, si elles étaient transportées en France, par des bâtimens de la nation ;

Arrête :

Art. Ier. A compter de ce jour, les denrées coloniales des îles Françaises Orientales, chargées sur des bâtimens neutres ou alliés, seront sujettes aux droits déterminés par la loi de la République, du 8 Floréal an XI, selon le tarif annexé au présent.

II. Ces droits seront acquittés au moment de l'embarquement des denrées et marchandises coloniales, et il en sera délivré des reçus pour servir d'acquit des droits d'entrée en France, pour ceux des bâtimens neutres ou alliés qui voudraient y porter leurs cargaisons.

III. Les certificats d'acquit, indiqueront les espèces, poids, quantités des denrées et marchandises. Les capitaines des bâtimens neutres ou alliés, présenteront ces certificats aux receveurs des douanes en France, et jouiront de l'exemption de tous droits d'entrée, sur les marchandises y détaillées et dont suit le tarif.

IV. Ces droits sont indépendans de ceux de sortie sur les denrées et marchandises de la production des Iles de France, de la Réunion et dépendances.

V. Le présent sera imprimé et affiché, partout où besoin sera.

À l'Ile de France, le 25 Vendémiaire an XII.

Le Capitaine-général, DECAEN.

TARIF.

(La première somme indique le droit d'entrée, la seconde celui de consommation et la troisième les deux droits réunis.)

Marchandises qui peuvent jouir de l'entrepôt.

Sucre brut, les 5 myriagrames, 1 f. 50 c.—13-50—15 f. Sucre tête et terré, 5 myr. 2-25—22-75—25 f. Le sucre terré payera un tiers à la réexportation. Café, 5 myr. 3 f. 22 f.—25 f. Cacao, 5 myriag. 3 f.—22 f.—25 f. Confitures, 5 myriag. 75 c.—7-25. Poivre venant de Cayenne et des colonies françaises orientales, sur nav. français, 5 myr. » »—15 f.—15 f. Mélasse, 5 myr. 75 c.—7-25—8 f.

Marchandises qui ne peuvent jouir de l'entrepôt.

Tafia et arrack, l'hectolitre, 10 f. Indigo, les 5 myriagrames, 5 f. Rocou, 5 myr. 2 f. Coton, 5 myr. 1 f. Liqueurs, le titre, 1 f. Casse, 5 myr. 3 f. Gimgembre et autres épices, 5 myr. 3 f. Caret ou écaille de tortue, 5 myr. 15 f. Bois d'acajou et marquetterie, 5 myr. 5 f. Cuirs secs en poil, par cuir, 25 c.

ARRÉTÉ.

18. DECAEN, Capitaine-général, etc. etc.,

Sur la demande qui lui a été faite par plusieurs armateurs, d'interpréter et modifier quelques articles du réglement du gouvernement de la République, du 2 Prairial an XI, sur les armemens en course ;

Considérant que l'article 85 de ce réglement, est le seul qui soit susceptible de modification, eu égard à la situation des Iles de France et de la Réunion ;

Sur l'avis du Préfet colonial, arrête :

Art. Ier. La disposition de l'article 85 du réglement qui prescrit que le prix de la vente des prises sera payé comptant ou en lettres de change, acceptées à la satisfaction de l'armateur, et à deux mois d'échéance au plus tard, est modifié comme il suit :

II. Lors de la vente des prises, les armateurs pour leur part seulement, seront libres de faire avec les acquéreurs, tels arrangemens et conditions qu'ils voudront ; mais la portion du prix de la vente de ces prises, revenant aux équipages, ainsi que celle pour la caisse des invalides, devront être payées comptant, ou en lettres de change, bonnes et valables, à deux mois d'échéange au plus tard.

III. Quant à la demande pour la fixation des droits de douane, ils sont établis par disposition générale, à six pour cent sur les prix de vente de tous objets capturés.

IV. Le présent sera imprimé, lu, publié et affiché.

Port N.-O. Ile de France, 17 Vendémiaire an XII.

Le Capitaine-général, DECAEN.

Quatrième partie, A.

REGLEMENT.

19. L. R. CRESPIN, Commissaire de justice, etc.,

Vû la requête des hommes de loi et avoués près les tribunaux de cette île, en date du 20 de ce mois, adressée au commissaire du gouvernement près du tribunal d'appel, laquelle tend à faire demander que les audiences dudit tribunal pour les causes sommaires, commencent de huit à neuf heures et demie du matin, et les audiences pour les causes ordinaires, de dix à une heure après midi ;

Vû l'ordonnance de communiquer aux magistrats du tribunal d'appel, du même jour, et l'avis dudit tribunal ;

Considérant que la modification demandée pour l'article IV du réglement du 6 du présent, conserve aux justiciables le nombre d'heures fixé par cet article, et le même ordre pour les audiences du tribunal d'appel ;

Autorise ledit tribunal à donner ses audiences, savoir : pour les causes sommaires, de huit heures jusqu'à neuf heures et demie ; et pour les causes ordinaires, de dix jusqu'à une heure après midi ; dérogeant quant à ce, à l'article VI du réglement du 6 Vendémiaire, présent mois.

Le présent sera lu, imprimé, publié et affiché.

Port N.-O. Ile de France, 24 Vendémiaire an XII.

Le Commissaire de justice, CRESPIN.

Approuvé, le Capitaine-général, DECAEN.

ARRÉTÉ.

20. DECAEN, Capitaine-général, etc. etc.,

Sur la représentation faite par le commissaire de justice, qu'avant la publication de l'arrêté du 18 du mois de Vendémiaire dernier, qui promulgue aux îles de France, de la Réunion et dépendances, le décret du 30 Ventose an XI, relatif au divorce ; plusieurs demandes en divorce peuvent y avoir été formées en vertu des lois antérieures, et qu'on ne peut ôter aux personnes qui se trouvent dans ce cas, le droit d'en reclamer les effets ;

Que dans sa justice, le gouvernement de la République a prévu cette circonstance, par une loi du 26 Germinal an XI, relative aux divorces prononcés ou demandés avant la publication de celle du 30 Ventose ;

Qu'il est nécessaire de l'adopter ; mais que les officiers publics par-devant lesquels ces sortes d'affaires s'instruisent, ayant cessé leurs fonctions ; il convient, pour se conformer au texte et à l'esprit des lois antérieures, d'attribuer la continuation de ces fonctions à cet égard, aux commissaires civils ;

Arrête :

La loi du 26 Germinal an XI, sera promulguée aux Iles de France, de la Réunion et dépendances, ainsi qu'il suit :

2.

DÉCRET. (*)

Tous divorces prononcés par des officiers de l'état civil, ou autorisés par jugement, avant la publication de l'arrêté du 18 du mois de Vendémiaire dernier, qui promulgue la loi sur le divorce, auront leurs effets, conformément aux lois qui existaient avant cette publication.

A l'égard des demandes formées antérieurement à la même époque, elles continueront d'être instruites ; les divorces seront prononcés et auront leurs effets, conformément aux lois qui existaient lors de la demande.

Les instructions de ces affaires seulement, se continueront par-devant les commissaires civils.

Le présent sera lu, enregistré, imprimé, publié et affiché.

Port N.-O. Ile de France, le 1er. Brumaire an XII.

Le Capitaine-général, DECAEN.

ARRÊTÉ.

21. DECAEN, Capitaine-général, etc. etc.,

Sur l'exposé du préfet colonial, que le produit des revenus actuels des colonies des Iles de France, de la Réunion et dépendances, n'était pas suffisant pour faire face aux dépenses qu'exige l'administration de ces mêmes colonies.

Que la guerre rallumée en Europe, ne permettant pas de compter avec certitude sur les secours promis par le gouvernement de la République, il était indispensable d'y suppléer par des contributions.

Que les impôts indirects sont par leur nature les moins onéreux pour la société.

Que l'impôt du timbre qui est pour la métropole, une de ses principales ressources, en offre une d'autant plus précieuse pour le service de ces colonies, qu'elle permettra de diminuer les taxes sur l'agriculture.

Le Capitaine-général prenant en considération un exposé fondé sur des motifs aussi puissans ; arrête :

DISPOSITIONS DE LA LOI.

TITRE PREMIER.

De l'établissement et de la fixation des droits.

Art. 1er. La contribution du timbre est établie sur tous les papiers destinés aux actes civils et judiciaires et aux écritures qui peuvent être produites en justice, et y faire foi.

Il n'y a d'autres exceptions que celles nommément exprimées dans la présente.

II. Cette contribution est de deux sortes : la première est le droit de timbre, imposé et tarifé en raison de la dimension des papiers dont il est fait usage.

La seconde est le droit de timbre créé pour les effets négociables ou de commerce, gradué en raison des sommes à y exprimer, sauf égard à la dimension du papier.

Le tarif du timbre, suivant la dimension du papier, est fixé par le tableau ci-après :

DÉNOMINATIONS.	Dim. de la feuille déployée en parties de mètre.		
	HAUT.	LARG.	PRIX. fr. c.
Grand registre	0,4204.	0,5946.	1 50
Grand papier	0,3536.	0,5000.	1
Moyen papier (moitié du grand registre).	0,2973.	0,4204.	75
Petit papier (moitié du grand papier).	0,2500.	0,3536.	50
Demi-feuille (moitié du petit papier).	0,2500.	0,1768.	25
Effets de commerce.	0,0884.	0,2500.	

Le droit de timbre sur les journaux, affiches, avis et feuilles de musique, sera de 5 centimes pour chaque feuille de 25 décimètres carrés, et de 3 centimes par chaque demi-feuille de 125 centimètres carrés. Ceux qui voudraient se servir de papier d'une dimension supérieure, payeront un centime par 3 décimètres carrés d'excédant.

Le papier sera, dans tous les cas, fourni par les personnes auxquels il sera nécessaire.

Il n'y aura pas de droit de timbre supérieur à un franc 50 centimes, ni inférieur à 25 centimes, quelle que soit la dimension du papier, soit au-dessus du grand registre, soit au-dessous de la demi-feuille de petit papier.

IV. La régie ne débitera que des effets de commerce et des papiers de 25, 50 et 75 cent. ; il lui sera payé pour le papier des effets de commerce, 2 cent. et pour les autres, 3, 6 et 9 cent.

V. Il y aura des timbres particuliers pour les différentes sortes de papier.

Les timbres pour le droit établi sur la dimension, seront gravés pour être appliqué en noir.

Ceux pour le droit, gradué en raison des sommes, seront gravés pour être frappés à sec.

VI. L'empreinte à apposer sur les papiers que fournira la régie, sera appliquée au haut du côté gauche de la feuille (non déployée), de la demi-feuille, et du papier pour effets de commerce.

VII. Les personnes qui voudront se servir de papier autre que celui de la régie, seront admis à les faire timbrer avant que d'en faire usage.

On employera pour ce service, les timbres relatifs ; mais l'empreinte sera appliquée au haut du côté droit de la feuille.

Si les papiers ou parchemins se trouvent être de dimensions différentes de celles de la régie, le timbre, quant au droit établi pour la dimension, sera payé au prix du format supérieur.

Droit de timbre gradué en raison des sommes.

VIII. Ce droit est de 50 cent. par mille francs, inclusivement et sans fraction, à quelques sommes que puissent monter les effets.

IX. Il sera débité par la régie, des papiers à effets de commerce, depuis 5o c. jusqu'à 3 fr. 5o c. c'est-à-dire de 1000 fr. jusqu'à 7000 fr.

X. Outre les timbres, il sera apposé à l'extrémité de la partie du papier opposée au timbre, une empreinte en noir, qui indiquera le prix et par-conséquent la somme pour laquelle l'effet peut être tiré.

Les personnes qui voudront faire des effets au-dessus de 7000 fr. seront tenus de présenter les papiers qu'ils y destineront, au receveur de l'enregistrement, et de les faire viser pour timbre, en payant le droit en raison de 5o c. pour 1000 fr. sans fraction, ainsi qu'il est réglé par l'article VIII de la présente.

XI. La régie fera déposer aux greffe du commissaire de justice, des tribunaux civils, d'appel et de police correctionnelle, des empreintes des timbres qu'elle fera graver.

TITRE II.

De l'application des droits.

XII. Sont assujettis au droit de timbre établi en raison de la dimension, tous les papiers à employer pour les actes et écritures, soit publics, soit privés, savoir :

1º. Les actes de notaires et les extraits, copies et expéditions qui en sont délivrés ;

Ceux des huissiers, et les copies et expéditions qu'ils en délivrent ;

Les actes et les procès-verbaux des gardes et de tous autres employés ou agens ayant droit de verbaliser, et les copies qui en sont délivrées ;

Les actes et jugemens de la police ordinaire, des tribunaux et arbitres, et les extraits, copies et expéditions qui en sont délivrés ; ainsi que les actes des commissaires civils, établis dans les quartiers de la colonie ;

Les actes particuliers des juges et des commissaires du gouvernement, près les tribunaux, et ceux reçus aux greffes ou par les greffiers, ainsi que les extraits, copies et expéditions qui s'en délivrent ;

Les actes des avoués ou défenseurs officieux près les tribunaux, et les copies ou expéditions qui en sont faites ou signifiées ;

Les consultations, mémoires, observations et précis, signés des hommes de loi et défenseurs officieux ;

Les actes des autorités constituées administratives, qui sont assujettis à l'enregistrement, ou qui se délivrent aux personnes, et toutes les expéditions et extraits des actes, arrêtés et délibérations desdites autorités, qui sont délivrés aux personnes ;

Les pétitions et mémoires, même en forme de lettres, présentés à toutes autorités constituées et aux administrations ou établissemens publics ;

Les actes entre particuliers, sous signatures privée et le double des comptes de recette ou gestion particulière ;

Et généralement tous actes et écritures, extraits, copies et expéditions, soit publics, soit privés, devant ou pouvant faire titre, ou être produits, pour obligation, décharge, justification, demande ou défense.

2º. Les registres de l'autorité judiciaire, où s'écrivent des actes sujets à l'enregistrement, sur les minutes et les répertoires des greffiers ;

Ceux des notaires, des huissiers et autres officiers publics et ministériels et leurs répertoires ;

Ceux des receveurs des droits et des revenus des communes et des établissemens publics ;

Ceux des compagnies et sociétés d'actionnaires ;

Ceux des établissemens particuliers et des maisons particulières d'éducation ;

Ceux des agens d'affaires, directeurs, régisseurs, syndics de créanciers et entrepreneurs des travaux et fournitures ;

Ceux des banquiers, négocians, armateurs, marchands, fabricans, commissionnaires, agens de change, courtiers, ouvriers et artisans ;

Ceux des aubergistes, maîtres d'hôtels garnis et logeurs, sur lesquels ils doivent inscrire les noms des particuliers qu'ils logent ; et généralement tous livres, registres et minutes de lettres qui sont de nature à être produits en justice et dans le cas d'y faire foi, ainsi que les extraits, copies et expéditions qui sont délivrés desdits livres et registres.

XIII. Tout acte fait ou passé en pays étrangers, ou dans les îles ou colonies françaises, où le timbre n'aurait pas encore été établi, sera soumis au timbre avant qu'il puisse en être fait aucun usage dans la colonie, soit dans un acte public, soit dans une déclaration, soit devant une autorité judiciaire ou administrative.

XIV. Sont assujettis au droit de timbre, en raison des sommes et valeurs, les billets à ordre ou au porteur, les rescriptions, mandats et mandemens, ordonnances et autres effets négociables ou de commerce, mêmes les lettres de change, tirées par seconde, troisième et duplicata, et celles faites en France, et payables chez l'étranger.

XV. Les effets négociables venant de l'étranger, ou des îles et colonies françaises, où le timbre n'aurait pas encore été établi, seront, avant qu'ils puissent être négociés, acceptés ou acquittés dans la colonie, soumis au timbre ou au visa pour timbre, et le droit sera payé d'après la quotité fixée par l'art. VIII de la présente.

Tout registre visé pour timbre par le receveur de l'enregistrement, devra être présenté au bureau de l'inspection de la marine, où il en sera pris note sur un registre à ce destiné.

Tout individu obligé par la présente, de se servir de registres timbrés, est tenu au plus tard, avant le 10 Brumaire, de présenter à la régie, ceux qu'il voudra employer : s'ils sont commencés antérieurement, ils seront arrêtés par le régisseur à la date du 1er. Brumaire, et assujettis au droit de timbre seulement, depuis cette époque, pour les feuilles restantes à employer.

TITRE III.

Des actes et registres non soumis à la formalité du timbre.

Sont exceptés du droit et de la formalité du timbre, savoir :

1°. Les minutes de tous actes, arrêtés, décisions et délibérations de l'administration publique en général, et de tous établissemens publics, dans tous les cas où aucun de ces actes n'est sujet à l'enregistrement sur la minute, et les extraits, copies et expéditions qui s'expédient ou se délivrent par une administration ou un fonctionnaire public, à une autre administration publique ou à un fonctionnaire public, lorsqu'il y est fait mention de cette destination.

Tous les comptes rendus par des comptables publics.

Les doubles, autres que celui du comptable, de chaque compte de recette ou gestion particulière et privée.

Les quittances de traitemens et émolumens des fonctionnaires et employés salariés par la République.

Les quittances ou récépissés délivrés aux collecteurs et receveurs des deniers publics; celles que les collecteurs des contributions directes, peuvent délivrer aux contribuables; celles des contributions indirectes qui s'expédient sur les actes et celles de toutes autres contributions qui se délivrent sur feuilles particulières, et qui n'excèdent pas 10 fr.

Les quittances des secours payés aux indigens, et des indemnités pour incendies, inondations, épisooties et autres cas fortuits.

Toutes autres quittances, mêmes celles entre particuliers, pour créances en sommes non excédant 10 fr. quand il ne s'agit pas d'un à-compte ou d'une quittance finale sur une plus forte somme.

Les engagemens, enrôlemens, congés, certificats, cartouches, passe-ports, quittances pour prêts et fournitures, billets d'étape, de subsistance et logement, et autres pièces ou écritures concernant les gens de guerre, tant pour le service de terre, que pour le service de mer.

Les certificats d'indigence.

Les rôles qui sont fournis pour l'appel des causes.

Les actes de police générale et de vindicte publique; ceux des commissaires du gouvernement, non-soumis à la formalité de l'enregistrement, et les copies des pièces de procédure criminelle qui doivent être délivrées sans frais.

2°. Les registres de toutes les administrations publiques et des établissemens publics pour ordre et administration générale; ceux des tribunaux et des commissaires du gouvernement, où il ne se transcrit aucune minute d'actes soumis à la formalité de l'enregistrement.

Ceux des receveurs des contributions publiques, et autres préposés publics.

TITRE IV.

Des obligations respectives des notaires, huissiers, graffiers, secrétaires des administrations, arbitres et experts, des diverses autorités publiques, des préposés de la régie et des personnes, et peines prononcées contre les contrevenans.

XVII. Les notaires, huissiers et autres officiers et fonctionnaires publics, les arbitres et les avoués ou défenseurs officieux près les tribunaux, ne pourront employer pour les actes qu'ils rédigeront et leurs copies et expéditions, d'autre papier que celui timbré dans la colonie.

XVIII. La faculté accordée par l'article VII de la présente, aux personnes qui voudront employer d'autre papier que celui fourni par la régie, en le faisant timbrer avant d'en faire usage, est interdite aux notaires, huissiers, greffiers, arbitres, avoués ou défenseurs officieux, et à tous autres officiers ou fonctionnaires publics. Ils seront tenus de se servir du papier timbré, débité par la régie.

Les administrations publiques seulement, conserveront cette faculté.

Les notaires et autres officiers publics, pourront néanmoins faire timbrer à l'extraordinaire, du parchemin, lors qu'ils seront dans le cas d'en employer.

XIX. Les notaires, greffiers, arbitres et secrétaires des administrations, ne pourront employer, pour les expéditions qu'ils délivreront, des actes retenus en minutes, et de ceux déposés ou annexés, de papier timbré d'un format inférieur à celui appelé moyen papier, et dont le prix est fixé à 75 c. la feuille, par l'article III de la présente. Ce prix sera aussi celui du timbre de parchemin que l'on voudra employer pour expédition, sans égard à la dimension, si toutefois elle est au-dessous de celle de ce papier.

Les huissiers et autres officiers publics ou ministériels, ne pourront non plus employer de papier timbré d'une dimension inférieure à celle du moyen papier, pour les expéditions des procès-verbaux de vente de mobilier.

XX. Les papiers employés à des expéditions ne pourront contenir, compensation faite d'une feuille à l'autre, savoir :

Plus de vingt-cinq lignes par page de moyen papier, plus de trente ligne par page de grand papier ;

Et plus de trente-cinq lignes par page de grand registre.

XXI. L'empreinte du timbre ne pourra être couverte d'écriture, ni altérée.

XXII. Le papier timbré qui aurait été employé à un acte quelconque, ne pourra plus servir pour un autre acte, quand même le premier n'aurait pas été achevé.

XXIII. Il ne pourra être fait, ni expédié deux actes à la suite l'un de l'autre sur la même feuille de papier timbré, nonobstant tout usage ou réglement contraire.

Sont exceptés les ratifications des actes passés en l'absence des parties, les quittances de prix de ventes, et celles de remboursement de contrat de constitution ou obligation, les inventaires, procès-verbaux et autres actes qui ne peuvent être consommés dans un même jour et dans la même vacation, les procès-verbaux de reconnaissance et levées de scellés, qu'on pourra faire à la suite du procès-verbal d'apposition, et les significations des huissiers, qui peuvent également être écrites à la suite des jugemens et autres pièces dont il est délivré copie.

Il pourra aussi être donné plusieurs quittances sur une même feuille de papier timbré pour à-compte d'une seule et même créance, ou d'un seul terme de fermage ou loyer.

Toutes autres quittances qui seront données sur une même feuille de papier timbré, n'auront pas plus d'effet que si elles étaient sur du papier non timbré.

XXIV. Il est fait défenses aux notaires, huissiers, greffiers, arbitres et experts, d'agir; aux juges de prononcer aucun jugement, et aux administrations publiques de rendre aucun arrêté, sur un acte, registre ou effet de commerce, non écrit sur papier timbré du timbre prescrit, ou non visé pour timbre.

Aucun juge ou officier public, ne pourra non plus cotter et parapher un registre assujetti au timbre, si les feuilles n'en sont timbrées.

XXV. Il est également fait défenses à tous receveurs de l'enregistrement,

1°. D'enregistrer aucun acte qui ne serait pas sur papier timbré du timbre prescrit, ou qui n'aurait pas été visé pour timbre.

2°. D'admettre à la formalité de l'enregistrement, des protêts d'effets négociables, sans se faire présenter ces effets en bonne forme.

3°. De délivrer des patentes aux personnes dont les registres doivent être tenus en papier timbré, si ces registres ne leur sont préalablement représentés en bonne forme.

Les personnes seront en conséquence tenues d'en justifier.

XXVI. Il est prononcé, par la présente, une amende, savoir:

1°. De 15 fr. pour contravention, par les particuliers, aux dispositions de l'article XXI ci-dessus.

2°. De 25 fr. pour contravention aux articles XX XXI, par les officiers et fonctionnaires publics.

3° De 3o fr. pour chaque acte ou écrit sous signature privée, fait sur papier non timbré, ou en contravention aux articles XXII et XXIII.

4°. De 5o fr. pour contravention à l'article XIX, de la part des officiers et fonctionnaires publics y dénommés, et à l'article XXV, de la part des préposés de l'enregistrement.

5°. De 100 fr. pour chaque acte public ou expédition, écrit sur papier timbré et pour contravention aux articles XVII, XVIII, XXII, XXIII et XXIV, par les officiers et fonctionnaires publics.

6°. Et du vingtième de la somme exprimée dans un effet négociable, s'il est écrit sur papier non timbré ou sur papier timbré d'un timbre inférieur à celui qui aurait dû être employé aux termes de la présente et pour contravention aux articles XXII et XXIII.

L'amende sera de 3o fr. dans les mêmes cas, pour les effets au-dessous de 6oo fr.

Les contrevenans, dans tous les cas ci-dessus, payeront en outre les droits de timbre.

XXVII. Aucune personne ne pourra vendre ou distribuer du papier timbré, qu'en vertu d'une commission de la régie, à peine d'une amende de 1oo francs pour la première fois et de 3oo francs en cas de récidive.

Le papier qui sera saisi chez ceux qui permettront ainsi le commerce, sera confisqué au profit de la République.

XXVIII. La peine contre ceux qui abuseraient des timbres pour timbrer et vendre frauduleusement du papier timbré, sera la même que celle qui est prononcée par le code pénal contre les contrefactions des timbres.

XXIX. Le timbre des quittances fournies à la République ou délivrées en son nom, est à la charge de ceux qui les donnent ou qui les reçoivent; il en est de même pour autres actes entre la République et les particuliers.

XXX. Les écritures privés qui auraient été faites sur du papier non timbré, sans contravention aux lois du timbre, quoique non comprises nommément dans les exceptions, ne pourront être produites en justice sans avoir été soumises au timbre extraordinaire ou au visa pour timbre, à peine d'une amende de 3o fr. outre le droit de timbre.

XXXI. Les préposés de la régie sont autorisés à retenir les actes, registres ou effets en contravention à la loi du timbre, qui leur seront présentés, pour les joindre aux procès-verbaux qu'ils en rapporteront, à moins que les contrevenans ne consentent à signer lesdits procès-verbaux, ou à acquitter sur le-champ l'amende encourue et le droit de timbre.

XXXII. En cas de refus, de la part des contrevenans, de satisfaire aux dispositions de l'article précédent, les préposés de la régie leur feront signifier dans les trois jours; les procès-verbaux qu'ils auront rapportés, avec assignation devant le tribunal civil.

L'instruction se fera ensuite sur simples mémoires respectivement signifiés.

Les jugemens définitifs qui interviendront, seront sans appel.

La présente sera enregistrée aux tribuuaux.

Port N.-O. île de France, le 28 Vendémiaire an XII

Pour copie conforme, le Capitaine-gén. DECAEN.

A R R E T E.

22. DECAEN, Capitaine-général, etc. etc.,

Sur la proposition du préfet colonial et du commissaire de justice,

Arrête:

Art. Ier. Il sera payé aux commissaires civils, des droits pour les divers actes de leurs attriubtionss péciales, suivant le tarif ci-après, en argent au cours de France, la piastre à 5 fr. 5o c. l'une.

	fr. c.
Pour enregistrement des actes de naissance.	5 5o
Pour enfans trouvés, (gratis.)	
Pour enregistrement des expéditions mention-nées aux articles VI, VII et VIII de la loi sur les actes de l'état civil.	5 5o
Publication de mariage, chaque	2 75
Procès-verbal de publication, chaque	5 5o
Affiche de publication, chaque	1 38
Visa sur la copie des oppositions signifiées aux commissaires civils.	1 38
Mention aux registre de ces oppositions, ainsi que des jugemens en main-levées y relatifs.	2 75
Pour enregistrement de l'acte de mariage.	5 5o
Pour prononciation de divorce.	5 5o
Pour enregistrement de l'acte.	5 5o
Pour enregistrement de l'acte désigné par l'article IV, du chapitre IV de la loi.	5 5o
Procès-verbal de l'état d'une personne atteinte de mort violente.	8 25
Acte de décès rédigé d'après ce procès-verbal.	5 5o
Pour enregistrement des actes ou expéditions désignés par les articles VII et VIII du chapitre IV de la loi, (gratis.)	
Pour enregistrement de l'expédition mention-née en l'article XI du même chapitre.	5 5o
Expéditions de tous ces actes divers.	2 75
Pour les pauvres, (gratis.)	

II. Les commissaires civils donneront aux parties qui le requerront, reçu du montant des droits par eux perçus.

Le présent sera lu, enregistré, imprimé, publié et affiché partout où besoin sera.

Port N.-O. Ile de France, 3 Brumaire an XII.

Le Capitaine-général, DECAEN.

ARRÊTÉ.

23. Decaen, Capitaine-général, etc. etc.,

Sur la représentation du préfet colonial et du commissaire de justice, qu'il est utile et nécessaire de fixer en même tems, la division et les limites du quartier du Port Nord-Ouest, d'établir un bureau central de police, et de régler ses attributions,

Arrête ce qui suit :

CHAPITRE Ier,

Limites et division du quartier du Port Nord-Ouest.

Art. Ier. Le quartier du Port Nord-Ouest comprendra :

Le Port proprement dit, la ville et le territoire adjacent, inscrit dans les limites déterminées ci-après, savoir :

Au Port Nord-Ouest,

Les sinuosités de la côte qui circonscrivent le port, à partir de la pointe extrême du Fort-Blanc, jusqu'à l'embouchure de la Rivière des Lataniers ; (l'Ile aux Tonneliers et les îlots compris.)

Au Nord.

La Rivière des Lataniers en la remontant depuis son embouchure jusqu'à la hauteur de la batterie Dumas, placée sur la croupe de la montagne dite des Prêtres.

A l'Est et au Sud-Est.

La ligne prolongera la sommité de la montagne des Prêtres, à partir de la batterie Dumas, jusqu'à la rencontre du piton, appelé Pouce, et sera toujours déterminée par l'arête supérieure qui sépare le versant des eaux.

Au Sud et au Sud-Ouest.

La ligne partant du Pouce suivra la crête de la grande montagne, c'est-à-dire les inflexions de l'arête supérieure qui partage le versant des eaux jusqu'au point d'attache du dernier embranchement de la montagne : elle laissera en dedans des limites, la branche dite Montagne de la Découverte, et descendra dans la plaine en suivant la crête du contre-fort opposé.

Du pied de ce contre-fort, elle se dirigera en coupant obliquement la route de Moka, au point où l'aqueduc du canal de la Grande Rivière traverse le ravin du ruisseau Saint-Louis. Elle suivra la direction de ce canal, en remontant jusqu'à sa rencontre avec la Grande Rivière qu'elle traversera au-dessus du moulin supérieur : elle se prolongera jusqu'au sommet de la rampe du chemin des Plaines de St.-Pierre, et contournera, en descendant la crête de l'escarpement, pour envelopper les établissemens de l'état et de toutes les maisons qui composent le bourg au-delà de la Grande Rivière ; elle laissera au-dehors tout ce qui tient aux habitations Dodin, Trouillon, Marin et Saint-Remy, et viendra repasser la rivière au-dessous du pont vis-à-vis le four à chaux.

La ligne qui dessine les contours de la baye Saint-Louis et du reste de la côte, viendra se rattacher à la pointe extrême du Fort-Blanc, qui a été prise pour point de départ et achevera de limiter le quartier à l'Ouest et au Nord-Ouest.

II. Le quartier du Port Nord-Ouest, est divisé en trois parties, la ville proprement dite, les faubourgs de l'Est et de l'Ouest.

III. La ville est bornée d'un côté par la Plaine-Verte, de l'autre par le ruisseau dit des Créoles.

Chaque faubourg commence à ces limites.

IV. La ville est destinée pour l'habitation de la population blanche, le faubourg de l'Est pour les indiens, et celui de l'Ouest, pour les noirs libres.

CHAPITRE II.

Bureau Central de Police, sa composition etc.

Art. Ier. Il y aura dans le quartier du Port Nord-Ouest, un Bureau central de police, composé, savoir :

D'un agent-général, d'un sous-agent, de trois inspecteurs, d'un secrétaire et d'un commis.

Il y aura seize gardes et vingt pions ou noirs, pour les mouvemens et le service du bureau central.

II. L'agent-général, le sous-agent, les inspecteurs,

le secrétaire et le commis seront à la nomination du Capitaine-général, sur la présentation du préfet colonial et du commissaire de justice.

Ils prêteront serment devant le tribunal d'appel.

III. Dans chaque faubourg, il y aura un syndic chargé de l'exécution des ordres du bureau central.

CHAPITRE III.

Fonctions de l'Agent-général de Police.

DISPOSITIONS GÉNÉRALES.

Section Première.

Art. Ier. L'agent-général de police exercera ses fonctions sous l'autorité du Capitaine-général, du préfet colonial et du commissaire de justice.

II. Il leur fera tous les jours son rapport à chacun séparément et réglera son service à cet égard, d'après leurs ordres et instructions.

III. Il fera afficher les arrêtés, ordonnances, réglemens et proclamations.

Section II.

Police Générale.

PASSE-PORTS.

Passe-ports, nouveaux arrivans, certificats pour les départs.

Art. Ier. Il délivrera les attestations pour obtenir du Capitaine-général, les passeports à l'extérieur.

II se fera représenter ceux des nouveaux arrivans, dans les vingt-quatre heures de leur débarquement; et se fera rendre compte des motifs de leur arrivée et des moyens qu'ils pourront avoir pour exister.

Il délivrera, pour les départs des particuliers, les certificats de mise en règle.

Leurs cautionnemens seront donnés au greffe du tribunal de première instance, dans les formes prescrites.

Mendicité, Vagabondage.

II. Il fera exécuter les lois sur la mendicité et le vagabondage.

Il pourra donner en conséquence des ordres provisoires pour s'assurer de la personne des mendians, vagabonds et gens sans aveu, et en fera de suite son rapport au commissaire de justice.

Police des Prisons.

III. Il sera chargé de l'exécution des moyens qui lui seront indiqués pour la sûreté et la salubrité des prisons, maisons d'arrêt, de justice, de force et de correction.

Il aura la nomination des concierges, gardiens et guichetiers de ces maisons, sauf l'approbation du commissaire de justice.

Il délivrera les permissions pour communiquer avec les détenus pour faits de police.

Il demandera au préfet colonial pour les détenus indigens, à l'expiration du tems de la détention porté en leur jugement, les secours qui lui paraîtront nécessaires.

Maisons Publiques.

IV. Il fera exécuter les lois et réglemens de police, concernant les auberges et les logeurs.

Attroupemens.

V. Il prendra les mesures propres à prévenir et dissiper les attroupemens, les coalitions d'ouvriers, pour cesser leur travail, ou enchérir le prix des journées, les réunions tumultueuses ou menaçant la tranquillité publique : il empêchera les rassemblement de noirs pour tam-tam ou autres fêtes pendant la nuit, après les heures fixées par les réglemens.

Police de la Librairie et Imprimerie.

VI. Il fera exécuter les lois de police sur l'imprimerie et la librairie, en tout ce qui concerne les offenses faites aux mœurs et à l'honnêteté publique.

Police des Théâtres.

VII. Il aura la police du théâtre en tout ce qui touche la sûreté des personnes, les précautions à prendre pour prévenir les accidens et assurer le maintien de la tranquillité et du bon ordre, tant au dedans qu'au dehors.

Cultes.

VIII. Il surveillera le lieu où l'on se réunit pour l'exercice des cultes, et aura la police de l'extérieur.

Déserteurs.

IX. Il fera faire la recherche des militaires ou marins déserteurs, et des prisonniers de guerre, évadés.

Citoyens appelés pour faits de Police.

X. Il est autorisé à appeler les citoyens, pour renseignemens sur faits de police, et les citoyens seront tenus de se rendre à ses invitations.

Exécution des jugemens criminels.

XI. Il sera chargé de toutes les dispositions nécessaires pour assurer l'exécution des jugemens criminels et pour y maintenir l'ordre.

Section III.

Police particulière. (Petite voierie.)

XII. L'agent général sera chargé de tout ce qui a rapport à la petite voierie, sauf l'avis et l'approbation du préfet colonial.

Il surveillera, permettra ou défendra l'ouverture des cantines, boutiques, étaux de boucherie ou de charcuterie.

L'établissement des échoppes ou étalages mobiles, des auvents, ou constructions du même genre, qui prennent sur la voie publique.

Il ordonnera la démolition ou réparation des bâtimens menaçant ruine.

Liberté et sûreté de la voie publique.

XIII. Il procurera la liberté et la sûreté de la voie publique, et sera chargé à cet effet,

D'empêcher que personne n'y commette de dégradation ;

De la faire éclairer ;

De faire surveiller le balayage auquel les habitans sont tenus devant leurs maisons, et de les faire faire aux frais de la ville dans les places et la circonférence des édifices publics ;

D'empêcher qu'on n'expose rien sur les toits ou fenêtres, qui puisse blesser les passans, en tombant.

Il fera observer les réglemens sur l'établissement des conduits pour les eaux de pluie et les goutières.

Il empêchera qu'on n'y laisse vaguer des furieux, des insensés, des animaux malfaisans ou dangereux.

Qu'on ne blesse personne, par la marche trop rapide des chevaux ou des voitures.

Qu'on n'obstrue la libre circulation, en arrêtant ou déchargeant des voitures et marchandises devant les maisons, dans les rues étroites ou de toute autre manière.

L'agent-général fera effectuer l'enlèvement des boues, matières mal-saines, décombres, vases sur les bords de la rivière ou de la mer, après les crues des eaux et les marées.

Il fera faire les arrosemens dans la ville, dans les lieux et la saison convenables.

Salubrité de la Cité.

XIV. Il assurera la salubrité de la ville, en prenant des mesures pour prévenir et arrêter les épidémies, les épisooties, les maladies contagieuses.

En faisant observer les réglemens de police pour les inhumations, en faisant enfouir les cadavres d'animaux morts, surveiller les fosses vétérinaires, la construction, entretien et vidange des fosses d'aisance ou des bailles.

En faisant arrêter, visiter les animaux suspectés de mal contagieux et mettre à mort ceux qui en seront atteints.

En empêchant d'établir dans l'intérieur de la ville des ateliers, manufactures, laboratoire ou maisons de santé qui doivent être hors de l'enceinte des villes, selon les lois et réglemens.

En empêchant qu'on ne jette ou dépose dans les rues aucune substance mal-saine.

En faisant saisir ou détruire dans le marché ou bazard et dans les boutiques, chez les bouchers, boulangers, marchands de vin, limonadiers, épiciers-droguistes, apothicaires ou tous autres, les commestibles, boissons, médicamens gâtés, corrompus ou nuisibles.

Iucendies, débordemens, accidens sur la rivière.

XV. Il sera chargé de prendre les mesures propres à prévenir et arrêter les incendies ;

Il donnera des ordres aux plombiers, requerra les ouvriers charpentiers et couvreurs ;

Il requerra la force publique ; il en détermine l'emploi ;

Il aura la surveillance des pompiers, le placement et la distribution des pompes, réservoirs, tonneaux, seaux à incendies, machines et ustensiles de tout genre, destinés à les arrêter.

En cas de débordement, il ordonnera les mesures de précaution pour le déménagement des maisons menacées, et la sûreté des individus exposés.

Il sera chargé de faire administrer les secours aux noyés ; il déterminera à cet effet les moyens de secours, sauf l'approbation du préfet colonial.

Il demandera les gratifications et récompenses convenables à ceux qui retireront des noyés de l'eau, ou rendraient en cas d'accident un service signalé.

Tranquillité publique, marronnage.

XVI. Il terminera, sur les rapports de ses subordonnés, toutes rixes entre les personnes de la population blanche ou gens de couleur libre, hors les cas graves réservés aux tribunaux.

Il ordonnera la détention à la prison ou à la chaîne, et la correction au bazar, de tous esclaves, soit sur demandes, soit pour fait de marronnage ou autres fautes et délits qui ne seraient pas de nature à mériter plus grande peine.

La police du marronnage est déférée au bureau central.

Infraction aux lois et règlemens de police.

XVII. Il décidera sans appel sur toutes contraventions aux lois et réglemens de police de tous genres, qui n'emporteront pas plus de trois jours de prison, et trente francs d'amende.

Dans tous les autres cas, il prononcera à la charge de l'appel ; ses jugemens s'exécuteront par provision ; l'appelant ne sera reçu qu'en produisant au tribunal d'appel, la quittance de consignation d'amende.

Police de la Bourse et du Change.

XVIII. Il aura la police de la bourse et des lieux publics où se réunissent les agens-de-change, courtiers, changeurs et ceux qui négocient.

Sûreté du commerce

XIX. Il procurera la sûreté du commerce, en faisant faire des visites chez les fabricans et marchands, pour vérifier les balances, poids et mesures, et pour faire saisir ceux qui ne seront pas exacts ou étalonnés.

En faisant inspecter les magasins, boutiques et ateliers d'orfèvres et bijoutiers, pour la marque des matières d'or et d'argent et l'exécution des lois sur la garantie.

Indépendamment des fonctions ordinaires sur les poids et mesures, l'agent-général fera exécuter les lois qui prescrivent l'emploi des nouveaux poids et mesures dès qu'elles auront été promulguées aux îles.

Taxes et mercuriales.

XX. Il fera observer les taxes et mercuriales légalement faites et publiées ;

Il fera constater le cours des denrées de première nécessité ;

Il assurera la libre circulation des subsistances, suivant les lois.

Marchandises prohibées.

XXI. Il fera saisir les marchandises prohibées par les lois.

Surveillance des places et lieux publics.

XXII. Il fera surveiller spécialement le marché ou bazar, les cases qui y sont établies, les noirs et négresses de bazar, les cafés et cantines, les places publiques, les colporteurs, revendeurs et commissionnaires.

Les rivières, chantiers, quais, bains publics, ouvriers, blanchisseuses, fontaines, pompes et les noirs porteurs d'eau, les encans, les frippiers et brocanteurs.

Protection et préservation des monumens et édifices publics.

XXIII. Il fera veiller à ce que personne n'altère ou dégrade les monumens et édifices publics;

Il demandera de même, quand il y aura lieu, les réparations et entretien des pompes, machines et ustensiles du bazar; des voyeries et égoûts; des fontaines, regards, aqueducs et conduits; de la bourse; des temples ou églises destinés au culte.

SECTION IV.

Des officiers subordonnés à l'Agent-général.

XXIV. Le sous-agent exercera la police judiciaire pour tous les délits dont la peine n'excédera pas trois jours de prison et trente francs d'amende.

Il sera chargé de rechercher des délits de cette nature; d'en recueillir les preuves; de poursuivre les prévenus par-devant l'agent-général, qui prononcera, sauf l'appel.

Il remplacera à cet effet les fonctions du ministère public.

En cas d'empêchement, il sera remplacé par un des inspecteurs désigné par l'agent-général, sous le visa du commissaire de justice.

XXV. L'agent-général et ses officiers pourront faire saisir et traduiront de suite, sans aucune instruction, au tribunal de première instance, les personnes prévenues de délits de police correctionnelle, ainsi que les individus surpris en flagrant délit, arrêtés à la clameur publique, ou prévenus de faits du ressort de la justice criminelle.

XXVI. Provisoirement et jusqu'à nouvel ordre, les lois, arrêtés et réglemens suivis jusqu'alors dans cette colonie, concernant les délits de police, continueront d'avoir leur exécution, en ce qui n'y est pas dérogé par le présent.

SECTION V.

Recette, dépense, comptabilité.

XXVII. Il sera chargé, sauf l'approbation du préfet colonial, de faire les marchés, baux, adjudications et dépenses nécessaires pour le balayage, l'enlèvement des boues, l'arrosage et l'illumination de la ville.

Quatrième partie, A.

XXVIII. Il sera chargé de régler et arrêter, sous la même condition, les dépenses pour les visites des officiers de santé, artistes vétérinaires, transports de malades et blessés, transports de cadavres et retraits de noyés.

Il arrêtera également les dépenses pour les vivres des prisonniers et des gardiens de noirs de chaîne.

XXIX. Il ordonnera, sous l'autorité et de l'aveu du préfet colonial, les dépenses extraordinaires en cas d'incendies ou débordemens.

CHAPITRE IV.

Costume de l'Agent et de ses subordonnés.

L'agent-général sera vêtu comme il suit : habit bleu, veste et pantalon blanc, collet et paremens l'habit brodés en argent, d'une branche d'olivier, chapeau français galonné en argent, bottines, une épée.

Le sous-agent, même costume, avec broderie au collet seulement, le chapeau uni.

Les inspecteurs, même costume, avec une broderie de soie blanche au collet, chapeau uni, arme portée avec un baudrier noir.

A l'Ile de France, le 4 Brumaire an XII.

Approuvé, le Capitaine-général, **DECAEN.**

ARRÊTÉ.

24 DECAEN, Capitaine-général, etc. etc.,

Sur la proposition du Commissaire de justice,

Arrête :

Art. Ier. Le costume du Commissaire de justice dans les grandes cérémonies et aux audiences où il présidera, sera :

Habit français de drap noir; manteau court, à collet rabattu; veste de soie noire; culotte de soie ou de drap noir; bas de soie noirs; ceinture rouge ponceau par-dessous l'habit, frangée en or et nouées sur le côté gauche; cravate de mousseline, bordée de dentelles; cheveux longs ou ronds; chapeau rond, légèrement relevé par bouton et gance d'or, de trois centimètres ou un pouce; autour de la forme, galon d'or de six centimètres ou deux pouces; panache noir.

Son costume de ville :

Habit noir, français; le dessous à volonté; culottes ou pantalons avec bottines, ceinture noire, à frange d'or.

II. Les membres des tribunaux d'appel, des îles, porteront, aux audiences et cérémonies publiques, le même costume, avec ces différences :

Cravate tombante, de batiste ou mousseline; ceinture de soie bleu-clair, frangée d'or, pour le président et le commissaire du gouvernement; d'or et de soie mêlés, pour les suppléans et substituts, nouée sur le côté gauche; même chapeau sans panache, avec galon de velours noir autour de la forme, liseré d'or, pour le président et le commissaire du gouvernement, seulement. Ce dernier portera le panache noir, ainsi que le commissaire du gouvernement près le tribunal de première instance. Le vice-président aura le même costume que le président.

A la ville et en visite.

Même habit et chapeau, le dessous à volonté, sans manteau ni ceinture.

Le greffier aura le même costume que les juges, avec la ceinture frangée de soie seulement.

Le commis-juré, habit noir complet, sans manteau et avec la ceinture du greffier, à l'audience.

III. Les membres des tribunaux de première instance auront, aux audiences et cérémonies publiques, le même costume, avec cette différence :

Ruban noir au chapeau, ceinture à franges d'argent.

Pour la ville et en visite, semblable costume.

Dans l'exercice de leurs fonctions, en ville, ils ne porteront point de manteau, et auront seulement la ceinture jointe au costume de la ville.

IV. Les membres des tribunaux de l'île de France, commenceront à porter le costume, le 15 Brumaire, et ceux de l'île de la Réunion, quinze jours après l'enregistrement du présent.

V. Ils seront tenus de porter toujours le costume de ville.

Le présent sera lu, enregistré, imprimé et affiché.

A l'Ile de France, le 3 Brumaire an XII.

Le Capitaine-général, DECAEN.

REGLEMENT.

25. LÉGER, Préfet colonial des Iles de France, etc.

Considérant combien il est utile de procurer aux enfans des habitans des colonies françaises orientales, une éducation locale qui puisse suppléer à l'impossibilité où ils se trouvent, en tems de guerre, d'aller chercher en Europe, ce premier bienfait dont le gouvernement veut qu'ils ne soient pas privés ;

Considérant qu'il existe déjà dans cette colonie, un établissement institué pour ce but d'utilité générale et qu'il a déjà mérité la reconnaissance publique.

Met au nombre de ses devoirs de confirmer l'existence de cett einstitution généreuse, et d'en arrêter les dispositions suivant le plan qui paraît susceptible des avantages qu'on en doit attendre.

En conséquence, après en avoir délibéré avec le Capitaine-général, arrête :

Art. Ier. La surveillance de l'instruction publique est déléguée à un bureau d'administration générale, composé de trois titulaires et d'un suppléant.

II. Les membres du bureau d'administration générale et leur suppléant, sont commissionnés par le Capitaine-général, sur la présentation du Préfet colonial, leurs fonctions sont gratuites et compatibles avec toutes autres fonctions publiques quelconques.

III. Le bureau d'administration générale s'assem-

blera tous les mois, et plus souvent s'il le juge convenable, ou s'il y est invité par le proviseur du Lycée, dont il sera question ci-après. Ce bureau est spécialement chargé de l'administration du Lycée, et de la vérification des comptes de cet établissement, dont le proviseur assistera aux séances où il s'agira des affaires du Lycée, avec voix consultative.

IV. Le bureau d'administration générale est chargé de faire tous réglemens nécessaires sur tous objets d'enseignement, discipline, santé, nourriture des élèves du Lycée, examens, distributions de prix et autres. Ces réglemens seront soumis à l'approbation du Préfet colonial, auquel le bureau rendra compte tous les mois.

V. L'Ecole centrale établie à l'île de France, portera désormais le nom de Lycée des îles de France et de la Réunion.

VI. La localité ne permettant pas l'ésablissement d'écoles primaires ou secondaires, à la charge du gouvernement et des communes, toutes les parties de l'enseignement qui sont du ressort de ces écoles, seront professées au Lycée.

VII. L'administration intérieure du Lycée est confiée à un proviseur qui aura immédiatement sous lui un censeur des études et un procureur gérant les affaires de l'école.

VIII. Le proviseur surveille en chef toutes les parties.

Le censeur des études surveille tout ce qui appartient à la discipline, à l'étude, à la conduite des élèves, et s'occupe de l'emploi de leur tems, de leurs progrès et de leurs mœurs.

Le procureur-gérant dirige toutes les parties de dépenses de l'établissement, s'assure de la bonne dispensation, de l'entretien, du recouvrement des recettes et fournitures de tous genres.

IX. Le proviseur, le censeur des études et le procureur-gérant, seront choisis par le bureau d'administration générale, par le Préfet colonial, et, sur sa présentation, commissionnés par le Capitaine-général.

Ils formeront le conseil d'administration du Lycée.

X. Le nombre des professeurs du Lycée est fixé quant à présent, à onze, comme suit :

Lecture, trois ; écriture, deux ; grammaire française, un ; élémens de langue française et anglaise, un ; rhétorique et langue latine, un ; mathématiques et géographie, deux ; dessin, un.

Ces professeurs seront choisis par le bureau d'administration générale, agréés par le Préfet colonial, et, sur sa présentation, commissionnés par le Capitaine-général.

XI. Un officier de santé attaché aux hôpitaux de la colonie, fera le service au Lycée.

XII. Le traitement des administrateurs et professeur du Lycée, est fixée comme suit :

Au proviseur, par mois, 330 fr. ; au censeur des études, 220 fr. ; au procureur-gérant, 220 fr. ; à chacun des professeurs, 165 fr.

Les administrateurs et professeurs sont logés et nourris au Lycée.

XIII. Il sera accordé aux administrateurs et professeurs, des retraites proportionnées à l'ancienneté de leurs services, tant au Lycée qu'à la ci-devant Ecole centrale.

XIV. Le Gouvernement entretiendra au Lycée, dix-huit élèves, dont six pensionnaires, deux demi-pensionnaires et dix externes.

XV. Le Lycée recevra des pensionnaires, des demi-pensionnaires et des externes.

Le prix du pensionnat est fixé par mois, à 100 fr.

Le prix du demi-pensionnat, à 66.

Les externes payeront par mois, 27 50

Les élèves ne seront reçus que depuis sept ans jusqu'à quatorze ; ils ne pourront y rester que jusqu'à seize ans.

XVI. Chaque pensionnaire sera muni des objets ci-après : un matelas de deux pieds de largeur, une couverture, un oreiller, deux paires de draps, une natte fine, un habit-veste uniforme, de drap ; deux idem de toile, six pantalons, dont un de drap ; douze chemises, six serviettes, deux cravates noires, quatre idem blanches, deux paires de souliers, un peigne à décrasser, un sac de nuit, un couvert et un gobelet de métal, un couteau. Les demi pensionnaires seront munis d'un couvert, d'un gobelet de métal, d'un couteau, de six serviettes.

XVII. Les élèves du Lycée, porteront l'uniforme ci-après : habit-veste de drap ou toile bleue, collet jaune rabattu, chapeau retroussé sur un côté, cheveux ronds.

Ils seront formés aux exercices militaires que comporte leur âge, afin de les habituer à l'ordre, et d'assurer leur tenue, leur force et leur adresse.

XVIII. Il sera rétabli au Lycée une école d'hydrographie, dont les leçons ainsi que celles de dessin, seront données à tous ceux des élèves qui, sachant lire et écrire, seront admis à ces genres d'instruction, par le bureau d'administration générale, sur la demande des parens. Il y aura aussi un professeur de langues Maure et Persanne.

XIX. Les maîtres d'agrément de tous genres, seront payés à part par les parens, au prix qui sera déterminé par le bureau d'administration générale.

XX. Les professeurs du Lycée, porteront l'habit bleu, boutons de métal blancs, deux boutonnières en argent, au collet.

Le censeur des études et le professeur-gérant, porteront le même habit avec six boutonnières en argent.

Le proviseur portera l'habit bleu, des boutonnières brodées en brandebourgs d'argent, sur la longueur de l'habit.

XXI. Nulle école particulière ne pourra s'établir ou continuer ses exercices, sous quelque prétexte que ce soit, sans une permission du Préfet colonil. Il est défendu à toute école particulière, de prendre le titre de Lycée.

XXII. Tous les réglemens en vigueur à l'Ecole centrale, seront provisoirement exécutés en tout ce qui n'est pas contraire au présent, qui sera imprimé et affiché partout où besoin sera, dans les deux colonies.

Port N.-O. Ile de France, le 5 Brumaire an XII.

Le Préfet colonial, LEGER.

Approuvé, le Capitaine-général, DECAEN.

ARRETÉ.

26. DECAEN, Capitaine-général, etc etc.,

En vertu des articles VIII et IX de l'arrêté du gouvernement de la République, du 13 Pluviose an XI.

Arrête :

Art. Ier. Sur la présentation du Commissaire de justice, sont nommés aux emplois ci-dessous désignés pour l'île de la Réunion, savoir :

Au Tribunal d'Appel.

Greland, ancien conseiller, Président.
Azéma, ancien procureur-général, Vice-président.
Desmanières, ancien juge ; Gillot Létang fils, membre de l'assemblée ; Deville, juge au tribunal de première instance ; juges.
Nègre St.-Croix, et J. B. Pajot, membres de l'assemblée ; suppléans.
Bélier de Villentroy, juge ; commissaire. Geslin, greffier.

Tribunal de Première instance.

Bertrand, président actuel, juge ; Duparc, juge, suppléans ; Lefébure fils, avoué, commissaire ; Marcand fils, greffier.

II. Un extrait du présent sera adressé au commissaire de justice, pour être mis à exécution.

A l'Ile de France, le 10 Vendémiaire an XII.

Le Capitaine-général, DECAEN.

ARRETÉ.

27. DECAEN, Capitaine-général, etc. etc.;

Sur la représentation faite par le Commissaire de justice, que dans chacun des tribunaux des îles de France et de la Réunion, le ministère public étant provisoirement exercé par un seul magistrat, ses occupations sont dans les circonstances présentes, tellement multipliées, qu'il lui serait impossible d'y suffire seul ; que la lenteur et l'interruption du service dans cette partie, nuirait beaucoup à l'ordre et à l'administration de la justice ; Arrête :

Art. Ier. Les commissaires du gouvernement près les tribunaux d'appel, pourront provisoirement se faire substituer pour une partie de leurs travaux, par les deux derniers suppléans, alternativement.

II. Ils pourront également déléguer l'un d'eux aux

tribunaux de première instance, dans le cas où il serait indispensable, en raison de la multitude et l'urgence des affaires, de faire substituer les commissaires du gouvernement près de ces tribunaux.

III. Ils rendront compte de suite au commissaire de justice, des motifs qui leur ont fait juger cette substitution nécessaire.

IV. Le présent sera lu, enregistré, imprimé, publié et affiché partout où besoin sera.

A l'Ile de France, le 10 Brumaire an XII.

Le Capitaine-général, DECAEN.

ARRÊTÉ.

28. DECAEN, Capitaine-général, etc. etc.,

Sur les observations du Préfet colonial, et vu l'urgence du service du moulin à poudre, de la République et de celui des usines de l'arsenal ; Arrête :

Art. Iᵉʳ. Les propriétaires établis sur la rivière des Pamplemousses, sur la branche de celle des Calebasses, et généralement sur les ruisseaux, sources et conduits d'eau quelconques qui doivent subvenir aux besoins du moulin à poudre, de l'arsenal et autres établissemens de la République, en cette partie, sont tenus, chacun en droit soi, de restituer l'usurpation desdites eaux, de supprimer les pièces d'eau, viviers et autres réservoirs non légalement autorisés, de réparer les dégradations, suintemens, pertes, brèches faites aux digues et autres ouvrages qui ont été permis ou commandés aux particuliers pour conserver les eaux, de rejeter dans les canaux ou rivières qui se rendent auxdits établissemens de la République, les eaux concédées sous cette condition, d'en éloigner les écuries, parcs à bœufs, porcheries, fumiers, les eaux sales ou altérées par leur usage dans les manufactures, ainsi que tout ce qui peut préjudicier à leur salubrité.

II. L'arrosement par l'inondation des eaux qui doivent être reversées dans lesdits canaux et rivières, est défendu aux mêmes propriétaires.

III. Quinze jours après la publication du présent arrêté, il sera ordonné une visite, à l'effet de constater au tribunal terrier, l'état desdites rivières, ruisseaux, sources, canaux, leurs dégradations, dérivations, et de poursuivre les délinquans.

IV. Les propriétaires sont avertis de se préparer à l'exhibition de titres en vertu desquels ils jouissent des eaux.

V. Le présent sera lu, enregistré, imprimé, publié et affiché, partout où besoin sera.

Port N.-O· Ile de France, le 10 Brumaire an XII.

Le Capitaine-général, DECAEN.

REGLEMENT.

29. L. R. CRESPIN, Commissaire de justice, etc.,

Considérant qu'il est nécessaire de pourvoir au remplacement des juges, en ce que plusieurs disposition maintenues par l'article IV du réglement du 3 Vendémiaire dernier, ne sont plus propres au nouvel ordre judiciaire.

Que cette mesure est d'autant plus urgente, que la multitude et la diversité des causes, et la nomination au tribunal d'appel, de juges qui avaient occupé le siège en première instance, peuvent occasionner des empêchemens très-fréquens et rendre par-là, les tribunaux incomplets ; qu'il en résulterait un préjudice réel pour les justiciables ; Arrête :

Art. Iᵉʳ. Dans toutes les affaires où les tribunaux pourraient cesser d'être complets, soit par absence maladie ou toute autre cause légitime, ils seront complétés par les plus anciens de hommes de loi et avoués suivant l'ordre du tableau.

II. Les commissaires du gouvernement près les tribunaux d'appel, seront remplacés par les suppléans suivant le rang de leur nomination, à compter du dernier, et si pour ce remplacement les tribunaux devaient devenir incomplets, il en sera usé pour l'exercice du ministère public, ainsi qu'il est prescrit par l'article ci-dessus.

III. Aux tribunaux de première instance, le commissaire du gouvernement empêché, sera suppléé également par des hommes de loi et avoués ; et si aucun d'eux, pour motifs reconnus valables, ne pouvait le remplacer, le suppléant du juge remplira ses fonctions.

IV. Sont maintenues provisoirement toutes autres dispositions en ce qui n'y est pas dérogé.

Le présent sera lu, enregistré, imprimé, publié et affiché, à ce que personne n'en prétende cause d'ignorance.

Port N.-O. Ile de France, le 10 Brumaire an XII.

Le Commissaire de justice, L. R. CRESPIN.

Approuvé, le Capitaine-général, DECAEN.

ARRÊTÉ.

30. DECAEN, Capitaine-général, etc. etc.,

Sur la représentation faite par le Préfet colonial et le Commissaire de justice, qu'il est conforme à l'esprit de l'arrêté du gouvernement de la République, du 3 Germinal an XI, de rétablir aux colonies orientales, la curatelle générale des biens vaccans ; Arrête :

CHAPITRE PREMIER.

Rétablissement de la curatelle générale ; fonctions et obligations du curateur.

Art. Iᵉʳ. Il n'y aura à l'avenir, dans chacune des îles de France et de la Réunion, qu'un curateur aux biens vaccans.

II. Ses fonctions seront incompatibles avec celles de juge, de commissaire du gouvernement, de commissaire civil, de notaire, d'officier d'administration, de greffier, d'huissier, d'agent de police et de priseur vendeur.

III. Ses fonctions seront de régir et administrer toutes les successions vacantes dans les colonies, soit celles ouvertes et non liquidées, soit celles qui s'ouvriraient par la suite et se trouveraient abandonnées par l'absence des présomptifs héritiers ou par leur renonciation, ensemble tous autres biens vacans de quelque manière que ce soit.

Il n'y aura lieu à la curatelle, par la nomination d'un exécuteur testamentaire qui aura accepté.

IV. Les commissaires civils dans les campagnes, et les juges de première instance, au Port N. -O. et à St.-Denis, apposeront les scellés sur les effets et papiers des personnes décédées qui ne laisseraient pas d'héritiers présens, soit d'office, soit sur la réquisition qui leur en sera faite.

V. Le curateur fera toutes les diligences nécessaires auprès du tribunal, pour être envoyé en possession des biens vacans, pour faire procéder à la levée des scellés et à la confection de l'inventaire ; il se fera autoriser à la vente des meubles et effets mobiliers sujets à dépérissement, parmi lesquels néanmoins ne sont pas compris les noirs attachés aux habitations des biens vacans.

VI. Dans le cas de nécessité légalement reconnue, l'argenterie, les bijoux et matières d'or et d'argent, ne pourront être vendus qu'après trois publications, de jour à autre ; et si le prix ne monte pas au tarif des monnaies, ils seront remis à la caisse du trésor de la République, pour être rendu compte à qui il appartiendra.

VII. Le curateur administrera les immeubles en bon père de famille ; il ne pourra en poursuivre la vente que dans les cas et suivant les formes déterminés ci-après ; il sera tenu de les faire mettre à bail judiciaire, estimation préalablement faite des biens par experts nommés par le tribunal ; et il ne pourra, à peine de forfaiture, s'en rendre adjudicataire directement ni indirectement.

VIII. Il lui est expressément enjoint de veiller sur les dépositaires, fermiers judiciaires et adjudicataires des biens vacans ; de tenir la main à l'exécution entière des clauses et adjudications ; de faire conserver les bois et d'entretenir les terres, bâtimens, esclaves, meubles, outils ou tous autres objets portés dans les procès-verbaux, conformément aux conditions qui seront imposées ; de faire faire contre les débiteurs, fermiers, locataires et détenteurs, toutes les poursuites, contraintes et diligences nécessaires, à peine d'en répondre en son propre et privé nom.

CHAPITRE II.

Vente des immeubles ; formalités à suivre.

Art. Ier. Le curateur pourra poursuivre la vente judiciaire des immeubles, dans le cas où le produit des ventes ou recouvremens mobiliers des successions, ne serait pas suffisant pour en acquitter les charges, ou quand les immeubles ne pourront, dans le délai d'une année, produire un revenu suffisant pour éteindre les dettes, ou enfin, quand il y aura nécessité absolue de réparations, de reconstructions de bâtimens, dont le dépérissement occasionnerait une perte considérable dans la valeur de l'immeuble.

II. Dans ces cas, la vente sera ordonnée par le tribunal de première instance, sur les conclusions écrites du commissaire du gouvernement, après que la nécessité et le devis estimatif des réparations et reconstructions seront établis par un procès-verbal d'experts nommés à cet effet, par le tribunal, et que par le compte du curateur, il sera prouvé qu'il n'y a ni deniers, ni meubles, ni dettes actives, ni revenus présens ou à venir, ni aucun autre moyen pour faire les réparations et reconstructions demandées, ou pour satisfaire aux dettes des successions.

III. La vente sera faite au plus offrant et dernier enchérisseur, par le juge, en présence du ministère public, après quatre affiches et publications de huitaine en huitaine.

CHAPITRE III.

Comptabilité de la Curatelle.

Art. Ier. Le curateur sera tenu d'avoir un registre cotté et paraphé par le juge du tribunal de première instance, sur lequel il inscrira journellement ses recettes et dépenses, sans blanc, interligne ni rature.

II. Chaque mois, le commissaire du gouvernement se fera donner par le curateur, tous les renseignemens qui pourront lui assurer la bonne gestion des biens vacans ; il la surveillera avec le plus grand soin, et transmettra au Commissaire de justice, le résultat de ses informations, tant sur l'administration de la curatelle, que sur les successions échues dans le mois.

III. Tous les fonds dont il sera saisi, soit pour les ventes mobilières, soit par les recouvremens, soit par le produit des locations, soit par les deniers comptant trouvés lors de l'inventaire, seront versés tous les trois mois dans le trésor de la République.

Il sera fait sur ces versemens une retenue d'un demi pour cent au profit de la caisse de bienfaisance.

IV. Dans le premier mois de chaque année, le curateur rendra les comptes de la gestion de l'année précédente, lesquels seront jugés par le tribunal de première instance, contradictoirement avec le ministère public, sauf l'appel dans la forme ordinaire.

V. Il poursuivra par-devant le tribunal, dans le plus bref délai, la reddition des comptes des curateurs particuliers des ci-devant cantons, et la remise de tous les registres, titres et papiers concernant la curatelle ; il versera de suite dans le trésor de la République le produit des reliquats de comptes définitivement arrêtés, et déposera au greffe du tribunal de première instance les titres et pièces de successions liquidées ; il lui en sera donné reçu par le greffier.

VI. En tous cas, le curateur sera tenu de rendre compte à la première réquisition, soit du ministère public, soit de l'héritier ou de son fondé de pouvoirs, dès que ces derniers se présenteront en qualité légalement reconnue.

CHAPITRE IV.

Cautionnement à fournir par les curateurs ; leurs droits.

Art. Ier. Ils prêteront serment par-devant le tribunal de première instance, et seront tenus de fournir un cautionnement, savoir : de cinquante mille francs, en immeubles purgés de toutes hypothéques, pour l'île de France ; et de trente mille francs, pour l'île de la Réunion. Ces cautionnemens seront discutés par le ministère public et reçus par le juge.

II. Ils percevront une commission de deux pour cent sur le produit des ventes mobiliaires et sommes recouvrées, ainsi que sur l'argent qui se trouvera en nature lors de l'inventaire ; et de quatre pour cent sur le produit des locations et des ventes d'immeubles, qui seront jugés nécessaires ; cette commission leur tiendra lieu de salaire.

Tous les frais de justice, de recouvremens et procès qu'ils seront obligés de suivre, tant en demandant qu'en défendant, sont à la charge des héritiers.

Leurs curateurs ne pourront rien exiger sous prétexte de voyages, séjour, messages, vacations ou autrement, à peine de forfaiture.

III. Toutes autres dispositions sont maintenues en ce qui n'y est pas dérogé.

Le présent sera lu, enregistré imprimé et affiché.

Port N.-O. Ile de France, le 13 Brumaire an XII.

Le Capitaine-général, DECAEN.

ARRETÉ.

31. DECAEN, Capitaine-général, etc. etc.,

Voyant avec peine que les défenses faites aux armateurs et aux capitaines des corsaires, d'engager des soldats et des matelots de la République, pour leur service particulier, n'ont pas produit l'effet qu'il devait attendre :

Arrête :

Art. Ier. Il est défendu à tout militaire faisant partie des garnisons des îles de France et de la Réunion, et à tout marin embarqué à bord des vaisseaux de l'état, de prendre parti sur aucuns corsaires, sous peine d'être considéré et puni comme déserteur.

II. Le capitaine de corsaire, les armateurs ou autres personnes qui auront participé à cette désertion, soit par la séduction, le recèlement, le payement ou la protection, seront considérés comme embaucheurs ; ils seront traduits devant une commission militaire pour y être jugés et punis suivant la rigueur des lois.

Si l'embauchage est découvert avant le départ du bâtiment, par première disposition, les lettres de marque accordées seront révoquées.

III. Expédition du présent qui sera imprimé, affiché

et mis à l'ordre, sera adressée au Préfet Colonial et aux lieutenans du Capitaine-général, chargés du commandement des troupes, pour en surveiller l'exécution.

Port N.-O., île de France, le 19 Brumaire an XII.

Le Capitaine-général, DECAEN.

ARRETÉ.

32. DECAEN, Capitaine-général, etc. etc.,

Considérant que l'administration pour les colonies de l'île de France et de la Réunion, déterminée par l'arrêté du gouvernement de la République, en date du 4 Pluviose an XI, nécessite un changement dans l'organisation actuelle des forces nationales de l'île de France.

Considérant, que la nouvelle déclaration de guerre ne permet pas de différer une organisation indispensable pour la sûreté de la colonie.

Arrête :

TITRE PREMIER.

Art. Ier. La légion des gardes nationales du port Nord-Ouest, sera réorganisée et formée ainsi qu'il suit :

II. L'état-major sera composé d'un chef de légion, avec rang de colonel : d'un colonel en second ; d'un major, portant deux épaulettes de capitaine ; de deux capitaines aides-majors.

III. D'un corps de bataille pris parmi les individus de la population blanche, et composé d'une compagnie d'artillerie de bataille ; d'une compagnie de grenadiers, placée à la droite ; de six compagnies de fusiliers ; d'une compagnie de grenadiers, placée à la gauche ; d'une compagnie de chasseurs à cheval ; d'un corps de réserve.

IV. D'un bataillon sous le nom de chasseurs nationaux, formé de noirs libres, et composé d'une compagnie de carabiniers, de quatre compagnies de chasseurs à pied, d'un corps de réserve.

V. Les différentes compagnies des bataillons de la population blanche, sont composées comme il suit :

Artillerie de bataille.

Un capitaine commandant ; un capitaine en second ; un lieutenant en premier ; un lieutenant en second ; un sergent-major ; quatre sergens, un caporal fourrier, huit caporaux, quatre artificiers, vingt-quatre premiers canonniers, cinquante deuxièmes canonniers, deux fifres et deux tambours.

Grenadiers.

Un capitaine commandant, un capitaine en second, un lieutenant en premier, un lieutenant en second, un sous-lieutenant, un sergent-major, quatre sergens, un caporal fourrier, huit caporaux, quatre-vingt deux grenadiers, deux fifres et deux tambours.

Fusiliers.

Un capitaine commandant, un capitaine en second, un lieutenant en premier, un lieutenant en second, un sous-lieutenant, un sergent-major, quatre sergens, un caporal fourrier, huit caporaux, cent-deux fusiliers, deux fifres et deux tambours.

Chasseurs à cheval.

Un capitaine, un lieutenant en premier, un lieutenant en second, un maréchal des logis chef, deux maréchaux des logis, quatre brigadiers, vingt chasseurs et deux trompettes.

Réserve.

Un capitaine commandant, un capitaine en second, un lieutenant en premier, un lieutenant en second, deux sous-lieutenans, un sergent-major, quatre sergens, un caporal fourrier, huit caporaux, cent trente-quatre fusiliers, deux tambours.

IV. Les compagnies du bataillon d'hommes de couleur, seront composées, savoir :

Carabiniers.

Un capitaine commandant, un capitaine en second, un lieutenant en premier, un lieutenant en second, un sous-lieutenant, un sergent-major, quatre sergens, un caporal fourrier, huit caporaux, quatre-vingt deux carabiniers, deux fifres et deux tambours.

Chasseurs.

Un capitaine commandant, un capitaine en second, un lieutenant en premier, un lieutenant en second, un sous-lieutenant, un sergent-major, quatre sergens, huit caporaux, cent-deux chasseurs, deux fifres et deux tambours.

Corps de réserve.

Un capitaine commandant, un capitaine en second, un lieutenant en premier, un lieutenant en second, deux sous-lieutenans, un sergent-major, quatre sergens, un caporal fourrier, huit caporaux, cent trente-quatre fusiliers et deux tambours.

VII. L'état-major de chaque bataillon sera composé d'un lieutenant-colonel, d'un capitaine adjudant-major, d'un adjudant sous-lieutenant, d'un porte-drapeau, d'un officier de santé, d'un tambour-major et d'un maître-armurier.

TITRE II.

Des nominations.

VIII. Le chef de légion, le colonel en second, le major, les deux capitaines aides-major, les chefs de bataillons et les adjudans-majors, sont à la nomination du Capitaine-général.

IX. Les officiers de santé, sont au choix du chef de légion.

X. Le chef de légion et les autres officiers supérieurs, nomment les capitaines en second.

XI. Le chef de bataillon et tous les capitaines, nomment les lieutenans et sous-lieutenans.

XII. Le capitaine nomme son sergent-major, et les soldats de sa compagnie, les sous-officiers et caporaux,

XIII. L'adjudant sous-lieutenant, le tambour-major et l'armurier, sont à la nomination du chef de bataillon.

XIV. Chaque capitaine, aidé de ses officiers, formera sa compagnie d'individus pris dans l'arrondissement ou quartier qui lui sera destiné.

XV. Ceux qui devront former le corps de bataille, seront pris depuis l'âge de seize ans jusqu'à quarante, et la réserve, de quarante à soixante ; les infirmes y seront admis.

XVI. Toutes les nominations autres que celles faites par le Capitaine-général, le seront au scrutin. Il en sera dressé un procès-verbal.

TITRE III.

Des distinctions et de l'uniforme.

XVII. Les distinctions pour tous grades, seront les mêmes que celles des troupes de ligne.

XVIII. L'infanterie du corps de bataille, portera l'uniforme, dit national ; et l'artillerie, l'uniforme de cette arme.

XIX. Le capitaine commandant les chasseurs à cheval, réglera l'uniforme de sa compagnie.

XX. Les chasseurs nationaux porteront l'habit court, revers en pointe, de même couleur (bleu foncé,) collet et parement rouges, doublure bleue, et liseret blanc.

XXI. Chaque réserve portera l'uniforme de son corps.

TITRE IV.

Ordre de bataille.

XXII. L'ordre de bataille de la légion du Port Nord-Ouest, de l'île de France, est ainsi déterminée :

L'artillerie ; l'infanterie de bataille ; sa réserve. Les chasseurs nationaux ; leur réserve. Les chasseurs à cheval n'ont point de place fixe.

XXIII. Quand la légion devra se porter sur un point quelconque de la colonie, il sera donné un ordre spécial pour le rang que chaque corps devra occuper dans la colonne.

Dispositions générales.

XXIV. Le Capitaine-général déterminera incessamment le mode d'organisation des autres légions nationales de la colonie.

XXV. Le général Vandermaesen, lieutenant du Capitaine-général, est chargé de faire mettre à exécution les dispositions de la présente organisation, qui sera imprimée et publiée partout où besoin sera.

Port N.-O. Ile de France, 28 Vendémiaire an XII.

Le Capitaine-général, DECAEN.

ARRÊTÉ.

32. DECAEN, Capitaine-général, etc. etc.,

Pour donner suite aux dispositions de l'art. XXIV de son arrêté du 8 Vendémiaire, sur l'organisation des forces nationales de la colonie de l'île de France,

Arrête :

CHAPITRE PREMIER.

Art. Ier. Les légions de gardes nationales maintenant en activité dans chacun des ci-devant cantons de la colonie de l'île de France, autres que celui du Port Nord-Ouest, sont licenciées.

II. Tous individus de la population blanche, et tous gens de couleur, libres, en état de porter les armes, depuis seize ans jusqu'à soixante, seront de suite organisés par compagnies, dans les huit quartiers ci-après désignés, savoir :

Les Pamplemousses, la Rivière du Rempart, Flacq, le Port Sud-Est, la Savanne, la Rivière Noire, les Plaines-Wilhems, Moka.

III. Dans chacun de ces quartiers, il y aura un commandant militaire, avec le titre de capitaine commandant de quartier, chez lequel il sera tenu deux régistres où devront se faire inscrire tous les habitans de la population blanche et les gens de couleur, libres.

IV. Chaque quartier aura autant de subdivisions qu'il fournira de compagnies. En conséquence de cette disposition qui donnera beaucoup plus de facilité pour le service, il n'y aura plus dans ces quartiers, de compagnies de gens de couleur, libres ; mais il y aura à la suite de chaque compagnie de population blanche, une section de gens de couleur, sous la dénomination de chasseurs coloniaux : ces sections seront commandées chacune par un lieutenant pris parmi eux, et nommé par le capitaine commandant de quartier, sur la présentation du capitaine de compagnie. Chaque section sera sous les ordres du capitaine de compagnie, à la suite de laquelle elle se trouvera.

V. Les capitaines commandants de quartiers seront nommés par le Capitaine-général.

VI. Le capitaine commandant de quartier n'aura point de troupes immédiatement sous ses ordres ; mais il commandera le major et tous les capitaines des compagnies de son quartier. Il portera les marques distinctives attribuées au grade de chef de brigade de l'armée française.

XII. Il y aura en outre dans chaque quartier, un major, ou commandant en second, dont les nominations auront lieu comme celles des capitaines-commandans. Ce major n'aura pas non plus de troupes immédiatement sous ses ordres ; il remplacera le capitaine-commandant de quartier, en son absence. Il aura, pour marque distinctive de son grade, deux épaulettes de capitaine d'infanterie.

VIII. Les capitaines des compagnies seront à la nomination du Capitaine-général, sur la présentation des capitaines commandans de quartier.

IX. Les lieutenans des compagnies seront à la nomination du Capitaine-général, sur la présentation des capitaines de compagnie.

X. Les sergens-majors, sous-officiers et caporaux, seront nommés par les capitaines des compagnies, sur la présentation des lieutenans.

XI. Chaque compagnie sera composée, savoir :

D'un capitaine, un lieutenant en premier, un lieutenant en second, un sergent-major, trois sergens, six caporaux, quarante-huit fusiliers, deux tambours, pris parmi les hommes de couleur.

XII. Chaque section de chasseurs coloniaux sera composée, savoir :

D'un lieutenant, un sergent, deux caporaux, vingt chasseurs coloniaux, un tambour.

XIII. Les sous-officiers des sections d'hommes de couleur, seront à la nomination du capitaine de la compagnie à laquelle la section sera attachée.

CHAPITRE II.

Subdivision des quartiers.

Nomination des capitaines commandans et des majors.

Art. Ier. Chaque quartier, en raison de sa population, aura le nombre de compagnies déterminé ci-après, savoir :

PAMPLEMOUSSES.

Quatre compagnies, quatre sections.

La première compagnie aura la dénomination de compagnie du Nord ; la seconde de l'Est ; la troisième du Sud ; la quatrième de l'Ouest.

Chaque section attachée aux compagnies du Nord et de l'Est, sera formée d'artilleurs.

RIVIÈRE DU REMPART.

Deux compagnies,—deux sections.

La première compagnie aura la dénomination de compagnie du Sud ; la seconde du Nord.

FLACQ.

Trois compagnies,—trois sections.

La première compagnie aura la dénomination de compagnie du Sud ; la seconde du Centre ; la troisième du Nord.

PORT SUD-EST.

Quatre compagnies,—quatre sections.

La première compagnie aura la dénomination de compagnie du Sud ; la seconde de l'Est ; la troisième du Nord ; la quatrième de l'Ouest.

Chaque section attachée aux compagnies du Sud et de l'Est de ce quartier, sera formée d'artilleurs.

SAVANNE.

Une compagnie,—une section.

La compagnie de ce quartier en portera le nom.

RIVIÈRE NOIRE.

Une compagnie,—une section.

La compagnie de ce quartier en portera le nom.

PLAINES-WILHEMS.

Deux compagnies,—deux sections.

La première compagnie aura la dénomination de compagnie de l'Ouest ; la seconde de l'Est.

La section attachée à la compagnie de l'Ouest, sera formée d'artilleurs.

MOKA.

Une compagnie,—une section.

La compagnie de ce quartier en portera le nom.

II. Sont nommés capitaines commandans de quartiers, les personnes ci-après désignées :

Céré, ancien capitaine commandant de quartier ; aux Pamplemousses.—Hubert Martin, habitant ; à la Rivière du Rempart.—Jercey, ancien capitaine d'artillerie ; à Flacq.—Robillard, ancien commandant de quartier ; au Port Sud-Est.—Etienne Bolger, ancien capitaine au régiment de l'île de France ; à la Savanne.—Boucherville, ancien capitaine au régiment de l'île de France ; à la Rivière Noire.—Giblot, ci-devant maire ; aux Plaines Wilhems.—Déveaux, ancien capitaine des grenadiers de l'île de France ; à Moka.

III. Sont nommés majors de quartiers les personnes ci-après désignées ;

De Latouraudy, ancien lieutenant colonel du régiment de l'île de France; aux Pamplemousses.—Motet, ancien officier d'artillerie ; à la Rivière du Rempart.—Belzim, ancien lieutenant de vaisseau ; à Flacq.—Cherval, ancien lieutenant de vaisseau ; au Port Sud-Est.-D'Unienville, ancien lieutenant de vaisseau ; à la Savanne.—Desfayes, ancien capitaine des grenadiers, au régiment de l'île de France ; à la Rivière Noire.—Maret, ancien officier municipal ; aux Plaines Wilhems.—Curac, ancien capitaine au régiment de l'île de France ; à Moka.

IV. L'uniforme national est conservé ; cependant il sera proposé à l'approbation du Capitaine-général, des distinctions pour qu'il y ait une différence dans les uniformes des gardes nationales de chaque quartier.

V. L'uniforme des sections attachées à chaque compagnie, est réglé ainsi qu'il suit :

L'uniforme des chasseurs coloniaux, sera : habit-veste, bleu national, revers en pointe, de même couleur, collet et paremens rouges, doublure bleue, liseré blanc et boutons blancs.

Les artilleurs auront le même uniforme que les chasseurs coloniaux, excepté la différence du liseré qui sera rouge, et les boutons jaunes.

VI. Aussitôt que l'organisation sera terminée dans chacun des quartiers, les capitaines commandans de quartier s'empresseront d'envoyer le résultat de leur travail au Capitaine-général.

CHAPITRE III.

Police, attributions.

DISPOSITIONS GÉNÉRALES.

Art. Iᵉʳ. La police du quartier sera du ressort de celui qui le commandera.

II. Le commandant qui s'absentera, donnera avis de son absence à celui qui, par son rang, devra commander le quartier. Il en préviendra chaque commandant de compagnie. Après le capitaine commandant et

Quatrième partie, A.

le major, ce sera le plus ancien capitaine des compagnies, qui prendra le commandement supérieur du quartier.

III. Les commandans de quartier et les capitaines de compagnie qui se trouveront commander une division de ces mêmes quartiers, feront exécuter ponctuellement les différens ordres qu'ils recevront du gouvernement ; mais ils ne pourront, sous aucun prétexte, s'arroger les droits de connaître des affaires civiles, qu'ils seront tenus de renvoyer devant les tribunaux, ou le commissaire civil de chaque quartier, selon l'exigence des cas. Ils pourront être choisis pour arbitres.

IV. Les gardes nationales de l'île de France, ne pourront sortir en troupe hors de leurs quartiers, sans un ordre exprès du Capitaine-général ou de son lieutenant.

V. Les commissions délivrées aux capitaines commandans de quartier, aux majors et aux capitaines de compagnie, ne leur donneront de pouvoir et commandement sur les gardes nationaux, que pour le service.

VI. Les commandans de quartier pourront cependant, sur la demande des habitans, commander des détachemens pour la chasse des nègres marrons, et ils en rendront compte au Capitaine-général, ainsi que du retour et des captures faites par ces détachemens, qui seront fournis par les chasseurs coloniaux ; ils seront également employés à la poursuite des déserteurs, et pour la police des quartiers.

VII. Les capitaines commandans de quartier prononceront sur les demandes d'exemption de service, qui pourront leur être faites ; mais ces exemptions ne seront accordées que pour des causes majeures dont ils seront tenus de rendre compte au Capitaine-général.

VIII. Une fois par mois, chaque capitaine réunira sa compagnie et sa section de chasseurs coloniaux, pour en passer la revue et s'assurer du bon état des armes.

IX. Les capitaines commandans de quartier, passeront deux revues générales, chaque année l'une en Vendémiaire et l'autre en Germinal ; ils choisiront pour cet effet le premier dimanche de chacun de ces mois.

A ces revues, les capitaines de compagnies et lieutenans de couleur, remettront au commandant de quartier, les contrôles de leur compagnie et section. Les hommes absens y seront portés avec indication du motif de leur absence.

Ces états seront conformes aux modèles qui seront envoyés au commandant de quartier. En outre ces revues, il en sera passé chaque année, par le Capitaine général, ou par son lieutenant, aux époques qui seront fixées.

X. Les commandans de quartier feront mention sur leurs registres, de toutes les armes existantes dans leur quartier.

XI. Tous gardes nationaux et chasseurs coloniaux, qui cesseront d'habiter leur quartier, seront tenus de remettre leurs armes, si elles sont à la République, au capitaine de leur compagnie.

XII. En cas d'alerte, les commandans de quartier

feront battre la générale, et chaque compagnie et section se réuniront sur le point qui leur aura été désigné.

XIII. Les capitaines commandans de quartier, les majors, capitaines et autres officiers, seront personnellement responsables de l'exécution des présentes dispositions, ainsi que des ordres émanés du Capitaine-général.

XIV. Le Général Vandermaesen, Lieutenant du Capitaine-général, est chargé de suivre l'exécution du présent, qui sera imprimé et affiché partout où besoin sera.

A l'île de France, le 19 Brumaire an XII.

Le Capitaine-général, DECAEN.

R E G L E M E N T.

33. L. R. Crespin, Commissaire de justice, etc.,

Arrête :

Art. 1er. L'article II du réglement du 8 Vendémiaire, relativement aux instructions criminelles, ne comprend la publicité desdites instructions, que du moment de l'exécution du décret de prise de corps ou d'ajournement personnel.

II. En conséquence les informations et tous les actes de la procédure jusqu'au décret, se feront ainsi qu'il est prescrit par les articles VIII et XI du titre VI de l'ordonnance criminelle.

III. Les instructions et tous les actes de la procédure, depuis le décret, auront lieu suivant les règles établies par la loi de l'assemblée nationale, du 19 Octobre 1789, ainsi que par l'ordonnance de 1670, autant qu'il n'y est pas dérogé par ladite loi.

IV. Les formalités prescrites par l'article XII de ladite loi, auront leur pleine exécution.

Le présent sera lu, enregistré, imprimé, publié et affiché.

A l'île de France le 23 Brumaire an XII.

Le Commissaire de justice, Crespin.

Approuvé, le Capitaine-général, DECAEN.

R E G L E M E N T.

34. L. R. Crespin, Commissaire de justice, etc.,

Vu la lettre en date du 8 du courant, du commissaire du gouvernement, près du tribunal d'appel séant à St.-Denis, de l'île de la Réunion, par laquelle il exposé qu'il y a dans ladite île, peu d'affaires commerciales ; qu'en conséquence, le tems consacré à ces sortes d'affaires, par l'article VI du réglement du 6 Vendémiaire, serait en pure perte pour l'administration ordinaire de la justice, et qu'il serait plus utilement employé pour les affaires civiles, auxquelles on pourrait joindre le petit nombre de causes de commerce qui peuvent se présenter à l'île de la Réunion ;

Ayant égard à ces considérations, Arrête :

Art. Ier. Les audiences du tribunal de première instance, de l'île de la Réunion, seront toutes destinées aux affaires civiles.

II. Les affaires de commerce qui pourraient se présenter, seront inscrites avec les affaires civiles, suivant leur ordre de présentation.

Sont exceptées celles qui se trouveront dans la classe des causes sommaires et célères.

III. L'article VI du réglement du 6 Vendémiaire dernier, aura son entière exécution, en ce qui n'est pas dérogé par le présent, qui sera imprimé, lu, enregistré et affiché partout où besoin sera.

Fait et arrêté au Port N.-O. de l'île de France, le 27 Brumaire an XII.

Le Commissaire de justice, L. R. Crespin.

Approuvé, le Capitaine-général, DECAEN.

A R R E T É.

35. Decaen, Capitaine-général, etc. etc.,

Désirant, dans la guerre actuelle, où l'honneur national réclame des défenseurs, donner aux créoles de l'île de la Réunion, une nouvelle occasion de signaler le dévouement dont ils ont toujours fait preuve dans de pareilles circonstances ;

Arrête :

Art. Ier. Il sera levé successivement à l'île de la Réunion, plusieurs compagnies de créoles, sous le nom de Chasseurs de la Réunion.

II. Chaque compagnie sera composée d'un capitaine commandant, d'un capitaine en second, de deux lieutenans, d'un sous-lieutenant, d'un sergent-major, de six sergens, d'un caporal-fourrier, de dix caporaux, deux tambours et cent quarante chasseurs, formant un total de cent soixante cinq hommes, officiers compris.

III. Il faudra être créole, pour être admis ; la qualité de chasseur ne pourra être reçue, sans des preuves duement certifiées de bonnes mœurs et conduite.

IV. Il sera ouvert chez les commissaires civils des cantons, un registre destiné à recevoir l'inscription et les signatures des hommes qui voudront prendre parti dans les compagnies. Ce registre contiendra les noms, prénoms, âge, signalement et domicile.

V. L'inscription au registre constatera l'existence des hommes dans les compagnies, et leur rang courra de la date de ladite inscription, dont il leur sera délivré un extrait conforme.

VI. Le Capitaine-général nommera, pour la première fois, les officiers des compagnies.

Par la suite, l'avancement aura lieu, conformément aux lois et réglemens fixés pour les troupes de la République.

VII. Les appointemens, soldes, masses, logemens, subsistance et administration, seront conformément aux réglemens établis pour les troupes légères de la République.

VIII. La police et la discipline, seront les mêmes que pour les autres troupes d'infanterie de l'armée.

IX. L'uniforme des chasseurs de la Réunion, sera composé, d'un habit-veste de drap verd, retroussis et revers de même couleur, collet et paremens chamois, boutons blancs, gilet et pantalon de nankin blanc ou jaune, petites guêtres noires ou de toile bleue, cravate blanche, épaulettes blanches, un shakos pour coëffure.

Les détails secondaires de l'habillement, relatifs à la coupe des paremens, revers, poches ou liserés, forme des boutons etc. seront réglés par l'officier chargé du travail de l'organisation, sauf l'approbation du Capitaine-général.

L'uniforme des officiers, sera le même que celui des chasseurs, à l'exception de l'habit qu'ils porteront long, de la botte à la hussarde.

X. Les marques distinctives de tout grade, seront les mêmes que celles réglées pour l'infanterie légère.

XI. Les chasseurs de l'île de la Réunion, seront armés d'un fusil, d'une bayonnette, d'un sabre et d'une giberne.

XII. L'armement et équipement seront fournis des magasins de la République, et il sera pourvu aux réparations et remplacemens, suivant les réglemens établis pour les autres corps.

XIII. Le présent arrêté recevra son exécution sous le plus bref délai ; mais on ne procédera à la formation de la deuxième compagnie, qu'après l'organisation de la première, et ainsi de suite, jusqu'à quatre, s'il est possible. L'orsqu'il y en aura trois de réunies, elles auront un état-major. Aussitôt une compagnie organisée, il sera pris des mesures pour son transport à l'île de France, pour y être armée et équipée.

Les capitaines et les lieutenans en second, ne seront nommés pour les compagnies, que lorsqu'elles seront complétées aux deux tiers ; et tous les officiers ne jouiront du supplément colonial, que lorsque chaque compagnie sera complète.

A l'île de France, le 10 Brumaire an XII.

Le Capitaine général, DECAEN.

ARRÊTÉ.

36. Decaen, Capitaine-général, etc. etc.,

Sur la représentation du Préfet colonial, portant que depuis le mois de Février 1791, les droits de contrôle ou d'enregistrement ont été établis dans les colonies des îles de France et de la Réunion, et qu'ils ont été augmentés par divers droits de commune, perçus de différentes manières ; qu'il est urgent de fixer un mode régulier de perception, par lequel ces droits se trouvent réunis sous une même forme et dénomination ;

Arrête :

A compter de la publication du présent, les droits de contrôle et de commune se trouvent supprimés, et

en remplacement, la loi de la République, du 22 Frimaire an VII, sur l'enregistrement, sera promulguée pour être exécutée aux îles de France et de la Réunion, sauf les modifications que les localités ont rendues nécessaire

DISPOSITIONS DE LA LOI.

TITRE PREMIER.

De l'enregistrement des droits et de leur application.

Art. Ier. Les droits d'enregistrement seront perçus d'après les bases et suivant les règles déterminées par la présente.

II. Les droits d'enregistrement sont fixes ou proportionnels, suivant la nature des actes et mutations qui y sont assujettis.

III. Le droit fixe s'applique aux actes, soit civils, soit judiciaires ou extra-judiciaires, qui ne contiennent ni obligation, ni libération, ni condamnation, collocation, ou liquidation des sommes et valeurs, ni transmission de propriété, d'usufruit, ou de jouissance de biens meubles ou immeubles.

Il est perçu au taux réglé par l'article LXVIII de la présente.

IV. Le droit proportionnel est établi pour les obligations, libérations, condamnations, collocations ou liquidations de sommes et valeurs, et pour toute transmission de propriété, d'usufruit ou de jouissance de biens meubles ou immeubles, soit entre vifs, soit par décès.

Les quotités sont fixées par l'article LXIX ci-après.

Il est assis sur les valeurs.

V. Il n'y a point de fraction de centime dans la liquidation du droit proportionnel ; lorsqu'une fraction de somme ne produit pas un centime de droit, le centime est perçu au profit du gouvernement.

VI. Cependant le moindre droit à percevoir sur un acte donnant lieu au droit proportionnel, et sur une mutation de biens par décès, sera du montant de la quotité sous laquelle chaque acte ou mutation se trouve classé dans les articles LXVIII et LXIX, sauf les exceptions y mentionnées.

VII. Les actes civils et extra-judiciaires, sont enregistrés sur les minutes, brevets ou originaux.

Les actes judiciaires reçoivent cette formalité, soit sur les minutes, soit sur les expéditions, suivant les distinctions ci-après.

Ceux qui doivent être enregistrés sur les minutes, sont les procès-verbaux d'apposition, de reconnaissance ou de levée de scellés, et ceux de nomination de tuteurs ou curateurs ; les avis de parens, les émancipations, les actes de notoriété, les déclarations en matière civile, les adoptions ; tous actes contenant autorisation, acceptation, abstention, renonciation ou répudiation ; les nominations d'experts et arbitres ; les oppositions à levée de scellés par comparution personnelle ; les cautionnemens de personnes à représenter à justice ; ceux de sommes déterminées ou non déterminées ; les ordonnances et mandemens d'assigner les opposans à scellés, tous procès-verbaux généralement quelconques des commissaires civils de quartier ; défaut ou congé, remise ou ajournement, tous actes d'acquiescement de dépôt et consignation, d'exclusion de tribunaux, d'affirmation de voyage, d'enchère et sur-enchère, de reprise d'instance, de communication de pièces avec ou sans déplacement, d'affirmation ou vérification de créances, d'oppositions à délivrance de titres ou jugemens, de procès-verbaux et rapports, de dépôt de bilan et de décharges, les certificats de toute nature, et ordonnances sur requêtes ; les jugemens portant transmission d'immeubles, et ceux par lesquels il est prononcé des condamnations sur des conventions sujettes à l'enregistrement, sans énonciation de titres enregistrés.

Tous autres actes et jugemens, soit préparatoires ou d'instruction, soit définitifs, ne sont soumis à l'enregistrement que sur les expéditions.

Ceux des actes de l'état civil, qui sont assujettis à l'enregistrement par la présente, ne seront également enregistrés que sur les expéditions.

Les jugemens de la police ordinaire, des tribunaux de police correctionnelle et des tribunaux criminels ne sont de même soumis à l'enregistrement, que sur les expéditions, lorsqu'il y a partie civile, et seulement pour les expéditions requises par elles ou autres intéressés.

VIII. Il n'est dû aucun droit d'enregistrement pour les extraits, copies ou expéditions des actes qui doivent être enregistrés sur les minutes ou originaux.

Quant à ceux des actes judiciaires qui ne sont assujettis à l'enregistrement que sur les expéditions, chaque expédition doit être enregistrée, savoir : la première pour le droit proportionnel s'il y a lieu, ou pour le droit fixe si le jugement n'est pas passible du droit proportionnel, et chacune des autres pour le droit fixe.

IX. Lorsqu'un acte translatif de propriété ou d'usufruit, comprend des meubles ou immeubles, le droit d'enregistrement est perçu sur la totalité du prix, au taux réglé pour les immeubles, à moins qu'il ne soit stipulé un prix particulier pour les objets mobiliers, et qu'ils ne soient désignés et estimés par article dans le contrat.

X. Dans le cas de transmission de biens, la quittance donnée ou l'obligation consentie par le même acte, pour tout ou partie du prix entre les contractans, ne peut être sujette à aucun droit particulier d'enregistrement.

XI. Mais lorsque dans un acte quelconque, soit civil, soit judiciaire ou extra-judiciaire, il y a plusieurs dispositions indépendantes, ou ne dérivant pas nécessairement les unes des autres, il est dû pour chacune d'elles et selon son espèce, un droit particulier ; la quotité en est déterminée par l'article de la présente, dans lequel la disposition se trouve classée, ou auquel elle se rapporte.

XII. La mutation d'un immeuble en propriété, ou d'usufruit, sera suffisamment établie pour la demande du droit d'enregistrement, et la poursuite du payement contre le nouveau possesseur, soit par l'inscription de son nom au rôle de la contribution foncière, et des payemens par lui faits d'après ce rôle, soit par des baux par lui passés, ou enfin par des transactions ou autres actes constatant sa propriété ou son usufruit.

XIII. La jouissance à titre de ferme ou de location ou d'engagement d'un immeuble, sera aussi suffisamment établie pour la demande et la poursuite du payement des baux ou engagemens non enregistrés, par des actes qui la feront connaître, ou par des payemens de contributions imposées aux fermiers, locataires et détenteurs temporaires.

TITRE II.

Des valeurs sur lesquelles le droit proportionnel est assis et de l'expertise.

XIV. La valeur de la propriété de l'usufruit et de la jouissance des biens meubles, est déterminée pour la liquidation et le payement du droit proportionnel, ainsi qu'il suit, savoir :

1°. Pour les baux et locations, par le prix annuel exprimé, en y ajoutant les charges imposées au preneur.

2°. Pour les créances à terme, leurs cessions et transports, et autres actes obligatoires, par le capital exprimé dans l'acte et qui en fait l'objet.

3°. Pour les quittances et tous autres actes de libération, par le total des sommes ou capitaux dont le débiteur se trouve libéré.

4° Pour les marchés ou traités, par le prix exprimé, ou l'évaluation qui sera faite des objets qui en seront susceptibles.

5°. Pour les ventes et autres transmissions à titre onéreux, par le prix exprimé et le capital des charges qui peuvent ajouter au prix.

6°. Pour les créations de rentes, soit perpétuelles, soit viagères ou de pensions, aussi à titre onéreux, par le capital constitué et aliéné.

7°. Pour les cessions ou transports desdites rentes ou pensions, et pour leur amortissement ou rachat, par le capital constitué, quel que soit le prix stipulé pour le transport ou l'amortissement.

8°. Pour les transmissions entre vifs, à titre gratuit, et celles qui s'opèrent par décès, par la déclaration estimative des parties, sans distraction des charges.

9°. Pour les rentes et pensions créées sans expression de capital, leur transport et amortissement ; à raison d'un capital formé de vingt fois la rente perpétuelle et de dix fois la rente viagère ou la pension ; et quel que soit le prix stipulé pour le transport ou l'amortissement.

Il ne sera fait aucune distinction entre les rentes viagères et les pensions créées sur une tête, et celles créées sur plusieurs têtes, quant à l'évaluation.

Les rentes et pensions stipulées payables en nature, seront évaluées aux mêmes capitaux, estimation préalablement faite des objets, d'après les dernières mercuriales du quartier de la situation des biens, à la date de l'acte, s'il s'agit d'une rente créée pour aliénation a immeubles ; ou dans tout autre cas, d'après les dernières mercuriales du canton où l'acte aura été passé.

Il sera rapporté à l'appui de l'acte, un extrait certifié des mercuriales.

S'il est question d'objets dont les prix ne puissent être réglés par les mercuriales, les parties en feront une déclaration estimative.

10°. Pour les actes et jugemens portant condamnation, collocation, liquidation ou transmission, par le capital des sommes, intérêts et dépens liquidés.

11°. L'usufruit transmis à titre gratuit, s'évalue à la moitié de la valeur entière de l'objet.

XV. La valeur de la propriété de l'usufruit et de jouissance des immeubles, est déterminée pour la liquidation et le payement du droit proportionnel, ainsi qu'il suit, savoir :

1°. Pour les baux à ferme ou à loyer, les sous-baux, cessions ou subrogations de baux, par le prix annuel exprimé, en y ajoutant les charges imposées au preneur.

Si le bail est stipulé payable en nature, il en sera fait une évaluation d'après les dernières mercuriales du quartier de la situation des biens, à la date de l'acte, à l'appui duquel il sera rapporté un extrait certifié des mercuriales.

Il en sera de même des baux à portions de fruits, pour la part revenant au bailleur, dont la quotité sera préalablement déclarée et sur la valeur de laquelle le droit d'enregistrement sera perçu.

S'il s'agit d'objets dont la valeur ne puisse être constatée par les mercuriales, les parties en feront une déclaration estimative.

2°. Pour les baux à rente perpétuelle, et ceux dont la durée est illimitée, par un capital formé de vingt fois la rente ou le prix annuel et les charges aussi annuelles, en y ajoutant également les autres charges en capital, et les deniers d'entrée, s'il en est stipulé.

Les objets en nature s'évaluent comme ci-dessus.

3°. Pour les baux à vie, sans distinction de ceux faits sur une ou plusieurs têtes, par un capital formé de dix fois le prix et les charges annuelles, en y ajoutant de même le montant des deniers d'entrée, et des autres charges, s'il s'en trouve d'exprimées. Les objets en nature s'évaluent pareillement comme il est prescrit ci-dessus.

4°. Pour les échanges, par une évaluation qui doit être faite en capital, d'après le revenu annuel multiplié par vingt, sans distraction des charges.

5°. Pour les engagemens, par les prix et sommes pour lesquels ils sont faits.

6°. Pour les ventes, adjudications, cessions, rétrocessions, licitations, et tous autres actes civils ou judiciaires, portant translation de propriété ou d'usufruit à titre onéreux, par le prix exprimé, en y ajoutant toutes les charges en capital, ou par une estimation d'experts, dans les cas autorisés par la présente.

Si l'usufruit est réservé par le vendeur, il sera évalué à la moitié de tout ce qui forme le prix du contrat,

et le droit sera perçu sur le total ; mais il ne sera dû aucun autre droit pour la réunion de l'usufruit à la propriété ; cependant si elle s'opère par un acte de cession, et que le prix soit supérieur à l'évaluation qui en aura été faite pour régler le droit de la translation de propriété, il est dû un droit par supplément sur ce qui se trouve excéder cette évaluation. Dans le cas contraire, l'acte de cession est enregistré pour le droit fixe.

7°. Pour les transmissions de propriétés entre vifs, à titre gratuit, et celles qui s'effectuent par décès, par l'évaluation qui en sera faite et portée à vingt fois le produit des biens, ou le prix des baux courans, sans distraction des charges.

Il ne sera rien dû pour la réunion de l'usufruit à la propriété.

8°. Pour les transmissions d'usufruit seulement, soit entre vifs à titre gratuit, soit par décès, par l'évaluation qui en sera portée à dix fois le produit des biens, ou le prix des baux courans aussi sans distraction des charges.

Lorsque l'usufruitier qui aura acquitté le droit d'enregistrement pour son usufruit, acquerra la nue propriété, il payera le droit d'enregistrement sur sa valeur, sans qu'il y ait lieu de joindre celle de l'usufruit.

XVI. Si les sommes et valeurs ne sont pas déterminées dans un acte ou jugement donnant lieu au droit proportionnel, les parties seront tenues d'y suppléer avant l'enregistrement, par une déclaration estimative, certifiée et signée au pied de l'acte.

XVII. Si le prix énoncé dans un acte translatif de propriété ou d'usufruit de biens immeubles à titre onéreux, paraît inférieur à leur valeur vénales, à l'époque de l'aliénation, par comparaison avec les fonds voisins de même nature, la régie pourra requérir une expertise, pourvu qu'elle en fasse la demande dans l'année, à compter du jour de l'enregistrement du contrat.

XVIII. La demande en expertise sera faite au tribunal civil, par une pétition portant nomination de l'expert de la nation.

L'expertise sera ordonnée dans les dix jours qui suivront la demande.

En cas de refus par la partie de nommer son expert sur la sommation qui lui aura été faite d'y satisfaire dans les trois jours, il lui en sera nommé un d'office, par le tribunal.

Les experts en cas de partage, appelleront un tiers-experts ; s'ils ne peuvent en convenir, le tribunal y pourvoira.

Le procès-verbal d'expertise, sera rapporté au plus tard dans le mois qui suivra la remise qui aura été faite aux experts, de l'ordonnance du tribunal, ou dans le mois après l'appel du tiers-experts.

Les frais d'expertise, seront à la charge de l'acquéreur, mais seulement lorsque l'estimation excédera d'un huitième au moins, le prix énoncé au contrat.

L'acquéreur sera tenu dans tous les cas, d'acquitter le droit sur le supplément de l'estimation, s'il y a une plus-value constatée par le rapport des experts.

XIX. Il y aura également lieu à requérir l'expertise des revenus des immeubles transmis en propriété, ou usufruit à tout autre titre qu'à titre onéreux, lorsque l'insuffisance dans l'évaluation, ne pourra être établie par actes qui puissent faire connaître le véritable revenu des biens.

TITRE III.

Des délais pour faire enregistrer les actes et déclarations.

XX. Les délais pour l'enregistrement des actes publics, sont savoir :

De quatre jours pour les actes des huissiers, et autres, ayant pouvoir de faire des exploits et procès-verbaux, lorsqu'ils seront faits au chef-lieu des îles : de huit jours pour les autres quartiers, et quinze en cas d'empêchement légitime, lequel sera constaté par le visa des commissaires civils.

De dix jours pour les actes des notaires qui résident dans le quartier où le bureau d'enregistrement est établi.

De quinze jours pour ceux des notaires qui n'y résident pas.

De vingt jours pour les actes judiciaires soumis à l'enregistrement sur les minutes ; et pour ceux dont il ne reste pas de minute au greffe, ou qui se délivrent en brevet.

De vingt jours aussi pour les actes des administrations, assujettis à la formalité de l'enregistrement.

XXI. Les testamens déposés chez les notaires, ou par eux reçus, seront enregistrés dans les trois mois du décès des testateurs, à la diligence des héritiers, donataires, légataires, ou exécuteurs testamentaires.

XXII. Les actes qui, à l'avenir, seront faits sous signature privée, et qui porteront transmission de propriété ou d'usufruit de biens immeubles, et les baux à ferme ou loyer, sous-baux, cessions, subrogations de baux, et les engagemens, aussi sous signature privée, de biens de même nature, seront enregistrés dans les trois mois de leur date.

XXIII. Il n'y a point de délai de rigueur pour l'enregistrement de tous autres actes que ceux mentionnés dans l'article précédent, qui seront faits sous signature privée, ou pays étranger, et dans les îles et colonies françaises où l'enregistrement n'aurait pas encore été établi ; mais il ne pourra en être fait aucun usage, soit par acte public, soit en justice, ou devant toute autorité constituée, qu'ils n'aient été préalablement enregistrés.

XXIV. Les délais pour l'enregistrement des déclarations que les héritiers, donataires ou légataires auront à passer, des biens à eux échus, ou transmis par décès, sont, savoir :

De six mois à compter du décès, lorsque celui dont on recueille la succession, est décédé à l'île de France.

De huit mois s'il est décédé à l'île de la Réunion.

De deux ans si c'est dans toute autre partie du monde.

Le délai de six mois ne courra que du jour de la mise en possession pour la succession d'un absent ;

celle d'un condamné si ses biens sont séquestrés ; celle qui aurait été séquestrée pour toute autre cause ; celle d'un défenseur de la patrie, s'il est mort en activité de service hors de son département, ou enfin celle qui serait recueillie par indivis avec la nation.

Si avant les derniers six mois des délais fixés pour les déclarations des successions de personnes décédées hors de l'île de France, les héritiers prennent possession de biens, il ne restera d'autre délai à courir pour passer déclaration, que celui de six mois à compter du jour de la prise de possession.

XXV. Dans les délais fixés par les articles précédens pour l'enregistrement des actes et déclarations, le jour de la date de l'acte, ou celui de l'ouverture de la succession, ne sera point compté.

Si le dernier jour du délai se trouve être un dimanche, ou un jour de fête nationale, ou s'il tombe dans les jours complémentaires, ces jours ne seront point comptés non plus.

TITRE IV.

Des bureaux où les actes et mutations doivent être enregistrés.

XXVI. Les notaires ne pourront faire enregistrer leurs actes qu'aux bureaux dans l'arrondissement desquels ils résident.

Les huissiers et tous autres ayant pouvoir de faire des exploits, procès-verbaux, ou rapports, feront enregistrer leurs actes, soit au bureau de leur résidence, soit au bureau du lieu où ils les auront faits.

Les greffiers et les secrétaires des administrations, feront enregistrer les actes qu'ils seront tenus de soumettre à cette formalité, aux bureaux dans l'arrondissement desquels ils exercent leurs fonctions.

Les actes sous signature privée, et ceux passés en pays étranger, pourront être enregistrés dans tous les bureaux indistinctement.

XXVII. Les mutations de propriété ou d'usufruit par décès, seront enregistrées au bureau de la situation des biens.

Les héritiers donataires ou légataires, leurs tuteurs ou curateurs, seront tenus d'en passer déclaration détaillée, et de la signer sur le registre.

S'il s'agit d'une mutation au même titre, de biens meubles, la déclaration en sera faite au bureau dans l'arrondissement duquel ils se seront trouvés, au décès de l'auteur de la succession.

Les rentes et les autres biens meubles sans assiette déterminée lors du décès, seront déclarés au bureau du domicile du décédé.

Les héritiers, donataires ou légataires, rapporteront à l'appui de leurs déclarations de biens meubles, un inventaire ou état estimatif, article par article, par eux certifié, s'il n'a pas été fait par un officier public ; cet inventaire sera déposé et annexé à la déclaration qui sera reçue et signée sur le registre du receveur de l'enregistrement.

TITRE V.

Du payement des droits et de ceux qui doivent les acquitter.

XXVIII. Les droits des actes et ceux des mutations par décès, seront payés avant l'enregistrement aux taux et quotités réglés par la présente.

Nul ne pourra en atténuer ni différer le payement, sous le prétexte de contestation sur la quotité, ni pour quelqu'autre prétexte que ce soit, sauf à se pourvoir en restitution, s'il y a lieu.

XXIX. Les droits des actes à enregistrer seront acquittés ; savoir :

Par les notaires, pour les actes passés devant eux.

Par les huissiers, et autres ayant pouvoir de faire des exploits et procès-verbaux, pour ceux de leur ministère.

Par les greffiers, pour les actes et jugemens, sauf le cas prévu par l'article XXXVIII ci-après, qui doivent être enregistrés sur les minutes, aux termes de l'article VII de la présente, et ceux passés et reçus aux greffes, et pour les extraits, copies et expéditions qu'ils délivrent des jugemens qui ne sont pas soumis à l'enregistrement sur les minutes.

Par les secrétaires des administrations, pour les actes de ces administrations, qui sont soumis à la formalité de l'enregistrement, sauf aussi le cas prévu par l'article XXXVII.

Par les parties, pour les actes sous signature privée, et ceux passés en pays étranger qu'elles auront à faire enregistrer ; par les ordonnances sur requêtes ou mémoires, et les certificats qui leur sont immédiatement délivrés par les juges, et pour les actes et décisions qu'elles obtiennent des arbitres, si ceux-ci ne les ont pas fait enregistrer.

Et par les héritiers, légataires et donataires, leurs tuteurs et curateurs, les exécuteurs testamentaires, pour les testamens et autres actes de libéralité, à cause de mort.

XXX. Les officiers publics, qui aux termes des dispositions précédentes, auraient fait pour les parties l'avance des droits d'enregistrement, pourront prendre exécutoire du juge du tribunal de première instance, pour leur remboursement.

L'opposition qui serait formée contre cet exécutoire, ainsi que toutes les contestations qui s'élèveraient à cet égard, seront jugées conformément aux dispositions portées par l'article LXV de la présente, relatif aux instances poursuivies au nom de la nation.

XXXI. Les droits des actes civils et judiciaires emportant obligation, libération ou translation de propriété ou d'usufruit de meubles ou d'immeubles, seront supportés par les débiteurs et nouveaux possesseurs ; et ceux de tous les autres actes le seront par les parties auxquelles les actes profiteront, lorsque dans ces divers cas, il n'aura pas été stipulé de dispositions contraires dans les actes.

XXXII. Les droit des déclarations, des mutations par décès, seront payés par les héritiers, donataires ou légataires.

Les cohéritiers seront solidaires.

La nation aura action sur les revenus des biens à déclarer en quelques mains qu'ils se trouvent, pour le payement des droits dont il faudrait poursuivre le remboursement.

TITRE VI.

Des peines pour défaut d'enregistrement des actes et déclarations dans les délais et de celles portées relativement aux omissions, aux fausses estimations et aux contre-lettres.

XXXIII. Les notaires qui n'auront pas fait enregistrer leurs actes dans les délais prescrits, payeront personnellement à titre d'amende, et pour chaque contravention, une somme de cinquante francs, s'il s'agit d'un acte sujet au droit fixe, ou une somme égale au montant du droit, s'il s'agit d'un acte sujet au droit proportionnel, sans que dans ce dernier cas, la peine puisse être au dessous de cinquante francs.

Ils seront en outre tenus du payement des droits, sauf leur recours contre les parties, pour ces droits seulement.

XXXIV. La peine contre un huissier ou autre ayant droit de faire des exploits ou procès-verbaux, est pour un exploit ou procès-verbal non présenté à l'enregistrement dans le délai, d'une somme de 25 francs, et de plus, une somme équivalente au montant du droit de l'acte non enregistré. L'exploit ou procès-verbal non enregistré dans le délai est déclaré nul, et le contrevenant est responsable de cette nullité envers la partie.

Ces dispositions relativement aux exploits et procès-verbaux, ne s'étendent pas aux procès-verbaux de vente de meubles et autres objets mobiliers, ni à tout autre acte du ministère des huissiers, sujet au droit proportionnel.

La peine contre ceux-ci sera d'une somme égale au montant du droit, sans qu'elle puisse être au-dessous de cinquante francs. Le contrevenant payera en outre le droit dû pour l'acte, sauf son recours contre la partie, pour ce droit seulement.

XXXV. Les greffiers qui auront négligé de soumettre à l'enregistrement dans le délai fixé, les actes qu'ils sont tenus de présenter à cette formalité, payeront personnellement et à titre d'amende, et pour chaque contravention, une somme égale au montant du droit.

Ils acquitteront en même-tems le droit, sauf leur recours pour ce droit seulement, contre la partie.

XXXVI. Les dispositions de l'article précédent s'appliquent également aux secrétaires des administrations remplaçant celles centrales et municipales, pour chacun des actes qui leur est prescrit de faire enregistrer, s'ils ne les ont pas soumis à l'enregistrement dans le délai.

XXXVII. Il est néanmoins fait exception aux dispositions des deux articles précédens, quant aux jugemens rendus à l'audience, qui doivent être enregistrés sur les minutes, et aux actes d'adjudication, passés en séance publique des administrations, lorsque les parties n'auront pas consigné aux mains des greffiers et des secrétaires, dans le délai prescrit pour l'enregistrement, le montant des droits fixés par la loi ; dans ce cas, le recouvrement en sera poursuivi contre les parties par les receveurs, et elles supporteront en outre la peine du droit en sus.

Pour cet effet les greffiers et secrétaires fourniront aux receveurs de l'enregistrement, dans les dix jours qui suivront l'expiration du délai, des extraits par eux certifiés, des actes et jugemens dont les droits ne leur auront pas été remis par les parties, à peine d'une amende de dix francs pour chaque dix jours de retard et pour chaque acte et jugement ; et d'être en outre personnellement contraints au payement des droits doubles.

XXXVIII. Les actes sous signature privée et ceux passés en pays étranger dénommés dans l'article XXII, qui n'auront pas été enregistrés dans les délais déterminés, seront soumis au double droit d'enregistrement.

Il en sera de même pour les testamens non enregistrés dans le délai.

XXXIX. Les héritiers, donataires ou légataires, qui n'auront pas fait dans les délais prescrits, les déclarations des biens à eux transmis par décès, payeront à titre d'amende un demi-droit en sus du droit qui qui sera dû pour la mutation.

La peine pour les omissions qui seront reconnues avoir été faites dans les déclarations, sera d'un droit en sus de celui qui se trouvera dû pour les objets omis : il en sera de même pour les insuffisances constatées dans les estimations des biens déclarés.

Si l'insuffisance est établie par un rapport d'experts, les contrevenans payeront en outre les frais de l'expertise.

Les tuteurs et les curateurs supporteront personnellement les peines ci-dessus, lorsqu'ils auront négligé de passer les déclarations dans les délais, ou qu'ils auront fait des omissions ou des estimations insuffisantes.

XL. Toute contre-lettre faite sous signature privée, qui aurait pour objet une augmentation du prix stipulé dans un acte public ou dans un acte sous signature privée, précédemment enregistré, est déclarée nulle et de nul effet ; néanmoins lorsque l'existence en sera constatée, il y aura lieu d'exiger à titre d'amende, une somme triple du droit qui aurait eu lieu sur les sommes et valeurs ainsi stipulés.

TITRE VII.

Des obligations des notaires, huissiers, greffiers, juges, arbitres secrétaires, administrateurs et autres officiers et fonctionnaires publics ; des parties et des receveurs ; indépendamment de celles imposées sous les titres précédens.

XLI. Les notaires, huissiers, greffiers, secrétaires des administrations remplaçant celles centrales et mu-

nicipales, ne pourront délivrer en brevet, copie ou expédition, aucun acte, soumis à l'enregistrement sur la minute ou l'original, ni faire aucun acte en conséquence, avant qu'il ait été enregistré, quand même le délai pour l'enregistrement ne serait pas encore expiré, à peine de cinquante francs d'amende, outre le payement du droit.

Sont exceptés les exploits et autres actes de cette nature, qui se signifient à partie ou par affiches ou proclamations, et les effets négociables compris dans l'article LXIX, paragraphe XI, nombre VI de la présente. A l'égard des jugemens qui ne sont assujettis à l'enregistrement que sur les expéditions, il est défendu aux greffiers, sous les mêmes peines, d'en délivrer aucune, même par simple note ou extrait, aux parties ou autres intéressés, sans l'avoir fait enregistrer.

XLII. Aucun notaire, huissier, greffier ou autre officier public, ne pourra faire ou rédiger un acte, en vertu d'un acte sous signature privée ou passé en pays étranger, l'annexer à ses minutes, ni le recevoir en dépôt, ni en délivrer extrait, copie ou expédition, s'il n'a été préalablement enregistré, à peine de cinquante francs d'amende et de répondre personnellement du droit, sauf l'exception mentionnée dans l'article précédent.

XLIII. Il est défendu également, sous la même peine de cinquante francs d'amende, à tout greffier, de recevoir un acte en dépôt, sans dresser acte du dépôt.

Sont exceptés les testamens déposés chez les notaires par les testateurs.

XLIV. Il sera fait mention dans toutes les expéditions des actes publics, civils ou judiciaires qui doivent être enregistrés sur les minutes, de la quittance des droits, par une transcription littérale et entière de cette quittance.

Pareille mention sera faite dans la minute des actes publics, civils, judiciaires, ou extra-judiciaires, qui se feront en vertu d'acte sous signature privée ou passés en pays étranger, et qui sont soumis à l'enregistrement par la présente.

Chaque contravention sera punie par une amende de dix francs.

XLV. Les greffiers qui délivreront des secondes et subséquentes expéditions des actes et jugemens assujettis au droit proportionnel, mais qui ne sont pas dans le cas d'être enregistrés sur les minutes, seront tenus de faire mention dans chacune de ces expéditions, de la quittance du droit payé pour la première expédition, par une transcription littérale de cette quittance.

Ils feront également mention sur la minute de chaque expédition délivrée, de la date de l'enregistrement et du droit payé.

Toute contravention à ces dispositions sera punie d'une amende de dix francs.

XLVI. Dans le cas de fausse mention d'enregistrement, soit dans une minute, soit dans l'expédition, le délinquant sera poursuivi par la partie publique, sur la dénonciation du préposé de la régie, et condamné aux peines prononcées pour le faux.

XLVII. Il est défendu aux juges et arbitres de rendre aucun jugement, et aux administrations remplaçant celles centrales et municipales, de prendre aucun arrêté en faveur de particulier, sur des actes non enregistrés, à peine d'être personnellement responsables des droits.

XLVIII. Toutes les fois qu'une condamnation sera rendue ou qu'un arrêté sera pris sur un acte enregistré, le jugement, la sentence arbitrale ou l'arrêté en fera mention et énoncera le montant du droit payé, la date du payement et le nom du bureau où il aura été acquitté; en cas d'omission, le receveur exigera le droit, si l'acte n'a pas été enregistré dans son bureau; sauf restitution dans le délai prescrit, s'il est ensuite justifié de l'enregistrement de l'acte sur lequel le jugement aura été prononcé ou l'arrêté pris.

XLIX. Les notaires, huissiers, greffiers et les secrétaires des administrations remplaçant celles centrales et municipales, tiendront des répertoires à colonnes, sur lesquels ils inscriront jour par jour, sans blanc ni interligne, et par ordre de numéro, savoir :

1°. Les notaires, tous les actes et contrats qu'ils recevront, même ceux qui seront passés en brevet, à peine de dix francs d'amende pour chaque omission;

2°. Les huissiers, tous les actes et exploits de leur ministère, à peine d'une amende de dix francs pour chaque omission;

3°. Les greffiers, tous les actes et jugemens qui, aux termes de la présente doivent être enregistrés sur les minutes, à peine d'une amende de dix francs pour chaque omission;

4°. Et les secrétaires, tous les actes des administrations, qui doivent être aussi enregistrés sur les minutes, à peine d'une amende de dix francs pour chaque omission.

L. Chaque article du répertoire, contiendra, 1° son numéro, 2° la date de l'acte, 3° sa nature, 4° les noms et prénoms des parties et leur domicile, 5° l'indication des biens, leur situation et leur prix, lorsqu'il s'agira d'actes qui auront pour objet la propriété, l'usufruit ou la jouissance des biens fonds; 6° la relation de l'enregistrement.

LI. Les notaires, huissiers, greffiers et secrétaires des administrations remplaçant celles centrales et municipales, présenteront tous les trois mois, leurs répertoires aux receveurs d'enregistrement de leur résidence, qui les viseront et qui énonceront dans leur visa le nombre des actes inscrits. Cette présentation aura lieu chaque année dans les premiers jours de chacun des mois de Nivose, Germinal, Messidor et Vendémiaire, à peine d'une amende de dix francs pour chaque dix jours de retard.

LII. Indépendamment de la présentation ordonnée par l'article précédent, les notaires, huissiers, greffiers et secrétaires, seront tenus de communiquer leurs répertoires à toute réquisition, aux préposés de l'enre-

gistrement, qui se présenteront chez eux pour les vérifier, à peine d'une amende de cinquante francs en cas de refus.

Le préposé dans ce cas, requerra l'assistance d'un officier public du lieu, pour dresser en sa présence, procès-verbal du refus qui lui aura été fait.

LIII. Les répertoires seront cottés et paraphés, savoir :

Ceux des notaires, huissiers et greffiers, par le juge de première instance.

LIV. Les dépositaires des registres de l'état civil, ceux des rôles de contributions et tous autres chargés des archives et dépôts des titres publics, seront tenus de les communiquer sans déplacer, aux préposés de l'enregistrement, à toute réquisition, et de leur laisser prendre sans frais, les renseignemens, et copie qui leur seront nécessaires pour les intérêts de la République, à peine de cinquante francs d'amende, pour refus, constaté par procès-verbal du préposé, qui se fera accompagner ainsi qu'il est prescrit par l'article LII ci-dessus, chez les détenteurs et dépositaires qui auront fait refus.

Ces dispositions s'appliquent également aux notaires, huissiers, greffiers et secrétaires d'administrations.

Sont exceptés les testamens et autres actes de libéralité, à cause de mort, du vivant des testateurs.

Les communications ci-dessus, ne pourront être exigées les jours de repos; et les séances dans les autres jours, ne pourront durer plus de quatre heures, de la part des préposés, dans les dépôts où ils feront leurs recherches.

LV. Les notices des actes de décès, qui aux termes de l'article V de la loi du 13 Fructidor an VI, doivent être remises pour chaque dix jours, par les officiers publics, seront transcrites sur un registre particulier, tenu par les commissaires civils, dans les quartiers.

Les commissaires fourniront par quartier, aux receveurs de l'enregistrement, les relevés par eux certifiés desdits actes de décès; ils seront délivrés sur papier non timbré, et remis dans les mois de Nivose, Germinal, Messidor et Vendémiaire, à peine d'une amende de trente francs pour chaque mois de retard; ils retireront récépissé, aussi sur papier non timbré.

LVI. Les receveurs de l'enregistrement ne pourront, sous aucun prétexte, lors même qu'il y aurait lieu à l'expertise, différer l'enregistrement des actes et mutations dont les droits auront été payés aux taux réglés par la présente.

Ils ne pourront non plus suspendre ou arrêter le cours des procédures, en retenant des actes ou exploits; cependant si un acte dont il n'y a plus de minute, ou un exploit, contient des renseignemens dont la trace puisse être utile pour la découverte des droits dus, le receveur aura la faculté d'en tirer copie et de la faire certifier conforme à l'original, par l'officier qui l'aura présenté; en cas de refus, il pourra réserver l'acte pendant vingt-quatre heures, pour s'en procurer une collation en forme, à ses frais, sauf répétition s'il y lieu.

Cette disposition est applicable aux actes sous signature privée; qui seront présentés à l'enregistrement.

LVII. La quittance de l'enregistrement sera mise sur l'acte enregistré, ou sur l'extrait de la déclaration du nouveau possesseur.

Le receveur y exprimera en toutes lettres, la date de l'enregistrement, le folio du registre, le numéro et la somme des droits perçus.

Lorsque l'acte renfermera plusieurs dispositions, opérant chacune un droit particulier, le receveur les indiquera sommairement dans sa quittance, et y énoncera distinctement la quotité de chaque droit perçu, à peine d'une amende de dix francs pour chaque omission.

LVIII. Les receveurs de l'enregistrement ne pourront livrer d'extraits de leurs registres, que sur une ordonnance du juge de première instance, lorsque ces extraits ne seront pas demandés par quelqu'une des parties contractantes, ou leur ayant cause.

Il leur sera payé un franc pour recherches de chaque année indiquée, et cinquante centimes pour chaque extrait, outre le papier timbré ; ils ne pourront rien exiger au-delà.

LIX. Aucune autorité publique, ni la régie, ni ses préposés, ne peuvent accorder de remise ou modération des droits établis par la présente, et des peines encourues, sans en devenir personnellement responsables.

TITRE VIII.

Des droits acquis et des prescriptions.

LX. Tout droit d'enregistrement perçu régulièrement en conformité de la présente, ne pourra être restitué, quels que soient les événemens ultérieurs, sauf les cas prévus par la présente.

LXI. Il y a prescription pour la demande des droits, savoir :

1°. Après deux années à compter du jour de l'enregistrement, s'il s'agit d'un droit non perçu, sur une disposition particulière dans un acte, ou d'un supplément de perception, insuffisamment faite, ou d'une fausse évaluation dans une déclaration, et pour le constater par voie d'expertise.

Les parties seront également non recevables après le même délai, pour toute demande en restitution de droits perçus.

2°. Après trois années aussi à compter du jour de l'enregistrement, s'il s'agit d'une omission des biens dans une déclaration faite après décès.

3°. Après cinq années à compter du jour du décès, pour les successions non déclarées.

Les prescriptions ci-dessus, seront suspendues par des demandes signifiées et enregistrées avant l'expiration des délais, mais elles seront acquises irrévocablement, si les poursuites commencées sont interrompues pendant une année, sans qu'il y ait d'instance devant les juges compétens, quand même le premier délai pour la prescription ne serait pas expiré.

LXII. La date des actes sous signature privée, ne pourra cependant être opposée à la République, pour prescription des droits et peines encourues, à moins que ces actes n'aient acquis une date certaine par le décès de l'une des parties ou autrement.

TITRE IX.

Des poursuites et instances.

LXIII. La solution des difficultés qui pourront s'élever relativement à la perception des droits de l'enregistrement avant l'introduction des instances, appartient à la régie.

LXIV. Le premier acte de poursuite pour le recouvrement des droits de l'enregistrement, et le payement des peines et amendes prononcées par la présente, sera une contrainte ; elle sera décernée par le receveur ou préposé de la régie ; elle sera visée et déclarée exécutoire par le juge du tribunal de première instance ; et elle sera signifiée.

L'exécution de la contrainte ne pourra être interrompue que par une opposition formée par le redevable et motivée avec assignation à jour fixe, devant le tribunal civil des colonies ; dans ce cas, l'opposant sera tenu d'élire domicile dans le quartier où siège le tribunal.

LXV. L'introduction et l'instruction des instances auront lieu devant les tribunaux civils des colonies ; la connaissance et la décision en sont interdites à toute autre autorité constituée ou administrative.

L'instruction se fera par simples mémoires, respectivement signifiés.

Il n'y aura d'autres frais à supporter pour la partie qui succombera, que ceux du papier timbré, des significations et du droit d'enregistrement des jugemens.

Les tribunaux accorderont, soit aux parties, soit aux préposés de la régie, qui suivront les instances, le délai qu'ils leur demanderont pour produire leurs défenses ; il ne pourra néanmoins être de plus de trente jours.

Les jugemens seront rendus dans les trois mois au plus tard, à compter de l'introduction des instances, sur les conclusions du commissaire du gouvernement ; ils seront sans appel, et ne pourront être attaqués que par voie de cassation.

LXVI. Les frais de poursuites, payés par les préposés de l'enregistrement pour des articles tombés en non-valeur, pour cause d'insolvabilité reconnue des parties condamnées, leur seront remboursés sur l'état qu'ils en rapporteront à l'appui de leur compte ; l'état sera taxé sans frais, par le tribunal de première instance, et appuyé des pièces justificatives.

TITRE X.

De la fixation des droits.

LXVII. Les droits à percevoir pour l'enregistrement des actes et mutations, sont et demeurent fixés aux taux et quotités tarifiés par les articles LXVIII et LXIX.

DROITS FIXES.

LXVIII. Les droits à percevoir pour l'enregistrement des actes, seront payés ainsi qu'il suit, savoir :

§ Ier.

Actes sujets à un droit fixe d'un franc.

1°. Les abstentions, répudiations et renonciations à

successions, legs ou communautés, lorsqu'elles seront pures et simples, si elles ne sont pas faites en justice.

Il est dû un droit par chaque renonçant et pour chaque succession à laquelle on renonce.

2°. Les acceptations de successions, legs ou communautés, aussi lorsqu'elles sont pures et simples.

Il est dû un droit par chaque acceptant, et par chaque succession.

3°. Les acceptations de transports, ou délégations de créances à terme, faites par actes séparés, lorsque le droit proportionnel a été acquitté pour le transport ou la délégation.

Et celles qui se font dans les actes même de délégations de créances aussi à terme.

4°. Les acquiescemens purs et simples, quand ils ne sont pas faits en justice.

5°. Les actes de notoriété.

6°. Les actes qui ne contiennent que l'exécution, le complément et la consommation d'actes antérieurs enregistrés.

7°. Les actes refaits pour cause de nullité ou autre motif, sans aucun changement qui ajoute aux objets de convention ou à leur valeur.

8°. Les adjudications à la folle-enchère, lorsque le prix n'est point supérieur à celui de la précédente adjudication, si elle a été enregistrée.

9°. Les adoptions.

10°. Les attestations pures et simples.

11°. Les avis de parens, autres que ceux de nomination de tuteurs et curateurs.

12. Les autorisations pures et simples.

13°. Les bilans.

14°. Les brevets d'apprentissage qui ne contiennent ni obligation de sommes et valeurs mobiliaires, ni quittance.

15°. Les cautionnemens de personnes à représenter en justice.

16°. Les certifications de cautions et cautionnemens.

17°. Les certificats purs et simples, ceux de vie, par chaque individu, et ceux de résidence.

18°. Les collations d'actes et pièces ou des extraits d'iceux, par quelqu'officier public qu'ils soient faits. Le droit sera payé par chaque acte, pièce ou extrait collationné.

19°. Les compromis qui ne contiennent aucune obligation de somme et valeur donnant lieu au droit proportionnel.

20°. Les connaissemens ou reconnaissances de chargemens par mer, et lettres de voiture.

Il est dû un droit par chaque personne à qui les envois sont faits.

21°. Les consentemens purs et simples.

22°. Les décharges également pures et simples, et les récépissés des pièces.

23°. Les déclarations aussi pures et simples, en matière civile.

24°. Les déclarations, élections de command ou d'ami, lorsque la faculté d'élire un command, a été réservée dans l'acte d'adjudication ou le contrat de vente, et que la déclaration est faite par acte public, et notifiée dans les vingt-quatre heures de l'adjudication ou du contrat.

25°. Les délivrances des legs purs et simples.

26°. Les dépôt d'actes et pièces chez des officiers publics.

27°. Les dépôts et consignations de sommes et effets mobiliers, chez des officiers publics, lorsqu'ils n'opèrent pas la libération du déposant, et les décharges qu'en donnent les déposans ou leurs héritiers, lorsque la remise des objets déposés leur est faite.

28°. Les désistemens purs et simples.

29°. Les devis d'ouvrages et entreprises qui ne contiennent aucune obligation de somme et valeur, ni quittance.

30°. Les exploits, les significations, les commandemens, demandes, notifications, citations, offres ne faisant pas titre aux créanciers, et non acceptés ; oppositions, sommations, procès-verbaux, protêts, interventions à protêts, protestations, publications et affiches, saisies, saisies-arrêts, séquestres, main-levées et généralement tous actes extra-judiciaires des huissiers ou de leur ministère, qui ne peuvent donner lieu au droit proportionnel, sauf les exceptions mentionnées dans la présente.

Et aussi les exploits, significations et tous autres actes extra-judiciaires, faits pour le recouvrement des contributions directes et indirectes, et de toutes autres sommes dues à la nation, même des contributions locales ; mais seulement lorsque la somme principale excède vingt-cinq francs.

Il sera dû un droit par chaque demandeur ou défendeur, en quelque nombre qu'ils soient dans le même acte, exceptés les co-propriétaires et les co-héritiers, les parens réunis, les co-intéressés, les débiteurs ou créanciers, associés ou solidaires, les séquestres, les experts et les témoins, qui ne seront comptés que pour une seule et même personne, soit en demandant, soit en défendant dans le même original d'acte, lorsque leurs qualités y seront exprimées.

31°. Les lettres missives qui ne contiennent ni obligation, ni quittance, ni aucune autre convention, donnant lieu au droit proportionnel.

32°. Les nominations d'experts ou arbitres.

33°. Les prises de possession en vertu d'acte enregistré.

34°. Les prisées de meubles.

35°. Les procès-verbaux et rapports d'employés, gardes, commissaires, séquestres, experts, arpenteurs et agens forestiers ou ruraux.

36°. Les procurations et pouvoirs pour agir, ne contenant aucune stipulation ni clause donnant lieu au droit proportionnel.

37°. Les promesses d'indemnités, et non susceptibles d'estimation.

38°. Les rectifications pures et simples d'actes en forme.

39°. Les reconnaissances aussi pures et simples ne contenant aucune obligation ni quittance.

40°. Les résiliations pures et simples faites par actes authentiques, dans les vingt-quatre heures, des actes résiliés.

41°. Les rétractations et révocations.

42°. Les réunions de l'usufruit à la propriété, lorsque la réunion s'opère par acte de cession, et qu'elle n'est pas faite pour un prix supérieur à celui sur lequel le droit a été perçu, lors de l'aliénation de la propriété.

43°. Les soumissions et enchères, hors celles faites en justice, sur des objets mis ou à mettre en adjudication ou en vente, ou sur des marchés à passer, lorsqu'elles seront faites par actes séparés de l'adjudication.

44°. Les titres nouvels ou reconnaissances de ventes dont les contrats sont justifiés en forme.

45°. Les transactions en quelque matière que ce soit, qui ne contiennent aucune stipulation de sommes et valeurs, ni dispositions soumises par la présente, à un plus fort droit d'enregistrement.

46°. Les actes conservatoires et préparatoires des commissaires civils, certificats d'individualité, procès-verbaux d'avis de parens, visa de pièces et poursuites préalables à l'exercice de la contrainte par corps ; les oppositions à levée de scellés, par comparence personnelle dans le procès-verbal, les ordonnances et mandemens d'assigner les opposans à scellés ; tous autres actes des commissaires civils non classés dans les paragraphes et articles suivans, et les jugemens définitifs, portant condamnation de somme dont le droit proportionnel ne s'élèverait pas à un franc.

47°. Tous les procès-verbaux des commissaires civils ou juges de première instance, desquels il ne résulte aucune disposition donnant lieu au droit proportionnel, ou dont le droit proportionnel ne s'élèverait pas à un franc.

48°. Les actes et jugemens de la police ordinaire, et des tribunaux de police correctionnelle et criminels, soit entre parties, soit sur poursuite du ministère public, avec partie civile, lorsqu'il n'a pas de condamnation de sommes et valeurs, et dont le droit proportionnel ne s'élèverait pas à un franc, et les dépôts et décharges aux greffes desdits tribunaux, dans les mêmes cas où il y a partie civile.

49°. Les jugemens qui seront rendus en matière de contributions, soit directes, soit indirectes, ou pour autres sommes dues à la nation, ou pour contributions locales, quels que soit le montant des condamnations et de quelqu'autorité ou tribunal, qu'émanent les jugemens.

50°. Les procès-verbaux de délits ou contraventions aux réglemens généraux de police ou d'impositions.

51°. Et généralement tous actes civils, judiciaires ou extra judiciaires, qui ne se trouvent dénommés dans aucuns des paragraphes suivans, ni dans aucun autre article de la présente, et qui ne peuvent donner lieu au droit proportionnel.

52°. Enfin toute obligation et engagement fait pour un terme court, et duement enregistré, qui sera prorogé pour même somme et première valeur, pourvu que le terme du renouvellement ne passe pas trois mois, à compter de la première date.

§ II.

Actes sujets à un droit fixe de deux francs.

1°. Les inventaires des meubles, objets mobiliers, titres et papiers.

Il est dû un droit pour chaque vacation.

2°. Les clôtures d'inventaires.

3°. Les procès-verbaux d'apposition, de reconnaissance et de levée de scellés.

Il est dû un droit pour chaque vacation.

4°. Les procès-verbaux de nomination de tuteurs et curateurs.

5°. Les actes des commissaires civils de quartiers, les jugemens portant décharge, débouté d'opposition, validité de congé, expulsion, condamnation à réparation d'injures personnelles, et généralement tous ceux qui, contenant des dispositions définitives, ne donnent pas ouverture au droit proportionnel.

6°. Les ordonnances des juges des tribunaux civils, rendues sur requêtes ou mémoires, celles de référé, de compulsoire et d'injonction ; celles portant permission de saisir, gager, revendiquer ou vendre, et celles des commissaires du gouvernement, dans le cas où la loi les autorise à en rendre.

Les actes et jugemens préparatoires ou d'instruction de ces tribunaux et des arbitres.

Et les actes faits ou passés aux greffes des mêmes tribunaux, portant acquiescement, dépôt, décharge, désaveu, exclusion de tribunaux, affirmation de voyage, oppositions à remise de pièces, enchères, sur-enchères, renonciation à communauté, succession ou legs, (il est dû un droit par chaque renonçant) ; reprise d'instance, communication de procès, sans déplacement, affirmation et vérification de créances, oppositions à délivrance de jugemens.

7°. Les ordonnances sur requêtes ou mémoires, celles de réassigner, et tous actes et jugemens préparatoires ou d'instruction des tribunaux de commerce, et les actes passés aux greffes des mêmes tribunaux, portant dépôt de bilan et registres, opposition à publication de séparation, dépôt de sommes et pièces, et tous autres actes conservatoires ou de formalité.

8°. Les expéditions des ordonnances et procès-verbaux des tribunaux de première instance, contenant indication du jour, ou prorogation du délai pour la tenue des assemblées préliminaires au mariage ou à divorce.

§ III.

Actes sujets à un droit fixe de trois francs.

1º. Les contrats de mariage, qui ne contiennent d'autres dispositions que des déclarations de la part des futurs, de ce qu'ils apportent eux-mêmes en mariage, et se constituent sans aucune stipulation avantageuse entr'eux.

La reconnaissance y énoncée de la part du futur, d'avoir reçu la dot apportée par la future, ne donne pas lieu à un droit particulier.

Si les futurs sont dotés par leurs ascendans, et s'il leur est fait des donations par leurs collatéraux ou autres personnes non parentes, par le contrat de mariage, les droits dans ce cas, sont perçus suivant la nature des biens, ainsi qu'ils sont réglés dans les paragraphes IV, VI et VIII de l'article suivant.

2º. Les partages de biens meubles et immeubles entre co-propriétaires, à quelque titre que ce soit, pourvu qu'il en soit justifiée.

S'il y a retour, le droit sur ce qui en sera l'objet, sera perçu aux taux réglés par les ventes.

3º. Les prestations de serment des gardes des douanes, gardes forestiers et gardes champêtres, pour entrer en fonctions.

4º. Les actes de société qui ne portent ni obligation, ni délibération, ni transmission de biens meubles ou immeubles entre les associés ou autres personnes;

Et les actes de dissolution de société, qui sont dans le même cas.

5º. Les testamens et tous autres actes de libéralité qui ne contiennent que des dispositions soumises à l'événement du décès, et les dispositions de même nature, qui sont faites par contrat de mariage entre les futurs, ou par d'autres personnes.

Le droit pour ces dispositions par actes de mariage, sera perçu indépendamment de celui de contrat.

6º. Les unions et directions de créanciers.

Si elles portent obligation de sommes déterminées par les co-intéressés envers un ou plusieurs d'entr'eux, ou autres personnes chargées d'agir pour l'union, il sera perçu un droit particulier comme pour obligation.

7º. Les expéditions des jugemens des tribunaux civils, rendus en Ire. instance ou sur appel portant acquiescement, acte d'affirmation, d'appel, de conversion d'opposition en saisie, débouté d'opposition, décharge et renvoi de demande, décharge d'appel, péremption d'instance déclinatoire, entérinement de procès-verbaux et rapports, homologation d'actes d'union et atermoiemens, injonction de procéder à inventaire, licitation, partage ou vente, main-levée d'opposition ou de saisie, nullité de procédure, maintenue en possession, résolution de contrat ou de clause de contrat, pour cause de nullité radicale, reconnaissance d'écriture, nomination de commissaires, directeurs et séquestres; publication judiciaire de donation, bénéfice d'inventaire, récision, soumission et exécution de jugemens.

Et généralement tous jugemens de ces tribunaux, ceux de commerce et d'arbitrage, contenant des dispositions définitives qui ne peuvent donner lieu au droit proportionnel, et dont le droit proportionnel ne s'élèverait pas à trois francs, et qui ne sont pas classés dans les autres paragraphes du présent article.

§ IV.

Actes sujets à un droit fixe de cinq francs.

1º. Les abandonnemens de biens, soit volontaires, soit forcés, pour être vendus en direction.

2º. Les actes d'émancipation : le droit est dû par chaque émancipé.

3º. Les déclarations et significations d'appel des jugemens de première instance, lorsque les condamnations n'excéderont pas cinq cents francs.

§ V.

Actes sujets à un droit fixe de dix francs.

Les déclarations et significations d'appel des jugemens de première instance, pour objets au-dessus de cinq cents francs, et des sentences arbitrales.

§ VI.

Actes sujets à un droit fixe de quinze francs.

1º. Les actes de divorce.

2º. Les jugemens des tribunaux civils, portant interdiction, et ceux de séparations de biens entre maris et femmes, lorsqu'ils ne portent point condamnation de sommes et valeurs, ou lorsque le droit proportionnel ne s'élèvera pas à quinze francs.

3º. Le premier acte de recours au tribunal de cassation, soit par requêtes, mémoires ou déclarations en matière civile, de police, ou correctionnelle.

4º Les prestations de serment, des notaires, des greffiers et huissiers des tribunaux civils, criminels, correctionnels et de commerce, et de tous employés salariés par la République, autres que ceux compris sous le paragraphe III ci-dessous, nombre 3, pour entrer en fonctions.

DROITS PROPORTIONNELS.

LXIX. Les actes et mutations compris sous cet article, seront enregistrés, et les droits payés suivant les quotités ci-après, savoir :

§ PREMIER.

Vingt-cinq centimes par cent francs.

1º. Les baux de paturage et nourriture d'animaux.

Le droit sera perçu sur le prix cumulé des années de bail, savoir : à raison de vingt-cinq centimes par cent francs, sur les deux premières années, et du demi-droit sur les années suivantes.

2º. Les baux à cheptel, et reconnaissance de bestiaux.

Le droit sera perçu sur le prix exprimé dans l'acte, ou à défaut d'après l'évaluation qui sera faite du bétail.

3º. Les mutations qui s'effectueront par décès, en propriété ou usufruit de biens, meubles, en ligne directe.

(38)

§ II.

Cinquante centimes par cent francs.

1°. Les abandonnemens pour fait d'assurance ou grosse avanture.

Le droit est perçu sur la valeur des objets abandonnés.

En tems de guerre il n'est dû qu'un demi-droit.

2°. Les actes et contrats d'assurance.

Le droit est dû sur la valeur de la prime.

En tems de guerre il n'y a lieu qu'au demi-droit.

3°. Les adjudications au rabais, et marchés pour constructions, réparations, entretien, approvisionnement et fournitures, dont le prix doit être payé par le trésor national ou par des établissemens publics.

Le droit est dû sur la totalité du prix.

Et celles au rabais, de la levée des contributions directes.

Le droit est assis sur la somme à laquelle s'élève la remise du percepteur, d'après le montant du rôle.

4°. Les atermoiemens entre débiteurs et créanciers.

Le droit est perçu sur les sommes que le débiteur s'oblige de payer.

5°. Les conventions ou baux, pour nourriture de personnes, lorsque les années sont limitées.

Le droit est perçu sur le droit cumulé des années du bail ou de la convention ; mais si la durée est illimitée, l'acte sera assujetti au droit réglé par le paragraphe V, nombre ci-après.

S'il s'agit de baux de nourriture de mineurs, il ne sera perçu qu'un demi-droit ou vingt-cinq centimes par cent francs, sur le montant des années réunies.

6°. Les cessions d'actions et coupons d'actions mobiliaires des compagnies et sociétés d'actionnaires, et tous autres effets négociables de particuliers ou de compagnies, à l'exception des billets à ordre et des lettres de change, tiré de place en place.

Les effets négociables de cette nature pourront n'être présentés à l'enregistrement qu'avec les protêts qui en auront été faits.

7°. Les brevets d'apprentissage, lorsqu'ils contiendront stipulation de sommes ou valeurs mobiliaires payées ou non.

8°. Les cautionnemens de sommes et objets mobiliers, les garanties mobiliaires et les indemnités de même nature.

Le droit sera perçu indépendamment de celui de la disposition que le cautionnement, la garantie ou l'indemnité aura pour objet, mais sans pouvoir l'excéder.

Il ne sera perçu qu'un demi-droit pour les cautionnemens des comptables envers la République.

9°. Les expéditions des jugemens contradictoires ou par défaut ; des tribunaux civils, de commerce et d'arbitrage, de la police ordinaire, de la police correctionnelle et des tribunaux criminel, portant condamnation, collocation ou liquidation de sommes et valeurs mobiliaires, intérêts et dépens entre particuliers ; excepté les dommages-intérêts, dont le droit proportionnel est fixé à deux pour cent, dans le paragraphe V, nombre 8 ci-après.

Dans aucun cas et pour aucun des jugemens, le droit proportionnel ne pourra être au-dessous du droit fixe, tel qu'il est réglé dans l'article précédent, pour les jugemens des divers tribunaux.

Lorsque le droit proportionnel aura été acquitté sur un jugement rendu par défaut, la perception sur le jugement contradictoire qui pourra intervenir, n'aura lieu que sur le supplément des condamnations ; il en sera de même des jugemens rendus sur appel, et des exécutoires.

S'il n'y a pas de supplément de condamnation, l'expédition sera enregistrée pour le droit fixe, qui sera toujours le moindre droit à percevoir.

Lorsqu'une condamnation sera rendue sur une demande non-établie par un titre enregistré ou susceptible de l'être, le droit auquel l'objet de la demande aurait donné lieu, s'il avait été convenu par acte public, sera perçu indépendamment du droit dû pour l'acte ou le jugement qui aura prononcé la condamnation.

10°. Les obligations à la grosse aventure, ou pour retour de voyage.

11°. Les quittances, remboursemens ou achats de rentes et redevances de toute nature, les retraits exercés en vertu de réméré, par actes publics dans les délais stipulés ou faits sous signature privée, et présentés à l'enregistrement avant l'expiration des délais, et tous autres actes et écrits portant libération de sommes et valeurs mobiliaires.

§ III.

Un franc par cent francs.

1°. Les adjudications au rabais et marchés, autres que ceux compris dans le paragraphe précédent, pour construction, réparation et entretien, et tous autres objets mobiliers, susceptibles d'estimation faite entre particuliers, qui ne contiendront ni ventes, ni promesses de livrer des marchandises, denrées ou autres objets mobiliers.

2°. Les baux à ferme ou à loyer d'une seule année.

Ceux faits pour deux années, le droit sera perçu sur le prix cumulé des deux années.

Ceux d'un long tems, pourvu que leur durée soit limitée ; le droit sera également perçu sur le prix cumulé, savoir : pour les deux premières années à raison d'un franc par cent francs, et pour les autres années, sur le pied de vingt-cinq centimes par cent francs. Et les sous-baux, subrogations, cessions et rétrocessions de baux, le droit sera liquidé et perçu sur les années à courir, comme il est établi pour les baux ; savoir : à raison d'un pour cent sur les deux premières années restant à courir, et de vingt-cinq centimes pour cent francs pour les autres années.

Seront considérés pour la liquidation et le payement du droit, comme baux de neuf années, ceux faits pour trois, six et neuf années.

Les baux de biens nationaux sont assujettis au même droit.

3°. Les contrats, transactions, promesses de payer, arrêtés de comptes, billets, mandats, les transports, cessions et délégations de créances à termes ; les délégations de prix stipulé dans un contrat, pour acquitter les créances à terme envers un tiers, sans énonciations de titres enregistrés, sauf pour ce cas, la restitution dans le délai prescrit, s'il est justifié d'un titre précédemment enregistré ; les reconnaissances, celles de dépôts de sommes chez les particuliers, et tous autres actes ou écrits qui contiendront obligations, de sommes, sans libéralité, et sans que l'obligation soit le prix d'une transmission de meubles ou immeubles non enregistrés.

4°. Les mutations de biens immeubles en propriété ou usufruit, qui auront lieu par décès en ligne directe.

§ IV.

Un franc vingt-cinq centimes, par cent francs.

1°. Les donations entre vifs en propriété ou usufruit de biens meubles, en ligne directe.

Il ne sera perçu que moitié droit, si elles sont faites par contrat de mariage aux futurs.

2°. Les mutations en propriété ou usufruit de biens meubles, qui s'effectuent par décès entre collatéraux et autres personnes non parentes, soit par succession, soit par testament ou autre acte de libéralité, à cause de mort.

Il ne sera dû que la moitié du droit pour celles qui auront lieu entre époux.

§ V.

Deux francs par cent francs.

1°. Les adjudications, ventes, reventes, cessions, rétrocessions, marchés, traités et tous autres actes, soit civils, soit judiciaires, translatifs de propriété à titre onéreux, de meubles, récoltes de l'année sur pied, coupes de bois taillis et de haute futaye, et autres objets mobiliers généralement quelconques, même les ventes de biens de cette nature, faites par la nation.

Les adjudications à folle-enchère, de biens meubles, sont assujettis au même droit, mais seulement sur ce qui excède le prix de la précédente adjudication, si le droit en a été acquitté.

2°. Les constitutions de rentes, soit perpétuelles, viagères, et de pensions à titre onéreux, les cessions, transports et délégations qui en sont faites au même titre, et les baux de biens meubles faits pour un tems illimité.

3°. Les échanges de biens immeubles.

Le droit sera perçu sur la valeur d'une des parts, lorsqu'il n'y aura aucun retour ; s'il y a retour, le droit sera payé à raison de deux francs par cent francs, sur la moindre portion, et comme pour vente sur le retour ou la plus-value.

4°. Les élections ou déclarations de command ou d'ami, sur adjudications ou contrats de vente de biens meubles, lorsque l'élection est faite après les vingt-quatre heures, ou sans que la faculté d'élire un command, ait été réservée dans l'acte d'adjudication, ou le contrat de vente.

5°. Les engagemens de biens immeubles.

6°. Les parts et portions acquises par licitation de biens meubles indivis.

7°. Les retours de partage de biens meubles.

8°. Les dommages-intérêts prononcés par les tribunaux criminels, correctionnels et de police.

§ VI.

Deux francs cinquante centimes par cent francs.

1. Les donations entre vifs, en propriété ou usufruit de biens meubles, par des collatéraux et autres personnes non parentes.

Il ne sera perçu que moitié droit, si elles sont faites par contrat de mariage aux futurs.

2. Les donations entre vifs, en propriété ou usufruit de biens immeubles, en ligne directe.

Il ne sera perçu que moitié droit, si elles sont faites par contrat de mariage aux futurs.

3. Les transmissions de propriétés ou d'usufruit de biens immeubles, qui s'effectuent par décès entre époux.

§ VII.

Quatre francs par cent francs.

1. Les adjudications et ventes de prises, navires et débris de navires, par les officiers de l'administration de la marine.

Les adjudications, ventes, reventes, cessions, rétrocessions et tous autres actes civils et judiciaires, translatifs de propriété ou d'usufruit de biens immeubles, à titre onéreux.

Les adjudications à la folle-enchère de biens de même nature, sont assujetties au même droit, mais seulement sur ce qui excède le prix de la précédente adjudication, si le droit en a été acquitté.

La quotité du droit d'enregistrement des adjudications de domaines nationaux, sera réglée par des lois particulières.

2. Les baux à rentes perpétuelles de biens immeubles, ceux à vie, et ceux dont la durée est illimitée.

3. Les déclarations ou élections de command ou d'ami, par suite d'adjudication ou contrat de vente de biens immeubles, autres que celles des domaines nationaux, si la déclaration est faite après les vingt-quatre heures de l'adjudication ou du contrat, ou lorsque la faculté d'élire un command n'y a pas été réservée.

4. Les parts et portions indivis de biens immeubles acquis par licitation.

5. Les retours d'échange et de partage de biens immeubles.

6. Les retraits exercés après l'expiration des délais convenus par les contrats de ventes, sous faculté de réméré.

§ VIII.

Cinq francs par cent francs.

1. Les donations entre vifs, de biens immeubles en propriété ou usufruit, par des collatéraux et autres personnes non parentes.

Il ne sera perçu que moitié droit, si elles sont faites par contrat de mariage aux futurs.

2. Les mutations de biens immeubles en propriété ou usufruit, qui s'effectuent par décès entre collatéraux, et personnes non parentes, soit par succession, soit par testament ou autre acte de libéralité, à cause de mort.

TITRE XI.

Des actes qui doivent être enregistrés en débet ou gratis, et de ceux qui sont exempts de cette formalité.

LXX. Sont soumis à la formalité de l'enregistrement, et enregistrés en débet ou gratis, ou exempts de cette formalité, les actes ci-après, savoir :

§ Ier.

A enregistrer en débet.

1. Les actes et procès-verbaux des commissaires civils de quartiers, pour faits de police.

2. Ceux faits à la requête des commissaires du gouvernement près les tribunaux.

3. Ceux des officiers de police.

4. Ceux des gardes établis par l'autorité publique pour les délits ruraux et forestiers.

5. Les actes et jugemens qui interviennent sur ces actes et procès-verbaux.

Il y aura lieu de suivre la rentrée des droits d'enregistrement de ces actes, procès verbaux et jugemens contre les parties condamnées, d'après les extraits des jugemens qui seront fournis aux préposés de la régie, par les greffiers.

§ II.

A enregistrer gratis.

1. Les acquisitions et échanges faits pour la République, les partages de bien entre elle et les particuliers, et tous autres actes faits à ce sujet.

2. Les exploits, commandemens, significations, sommations, établissemens de garnison, saisies, saisies-arrêts et autres actes, tant en action qu'en défense, ayant pour objet le recouvrement des contributions directes et indirectes et de toutes sommes dues à la République, à quelque titre et pour quelqu'objet que ce soit, même des contributions locales, lorsqu'il s'agira de cotes de vingt-cinq francs et au-dessus, ou de droits et créances non excédans en total la somme de vingt-cinq francs.

3. Les actes des huissiers et gendarmes, dans les cas spécifiés dans le paragraphe suivant, nombre 9.

§ III.

Exempts de la formalité de l'enregistrement.

1. Les actes du Capitaine-général.

2. Les actes d'administration publique, non compris dans les articles précédens.

3. Les certificats de décomptes de la dette publique, leurs transports et mutations.

4. Les rescriptions, mandats et ordonnances de payement sur les caisses nationales, leurs endossemens et acquits.

5. Les quittances de contributions, droits, créances et revenus payés à la nation, celles pour charge locale, et celles des fonctionnaires et employés salariés, par la République, pour leurs traitemens et émolumens.

6. Les ordonnances de décharge et de réduction, remise ou modération d'impositions, les quittances y relatives, les rôles et extraits d'iceux.

7. Les récépissés délivrés aux collecteurs, aux receveurs des deniers publics et de contributions locales, et les comptes de recette ou gestion publique.

8. Les actes de naissance, sépulture et mariage, reçus par les officiers de l'état civil, et les extraits qui en sont délivrés.

9. Tous les actes et procès-verbaux, excepté ceux des huissiers et gendarmes qui doivent être enregistrés, ainsi qu'il est dit au paragraphe précédent, nombre quatre, et jugemens concernant la police générale, la sûreté et la vindicte publiques.

10. Les légalisations de signature d'officier public.

11. Les affirmations de procès-verbaux des employés, gardes et agens salariés par la République, faits dans l'exercice de leurs fonctions.

12. Les engagemens, enrôlemens, congés, certificats, cartouches, passe-ports, quittances de prêts et

fournitures, billets d'étape, de subsistance et de logement, tant pour le service de terre que pour le service de mer, et tous autres actes de l'une et l'autre administrations, non compris dans les articles précédens. Sont aussi exemptés de la formalité de l'enregistrement, les rôles d'équipage, et les engagemens de matelots et gens de mer, de la marine marchande et des armemens en course.

13. Les passe-ports délivrés par l'administration publique.

14. Les lettres de change tirées de place en place, celles venant de l'étranger et des colonies françaises, les endossemens et acquits de ces effets, et les endossemens et acquits des billets à ordre et autres effets négociables.

15. Les actes passés en forme authentique, avant l'établissement de l'enregistrement, dans l'ancien territoire de France, et ceux passés également en forme authentique ou sous signature privée, dans les pays réunis, et qui ont acquis une date certaine suivant les lois de ces pays, ainsi que les mutations qui se sont opérées par décès, avant la réunion desdits pays.

TITRE XII.

A compter du jour de la publication du présent, les droits d'enregistrement seront liquidés et perçus d'après les fixations y établies, quelles que soient la date, la nature et l'époque des actes et mutations à enregistrer.

Sont exceptés ceux précédemment enregistrés, d'après les formes adoptées et ceux dont la date entraîne prescription, d'après les dispositions de l'art. LXI.

Le présent sera lu, enregistré aux tribunaux des îles de France et de la Réunion, imprimé et affiché, partout où besoin sera.

A l'île de France, le 16 Frimaire an XII.

Le Capitaine Général, DECAEN.

Extrait des registres du greffe du tribunal Terrier de l'île de France,

Du samedi 6 Brumaire an XII,
3 heures de relevée.

37.

Ce jour, le Général Decaen, Capitaine-général des Etablissemens français, à l'Est du Cap de Bonne-Espérance, s'est rendu au Palais de Justice, dans le local ordinaire des séances du tribunal d'appel, de l'île de France, accompagné de MM. Léger, Préfet colonial, et Crespin, Commissaire de justice, par interim, aux îles de France et de la Réunion, où étant, le citoyen Lefevre, greffier en chef du tribunal d'appel, tenant la plume :

Le Capitaine-général a ordonné lecture de l'arrêté du gouvernement de la République, du 3 Germial

an XI, lequel ordonne, article V, le rétablissement dans chacune desdites îles, d'un tribunal Terrier, créé conformément à l'ordonnance de 1766, et détermine la composition desdits tribunaux. A pareillement ordonné lecture de l'arrêté du gouvernement de l'île de France, du 2 Brumaire présent mois, lequel nomme conformément audit article V, de l'arrêté du 3 Germinal an XI, MM. Bertrand, Leverger, Allanic et Dudrésit, membres du tribunal d'appel pour compléter le tribunal Terrier ; ordonne que M. Leverger y remplira les fonctions du ministère public, et M. Lefevre, greffier du tribunal d'appel, celles de greffier : et ces MM. étant présens ont été invités à prendre séance.

Et ayant pris séance chacun à leur rang, M. Leverger, remplissant les fonctions du ministère public, a requis que les arrêtés du gouvernement de la République et du gouvernement de l'île de France, des 3 Germial an XI, et 2 Brumaire présent mois, dont lecture a été faite dans la présente séance, seront enregistrés ez registres du tribunal, à ce destinés, et l'installation du tribunal, proclamée.

Le tribunal faisant droit à la réquisition du ministère public, a ordonné et ordonne que lesdits arrêtés dont lecture a été donnée par le greffier, seront transcrits sur les registres du greffe à ce destinés. Et le tribunal s'étant déclaré installé, a ajourné ses séances au mercredi de chaque semaine : ordonne que le procès-verbal de la présente installation, sera rendu public par la voie de l'impression.

Signé au registre, DECAEN,

Pour extrait collationné, LEFEVRE,

ARRÊTÉ.

38. DECAEN, Capitaine-général, etc. etc.,

Considérant que les commissaires civils des quartiers, sont, d'un instant à l'autre, exposés à se voir empêchés dans leurs fonctions, et que jusqu'à ce qu'il soit pourvu à leur remplacement, l'interruption de leur service pourrait être d'une conséquence dangereuse pour l'état des personnes, l'ordre et la sûreté publics ; Arrête :

Art. Ier. Sur la présentation du Préfet colonial et du Commissaire de justice, sont nommés suppléans des commissaires civils des quartiers de l'île de France, les personne ainsi désignées ; savoir :

Rasseline, ancien officier municipal ; au Port Nord Ouest.—Deville, aîné, ancien greffier de la justice de paix, du Port Nord-Ouest, aux Pamplemousses.—Martin, ci-devant maire ; à la Rivière du Rempart.—P. Morcy, ancien curateur aux biens vacans, à Flacq.—Randabel, ancien agent national ; au Port Sud Est.—Pignard, habitant ; à la Savanne.—Ayrolles, ancien assesseur de la justice de paix ; aux Plaines Wilhems.—Labbé, ancien curateur aux biens vacans ; à la Rivière Noire.—Hugnin, ancien juge de paix ; à Moka.

Quatrième partie, A.

6

II. Ils prêteront serment devant le tribunal d'appel.

III. Dans le cas de remplacement d'un commissaire civil, pour toute autre cause que celle de démission ou mort, les registres ne seront point déplacés de son domicile, mais le suppléant s'y transportera pour y faire tous actes, et délivrer toutes expéditions que les cas requerront, et il y rapportera en dépôt tous les procès-verbaux et minutes, qu'il aura pu faire au dehors, dans l'intervalle du remplacement.

IV. Les commissaires et leurs suppléans auront pour costume, un habit bleu national, veste et pantalon blancs, avec bottines, un ruban bleu clair, de 6 centimètres (2 pouces) de large, à la boutonnière, liseré d'or et sur lequel sera un dessin de forme ovale, de deux branches d'olivier entrelassées ; au milieu ces mots en lettres d'or : « Commissaire civil ou suppléant, de commissaire civil, » autour dans la partie supérieure, « Ile de France, ou de la Réunion »; dans la partie inférieure, le nom du quartier : chapeau français, uni.

V. Le présent sera lu, enregistré, imprimé et affiché.

A l'île de France, le 29 Brumaire an XII.

Le Capitaine général, DECAEN.

ARRÊTÉ.

39. DECAEN, Capitaine-général, etc. etc.,

Sur la représentation faite par le commissaire de justice, que les formalités prescrites par l'ordonnance criminelle, entraînent trop de lenteurs pour la repression des crimes et délits commis par les esclaves ;

Qu'un tribunal spécial formé pour eux selon les dispositions de la loi du 18 Prairial an IX, qui crée des tribunaux spéciaux, dans les départemens où le gouvernement le jugerait nécessaire, est d'une utilité réelle pour l'ordre des colonies Orientales, en ce qui doit en résulter plus de célérité, tant dans l'instruction que dans le jugement; arrête :

TITRE PREMIER.

Formation et organisation d'un tribunal spécial pour l'instruction et les jugemens des crimes commis par les esclaves.

Art. Iᵉʳ. Il sera établi en chacune des îles de France et de la Réunion, un tribunal spécial pour la repression des crimes et délits, emportant peine afflictive, commis par les esclaves.

II. Ce tribunal sera composé de deux juges, (les président et vice-président exceptés) et du premier suppléant au tribunal d'appel, avec voie délibérative : de trois militaires ayant au moins le grade de capitaine; et de trois personnes ayant les qualités requises pour être juges ; ces dernières ainsi que les militaires, seront désignés par le Capitaine-général; le premier des juges, suivant l'ordre de leur nomination, sera président du tribunal.

III. Le commissaire du gouvernement près du tribunal d'appel et le greffier du même tribunal, rempliront leurs fonctions respectives de commissaire du gouvernement et de greffier près du tribunal spécial.

IV. Le tribunal spécial ne pourra juger qu'en nombre impair, à neuf ou sept au moins ; s'il se trouve huit juges à l'audience, le dernier suivant l'ordre déterminé par l'article II, s'abstiendra.

Les condamnations se prononceront aux deux tiers au moins des voix.

TITRE II.
Poursuite, instruction, jugement.

V. Les crimes attribués par l'article Iᵉʳ, au tribunal spécial, seront poursuivis d'office et sans délai, par le commissaire du gouvernement, encore qu'il n'y ait pas de partie plaignante.

VI. Les plaintes pourront être reçues indistinctement par les commissaires du gouvernement près les tribunaux, leurs substituts, les capitaines commandans de quartiers, les commissaires civils des campagnes, leurs suppléans et les officiers de police.

Elles seront signées par le fonctionnaire qui les recevra ; elles le seront aussi par le plaignant ou par un procureur spécial ; et si le plaignant ne sait ou ne peut signer, il en sera fait mention.

VII. Tous officiers de police qui auront connaissance d'un crime commis par des esclaves, seront tenus de se transporter aussitôt partout où besoin sera, de dresser sur le champ et sans déplacer, procès-verbal détaillé des circonstances du délit et de tout ce qui pourra servir pour la décharge ou conviction, et de décerner tous mandats d'amener, suivant l'exigence des cas.

VIII. Les procès-verbaux seront envoyés ou remis dans les vingt-quatre heures au greffe, ensemble les armes, meubles et autres effets qui pourraient servir à la preuve ; et le tout, fera partie du procès.

IX. S'il y a des personnes blessées, elles pourront se faire visiter, ou le maître pourra faire visiter son esclave par des médecins et chirurgiens qui affirmeront leur rapport véritable, et ce rapport sera joint au procès.

Le tribunal pourra néanmois ordonner de nouvelles visites par des experts nommés d'office, lesquels prêteront serment entre les mains du président ou de tel autre juge par lui commis, de remplir fidèlement leur mission.

X. Tous officiers de police, tous fonctionnaires publics, seront tenus d'arrêter les esclaves surpris en flagrant délit ou désignés par la clameur publique.

XI. Tous officiers de police seront tenus, en arrêtant un esclave accusé, de faire inventaire de tous les effets dont cet accusé se trouvera saisi, en présence de deux personnes domiciliées dans le lieu le plus proche de celui de la capture ; lesquels signeront l'inventaire, sinon déclareront la cause de leur refus, dont il sera fait mention ; pour être, le tout, remis dans trois jours au plus tard, au greffe.

XII. A l'instant même de la capture, l'esclave accusé sera conduit sans retard dans les prisons des tribunaux.

XIII. Vingt-quatre heures après l'arrivée de l'accusé dans les prisons, il sera interrogé ; les témoins seront entendus séparément, et hors de la présence de l'accusé, le tout par un juge commis par le président.

XIV. Sur le vu de la plainte, des pièces y jointes, des interrogatoires et réponses, des informations, il sera procédé sans délai à l'instruction et au jugement.

L'accusé sera traduit à l'audience publique du tribunal : là, et en présence des témoins, lecture sera donnée de la plainte ; les témoins seront ensuite successivement appelés ; le commissaire du gouvernement donnera ses conclusions ; après lui, le défenseur de l'accusé sera entendu.

XV. Le tribunal, s'il le juge nécessaire, pourra procéder au débat, les portes fermées.

XVI. Le débat étant terminé, le tribunal jugera le fond en dernier ressort, et il prononcera son jugement motivé, les portes ouvertes.

XVII. Les vols commis sur les grands chemins, violences, voies de fait et autres circonstances aggravantes du délit, les vols dans les habitations et maisons de campagne ou de ville, lorsqu'il y aura effraction faite aux murs de clôture, aux toits des maisons, portes et fenêtres extérieures, ou lorsque le crime aura été commis avec port d'armes ou par une réunion de deux esclaves au moins, seront punis de la peine de mort.

Quant aux autres crimes des esclaves, le tribunal se conformera aux anciennes lois, pour la peine de mort seulement, et non pour le genre de supplice, ainsi qu'aux articles XXVI, XXVII, XXVIII et XXIX, des lettres-patentes en forme d'édit, du mois de Décembre 1723.

XVIII. L'article XXX desdites lettres-patentes, relativement aux maîtres des esclaves condamnés, aura son entière exécution.

A compter du jour de l'enregistrement de la présente loi, tous les esclaves détenus pour crime, seront jugés par le tribunal spécial ; en conséquence, il est enjoint aux juges de les y renvoyer, avec les pièces, actes et procédures déjà commencés.

XIX. Toutes dispositions contraires sont révoquées.

Le présent sera lu, enregistré, imprimé, publié et affiché.

A l'île de France, le 11 Frimaire an XII.

Le Capitaine-général, DECAEN.

ARRÊTÉ.

40. DECAEN, Capitaine-général, etc. etc.,

Considérant que l'administration pour les colonies des îles de France et de la Réunion, déterminée par l'arrêté du gouvernement de la République en date du 13 Pluviose an XI, nécessite un changement dans l'organisation actuelle des forces nationales de l'île de la Réunion ;

Considérant que la nouvelle déclaration de guerre ne permet pas de différer une organisation indispensable pour la sûreté de la colonie ; Arrête :

Art. Ier. Les légions et bataillons des gardes nationales, maintenant en activité à l'île de la Réunion, sont licenciés.

Les forces nationales de cette colonie seront réorganisées ainsi qu'il suit :

II. Tous les citoyens de la population blanche et tous les gens de couleur, libres, en état de porter les armes, depuis l'âge seize ans jusqu'à soixante de suite organisés par compagnies, dans les cinq quartiers ci-après désignés, savoir :

Saint-Denis, Sainte-Suzanne, Saint-Benoît, Saint-Pierre, Saint-Paul.

III. Dans chacun de ces quartiers il y aura un commandant militaire, avec le titre de capitaine-commandant de quartier, chez lequel il sera tenu deux registres, où devront se faire inscrire tous les habitans de la population blanche et les gens de couleur, libres.

IV. Chaque quartier aura autant de subdivisions qu'il fournira de compagnies ; en conséquence de cette disposition, qui donnera beaucoup plus de facilité pour le service, il n'y aura plus dans ces quartiers de compagnies de gens de couleur, libres ; mais il y aura à la suite de chaque compagnie de population blanche, une section de gens de couleur, sous la dénomination de *Chasseurs coloniaux* : ces sections seront commandées chacune par un lieutenant de la compagnie à la suite de laquelle chaque section se trouvera.

V. Les capitaines-commandans de quartiers seront nommés et commissionnés par le Capitaine-général, sur la présentation de son Lieutenant-général, commandant l'île de la Réunion.

VI. Le capitaine-commandant de quartier n'aura point de troupes immédiatement sous ses ordres ; mais il commandera le major et tous les capitaines des compagnies de son quartier. Il portera les marques distinctives attribuées au grade de chef de brigade de l'armée française.

VII. Il y aura en outre dans chaque quartier, un major ou commandant en second, dont les nominations auront lieu comme celles des capitaines-commandans. Ce major n'aura pas non plus de troupes immédiatement sous ses ordres ; il remplacera le capitaine-commandant de quartier, en son absence. Il aura pour marque distinctive de son grade, deux épaulettes de capitaine d'infanterie.

VIII. Les capitaines des compagnies, seront à la nomination du lieutenant du Capitaine-général, sur la présentation des capitaines-commandans de quartiers.

IX. Les lieutenants seront nommés par les capitaines-commandans et major du quartier, sur la présentation des capitaines de compagnies.

X. Les sergents-majors, sous-officiers et caporaux, seront nommés par les capitaines de compagnies, sur la présentation des lieutenans.

XI. Chaque compagnie sera composée, savoir :

Un capitaine, un lieutenant en premier, deux lieutenans en second, un sergent-major, trois sergens, six caporaux, quarante-huit fusiliers, deux tambours (pris parmi les hommes de couleur.) Total soixante-quatre hommes, officiers compris.

XII. Chaque section de chasseurs coloniaux, sera composée, savoir :

Un sergent, deux caporaux, vingt chasseurs coloniaux. Total vingt-trois hommes.

XIII. Le sergent et les caporaux d'hommes de couleur, seront nommés par le capitaine de la compagnie, sur la demande du lieutenant qui sera chargé du commandement de chaque section.

XIV. Chaque quartier aura le nombre de compagnies relatif à sa population. Le lieutenant du Capitaine-général, donnera à ces compagnies, la dénomination la plus convenable aux localités ; mais il observera que les officiers de chaque compagnie devront toujours être pris dans la subdivion du quartier désigné pour fournir le nombre des gardes nationaux, qui devront entrer dans la formation de la compagnie.

XV. Dans chacun des quartiers St.-Denis, St.-Paul et St.-Benoît, il sera formé une compagnie de canonniers, composée du même nombre d'officiers, sous-officiers, canonniers et tambours, que celui determiné pour les autres compagnies.

Pour les nominations des officiers, sous-officiers et caporaux, on se conformera aux articles VIII, IX et X ; ainsi qu'à l'article XII, pour la section d'hommes de couleur ; la section attachée à chaque compagnie, portera le nom de section d'artillerie.

XVI. Une compagnie de dragons, sera réorganisée à l'île de la Réunion ; cette compagnie sera formée comme précédemment, des habitans aisés qui pour ce service voudront entretenir un cheval, et elle sera composée ainsi qu'il suit :

Un capitaine-commandant, un capitaine en second, un lieutenant en premier, un lieutenant en second, un sous-lieutenant, un maréchal des logis, porte-étendard, deux maréchaux des logis, quatre brigadiers, quarante dragons, deux trompettes ou tambours (pris parmi les hommes de couleur.) Total cinquante-quatre hommes.

XVII. Les officiers de dragons seront choisis et nommés par le capitaine-commandant, sauf l'approbation du lieutenant du Capitaine-général, qui déterminera l'uniforme de la compagnie de dragons.

XVIII. L'uniforme national est conservé, pour toutes les autres compagnies ; cependant il sera proposé des distinctions à l'approbation du lieutenant du Capitaine-général, pour qu'il y ait une différence dans les uniformes des gardes nationales de chaque quartier.

XIX. L'uniforme des sections attachées à chaque compagnie, est réglé ainsi qu'il suit :

L'uniforme des chasseurs coloniaux, sera : habit-veste, bleu national, revers en pointe, de même couleur, paremens rouges, doublure bleue, liseré blanc, et boutons blancs.

Les artilleurs auront le même uniforme que les chasseurs coloniaux, excepté la différence du liseré, qui sera rouge et les boutons jaunes.

XX. Aussitôt que l'organisation sera terminée dans chacun des quartiers, les capitaines-commandans de quartiers, s'empresseront d'envoyer le résultat de leur travail, au lieutenant du Capitaine-général.

DISPOSITIONS GENERALES.

XXI. La police du quartier sera du ressort de celui qui le commandera.

XXII. Le commandant qui s'absentera, donnera avis de son absence à celui qui, par son rang, devra commander le quartier. Il en préviendra chaque commandant de compagnie ; après le capitaine-commandant et le major, ce sera le plus ancien capitaine des compagnies, qui prendra le commandement supérieur du quartier.

XXIII. Les commandans de quartier et les capitaines de compagnies, qui se trouveront commander une division de ces mêmes quartiers, feront exécuter ponctuellement les différens ordres qu'ils recevront du gouvernement ; mais ils ne pourront, sous aucun prétexte, s'arroger les droits de connaître des affaires civiles, qu'ils seront tenus de renvoyer par-devant le tribunaux ou le commissaire civil de chaque quartier, selon l'exigence des cas. Ils pourront être choisis pour arbitres.

XXIV. Les gardes nationales de l'île de la Réunion, ne pourront sortir en troupe, hors de leurs quartiers, sans un ordre exprès du lieutenant du Capitaine-général.

XXV. Les commissions délivrées aux capitaine commandans de quartiers, aux majors et aux capitaines de compagnies, ne leur donneront de pouvoir et commandement, sur les gardes nationaux, que pour le service.

XXVI. Les commandans de quartiers, pourront cependant, sur la demande des habitans, commander des détachemens pour la chasse des noirs marrons, et ils en rendront compte au lieutenant du Capitaine-général, ainsi que du rétour et des captures faites par ces détachemens, qui seront fournis par les chasseurs coloniaux ; ils seront également employés à la poursuite des déserteurs, et pour la police des quartiers.

XXVII. Les capitaines-commandans de quartiers, prononceront sur les demandes d'exemption de service, qui pourront leur être faites ; mais ces exemptions ne seront accordées que pour des causes majeures, dont ils seront tenus de rendre compte au lieutenant du Capitaine-général.

XXVIII. Une fois par mois, chaque capitaine réunira sa compagnie et sa section de chasseurs coloniaux, pour en passer la revue et s'assurer du bon état des armes.

XXIX. Les capitaines commandans de quartiers, passeront deux revues générales, chaque année, l'une en Vendémiaire et l'autre en Germinal; ils choisiront pour cet effet, le premier dimanche de chacun de ces mois.

A ces revues, les capitaines de compagnie, remettront au commandant de quartier, les contrôles de leurs compagnies et sections. Les hommes absens y seront portés avec indication du motif de leur absence.

Ces états seront conformes aux modèles, qui seront envoyés aux commandans de quartier; en outre de ces revues, il en sera passé chaque année par le lieutenant du Capitaine-général, aux époques qui seront fixées.

XXX. Lorsque toutes les compagnies d'un quartier se rassembleront, le capitaine commandant du quartier choisira un des premiers lieutenans, pour remplir momentanément les fonctions d'aide-major.

XXXI. Les commandans de quartiers feront mention sur leurs registres de toutes les armes existantes dans leurs quartiers.

XXXII. Tous gardes nationaux et chasseurs coloniaux, qui cesseront d'habiter leur quartier, seront tenus de remettre leurs armes, si elles sont à la République, au capitaine de leur compagnie; dans tous les cas, celles qui seront perdues, seront payées selon le tarif établi pour cet effet.

XXXIII. En cas d'alerte, les commandans de quartiers feront battre la générale, et chaque compagnie et section se réuniront sur le point qui leur aura été désigné.

XXXIV. Les capitaines commandans de quartiers, les majors, capitaines et autres officiers, seront personnellement responsables de l'exécution des présentes dispositions, ainsi que des ordres émanés du Capitaine-général ou de son lieutenant-général.

XXXV. Le général de division Magallon, lieutenant du Capitaine-général, est chargé de suivre l'exécution du présent, qui sera imprimé et affiché partout où besoin sera.

Port N.-O. île de France, le 15 Frimaire an XII.

Le Capitaine-général, DECAEN.

ARRÊTÉ.

41. DECAEN, Capitaine-général, etc. etc.,

Le Commissaire de justice ayant exposé que, depuis l'installation des tribunaux, de l'île de la Réunion, il a été instruit que les membres qui les composent, sont pour la plupart, parents ou alliés, au degré prohibé;

Qu'il est urgent de rétablir un autre ordre, tel qu'il est impérieusement exigé par la loi;

Ayant également représenté que la multiplicité et la nature des affaires soumises aux tribunaux d'appel, des îles de France et de la Réunion, font désirer plus de juges délibérans, et qu'il serait convenable d'en augmenter le nombre;

Que les occupations actuelles des commissaires du gouvernement, près de ces tribunaux, rendent nécessaire pour chacun, le service constant d'un substitut, auquel il avait été provisoirement pourvu, par arrêté du 10 Brumaire dernier;

Que par l'effet de l'intérim, conformément à l'article XXXIV, titre III, de l'arrêté du 13 Pluviose an XI, le substitut nommé au commissaire près le tribunal d'appel de l'île de France, y exerce en chef et seul, les fonctions du ministère public;

A pris cet exposé en considération; en conséquence,

Arrête :

Art. Ier. L'arrêté du 10 Vendémiaire dernier, qui nomme les membres des tribunaux de l'île de la Réunion, est révoqué, quant à MM. Azema, vice-président, beau-frère de M. Greland, président; Gillot-Létang et Deville, juges, cousins-germains de M. Bellier, commissaire du gouvernement en appel, et Bertrand, juge en première instance, cousin-germain de M. Lefebure de Marcy, commissaire.

II. Les deux premiers suppléans au tribunal d'appel de l'île de France, ainsi que ceux du tribunal d'appel de la Réunion, seront juges, avec voix délibérative; ils prêteront serment en cette qualité, par-devant leurs tribunaux respectifs.

III. Le commissaire au tribunal d'appel de l'île de France, aura deux substituts, et il y en aura un pour le commissaire, à l'île de la Réunion.

IV. L'arrêté provisoire du 10 Brumaire dernier, cessera d'avoir son exécution.

V. A la présentation du Commissaire de justice, sont nommés pour la nouvelle formation des tribunaux de l'île de la Réunion, savoir :

Au tribunal d'Appel.

MM. Bertrand, vice-président.—Desrabines et Marcand père, juges. — Deville, substitut du commissaire du gouvernement.

Au tribunal de Première Instance.

MM. Duparc, juge.—Gilot-Létang, suppléant.

Les personnes ci-dessus dénommées prêteront serment entre les mains du président, en présence du commissaire du gouvernement.

Il sera adressé au Préfet colonial et au Commissaire de justice, une expédition du présent, qui sera lu, enregistré, imprimé et affiché partout où besoin sera.

Port N.-O. île de France, le 25 Frimaire an XII.

Le Capitaine-général, DECAEN.

A R R E T É.

42. Decaen, Capitaine-général, etc. etc.;

Sur la représentation faite par le Préfet colonial et le Commissaire de justice ;

Que l'étendue des quartiers des îles de France et de la Réunion, et divers obstacles de localité sont souvent des empêchemens réels pour les commissaires civils, d'exécuter les dispositions de l'article Ier. du chapitre IV de la loi sur les actes de l'état civil, quant au transport de ces officiers publics, près d'une personne décédée, pour constater son décès;

Que, pour prévenir les inconvéniens qui pourraient résulter de l'impossibilité d'exécuter cet article, il est nécessaire de déterminer un autre manière de constater les décès ; Arrête :

Art. Ier. La disposition suivante sera ajoutée à l'article Ier. du chapitre IV de la loi des actes de l'état civil, promulguée aux îles de France et de la Réunion, par arrêté du 16 Vendémiaire dernier.

L'autorisation pour inhumer, pourra être délivrée par le commissaire civil, sur la déclaration du décès, écrite et signée de deux témoins; les plus proches parens, voisins ou amis de la personne décédée ; cette déclaration sera rédigée suivant le modèle ci-annexé, et enregistré en marge de l'acte de décès.

II. Le présent, dont expédition sera adressée au Préfet colonial et au Commissaire de justice, sera lu, enregistré, imprimé et affiché partout où besoin sera.

A l'île de France, le deuxième jour du mois de Nivose, an XII.

Le Capitaine-général, DECAEN.

Suit le modèle.

Nous, (prénoms, noms, profession des déclarans, s'ils sont parens, amis ou voisins du défunt, degré de parenté,) déclarons et certifions que (prénoms, noms, âge, sexe et profession de la personne décédée,) est décédée à (le lieu l'heure, le jour et le mois,) et que nous l'avons vu après son décès.

En foi de quoi nous avons signé le présent.

Donné à (le lieu, les heures, jour, mois et an.)

A R R E T É.

43. Decaen, Capitaine-général, etc. etc.,

Sur la représentation faite par le Commissaire de justice que le nouvel ordre de choses aux îles de France et de la Réunion exige une nouvelle organisation des officiers ministériels, chargés de représenter les justiciables par-devant les tribunaux de la colonie ;

Qu'il convient de leur assurer la considération due à leur profession ; que l'institution d'une chambre des avoués, selon les dispositions de l'arrêté des Consuls, du 13 Frimaire an IX, atteindra ce but et sera utile au bien public ; Arrête :

Organisation des avoué.
CHAPITRE PREMIER.
SECTION PREMIERE.

Nombre des avoués ; leurs fonctions ; mode de leur nomination.

Art. Ier. Tous arrêtés de création d'avoués, près les tribunaux des îles de France et de la Réunion, sont abrogés.

II. La nouvelle organisation des avoués, dans ces deux colonies, sera déterminée ainsi qu'il suit :

III. Il y aura douze avoués près les tribunaux de l'île de France, et huit près de ceux de l'île de la Réunion.

IV. Leurs fonctions seront exclusivement de représenter les parties, d'être chargés et responsables de leurs titres et pièces, de les défendre verbalement ou par écrit, de conclure et de faire généralement les actes nécessaires pour régulariser les procédures et mettre les affaires en état.

Néanmoins, les parties auront la faculté de se défendre elles-mêmes ou de se faire défendre par un jurisconsulte, dont les titres auront été enregistrés aux tribunaux ; mais, dans tous les cas, elles seront tenues de constituer avoué, conformément à l'ordonnance et aux réglemens.

V. Ces fonctions seront incompatibles avec celles de juges, de greffiers, d'officiers d'administration, de commissaires civils, de notaires, d'officiers de police, et d'huissiers.

VI. La moitié du nombre fixé par l'article III, sera nommée par le Capitaine-général, sur la présentation du Commissaire de justice.

L'autre moitié ne sera nommée sur la même présentation, que d'après le choix fait par les six avoués déjà nommés, et sur l'avis des tribunaux de première instance et d'appel.

Ils prêteront serment au tribunal d'appel.

VII. Le nombre des avoués, ainsi complété, leurs noms seront inscrits sur un tableau, suivant l'enregistrement de leurs titres gradués ou de leur admission, soit aux ci-devant conseils supérieurs, soit aux anciens tribunaux d'appel.

Ce tableau sera exposé dans les salles d'audience des tribunaux.

VIII. Ils pourront exercer par-devant tous les tribunaux de leur colonie respective.

IX. Les avoués inscrits au tableau, seront nommés d'office par les présidens des tribunaux, au criminel, pour la défense d'un accusé, ou au civil, pour la défense d'une partie qui prouvera n'avoir pu trouver de défenseur volontaire, ou sera dans l'indigence ; il en sera donné avis au président de la chambre des avoués, par le commissaire du gouvernement.

X. Les avoués seront tenus de donner des reçus détaillés, toutes les fois qu'ils en seront requis par les parties.

XI. Le ministère des défenseurs officieux est supprimé.

SECTION III.

Conditions pour être reçu avoué ; costume des avoués.

XII. A l'avenir, pour être présenté et nommé avoué, il faudra l'avis des tribunaux de première instance et d'appel.

Les conditions pour l'obtenir, seront :

1°. D'être français ;

2°. D'être âgé de vingt-cinq ans au moins ;

3°. D'avoir travaillé pendans trois ans dans l'étude d'un avoué, et fait un stage de deux années, aux tribunaux ;

4°. De rapporter de la chambre ci-après établie, un certificat de capacité ;

5°. De produire de la même chambre, un certificat de bonnes mœurs ;

6°. De représenter l'acte de prestation du cautionnement exigé.

XIII. Les individus qui ayant autrefois exercé dans ces colonies, les fonctions d'homme de loi, postulans ou avoués, voudraient reprendre cette profession, pourront concourir à la place d'avoué, et ils ne seront soumis qu'aux conditions imposées par les paragraphes V et VI de l'article XII ci-dessus.

Pourront encore concourir, les individus qui ayant un an de séjour dans la colonie où ils veulent fixer leur résidence, produiraient à la chambere des avoués des titres de gradués ou un acte en forme d'admission aux fonctions d'avoué, par-devant un tribunal de France.

Ils ne seront exempts que des conditions de l'étude et du stage.

XIV. Le cautionnement à fournir par les avoués, sera de dix mille francs en immeubles libres de toute hypothèque.

XV. Les avoués ne seront sujets au costume que pour les audiences.

Ce costume est : habit noir complet, chapeau rond, cheveux longs ou ronds.

CHAPITRE II.

SECTION Ire.

Chambre des avoués et ses attributions.

XVI. Il sera établi auprès des Tribunaux des îles de France et de la Réunion une chambre des avoués pour leur discipline intérieure ; elle sera composée des membres pris dans leur sein et nommés par eux.

Cette chambre prononce par voie de décision, lorsqu'il s'agit de police ou de discipline intérieure, et par forme de simple avis dans les autres cas.

XVII. Les attributions de la chambre sont:

1°. De maintenir la discipline intérieure entre les avoués, et de prononcer l'application des censures de discipline ci-après établies ;

2°. De prévenir ou concilier tous différends entre avoués, sur des communications, remises ou rétentions de pièces, sur des questions de préférence ou concurrence dans les poursuites ou dans l'assistance aux levées de scellés et inventaires ; et en cas de non réconciation, émettre son opinion, par forme de simple avis, sur lesdites questions ou différends ;

De prévenir toutes plaintes et réclamations de la part de tiers contre des avoués, à raison de leurs fonctions ; concilier celles qui pourraient avoir lieu ; émettre son opinion, par forme de simple avis, sur les réparations civiles qui pourraient en résulter, et réprimer, par voie de discipline et de censure, les infractions qui en seraient l'objet, sans préjudice de l'action publique devant les tribunaux, s'il y a lieu ;

4°. De donner son avis, comme tiers, sur les difficultés qui peuvent s'élever lors de la taxe de tous frais et dépens et même de tous les articles soumis à la taxe, lorsqu'elle se poursuit contre partie, ou lorsque l'avoué fait défaut ; cet avis pourra être donné par un des membres commis par la chambre à cet effet ;

5°. De former dans son sein, un bureau de consultation gratuite pour les personnes indigentes, dont la chambre distribue les affaires aux divers avoués, pour les suivre, quand il y a lieu ;

6°. De délivrer les certificats prescrits par l'article XII, aux candidats qui se présenteront, en remplacement des avoués morts ou démissionnaires ;

7°. Enfin, de représenter tous les avoués du tribunal, collectivement, sous le rapport de leurs droits et intérêts communs.

XVIII. Tous avis de la chambre seront sujets à homologation, à l'exception des décisions sur les cas de police et de discipline intérieure, déterminées en l'article XXII.

SECTION II.

Organisation de la chambre.

XIX. La chambre des avoués est composée de quatre membres, et néanmoins la chambre peut délibérer valablement, quand les membres présens et votans sont au nombre de trois.

XX. Ces quatre membres sont :

1°. Un président qui a voix prépondérante en cas de partage d'opinions ; il convoque extraordinairement quand il le juge à propos, ou sur la réquisition motivée de deux autres membres ; il a la police d'ordre dans la chambre ;

2°. Un syndic, lequel est partie poursuivante contre les avoués inculpés ; il est entendu préalablement à toutes délibérations de la chambre, qui est tenue de délibérer sur tous ses réquisitoires ; il a, comme le président, le droit de la convoquer ; il poursuit l'exécution de ses délibérations, dans la forme ci-après déterminée, et agit pour la chambre, dans tous les cas, et conformément à ce qu'elle a délibéré ;

3°. Un rapporteur qui recueille les renseignemens sur les affaires contre les avoués inculpés, et en fait le rapport à la chambre ;

4°. Un secrétaire qui rédige les délibérations de la chambre ; il est le gardien des archives et délivre toutes expéditions ;

Indépendamment des attributions particulières données aux membres désignés dans le présent article, chacun d'eux a voix délibérative ; et néanmoins lorsqu'il s'agit d'affaires où le syndic est partie contre un avoué inculpé, le syndic n'a que voix consultative, et n'est point compté parmi les votans, à moins que son opinion ne soit à décharge.

XXI. Outre les fonctions spéciales ci-dessus attribuées à quelques membres et celles communes à tous dans les délibérations, chacun des membres de la chambre est sous-délégué :

1°. Pour faire les taxes des frais, qui lui sont réparties par le président de la chambre.

2°. Pour l'examen et consultation des affaires des indigens, qui lui sont aussi réparties par le président de la Chambre, à laquelle il les renvoie, avec son avis pour, s'il y a lieu de les suivre, être par le président distribuées aux divers avoués.

3°. Enfin, pour se trouver à la chambre des avoués chaque jour des audiences du tribunal, à l'effet de faciliter l'exercice des fonctions attribuées à ladite chambre.

SECTION III.

Pouvoir de la chambre dans les moyens de discipline.

XXII. La chambre prononce contre les avoués, par forme de discipline, et suivant la gravité des cas, celles des dispositions suivantes qu'elle croit devoir leur appliquer, savoir :

1°. Le rappel à l'ordre ;

2°. La censure simple, par la décision même ;

3°. La censure avec réprimande, par le président, à l'avoué en personne, dans la chambre assemblée ;

4°. L'interdiction de l'entrée de la chambre.

XXIII. Si l'inculpation portée à la chambre contre un avoué, paraît assez grave pour mériter la suspension de l'avoué inculpé, la chambre s'adjoint les autres avoués, et ainsi formée, émet son opinion aux deux tiers des voix des membres présens sur la suspension et sa durée, par forme de simple avis.

Les voix seront recueillies, en ce cas, au scrutin secret, par oui ou par non ; et l'avis ne peut être formé, si les deux tiers au moins des membres appelés à l'assemblée n'y sont présens.

XXIV. Quand l'avis émis par la chambre sera pour la suspension, il sera déposé au greffe du tribunal ; expédition en sera remise au commissaire du gouvernement qui en fera l'usage voulu par la loi.

SECTION IV.

Mode de procéder en la chambre.

XXV. Le syndic défère à la chambre les faits relatifs à la discipline, et il est tenu de les lui dénoncer, soit d'office, quand il en a eu connaissance, soit sur la provocation des parties intéressées, soit sur celle de l'un des membres de la chambre.

Les avoués inculpés sont cités à la chambre, avec délai suffisant, qui ne peut être au-dessous de cinq jours, à la diligence du syndic, par une simple lettre indicative de l'objet, signée de lui, et envoyée par le secrétaire, qui en tient note.

XXVI. Quant aux différends entre avoués et aux difficultés sur lesquelles la chambre est chargé d'émettre son avis, les avoués peuvent se présenter contradictoirement et sans citation préalable, aux séances de la chambre ; ils peuvent également y être cités, soit par simples lettres indicatives des objets, signées des avoués provoquans, et renvoyées par le secrétaire, auquel ils laissent des doubles, soit par des citations ordinaires, dont ils déposent les originaux au secrétariat. Ces citations officielles, ou par lettres, sont données avec les mêmes délais que celles du syndic, après avoir été préalablement soumises au visa du président de la chambre.

XXVII. La chambre prend ses délibérations dans les affaires particulières, après avoir entendu ou dûement appelé dans la forme ci-dessus prescrite, les avoués inculpés ou intéressés, ensemble les tierces parties qui voudront être entendues, et qui, dans tous les cas, pourront se faire représenter ou assister par un avoué.

Les délibérations de la chambre seront motivées et signées, sur la minute, par la majorité des membres présens ; les expéditions ne le sont que par le président et le secrétaire.

Ces délibérations n'étant que de simples actes d'administration, d'ordre et de discipline intérieure, ou de simples avis, ne sont, dans aucun cas, sujettes au droit d'enregistrement, non plus que les pièces y relatives.

Les délibérations de la chambre sont notifiées quand il y a lieu, dans la même forme que les citations ; et il en est fait mention par le secrétaire, en marge desdites délibérations.

SECTION V.

Nomination des membres de la chambre, et durée de leurs fonctions.

XXVIII. Les membres de la chambre sont nommés par l'assemblée générale des avoués, qui se réunissent pour cet effet, dans le lieu où siège le tribunal.

Le bureau est présidé par le doyen d'âge des avoués présens ; les deux plus âgés après lui, font les fonctions de scrutateurs, et le plus jeune, celles de secrétaire.

La nomination se fait au scrutin secret, par bulletin de liste, contenant un nombre de noms qui ne peut excéder celui des membre à nommer.

La majorité absolue des voix de l'assemblée générale est nécessaire pour la nomination.

XXIX. Les membres de la chambre sont renouvelés tous les ans, par moitié, de manière qu'aucun membre ne puisse rester en fonctions plus de deux ans consécutifs.

Le sort indique ceux des membres qui doivent sortir la première année, et ensuite ils sortent par ancienneté de nomination.

Les membres sortant ne peuvent être réélus qu'après une année d'intervalle.

XXX. Les membres choisis pour composer la chambre, ou qui en sont membres de droit, nomment entr'eux au scrutin secret, à la majorité absolue, le président, le syndic, le rapporteur et le secrétaire.

Cette nomination se renouvelle tous les ans ; et les mêmes peuvent être réélus.

En cas de partage des voix, le scrutin est recommencé ; et si le résultat est le même, le plus âgé des deux membres qui sont l'objet de ce partage, est nommé de droit, à moins qu'il n'ait rempli pendant les deux années précédentes, la place à laquelle il s'agit de nommer, auquel cas, la nomination de droit s'opère en faveur de son concurrent.

XXXI. Les premières nominations pour la formation de la chambre se feront dans le mois de la nomination des avoués

XXXII. Il sera adressé au Commissaire de justice, une expédition du présent arrêté, qui sera lu, enregistré, imprimé et affiché, partout où besoin sera.

A l'île de France, le 14 Nivôse an XII.

Le Capitaine-général, DECAEN.

RÈGLEMENT.

44. LÉGER, Préfet colonial des Iles de France, etc.

Considérant que le bon entretien des routes et communications, est un des objets les plus intéressans pour la prospérité publique de la colonie de l'île de France, et s'étant occupé de la recherche du meilleur système à suivre pour cette partie essentielle, a reconnu que le parti adopté en 1786, de former des ateliers de commune pour être constamment employés à la réparation et à l'entretien des routes, était le meilleur moyen de parvenir à ce but. En conséquence il arrête comme mesure d'administration publique ;

Art. Ier. On remettra immédiatement à la disposition des quartiers de la colonie, les noirs qui, au moment de l'organisation, étaient aux ordres des municipalités desdits quartiers et qui, en exécution du règlement de 1786, ont été achetés de leurs deniers, pour être employés à la confection et à l'entretien des chemins.

II. Il sera formé dans chaque quartier un conseil de commune qui dirigera l'emploi desdits noirs, pour le plus grand avantage du quartier, relativement à la confection des travaux qui auront été indiqués par le grand-voyer et ordonnés par le Préfet-colonial.

III. Ce conseil sera composé du commandant de quartier, président, du commissaire civil et de trois notables.

Pour la première nomination, le commandant de quartier présentera six candidats au Préfet colonial, qui

en choisira trois : ils recevront une commission du Capitaine-général.

Les notables ne seront élus que pour trois ans : la première année il en sortira un par le sort et les quatre membres du conseil proposeront deux nouveaux candidats pour qu'il en soit choisi un par le Préfet colonial : la seconde année, le sort décidera de même de la sortie d'un autre de la première élection et le remplacement s'en fera comme pour le premier. Aucun membre, sorti par la voie du sort ou après ses trois années d'exercice ne pourra être réélu dans la même année.

IV. Le conseil sera chargé de pourvoir à la nourriture et à l'entretien des noirs de commune, par les dispositions particulières qui seront présentées au Préfet colonial, pour son approbation.

V. Lesdits noirs, quoique considérés comme propriété commune de chaque quartier, pourront, en cas de besoin, être employés aux ouvrages de tout autre quartier que celui dont ils dépendent, moyennant remplacement en compte-courant de quartier à quartier.

VI. En outre des travaux publics qui sont l'objet essentiel de l'établissement desdits ateliers de noirs de commune, le commandant de quartier pourra en distraire pour la transmission des ordres du gouvernement ; et il en sera pareillement employé un, près du commissaire civil, pour faciliter le service public dont il est chargé.

VII. Au moyen de ces dispositions, chaque quartier sera obligé à la réparation et à l'entretien des routes et communications dans l'étendue de ses limites. Il sera libre à chaque quartier d'augmenter, s'il le juge nécessaire, le nombre desdits noirs, et s'il y a diminution pour quelque motif que ce soit et que les produits de la caisse du marronnage ne puissent suffire aux frais de remplacement, le quartier sera contraint d'y pourvoir par les moyens que le conseil d'administration jugera les plus prompts et les moins onéreux aux habitans, sauf l'approbation du Préfet colonial, de manière que l'entretien des routes et des communications, soit toujours dans le meilleur état.

Ile de France, le 15 Nivôse an XII

Le Préfet colonial, LÉGER.

Approuvé, le Capitaine-général, DECAEN,

ARRÊTÉ.

45. DECAEN, Capitaine-général, etc etc.,

Considérant qu'il importe à la sûreté et à l'intérêt général, d'établir au port Nord-Ouest de l'île de France, un corps de pompiers, sur la vigilance et le courage duquel on puisse se reposer, et destiné à se porter partout où l'incendie de manifesterait :

Arrête :

Art. Ier. Il sera formé au port Nord-Ouest de l'île de France, une compagnie de pompiers, sous la dénomination de pompiers nationaux, composée comme il suit :

Un capitaine, un lieutenant, un sous-lieutenant, un sergent-major, deux sergens, vingt caporaux, vingt pompiers premiers servants, vingt idem deuxièmes servants, deux tambours. Total, soixante-huit hommes.

II. Nul ne pourra être admis à faire partie de cette compagnie, s'il n'exerce l'une des professions de charpentier, maçon, couvreur, pompier, menuisier, charron, serrurier, sellier et vannier.

III. Les pompiers seront choisis dans la légion du Port Nort-Ouest, parmi les individus de la population blanche, de 18 à 40 ans, qui auront exercé l'une des professions ci-dessus mentionnées, pendant deux ans au moins.

IV. Le capitaine, le lieutenant et le sous-lieutenant, sont nommés par le Capitaine-général ; et les sergens et caporaux, par le capitaine de la compagnie.

V. Les pompiers auront pour uniforme : habit, paremens, revers bleu national, collet rouge, liseré bleu, un casque et le sabre pour arme.

VI. La compagnie des pompiers sera instruite dans l'art d'éteindre les incendies, et il sera donné à cet effet au capitaine une instruction qui fera suite au présent arrêté.

VII. L'agence générale de police, exercera, sous l'autorité des généraux et du commandant d'armes, une surveillance immédiate sur le service de cette compagnie.

VIII. Il sera accordé des récompenses aux sous-officiers ou pompiers, qui par leur dévouement, leur intrépidité et leur application à leurs travaux, se seront distingués dans le danger.

IX. Expédition du présent sera adressée au Préfet colonial et au lieutenant du Capitaine-général, commandant les troupes, chargé de l'organisation de la compagnie.

Port N.-O. île de France, le 23 Nivose an XII.

Le Capitaine-général, DECAEN.

REGLEMENT.

46. L. R. Crespin, Commissaire de justice, etc.,

En vertu de l'article XXVIII, titre III de l'arrêté du gouvernement de la République du 13 Pluviose an XI ;

Arrête :

Art. Ier. La constitution d'avoué requise par l'ordonnance de 1667 et par les réglemens, et rétablie par l'article IV de l'arrêté du 14 Nivose présent mois, se fera provisoirement dans les formes ci-après déterminées de la part des parties tant pour demander que pour défendre par-devant les tribunaux des îles de France et de la Réunion.

II. Elle aura lieu pour tous les tribunaux, et en toute espèce de cause où elle est nécessaire, savoir :

De la part du demandeur, de l'appellant, ou de l'intervenant, par la déclaration qu'il en fera dans l'exploit introductif d'instance, ou dans l'acte d'appel, ou dans la demande en intervention, et par l'élection de domicile chez l'avoué nommé en cette déclaration.

De la part du défendeur ou intimé, par la remise à l'avoué ayant charge d'occuper, de ses titres et de la copie de l'exploit de demande ou d'appel, et par la comparution de l'avoué muni de ces pièces.

III. En conséquence de l'article ci-dessus, l'usage des présentations reste abrogé.

IV. Tous actes antérieurs à l'arrêté d'organisation portant élection de domicile et faits à domicile élu chez les avoués nommés par suite d'exécution dudit arrêté, vaudront constitution d'avoués pour toutes les affaires auxquelles ils sont relatifs.

Tous autres actes ne seront valables, qu'après un acte de constitution aux termes de l'article II.

V. Pour les défauts et congés, il n'est rien changé aux dispositions maintenues par l'article IV du réglement du 6 Vendémiaire dernier.

VI. Les forclusions s'obtiendront dans les délais fixés par les articles XVII et XX de l'ordonnance civile, d'après le certificat délivré par le greffier, portant qu'il n'a été remis au greffe dans le tems prescrit aucune production de la part de la partie contre laquelle la forclusion sera demandée : pour cet effet le greffier tiendra un registre de productions, cotté et paraphé par le président.

Les juges ne pourront proroger au-delà des échéances l'examen et le jugement des procès sur les pièces produites, ni exiger aucune autre formalité pour y parvenir.

VII. Les procédures, instructions et jugemens faits en infraction du présent, seront nuls.

VIII. Tous arrêtés, ordonnances et réglemens continueront d'avoir leur effet, en ce qui n'y est pas dérogé.

Le présent sera lu, enregistré, imprimé et affiché.

A l'île de France, le 29e jour de Nivose an XII.

Le Commissaire de justice, L. R. Crespin.

Approuvé, le Capitaine-général, DECAEN.

ARRETÉ.

47. Decaen, Capitaine-général, etc. etc.,

Le Préfet colonial et le Commissaire de justice ayant représenté qu'il est important pour la prospérité et la sûreté des îles de France et de la Réunion, de déterminer les mesures les plus efficaces pour prévenir et réprimer le marronnage des esclaves, de réorganiser l'utile institution des détachemens, et de régler par un seul arrêté, toutes les dispositions qui, dans cette partie d'administration publique, ont entr'elles des rapports nécessaires ; Arrête :

CHAPITRE PREMIER.
Recensement des noirs.

Art. Ier. Tous propriétaires d'esclaves, fermiers ou dépositaires, fourniront chaque année les recensemens de leurs noirs, conforme au modèle ci-joint.

II. Ces états seront, par triplicata, envoyés tous les ans, au mois de Fructidor, aux commissaires civils des quartiers, pour être distribués à chaque habitant, dans les quinze derniers jours de l'année.

III. Chaque état sera rempli à la date du premier Vendémiaire et renvoyé dans la première quinzaine de ce mois, au commissaire civil du quartier.

IV. Les commissaires civils enverront dans les quinze derniers jours de Vendémiaire, au Préfet colonial, l'un des états de recensement, avec une liste des personnes qui ne se sont pas conformées à l'article III, l'autre état, visé du commissaire, sera rendu à l'habitant; le troisième enfin sera représenté au conseil d'administration du quartier, pour être vérifié.

La vérification aura lieu immédiatement après la remise des recensemens, et le procès-verbal en sera adressé au Préfet colonial, au plus tard dans les huit premiers jours de Brumaire.

V. Tout individu qui aura donné un recensement infidèle sera condamné à une amende de cent francs par chaque tête d'esclave qu'il n'aura pas recensé; en cas de récidive, les noirs seront confisqués, le tout au profit de la caisse du marronnage.

VI. Celui qui n'aura pas recensé, conformément au modèle, les noirs vendus ou morts depuis le dernier recensement, payera les contributions et taxes imposées sur ces mêmes esclaves comme s'ils les avaient encore.

VII. Celui qui n'aura pas donné son recensement dans le tems prescrit sera condamné à cent francs d'amende.

CHAPITRE II.
Marrons; déclarations; défense de retenir les marrons; leur remise.

VIII. Tout noir sorti de l'habitation de son maitre ou de la ville, doit être muni d'un billet de passe, signé de lui, qui relate son nom, sa caste, l'objet qu'il porte, l'endroit où il va et la date de sa sortie.

IX. Les propriétaires, fermiers ou dépositaires sont tenus de déclarer aux commissaires civils de leur quartier, ou à la ville, au bureau du marronnage, l'absence de leurs noirs, dans le délai de huit jours, à compter de celui de leur évasion, ainsi que la rentrée dans le même délai, de ceux qui, déclarés fugitifs, se seraient rendus volontairement ou auraient été amenés par d'autres blancs ou noirs que ceux de détachement.

X. Celui qui n'aura pas fait les déclarations prescrites par l'article ci-dessus, aura de droit encouru une amende de cent francs pour chaque marron non déclaré; il supportera en outre les frais de prise, de geole, de nourriture et d'hôpital; et si les esclaves ont été tués par les détachemens, ou sont morts des suites de leurs blessures, il sera déchargé de l'amende et de tous frais, mais il ne pourra prétendre à aucune indemnité.

XI. Les noirs fugitifs non déclarés dans le mois et jour de leur fuite, seront confisqués et appartiendront au quartier de la résidence des capteurs, pour faire partie de l'atelier commun.

XII. Sont dans le même cas tous les noirs fugitifs ou nés dans le bois, dont le maitre n'aura pas été reconnu et qui n'auraient pas été réclamés dans l'an et jour de leur capture, ainsi que les marrons déclarés qui n'auraient pas été réclamés par leurs maitres dans le même délai.

XIII. Les marrons déclarés en tems utile ainsi que les noirs réputés petits marrons, qui auraient été tués par les détachemens, seront remboursés par la caisse du marronnage au propriétaire, sur le pieds de quatre cents francs, sans distinction de sexe, d'âge ni de caste.

XIV. Les autres noirs marrons qui, par accident ou autrement auraient été tués dans le bois par les détachemens, ou estropiés et mis hors de service par des blessures reçues à la poursuite des marrons, seront payés par la caisse du marronnage au propriétaire, suivant l'estimation qui en sera faite par deux principaux habitans du quartier, nommés l'un par le propriétaire et l'autre par le capitaine commandant, ou au chef lieu par le délégué du Préfet colonial.

XV. Sont réputés grands marrons les esclaves qui auront été absents pendant six mois.

XVI. Le noir grand marron, sera condamné pour la première fois à une année de chaines, pour la seconde à cinq années, et pour la troisième fois à perpétuité. Dans le premier cas les journées seront payés à son maitre à raison de vingt-cinq centimes par jour, dans le second cas à raison de vingt centimes par jour, et dans le troisième cas il lui sera remboursé sur le pied de deux cents francs.

XVII. Après une année de marronnage de ses esclaves, déclarés dans le délai prescrit, le maitre ne sera plus sujet pour eux aux impositions et taxes ordonnées, pendant les autres années que durera leur absence.

XVIII. Il est expressément défendu, sous peine d'être réputé receleur et condamné comme tel, de retenir chez soi, sous quelque prétexte que ce puisse être, les noirs égarés, arrêtés ou fugitifs, plus de huit jours à la campagne et plus de trois à la ville; ils seront de suite remis aux commissaires civils des quartiers, ou à la ville au bureau du marronnage.

XIX. Celui qui sera convaincu d'avoir recelé un noir égaré, arrêté ou fugitif, sera condamné pour la première fois, à payer par forme d'amende, vingt-cinq francs pour chaque jour de détention; un tiers sera pour le maitre et les deux autres pour la caisse du marronnage.

Si le receleur ne peut, pour cause d'insolvabilité, satisfaire à la condamnation, elle sera commuée en une détention de six semaines au moins et de trois au plus.

XX. Les noirs marrons pris, seront de suite conduits au bloc de chaque quartier, chez le commissaire civil, qui apostillera la date de la prise sur le registre des déclarations de marronnage ; le lendemain ils seront conduits au port, pour être remis au bureau du marronnage.

XXI. Les marrons pris et amenés par les détachemens, seront interrogés sommairement, par l'agent-général de police ; et s'il s'en trouve quelques-uns soupçonnés d'un crime, ils seront de suite renvoyés au commissaire du gouvernement ; et l'agent-général en fera en même-tems son rapport au Commissaire de justice ; il renverra les autres ès prisons.

XXII. Les noirs détenus ès prisons y seront nourris et soignés aux frais de la commune générale, des habitans, excepté dans les cas prévus par l'article X, et ils seront employés sous la surveillance des officiers de police, aux travaux publics, jusqu'à ce qu'ils aient été remis à leurs maîtres.

Dans le cas où il y aurait quelques noirs estropiés ou tués par accident arrivé sur les travaux, il sera payé aux dépens de la caisse du marronnage, un dédommagement à dire d'experts, nommés conformément à l'article XIV, et suivant ce qui sera ordonné par le Préfet colonial.

XXIII. Aucun noir capturé ne sera remis au maître reclamant, soit par les capteurs, soit par les geôliers, que sur le vu du receveur du marronnage.

CHAPITRE III.

Détachemens, leur police, leurs droits.

XXIV. Il y aura pour la poursuite des noirs marrons, neuf chefs de détachemens, à l'île de France et onze à l'île de la Réunion ; ils seront nommés par le Capitaine-général, sur la présentation du Préfet colonial.

XXV. Les chefs de détachemens seront immédiatement sous les ordres des capitaines-commandans de quartiers.

XXVI. Ils seront libres de former leur détachement ainsi qu'ils le trouveront convenable ; mais ils seront tenus de donner au capitaine-commandant la liste des hommes, tant blancs que noirs, dont ils le composeront, et de soumettre à son approbation l'ordre de service qu'ils auront établi.

XXVII. A chaque sortie, ils en donneront avis au capitaine-commandant et lui déclareront les endroits de la battue, le nombre, le nom et l'espèce des hommes qu'ils prendront à leur suite.

A leur rentrée, ils l'en informeront de suite et lui feront connaître les lieux de leur tournée, les circonstances de leur course et le nombre de leurs captures.

Le tout sous peine de privation du droit de prise.

XXVIII. Les capitaines-commandans tiendront un état exact des permissions ou des ordres qu'ils donneront aux chefs de détachement avant leur sortie, de leur date, de celle de la rentrée, enfin des déclarations qui leur auront été faites.

XXIX. Ils donneront tous les ordres nécessaires pour augmenter les forces des détachemens lorsqu'il en sera demandé par les chefs, qui, dans ce cas, seront obligés de leur exposer par écrit les motifs de leur demande.

Si les circonstances l'exigent, les chefs de détachement pourront réclamer les mêmes secours dans les autres quartiers, lorsque par suite de leurs recherches ils se trouveront dans le cas de poursuivre leur chasse au-delà des limites de leur quartier.

XXX. Tout individu qui saura qu'il y a des noirs marrons sur son habitation, pourra aller aussitôt à leur poursuite avec le nombre d'hommes armés qui lui sera nécessaire ; à la charge par lui de se conformer, aussitôt après sa rentrée, à ce qui est prescrit par l'art. XXVII, sous les mêmes peines.

XXXI. Tout individu qui ayant rencontré par hazard, un noir marron, l'aura capturé et le remettra au commissaire civil de son quartier ou au bureau du marronnage, pourra prétendre au prix de capture qui serait alloué à un chef de détachement.

XXXII. En cas de fuite ou de résistance à main armée, les détachemens pourront tirer sur les marrons, mais les chefs ne recevront pour les noirs tués et reconnus, que la moitié du droit de capture ; en cas de non reconnaissance ils n'en auront que le quart.

XXXIII. La reconnaissance d'un noir tué sera valable, lorsqu'elle aura été constatée par la déclaration écrite sur les lieux par le chef de détachement ; dans laquelle seront relatés, la caste, la taille, les marques, l'âge autant que possible, du noir, et la reconnaissance qui en aura été faite tant par lui que par les hommes de détachement. Le commissaire civil recevra cette déclaration qui, avec la représentation du poignet droit du noir tué, lui suffira pour certifier par une attestation, les droits du capteur.

XXXIV. Tout capteur est tenu de remettre dans trois jours de sa rentrée au plus tard, les noirs capturés, sous peine d'être privé du droit de capture, d'être même considéré et poursuivi comme receleur, si le cas y échet, aux termes des articles XVIII et XIX.

XXXV. Les droits de capture seront :

De dix francs pour tout marron de deux mois et au-dessous.

Trente francs pour tout marron de deux mois jusqu'à un an ; et de soixante francs, lorsque le tems du marronnage sera de plus d'un an.

XXXVI. Pour tout enfant impubère arrêté dans le bois, qui y serait né d'une négresse fugitive ou enlevée, le droit ne sera que de douze francs dans tous les cas, quel que soit le tems du marronnage de la mère ; et il ne sera rien dû au capteur dans le cas où l'enfant aurait été tué.

XXXVII. Pour les noirs de traite qui se seraient évadés avant d'avoir été vendus par l'armateur propriétaire de la cargaison, les frais de capture et d'autres dépenses seront à la charge de ce dernier, et les noirs pris ne lui seront remis qu'après qu'il aura remboursé à la caisse du marronnage, les sommes qui auraient pu être payées pour eux.

XXXVIII. Tout individu ayant acquis un droit de capture, sera tenu de présenter au receveur du marronnage, ses titres, dans le délai d'un mois, passé lequel il sera déchu de toutes demandes et prétentions.

Parmi les titres produits par les chefs de détachement et par les individus désignés en l'article XXX, doit être compris le certificat du capitaine-commandant de quartier, qui constatera qu'ils auront satisfait à ce qui leur est prescrit par l'article XXXVII.

CHAPITRE IV.

Délits des noirs marrons; formalités pour les amendes et condamnations; autorités compétentes pour les prononcer.

XXXIX. Tout noir marron arrêté armé, ou qui aura été reconnu avoir fait partie d'une bande de noirs marrons armés, sera puni de peines afflictives, même de mort si les cas y échet.

XL. Seront sujets aux mêmes peines les noirs qui seront convaincus d'avoir tenté ou exécuté un projet d'enlèvement d'embarcation pour sortir de la colonie.

XLI. Les condamnations résultantes des articles ci-dessus, seront prononcées par le tribunal spécial.

Seront encore traduits au tribunal spécial, les noirs marrons, aux termes des articles XV et XVI.

XLII. Les amendes et condamnations voulues par les articles V, VII, X, XI, XII, seront prononcées sommairement et sans appel, par le tribunal de première instance, sur le réquisitoire du commissaire du gouvernement; et d'après les certificats délivrés, tant par les commandans de quartier et commissaires civils, que par le receveur du marronage, et visés par le Préfet colonial.

XLIII. Les individus qui seront dans le cas des articles XVIII et XIX, seront jugés en police correctionnelle, sauf l'appel.

CHAPITRE V.

Établissement du bureau de la caisse du marronnage; receveur; ses attributions; sa comptabilité.

XLIV. Il sera établi un bureau et une caisse de marronnage, qui seront régis par un préposé, sous le titre de receveur du marronnage.

XLV. Le receveur du marronnage sera chargé de tous les détails concernant cette partie.

1°. De recevoir les déclarations du marronnage;

2°. D'y mettre son vu pour en constater l'enregistrement;

3°. De délivrer tous certificats nécessaires, soit pour attester l'identité des noirs réclamés, soit pour assurer les droits des capteurs et ceux des individus qui auraient des indemnités à prétendre, soit pour constater les infractions sujettes aux amendes et condamnations;

4°. De permettre, après vérification, la remise des noirs marrons déclarés, en se conformant à l'article XXIII;

5°. De payer tous mandats ou ordonnances du Préfet colonial, pour les causes exprimées au présent arrêté;

6°. De recevoir le produit des amendes et condamnations;

7°. De faire la perception de la taxe ci-après imposée sur chaque tête de noirs;

8°. De poursuivre par tous les moyens de droit, le recouvrement des sommes dues à la caisse du marronnage, soit pour remboursement d'avances faites dans le cas de l'article XXXVII, soit enfin par le non payement dans les délais fixés de la taxe ci-après rétablie.

XLVI. Il tiendra des registres cottés et paraphés par le Préfet colonial, pour l'inscription des déclarations et pour ses recettes et dépenses.

Ces registres seront timbrés.

XLVII. Il sera tenu de les représenter toutes les fois qu'il en sera requis par l'officier qui aura été commis par le Préfet colonial.

XLVIII. Il payera et portera dans ses comptes les frais de nourriture des noirs pris, d'après les états arrêtés et signés par l'agent général de police, ainsi que toutes autres dépenses qui seront à la charge de la caisse du marronnage, ou remboursables à ladite caisse.

XLIX. Il enverra chaque jour au bureau de police, l'état des marrons conduits à la geole.

Cet état comprendra la date de leur entrée ès prisons et le nom des propriétaires; et il sera rendu public par la voie des petites affiches.

L. Ses comptes seront vérifiés et arrêtés tous les ans par le Préfet colonial, et il en sera fait un tableau qui en sera rendu public.

LI. Il fournira un cautionnement de quinze mille francs sur immeubles purgés de toute hypothèque.

CHAPITRE VI.

Taxe par tête de noirs, dépenses à la charge de la caisse du marronnage.

LII. Pour satisfaire à toutes les dépenses du marronnage, la taxe anciennement établie pour cet objet continuera d'être perçue, et elle sera d'un franc par tête de noirs de tout sexe et de tout âge.

LIII. Les objets de dépense à la charge de la caisse du marronnage seront:

1°. Les frais de capture des noirs marrons;

2°. La nourriture des noirs pris, pendant leur détention à la geole ou leur séjour à l'hôpital;

3°. Les sommes allouées aux maîtres des noirs justiciés, tués par les détachemens, ou désignés par l'article XXII pour leur tenir lieu d'indemnité;

4°. Les appointemens et frais de bureau du receveur du marronnage ;

5°. L'achat de tous objets nécessaires tant pour la chasse des marrons que pour leur conduite et détention.

LIV. Pour cette année, la taxe sera établie et perçue d'après les recensemens qui ont été fournis depuis le 1er. Vendémiaire, pour la contribution directe ; elle sera payable par semestre et acquittée pour le premier dans le cours des mois de Pluviose et Ventose prochains.

Le second semestre se payera en Thermidor et Fructidor.

A l'avenir, le premier semestre se payera dans le mois de Nivose, et le second en Messidor.

LV. Tous autres arrêtés, réglemens et ordonnances sont maintenus en ce qui n'est pas contraire au présent.

Expédition du présent sera adressée au Préfet colonial et au Commissaire de justice, pour son exécution.

Il sera lu, enregistré, imprimé et affiché partout où besoin sera.

A l'île de France, le 1er. Pluviose an XII.

Le Capitaine-général, DECAEN.

ARRÊTÉ.

48. DECAEN, Capitaine-général, etc. etc.,

Le Commissaire de justice ayant proposé de faire promulguer aux îles de France, de la Réunion et dépendances, la loi du 29 Germinal an XI, sur les successions, et de révoquer toutes dispositions par lesquelles on aurait reconnu dans ces colonies, aux enfans naturels indistinctement, le droit de faire des actes d'héritier, ainsi que celles qui rendaient les gens de couleur habiles à recevoir toutes donations entre-vifs, à cause de mort ou autrement.

Ayant ensuite exposé à l'appui de sa proposition :

1°. Que la loi de la République et la coutume de Paris, règlent différemment l'ordre des successions ; qu'il résulte de cette différence, que l'héritier légitime en France, suivant l'une, est en ces colonies exclus, suivant l'autre, de l'héritage échu ;

2°. Que la loi du 29 Germinal ne peut concerner les populations, que dans leurs rapports entre elles, et que c'est se conformer aux dispositions du gouvernement de la République, que de rappeler l'exécution des lois qui prohibaient expressément tous actes et toutes libéralités en faveur des gens de couleur.

Après en avoir délibéré avec le Commissaire de justice ;

Considérant sur le premier point, que la différence des règles fixées par la loi sur les successions et par la coutume de Paris, est réellement en opposition avec le vœu constant de la justice ;

Considérant sur le second point, qu'il convient de rétablir aux colonies orientales, les principes qui tendaient à y maintenir les bonnes mœurs et l'ordre des fortunes ; Arrête :

Art. Ier. La loi du 29 Germinal an XI, sur les successions, sera promulguée aux îles de France, de la Réunion et dépendances, avec les modifications et additions nécessaires, ainsi qu'il suit :

(Cette loi se compose de la partie du livre III du Code civil qui est comprise entre les articles 711 et 992 de ce code. Il y a été ajouté les dispositions suivantes.)

II. La présente loi n'aura son exécution que dans les relations des populations entre elles.

En conséquence, la section première du chapitre IV de ladite loi, concernant les droits des enfans naturels, n'aura son effet que pour ceux de la population blanche, envers leurs auteurs de la même population, ou pour ceux de la population noire, dans le même ordre.

III. Les enfans naturels, nés du commerce d'un blanc, avec une femme de couleur libre ou affranchie, même reconnus par leur père, sont déclarés incapables de faire aucun acte conservatoire ou d'héritier dans sa succession.

IV. Les gens de couleur libres ou affranchis, sont également incapables de recevoir des personnes de la population blanche, aucune donation, ni legs.

V. Toute disposition entre-vifs ou testamentaire des personnes de la population blanche en faveur des gens de couleur, libres ou affranchis, sera nulle, soit qu'on la déguise sous la forme d'un contrat onéreux, soit qu'on la fasse sous des noms interposés.

Les deux tiers des choses données ou léguées retourneront aux héritiers légitimes des donateurs ou testateurs, et l'autre tiers sera dévolu à la caisse de bienfaisance.

VI. Il sera néanmoins accordé aux noirs libres et affranchis, sur les biens de leurs pères, patrons ou bienfaiteurs, des alimens qui seront réglés eu égard aux facultés de la succession, au nombre et à la qualité des héritiers légitimes.

VII. Le présent sera lu, enregistré, imprimé et affiché.

A l'île de France, le troisième jour du mois de Pluviose an XII.

Le Capitaine-général, DECAEN.

ARRÊTÉ.

49. DECAEN, Capitaine-général, etc. etc.,

Sur la représentation faite par le Commissaire de justice, qu'il est de l'intérêt public, aux îles de France, de la Réunion et dépendances, de régler les importantes fonctions des notaires résidans en ces colonies, et de fixer les conditions d'admission à les exercer ;

Que la loi de la République, du 25 Ventose an XI, portant organisation du notariat, comprend à cet égard les dispositions les plus précises et les plus sages ;

Que les changemens à y faire en raison des localités, ne touchent en rien à l'esprit dans lequel elle a été conçue et qu'elle est dans ses points essentiels, applicables aux colonies orientales ;

Arrête :

La loi de la République, du 25 Ventose an XI, concernant l'organisation du notariat, sera promulguée aux îles de France et de la Réunion, ainsi qu'il suit :

DECRET.

TITRE PREMIER.

Des notaires et des actes notariés.

SECTION PREMIERE.

Des fonctions, ressort et devoirs des notaires.

Art. Ier. Les notaires sont fonctionnaires publics établis pour recevoir tous les actes et contrats, auxquels les parties doivent ou veulent faire donner le caractère d'authenticité attaché aux actes de l'autorité publique, et en assurer la date, en conserver le dépôt, en délivrer des grosses et expéditions.

II. Ils sont institués à vie.

III. Ils sont tenus de prêter leur ministère lorsqu'ils en seront requis.

IV. Chaque notaire devra résider dans le lieu qui lui sera fixé. En cas de contravention, le notaire sera considéré comme démissionnaire ; en conséquence, le Commissaire de justice pourra proposer au Capitaine-général, le remplacement.

V. Les fonctions des notaires, sont incompatibles avec celles de juges, commissaires du gouvernement près les tribunaux, leurs substituts, commissaires civils, leurs suppléans, greffiers, avoués, huissiers, préposés à la recette des contributions directes et indirectes, officiers de police et curateurs aux biens vacans.

Les notaires continueront de faire les ventes.

SECTION II.

Des actes ; de leur forme ; des minutes, grosses, expéditions et répertoires.

VI. Les notaires ne pourront recevoir des actes, dans lesquels leurs parens ou alliés en ligne directe à tous les dégrés, et en collatérale jusqu'au degré d'oncle et de neveu inclusivement, seraient parties, ou qui contiendraient quelque disposition en leur faveur.

VII. Les actes seront reçus par deux notaires ou un notaire assisté de deux témoins, français, sachant signer, et domiciliés dans le quartier où l'acte sera passé.

VIII. Deux notaires, parens ou alliés au degré prohibé par l'art. VI, ne pourront concourir au même acte.

Les parens alliés, soit du notaire, soit des parties contractantes, au degré prohibé par l'article VI, leurs clercs et leurs serviteurs, ne pourront être témoins.

IX. Le nom, l'état et la demeure des parties, devront être connus des notaires, ou leur être attestés dans l'acte, par des personnes connues d'eux, ayant les mêmes qualités que celles requises pour être témoin instrumentaire.

X. Tous les actes doivent énoncer les noms et lieu de résidence du notaire qui les reçoit, à peine de cent francs d'amende contre le notaire contrevenant.

Ils doivent également énoncer les noms des témoins instrumentaires, leur demeure, le lieu, l'année et le jour où les actes sont passés, sous les peines prononcées par l'article LX ci-après, et même de faux, si le cas y écheoit.

XI. Les actes de notaires seront inscrits en un seul et même contexte, lisiblement, sans abréviations, blanc, lacune ni intervalle ; ils contiendront les noms, prénoms, qualités et demeures des parties, ainsi que des témoins qui seraient appelés dans le cas de l'art. IX. Ils énonceront en toutes lettres, les sommes et les dates ; les procurations des contractans seront annexées à la minute qui fera mention que la lecture de l'acte a été faite aux parties ; le tout à peine de cent francs d'amende, contre le notaire contrevenant.

XII. Les actes seront signés par les parties, les témoins et les notaires, qui doivent en faire mention à la fin de l'acte.

Quant aux parties qui ne savent ou ne peuvent signer, le notaire doit faire mention, à la fin de l'acte, de leurs déclarations à cet égard.

XIII. Les renvois et apostilles ne pourront, sauf l'exception ci-après, être écrits qu'en marge, il seront signés ou paraphés, tant par les notaires que par les autres signataires, à peine de nullité des renvois et apostilles. Si la longueur du renvoi exige qu'il soit transporté à la fin de l'acte, il devra être non-seulement signé ou paraphé comme les renvois écrits en marge, mais encore expressément approuvé par les parties, à peine de nullité du renvoi.

XIV. Il n'y aura ni surcharge, ni interligne, ni addition dans le corps de l'acte ; et les mots surchargés, interlignés ou ajoutés, seront nuls. Les mots qui devront être rayés, le seront de manière que le nombre puisse en être constaté à la marge de leur page correspondante, ou à la fin de l'acte, et approuvé de la même manière que les renvois écrits en marge, le tout à peine d'une amende de cinquante francs contre le notaire, ainsi que tous dommages, intérêts, même de destitution en cas de fraude.

XV. Le notaire qui contreviendra aux lois et aux arrêtés du gouvernement, concernant les noms et qualifications supprimés, les clauses et expressions féodales, l'annuaire de la République, ainsi que les mesures et la numération décimale, lorsque les lois à ce sujet auront été promulguées en ces colonies, sera condamné à une amende de cent francs, qui sera double en cas de récidive.

XVI. Le notaire tiendra exposé, dans son étude, un tableau sur lequel il inscrira les noms, prénoms, qualités et demeures des personnes qui, dans l'étude du ressort où il peut exercer, sont interdites et assistées d'un conseil judiciaire, ainsi que la mention des jugemens relatifs ; le tout immédiatement après la notification qui en aura été faite, et à peine des dommages-intérêts des parties.

XVII. Tous actes notariés font foi en justice, et seront exécutoires dans toute l'étendue de la République et des colonies orientales.

Néanmoins en cas de plainte en faux principal, l'exécution de l'acte argué de faux sera suspendue par le décret de prise de corps ou d'ajournement personnel; en cas d'inscription de faux faite incidemment, les tribunaux pourront, suivant la gravité des circonstances, suspendre provisoirement l'exécution de l'acte.

XVIII. Les notaires seront tenus de garder minutes de tous les actes qu'ils recevront.

Ne sont néanmoins compris dans la présente disposition, les certificats de vie, procurations, actes de notoriété, quittances de fermages, de loyers, de salaires, arrérages de pensions et rentes, et autres actes simples, qui d'après les lois, peuvent être délivrés en brevet.

XIX. Le droit de délivrer des grosses et des expéditions, n'appartiendra qu'au notaire, possesseur de la minute; et néanmoins, tout notaire pourra délivrer copie d'un acte qui lui aura été déposé pour minute.

XX. Les notaires ne pourront se dessaisir d'aucune minute, si ce n'est dans les cas prévus par la loi et en vertu d'un jugement.

Avant de s'en dessaisir, ils en dresseront et signeront une copie figurée, qui, après avoir été certifiée par le président et le commissaire du tribunal civil, sera substituée à la minute dont elle tiendra lieu jusqu'à sa réintégration.

XXI. Les notaires ne pourront également, sans l'ordonnance du président du tribunal de première instance, délivrer expédition ni donner connaissance des actes, à d'autres, qu'aux personnes intéressées en nom direct, héritiers ou ayant droit, à peine des dommages-intérêts, d'une amende de cent francs, et d'être en cas de récidive, suspendu de leurs fonctions pendant trois mois; sauf néanmoins l'exécution des lois et réglemens sur le droit d'enregistrement, et de celles relatives aux actes qui doivent être publiées dans les tribunaux.

XXII. En cas de compulsoire, le procès-verbal sera dressé par le notaire dépositaire de l'acte, à moins que le tribunal qui l'ordonne, ne commette un de ses membres, ou tout autre juge, ou un autre notaire.

XXIII. Les grosses seules sont délivrées en forme exécutoire; elle seront intitulées et terminées dans les mêmes termes que les jugemens des tribunaux.

XXIV. Il doit être fait mention, sur la minute, de la délivrance d'une première-grosse, faite à chacune des parties intéressées; il ne peut lui en être délivré d'autre, à peine de destitution, sans une ordonnance du président du tribunal de première instance, laquelle demeurera jointe à la minute.

XXV. Chaque notaire sera tenu d'avoir un cachet ou sceau particulier, portant ses noms, qualité et résidence, et d'après un modèle uniforme, le type de la République Française.

Les grosses et expéditions des actes porteront l'empreinte de ce cachet.

XXVI. Les actes notariés seront légalisés par le président du tribunal de première instance.

XXVII. Les notaires tiendront répertoire de tous les actes qu'ils recevront.

XXVIII. Les répertoires seront visés, cottés et paraphés par le président, ou à son défaut, par un autre juge du tribunal civil; ils contiendront la date, la nature et l'espèce de l'acte, les noms des parties et la relation de l'enregistrement.

TITRE II.

Régime du notariat.

SECTION PREMIÈRE.

Nombre, placement et cautionnement des notaires.

XXIX. Le nombre des notaires pour chacune des colonies, leur placement et résidence, seront déterminés ainsi qu'il suit:

Il y en aura douze à l'île de France, savoir:

Au Port Nord-Ouest, six; aux Pamplemousses et Rivière du Rempart, un; à Flacq, un; au Grand Port, un; à la Savanne, un; à Moka, un; aux Plaines de Wilhems et Rivière Noire, un.

Il y en aura également douze à l'île de la Réunion, savoir: à Saint-Denis, quatre; à Sainte-Suzanne, deux; à Saint-Benoît, deux; à la Rivière d'Abord, deux; à Saint-Paul, deux.

Il y en aura un, à Mahé, île Seychelles.

XXX. Les suppressions ou réductions de place ne seront effectuées que par mort, démission ou destitution.

XXXI. Les notaires exercent sans patentes, mais ils sont assujettis à un cautionnement de dix mille francs sur immeuble affranchi d'hypothèque, lequel sera spécialement affecté à la garantie des condamnations prononcées contre-eux par suite de l'exercice de leurs fonctions.

Lorsque, par l'effet de cette garantie, la caution aura été obligée de payer tout ou partie du cautionnement fourni, le notaire sera suspendu de ses fonctions, jusqu'à ce qu'elle ait été entièrement remboursée, et faute par lui de rétablir, dans les six mois, l'intégralité du cautionnement, il sera considéré comme démissionnaire et remplacé.

Ce cautionnement sera discuté par le commissaire du gouvernement et reçu par le tribunal de première instance.

SECTION II.

Conditions pour être admis, et mode de nomination au notariat.

XXXII. Pour être admis aux fonctions de notaire, il faudra 1°. jouir de l'exercice des droits de citoyen,

2º. être âgé de vingt-cinq ans accomplis, 3º. justifier du tems de travail prescrit par les articles suivans.

XXXIII. Le tems de travail ou stage sera, sauf les exceptions ci-après, de six années entières et non interrompues.

XXXIV. L'aspirant qui aura travaillé pendant quatre ans, sans interruption, chez un notaire, et qui aura été pendant deux ans au moins, avoué près des tribunaux, pourra être admis.

XXXV. Le Capitaine-général pourra dispenser de la justification du tems d'étude, les individus qui auront exercé des fonctions administratives ou judiciaires.

XXXVI. L'aspirant demandera à la chambre de discipline du ressort dans lequel il devra exercer, un certificat de moralité et de capacité. Le certificat ne pourra être délivré, qu'après que la chambre aura fait parvenir au commissaire du gouvernement du tribunal de première instance, l'expédition de la délibération qui l'aura accordé.

XXXVII. En cas de refus, la chambre donnera un avis motivé, et le communiquera au commissaire du gouvernement, qui l'adressera au commissaire de justice avec ses observations.

XXXVIII. Les notaires seront nommés par le Capitaine-général sur la présentation du commissaire de justice, et obtiendront de lui une commission, qui énoncera le lieu fixe de la résidence.

XXXIX. Dans les deux mois de sa nomination, et à peine de déchéance, le pourvu sera tenu de prêter, à l'audience du tribunal de première instance, le serment que la loi exige de tout fonctionnaire public, ainsi que celui de remplir ses fonctions avec exactitude et probité.

Il ne sera admis à prêter serment qu'en représentant l'original de sa commission et de l'acte de prestation du cautionnement.

XL. Il n'aura le droit d'exercer qu'à compter du jour où il aura prêté serment.

XLI. Avant d'entrer en fonctions, les notaires devront déposer au greffe de chaque tribunal de première instance, leur signature et paraphe.

Les notaires feront en outre ce dépôt au greffe du tribunal d'appel.

Section III.

Chambre de discipline.

XLII. Les chambres qui seront établies pour la discipline intérieure des notaires seront organisées par des réglemens.

XLIII. Les honoraires et vacations des notaires seront réglés à l'amiable entre eux et les parties, sinon par le tribunal civil, sur l'avis de la chambre et sur simples mémoires sans frais.

XLIV. Tout notaire suspendu, destitué ou remplacé, devra aussitôt après la notification qui lui en aura été faite de sa suspension, de sa destitution, ou de son remplacement, cesser l'exercice de son état, à peine de tous dommages et intérêts, et des autres condamnations prononcées par les lois contre tout fonctionnaire suspendu ou destitué, qui continue l'exercice de ses fonctions.

Le notaire suspendu ne pourra les reprendre, sous les mêmes peines, qu'après la cessation du tems de la suspension.

XLV. Toutes suspensions, destitutions, condamnations d'amendes et dommages-intérêts, seront prononcées contre les notaires par le tribunal civil, à la poursuite des parties intéressées ou d'office, à la poursuite et diligence du commissaire du gouvernement.

Ces jugemens seront sujets à l'appel, et exécutoires par provision, excepté quant aux condamnations pécuniaires.

Section IV.

Garde, transmission, table des minutes et recouvremens.

XLVI. Les minutes et répertoires d'un notaire remplacé ou dont la place aura été supprimée, pourront être remis par lui ou par ses héritiers, à l'un des notaires de la colonie.

XLVII. Si la remise des minutes et répertoires du notaire remplacé n'a été effectuée, conformément à l'article précédent, dans le mois à compter du jour de la prestation de serment du successeur, la remise en sera faite à celui-ci.

XLVIII. Lorsque la place de notaire sera supprimée, le titulaire ou ses héritiers seront tenus de remettre les minutes et répertoires dans le délai de deux mois du jour de la suspension, à l'un des notaires de la colonie, conformément à l'article LXVI.

XLIX. Le commissaire du gouvernement près le tribunal de première instance, est chargé de veiller à ce que les remises ordonnées par les articles précédens soient effectuées ; et dans le cas de la suppression de la place, si le titulaire ou ses héritiers n'ont pas fait choix, dans les délais prescrits, du notaire à qui les minutes et répertoires doivent être remis, le commissaire indiquera celui qui en demeurera dépositaire.

Le titulaire ou ses héritiers, en retard de satisfaire aux dispositions des articles XLVII et LXVIII, seront condamnés à cent francs d'amende par chaque mois de retard, à compter du jour de la sommation, qui leur aura été faite, d'effectuer la remise.

L. Dans tous les cas, il sera dressé un état sommaire des minutes remises ; et le notaire qui les recevra, s'en chargera au pied de cet état, dont un double sera remis à la chambre de discipline.

LI. Le titulaire ou ses héritiers, et le notaire qui recevra les minutes, aux termes des articles XLVI, XLVII et XLVIII, traiteront de gré à gré, des recouvremens, à raison des actes dont les honoraires sont encore dus et du bénéfice des expéditions.

S'ils ne peuvent s'accorder, l'application en sera faite par deux notaires dont les parties conviendront, ou qui seront nommés d'office parmi les notaires de la même résidence.

LII. Tous dépôts de minutes et autres sont maintenus à la garde de leurs possesseurs actuels. Les grosses et expéditions ne pourront en être délivrées que par un des notaires de la colonie

Néanmoins, si lesdits dépôts de minutes ont été remis au greffe d'un tribunal, les grosses et expéditions pourront, dans ce cas seulement, être délivrées par le greffier.

LIII. Immédiatement après le décès du notaire ou autre possesseur de minutes, les minutes et répertoires seront mis sous les scellés par le commissaire civil, dans les campagnes, et par le juge de première instance au chef-lieu, jusqu'à ce qu'un autre notaire en ait été provisoirement chargé par une ordonnance du président du tribunal de première instance.

Titre III.

Des notaires actuels.

LIV. Sont maintenus définitivement tous les notaires qui, au jour de la promulgation de la présente loi, seront en exercice.

LV. Seront également maintenus définitivement les notaires qui, au jour de la promulgation de la présente loi, n'ayant point été remplacés, n'auraient interrompu l'exercice de leurs fonctions, ou n'auraient été empêchés d'y entrer, que pour cause d'incompatibilité.

LVI. Tous lesdits notaires exerceront ou continueront d'exercer leurs fonctions et conserveront rang entr'eux, suivant la date de leurs réceptions respectives.

Mais ils seront tenus, dans les trois mois du jour de la publication de la présente loi :

1°. De remettre au greffe du tribunal de première instance de leur colonie respective, et sur un récépissé du greffier, tous les titres et pièces concernant leurs précédentes nominations et réceptions.

2°. De se pourvoir, avec ce récépissé, auprès du Commissaire de justice, à l'effet d'obtenir du Capitaine-général la commission mentionnée en l'art. XXXVIII, dans laquelle seront rappelés la date de leurs nominations et réceptions primitives, ainsi que le lieu fixe de leur résidence.

LVII. Dans les deux mois qui suivront la délivrance de cette commission, chacun desdits notaires sera tenu de prêter le serment prescrit par l'article XXXIX, et de se conformer aux dispositions de l'art. XLI, pour le dépôt des signatures et paraphes.

Le présent article et le précédent seront exécutés à peine de déchéance.

LVIII. Les notaires qui réunissent des fonctions incompatibles, seront tenus, dans les trois mois du jour de la publication de la présente loi, de faire leur option, et d'en déposer l'acte au greffe du tribunal de première instance de leur colonie respective ; sinon ils seront considérés comme ayant donné leur démission de l'état de notaire, et remplacé ; et dans le cas où ils

continueraient à l'exercer, ils encourront les peines prononcées par l'article XLIV.

LIX. A compter du jour de leur option, ils auront un délai de trois mois pour obtenir la commission du Capitaine-général, et pour remplir les formalités prescrites aux articles XXXIX et XLI ; le tout sous les mêmes peines.

Dispositions générales.

LX. Tout acte fait en contravention aux dispositions contenues aux art. 6, 7, 8, 12, 18, 44, 56, 57, 58 et 59, est nul, s'il n'est pas revêtu de la signature de toutes les parties ; et lorsque l'acte sera revêtu de la signature de toutes les parties contractantes, il ne vaudra que comme écrit sous signature privée : sauf dans les deux cas, s'il y a lieu, les dommages-intérêts contre le notaire contrevenant.

LXI. Toutes autres lois sont abrogées en ce qu'elles ont de contraire à la présente.

A l'île de France, le 14 Pluviose an XII.

Le Capitaine-général, DECAEN.

ARRÊTÉ.

50. DECAEN, Capitaine-général, etc. etc.,

Sur la représentation du Préfet colonial et du Commissaire de justice, qu'il est nécessaire de fixer la démarcation entre les fonctions et attributions des capitaines-commandans de quartier et celles des commissaires civils, en ce qui concerne la police des quartiers, Arrête :

Art. Ier. La police attribuée aux capitaines - commandans de quartier, par le chapitre III, de l'arrêté du 19 Brumaire dernier, et par l'article XXI de l'arrêté du 1er. Frimaire, consiste :

1°. A veiller à la bonne tenue et à l'ordre de discipline des forces nationales de leurs quartiers respectifs ;

2°. A donner tous les ordres et défenses nécessaires pour le service exact des compagnies et des chasseurs coloniaux ;

3°. A prêter main-forte à toute exécution de jugemens qui devrait se faire dans les quartiers, à toute arrestation qui serait requise par les commissaires civils et pour tout acte qui tiendrait à la conservation de l'ordre ;

4°. A faire arrêter les marins et militaires déserteurs, qui leur seraient dénoncés, soit par la police, soit par les commissaires civils, soit par tout habitant qui aurait signé la dénonciation ;

5°. A prévenir tous rassemblemens qui pourraient tendre à troubler le bon ordre ; à faire arrêter et conduire au chef-lieu, toutes les personnes turbulentes et non domiciliées dans le quartier, qui auraient excité quelques actions contraires à la tranquillité des habitans ;

6°. A donner tous les ordres convenables pour la

chasse des marrons, pour la conservation des pêcheries, des bois de l'état et de la chasse ; ainsi que pour la facile communication entre les balisages ; le tout conformément aux dispositions des arrêtés y relatifs.

II. Ils ne pourront donner aucun ordre aux commissaires civils ni à leurs suppléans ; mais ils pourront leur demander des renseignemens, qui, dans aucun cas, ne leur seront refusées.

III. Les fonctions et attributions des commissaires civils sont, outre celles à eux conférées par les arrêtés des 9 et 14 Vendémiaire et Ier. Pluviose présent mois ;

1°. De surveiller les maisons d'éducation qui seraient autorisées dans leurs quartiers respectifs, la liberté des cultes, l'entretien des édifices publics, la tenue des cantines suivant l'ordre et dans le nombre prescrit, le régime des noirs chez les habitans, l'exécution des réglemens sur les animaux, les oiseaux et insectes destructeurs.

2°. De recevoir les conditions des baux, locations, marchés et ventes, que le Préfet colonial pourrait avoir à faire dans les quartiers et de tenir la main à leur exécution ; de recevoir toutes déclarations sur les échouemens, bris et naufrages sur les côtes de leur arrondissement et de faire tous actes conservatoires pour cet objet.

3°. De donner avis aux capitaines commandans de tout ce qui peut exiger des mesures célères pour l'ordre et la sûreté des quartiers et de leurs habitans ; de constater par des procès-verbaux, toutes infractions aux arrêtés et réglemens concernant leur police, tous délits rureaux et tous préjudices entre habitans, toutes entreprises sur les propriétés de l'état, enfin tous faits sujets à une action juridique en dommages et intérets, et ce lorsqu'ils en seront requis par les parties.

IV. Le conseil d'administration créé par le réglement du 15 Nivose dernier, tiendra ses séances chez le commandant de quartier, sur des convocations énonçant l'objet de la délibération.

V. Expédition du présent sera adressée au Préfet colonial et au Commissaire de justice : il sera lu, enregistré, imprimé et affiché, partout où besoin sera.

A l'île de France, le 21 Pluviose an XII.

Le Capitaine-général, DECAEN.

ARRÊTÉ.

51. DECAEN, Capitaine-général, etc. etc.,

Le Préfet colonial et le Commissaire de justice, ayant exposé, qu'il importe essentiellement à l'ordre des îles de France et de la Réunion, à la tranquillité et à la fortune de leurs habitans, d'établir la surveillance la plus exacte sur l'arrivée des particuliers dans ces colonies ; sur la situation sanitaire des équipages des bâtimens qui viennent en leurs ports et sur le départ des débiteurs, qui peuvent enlever aux créanciers le gage et la sûreté de leurs droits ; qu'en conséquence, il est nécessaire de fixer à cet égard par des règles précises, toute l'attention et toute l'activité d'une bonne police, Arrête :

Police des arrivées et des départs des bâtimens.

TITRE PREMIER.

De l'arrivée des bâtimens.

SECTION PREMIÈRE.

Leur mouillage.

Art. Ier. A l'arrivée des bâtimens aux îles de France, de la Réunion et dépendances, qui que ce soit, autre que les pilotes lamaneurs, ne pourra les aborder, avant qu'ils soient amenés au mouillage.

II. Aussitôt que le pilote sera monté à bord d'un bâtiment, il demandera au capitaine, si le vaisseau n'est pas infecté d'une maladie contagieuse, lui fera faire lecture des articles XXXIX et LX, de la section VI, du présent titre, et s'en fera délivrer un certificat.

Dans le cas où il n'y aurait pas de contagion, il fera arborer un pavillon bleu au grand mât.

III. Aucuns navires arrivant à l'île de France, venant d'Europe, d'Amérique, d'Afrique ou d'Asie, ne pourront être mouillés autre part, qu'au lieu dit les Pavillons, où ils resteront jusqu'à ce qu'ils aient obtenu la permission d'entrer dans le port.

IV. Sont exceptés de cette disposition les bâtimens faisant les voyages de l'île de la Réunion, lesquels pourront mouiller plus avant dans le port, sans dépasser la caserne de mer.

V. Aucuns vaisseaux, même ceux de l'île de la Réunion, ne pourront sans une permission expresse, mouiller ailleurs qu'au port N. O.

VI. Tout contrevenant à l'article Ier. sera aussitôt en débarquant conduit à la tour, pour y être détenu pendant quinze jours. Les embarcations qui auront servi au transport, seront confisquées.

VII. Tout pilote, qui, avant la visite de l'officier de santé, mouillera un bâtiment autre part qu'au lieu fixé par les articles III et IV, sera condamné à cinq cents francs d'amende et destitué en cas de récidive.

VIII. A l'île de la Réunion, le mouillage pour tout bâtiment aura lieu à St.-Denis, St.-Paul et St.-Benoît, sauf les permissions que l'autorité jugera nécessaire d'accorder.

SECTION II.

Visite des bâtimens mouillés ; formalités à suivre avant la communication.

IX. Aussitôt après le mouillage d'un bâtiment aux points déterminés, un officier de port et un officier de santé, se transporteront au vent du navire, à portée de la voix, et s'assureront de nouveau avant d'acoster, s'il n'existe à bord aucun symptôme de contagion.

Si le bâtiment est étranger, ils se feront accompagner d'un interprète.

X. Lorsqu'il n'y aura point d'épidémie, ils monteront à bord ; l'officier de port requerra le capitaine de déclarer :

1°. Son nom, 2° celui du bâtiment, 3° sa capacité, 4° la nation sous le pavillon de laquelle il navigue, 5° son armement et le nombre des bouches à feu, 6° le nombre et la nation des hommes de l'équipage, 7° le nombre des passagers, 8° sa cargaison, 9° le port d'où il vient, 10° les raisons qui l'amènent aux îles orientales.

XI. Après les déclarations signées du capitaine, l'officier de port se fera remettre :

1°. Le journal de voyage, 2° le rôle d'équipage, 3° la liste des passagers, 4° les passe-ports d'un chacun, 5° le manifeste de chargement, 6° les papiers publics et toutes les lettres.

Les passagers seront prévenus, qu'aussitôt descendus à terre, après la permission donnée, ils devront se rendre au bureau central de police.

XII. Les déclarations et remises ci-dessus prescrites étant faites, le capitaine descendra à terre avec l'officier de port, l'officier de santé et l'interprète, pour se rendre :

1°. Au gouvernement, afin d'y remettre le rapport, le journal de voyage, les papiers publics et les dépêches pour le Capitaine-général ;

2°. A la préfecture, pour y remettre le rapport de l'officier de santé et le rôle d'équipage et y faire toutes déclarations nécessaires ;

3°. Au bureau central de police, où la liste et les passe-ports des passagers, seront déposés ainsi que les lettres pour les particuliers.

Les lettres venant de France seront remises de suite au bureau de la poste pour être distribuées aux personnes ; et il sera fait un état de celles qui seront adressées de l'étranger ; le double de cet état sera envoyé au Capitaine-général, pour qu'il autorise spécialement la remise de ces lettres à leurs adresses.

XIII. Ces formalités remplies et après justification de la déclaration à la douane, la communication sera permise, à moins d'ordres contraires.

SECTION III.

Communication avec la terre ; passagers ; leurs obligations.

XIV. Les bâtimens qui auront reçu la permission de communiquer avec la terre, seront amenés dans le port pour y être mouillés en dedans des forts et de la caserne de mer.

XV. Tous passagers arrivant dans la colonie seront tenus en débarquant de se rendre aussitôt au bureau de police, pour y déclarer leurs noms, leur profession, leurs moyens d'existence et les personnes auxquelles ils peuvent être adressées.

Les notes prises seront transmises de suite au Capitaine-général.

XVI. Tous passagers, s'ils ne sont pas bien connus, quoique ayant un état, seront tenus de produire pour caution un individu domicilié. Cette caution sera reçue par l'agent-général de police.

XVII. Tous passagers qui ne se seraient pas présentés dans les vingt-quatre heures au plus tard de leur débarquement, seront arrêtés et conduits au bureau de police, et il en sera de suite référé au Capitaine-général.

XVIII. Les individus connus sous le nom d'enfants trouvés, resteront à bord du bâtiment, jusqu'à ce qu'il soit statué à leur égard, par le Capitaine-général.

Tout capitaine de bâtiment, qui n'aurait pas déclaré un enfant trouvé, sera puni conformément aux ordonnances et réglemens de la marine.

XIX. Aucun particulier non classé, mais embarqué sur un vaisseau quelconque, ne pourra être débarqué pour rester dans la colonie, sans une autorisation expresse du Préfet colonial, et sans qu'il justifie de la caution prescrite par l'article XVI.

Il est défendu aux commissaires aux classes de tolérer les débarquemens de gré à gré, sans un ordre supérieur.

XX. Aucun noir autre que ceux de traites, passager ou employé à bord des bâtimens, ne pourra sous quelque prétexte que ce soit, descendre à terre sans la permission expresse du Capitaine-général.

Tout capitaine, armateur ou subrécargue, convaincu d'en avoir introduit ou laissé introduire dans la colonie sans autorisation, sera puni de peines afflictives suivant l'exigence des cas, même de mort s'il y échoit ; et le bâtiment ainsi que la cargaison seront confisquées.

XXI. Les noirs ainsi introduits seront arrêtés sur le champ et mis au cachot jusqu'à ce qu'il soit pris à leur égard telles mesures que les circonstances requerront.

Quiconque sera convaincu de leur avoir donné retraite, sera réputé complice de ceux qui les auraient introduits et puni des mêmes peines.

XXII. Aucun nouveau débarqué, à moins qu'il ne soit propriétaire, habitant ou fils de colon, ne pourra sortir du lieu de débarquement pour aller dans les quartiers, sans un passe-port délivré du bureau de police, et visé par le commandant d'armes.

Tout contrevenant sera puni de huit jours de prison par voie de police simple.

XXIII. A son arrivée dans le quartier, il sera tenu de se rendre chez le capitaine-commandant, pour lui représenter son permis et le faire viser.

Ceux qui négligeront cette formalité, seront considérés comme vagabons et gens sans aveu et dénoncés au Commissaire de justice.

XXIV. Il est défendu aux habitans de recevoir chez eux ou prendre à leur service, comme ouvriers ou autrement, aucuns individus qui n'exhiberaient pas le permis prescrit dans la forme ci-dessus.

Ceux qui seront convaincus d'avoir donné retraite aux arrivans, qui ne seraient pas munis de cette pièce, seront condamnés à une amende de cent francs.

XXV. Tous déserteurs marins ou autres, seront dénoncés au bureau de police; leur signalement y sera donné et envoyé du bureau de police, aux commandans de quartier. Aucun individu ne pourra les recevoir ni les employer à son service, sous peine d'être réputé et poursuivi comme embaucheur et fauteur de désertion.

XXVI. Dans les vingt-quatre heures de l'arrivée d'un bâtiment, il sera envoyé au bureau de police, au Commissaire de justice, un état des passagers et autres individus qui auront été admis dans la colonie.

Section IV.

Arrivée des noirs de traite; lieux de leur dépôt; défenses de les produire dans les rues et promenades publiques.

XXVII. Aucuns capitaines de marine marchande, ni autres individus faisant le commerce des noirs, ne pourront faire descendre leur traite à l'île de France, autre part qu'à l'île aux Tonneliers, lorsqu'elle devra être déposée à l'Est de la ville, et à Caudan, lorsqu'elle devra l'être à l'Ouest.

XXVIII. Les noirs de traite arrivés en cette colonie, seront déposés et gardés au quartier du Port Nord-Ouest, uniquement dans les lieux ci-après désignés, savoir:

Au Nord et à l'Est de la ville, au-delà du pont-rouge.

Au Sud et à l'Ouest, au-delà du corps-de-garde de la butte, et en suivant l'alignement vers le Pouce, le long de la rue de la Côte-d'or, dans le camp des noirs libres, sans pouvoir dépasser dans cette partie l'alignement du lycée.

XXIX. Il est défendu à tous propriétaires de noirs de les envoyer baigner en ville ou promener en troupes dans les rues ou autres promenades publiques.

XXX. Les lieux de débarquement, de dépôts et promenades pour les traites arrivant à l'île de la Réunion, seront déterminés par une disposition particulière du Préfet colonial.

XXXI. Tous capitaines ou propriétaires contrevenans, seront condamnés en une amende de cinq cents francs.

Section V.

Précautions en cas de contagion.

XXXII. Dans le cas où, sur la demande faite par le pilote, conformément à l'article II, le capitaine déclarerait qu'il y a une maladie contagieuse à bord, ou qu'il vient d'un lieu où régnait une épidémie, le pilote fera arborer un pavillon rouge au grand mât.

XXXIII. A l'apparition de ce signal, l'officier de port de service en rendra de suite compte au Préfet colonial; défenses seront faites d'aborder le vaisseau et de faciliter en aucune manière, sous quelque prétexte que ce soit, sa communication avec la terre;

il lui sera donné ordre d'aller en quarantaine au lieu qui lui sera indiqué.

XXXIV. Si des réponses faites aux interpellations adressées aux personnes du bâtiment par l'officier de santé, conformément à l'article IX, il résultait quelques motifs de suspecter le vaisseau, l'officier de port qui l'accompagnera, donnera l'ordre d'arborer le signal de contagion.

Le canot de santé reviendra aussitôt à terre; il en sera de suite rendu compte au Préfet colonial.

XXXV. Dans le cas où les réponses annonceraient qu'il n'y a point de danger à aborder, l'officier de port, le chirurgien et l'interprète monteront à bord du bâtiment; l'officier de port sommera le capitaine d'assembler sur le pont son état-major, les passagers et toutes les personnes de l'équipage non employées à la manœuvre; et en présence de tous, il se fera représenter par le pilote, le certificat de lecture, prescrit par l'article II, et fera lire la section VI du présent, concernant la défense d'introduire la contagion.

XXXVI. Après avoir pris les renseignemens indiqués par les articles X et XI, visite sera faite de tout individu blanc ou noir malade à bord du bâtiment; toutes informations nécessaires seront prises sur la cause des maladies qui pourraient y exister, sur le genre de mal qui régnait au lieu d'où le bâtiment est parti, et sur ses effets dans le cours de la traversée.

XXXVII. Si de ses recherches il résulte un soupçon de maladie contagieuse, il en sera dressé procès-verbal et de suite l'officier de port, sur la réquisition du chirurgien, fera arborer le pavillon de contagion.

Dans ce cas, toutes les personnes du canot de santé, qui auront monté à bord, seront tenues d'y rester, et il leur sera accordé une indemnité proportionnée, le tout aux dépens des capitaines et armateurs; lesquels en seront tenus solidairement.

Section VI.

Défenses de faire de fausses déclarations; de communiquer avec la terre; de faciliter les communications; peines contre les contrevenans.

XXXVIII. Défenses sont faites à toutes personnes d'introduire ou de favoriser l'introduction dans les colonies, des maladies épidémiques.

XXXIX. Tous capitaines et officiers de santé des vaisseaux de commerce et autres qui se seraient expédiés d'un lieu où régnait la contagion, seront tenus, sous peine de mort, d'en faire leur déclaration aux pilotes et ensuite aux officiers de santé qui s'y transporteront,

XL. Tous capitaines et officiers de santé des bâtimens de commerce et autres vaisseaux, convaincus d'avoir eu sciemment une maladie contagieuse à bord de leurs bâtimens et de n'en avoir pas fait la déclaration prescrite, ou d'avoir employé ou laissé employer à bord, des moyens pour soustraire à la visite de l'officier de santé des personnes blanches ou de couleur, atteintes de la contagion, seront punis de mort et leurs biens répondront solidairement envers qui de droit, de tous dommages et intérêts qui pourront être prononcés civilement, résultant de l'introduction du mal contagieux.

XLI. Seront punis des mêmes peines.

1°. Tout chirurgien de bâtiment, convaincu d'avoir caché au capitaine, les maladies contagieuses régnantes parmi les personnes étant à bord ;

2°. Tout officier de santé, convaincu d'avoir par collusion avec le capitaine ou le chirurgien du bâtiment, et en connaissance de cause, laissé introduire dans le port, des vaisseaux infectés de la contagion.

XLII. Tous officiers composant les états-majors des bâtimens seront tenus de répondre avec vérité à toutes les questions qui leur seront faites par le pilote et ensuite par les officiers de santé.

XLIII. Ceux qui seront convaincus d'avoir fait sciemment une fausse déclaration, seront condamnés à six années de détention, et ils seront en outre tenus de tous dommages-intérêts résultant de l'introduction de l'épidémie dans l'île.

XLIV. Il est expressément défendu à toutes personnes, officiers-mariniers, matelots et passagers des vaisseaux infectés de contagion, de se rendre à terre ou de communiquer avec qui que ce soit, avant la permission légalement donnée, à peine de trois années de détention et de tous dommages et intérêts. Tout individu, qui serait apperçu venant à terre, malgré cette défense, sera repoussé par tous les moyens de la force publique.

XLV. Tout médecin ou chirurgien est tenu de déclarer sur le champ au bureau de police ou au commissaire civil du quartier de sa résidence, les maladies contagieuses pour lesquelles il aura été appelé, et il en sera, sans aucun délai, donné avis au Préfet colonial.

Les officiers de santé qui ne feraient pas cette déclaration, seront déclarés incapables d'exercer leur art et condamnés aux dommages et intérêts résultans de leur impéritie ou de leur négligence. Dans le cas où ils seraient convaincus de mauvaise-foi, ils seront punis d'une détention de six ans.

TITRE II.

Des départs des bâtimens.

SECTION PREMIERE.

Formalités pour les départs des particuliers.

XLVI. Toute personne qui voudra sortir de la colonie, sera tenue d'en faire la déclaration au bureau de police, et d'y donner ses prénoms, nom, profession ou métier.

XLVII. Il lui en sera délivré expédition par le secrétaire du bureau de police, pour être par elle remise aussitôt à l'imprimerie et rendue publique à ses frais.

XLVIII. Le directeur de l'imprimerie ne recevra aucun avis de départ autrement rédigé, et il l'insérera dans la plus prochaine gazette, à la colonne des départs.

XLIX. Les oppositions aux départs se formeront au greffe du tribunal de première instance.

L. Six jours après l'émission de la feuille, où l'avis de départ se trouvera inscrit, il sera délivré au partant, par le secrétaire du bureau de police, un certificat d'affiche visé par l'agent-général.

Ce certificat ne pourra être ni exigé ni délivré plutôt, sous quelque prétexte que ce soit, sous peine contre le secrétaire qui l'aura délivré, et l'agent-général qui l'aura visé, solidairement, de toutes pertes, dommages et intérêts réclamés contre le partant pour raison de ses dettes et engagemens dans la colonie.

Cette peine sera encourue de plein droit par l'agent général et le secrétaire du bureau de police, par le seul fait de leurs signatures au bas du certificat délivré avant le délai prescrit.

LI. Sont exceptés ceux au départ desquels il n'y aurait aucune opposition, et qui, en raison de leurs affaires et du prompt départ des vaisseaux, ne pourraient attendre le délai ci-dessus fixé ; mais ils seront tenus de fournir caution au greffe du tribunal de première instance, par-devant le juge, contradictoirement avec le commissaire du gouvernement.

LII. Sont encore exceptées les personnes que l'administration de la République jugerait convenable de faire partir de la colonie pour le besoin du service, et qui, par l'urgence des affaires, n'auraient pu annoncer leur départ.

Dans ce cas, l'administration de la République sera leur caution pour tous les engagemens qu'ils auraient pu contracter avant leur départ.

LIII. Les personnes proposées pour cautions, au désir de l'article LI, auront à justifier de leur solvabilité, par contrat duement quittancé de propriété au moins d'un immeuble dans la colonie ; faute de quoi elles ne pourront être admises pour cautions.

LIV. Les noms et professions des cautions seront envoyés par le greffier du tribunal à l'imprimerie pour être inscrits dans deux gazettes consécutives.

L'imprimeur ne pourra retarder l'insertion dans ses feuilles de la note des cautions et des cautionnés sous peine d'être personnellement responsable de tous dommages et intérêts des parties.

LV. Les cautions seront déchargées de toute responsabilité dans un an de la sortie de la gazette, qui aura pour la seconde fois annoncé le cautionnement.

LVI. Toute personne dont le départ aura été annoncé par la gazette, se pourvoira au greffe du tribunal de première instance pour avoir un certificat de non opposition à son départ, qu'il présentera au bureau de police, chargé de la mise en règle pour les départs.

LVII. Sur la remise de cette pièce, il lui sera expédié un permis de partir, revêtu de l'approbation du Capitaine-général, et qu'il sera tenu de représenter au

Préfet colonial, qui autorisera en conséquence l'inscription du partant sur le rôle du navire sur lequel il devra s'embarquer.

Les mêmes formalités seront observées par les personnes cautionnées:

LVIII. Quiconque ayant annoncé son départ et pris au bureau de police son certificat d'affiche, n'en aura point fait usage dans un mois après la sortie de la gazette qui l'aurait annoncé, ne pourra plus se servir de sa mise en règle ; en conséquence il rapportera le passe-port qui lui aura été délivré, se fera afficher de nouveau et se conformera aux règles prescrites par la section première du présent titre.

SECTION II.

Défenses d'embarquer ou de favoriser l'embarquement des personnes, qui n'en auraient pas le permis ; peines.

LIX. Le commissaire au bureau des armemens ou ceux qui le représenteront ne pourront, sans un ordre supérieur, employer en quelque qualité que ce soit, sur les rôles d'équipages ou sur les états des passagers, les personnes qui ne représenteraient pas le permis exigé par l'article LVII, sous peine de répondre personnellement, envers qui de droit des obligations du partant.

LX. Défenses sont faites à tous capitaines et autres officiers commandans les vaisseaux de l'état, du commerce ou autres, de recevoir à leur bord des personnes qui ne seraient portées ni sur les rôles d'équipages, ni sur les états de passagers, sous les peines portées par l'article ci-dessus.

LXI. Tous particuliers convaincus d'avoir favorisé l'embarquement furtif de quelque personne que ce soit, seront sujets aux mêmes peines et en outre à une amende de cent francs.

LXII. Les capitaines qui auraient à bord de leurs navires en partance, des noirs cachés appartenant aux personnes de la colonie, seront condamnés à trois cents francs d'amende.

Les noirs seront restitués aux propriétaires, et les journées leur en seront payées à dire d'experts ; et dans le cas d'enlèvement ou de mort desdits noirs à bord, le prix leur en sera remboursé suivant l'estimation qui en sera faite dans la même forme, ainsi que le prix des journées ; le tout aux frais et dépens des capitaines, sauf leur recours contre qui il appartiendra.

Les navires et leurs chargemens, s'ils appartiennent à l'armement, seront affectés au payement de ces condamnations.

LXIII. Les armateurs répondront, aux termes de l'article ci-dessus, de tout enlèvement de noirs, qui serait prouvé avoir été fait par le bâtiment qu'ils auraient expédié.

LXIV. Toutes les dispositions contenues au présent sur le départ des particuliers, seront communes aux départs des navires, qui ne pourront être expédiés sans observance des formalités prescrites.

TITRE III.

Tribunaux compétens pour prononcer les peines ; emploi des amendes et du produit des confiscations.

LXV. Les amendes et confiscations portées aux articles VI, VII, XVIII, XXIV, XXXI, LXI, LXII, LXIII, seront prononcées par le tribunal de police correctionnelle : les jugemens seront exécutoires par provision, nonobstant et sans préjudice de l'appel.

LXVI. Les délits prévus par les articles XX et XXI, et par la section VI, seront jugés par le tribunal criminel.

Néanmoins les peines portées par l'article XLV, contre les officiers de santé pour raison d'impéritie ou de négligence, seront prononcées par les tribunaux civils de première instance et d'appel.

Sera seulement sujet à l'instruction criminelle, le cas de mauvaise-foi, prévu par le même article.

LXVII. Les demandes en dommages et intérêts, en vertu des article L, LIV, LIX et LX, seront formées pardevant le tribunal civil de première instance ; les jugemens s'exécuteront provisoirement.

LXVIII. Le produit des amendes et confiscations sera versé dans la caisse de bienfaisance.

LXIX. Expédition du présent sera adressée au Préfet colonial et au Commissaire de justice.

Il sera lu, enregistré, imprimé et affiché.

A l'île de France, le 27 Pluviôse an XII.

Le Capitaine-général, DECAEN.

ARRÊTÉ.

52. DECAEN, Capitaine-général, etc. etc.,

Sur la représentation faite par le Préfet colonial, qu'une loi de la République, du 27 Ventose an IX, explique et modifie plusieurs articles de l'arrêté du 22 Frimaire an VII, sur les droits d'enregistrement, promulgué aux îles de France, de la Réunion et dépendances, par arrêté du 16 Frimaire dernier ;

Que ces dispositions ultérieures du gouvernement, sont d'une application nécessaire en ces colonies, pour faciliter la perception des droits, pour dégrever les particuliers et pour prévenir toutes contestations qui pourraient s'élever sur le texte pur des articles expliqués et modifiés par ladite loi ;

Que c'est le moment d'apporter à l'arrêté du 22 Frimaire an VII, les changemens que l'expérience, depuis sa promulgation, a pu faire juger indispensables à la prospérité des îles, Arrête:

Art. Ier. L'arrêté du 27 Ventose an IX, sur la perception des droits d'enregistrement, sera promulgué aux îles de France, de la Réunion et dépendances, ainsi qu'il suit :

1. — A compter du jour de la publication de la

présente, les droits d'enregistrement seront liquidés et perçus suivant les fixations établies par la loi du 22 Frimaire an VII, promulguée aux îles de France, de la Réunion et dépendances, par la loi du 16 Frimaire dernier, et celles postérieures, quelle que soit la date ou l'époque des actes et mutations à enregistrer, sauf les modifications et changemens ci-après.

2. — La perception du droit proportionnel, suivra les sommes et valeurs de vingt francs en vingt francs, exclusivement et sans fraction.

3. — Il ne pourra être perçu moins de vingt-cinq centimes pour l'enregistrement des actes et mutations dont les sommes et valeurs ne produiraient pas vingt-cinq centimes de droit proportionnel.

4. — Sont soumises aux dispositions des articles XXII et XXXVIII, de la loi du 22 Frimaire, les mutations entre vifs de propriété ou d'usufruit de biens immeubles, lors même que les nouveaux possesseurs prétendraient qu'il n'existe pas de conventions écrites entre eux et les précédents propriétaires ou usufruitiers.

A défaut d'actes, il y sera suppléé par des déclarations détaillées et estimatives, dans les trois mois de l'entrée en possession, à peine d'un droit en sus.

5. — Dans tous les cas où les frais de l'expertise autorisée par les articles XVII et XIX de la loi du 22 Frimaire, tomberont à la charge du redevable, il y aura lieu au double droit d'enregistrement, sur le supplément de l'estimation.

6. — Les actes et procès-verbaux de prises et de navires ou bris de navires, faits par les officiers d'administration de la marine, seront soumis à l'enregistrement dans les vingt jours de leur date, sous la peine portée aux articles XXXV et XXXVI de la loi du 22 Frimaire.

L'article XXXVII leur est applicable pour le cas qui y est prévu.

7. — Le droit d'enregistrement de baux à ferme ou à loyer, et des sous-baux, subrogations, cessions et rétrocessions de baux, réglé par l'article LXIX de la loi du 22 Frimaire, § III, N°. II, à un franc pour cent francs sur le montant des deux premières années, et à vingt-cinq centimes par cent francs sur celui des autres années, est réduit à soixante quinze centimes par cent francs sur les deux premières années, et à vingt centimes par cent francs sur le montant des années suivantes.

S'il est stipulé pour une ou plusieurs années un prix différent de celui des autres années du bail ou de la location, il sera formé un total du prix de toutes les années ; et il sera divisé également, suivant leur nombre, pour la liquidation du droit.

8. — Le droit d'enregistrement des cautionnemens de baux à ferme ou à loyer, sera de moitié de celui fixé par l'article précédent.

9. — L'art. LXIX de la loi du 22 Frimaire, § IV, n°. 1, et § VI, n°. 2, est applicable aux démissions de biens en ligne directe.

10. — Le droit proportionnel est porté à deux pour cent sur le montant des dommages-intérêts en matière civile, ainsi qu'il est réglé par l'article LXIX de ladite loi, § V, n°. 8, pour les dommages-intérêts en matière criminelle, correctionnelle et de police.

11. — Les jugemens portant résolution de contrats de vente pour défaut de payement quelconque sur le prix de l'acquisition, lorsque l'acquéreur ne sera point entré en jouissance, ne seront assujettis qu'au droit fixe d'enregistrement, tel qu'il est réglé par l'art. LXVIII de la loi du 22 Frimaire, § III, n°. 7, pour les jugemens portant résolution de contrats pour cause de nullité radicale.

12. — La dernière disposition du n°. 3o, du § Ier de l'art. LXVIII de la loi du 22 Frimaire, est applicable aux actes d'appel compris sous les § IV et V du même article.

13. — Les actes de prestation de serment sont soumis à l'enregistrement sur les minutes, dans les vingt jours de leur date, sous les obligations et peines portées aux articles XXXV et XXXVII de ladite loi du 22 Frimaire.

Ceux des avoués, sont classés parmi les actes de cette nature, compris sous le N°. 4, du § VI de l'article LXVIII.

14. — Le droit d'enregistrement des significations d'avoué à avoué, dans le cours des instructions des procédures devant les tribunaux, est fixé à vingt-cinq centimes. Ces actes seront enregistrés dans les quatre jours de leur date, à peine de cinq francs d'amende pour chaque contravention, outre le payement du droit.

15. — L'instruction des instances que la régie aura à suivre pour toutes les perceptions qui lui sont confiées, se fera par simples mémoires respectivement signifiés sans plaidoierie : les parties ne sont point obligées d'employer le ministère des avoués.

16. — Toutes dispositions contraires à la présente sont abrogées.

II. Le droit de quatre francs pour cent francs, fixé par le § VII. de l'arrêté du 22 Frimaire an VII, est réduit à deux francs pour tous actes translatifs de propriété de navires, autres que ceux compris au N°. Ier. dudit §, et cette réduction aura lieu à cet égard dans tous les cas prévus par les numéro du même §, qui peuvent y être relatifs.

III. Les dispositions de la loi du 22 Frimaire an VII, relatives aux tribunaux de première instance, sont applicables au tribunal-terrier de chacune des colonies ; et le § Ier. de l'article LXX, titre XI dudit arrêté, est applicable au tribunal spécial.

IV. Le présent sera lu, enregistré dans les tribunaux, imprimé et affiché partout où besoin sera.

Il en sera pour cet effet envoyé expédition au Préfet colonial et au Commissaire de justice.

A l'île de France, le 3o Pluviose an XII.

Le Capitaine général, DECAEN.

ARRÊTÉ.

53. DECAEN, Capitaine-général, etc. etc.;

Sur les représentations faites, par le Préfet colonial, et le Commissaire de justice, qu'il tient au bien-être des habitans des îles, de France et de la Réunion, que les personnes y exerçant l'art de guérir et de préparer des remèdes, soient soumis à des règles d'ordre et de discipline, qui offrent à la société la garantie de leurs connaissances et de leur expérience ; que les lois de la République des 19 Ventose et 21 Germinal an XI, ont indiqué par leurs dispositions plusieurs moyens propres à ces colonies, dans cette partie intéressante du salut public. Arrête.

CHAPITRE PREMIER.

Dispositions générales.

Art. Ier. A compter du premier Messidor prochain, nul ne pourra exercer aux îles de France, de la Réunion et dépendances, la profession de médecin, de chirurgien ou officier de santé, sans avoir été reconnu ou reçu, comme il sera prescrit par le présent.

II. Tous ceux qui obtiendront, à dater de cette époque, le droit d'exercer dans ces colonies l'art de guérir, porteront le titre de docteurs en médecine ou en chirurgie, s'ils ont été examinés ou reçus en France, dans l'une des écoles spéciales de médecine, conformément à la loi de la République, du 19 Ventose an XI, ou s'ils ont exercé, soit comme officiers de santé en chef, soit comme officiers de première classe, pendant deux ans, dans les armées de terre et de mer.

Porteront le titre d'officiers de santé, ceux qui auront été reçus par les juris, dont il est parlé dans ladite loi ; ainsi que ceux qui seront reconnus capables d'exercer, par la commission ci-après établie.

III. Les docteurs en médecine et les chirurgiens reçus par les anciennes facultés de médecine, les colléges de chirurgie et les communautés de chirurgiens, continueront d'avoir le droit d'exercer l'art de guérir comme par le passé. Quant à ceux qui exercent l'art de guérir aux îles de France et de la Réunion, et qui s'y sont établis depuis que les anciennes formes de réception ont cessé d'exister, ils continueront leur profession, en se faisant recevoir officiers de santé, comme il est dit ci-après, ou en remplissant simplement les formalités, qui sont prescrites à leur égard, à l'article VIII. du présent arrêté.

IV. Le Capitaine-général pourra, s'il le juge convenable, accorder à un médecin ou à un chirurgien étranger et gradué dans les universités étrangères, le droit d'exercer la médecine ou la chirurgie, dans les colonies orientales.

CHAPITRE II.

Commission de santé ; ses attributions ; examen et réception des officiers de santé.

V. Il sera formé à l'île de France une commission

Quatrième partie, A.

de santé, composée de sept membres, nommés par le Capitaine-général, sur la présentation du Préfet colonial. Les deux premiers nommés seront chargés à l'égard des cinq autres, d'exécuter les dispositions du présent, relatives à chacun.

VI. Cette commission sera chargée ; 1° de vérifier les titres, diplômes ou procès-verbaux de réception des médecins, chirurgiens et officiers de santé, qui désireront exercer leur profession dans les colonies orientales.

2°. De reconnaître, examiner ou recevoir les personnes qui se trouveraient dans le cas de l'article III, ou qui voudraient se faire recevoir officiers de santé.

3°. De reconnaître également ou recevoir les pharmaciens, qui voudraient s'établir auxdites colonies.

4°. De constater la capacité des personnes qui pratiquent par état la profession de sages-femmes.

5°. De surveiller dans les colonies l'art de guérir, d'inspecter les pharmaciens et de recueillir tous les documens et renseignemens utiles à toutes les parties de la médecine.

VII. Celui qui sera dans le cas d'être examiné, subira trois examens, l'un sur l'anatomie ; l'autre sur les élémens de la médecine ; le troisième sur la chirurgie, les accouchemens et les connaissances les plus usuelles de la pharmacie.

CHAPITRE III.

Diplômes ; devoirs des officiers de santé.

VIII. Tous ceux qui désireront jouir du bénéfice des articles III et IV, exhiberont à la commission, dans le mois de la publication du présent, les titres, certificats en vertu desquels ils exercent.

IX. La commission de santé, d'après la vérification des titres ou l'examen prescrit, délivrera le diplôme nécessaire pour exercer. Ce diplôme sera visé du Préfet colonial, et enregistré aux tribunaux de première instance de chaque colonie.

X. Les docteurs ou officiers de santé, exerçant dans les quartiers, informeront la commission des événemens particuliers, qu'ils auront occasion d'observer. Ceux qui seront embarqués sur des bâtimens expédiés de ces colonies, tiendront un journal exact de leurs observations médicales, pendant le voyage, pour être à leur retour, communiqué à la commission de santé.

XI. Les officiers de santé ne pourront pratiquer les grandes opérations chirurgicales que sous la surveillance et l'inspection d'un docteur, s'il y a possibilité de l'appeler. Dans le cas d'accidens graves, arrivés à la suite d'une opération exécutée hors de la surveillance et de l'inspection prescrite ci-dessus, il y aura recours à indemnité, contre l'officier de santé, qui s'en sera rendu coupable.

CHAPITRE IV.

Pharmaciens ; leur nombre ; leur police.

XII. Les officines de pharmacie, ouvertes à l'île de France, ne pourront pas à l'avenir excéder le nombre de trois. Cependant les pharmaciens exerçant actuellement, pourront continuer leur profession, en justifiant dans le délai prescrit par l'article VIII, des certificats d'étude et titres en vertu desquels ils avaient ouvert leurs officines; et lorsqu'ils auront obtenu une autorisation dans les formes prescrites par l'art. IX.

XIII. Les pharmaciens sont autorisés à faire des élèves; ceux-ci devront être inscrits dans un registre tenu à cet effet par l'agent général de police.

XIV. Nul ne pourra être admis à ouvrir une officine, s'il n'a pas encore exercé, pendant six années au moins, son art dans une pharmacie légalement établie et s'il n'a subi un examen devant la commission de santé, d'après la forme ci-après indiquée.

XV. Les examens seront au nombre de trois; deux de théorie, dont l'un sur les principes de l'art et l'autre sur la botanique et l'histoire naturelle des drogues simples; le troisième, de pratique, durera six jours et consistera dans au moins neuf opérations chimiques et pharmaceutiques, désignées par la commission. L'aspirant fera lui-même ces opérations; il en décrira les matériaux, les procédés et les résultats.

XVI. Ceux qui auront exercé pendant six années dans les hôpitaux militaires, comme pharmaciens de deuxième classe, pourront être admis après examen, à rouvrir celle des trois officines, qui viendraient à vaquer à l'île de France.

Pour être reçu, l'aspirant âgé au moins de vingt-cinq ans, devra réunir les deux tiers des suffrages des examinateurs; il recevra de la commission de santé son diplôme, lequel sera sujet aux formalités prescrites par l'article IX, pour celui des médecins, chirurgiens et officiers de santé.

XVII. Il ne pourra être ouvert à l'île de la Réunion, que deux officines de pharmacie.

XVIII. Les seuls médecins, chirurgiens et officiers de santé établis dans les quartiers, pourront fournir des médicamens simples ou composés, aux personnes près desquelles ils seront appelés; mais sans avoir le droit de tenir une officine ouverte.

XIX. Deux des membres de la commission de santé, et assistés de l'agent général de police, visiteront au moins une fois l'an, les officines et magasins de pharmacie et droguistes, pour vérifier la bonne qualité des drogues et médicamens simples et composés.

Les pharmaciens et droguistes, seront tenus de représenter les drogues et compositions qu'ils auront dans leurs magazins, officines et laboratoires.

Les drogues mal préparées ou détériorées, seront saisies à l'instant par l'agent de police, et il sera procédé ensuite, conformément aux lois et reglemens.

XX. Les pharmaciens ne pourront livrer et débiter des préparations médicinales ou drogues composées quelconques, que d'après la prescription qui en sera faite, par des docteurs en médecine ou en chirurgie, ou par des officiers de santé ou sur leur signature. Ils ne pourront vendre aucun remède secret. Ils ne pourront faire dans les officines, aucun autre commerce ou débit, que celui des drogues et préparations médicinales.

XXI. Les épiciers et droguistes, ne pourront vendre aucune composition ou préparation pharmaceutique, sous les peines portées ci-après. Ils pourront continuer de faire le commerce en gros des drogues simples, sans pouvoir néanmoins en débiter aucune au poids médicinal.

XXII. Les substances vénéneuses et notamment l'arsenic, le réalgar, le sublimé corrosif, seront tenues dans les officines des pharmaciens et les boutiques des épiciers dans des lieux sûrs et séparés, dont les pharmaciens et épiciers seuls auront la clef, sans qu'aucun autre individu qu'eux puisse en disposer. Ces substances ne pourront être vendues qu'à des personnes connues et domiciliées, qui pourraient en avoir besoin pour leur profession ou pour cause connue, sous peine de trois mille francs d'amende de la part des vendeurs contrevenans.

XXIII. Les pharmaciens et épiciers tiendront un régistre cotté et paraphé par l'agent-général de police, sur lequel registre ceux qui seront dans le cas d'acheter des substances vénéneuses, inscriront de suite et sans aucun blanc, leurs noms, qualités et demeures, la nature et la quantité des drogues qui leur ont été délivrées, l'emploi qu'ils se proposent d'en faire, et la date exacte du jour de leur achat; le tout à peine de trois mille francs d'amende contre les contrevenans.

Les pharmaciens et épiciers seront tenus de faire eux-mêmes l'inscription, lorsqu'ils vendront ces substances à des individus qui ne sauront écrire et qu'ils contraîtront comme ayant besoin de ces mêmes substances.

XXIV. Tout débit au poids médicinal, toute distribution de drogues et préparations médicamenteuses sur des étalages dans les marchés, toute annonce ou affiche, qui indiquerait des remèdes secrets, sous quelque dénomination qu'ils soit présentés, sont sévèrement prohibés. Les individus qui se rendraient coupables de ce délit, seront punis des peines portées par l'article XXX.

CHAPITRE V.

Sages-femmes.

XXV. Aucune femme ne pourra pratiquer l'art des accouchemens sans avoir été examinée auparavant et reconnue capable, par la commission de santé.

XXVI. Il sera délivré, par la commission de santé, un diplôme à la personne qui sera jugée capable d'exercer la profession de sage-femme. Ce diplôme sera visé et enregistré, ainsi qu'il est prescrit par l'article IX du présent arrêté.

XXVII. Aucune sage-femme ne pourra employer les instrumens dans le cas d'accouchemens laborieux, sans appeler un docteur ou un médecin ou chirurgien anciennement reçu.

CHAPITRE VI.

Inscription des docteurs, officiers de santé, pharmaciens et sages-femmes, sur des listes publiques. Dispositions pénales.

XXVIII. Les noms des docteurs, officiers de santé, pharmaciens et sages-femmes, seront inscrits sur des listes, qui seront rendues publiques par la voie de l'impression.

XXIX. Passé le delai fixé par l'article Ier. tout individu qui continuerait d'exercer dans les colonies orientales, la médecine ou chirurgie, ou de pratiquer l'art des accouchemens ou de tenir pharmacie, sans être sur les listes, dont il est parlé à l'article XXVIII et sans avoir la permission prescrite, sera poursuivi et condamné à une amende pécuniaire applicable à la caisse de bienfaisance.

XXX. Ce délit sera dénoncé en police correctionnelle, à la diligence du commissaire du gouvernement près le tribunal de première instance. L'amende pourra être portée jusqu'à mille francs, pour ceux qui prendraient le titre et exerceraient la profession de docteur-médecin, ou chirurgien-docteur.

A cinq cents francs, pour ceux qui se qualifieraient d'officiers de santé et verraient des malades en cette qualité.

A cinq cents francs, pour ceux qui tiendraient officines de pharmacie, ou vendraient des compositions ou préparations pharmaceutiques.

A trois cents francs, pour les femmes qui pratiqueraient illicitement l'art des accouchemens.

L'amende sera double en cas de récidive, et les délinquans pourront en outre être condamnés à un emprisonnement, qui n'excédera pas six mois.

XXXI. Le présent sera lu, enregistré, et affiché partout où besoin sera. Expédition en sera adressée au Préfet colonial et au Commissaire de justice.

A l'île de France, le 10 Germinal an XII.

Le Capitaine-général, DECAEN.

ARRÊTÉ.

54. DECAEN, Capitaine-général, etc etc.,

Considérant que l'état de guerre, et parconséquent la défense des colonies françaises orientales exigent, que la quantité et les espèces d'armes à feu, canons, obusiers, fusils, mousquetons, etc., et poudres de guerre, qui sont dans les divers magásins des négocians et commerçans, ainsi que chez les armuriers et autres, excepté l'arme que chacun doit avoir en bon état pour contribuer à la défense, soient connus du gouvernement des deux colonies, pour qu'on autorise plus facilement l'exportation des armes et poudres reconnues au-delà des nécessaires, afin de favoriser les échanges que le commerce fait à Madagascar, à la côte d'Afrique, etc. Arrête.

Art. Ier. Dans le délai de quinze jours à dater de la promulgation du présent dans l'une ou l'autre colonie, les négocians, commerçans, armuriers ou autres, qui ont dans leurs magasins, dépôts ou boutiques, des armes à feu quelconques et poudres de guerre, soit de manufacture française, soit de manufactures étrangères, seront tenus d'en passer leur déclaration au bureau du commandant d'armes, qui délivrera le certificat de déclaration. Ce certificat sera fait en double et devra être signé de celui qui passera sa déclaration.

II. Lorsque quelqu'un voudra obtenir une autorisation pour embarquer des armes et des poudres, il sera tenu d'y joindre le certificat de déclaration qu'il aura précédemment passé ; mais si par l'effet des négociations de commerce, ces armes ou poudres passaient dans d'autres mains, dans ce cas il suffira à celui qui demandera à être autorisé à faire sortir ces objets, de présenter un billet d'achat sur papier timbré, qui constatera qu'ils font partie d'une quantité déclarée. le par . On rappellera la date et le numéro du certificat, qui aura été alors délivré.

III. Toutes personnes qui ne satisferont point aux dispositions du présent, les armes ou poudres reconnues pour n'avoir point été déclarées, seront confisquées et le délinquant sera en outre condamné à une amende de cinq cents francs et même à plus grande peine, si le cas l'exige.

IV. Le présent sera lu, enregistré, imprimé, affiché partout où besoin sera. Expédition en sera adressée au Préfet colonial et au Commissaire de justice.

A l'île de France, le 27 Germinal an XII.

Le Capitaine-général, DECAEN.

ARRÊTÉ.

55. DECAEN, Capitaine-général, etc. etc.,

Le Commissaire de justice ayant représenté, qu'il est urgent de faire cesser à l'île de France, l'extrême préjudice que la longue suspension des remboursemens porte aux intérêts particuliers et la prospérité de cette colonie, et qu'il convient de suivre les lois de la République en cette matière, sauf les changemens et additions nécessités par la localité et les circonstances ;

Arrête :

MODE DE REMBOURSEMENT.

CHAPITRE PREMIER.

Dispositions générales.

Art. Ier. La suspension des payemens et des remboursemens, prononcée à l'île de France, par arrêté du 14 Messidor an IV, est levée.

II. Toutes créances, dont le payement a été suspendu, seront acquittées en piastres effectives, à dix livres l'une, argent de la colonie, avec ou sans réduction, suivant les époques et les cas qui seront ci-après déterminés.

Néanmoins, le débiteur pourra payer le tiers de la dette liquidée, en denrées coloniales d'une même espèce et de bonne qualité, au prix du cours, comparativement avec celui de la piastre ci-dessus fixé.

Ces denrées seront l'indigo, le coton ou le sucre.

III. Lorsqu'il y aura lieu de réduire en piastres la valeur nominale d'une obligation, quant à la valeur d'opinion du papier monnaie au moment du contrat, la réduction se fera eu égard aux valeurs successives de la piastre, de la livre d'indigo et de la livre de coton, et ce, d'après le tableau annexé au présent arrêté.

IV. La valeur nominale d'une obligation sera réduite, savoir : pour la moitié de la créance, d'après le cours de la piastre au terme du contrat, ainsi qu'il se trouvera fixé par le tableau ;

Pour le quart, d'après la valeur de la livre d'indigo, à la même époque,

Pour l'autre quart, d'après la valeur de la livre de coton, dans la même proportion.

V. Pour déterminer la représentation de la dette ainsi réduite, le prix de l'indigo sera considéré à raison d'une demi-piastre la livre, et celui du coton à raison d'un sixième de piastre.

VI. Les tribunaux pourront accorder au débiteur un délai, qui ne pourra excéder deux ans, sauf les exceptions portées aux articles LIX, LXXXI, LXXXIV et CX ; ils pourront même diviser les payemens, ainsi qu'ils le jugeront convenable.

En tout cas, les délais accordés courront pour toutes les obligations indistinctement à compter de la publication du présent, à la charge par le débiteur de payer pendant la durée du délai, l'intérêt de la dette, de trois mois en trois mois, à raison de neuf pour cent par an.

VII. Il ne sera point accordé de délai pour les sommes dues par les dépositaires, séquestres et mandataires.

VIII. Les tribunaux pourront aussi, suivant les circonstances, adjuger des provisions aux créanciers, en attendant le jugement du fond, et il sera passé outre à l'exécution du jugement provisoire, nonobstant l'appel, comme en matière sommaire.

CHAPITRE II.

Des obligations antérieures à la dépréciation du papier monnaie.

IX. La dépréciation du papier monnaie à l'île de France, est reconnue avoir commencé le Ier. Janvier 1792.

X. Toutes obligations d'une date antérieure à cette époque, seront payées en piastres sans aucune réduction.

XI. Il en sera de même.

1°. Des obligations, dont le titre produit aurait une date postérieure au Ier. Janvier 1792, lorsque ce titre rappellera l'origine de la créance, ou un titre antérieur à cette époque, ou lorsqu'il sera dit sans novation.

2°. S'il est prouvé par des écrits émanés du débiteur, ou par son interrogatoire sur faits et articles que le titre est relatif à une obligation contractée avant le Ier. Janvier 1792.

XII. Tous traités, accords ou transactions faits depuis le Ier. Janvier 1792, contenant fixation en numéraire métallique ou en piastres, réduction ou attermoiement d'une créance résultant d'un autre titre, quelle qu'en soit la date, et quelle que soit la valeur exprimée dans ces nouveaux actes, auront leur pleine et entière exécution.

XIII. Seront aussi exécutées de la même manière, les obligations stipulées payables en numéraire métallique ou en piastres, à quelqu'époque qu'elles aient été consenties.

XIV. Les obligations par lesquelles on aurait promis de faire des délivrances en grains, denrées, matières d'or et d'argent et autres marchandises, auront également leur exécution.

CHAPITRE III.

Des obligations contractées en valeur nominale, pendant la dépréciation du papier monnaie.

SECTION Ire.

Des obligations pour simple prêt.

XV. Les obligations contractées pour simple prêt en dette, à jour ou autrement, depuis le Ier. Janvier 1792, jusqu'à la publication de l'arrêté du 14 Messidor an IV, seront censées consenties valeur nominale du papier monnaie ayant cours, lorsque le contraire ne sera pas prouvé par le titre même ; et à défaut de ce, par des écrits émanés des débiteurs ou par leur interrogatoire sur faits et articles.

XVI. Le montant desdites obligations sera, sauf les conditions ci-après et pour toutes les sommes, qui y ont donné lieu, réduit en piastres suivant le tableau.

XVII. Lorsque l'obligation aura été passée à plus de huit ans au-delà de l'époque du 14 Messidor an IV, le débiteur ne sera admis à demander la réduction en piastres, qu'autant qu'il aura légalement notifié au créancier, dans les deux mois qui suivront la publication du présent, pour tout délai, à peine de déchéance, sa renonciation aux termes à échoir, avec offre de rembourser le capital réduit, dans le délai d'une année, sans préjudice néanmoins de la prorogation autorisée par l'article VI.

XVIII. Le délai ci-dessus ne courra à l'égard des billets au porteur ainsi que des billets à ordre à longs termés, que du jour de leur présentation.

XIX. Les réductions qui seront requises et ordonnées en exécution des articles XVI et XVII ci-dessus, ne pourront l'être qu'à la charge par le débiteur de payer au taux fixé par l'article VI, les intérêts échus ou à échoir du capital réduit, et ce, suivant le mode de payement ci-après établi pour les intérêts et pensions ; ce qui aura lieu, quand même en considération des termes ou autrement, les intérêts du capital fourni en papier monnaie auraient été stipulés à des taux inférieurs, ou même qu'il n'en aurait été stipulé aucun.

XX. L'article XIV n'est point applicable aux prêts en papier monnaie, pour le remboursement desquels l'emprunteur s'est soumis à fournir une quantité fixe de grains, denrées ou marchandises, à une époque déterminée ou leur valeur courante au tems de l'échéance; les engagemens ainsi conçus, pourront, à la réquisition du débiteur, être réduits d'après le tableau, lorsqu'il sera vérifié, que la valeur de la quantité promise en grains, denrées ou marchandises excédait de moitié au tems du contrat celle du capital prêté; et si ce capital n'a pas été exprimé, la preuve de son existence pourra être faite par d'autres écrits du créancier, ou par son interrogatoire sur des faits et articles.

Les intérêts du capital réduit dans le cas du présent article, seront alloués au créancier, également à raison de neuf pour cent, à dater de l'époque de l'engagement.

XXI. Lorsqu'une obligation susceptible de réduction rappellera un droit certain ou un autre acte antérieur, dont les causes sont néanmoins postérieures au premier Janvier 1792, ou bien lorsqu'il sera prouvé de la manière indiquée par l'article XV, que l'obligation dérive d'un plus ancien prêt en papier monnaie, la réduction sera faite eu égard aux valeurs réellement fournies en remontant à l'origine de la dette; le tout sans préjudice des dispositions du présent, relatives aux obligations originairement dues en valeur métallique ou en piastres.

XXII. Quand le débiteur aura emprunté une somme en papier monnaie pour se libérer envers un ancien créancier, le capital ainsi prêté sera soumis à l'échelle de réduction, du jour de la nouvelle obligation, sans que le nouveau créancier, qui en a fourni le montant, puisse se prévaloir, quand à ce, de la subrogation aux droits, ainsi qu'à l'hypothèque ou au privilège de l'ancien créancier, qui a été remboursé de ses deniers.

Il en sera usé de même à l'égard du co-obligé, qui s'est fait subroger aux droits d'un créancier commun, en payant la part d'un autre co-débiteur.

Section II.

Des formalités à observer pour la présentation des effets négociables à longs termes.

XXIII. Les créanciers pour cause d'obligations désignées en l'article XVIII, jouiront d'un délai de trois mois à dater de la publication du présent, pour en faire la présentation au tireur ou débiteur originaire.

XXIV. Cette présentation pourra être faite directement au débiteur par le porteur du titre, ou par son mandataire, auquel cas le débiteur sera tenu d'y apposer son visa, daté et signé de lui.

XXV. En cas de refus d'apposition du visa, le porteur notifiera au débiteur, la présentation, par un simple acte extra-judiciaire.

XXVI. Il en sera usé de même, lorsque par une cause légitime quelconque, le porteur de l'effet négociable ne pourra le représenter pour être soumis au visa du débiteur.

XXVII. Dans l'un et l'autre cas, l'acte contiendra la transcription du titre et des endossemens, dont il se trouvera revêtu. L'acte de présentation contiendra, au surplus, élection de domicile dans le lieu de la résidence du débiteur, pour les notifications qu'il écherra de faire au créancier dénommé.

XXVIII. Il ne pourra néanmoins être perçu qu'un simple droit, d'un franc sur l'effet présenté, sauf la perception des plus amples droits d'enregistrement sur les titres de créances qui y sont soumis, lorsqu'il écherra de les faire protester, ou d'exercer une action en justice.

XXIX. La présentation pourra être valablement faite à la personne ou au domicile de l'un des co-obligés solidaires, quand l'effet négociable aura été souscrit par une compagnie, et lors même qu'elle se trouverait actuellement dissoute.

XXX. Après l'expiration du délai porté par l'article XXIII, sans qu'il ait été fait aucune présentation de la part du propriétaire de l'effet négociable ou négocié, il sera libre au tireur ou débiteur de déclarer par une comparution, qui sera reçue et enregistrée au greffe du tribunal de première instance, qu'il entend renoncer aux longs termes envers le porteur, pour profiter de la réduction, d'après l'échelle de dépréciation, en conformité de l'article XVII.

XXXI. Si le porteur du titre ne fait aucune présentation dans le délai d'une année, à dater du jour où ladite formalité aura été remplie, le débiteur, à l'expiration du susdit délai, pourra consigner au greffe du tribunal de première instance, le montant du capital réduit, conformément à l'échelle, ainsi que les intérêts; et la consignation ainsi faite sans autres formalités, sera au périls et risques du créancier.

XXXII. En conséquence, le débiteur sera valablement libéré par la remise qu'il sera tenu de faire au porteur du titre, des procès-verbaux, tant de la notification prescrite par l'art. XXX, que du dépôt des deniers consignés, sauf aux créanciers d'en tirer le montant, moyennant décharge, au greffe où la consignation aura été effectuée.

XXXIII. Le délai accordé pour l'option relativement aux obligations à longs termes, ne courra point contre les héritiers pendant le tems accordé par la loi pour faire inventaire et délibérer: à l'égard des simples promesses il ne courra contre eux que du jour de la présentation du titre.

Il courra contre les personnes qui sont sous l'administration d'autrui, sauf leur recours contre les administrateurs de leurs biens.

XXXIV. Dans le cas où, soit par négligence, soit par collusion avec son créancier, le débiteur n'aura fait aucune option dans les délais prescrits par le présent, les créanciers postérieurs pourront, en exerçant à cet égard les droits du débiteur commun, faire eux-mêmes en son nom, dans le même délai, les notifi-cations auxquelles il était soumis, auquel cas elles pro-duiront pour la conservation de leurs propres droits, le même effet que si elles avaient été signifiées par le débiteur.

SECTION III.
Des obligations autres que pour prêt.

XXXV. La réduction autorisée par l'article XXII, n'est point applicable :

1°. Aux simples cessions et transports de dettes ;

2°. Aux endossemens d'effets négociables ;

3°. Aux délégations et indications de payement, même aux délégations acceptées.

Dans tous ces cas et sauf les exceptions légales, les cessionnaires ou délégataires pourront faire valoir en entier les droits des cédans ou délégans contre les dé-biteurs cédés ou délégués.

XXXVI. Tous dépositaires et séquestres volontaires ou judiciaires, seront valablement libérés en remettant en même nature les sommes qu'ils auront reçues aux susdits titres, de quelque cause qu'elles proviennent, ou leur valeur représentative en d'autre papier monnaie, lorsqu'elle aura été échangée en conformité des lois.

Sont exceptés ceux qui ont été en demeure de res-tituer lesdites valeurs, de même que les dépositaires qui se seraient soumis d'en payer l'intérêt.

Dans ces cas, les capitaux légitimement dus, seront remboursés en piastres, néanmoins, d'après l'échelle de dépréciation, eu égard aux époques, soit de la de-meure, soit de la stipulation d'intérêt.

XXXVII. A l'égard des mandataires à titre onéreux ou gratuit qui auront reçu des sommes en papier mon-naie pour le compte de leurs commettans, il en sera usé selon la disposition générale du droit, et ce dont ils seront déclarés débiteurs, sera réduit d'après l'échelle, en partant de l'époque où ils auront été reconnus en demeure.

XXXVIII. Les sommes dues, 1° pour ventes de droits successifs ou en conséquence de traités sur des droits de même nature ; 2° pour les émolumens et salaires, tant des greffiers que de tous officiers minis-tériels, lorsqu'ils auront été taxés d'après les anciens réglemens, seront payés en piastres, sans réduction.

XXXIX. La même disposition aura lieu en ce qui concerne le prix des ventes des matières d'or et d'ar-gent, marchandises et autres choses mobiliaires, ou pour fournitures de grains et denrées, si mieux n'aime l'acheteur en payer l'estimation au tems du contrat, pareillement en piastres.

XL. Les tuteurs et curateurs rendront aux mineurs, en piastres ;

1°. Les capitaux qu'ils auront reçus en même na-ture pendant la durée de leur administration, et dont ils n'auront pas fait emploi dans les délais fixés par les lois.

2°. Le prix estimatif des valeurs mobiliaires inven-toriées antérieurement au 1er. Janvier 1792, avec la crue, lorsqu'ils auront négligé de les faire vendre à l'encan, à moins qu'ils n'en aient été dispensés en tout ou en partie, par une délibération de parens, ou par la disposition du père de famille.

Quant aux capitaux par eux reçus en papier mon-naie, ainsi qu'au prix estimatif des valeurs mobiliai-res inventoriées depuis le 1er. Janvier 1792, de même qu'aux capitaux provenus de la vente judiciaire d'icelles, les tuteurs et curateurs à défaut d'emploi ne seront tenus de les restituer que d'après l'échelle de réduction selon les époques ; si mieux les mineurs ne préfèrent, à l'égard des meubles, de se prévaloir de ceux qui sont encore existans.

XLI. Les sommes, rentes et pensions dues à titre de pure libéralité, par des actes entre-vifs ou à cause de mort, quand même elle seraient affectées sur des successions ouvertes depuis la dépréciation du papier monnaie, seront acquittées en piastres, sauf la réduc-tibilité desdites sommes, rentes ou pensions, dans les cas seulement où elle est autorisée par le droit.

SECTION IV.
Des traités et transactions faits sur des droits litigieux.

XLII. Les sommes dues en vertu de traités faits depuis le 1er. Janvier 1792, jusqu'au 14 Messidor an IV, sur des droits litigieux, ouverts avant la dépréciation du papier monnaie, ou qui dérivaient de titres antérieurs à ladite époque de dépréciation, seront payées en pias-tres et sans réduction, à moins que le débiteur ne pré-fère de résilier le contrat, en recevant le rembourse-ment d'après l'échelle de ce qu'il aura payé à compte pour la même cause.

XLIII. Quant aux sommes dues en vertu de traités sur des droits pareillement litigieux, mais qui n'ont été ouverts que postérieurement au 1er. Janvier 1792, et qui ne dérivaient point de titres antérieurs, elles se-ront réductibles, conformément à l'échelle de déprécia-tion, eu égard à l'époque desdites traités.

XLIV. Il n'est rien innové par les articles XLII et XLIII ci-dessus, aux articles XII, XXXVIII et XL du présent.

XLV. Quant aux traités intervenus aux époques ci-dessus énoncées, sur des liquidations de fruits resti-tuables, vérifications d'ouvrages d'art, dommages-inté-rêts et autres objets soumis de leur nature à l'exper-tise, les débiteurs en renonçant au bénéfice desdits traités, pourront requérir une nouvelle vérification, estimation et liquidation en piastres, de l'objet con-testé ; ce qu'ils seront tenus, à peine de déchéance, d'opter, dans les deux mois qui suivront la publication du présent.

CHAPITRE IV.

Des sommes dues pour ventes d'immeubles et autres causes.

Section Première.

Des aliénations d'immeubles, licitations et partages.

XLVI. Les sommes dues en raison de ventes d'immeubles faites soit en propriété, soit en usufruit depuis le Ier. Janvier 1792, seront acquittées en piastres, néanmoins d'après la réduction et la liquidation qui en seront faites ainsi qu'il suit ; si l'acquéreur ne préfère s'en tenir aux clauses du contrat ; ce qu'il sera tenu de notifier au vendeur, dans le délai de trois mois à dater de la publication du présent.

L'option faite par l'acquéreur, dans le cas du présent article, l'obligera à payer le prix ou restant du prix aux termes convenus, en piastres et sans réduction.

XLVII. Pour déterminer la réduction lorsqu'elle devra avoir lieu, soit sur la totalité du prix, si elle est encore due, soit sur la portion restante, les parties seront, en cas de non-conciliation, renvoyées à des experts qui vérifieront et estimeront la valeur réelle, que l'immeuble vendu pouvait avoir en piastres, au tems du contrat, eu égard à son état à la même époque et d'après la valeur ordinaire des immeubles de même nature dans la colonie.

XLVIII. L'acquéreur sera tenu, à peine des dommages et intérêts du vendeur, de faire procéder au rapport des experts, dans deux mois pour tout délai, à compter de la signification qui lui sera faite du jugement interlocutoire ; et les frais de la première expertise seront toujours à sa charge, à moins qu'il n'ait fait préalablement au vendeur, une offre jugée suffisante par l'événement de l'estimation.

XLIX. Le vendeur aura dans tous les cas, comme l'acquéreur, la faculté de s'en tenir aux clauses du contrat, pour se soustraire à l'expertise, en le notifiant à l'acquéreur dans le délai prescrit par l'article XLVI, auquel cas, il ne pourra prétendre que le remboursement du prix, ou le restant du prix, d'après l'échelle de dépréciation.

L. Les acquéreurs qui ont payé en papier monnaie, conformément aux lois existantes, une partie du prix convenu, sont valablement acquittés d'une semblable quotité proportionnelle de la valeur estimative de l'immeuble vendu ; de sorte que s'ils ont payé la moitié ou les trois quarts du prix stipulé, ils ne pourraient être considérés comme débiteurs, que de la moitié ou du quart restant de la valeur estimative, telle qu'elle sera réglée par l'expertise, sans préjudice toutefois de l'action en lésion d'outre moitié dans le cas de droit.

LI. L'acquéreur ne pourra, au surplus, demander la réduction autorisée par les articles XLVI et XLVII, qu'aux conditions suivantes : 1°. de payer au taux marqué par l'article VI, et suivant le mode ci-après établi pour le payement des intérêts dus en vertu d'aliéna-tion, les intérêts du prix ou de la portion du prix réductible dont il se trouvera débiteur ; 2°. de renoncer, le cas échéant, aux termes stipulés par le contrat de vente, qui ne seraient pas encore expirés.

LII. Lorsque le vendeur s'est réservé par clause expresse la jouissance de l'immeuble vendu pendant un certain nombre d'années, moyennant un prix de location, correspondant à l'intérêt égal du prix de la vente, stipulé en papier monnaie ; le montant de la location, même pour les arrérages qui en sont dus, est réductible à dire d'experts dans la même proportion et de la même manière que le serait le principal du susdit prix, au cap prévu par les articles XLVI et XLVII.

LIII. Toutes délégations et indications de payemens résultans de contrats de vente passés pendant le cours du papier monnaie, obligent l'acquéreur à rapporter au vendeur les quittances des créanciers délégués, aux droits desquels il demeure réciproquement subrogé, lorsqu'ils ont été remboursés de ses deniers.

Dans le cas ci-dessus prévu, l'acquéreur a la faculté de résilier, s'il se croit lésé, et tout ce qu'il a payé au vendeur ou à sa décharge lui sera remboursé d'après l'échelle de dépréciation, suivant les époques de chaque payement.

LIV. Le vendeur est autorisé à refuser la résiliation en consentant à la réduction de la portion du prix, qui a été déléguée dans la proportion de la valeur estimative de l'immeuble vendu, fixé suivant les dispositions de l'article XLVII, à la charge néanmoins par lui de renoncer aux délégations existantes et de faire cesser toutes les recherches de la part des délégataires.

LV. L'acquéreur qui voudra résilier en exécution de l'article LIII ci-dessus, sera tenu de le notifier dans les deux mois du présent, à peine de déchéance, et le vendeur, à dater du jour de la notification faite, jouira d'un délai de deux mois pour faire aux créanciers délégués, le cas échéant, la notification prescrite par l'article XVII.

LVI. Dans tous les cas où la résiliation est autorisée par le présent, le vendeur est tenu de plein droit de restituer à l'acquéreur :

1°. Tout ce qu'il a reçu directement sur le prix ou à titre de pôt-de-vin, de même que ce qui a été payé à sa décharge en diminution du prix, selon la réduction qui sera faite du tout d'après l'échelle de dépréciation aux époques de chaque payement.

2°. La plus-value résultante des constructions, réparations et améliorations en tout genre, qui ont été faites par l'acquéreur, sauf à imputer ou compenser, le cas échéant et à due concurrence, le montant des dégradations, selon les vérification, estimation et liquidation qui en seront faites aux formes ordinaires.

LVII. Il sera tenu en outre, en rentrant en possession de l'immeuble vendu, d'entretenir les baux existans passés par l'acquéreur pendant sa jouissance, si mieux il n'aime indemniser le fermier ou locataire.

LVIII. Tout ce qui a été ordonné par les articles XLVI, XLVII, XLVIII, L et LI, sera observé à l'égard des sommes stipulées en papier monnaie, à titre de plus value ou retour dans les échanges.

LIX. Le vendeur et l'acquéreur jouiront réciproquement pour les remboursemens prescrits par la présente section, d'un délai de trois années.

Les intérêts des capitaux remboursables courront jusqu'à l'échéance au taux réglé par l'article VI.

Néanmoins l'acquéreur ne pourra dans aucun cas être dépossédé qu'après son entière indemnité.

LX. Les dispositions contenues en la présente section, auront leur effet à l'égard des sommes dues pour prix de licitation d'immeubles ou pour soulte et retour dans les partages entre co-héritiers ou communistes, survenus pendant la dépréciation ; sans qu'à raison de ce, le débiteur puisse rappeler les autres intéressés à partage, à moins qu'il n'y eût lésion du tiers au quart dans les premiers actes entr'eux intervenus.

Section II.
Des dots et avantages matrimoniaux.

LXI. Les constitutions de dot en avancement d'hoirie, de même que celles qui ont été faites pour tenir lieu d'un droit acquis, seront acquittées en piastres sans réduction, à moins qu'elles n'excèdent le montant d'une portion co-héréditaire sur les biens du constituant, eu égard à l'état de la fortune au temps du contrat ; auquel cas seulement, elles pourront être réduites par les tribunaux, jusqu'à concurrence de ladite portion.

Cette réduction ne pourra néanmoins avoir lieu, lorsque pour le payement de la somme constituée, il aura été remis par clause expresse un immeuble en nantissement, dont les fruits sont compensables sur les intérêts du capital promis.

LXII. Les douaires préfix, ainsi que les autres avantages matrimoniaux stipulés par les contrats de mariage, seront également acquittés en piastres sans autre réduction ou limitation que celle dont la dot serait elle-même susceptible, lorsque lesdits avantages ont été fixés en proportion d'icelle.

LXIII. Tout acquéreur volontaire ou judiciaire, qui par clause de son titre, s'est soumis au payement d'un douaire, en diminution du prix d'achat, quoique stipulé en papier monnaie, sera tenu :

1°. De payer le capital dudit douaire, si le douaire est ouvert, ou lors de son ouverture, de la manière prescrite par l'article ci-dessus.

2°. De servir jusqu'alors la rente en piastres ; si mieux il n'aime résilier conformément à l'article LIII. Quant à l'acquéreur, qui ne s'est pas soumis au payement du douaire, il peut se libérer du restant du prix envers le vendeur selon le mode prescrit par l'article L, sans préjudice toutes-fois aux droits et hypothèques des créanciers dudit douaire sur les biens aliénés.

LXIV. Les préciputs et autres avantages matrimoniaux seront, dans tous les cas, assujettis aux mêmes réductions dont la portion de la dot, qui a formé la mise en communauté serait susceptible, quand même ils n'auraient pas été fixés par la stipulation en proportion d'icelle.

LXV. Les restitutions de dot et autres reprises matrimoniales, seront faites par les maris ou par leurs héritiers, en piastres, pour ce qu'ils auront reçu ou dû recevoir de la même manière ; et en valeurs réduites d'après le tableau, pour tout ce qu'ils auront reçu en papier monnaie, en partant des époques des payemens ; à moins que les maris n'en aient fait un emploi ou remploi, seulement dans le cas où ils y étaient soumis ; et en ce dernier cas le bénéfice de l'emploi ou remploi appartiendra à la femme.

LXVI. Quant, par suite d'une renonciation de la femme à la communauté ou de la dissolution de ladite communauté par le divorce, par la séparation de biens ou par la mort de l'un des époux, il écherra de liquider les reprises de la femme en exécution du précédent article, le mari, à défaut d'emploi de la dot et des créances mobiliaires, ne devra à sa femme ou à ses héritiers, que les valeurs qu'il a reçues selon l'échelle de dépréciation aux époques de chaque payement et remboursement ; et s'il en fait emploi, même au nom de la communauté, la femme ou ses héritiers seront tenus de l'accepter pour leur tenir lieu des créances ainsi remboursées pendant le cours du papier monnaie.

LXVII. Il en sera de même à l'égard des remplois qui auront été faits par le mari, des deniers provenant soit de l'aliénation des propres, soit du remboursement des capitaux des rentes constituées ; le tout néanmoins pourvu qu'il y ait eu de sa part déclaration d'emploi ou acceptation du remploi par la femme, pendant la communauté.

Section III.
Du rapport dans les successions ; des légitimes et des donations répudiées.

LXVIII. Les enfans ou petits enfans venant à partage, de même que les légitimaires qui demanderont l'expédition de leur légitime ou qui auront droit au supplément d'icelle, rapporteront à la masse, en piastres, ce qui sera justifié avoir été reçu par eux ou leurs auteurs, pareillement en piastres ou en numéraire métallique ; et en valeurs réduites d'après le tableau, le montant de ce qui leur aura été payé sur leurs droits successifs ou de légitime, à compte ou autrement, en papier monnaie, pendant qu'il a eu cours.

Il en sera usé de même dans le cas du rapport des dots et des rapports qui seront faits dans les successions collatérales.

LXIX. Dans le cas où une donation serait répudiée, et les parties en conséquence remises dans leur premier état, le donataire en rendant compte des dettes actives et autres capitaux qu'il a reçus pendant la jouissance, ainsi que des payemens par lui faits à la décharge des biens, sera assujetti aux mêmes règles et distinctions établies par l'article précédent à l'égard des co-héritiers et légitimaires ; de manière que tout ce qu'il aura exigé et payé pendant la dépréciation du papier monnaie, sera soumis à l'échelle de réduction, à moins qu'il n'apparaisse, que les payemens par lui faits ou reçus l'ont été en piastres ou en numéraire métallique.

Section IV.

Des engagemens et liquidations de commerce.

LXX. Lorsqu'à la suite d'une dissolution de société ou à l'occasion d'une liquidation de commerce, pendant le cours du papier monnaie, il y aura eu de la part d'un associé, vente de sa portion de fonds, au profit d'un autre associé, ou lorsque le fonds entier d'un commerce aura été cédé à un tiers, le prix ou restant du prix ne pourra être acquitté qu'en piastres sans réduction; si mieux, l'acheteur ou cessionnaire n'aime payer la valeur de l'objet vendu ou cédé, au tems de la convention des parties, selon l'estimation qui en sera faite pareillement, en piastres sur la représentation des inventaires, livres, journaux, états à double, ou factures et autres documens.

LXXI. Les arrangemens ci-dessus énoncés ne peuvent porter atteinte aux droits et à l'action directe des créanciers du commerce, contre les personnes dénommées dans la raison sociale, ou qui s'y trouvent comprises sous la désignation de compagnie, sauf leur recours entr'elles ainsi qu'elles aviseront.

Dans toutes les contestations qui pourront s'élever,

1°. Entre associés, avant comme après la dissolution de la société au sujet de mise de fonds ou de remboursement, le cas échéant, soit de leurs comptes-courants, obligés ou libres, soit des profits liquidés ;

2°. Entre les associés et ceux qui n'ont fait que prêter leur nom au commerce;

3°. Entre les associés libres et commanditaires, les parties seront tenues de se régler d'après l'usage de la place, à l'effet de quoi et sur la réquisition de l'une d'elles, elles seront renvoyées pardevant les négocians arbitres, qui en conformité du titre IV, de l'ordonnance de 1673, statueront sur le différend, même ce cas échéant, sur l'application de l'échelle de dépréciation du papier monnaie.

LXXIII. Les engagemens de commerce souscrits à quelque titre, pour quelque cause et à quelque terme que ce soit, au profit de tierces personnes, pendant la durée de la dépréciation du papier monnaie, et dont le montant se trouve encore dû, seront soumis en tout point aux règles établies pour les obligations ordinaires survenues pendant le même intervalle, quant à la réduction des capitaux en piastres, et aux délais des payemens.

LXXIV. Tout débiteur par compte courant dont le solde était payable en papier monnaie, de même que tout négociant commissionnaire, qui par ordre ou pour compte de ses commettans aura vendu pareillement en papier monnaie, des marchandises, ou exigé des effets négociables, dont le produit aurait été laissé en ses mains, seront valablement libérés en rendant en même nature ce qu'ils ont reçus, ou sa valeur d'après l'échelle de dépréciation et à la charge cependant de justifier dans l'un et l'autre cas par leur correspondance ou autrement, qu'aussitôt après la réception des mêmes fonds, ils les ont tenus à la disposition de leurs créanciers ou commettans.

Dans le cas contraire, ils en seront présumés rétentionnaires par leur propre fait, et ils en payeront la valeur réduite d'après l'échelle de dépréciation à l'époque où leur compte aura dû être arrêté et soldé.

CHAPITRE V.

De l'action en rescision pour cause de lésion, contre les ventes d'immeubles, faites pendant la dépréciation du papier monnaie.

LXXV. Pour juger s'il y a lésion dans les ventes faites en papier monnaie, entre particuliers, depuis le premier Janvier 1792, les tribunaux ordonneront l'estimation par experts, de la juste valeur contre papier monnaie qu'avait l'immeuble vendu au tems du contrat, eu égard :

1°. A son état et à son produit à la même époque ;

2°. A la valeur contre papier monnaie, qu'avaient dans la colonie, les immeubles de même nature, à l'époque de la vente ou aux époques les plus rapprochées ;

3°. Aux facilités et avantages résultans des termes accordés pour le payement du prix de la vente.

LXXVI. En conséquence du paragraphe III, de l'article ci-dessus, les experts n'auront égard aux facilités et avantages résultans des termes, qu'à raison desdits termes, sans pouvoir prendre en considération la dépréciation qu'aurait subie le papier monnaie aux époques des payemens.

La valeur relative du papier monnaie sera toujours celle qui avait lieu lors de la vente.

LXXVII. Quand la vente aura été faite à termes, avec stipulation de l'intérêt au taux légal, il ne sera fait aucune déduction sur le prix, à raison dudit délai.

LXXVIII. Lorsque dans la vente faite à termes, il aura été stipulé, que pendant les termes il n'y aurait point lieu au payement des intérêts pour l'estimation de la lésion, il sera fait déduction sur le prix de vente fixé en papier monnaie, valeur nominale du montant de l'intérêt légal, en même valeur nominale du papier monnaie, jusqu'aux époques où les payemens ont dû être faits suivant la convention, et au cas de payemens par anticipation, jusqu'aux époques des payemens.

LXXIX. Si la vente a été faite à termes, avec stipulation d'un intérêt à un taux inférieur au taux légal, il sera fait déduction sur le prix capital de la vente, sous le mode établi par le précédent article, jusqu'à concurrence du déficit, pour atteindre l'intérêt au taux légal.

LXXX. Si la lésion se trouve prouvée de la manière ci-dessus prescrite, le contrat sera résilié, si mieux n'aime l'acquéreur ainsi qu'il en a le droit, suppléer le juste prix au tems de la vente de la portion correspondante à la quotité du prix que représente le supplément; ce qu'il sera tenu de déclarer dans le mois à compter de la signification du jugement. Dans ce dernier cas, la portion de l'immeuble correspondante, sera estimée conformément à l'article XLVII.

LXXXI. Si l'acquéreur offre de payer le supplément, il aura pour se libérer un délai d'une année, à compter du jour de son option, à la charge de payer l'intérêt du supplément au taux réglé par l'article VI, à compter du jour de la demande.

LXXXII. Si au contraire l'acquéreur préfère résilier le contrat, le vendeur rentrera en possession de son immeuble, en remboursant les sommes par lui reçues d'après le tableau, et eu égard aux époques de chaque payement.

LXXXIII. Il sera en outre fait raison à l'acquéreur de la plus value résultante des réparations et améliorations par lui faites à l'immeuble, sous la déduction des dégradations qui auraient pu être commises, le tout suivant la vérification et l'estimation qui en seront faites par les mêmes experts.

LXXXIV. Le vendeur ne pourra évincer l'acquéreur, qu'après l'avoir pleinement désintéressé ; il est accordé à cet effet au vendeur un délai d'un an, à compter de l'option de l'acquéreur, ou de l'expiration du mois qui lui est accordé pour la faire.

LXXXV. Il n'est rien innové pour ce qui concerne des ventes faites en numéraire metallique ou en piastres, soit avant, soit depuis le 1er Janvier 1792 ; les demandes formées ou à former contre ces ventes, doivent être jugées d'après les anciennes lois.

LXXXVI. Le mode d'estimation établi par le présent chapitre, pour vérifier la lésion, dans les ventes en papier monnaie, est applicable à la lésion du tiers au quart, et à toute autre lésion établie par les lois, relativement aux actes de partage, et autres actes équipollens à partage suivant les mêmes lois, lorsque les conventions auront été stipulées en papier monnaie, dans le cours de la dépréciation.

LXXXVII. L'action en rescision pour cause de lésion, dans tous les cas, contre les ventes et partages faits depuis le 1er Janvier 1792, jusqu'au 14 Messidor an IV, ne sera plus recevable après l'expiration de l'année qui suivra la publication du présent.

LXXXVIII. Dans les délais fixés par les lois pour la prescription, ne sera pas compté le tems qui se sera écoulé depuis le 14 Messidor an IV, jusqu'à la publication du présent.

CHAPITRE VI.
Des rentes viagères et perpétuelles.
SECTION PREMIÈRE.

Des rentes pour cause d'aliénations d'immeubles.

LXXXIX. Les rentes viagères créées pour cause d'aliénations d'immeubles, soit qu'elles l'aient été sans préfixion du capital ou moyennant un capital formant partie du prix de la vente, continueront d'être acquittées en piastres et sans réduction, si mieux le débiteur n'aime résilier le contrat, en acquittant les arrérages ;

ce qu'il sera tenu d'opter et de notifier dans les deux mois de la publication du présent.

Le vendeur est autorisé à refuser la résiliation, en consentant à la réduction de la rente viagère, et ce, dans la proportion estimative de l'immeuble vendu, ainsi qu'il est prescrit par l'article XLVII.

XC. A l'égard des rentes perpétuelles qui ont la même origine, elles seront également acquittées en piastres et sans réduction, jusqu'au rachat d'icelles.

XCI. Les débiteurs de rentes perpétuelles ayant pour cause une aliénation d'immeubles, seront tenus, dans le cas du rachat, de rembourser le capital en piastres, si mieux ils n'aiment remplir les conditions prescrites par l'article LI ; ce qu'ils seront tenus d'opter et de notifier à leurs créanciers, dans le délai de deux mois, à dater de la publication du présent, et en ce cas, tout ce qui a été prescrit par les articles XLVI, XLVII, XLVIII et L, sera observé pour déterminer le capital remboursable.

XCII. Dans le cas de l'article LXXXIX, l'acquéreur en résiliant dans le délai prescrit, le contrat de vente portant création d'une vente viagère, aura l'option d'en payer les arrérages en piastres et sans réduction, ou de restituer les fruits et loyers par lui perçus ou qu'il a dû percevoir depuis sa jouissance ; ainsi que le montant des coupes de bois, qu'il aura fait exploiter ; le tout selon les vérifications, estimation et liquidation qui en seront faites par experts, sauf l'imputation, néanmoins d'après l'échelle de dépréciation, de tout ce qu'il aura payé sur les échûtes de la rente depuis sa création.

Les frais de la première expertise pour la liquidation des fruits restituables, seront à sa charge, à moins qu'il n'ait fait préalablement un offre suffisant.

XCIII. Ceux qui n'ont acquis que la nue propriété d'un immeuble dont le vendeur s'est réservé l'usufruit ou jouissance, ne seront soumis, en cas de résiliation, à aucun payement des arrérages de rente viagère ni à la restitution des fruits ou loyers ; mais ils ne pourront demander aucune restitution de ce qu'ils ont payé sur les annualités échues antérieurement à la publication de l'arrêté du 14 Messidor an IV.

XCIV. Tout ce qui est prescrit par la présente section, sera observé à l'égard des rentes qui ont eu pour cause, la cession de l'usufruit ou jouissance de l'immeuble réel.

XCV. Sont exceptés de la disposition de l'article LXXXIX ;

1°. Les acquéreurs de terreins sur lesquels ont été construites des usines, fabriques ou manufactures, depuis l'aliénation qui en a été faite ;

2°. Ceux qui, par des constructions de bâtimens, auraient doublé la valeur du sol compris dans le contrat de vente ;

3°. Ceux qui par des réparations, plantations, améliorations et autres mises de fonds dans des immeubles ruraux, en auraient augmenté la valeur d'un tiers en sus du prix de l'aliénation.

XCVI, Dans ces cas il sera réciproquement libre au vendeur et à l'acquéreur pour se soustraire à la résiliation, de requérir que le terrein vendu, soit estimé par experts à la plus haute valeur, dü temps présent, relativement à son état au temps de la vente ; et le prix ainsi fixé en piastres sera, pour la portion correspondante à la rente viagère, acquitté par l'acquéreur avec l'intérêt fixé par l'article VI, depuis que ladite rente a cessé d'être payée.

Les frais de la première expertise seront réglés comme dans le cas de l'article XCII.

XCVII. Lorsque l'acquéreur ne pourra restituer ou procurer la restitution en tout ou en partie de l'immeuble compris dans la vente sujette à résiliation, il sera autorisé à offrir pareillement l'estimation de l'objet aliéné, à la plus haute valeur du temps présent, à moins que le second acquéreur n'ait été expressément soumis à remplir les engagemens résultans du premier contrat d'aliénation.

XCVIII. Dans le cas de la faculté accordée au vendeur par l'article LXXXIX ; si la rente viagère a été créée sans préfixion du capital, la réduction par lui consentie pour éviter la résiliation du contrat, sera faite sur l'estimation du prix de l'immeuble, en piastres dans les proportions suivantes :

A 15 pour cent sur une seule tête âgée de 50 ans accomplis lors du contrat ;

A 20 pour cent sur une tête de 50 à 60 ans ;

A 25 pour cent sur une tête de 60 à 70 ans ;

A 30 pour cent sur une tête âgée de plus de 70 ans.

Les rentes créées sur plusieurs têtes survivancières ne seront payées qu'au taux réglé pour la tête la plus jeune.

XCIX. Si la vente de l'immeuble s'est faite moyennant une rente viagère et en outre moyennant une somme déterminée à payer une fois, avec la stipulation expresse qu'à défaut de payement de la rente convenue, le vendeur rentrerait dans la jouissance du fonds, pour lui tenir lieu du payement de ladite rente, pendant qu'elle aurait cours, ou que l'acquéreur pourrait abandonner cette jouissance au vendeur pour lui tenir lieu pareillement du payement de ladite rente, sauf, dans l'un et l'autre cas, à reprendre l'immeuble, lorsque la rente serait éteinte, l'acquéreur ne sera point tenu, pour se dispenser de payer ladite rente en piastres, et sans réduction, d'offrir de résilier le contrat, conformément à l'article XCII ; il lui suffira d'abandonner au créancier la jouissance viagère de l'immeuble, pour lui tenir lieu du payement de la rente.

C. Dans le cas où la vente contiendrait tout à la fois la stipulation d'une rente viagère formant partie de la vente, et la réserve d'une rente constituée au moyen d'un capital formant le restant du prix, il sera libre à l'acquéreur, ou de résilier, ou d'offrir de continuer sans réduction le payement de la rente viagère ainsi créée ; et en ce dernier cas, il pourra requérir l'expertise pour la fixation en piastres, du capital correspondant à la rente constituée, à la charge par lui de remplir ce qui est prescrit par l'article XCI.

CI. Il n'est point dérogé par le présent aux clauses résolutoires, ni aux clauses prohibitives expressément apposées dans les contrats d'aliénation d'immeubles pendant la dépréciation du papier monnaie.

CII. Les délais accordés dans tous les cas pour les options et notifications prescrites, n'auront lieu que pour les personnes présentes ou représentées par procureurs à l'île de France ; ils seront de quatre mois pour les absens résidant à l'île de la Réunion, d'un an pour Seychelles, et autres dépendances ; et pour tous autres absens, d'un an après la paix.

SECTION II.

Des rentes pour capitaux fournis en papier monnaie.

CIII. Les rentes viagères créées par des contrats antérieurs au 1er. Janvier 1793, inclusivement, continueront d'être acquittées en piastres, valeur nominale et sans réduction.

CIV. A l'égard de celles qui ont été établies par des contrats postérieurs à ladite époque, elles ne seront pareillement soumises à aucune réduction :

1°. Quand elles auront pour cause un capital fourni en espèces métalliques ou en denrées, marchandises ou meubles, non estimés en papier monnaie ;

2°. Lorsque le changement des espèces aura été expressément prévu par le titre constitutif, et qu'en conséquence le débiteur se sera soumis d'acquitter la rente en la monnaie qui aurait cours aux échéances ;

3°. Lorsqu'elles auront été stipulées payables en numéraire ou en piastres ;

4°. Lorsqu'il sera justifié de la manière prescrite par l'article XI, § II, que la rente viagère existante n'est que la représentation d'une autre créance ou d'un droit certain, antérieur au 1er. Janvier 1792.

CV. Ne seront pareillement sujettes à aucune réduction, les rentes viagères promises et stipulées par contrat ou accordées par jugement, pendant la dépréciation du papier monnaie, sans expression d'aucun capital fourni, soit pour tenir lieu d'aliment, soit pour toute autre cause.

CVI. Les rentes et autres prestations stipulées en grains, denrées ou marchandises, continueront d'être acquittées en nature, aux termes convenus entre les parties.

CVII. A l'égard des rentes viagères créées, moyennant un capital fourni en papier monnaie, depuis le 1er. Janvier 1793, jusqu'au 14 Messidor an IV, elles seront maintenues et seront acquittées en piastres, lorsqu'elles n'excéderont pas le taux de vingt-cinq pour cent, sur la tête d'un prêteur âgé de soixante-dix ans accomplis, en partant de l'époque du contrat ; de vingt pour cent sur la tête d'un sexagénaire ; de dix-huit pour cent sur la tête d'un âge inférieur et de quinze pour cent, sur deux ou plusieurs têtes de tout âge.

CVIII. Le débiteur ne pourra dans aucun cas être obligé de payer annuellement plus du capital de la valeur du papier monnaie, réduit d'après le tableau.

CIX. Toutes les conditions prescrites par les articles XVII et XIX, sont communes aux débiteurs par contrats de constitution de rentes, ayant pour cause un capital fourni en papier monnaie. Ils seront tenus en conséquence, de notifier à leurs créanciers, dans le même délai et sous la même peine, leurs renonciations à la faculté de rembourser à volonté le principal desdites rentes et leur soumission de payer au taux déterminé par l'article VI, les intérêts échus et à écheoir, du capital réduit.

CX. Néanmoins les débiteurs par contrats de constitution de rentes, qui auront fait leur option de la manière prescrite, jouiront d'un délai de trois années, à dater de la publication du présent, pour le remboursement par moitié, à l'expiration de chaque terme de quinze mois, du capital réduit d'après l'échelle, si les créanciers ne préfèrent d'en recevoir la totalité à la dernière échéance, sans préjudice des provisions qui pourront être accordées à leur réquisition.

CHAPITRE VII.

Des intérêts et arrérages échus et non payés.
Des baux et loyers.

CXI. Les intérêts et arrérages des rentes perpétuelles et viagères et des pensions, quelle que soit leur origine, qui ont couru jusqu'au Ier. Janvier 1792, et qui pourraient encore être dus, seront acquittés en piastres sans réduction.

CXII. Les intérêts et arrérages procédant des mêmes obligations, qui ont couru depuis le Ier. Janvier 1792, seront acquittés en piastres, d'après la réduction qui en sera faite, à chaque époque de dépréciation que présentera le tableau, sans égard aux termes d'échéance stipulés et sans y déroger pour l'avenir.

CXIII. Ceux dus, tant en vertu d'obligations antérieures aux époques ci-dessus, que d'obligations d'une date postérieure pour des capitaux non réductibles, et qui ont couru à compter de la publication de l'arrêté du 14 Messidor an IV, ainsi que ceux qui échoiront à l'avenir, seront de même acquittés en piastres sans réduction.

CXIV. Quant à ceux provenant de capitaux réductibles, qui ont couru à partir de la même époque et qui échoiront à l'avenir, ils seront acquittés en piastres; mais seulement pour la totalité des intérêts qui résulteront du capital réduit, suivant le tableau.

CXV. Les intérêts et arrérages de toute nature, qui ont couru jusqu'à la publication de l'arrêté du 14 Messidor an IV, et qui seraient dus en vertu d'aliénation de fonds ruraux, esclaves pour la culture du sol et en vertu de fixation de deniers dotaux, droits successifs, légitimes ou avancemens d'hoirie, hypothèques et spécialement affectés sur des fonds ruraux, seront acquittés, savoir : la moitié en piastres sans réduction; l'autre moitié également en piastres, suivant la réduction qui en sera faite d'après le tableau de dépréciation.

Ceux dont les capitaux seront réductibles, seront payés de la même manière, pour l'intérêt résultant du capital réduit.

CXVI. Les sommes encore dues pour baux d'habitations, locations d'esclaves, pour la culture et loyers de maisons, magasins, etc. antérieurs au Ier. Janvier 1792, seront payées en piastres sans réduction.

CXVII. Les dispositions contenues en l'article CXV, seront suivies pour l'acquittement du prix encore dû des baux d'habitations et locations d'esclaves attachés au sol, postérieurs au Ier. Janvier 1792. Quant aux loyers de maisons, magasins etc., qui ont eu lieu depuis cette époque, ils seront payés en piastres, savoir : un tiers sans réduction, et les deux autres tiers d'après l'échelle de dépréciation, eu égard au temps du loyer.

CXVIII. Tous arrêtés relatifs aux payemens définitifs et aux consignations, auront leur exécution pour les intérêts, arrérages et loyers payés en vertu de leurs dispositions.

CXIX. Le présent sera lu, enregistré, imprimé et affiché; il en sera adressée expédition au Commissaire de justice.

A l'île de France, le 15 Floréal an XII.

Le Capitaine-général, DECAEN.

ARRÊTÉ.

56. DECAEN, Capitaine-général, etc. etc.,

Sur les observations du Préfet colonial et du Commissaire de justice ;

Que la perception des amendes ordonnées par les lois, en matière judiciaire et prononcées en conséquence, par les tribunaux des îles de France et de la Réunion, n'est pas exactement faite ; que cette inexécution provient en grande partie des diverses expressions nominales du montant des amendes qui ont été ordonnées par les dispositions pénales, arrêtées dans les années précédentes ; qu'il est d'ordre public de rappeler le vœu des ordonnances, lois et réglemens à cet égard, d'assurer l'effet des différens arrêtés de localité qui sont encore suivis par les tribunaux, et de régler cette partie d'après la loi du 24 Août 1790, et l'arrêté du gouvernement de la République, du 10 Floréal an XI, Arrête :

Art. Ier. Les amendes qui seront prononcées par les tribunaux des îles de France et de la Réunion, en vertu des ordonnances, de la déclaration du 21 Mars 1671, et de l'édit de Février 1691, seront portées et perçues en francs, à raison d'un franc par livre.

II. Les amendes ordonnées en ces colonies par les divers arrêtés des assemblées coloniales, seront également fixées en francs dans la proportion ; savoir :

De cinq francs cinquante centièmes par dix livres, pour celles portées par l'arrêté du 1er. Août 1793, concernant la police ordinaire et correctionnelle, et par autres arrêtés antérieurs.

De onze francs par cent livres, pour celles portées dans le cours de l'an III.

De onze francs par mille livres, pour celles portées dans le cours de l'an IV.

De cinq francs cinquante centièmes par mille livres, pour celles portées dans le cours de l'an V.

Et de cinq francs cinquante centièmes par cinq cent livres, pour celles portées dans le cours des années postérieures.

III. Le préposé à l'enrégistrement, sera chargé de recevoir la consignation des amendes prononcées par les tribunaux, et d'en délivrer toutes quittances nécessaires.

IV. Aucun appel de jugement de police ordinaire et correctionnelle ne sera reçu qu'il ne soit justifié par l'appelant de la consignation de l'amende à laquelle il aura été condamné.

V. Tout appelant en matière civile, dont l'appel sera jugé mal fondé, sera condamné à une amende de neuf francs, pour l'appel d'un jugement civil, dont la somme n'excédera pas trois cents francs, et de soixante francs pour l'appel de tout autre jugement civil, de commerce et d'amirauté, sans que cette amende puisse être remise ni modérée sous aucun prétexte.

VI. Il sera consigné douze francs à compte sur l'amende de soixante francs.

Celle de neuf francs sera consignée en totalité.

VII. La consignation prescrite par l'article ci-dessus, sera toujours faite avant les jugemens, même par défaut, qui interviendront sur l'appel, et les greffiers ne pourront délivrer d'expéditions ou extraits de ces jugemens avant qu'il leur ait été justifié de la consignation d'amende.

VIII. Faute par l'appelant de faire cette consignation, l'intimé sera tenu de l'effectuer, sauf la répétition en définitif contre l'appelant, si celui-ci succombe.

IX. Le tribunal d'appel condamnera l'appelant, par jugement qui confirmera, au payement du surplus de l'amende.

X. La restitution du montant de la consignation sera ordonnée par le jugement qui aura déclaré l'appel bien fondé ; et cette restitution sera effectuée sans aucuns frais ni droits par le préposé, entre les mains de la partie ou de l'avoué de la partie au nom de laquelle la consignation aura été faite sur une copie signée par cet avoué, du dispositif du jugement, et sur la remise de la quittance.

La restitution aura encore lieu si les parties transigent sur l'appel, avant le jugement, et elle sera faite sur le vu de la transaction.

XI. Les dispositions de l'ordonnance de 1667, et de la déclaration du 21 Mars 1671, concernant la consignation de l'amende pour requêtes civiles, auront leur pleine exécution.

XII. Toute contravention au présent relative à la consignation, continuera de donner lieu à l'amende de cinq cents francs, prononcée par l'article IX, de la déclaration du 21 Mars 1771.

XIII. Le présent sera lu, enregistré, imprimé, affiché partout où besoin sera. Expédition en sera adressée au Préfet colonial et au Commissaire de justice.

A l'île de France, le 22 Floréal an XII.

Le Capitaine général, DECAEN.

ARRÊTÉ.

57. DECAEN, Capitaine-général, etc. etc.,

Sur l'exposé du Commissaire de justice, que les notaire actuels de l'île de France, se sont conformés, pour l'obtention des commissions prescrites, aux dispositions de la loi de la République, du 25 Ventose an XI, promulguée par arrêté du 14 Pluviose dernier ;

Et sur sa proposition, Arrête :

Art. Ier. A la présentation du Commissaire de justice, sont constitués pour exercer les fonctions de notaires, à l'île de France, les personnes ci-après dénommées, savoir :

A la résidence du Port Nord-Ouest.

Bélin, notaire, par commission du 1er. Juillet 1785, reçu le 5 même mois.

Guérin, notaire, par commission du 22 Mars 1791, reçu le 23 du même mois.

Delisle Beauregard, notaire, par commission du 14 Octobre 1791, reçu le 12 Novembre suivant.

Boudeville, notaire, par commission du 12 Frimaire an IV, reçu le 16 du même mois.

Fouquereaux, notaire, par commission du 8 Thermidor an V, reçu le 9 du même mois.

Durand, notaire, par commission du 5 Brumaire an VI, reçu le 6 du même mois.

Roze, notaire, par commission du 8 Vendémiaire an VII, reçu le même jour.

Arnaud, notaire, par commission du 6 Frimaire an VIII, reçu le 11 dudit mois.

Petit, notaire, par commission du 3 Thermidor an VIII, reçu le 7 du même mois.

Caïez, notaire, par commission du 16 Floréal an X, reçu le 21 du même mois.

A la résidence de l'arrondissement des Pamplemousses et Rivière du Rempart.

Balteau, notaire, au ci-devant canton de la Rivière du Rempart, par commission du 2 Juin 1792, reçu le 4 du même mois.

Bombard, notaire, au ci-devant canton des Pamplemousses, par commission du 3 Mars 1793, reçu le 21 du même mois.

A la résidence de Flacq.

Harscher, notaire, au ci-devant canton de Flacq, par commission du 8 Fruct. an VI, reçu le 8 du même mois.

A la résidence du Port Sud-Est.

Toussaint, notaire, au ci-devant canton du Grand-Port, par commission du 10 Août 1791, reçu le 26 dudit mois.

A la résidence de l'arrondissement des Plaines de Willems et Rivière Noire.

Yardin, notaire, au ci-devant canton des Plaines Wilhems, par commission du 19 Frimaire an VI, reçu le 27 du même mois.

II. Les notaires à la résidence du Port Nord-Ouest, pourront instrumenter dans toute la colonie.

Néanmoins, lorsque pour la confection d'un acte dans un autre quartier, les notaires du Port Nord-Ouest, se trouveront, par le choix différent des parties intéressées, en concurrence avec le notaire dudit quartier, celui-ci à égalité de voix, sera préféré.

En cas de partage à voix inégales, le notaire qui en réunira le plus, aura la préférence.

III. Aucun notaire, autre que ceux du quartier du Port Nord-Ouest, ne pourra instrumenter hors de son arrondissement, sans une permission expresse du commissaire du gouvernement, à peine d'être suspendu de ses fonctions pendant deux mois et en outre de tous dommages et intérêts.

IV. Sont exceptés quant à présent de la disposition ci-dessus, le notaire du Port Sud-Est, et le notaire des Plaines de Wilhems.

Le premier actera à la Savanne, et le second à Moka, jusqu'à ce qu'il soit établi un notaire dans chacun de ces deux quartiers, conformément à l'article XXIX, de l'arrêté du 14 Pluviose dernier.

V. Le présent sera lu, publié, enregistré, imprimé et affiché.

Ile de France, le 22 Floréal an XII.

Le Capitaine-général, DECAEN.

ARRÊTÉ.

58. DECAEN, Capitaine-général, etc. etc.,

Sur la proposition du Préfet colonial et du Commissaire de justice, Arrête :

Dispositions additionnelles à l'arrêté concernant le marronnage.

Art. Ier. Les dispositions ci-après seront ajoutées à l'arrêté du 1er Pluviose dernier, concernant le marronnage des esclaves et les détachemens.

II. Tout noir arrêté de jour ou de nuit, dans les environs de l'habitation de son maître, et qui n'en serait pas absent de plus de trois jours, sera de suite rendu au propriétaire ; le capteur ne pourra prétendre dans ce cas, à aucun droit de capture.

Le capitaine-commandant du quartier, prononcera, en cas de contestation, sur les arrestations de cette nature.

III. En conséquence de l'article ci-dessus, n'est réputé marron, que le noir absent depuis plus de trois jours de l'habitation ou de la maison du propriétaire, fermier ou dépositaire.

IV. Il est expressément défendu d'arrêter des noirs qui ne seraient pas marrons, sous peine d'une amende de cent francs et d'un emprisonnement qui ne pourra être moindre de quinze jours, ni excéder un mois.

La peine sera double en cas de récidive.

V. Aucun capteur ne pourra sous quelque prétexte que ce soit, dépouiller les noirs arrêtés, à peine de privation du droit de capture et d'une amende qui sera déterminée suivant l'exigence des cas.

Les dispositions contenues aux deux articles précédens seront appliquées, s'il y échet, par le tribunal de police correctionnelle.

VI. L'article XVI dudit arrêté, est applicable à tous les marrons pris, qui se trouveront dans le cas y prévu, quelle que soit l'époque de leur absence. Les peines déterminées pour le noir grand-marron par ledit article sont réduites ; savoir :

A six mois de chaîne pour la première fois, et à un an pour la seconde.

Dans l'un et l'autre cas, les journées du noir condamné, seront payées au maître, à raison de vingt-cinq centimes par jour.

Dans le troisième cas déterminé par le même article, le noir condamné sera remboursé sur le pied de quatre cents francs.

VII. Les capteurs ne seront point tenus de conduire au chef-lieu dans chaque colonie les noirs capturés ; il leur suffira de les remettre au bloc du quartier, chez le commissaire civil, à la charge par eux de les y garder, ou de les y faire garder, et d'en informer sur le champ le capitaine commandant, qui de suite ordonnera toutes les mesures nécessaires pour la conduite desdits marrons au chef-lieu.

VIII. Tout noir arrêté ne sera conduit au bureau central de police, pour y être interrogé, conformément à l'article XXV dudit arrêté, qu'après que ses noms et le tems de son marronnage auront été reconnus et enregistrés par le receveur du marronnage.

IX. La remise autorisée par l'article XXIII dudit arrêté, ne sera effectuée que sauf le visa de l'agent-général de police.

X. Il est dérogé à l'article XXXV dudit arrêté, relatif aux prix de capture.

En conséquence, les droits du capteur chef de détachement, seront réglés ainsi qu'il suit :

Pour un marron de trois jours à un mois, 5 fr. 50 c. d'un mois à deux, 8-25 ; de deux mois à quatre, 15 f. de quatre à six, 25 fr. de six à neuf, 50 fr. de neuf à quinze, 100 fr. au-delà de quinze mois, 500 fr.

Les particuliers capteurs, en vertu des articles XXX et XXXI dudit arrêté, n'auront que le tiers des droits ci-dessus fixés.

XI. Les mêmes droits sont alloués dans les mêmes proportions, aux chefs de détachemens de l'île de la Réunion, pour toutes les captures faites dans les habitations.

Quant à celles faites dans l'intérieur de l'île, elles seront toujours payées cent francs, de quelque tems qu'ait été le marronnage du noir arrêté.

XII. Outre les droits ci-dessus fixés, il sera accordé aux capteurs, suivant les circonstances, des gratifications qui seront réglées et ordonnées par les administrateurs, d'après l'avis du capitaine-commandant de quartier, qui aura autorisé ou ordonné les chasses et aura reçu le rapport du capteur.

XIII. Les frais de capture pour les noirs de traite, dans le cas de l'article XXXVII, seront à la charge de la caisse du marronnage ; pour cet effet, l'armateur, propriétaire de la cargaison, sera tenu de payer par tête, la taxe fixée par l'article LII.

La descente de la traite à terre ne pourra être permise, que quand il aura été justifié par la quittance du receveur du marronnage, du payement de la taxe pour la quantité de noirs composant ladite traite.

XIV. Les frais de séjour ne seront, en exécution du paragraphe II de l'article LII dudit arrêté, à la charge de la caisse du marronnage, que pendant dix jours, à compter de celui de leur entrée à l'hôpital ; les jours en sus, seront à la charge du propriétaire.

XV. L'arrêté du premier Pluviose dernier, sera exécuté en tout ce qui n'est pas contraire au présent.

XVI. Le présent sera lu, enregistré, imprimé, affiché partout où besoin sera. Expédition en sera adressée au Préfet colonial et au Commissaire de justice.

À l'île de France, le 6 Floréal an XII.

Le Capitaine-général, DECAEN.

ARRÊTÉ.

59. DECAEN, Capitaine-général, etc. etc.,

Le Commissaire de justice ayant proposé d'instituer en chacune des îles de France et de la Réunion, une chambre des notaires, et pour cet effet, d'adapter aux localités, les dispositions de l'arrêté du gouvernement de la République, du 2 Nivôse dernier, Arrête :

Chambre des notaires et ses attributions.

Art. Ier. Il sera établi auprès du tribunal de première instance de chacune des îles de France et de la Réunion et dans son chef-lieu, une chambre des notaires de son ressort, pour leur discipline intérieure.

II. Les attributions de la chambre, seront :

1°. De maintenir la discipline intérieure entre les notaires, et de prononcer l'application de toutes les mesures et autres dispositions de discipline.

2°. De prévenir ou concilier tous différends entre les notaires, et notamment ceux sur des communications, remises, dépôts et rétentions de pièces, fonds et autres objets quelconques ; sur des questions, soit de réception et garde des minutes, soit de préférence ou concurrence dans les inventaires, partages, ventes ou adjudications et autres actes ; et en cas de non-conciliation, d'émettre son opinion par simple avis.

3°. De prévenir ou concilier également toutes plaintes et réclamations de la part des tiers contre les notaires, à raison de leurs fonctions, donner simplement son avis sur les dommages-intérêts qui en résulteraient, et réprimer par voie de censure et autres dispositions de discipline, toutes infractions qui en seraient l'objet ; sans préjudice de l'action devant les tribunaux, s'il y a lieu.

4°. De donner comme tiers, son avis sur des difficultés concernant le réglement des honoraires et vacations des notaires, ainsi que sur tous différends soumis à cet égard au tribunal civil.

5°. De délivrer ou refuser, s'il y a lieu, tous certificats de bonnes mœurs et capacité à elle demandés par les aspirans qui se présenteront pour être admis aux fonctions de notaires, prendre à ce sujet toutes délibérations ou donner tous avis motivés, les adresser ou communiquer à qui de droit.

6°. De recevoir en dépôt les états de minutes dépendantes des places de notaires supprimés.

7°. Et enfin de représenter tous les notaires de la colonie, collectivement, sous les rapports de leurs droits et intérêts communs.

Organisation de la chambre.

III. Chaque chambre des notaires sera composée de membres désignés par eux, parmi les notaires du chef-lieu de la colonie.

IV. Leur nombre est fixé à quatre : ils pourront délibérer valablement quand ils seront au nombre de trois.

Les quatre membres de la chambre sont :

1°. Un président qui aura voix prépondérante en cas de partage d'opinions. Il convoquera la chambre, extraordinairement, quand il le jugera à propos, ou sur la réquisition motivée de deux autres membres : il aura la police d'ordre dans la chambre.

2°. Un syndic, qui sera partie poursuivante contre les notaires inculpés ; il sera entendu préalablement à toutes délibérations de la chambre, qui sera tenue de délibérer sur tous ses réquisitoires ; il aura comme le président, le droit de convoquer : il poursuivra l'exécution de ses délibérations, dans la forme ci-après déterminée, et agira pour la chambre dans tous les cas et conformément à ce qu'elle aura délibéré.

3°. Un rapporteur, qui recueillera les renseignemens sur les affaires contre les notaires inculpés, et en fera rapport à la chambre.

4°. Un secrétaire, qui rédigera les délibérations de la chambre, qui sera le gardien des archives et délivrera toutes les expéditions.

V. Indépendamment des attributions particulières données aux membres de la chambre, par l'article ci-dessus, chacun d'eux aura voix délibérative ; et néanmoins, lorsqu'il s'agira d'affaires où le syndic sera partie contre un notaire inculpé, le syndic n'aura pas voix consultative et ne sera point compté parmi les votans, à moins que son opinion ne soit à décharge.

Pouvoirs de la chambre dans les moyens de discipline.

VI. La chambre prononcera par voie de décision, pour les cas de police et de discipline intérieure.

VII. La chambre mandera les notaires à ses séances, prononcera contre eux, par forme de discipline, et suivant la gravité du cas, soit le rappel à l'ordre, soit la censure simple, par la décision même, soit la censure avec réprimande par le président, aux notaires en personne, dans la chambre assemblée, soit la privation de voix délibérative dans l'assemblée générale, soit l'interdiction de l'entrée de la chambre, pendant un espace de temps qui ne pourra excéder trois ans pour la première fois, et qui pourra s'étendre à six ans, en cas de récidive.

VIII. Si l'inculpation portée à la chambre contre un notaire, paraît assez grave pour mériter sa suspension, la chambre réunira tous les notaires de la colonie.

La chambre ainsi composée émettra par forme de simple avis et à la majorité absolue des voix, son opinion sur la suspension et sa durée.

Les voix seront recueillies, en ce cas, au scrutin secret, par oui ou non; mais l'avis ne pourra être formé si les deux tiers au moins de tous les membres appelés à l'assemblée n'y sont présents.

XI. Quand l'avis émis par la majorité des membres de la chambre sera pour la suspension, il sera déposé au greffe du tribunal; expédition en sera remise au commissaire du gouvernement, qui en fera l'usage prescrit par la loi.

Mode de procéder en la chambre.

X. Le syndic déférera à la chambre les faits relatifs à la discipline, et il sera tenu de les lui faire dénoncer, soit d'office, quand il en aura eu connaissance, soit sur la provocation des parties intéressées, soit sur celle d'un des membres de la chambre.

Les notaires inculpés seront cités à la chambre, avec délai suffisant, qui ne pourra être au-dessous de cinq jours, à la diligence du syndic, par une simple lettre indicative de l'objet, signée de lui, et envoyée par le secrétaire qui en tiendra note.

Si le notaire ne comparaît point sur la lettre du syndic, il sera cité une seconde fois dans le même délai, à la même diligence, par ministère d'huissier.

XI. Quant aux différends entre notaires et autres difficultés sur lesquelles la chambre est chargée d'émettre son avis, les notaires pourront représenter contradictoirement et sans citation préalable, aux séances de la chambre; ils pourront également y être cités, soit par simples lettres indicatives des objets, signées des notaires provoquans, et renvoyées par le secrétaire auquel ils en laisseront des doubles, soit par des citations ordinaires, dont ils poseront les originaux au secrétariat. Ces citations officielles ou par lettres, seront données avec les mêmes délais que celles du syndic, après avoir été préalablement soumises au visa du président de la chambre.

XII. La chambre prendra ses délibérations dans les affaires particulières, après avoir entendu ou duement appelé dans la forme ci-dessus prescrite, les notaires inculpés ou intéressés, ensemble les tierces parties qui voudront être entendues, et qui, dans tous les cas, pourront se faire représenter ou assister par un notaire.

Les délibérations de la chambre, seront motivées et signées sur la minute, par le président et le secrétaire à la séance même où elles seront prises.

Chaque délibération contiendra les noms des membres présens.

Ces délibérations, n'étant que de simples actes d'administration, d'ordre ou de discipline intérieure, ou de simples avis, ne seront, dans aucuns cas, sujettes au droit d'enregistrement, non plus que les pièces y relatives.

Les délibérations de la chambre seront notifiées, quand il y aura lieu, dans la même forme que les citations, et il en sera fait mention par le secrétaire, en marge desdites délibérations.

XIII. Chaque année il y aura de droit, deux assemblées générales, et il pourra y en avoir d'autres extraordinaires toutes les fois que les circonstances l'exigeront, et que la chambre le jugera convenable.

Les assemblées générales ou extraordinaires seront convoquées conformément aux dispositions rappelées en l'article IV. Tous les notaires du ressort de la chambre seront invités à s'y rendre, soit pour les nominations dont parle l'article XV ci-après, soit pour se concerter sur ce qui intéressera l'exercice de leurs fonctions.

XIV. Il ne pourra être pris de délibération en assemblée générale, qu'autant que le nombre des notaires présens sera au moins du tiers de tous ceux du ressort de la chambre.

Nomination des membres de la chambre, et durée de leurs fonctions.

XV. Les membres de la chambre sont nommés par l'assemblée générale des notaires de son ressort, convoqués à cet effet.

La moitié desdits membres sera choisie dans les plus anciens en exercice, formant le tiers de tous les notaires du ressort.

La nomination aura lieu à la majorité absolue des voix, au scrutin secret, et par bulletin de liste contenant un nombre de noms qui ne pourra excéder celui des membres à nommer.

XVI. Les membres de la chambre seront renouvelés chaque année, par moitié, de manière qu'aucun membre ne puisse rester en fonctions plus de deux ans.

Les deux premiers renouvellemens seront indiqués

par le sort ; les autres par ancienneté de nomination.

XVII. Les membres désignés pour composer la chambre, nommeront entr'eux, en suivant le mode de l'article XV, les officiers dont parle l'article : le président sera toujours pris parmi les plus anciens désignés dans l'article XV.

Cette nomination particulière se renouvellera chaque année ; les mêmes pourront être réélus ; à l'égalité de voix, le plus ancien d'âge obtiendra la préférence.

XVIII. La nomination des membres de la chambre se fera de droit le 15 Brumaire de chaque année.

Ils entreront en fonctions le 1er. Frimaire suivant, et le même jour nommeront les présidens et autres officiers, qui de suite entreront aussi en fonctions.

La première nomination aura lieu dans chacune des colonies, dans le mois qui suivra la publication du présent arrêté.

Le présent sera lu, imprimé, affiché ; il en sera envoyé une expédition au Commissaire de justice.

A l'île de France, le 16 Prairial an XII.

Le Capitaine-général, DECAEN.

REGLEMENT.

60. LÉGER, Préfet colonial des Iles de France, etc.

Considérant que dans l'état actuel de la la colonie, il devient chaque jour plus difficile de pourvoir à la consommation de la viande de bœuf, nécessaire pour la population qu'y accumule la guerre, et qui pourrait encore augmenter suivant des circonstances, que le défaut d'armemens pour la traite des bœufs de Madagascar, réduisant les ressources aux seuls troupeaux de la colonie, on serait bientôt forcé d'attaquer les souches, s'il n'était pris des moyens sûrs pour empêcher les consommations abusives ; considérant qu'il n'en est pas de meilleur pour parvenir à ce but, que d'établir une boucherie unique, chargée de fournir à un prix fixe, la totalité de la viande de bœuf, de mouton et de cabri, pour le service de la république et pour toute la ville, parce qu'alors la connaissance des besoins étant centralisée, il n'y aura jamais à craindre de fausses consommations ; considérant qu'un entrepreneur général de la boucherie aura un intérêt assez majeur pour faire des traites de bœufs à Madagascar, et que cet approvisionnement de l'extérieur, conservera les troupeaux de la colonie, et pourra aussi procurer des bœufs de charroi ; Arrête :

Art. Ier. Il n'y aura qu'un seul boucher pour la fourniture de la viande de bœuf, de mouton et de cabri ; et il sera chargé de la fourniture pour la république et pour les particuliers.

II. Le prix de la viande ne pourra être au-dessus de trente-cinq sous (ou quatre-vingt seize centimes ;) ce prix sera maintenu pendant un an après la paix, pour laisser à l'entrepreneur le moyen de consommer les bœufs achetés pendant la guerre.

III. Il ne pourra payer les bœufs aux habitans moins

de soixante-dix piastres, pour les bœufs gras, de première qualité, et moins de quarante ceux de la seconde.

IV. La tenue de la boucherie sera sous la surveillance immédiate de la police, qui tiendra la main à ce qu'il ne soit exposé en vente que de bonne viande. Les bœufs seront toujours visités avant d'être tués.

V. Il ne pourra être vendu de viande qu'à la boucherie ; toute viande exposée en vente ou vendue ailleurs sera saisie et confisquée, et le produit versé à la caisse de bienfaisance.

VI. Il sera libre à tout particulier, avec l'aveu de la police, de vendre du cochon, du cerf et de la tortue, mais dans la boucherie.

VII. Lorsque les habitans auront quelque bœuf à tuer, par suite d'accident et reconnu propre à la distribution, ils seront tenus, s'ils l'envoyent au port, de le vendre à l'entrepreneur, qui le payera à raison de vingt cinq sous la livre, quand la viande sera grasse ; et vingt sous lorsqu'elle sera ce qu'on appelle marchande : le tout brut.

VIII. Les traites de bœufs de Madagascar, devant être encouragées, il sera permis à l'entrepreneur de mettre ses bœufs en fourrière, dans les réserves de la République, aux endroits désignés par le conservateur des eaux et forêts.

On fournira quand le service le permettra, des pièces à eau pour le service des bâtimens destinés à la traite des bœufs. On permettra de couper des pailles dans les endroits désignés.

IX. L'entrepreneur sera tenu de justifier avoir à sa disposition quatre cents bœufs pour le service de la boucherie.

X. La durée de l'entreprise sera de cinq années, qui commenceront au 1er. Thermidor an XII.

XI. A compter du 1er. Vendémiaire an XIII, l'entrepreneur sera tenu d'introduire dans la colonie, le tiers des animaux qui seront consommés pour la boucherie.

XII. Pour garantir l'exactitude du service, l'entrepreneur fournira un cautionnement de onze mille francs, libre d'hypothèques.

XIII. Il sera établi sur le débit des viandes, une rétribution destinée à l'achèvement et l'entretien du canal du Tombeau ; cette rétribution est fixée comme il suit : par bœuf, 5 fr. 50 c. par veau, cabri et mouton, 2 fr. 75 c. par cent livres pesant de cochon sans fraction, 1 fr. par cochon au dessous de cent livres, 50 c. par cerf, 4 fr. 15 c. par tortue, 2 fr. 75 c.

Port N.-O. île de France, le 20 Prairial an XII.

Le Préfet colonial, LÉGER.

Approuvé, le Capitaine-général, DECAEN.

Vû, soit le présent réglement présenté aux tribunaux, pour en être par eux ordonné l'enregistrement en leurs greffes.

Donné au Port N.-O. le 25 Prairial an XII.

Le Commissaire de justice, L. R. CRESPIN.

11.

ARRÊTÉ.

61. Decaen, Capitaine-général, etc, etc.,

Sur l'exposé du Préfet colonial, que le droit de trois piastres par chaque noir introduit aux îles de France et de la Réunion, par des vaisseaux français, au lieu d'être une taxe sur l'industrie commerciale, ne grève en définitif que le colon qui supporte dans le prix d'achat de ces noirs le montant du droit exigé du vendeur à leur débarquement ; que ce droit, s'il était maintenu, serait un obstacle aux progrès de l'agriculture, qu'il est de l'intérêt et dans les principes du gouvernement de favoriser ;   Arrête :

Art. Ier. Le droit de trois piastres pour chaque noir ou négresse de tout âge, introduit dans les deux îles par le commerce français, est supprimé.

II. Le droit imposé sur les noirs importés par les bâtimens étrangers à raison de six piastres par tête, est maintenu.

III. L'exécution du présent commencera à compter du 10 Prairial.

IV. Le présent arrêté sera imprimé et affiché.
Ile de France, le 4 Prairial an 12.

Le Capitaine-général, DECAEN.

ARRÊTÉ.

62. Decaen, Capitaine-général, etc. etc.,

Sur la proposition du Préfet colonial, de fixer le droit de patente que doivent payer les agens-de-change et courtiers de marchandises, conformément à l'article III de l'arrêté du 9 Brumaire ;   Arrête :

Art. Ier. Le droit de patente à payer par chacun des douze agens-de-change et courtiers en marchandises, est fixé à cent piastres par an, plus le quinzième de leur loyer, établi par des baux ou par déclaration des parties, sauf un double droit dans le cas où cette déclaration de loyer serait d'un sixième au-dessous de l'estimation provoquée par le ministère public.

II. Dans les cinq jours qui suivront la publication du présent, lesdits agens-de-change et courtiers de marchandises seront tenus de faire la déclaration prescrite par l'article précédent.

III. Le droit de patente sera payé pour l'an XII, pour le dernier trimestre seulement, dans le rapport du quart de la somme pour le quart de l'année.

IV. Les agens-de-change et courtiers de marchandises ayant reçu leur commission du Capitaine-général, acquitteront le droit de patente entre les mains du receveur de l'enrégistrement, qui en donnera quittance, et la dite quittance sera inscrite au régistre tenu à cet effet au bureau central de police.

V. Le présent sera enrégistré aux tribunaux et affiché partout où besoin sera. Expédition en sera adressée au Préfet colonial et au Commissaire de justice.

Ile de France, le 8 Prairial an 12.

Le Capitaine-général, DECAEN.

ARRÊTÉ.

63. Decaen, Capitaine-général, etc. etc.,

Sur les représentations du Préfet colonial, considérant que la grande quantité de billon, employée dans les recettes et les payemens du trésor y apporte des entraves continuelles ;

Que d'ailleurs l'abus trop ordinaire sur le nombre des pièces contenues dans les cartouches d'une piastre et demie, contribue à discréditer cette monnaie indispensable à la colonie ;

Qu'il serait cependant gênant pour le commerce, de restreindre la quantité admise dans les payemens à deux et demi pour cent, ainsi que les lois de la république le prescrivent pour la France ; Arrête :

Art. Ier. A compter du jour de la publication du présent, il ne sera admis en billon dans les caisses de l'état que dix pour cent, au plus, sur les sommes à percevoir.

Les payemens du trésor se feront dans la même proportion.

II. Pour toutes les quantités excédant sept piastres et demie, le billon sera reçu et donné au poids, dans la proportion de neuf-cent-quarante-sept grammes, sept-cent-vingt milligrammes (trois marcs, sept onces) pour cinq cents pièces de trois sous, poids reconnu par les expériences faites, et le procès-verbal de vérification dressé le trois du courant.

Le présent sera lu, imprimé, affiché partout où besoin sera. Expédition en sera adressée au Commissaire de justice.

A l'île de France, le 8 Messidor an XII.

Le Capitaine-général, DECAEN.

ARRÊTÉ.

64. Decaen, Capitaine-général, etc. etc.,

Le Préfet colonial et le Commissaire de justice, ayant proposé des changemens et des additions à quelques dispositions de l'arrêté du 13 Brumaire dernier concernant la curatelle aux biens vacans, aux îles de France et de la Réunion ;

Après en avoir délibéré, Arrête :

Dispositions additionnelles à l'arrêté concernant la curatelle aux biens vacans.

Art. Ier. Les trois publications ordonnées par l'article VI du chapitre premier, de l'arrêté du 13 Brumaire dernier, pour la vente de l'argenterie, bijoux, matières d'or et d'argent, appartenant aux successions vacantes, n'auront lieu que lorsque ces objets séparément, excéderont aux termes des lois, la somme de trois cents francs.

II. Si ces objets restent invendus pour la cause prévue audit article VI, le curateur aux biens vacans, n'en est pas moins autorisé à percevoir sa commission de vente mobiliaire sur la valeur d'iceux, au prix du tarif ; il pourra en conséquence prélever le montant de son droit sur le produit ou les fonds des autres biens de la succession.

III. Outre les immeubles dont la vente judiciaire est autorisée par l'article premier du chapitre II du dit arrêté, le curateur pourra encore faire vendre les immeubles dont la valeur sera au-dessous de cinq mille francs.

L'estimation s'en fera à cet effet, par des experts nommés par le tribunal.

IV. Le curateur aux biens vacans sera tenu, dès l'instant qu'il sera saisi d'une succession, d'avertir les héritiers, au moins par triplicata.

Il renouvellera ses avis par toutes les occasions possibles, et justifiera de sa correspondance à cet égard, au commissaire du gouvernement, à sa première réquisition.

V. Il fera connaître par la première gazette de chaque mois, les successions tombées en vacance dans le cours du mois précédent.

Cet avis contiendra les prénoms, nom, profession, lieu de naissance et dernier domicile des personnes décédées.

Aussitôt après la publication du présent, le curateur en chaque colonie, observera cette disposition quant aux successions vacantes ouvertes depuis la publication de l'arrêté du 15 Brumaire.

VI. Les versemens auxquels il est obligé, par l'article III du chapitre III dudit arrêté, ne s'effectueront à l'avenir, qu'après que ses comptes définitifs auront été arrêtés aux époques ci-après déterminées.

VII. Après deux années d'exécution testamentaire, sans aucune réclamation de la part des héritiers légitimes, en tems de paix ; et après trois années, en tems de guerre, les biens étant dans la saisine des exécuteurs testamentaires, seront réputés vacans.

En conséquence, le curateur poursuivra, passé ce délai, les comptes desdites exécutions, et se fera mettre en possession de tous biens dépendans de la succession du testateur.

VIII. Ses poursuites et diligences à ce sujet, s'étendront également à toutes les exécutions testamentaires qui auraient, quant à présent, plus de trois années de date.

Il se fera remettre tous titres, pièces et renseignemens nécessaires.

IX. Son administration à l'égard de ces biens, ne durera qu'un an, pendant la paix et deux ans pendant la guerre ; et elle sera soumise dans cet intervalle aux règles prescrites par l'arrêté du 13 Brumaire et par le présent.

A l'égard des successions ab intestat, elle durera trois années en tems de paix, et cinq années en tems de guerre.

X. Le curateur aux biens vacans, ne pourra faire des réparations aux immeubles, lorsque le prix de ces réparations excédera cinquante fr., sans y être expressément autorisé par le tribunal, sur les conclusions écrites du commissaire du gouvernement.

XI. Si, par l'effet de la responsabilité du curateur, la caution par lui produite en conformité de l'article premier du chapitre IV de l'arrêté du 13 Brumaire, se trouve actionnée et obligée de payer tout ou partie du cautionnement fourni, le curateur sera pour raison de ce seul fait, déchu de ses fonctions et remplacé de suite, sauf au ministère public à prendre ou requérir en tems utile, telles mesures conservatoires que les cas pourront exiger.

XII. Si dans le terme fixé en l'article IX, il ne se présente aucune réclamation fondée, il rendra ses comptes définitifs dans la forme ordinaire.

Alors les immeubles et esclaves y attachés seront vendus de la manière et aux conditions jugées par le tribunal, les plus avantageuses aux intérêts des absens : les deniers en provenant et toutes autres sommes appartenant auxdites successions, seront versés au trésor de la République, où ils resteront à la disposition de tous les héritiers légitimes qui pourront les réclamer dans la suite. Le reçu du trésor et les titres et papiers de la succession, seront déposés au greffe du tribunal de première instance.

XIII. Il est dérogé à l'article II du chapitre IV dudit arrêté, quant à la commission allouée au curateur.

Elle sera de trois pour cent sur le produit de l'argent trouvé en nature lors de l'inventaire, sur les sommes recouvrées sur le produit des ventes mobiliaires et sur le reliquat des comptes d'exécution testamentaire ; et de six pour cent sur le produit des baux et loyers, ainsi que sur celui des ventes d'immeubles qui seront jugées nécessaires.

XIV. L'arrêté du 13 Brumaire continuera d'avoir son exécution en tout ce qui n'est pas contraire au présent, qui sera lu, enrégistré, imprimé et affiché, et dont expédition sera adressée au Préfet colonial et au Commissaire de justice.

Ile de France, le 10 Messidor an XII.

Le Capitaine-général, DECAEN.

ARRÊTÉ.

65. DECAEN, Capitaine-général, etc, etc,

Sur l'exposé du Commissaire de justice, que les notaires actuels de l'île de la Réunion, se sont pour l'obtention des commissions prescrites, conformés aux dispositions de la loi de la République, du 5 Ventôse an XI, promulguée par arrêté du 14 Pluviose dernier ; et sur sa proposition, Arrête :

Art. Ier. A la présentation du Commissaire de justice, sont continués pour exercer les fonctions de notaires à l'île de la Réunion, les personnes ci-après dénommées, savoir :

A la résidence de St.-Denis.

Démars, notaire, par commission du 13 Novembre 1780, reçu le même jour.

Carré, (Joseph-François) notaire, par commission du 9 Août 1785, reçu le 10 du même mois.

Michault, notaire, par commission du 7 Janv. 1789, reçu le 10 Février suivant.

Collin, notaire, par commission du 8 Juillet 1789, reçu le 20 du même mois.

Faciolle, notaire, par commission du 20 Juillet 1790, reçu le 4 Août suivant.

Dureau, notaire, par commission du 21 Thermidor an IV, reçu le 1ᵉʳ. Fructidor suivant.

Demautort, notaire, par commission du 1ᵉʳ. Fructidor an IV, reçu le 11 du même mois.

Munier, notaire, par commission du 23 Nivose an VII, reçu le 1ᵉʳ. Pluviose suivant.

A la résidence de Sainte Suzanne.

Bache, notaire, par commission du 2 Octobre 1788, reçu le 6 du même mois.

Maurel, notaire, par commission du 2 Août 1790, reçu le 8 Septembre suivant.

Carré, (Jean Baptiste Pierre,) notaire, par commission du 25 Octobre 1790, reçu le 6 Fructidor an IV.

Maillet, notaire, par commission du 17 Floréal an VII, reçu le 21 du même mois.

Perraud, notaire, par commission du 1ᵉʳ. Thermidor an VII, reçu le 6 du même mois.

A la résidence de Saint Benoît.

Lejeune, notaire par commission du 21 Thermidor an IV, reçu le 6 Fructidor suivant.

Dutrevoux, notaire, par commission du 10 Brumaire an VII, reçu le 12 du même mois.

Chasseriaux, notaire, par commission du 17 Fructidor an VII, reçu le 26 du même mois.

A la résidence de St.-Paul.

Chauvet, notaire, par commission du 1ᵉʳ. Juillet 1779, reçu le 2 du même mois.

Cousin, notaire, par commission du 9 Pluviose an VII, reçu le 11 du même mois.

Magnan, notaire, par commission du 7 Prairial an VII, reçu le 13 du même mois.

A la résidence de la Rivière d'Abord.

Leclerc St.-Lubin, notaire, par commission du 11 Octobre 1777, reçu le 9 Novembre suivant.

Adeline, notaire, par commission du 29 Janv. 1780, reçu le 7 Février suivant.

Lehidan, notaire, par commission du 8 Juillet 1783, reçu le 25 du même mois.

Chandemerle, notaire, par commission du 16 Juillet 1783, reçu le 25 du même mois.

Bardinon, notaire, par commission du 24 Vendémiaire an VI, reçu le 16 Brumaire suivant.

II. Aucun notaire ne pourra instrumenter hors du quartier de sa résidence, sans une permission expresse du commissaire du gouvernement, à peine d'être suspendu de ses fonctions pendant deux mois, en outre de tous dommages et intérêts.

III. La permission ci - dessus prescrite ne vaudra toutefois pour le notaire qui l'aura obtenue, qu'autant qu'il sera, par la majorité des parties intéressées, préféré aux notaires du quartier où il aura été appelé : ceux-ci, à égalité de voix, auront toujours la préférence.

IV. Le présent sera lu, enrégistré, imprimé et affiché ; expédition en sera adressée au Commissaire de justice.

Ile de France, le 17 Messidor an XII.

Le Capitaine-général, DECAEN.

A R R E T É.

66. Decaen, Capitaine-général, etc. etc.,

Le commissaire de justice ayant représenté, que pour le maintien du bon ordre aux îles de France et de la Réunion, il est indispensable d'y suivre la loi de la République, du 7 Pluviose an IX, relativement à la poursuite des délits, en matière criminelle et correctionnelle, dans toutes celles de ses dispositions, qui peuvent convenir aux localités et s'accorder avec le mode d'instruction pratiqué en ces colonies ; Arrête :

Art. Iᵉʳ. Le commissaire du gouvernement près le tribunal de première instance de chacune des îles de France et de la Réunion, sera chargé de la recherche et de la poursuite de tous les délits dont la connaissance appartient, soit aux tribunaux de police correctionnelle, soit aux tribunaux criminels.

II. Les plaintes des parties, ainsi que toutes dénonciations, soit officielles, soit civiles, seront adressées au commissaire du gouvernement, près le tribunal de première instance : elles pourront l'être aussi au bureau de police dans le chef-lieu ; ainsi qu'aux commissaires civils dans les autres quartiers, ou à leurs suppléans.

III. Les commissaires civils ou leurs suppléans, et l'agent général de police, sont également chargés de dénoncer les crimes et délits au commissaire du gouvernement, de dresser les procès-verbaux qui y sont relatifs, même de faire saisir les prévenus en cas de flagrant-délit et sur la clameur publique, sans préjudice des attributions données aux gardes-forestiers, relativement aux délits commis dans leurs ressorts.

IV. Outre les cas spécifiés dans le précédent article, les commissaires civils et leurs suppléans, et l'agent général de police, sont autorisés, quand un délit emportant peine afflictive aura été commis et qu'il y aura des indices suffisans contre un prévenu, à le faire conduire devant le commissaire du gouvernement, près le tribunal de première instance.

V. Dans tous les cas, l'envoi, soit des plaintes, dénonciations, procès-verbaux et déclarations, soit du prévenu, sera fait sans délai, au commissaire du gouvernement.

VI. Le commissaire du gouvernement en avertira aussitôt le juge du tribunal de première instance, le quel prendra communication de l'affaire et sera tenu de procéder à son examen, dans le plus court délai.

VII. Le prévenu sera amené par l'ordre du juge et interrogé par lui, avant d'avoir eu communication des plaintes ou dénonciations, et autres pièces à sa charge ; lecture lui en sera donnée après son interrogatoire, et s'il le demande, il sera de suite interrogé de nouveau.

VIII. Le juge se transportera sur les lieux, quand il le trouvera convenable ; il pourra charger les commissaires civils ou leurs suppléans, de tout acte d'instruction et de procédure pour lequel il ne jugerait pas son déplacement nécessaire.

IX. Après l'examen de l'affaire, il rendra une ordonnance, par laquelle, selon les différens cas, la nature et la gravité des preuves, il déchargera le prévenu, ou le renverra, soit en simple police, soit en police correctionnelle, soit au criminel.

L'ordonnance dans ce dernier cas portera toujours mandat d'arrêt contre le prévenu, lequel pourra cependant être mis provisoirement en liberté, dans les cas et selon les formes déterminées par la loi.

X. Si le prévenu est renvoyé en police correctionnelle, les témoins, indiqués par le commissaire du gouvernement, ou par la partie plaignante, seront appelés à l'audience, qui aura été fixée par l'ordonnance de renvoi, et il y sera procédé à l'instruction et au jugement de l'affaire, suivant les formes prescrites par la loi sur la police correctionnelle.

XI. S'il a été renvoyé au tribunal criminel, l'instruction de l'affaire se fera conformément à l'ordonnance de 1670 et aux réglemens.

XII. Il n'est rien dérogé aux dispositions de l'arrêté du 11 Frimaire dernier, concernant l'instruction et le jugement des crimes commis par les esclaves.

XIII. Le présent sera lu, enregistré, imprimé et affiché ; expédition en sera adressée au Commissaire de justice.

Port N.-O. île de France, le 25 Messidor an XII.

Le Capitaine-général, DECAEN.

A R R E T É.

67. DECAEN, Capitaine-général, etc. etc.,

Sur la proposition du Préfet colonial et du Commissaire de justice ; Arrête :

Art. Ier. Il est établi un officier pour la police, à la Grande Rivière, section du quartier du Port Nord-Ouest de l'Ile de France ; il aura le titre de Sous-agent de police.

II. Il sera subordonné à l'agent-général de police, et remplira ses fonctions, suivant ses ordres et instructions.

III. L'article XXX de l'arrêté du 4 Brumaire dernier, relatif au costume des officiers de police, est rapporté.

A l'avenir, ils seront vêtus comme il suit : l'agent général, habit bleu, collet et paremens orange, brodés en argent ainsi que les poches, d'une branche d'olivier entre deux baguettes ; veste, culotte ou pantalon blancs ; chapeau français uni, à gance d'argent ; l'épée.

Les sous-agens, broderie au collet et paremens seulement, garnis d'une seule baguette sur les bords.

Le premier inspecteur, broderie en soie blanche ; le sabre porté en ceinturon.

Les deux autres inspecteurs, même broderie en soie blanche, au collet seulement ; sabre également porté en ceinturon.

IV. Le présent sera lu, enregistré, imprimé, affiché et publié ; il en sera envoyé expédition au Préfet colonial et au Commissaire de justice.

A l'île de France, le 27 Messidor an XII.

Le Capitaine-général, DECAEN.

A R R E T É.

68. DECAEN, Capitaine-général, etc. etc.,

Le Commissaire de justice ayant exposé qu'il lui a été remontré par le ministère public, près le tribunal d'appel de l'île de France, que des créanciers et des débiteurs réclament la prolongation des délais fixés par l'arrêté du 15 Floréal dernier, pour les notifications et options qu'il prescrit ;

Ayant en conséquence, représenté que cette prolongation n'a rien de contraire à la justice ;

Arrête :

Art. Ier. Les délais fixés pour les notifications et options prescrites par l'arrêté du 15 Floréal dernier, aux créanciers et aux débiteurs, les uns envers les autres, sont prorogés d'un mois, pour les personnes présentes ou représentées à l'île de France.

II. Les créanciers et débiteurs qui seraient déchus du bénéfice desdits délais, par l'expiration du terme, sont relevés de leur déchéance ; on ne pourra en conséquence leur opposer à cet égard, aucune fin de non-recevoir.

III. Il sera adressé au Commissaire de justice, une expédition du présent, qui sera lu, enregistré, imprimé et affiché.

A l'île de France, le 8 Thermidor an XII.

Le Capitaine général, DECAEN.

A R R E T É.

69. DECAEN, Capitaine-général, etc. etc.,

Le Préfet colonial ayant représenté que pour l'avantage du commerce à l'île de France, il est utile d'y établir une bourse et de régler d'après la loi de la République du 28 Ventose an IX, et les arrêtés des consuls, des 29 Germinal même année, et 27 Prairial an X, le mode de nomination des agens de change et courtiers, leurs attributions, leurs devoirs, leurs droits et leur discipline ;

Après avoir délibéré avec le Préfet colonial. Arrête :

§. Ier.

Etablissement d'une bourse de commerce à l'île de France.

Art. Ier. Il est établi une bourse de commerce à l'île de France ; elle sera ouverte à toutes les personnes et même aux étrangers.

II. L'agent-général de police réglera, de concert avec le président du tribunal de première instance, les jours et heures d'ouverture, de tenue et de fermeture de la bourse.

III. Il est défendu de s'assembler ailleurs qu'à la bourse, et à d'autres heures qu'à celles fixées, pour proposer et faire des négociations, à peine de destitution des agens de change ou courtiers qui auraient contrevenu ; et pour les autres individus, sous les peines portées par la loi, contre ceux qui s'immisceront dans les négociations, sans titre légal.

L'agent-général de police est chargé de prendre les mesures nécessaires pour l'exécution du présent article.

IV. Les dépenses annuelles, relatives à l'entretien et aux réparations de la bourse, seront supportées par les négocians et marchands ; en conséquence, il pourra être levé une contribution proportionnelle sur le total de chaque patente de commerce qui sera délivrée par la suite, et sur celle d'agens de change et courtiers.

§. II.

Agens de change et courtiers de commerce.

V. Il est créé à l'île de France, six agens de change et huit courtiers de commerce.

VI. Les nominations des agens de change et courtiers de commerce, faites par l'arrêté du Capitaine-général du 9 Brumaire, sont maintenues.

Le courtier d'assurance est supprimé ; celui qui en remplit les fonctions prendra rang parmi les courtiers de commerce.

VII. A l'avenir la nomination des agens de change et courtiers de commerce aura lieu de la manière suivante.

Le président du tribunal de première instance nommera six négocians.

Ces négocians se rassembleront pour former une liste double du nombre d'agens de change et courtiers de commerce à nommer.

Ils adresseront cette liste au Préfet colonial qui pourra y ajouter les noms qu'il voudra, sans excéder toutefois le quart du total.

Le Préfet colonial présentera cette liste avec ses propositions au Capitaine-général, qui fera la nomination.

VIII. Nul ne pourra être inscrit sur ces listes, s'il ne justifie qu'il a exercé la profession d'agent de change ou négociant, ou travaillé dans une maison de commerce, ou chez un notaire, pendant quatre ans au moins.

IX. Aucun individu en état de faillite, ayant fait abandon de biens ou attermoiement, sans être depuis réhabilité, ou ne jouissant pas des droits de citoyen français, ne pourra être nommé agent de change ou courtier.

X. Les commissions d'agent de change ou courtier de commerce, seront présentées et enregistrées au tribunal de première instance, qui recevra de l'agent de change ou courtier la promesse de fidélité à la constitution.

XI. Les noms et demeures des agens de change et courtiers qui auront rempli la formalité portée en l'article précédent, seront inscrits sur un tableau placé dans un lieu apparent au tribunal de première instance et à la bourse.

§. III.

Attributions des agens de change et courtiers ; peines contre ceux qui s'immiscent dans leurs fonctions.

XII. Les agens de change et courtiers nommés par le Capitaine-général auront seuls le droit d'en exercer la profession, de constater le cours du change, celui des effets publics, marchandises, matières d'or et d'argent, et de justifier devant les tribunaux ou arbitres, la vérité et le taux des négociations, ventes et achats.

XIII. Il est défendu à toutes personnes autres que celles nommées par le Capitaine-général, en façon quelconque et sous quelque prétexte que ce puisse être, de s'immiscer dans les fonctions des agens de change ou courtiers de commerce, soit dans l'intérieur, soit à l'extérieur de la bourse ; l'agent-général de police est spécialement chargé de veiller à ce qu'il ne soit pas contrevenu à cette disposition.

Il est néanmoins permis à tous particuliers de négocier entr'eux et par eux-mêmes, les lettres ou billets à leur ordre ou au porteur, et tous les effets qu'ils garantiront par leur endossement, et de vendre aussi par eux-mêmes leurs marchandises.

XIV. En cas de contravention à l'article ci-dessus, le syndic ou les adjoints des agens de change et courtiers de commerce, feront connaître les contrevenans au bureau de police, qui, après la vérification des faits et audition du prévenu, pourra, par mesure de police, lui interdire l'entrée de la bourse.

En cas de récidive, il sera, par le Capitaine-général, déclaré incapable de pouvoir parvenir à l'état d'agent de change ou courtier.

Dans l'un et l'autre cas, les contrevenans seront condamnés à une amende qui sera au plus du sixième du cautionnement des agens de change et courtiers de commerce, et au moins d'un douzième.

L'amende sera prononcée correctionnellement par le tribunal de première instance, payable par corps et applicable au bureau de bienfaisance.

XV. Il est défendu, sous les peines portées contre ceux qui s'immiscent dans les négociations sans être agens de change ou courtiers, à tout négociant ou marchand, de confier ses négociations, ventes ou achats, et de payer des droits de commission et de courtage à d'autres, qu'aux agens et courtiers.

Les syndics et adjoints des agens de change et courtiers, et l'agent-général de police, seront spécialement chargés de veiller à l'exécution du présent article, et de dénoncer les contrevenans aux tribunaux.

Le commissaire du gouvernement sera tenu de les poursuivre d'office.

XVI. En conséquence de l'article XII, toutes négociations faites par des intermédiaires sans qualité, sont déclarées nulles.

XVII. Les compagnies de commerce qui émettent des actions, sont comprises dans la disposition des articles précédens, et ne pourront exiger d'autre garantie que celle prescrite par les lois et réglemens.

XVIII. Les agens de change pourront faire concurremment avec les courtiers du commerce, les négociations en ventes ou achats des monnaies d'or ou d'argent et matières métalliques.

§ IV.

Obligations des agens de change et courtiers.

XIX. Les agens de change et courtiers de commerce seront tenus de fournir un cautionnement de vingt-sept mille cinq cents francs, en biens-fonds libres d'hypothèque.

XX. Les agens de change et courtiers de commerce ne pourront être associés, teneurs de livres ni caissiers d'aucuns négocians ou marchands; ne pourront pareillement faire aucun commerce de marchandises, lettres, billets, effets publics et particuliers pour leur compte, ni endosser aucun billet, lettre de change ou effet négociable quelconque, ni avoir entr'eux ou avec qui que ce soit aucune société de banque ou en commandite, ni prêter leur nom pour une négociation, à des personnes non commissionnées, sous peine de trois mille francs d'amende et de destitution.

Il n'est pas dérogé à la faculté qu'ont les agens de change de donner leur aval pour les effets de commerce.

XXI. Les agens de change et courtiers sont tenus de consigner leurs opérations sur des carnets et de les transcrire dans le jour sur un journal timbré, coté et paraphé par le président du tribunal de première instance, lesquels registres et carnets ils seront tenus de représenter aux tribunaux ou aux arbitres; ils ne pourront en outre refuser de donner des reconnaissances des effets qui leur seront confiés.

XXII. Lorsque deux agens de change ou courtiers de commerce auront consommé une opération, chacun d'eux l'inscrira sur son carnet et le montrera à l'autre.

XXIII. Chaque agent de change devant avoir reçu de ses clients les effets qu'il vend ou les sommes nécessaires pour payer ce qu'il achète, est responsable de la livraison ou du payement de ce qu'il aura vendu ou acheté : son cautionnement sera affecté à cette garantie, et la caution pourra être saisie en cas de non-

consommation, dans l'intervalle d'une bourse à l'autre, sauf le délai nécessaire aux effets publics dont la remise exige des formalités.

Lorsque la caution aura été condamnée à payer tout ou partie du cautionnement, l'agent de change ou courtier sera suspendu de ses fonctions jusqu'à ce qu'il l'ait complètement remboursée.

Les noms des agens de change ainsi suspendus de leurs fonctions, seront affichés à la bourse.

XXIV. Les agens de change seront civilement responsables de la vérité de la dernière signature des lettres de change ou autres effets qu'ils négocieront.

XXV. En cas de mort, démission ou destitution d'un agent de change, la caution par lui fournie ne sera déchargée de son cautionnement, qu'après qu'il aura été justifié par un certificat du syndic, constatant que la cessation de ses fonctions a été annoncée et affichée depuis deux mois à la bourse, et qu'il n'est survenu aucune réclamation contre.

XXVI. Ne pourront les agens de change et courtiers de commerce, sous peine de destitution et de trois mille francs d'amende, négocier aucune lettre de change, billet, vendre aucune marchandise appartenant à des gens dont la faillite serait connue.

XXVII. Les agens de change devront garder le secret le plus inviolable aux personnes qui les auront chargés de négociations, à moins que les parties ne consentent à être nommées, ou que la nature des opérations ne l'exige.

§ V.

Droits à percevoir par les agens de change et courtiers.

XXVIII. Les droits de commission et de courtage seront fixés par un arrêté du Capitaine-général, après délibération avec le Préfet colonial.

Provisoirement l'usage local sera suivi.

XXIX. Ne pourront les agens de change et courtiers de commerce exiger ni recevoir aucunes sommes au-delà des droits qui leur seront attribués, sous peine de concussion; et ils auront la faculté de se faire payer de leurs droits après la consommation de chaque négociation, ou sur des mémoires qu'ils fourniront de trois mois en trois mois, des négociations faites par leurs entremises aux négocians ou autres pour le compte desquels ils les auront faites.

§ VI.

Discipline des agens de change et courtiers de commerce.

XXX. Les agens de change et courtiers se réuniront et nommeront à la majorité absolue un syndic et quatre adjoints, pour exercer une police intérieure, rechercher les contraventions aux lois et réglemens, et les faire connaître à l'autorité publique.

XXXI. Les fonctions du syndic dureront un an;

l'extrait de la délibération portant nomination, sera, à chaque élection, envoyé dans les vingt-quatre heures à l'agent-général de police.

Le syndic et les adjoints des agens de change ou courtiers, donneront leur avis motivé sur les listes des candidats qui seront présentés au Préfet colonial.

XXXII. S'il arrive contestation entre les agens de change ou courtiers, relativement à l'exercice de leurs fonctions, elle sera portée d'abord devant le syndic et les adjoints qui sont autorisés à donner leur avis.

Si les intéressés ne veulent pas s'y conformer, l'avis sera renvoyé au tribunal de première instance, qui prononcera, s'il s'agit d'intérêts civils ; et au commissaire du gouvernement près le même tribunal, s'il s'agit d'un fait de police et de contravention aux lois et réglemens, pour qu'il exerce les poursuites sans délai, le tout sans préjudice du droit des parties intéressées.

XXXIII. L'agent général de police fera connaître au Préfet colonial les agens de change et courtiers qui ne se conformeront pas aux lois et réglemens, ou prévariqueront dans leurs fonctions.

Le Préfet colonial, après avoir fait demander l'avis des syndics et adjoints devant lesquels le prévenu sera entendu, pourra proposer au Capitaine-général sa suspension ou sa destitution.

XXXIV. Les agens de change ou courtiers de commerce sont autorisés à faire un réglement de discipline intérieure qu'ils remettront au Préfet colonial, pour être par lui admis et présenté à l'approbation du Capitaine-général.

XXXV. Le présent sera lu, enrégistré, imprimé et affiché : il en sera adressé expédition au Préfet colonial et au Commissaire de justice.

A l'île de France, le 14 Thermidor an XII.

Le Capitaine-général, DECAEN.

ARRÊTÉ.

70. Decaen, Capitaine-général, etc. etc.,

Sur les représentations du Commissaire de justice, que la formalité des décrets volontaires, à l'effet d'empêcher les troubles et les évictions dans les mutations d'immeubles, est encore en usage à l'île de la Réunion ; que l'intérêt de cette colonie, invoque des mesures plus promptes, plus certaines et moins dispendieuses, pour la conservation des droits réciproques des vendeurs et des acquéreurs ;

Que les lois de la République, des 11, 15 Brumaire et 21 Ventose de l'an VII, concernant le régime hypothécaire, ne sont pas, en beaucoup de points, applicables aux îles de France et de la Réunion ; que le législateur a été pénétré de cette vérité, ainsi qu'il le manifeste par l'article LVIII, de la loi du 11 Brumaire, conçu en ces termes ;

« Il sera statué incessamment par une loi particulière sur les modifications dont la présente est susceptible pour son exécution dans les colonies ; »

Que, jusqu'à ce que le gouvernement ait définitivement prononcé sur cette partie essentielle de la fortune publique, il est convenable de faire jouir les habitans de l'île de la Réunion, des avantages de l'édit du mois de Juin 1771, dont les utiles dispositions sont depuis dix années, suivies à l'île de France ;

Vu les lois des 11, 15 Brumaire et 21 Ventose an VII ; après en avoir délibéré avec le Commissaire de justice ; Arrête :

Art. Ier. Il est établi près des tribunaux d'appel des îles de France et de la Réunion, et en leurs greffes, un bureau des hypothèques, à l'effet seulement de sceller les lettres de ratification, qui seront obtenues sur les contrats de ventes et autres actes translatifs de propriété, mentionnés en l'article IV ci-après.

II. Le greffier en chef du tribunal d'appel, sera chargé de la conservation des hypothèques et de l'expédition des lettres de ratification.

III. Le sceau restera au tribunal d'appel, et il sera apposé par le président ou celui qui le remplacera en cas d'empêchement.

IV. Tous propriétaires d'immeubles réels ou fictifs, par acquisition, échanges, licitations ou autres titres translatifs de propriété, qui voudront purger les hypothèques dont lesdits immeubles seront grevés, seront tenus de prendre, à chaque mutation, des lettres de ratification.

V. Les lettres de ratification purgeront les hypothèques et privilèges à l'égard de tous les créanciers des vendeurs, qui auront négligé de faire leur opposition dans la forme qui sera prescrite ci-après, avant le sceau d'icelles ; et les acquéreurs des immeubles qui auront pris de semblables lettres de ratification, en demeureront propriétaires incommutables, sans être tenus des dettes des précédens propriétaires, en quelque sorte et sous quelque prétexte que ce soit, sans que néanmoins lesdites lettres de ratification puissent donner aux acquéreurs, relativement à la propriété, droits réels, fonciers, servitudes et autres, plus de droit que n'en auront les vendeurs ; l'effet desdites lettres étant restreint à purger les privilèges et hypothèques seulement.

VI. Sera tenu l'acquéreur, avant le sceau desdites lettres de ratification, de déposer au greffe du tribunal d'appel le contrat de vente d'iceux ; comme aussi le greffier conservateur sera tenu, dans les trois jours dudit dépôt, d'insérer dans un tableau qui sera à cet effet placé dans l'auditoire, un extrait dudit contrat, quant à la translation de propriété seulement, prix et condition d'icelle ; lequel restera exposé pendant deux mois, et avant l'expiration desquels ne pourront être obtenues sur ledit contrat aucunes lettres de ratification.

Le greffier conservateur de l'île de France fera en outre insérer ledit extrait quatre fois dans les feuilles hebdomadaires, et ce de huitaine en huitaine. Celui de l'île de la Réunion le fera afficher dans l'endroit le plus fréquenté de chaque quartier.

VII. Pourra, pendant lesdits mois, tout créancier légitime du vendeur, se présenter au greffe, pour y faire recevoir une soumission d'augmenter le prix de ladite vente, au moins d'un dixième du prix principal, et dans le cas de sur-enchère par un autre créancier du vendeur, d'un vingtième en sus dudit prix principal par chaque sur-enchérisseur, ensemble de restituer à l'acquéreur les frais et loyaux coûts, et du tout, donner bonne et suffisante caution qui sera reçue par-devant le juge de première instance ou son suppléant, en la manière accoutumée, et sera loisible à l'acquéreur de conserver l'objet vendu en par-fournissant le plus haut prix auquel il aura été porté.

VIII. Seront, les lettres de ratification, expédiées par le greffier conservateur et signées par le président du tribunal d'appel ou celui qui le remplacera, tant à l'égard des immeubles réels et rentes foncières, que quant aux immeubles fictifs.

IX. Pour mettre les acquéreurs en état de connaître s'il y a des oppositions sur les immeubles fictifs qu'ils acquièrent, les vendeurs seront tenus de justifier de leur domicile pendant les trois dernières années qui auront précédé la vente, et de faire certifier ce domicile, soit par le contrat de vente, soit par un acte séparé passé par-devant notaires, et signé de deux témoins connus et domiciliés.

X. Lorsque les contrats d'acquisitions, les échanges et autres actes translatifs de propriété, contiendront des immeubles réels, des rentes foncières, situés dans l'étendue des deux colonies des îles de France et de la Réunion, les lettres de ratification seront scellées au greffe du tribunal d'appel de chacune.; faute de quoi, les acquéreurs seront sujets aux hypothèques des créanciers des vendeurs, pour raison des immeubles réels, qui se trouveront situés dans l'étendue de la colonie où les lettres de ratification n'auront pas été scellées.

XI. Les lettres de ratification seront délivrées d'après le modèle ci-annexé, et elles seront taxées suivant le tarif fixé par l'article XXIX.

XII. Les créanciers et tous ceux qui prétendront droit de privilège et hypothèque, à quelque titre que ce soit, sur les immeubles tant réels que fictifs de leurs débiteurs, de quelque nature que soient les immeubles, seront tenus, à compter du jour de l'enregistrement du présent, de former leur opposition entre les mains du greffier conservateur, à l'effet par les créanciers, de conserver leurs hypothèques et privilèges lors des mutations de propriété des immeubles et des lettres de ratification qui seront prises sur lesdites mutations, par les nouveaux propriétaires.

XIII. Les oppositions dureront trois ans, pendant lequel tems seulement leur effet subsistera ; pourront les créanciers les renouveler, même avant l'expiration dudit délai, pour la conservation de leurs privilèges et hypothèques.

XIV. Toutes personnes, mêmes les mineurs, les interdits, les absens, les femmes en puissance de mari, seront tenus de former opposition dans la forme ci-

dessus, sous peine de déchéance de leurs hypothèques, sauf le recours, ainsi que de droit, contre les tuteurs et les administrateurs qui auront négligé de former opposition.

XV. Les syndics et directeurs des créanciers unis, pourront s'opposer audit nom et par cette opposition, ils conserveront les droits de tous lesdits créanciers.

XVI. Entre les créanciers opposans, les privilégiés seront les premiers payés sur le prix desdites acquisitions ; après les privilégiés acquittés, les hypothécaires seront colloqués suivant l'ordre et le rang de leurs hypothèques ; et s'il reste des deniers après l'entier payement desdits créanciers privilégiés et hypothécaires, la distribution s'en fera par contribution, entre les créanciers chirographaires opposans, par préférence aux créanciers privilégiés ou hypothécaires qui auraient négligé de faire leur opposition.

XVII. Les oppositions qui pourront être formées sur les propriétaires des immeubles réels et fictifs, pour sûretés des créances hypothéquées sur lesdits immeubles, seront reçues et visées par le greffier conservateur, lequel délivrera des extraits, sur papier timbré, desdites oppositions, à ceux qui en auront besoin.

XVIII. Le greffier conservateur des hypothèques, tiendra un registre en papier timbré, dont les feuillets seront cotés par premier et dernier, et paraphés à chaque page par le président du tribunal d'appel ou celui qui le remplacera, dans lequel il insérera de suite, sans aucun blanc ni interligne, toutes les oppositions qui seront formées entre ses mains, à peine de faux, de quinze cents francs d'amende, et de tous dépens, dommages et intérêts des parties.

XIX. L'opposition sera datée et visée par le conservateur, et il sera exprimé si c'est avant ou après midi, elle contiendra les noms de baptême, famille, qualité et demeure de l'opposant, avec élection de domicile dans le lieu où se fera l'enregistrement, sans que ledit domicile puisse cesser par le décès de l'avoué, où il aura été élu ; ce domicile ne pourra même être changé, si ce n'est par une nouvelle élection, laquelle sera enregistrée à la marge de l'opposition, et visée par le conservateur, de la même manière que l'opposition ; le tout à peine de nullité.

XX. Le créancier sera tenu de déclarer par son opposition, les noms de famille, et demeure de son débiteur ; le tout à peine d'être déchu du recours prononcé contre le conservateur par l'article XXIII.

XXI. Le greffier conservateur sera tenu de délivrer, quand il en sera requis, les extraits de son registre, et d'y coter le jour et la date des oppositions, le registre ainsi que le feuillet où elles auront été enregistrées, ou de donner des certificats, portant qu'il n'en a été formé aucune, à peine de destitution et de quinze cents francs d'amende et des dommages et intérêts des parties.

XXII. Avant de présenter au sceau les lettres de ratification, il sera fait mention sur le repli d'icelles, s'il y a des oppositions subsistantes ; auquel cas, elles ne seront scellées qu'à la charge des oppositions, lesquelles subsisteront sans être renouvelées.

XXIII. S'il n'y a aucune opposition subsistante, les lettres de ratification seront scellées purement et simplement, et dans le cas où, avant le sceau d'icelles, il aurait été fait quelque opposition, dont le greffier conservateur n'eût pas fait mention, ledit greffier demeurera responsable, en son propre et privé nom, des sommes auxquelles pourront monter les créances desdits opposans, qui viendraient en ordre utile, et ce jusqu'à concurrence de la valeur de l'immeuble mentionné auxdites lettres ; à l'effet de quoi le cautionnement, auquel il est ci-après tenu, demeurera affecté par préférence, comme fait de charge.

XXIV. En cas de vente par décret forcé, les créanciers, qui ont fait et feront saisir réellement un immeuble, seront tenus de faire dénoncer, un mois au moins avant l'adjudication, leur saisie réelle, à ceux qui se trouveront avoir formé leur opposition sur les dits immeubles, aux domiciles par eux élus par l'acte d'opposition, à peine de nullité de la procédure de décret vis-à-vis des créanciers, qui auront formé leurs oppositions ès-mains du greffier conservateur des hypothèques, et de tous dépens, dommages et intérêts desdits opposans ; et vaudront, les oppositions faites entre les mains dudit conservateur, comme si elles étaient faites en décret forcé desdits biens.

XXV. Ne sont point comprises dans le présent arrêté, les hypothèques des femmes sur les biens de leurs maris, pendant la durée de leur mariage, non plus que celles des enfans sur les biens de leurs pères, pour raison seulement des douaires non ouverts, pour lesquels il ne sera point nécessaire de former d'opposition.

XXVI. Dans quinzaine au plus tard du jour du sceau des lettres de ratification obtenues sur un contrat de vente volontaire d'immeubles, scellées à la charge d'oppositions, l'acquéreur sera tenu de donner connaissance à son vendeur, soit à l'amiable, soit par voie juridique, de toutes les oppositions qui ont été formées au sceau desdites lettres ; à peine contre l'acquéreur, de toutes pertes, dépens, dommages et intérêts.

XXVII. L'acquéreur ne pourra former aucune demande contre son vendeur, soit à fin de main-levée des oppositions, soit afin d'être libéré du prix de son contrat, qu'après quarante jours de délai, à compter du jour du sceau des lettres de ratification, sans néanmoins que l'acquéreur puisse profiter de ce délai pour retarder le payement du prix de son acquisition, dans le cas où les lettres de ratification sont scellées sans opposition, et où il n'y a aucun empêchement de la part des créanciers du vendeur ou de tous autres.

XXVIII. Les opposans au sceau des lettres de ratification, ne pourront également former aucune demande juridique, soit afin d'être payés sur le prix de la vente, soit à fin d'ordre et distribution en justice, qu'après l'expiration dudit délai de quarante jours, à compter du jour du sceau des lettres de ratification ; le tout à peine, contre l'acquéreur et les créanciers opposans, de nullité de la procédure et de toutes pertes, dépens, dommages et intérêts.

XXIX. Les oppositions subsistantes au sceau des lettres de ratification, en quelque nombre qu'elles soient formées, ne peuvent en aucun cas donner lieu à la consignation du prix des immeubles vendus volontairement, si ce n'est lorsqu'après le sceau desdites lettres de ratification, à la charge d'opposition, le dépôt du prix de la vente est ordonné en justice, ou que l'ordre et la distribution en soient faits en justice sur les contestations réglées entre les créanciers, ou que les actes de distribution qui peuvent en être faits, soient homologués et leur exécution ordonnée par justice, ou enfin lorsque, sur des oppositions formées après le sceau des lettres de ratification entre les mains des acquéreurs, il s'introduit une instance de préférence ; dans tous lesquels cas, le prix doit être consigné.

XXX. L'usage des décrets volontaires est abrogé, sans que pour aucunes causes, ni sous aucun prétexte, il puisse en être fait à l'avenir, à peine de nullité d'iceux ; il continuera toutes fois d'être procédé à la suite et perfection de ceux encommencés à l'île de la Réunion, jusqu'à la publication du présent ; et il n'est porté aucune atteinte à l'effet des décrets antérieurs.

XXXI. Pour que ceux qui peuvent avoir ou prétendre des privilèges et hypothèques, à la charge d'aucuns immeubles réels ou fictifs, à l'île de la Réunion, ayent le tems de faire les oppositions prescrites par le présent, il ne sera scellé en ladite colonie, aucune lettre de ratification, que six mois après la date de l'enregistrement du présent.

Les lettres de ratification continueront à l'île de France, d'être délivrées, ainsi qu'elles y ont été jusqu'à présent.

XXXII. Le greffier conservateur en chaque colonie, sera tenu de fournir un cautionnement de trente mille francs, en immeubles affranchis de toutes hypothèques.

XXXIII. Les droits à percevoir par le greffier conservateur, sont réglés ainsi qu'il suit :

Pour l'inscription d'une opposition	5 f. 50 c.
Pour expédition, extrait ou main-levée d'icelle	2 75.
Pour chaque dépôt de contrats	5 50.
Pour extrait d'iceux	2 75.
Pour présentation des lettres au sceau	27 50.
Pour expédition d'icelles	27 50.

Il sera fait, pour le trésor public, une retenue du quart des droits ci-dessus fixés.

Le conservateur sera en outre remboursé par la partie, de ses frais d'impression ou d'affiches.

XXXIV. Le greffier conservateur marquera sur les lettres de ratification, sur les oppositions, et sur les main-levées et extraits d'icelles, les droits qu'il aura reçus.

XXXV. Il est dérogé à toutes dispositions contraires au présent, qui sera lu, enregistré, imprimé et affiché, et dont expédition sera adressée au Commissaire de justice.

A l'île de France, le 24 Thermidor an XII.

Le Capitaine-général, DECAEN.

Modèle des lettres de ratification.

AU NOM DE LA RÉPUBLIQUE.

Le tribunal d'appel de l'île de France (ou de l'île de la Réunion.)

Sur la demande faite par le sieur   demeurant en cette colonie, quartier du
(si c'est en ville, rue de   ) en obtention de lettres de ratification du contrat de vente que lui a passé le sieur   , demeurant à
            par acte au rapport de   notaire, et son confrère   de   (il faut désigner la propriété) .

Vu ledit contrat, les pièces y jointes et le certificat du sieur   greffier conservateur des hypothèques, en date du   , duquel il résulte qu'il n'y a pas d'opposition au sceau desdites lettres (ou s'il y a opposition,) qu'il y a une ou plusieurs oppositions ; (dans ce dernier cas, il faut rapporter le nom des opposans, et la date des oppositions.)

Attendu que les formalités prescrites ont été remplies :

A ratifié et ratifie ledit contrat sans opposition ; (ou s'il y a des oppositions,) à la charge des oppositions sus-mentionnées ; ordonne en conséquence, que le bien dont s'agit, est et demeure purgé de tous privilèges et hypothèques généralement quelconques, (et, s'il y a des oppositions:) autres que ceux résultans de ladite ou desdites oppositions.

Délivré au tribunal d'appel de l'île de France, ou de l'île de la Réunion, le   sous le sceau du dit tribunal ; signé à la minute (le nom du président.)

Par le tribunal d'appel, le greffier conservateur des hypothèques.   (Sa signature.)

Annexé à l'arrêté du 24 Thermidor an XII, conformément à l'article XI dudit arrêté.

Le Capitaine-général, DECAEN.

ORDRE du Capitaine-général pour la surveillance des côtes de l'île de France.

71 . Le développement de la côte est divisé en arrondissemens de commandement, et ceux-ci en arrondissemens de cabotage.

Ces premiers sont, outre celui du Port Nord-Ouest :

La côte du Nord, au vent du Port N.-O.

La côte du N.-O. sous le vent du Port.

Les côtes de la Rivière-Noire et du Morne-Brabant.

La côte de la Savanne.

Le front du Grand-Port.

La côte de Flacq.

La côte du quartier du Rempart.

Ils sont fixés comme il est indiqué ci-après, n°. 1.

L'officier commandant chaque arrondissement, y exercera pour la côte seulement, et subordonnément aux lieutenans du Capitaine-général, chacun en ce qui le concerne, les fonctions attribuées aux commandans des places, par l'ordonnance du 1er. Janvier 1763, et autres dispositions subséquentes.

Il aura de plus, la surveillance des embarcations, lesquelles ne pourront prendre la mer pour aller dans un autre quartier, sans avoir obtenu de lui une permission par écrit.

Il correspondra directement pour ses fonctions de détail, avec le chef d'état-major.

Il déférera aux réquisitions écrites et motivées qui lui seront faites par les commandant et commissaire civil du quartier respectif, pour exécution de mesure de sûreté ou police intérieure : ce dont il préviendra aussitôt le chef d'état-major.

Cette action sera réciproque de la part de ces deux fonctionnaires publics envers le commandant des côtes.

Les arrondissemens de cabotage, sont fixés comme ci-après, n°. 2. L'objet de cette fixation étant de donner protection aux embarcations du commerce et de la colonie, ainsi que d'exercer sur elles une surveillance coërcitive, au besoin, contre la communication à l'extérieur ; les dispositions suivantes sont établies :

1°. Dès que le signal d'embargo ou celui de présence de l'ennemi, sera arboré, toute embarcation qui serait à la mer, sera tenue de rentrer, et de mouiller sous la protection de la batterie dont elle sera le plus à portée ; et toute embarcation qui serait dans un mouillage non protégé, sera tenue de se rendre au poste central de l'arrondissement respectif du mouillage où elle se trouverait.

2°. Nulle embarcation ne pourra alors quitter le mouillage de ce poste, sans avoir obtenu par écrit, la permission du commandant dudit poste, quand même le signal d'embargo ou de présence de l'ennemi serait amené.

3°. Toute embarcation avec laquelle il serait contrevenu aux dispositions du présent, sera confisquée ; le quart du produit de cette confiscation sera pour les gardes qui auront capturé ; le surplus sera versé au trésor public. Le patron de cette embarcation sera, en outre, traduit devant les tribunaux pour y être puni selon l'exigence des cas.

Les chefs des postes et batteries, tiendront journal des mouvemens qu'ils auront aperçus à la mer et sur la côte. Il en sera fait un rapport journalier, qui sera transmis suivant la hiérarchie du commandement au chef d'état-major, auquel il en serait fait, d'ailleurs, un, sur-le-champ, s'il arrivait quelque circonstance extraordinaire.

Expédition du présent en sera adressée au Préfet colonial et aux lieutenans du Capitaine-général.

Il sera enregistré au bureau de l'inspection de la marine, mis à l'ordre, imprimé et affiché.

A l'île de France, le 30 Thermidor an XII.

Le Capitaine-général. DECAEN.

(n°. 1.) *Arrondissemens de commandant pour la surveillance des côtes.*

Etendue de la côte et résidence du commandant.

1. Depuis la Butte aux Sables du Mapou, jusqu'à la baye du Tombeau inclusivement. — A l'arsenal de la baye aux Tortues.

2. Les dépendances de la rade du Port N.-O. jusqu'à la gauche de la baye du Tombeau, inclusivement. — Au Port Nord-Ouest.

3. Depuis le Fort-Blanc, jusqu'à la pointe Nord de Flic-en-Flacq. — Au poste de la Grande Rivière Nord Ouest.

4. Depuis la pointe Nord de Flicq-en-Flac, jusqu'à la baye du Cap, exclusivement. Au poste de la Rivière Noire.

5. Depuis la baye du Cap inclusivement, jusqu'à l'embouchure de la Rivière du Poste.—Au poste Jacoté.

6. Depuis la Rivière du Poste, jusqu'à l'île aux Cerfs. — Au Port Sud-Est.

7. Depuis l'île aux Cerfs, jusqu'au Poste à Fayette. — Au poste de Flacq.

8. Du Poste à Fayette à la Butte aux Sables. — Au poste de la Poudre d'Or.

(n°. 2.) *Arrondissemens de cabotage, pour servir à la mesure générale relative à l'embargo ou à la présence de l'ennemi.*

Etendue de la côte et postes de retraite pour les embarcations.

Du Cap Malheureux à la Grande Baye, inclusivement.—A la Batterie, dite Redoute Malartic.

De la Grande Baye à la Pointe aux Canonniers, inclusivement.—A la Batterie de la Pointe aux Canonniers.

De la Pointe aux Canonniers à celles des Roches.—A la Redoute du Trou aux Biches.

De la Pointe des Roches à celle des Mortiers.—Au Poste de la Baye aux Tortues.

De la Pointe des Mortiers à la Passe de la Mare salée, inclusivement.—Au Poste de la Baye du Tombeau.

De la Mare salée, inclusivement au Fort Blanc. — Au Port Nord-Ouest.

Du Fort Blanc à la Pointe Nord de la Plaine des Sables. — A la Batterie à la droite de l'embouchure de la Grande Rivière.

De la Pointe de la Plaine des Sables à la Pointe des Caves.—A la Batterie Paulmy.

De la Pointe des Caves à la Pointe Nord de Flic-en-Flacq.—Au Poste de la Petite Rivière.

De la Pointe de Flic-en-Flacq à celle du Corail sous le Tamarin.—Au Poste de la Baye du Tamarin.

De la Pointe du Corail au Morne Brabant.—Aux deux Bayes de la Rivière Noire, couvertes par la Batterie de l'Harmonie.

Du Morne Brabant à la Pointe de la Prairie.—Au Poste de l'habitation Coulon, aux Plaines le Norman.

De la Pointe de la Prairie au Bras de mer Saint-Martin.—A la Batterie du Cap.

Du bras de mer St.-Martin à la pointe de l'Ariembel. Au Poste Jacoté.

De la pointe de l'Ariembel à la pointe du Chaour. — Au Port Souillac.

De la pointe du Chaour à la pointe du Diable. Au Grand-Port.

De la pointe du Diable à l'île aux Cerfs. A la redoute de la Grande Rivière Sud-Est.

De l'île aux Cerfs à la pointe de la Barrique à Farine. — Au Trou d'eau douce.

De la pointe à Farine au poste à Fayette. Au poste de Flacq.

Du poste à Fayette à la pointe des Lascars. — A la Rivière du Rempart.

De la pointe des Lascars à l'île d'Ambre, inclusivement. — Au poste de la Poudre d'Or.

De l'île d'Ambre au Cap Malheureux. — Au poste du Mapou.

Le Capitaine-général, DECAEN.

ARRÊTÉ.

72. DECAEN, Capitaine-général, etc. etc.,

Sur la proposition du Commissaire de justice et par suite de l'arrêté du 14 Vendémiaire dernier, qui charge les commissaires civils de toutes les mesures provisoires et conservatoires de justice et de police;

Arrête :

Art. Ier. Les tribunaux des îles de France et de la Réunion, pourront commettre les commissaires civils, autres que ceux du chef-lieu pour la réception du serment tant en fait d'expertise, qu'en toute autre matière où cette formalité est nécessaire.

II. Les commissaires civils dresseront procès-verbal de la prestation du serment qu'ils auront reçu, et ils en remettront expédition aux parties intéressées, à leur réquisition, ou au commissaire du gouvernement.

III. Les prestations de serment qui déjà auraient été ainsi ordonnées et effectuées, et les actes qui s'en seraient ensuivis, sont confirmés.

IV. Le présent sera lu, enregistré, imprimé et affiché; il en sera adressé expédition au Commissaire de justice.

A l'île de France, le 5 Fructidor an XII.

Le Capitaine général, DECAEN.

ARRÊTÉ.

73. DECAEN, Capitaine-général, etc. etc.,

Vu les représentations faites par les capitaines-commandans des quartiers des Pamplemousses et de la Rivière du Rempart, que les limites respectives entre ces deux quartiers, n'étant pas déterminées d'une manière positive, l'incertitude de savoir si telle habitation était dépendante de l'un ou de l'autre quartier, avait fait naître diverses réclamations qui se renouvelleraient sans doute, si les choses restaient plus longtems dans cet état ;

Après en avoir délibéré avec le Préfet colonial et le Commissaire de justice ; Arrête :

Art. Ier. Les limites des quartiers des Pamplemousses et de la Rivière du Rempart, sont définitivement et irrévocablement fixés ainsi qu'il suit :

La ligne de démarcation des deux quartiers commencera à la plus haute source de la Rivière du Rempart, au point d'embranchement de la montagne du Rempart avec celle des Calebasses ; elle suivra la rivière jusqu'au pont Prâlin ; delà se rendra directement au mât de signaux du piton de la Découverte, ira joindre l'angle le plus sud de la concession Senneville ; longera le balisage entre cette concession et celle Derhune ; redescendra le balisage qui sépare les concessions Senneville et Latour St.-Ygest, pour reprendre celui qui sépare cette dernière, des concessions Laroche fils, et Collard ainé, jusqu'à sa rencontre avec le balisage des réserves, vis-à-vis la case des gardiens : elle longera ce dernier balisage jusqu'à sa rencontre avec le grand chemin du Mapou, qu'elle suivra jusqu'à son embranchement avec un chemin de charrois, qui se dirige à gauche et conduit à l'avenue de l'établissement, aujourd'hui Courbon ; elle contournera l'établissement toujours avec le même chemin, qui reprend l'avenue opposée à la première et qui se termine par un chemin de charrois, qui descend directement au milieu de l'Anse la Raie, où elle viendra s'appuyer, en laissant par conséquent la Mare dite aux Mulets, et la Butte aux Sables, à peu de distance sur la gauche.

Toutes les habitations qui seront traversées par cette ligne appartiendront à l'un ou à l'autre des deux quartiers, suivant que les établissemens qui en font partie, seront de l'un ou de l'autre côté de la ligne.

II. Le présent aura son exécution à dater du premier Vendémiaire an XIII.

Expédition en sera adressée au Préfet colonial et au Commissaire de justice.

Il sera lu, enrégistré, imprimé et affiché partout où besoin sera.

A l'île de France, le 14 Fructidor an XII.

Le Capitaine-général, DECAEN.

ARRÊTÉ.

74. DECAEN, Capitaine-général, etc. etc.,

Vu les réclamations des habitans du ci-devant canton des Trois Ilots, sur la rive gauche de la Grande-Rivière, tendantes à obtenir la réunion de ce quartier à celui de Flacq ;

Après en avoir délibéré avec le Préfet colonial et le Commissaire de justice ;

Considérant, que les limites des différens quartiers doivent être, autant que possible, déterminées par les accidens naturels du terrain, qui peuvent servir à les asseoir invariablement ; et que ceux offerts par la direction des montagnes, sont les plus propres à remplir cet objet ;

Considérant, que la facilité de communiquer en tout tems, librement, de toutes les parties d'un même quartier au point de réunion, n'intéresse pas moins le bien du service, que la commodité des habitans ; et qu'à ce titre, la demande mérite d'être prise en considération ; Arrête :

Art. Ier. Le ci-devant canton des Trois Ilots, sera par la suite, réuni en totalité au quartier de Flacq.

Il sera séparé de celui du Port Sud-Est, par la crête des montagnes dites en général du Grand-Port. La ligne de démarcation commencera à la chute de la montagne aux Feuilles, près l'embouchure de la Grande Rivière ; elle suivra l'arête supérieure de cette montagne, en passant par les différens pitons qui indiquent la direction de la branche principale, savoir : le piton du Bambou, le Camisard, le piton où vient se rattacher la montagne des Créoles, et elle continuera, en suivant toujours la crête de la même chaine jusqu'à sa rencontre avec les limites actuelles du quartier de Moka.

II. La Grande Rivière, cessant d'être guéable toutes les fois que le volume d'eau se trouve accru par des orages ou les pluies fréquentes de ces quartiers, et pouvant interrompre la communication dans le moment où le besoin du service le rend le plus nécessaire, les dispositions de l'article précédent, n'auront lieu qu'après l'établissement du pont projeté sur cette Rivière, pour la communication des quartiers de Flacq et du Port Sud-Est, par le Camisard.

III. La partie des Trois-Ilots, située sur la gauche de la Grande Rivière, en la remontant depuis son embouchure jusqu'au point où elle atteint les limites actuelles du quartier de Moka, est la seule qui soit dès aujourd'hui réunie au quartier de Flacq.

IV. Le présent aura son exécution à dater du premier Vendémiaire an XIII. Il sera lu, enregistré, imprimé et affiché partout où besoin sera.

Expédition du présent sera adressée au Préfet colonial et au Commissaire de justice.

A l'île de France, le 14 Fructidor an XII.

Le Capitaine-général, DECAEN.

ARRÊTÉ.

75. DECAEN, Capitaine-général, etc. etc.,

Sur l'exposé du Préfet colonial, que l'expérience a démontré que les contributions directes, établies aux îles de France et de la Réunion, ne portaient pas sur les habitans proportionnellement à leurs revenus, et qu'il existait même dans la manière dont ces deux colonies ont été imposées, une différence qui ne pourrait être maintenue sans s'écarter totalement des principes qui doivent en diriger l'administration ; que cependant il était indispensable pour la République de faire contribuer chaque colon, en raison de ses facultés, à la portion de dépense d'administration et de défense à laquelle ces deux colonies doivent participer ;

Après en avoir délibéré avec le Préfet colonial ;

Arrête :

Art. Ier. La taxe par tête d'esclave, établie comme impôt direct, aux îles de France et de la Réunion, par les divers arrêtés des assemblées coloniales des deux îles, est modérée et établie ainsi qu'il suit :

Cette contribution sera payée pour l'an XIII, savoir :

II. Un franc trente-sept centimes et demi, ou un quart de piastre par chaque noir d'habitation, sans distinction d'âge ni de sexe.

Cinq franc cinquante centimes, ou une piastre, pour chaque noir domestique ou d'atelier, recensé au Port Nord-Ouest ou dans les quartiers chef-lieux de canton de l'île de la Réunion.

III. La contribution directe sur les emplacemens, maisons ou autres établissemens situés au Port Nord-Ouest et dans les chef-lieux de canton de l'île de la Réunion, sera de demi pour cent de l'estimation desdits immeubles.

IV. Les estimations actuelles serviront de base à la contribution, sauf les réclamations qui pourraient être faites sur le trop haut prix des évaluations, alors il sera procédé à une nouvelle estimation par experts.

V. Il sera pourvu au remplacement du déficit, résultant des dispositions du présent arrêté, par des impôts indirects dans les deux îles, sur les marchandises et productions étrangères et coloniales, importées et exportées.

VI. L'imposition sera payée par trimestre, et les payemens seront exigibles le quinze du troisième mois ; les contribuables en retard recevront des commandemens du receveur, dont ils payeront les frais fixés à un franc cinquante centimes.

VII. En cas de désobéissance au commandement du receveur, les contribuables seront contraints par la saisie, exécution et vente des noirs. Les frais de poursuite seront réglés et demeureront à leur charge.

VIII. Aucun contribuable ne pourra se dispenser de payer le premier trimestre dans le délai prescrit, sauf à imputer sur les trimestres suivans les sommes payées, s'il y a eu lieu à dégrèvement.

IX. Les payemens seront émargés sur les rôles au moment où ils seront faits ; le receveur en donnera quittance.

X. Tout contribuable qui voudra sortir de la colonie, payera d'avance son année d'imposition.

XI. Il est enjoint aux notaires et huissiers, d'exiger des personnes qui réclameront leur ministère, la quittance de leur imposition pour le trimestre échu, et il sera fait mention de l'exhibition de ladite quittance dans le préambule des actes qu'ils passeront pour les parties.

XII. Les tribunaux ne pourront prononcer le jugement, que les parties intéressées n'aient produit quittance des termes échus de leurs impositions.

XIII. Tout propriétaire ou dépositaire d'esclaves sera tenu d'en déclarer le nombre, et de fournir le recensement.

XIV. Ces recensemens seront fournis dans le courant de Vendémiaire et jusqu'au 30, pour tout délai.

XV. Tout contribuable convaincu d'avoir fait une fausse déclaration du nombre de ses esclaves, sera condamné à une amende de cent francs.

Celui qui n'aura pas fourni le recensement exigé par l'article XIII dans le délai prescrit, sera condamné à une amende de cinquante francs.

XVI. Toute contribution sous le titre d'impôt somptuaire, ainsi que celle de patente fixée par l'arrêté du 8 Prairial dernier, relatif aux agens de change, est supprimée.

Le présent sera lu, enregistré, imprimé et affiché partout où besoin sera. Expédition en sera adressée au Préfet colonial et au Commissaire de justice.

Ile de France, le 25 Fructidor an XII.

Le Capitaine-général, DECAEN.

REGLEMENT.

76. LÉGER, Préfet colonial des Iles de France, etc.

Informé que les oiseaux qui détruisent les grains se sont tellement multipliés, qu'ils portent un préjudice considérable aux récoltes, et que ce mal provient particulièrement de la négligence générale à se conformer aux anciens réglemens qui avaient imposé à tous les habitans l'obligation de concourir à la destruction de ces oiseaux dévastateurs, rappelle les colons à l'observation de ces réglemens salutaires, et en conséquence, ordonne ce qui suit :

Art. Ier. A compter de ce jour, tout cultivateur sera tenu de concourir à la destruction des oiseaux qui nuisent aux récoltes, et de fournir au moins dix têtes d'oiseaux par chaque noir de culture porté sur son recensement.

II. Les oiseaux connus sous le nom de Calfats seront comptés un pour deux ; mais on ne comprendra pas dans la fourniture obligée les perdrix, les merles, les oiseaux qui détruisent les insectes, ni les martins qu'il est au contraire recommandé de conserver avec soin.

III. Les têtes d'oiseaux seront portées chez les commissaires civils. Ces officiers publics en donneront des reçus dont ils tiendront enregistrement, et ils en rendront compte à la fin de l'année au Préfet colonial.

IV. Tout cultivateur qui n'aura pas fourni son contingent sera condamné aux amendes portées par les anciens réglemens.

Ile de France, le 18 Fructidor an XII.

Le Préfet colonial, LÉGER.

Approuvé, le Capitaine-général, DECAEN.

ARRÊTÉ.

77. DECAEN, Capitaine-général, etc. etc.,

Le Préfet colonial et le Commissaire de justice ayant exposé la nécessité d'apporter quelques additions à l'arrêté du 10 Germinal dernier ;

Après en avoir délibéré, Arrête :

Art. Ier. L'art des accouchemens pourra être pratiqué aux îles de France et de la Réunion par des officiers de santé qui auront été autorisés à cet effet, ainsi qu'il est établi ci-après.

II. Tout officier de santé qui se destinera à la pratique des accouchemens dans lesdites colonies, sera tenu d'en faire, avant le premier Frimaire prochain, sa déclaration à la commission de santé, et de lui remettre ses titres pour être admis à exercer cet art.

Ces titres doivent émaner d'une école de médecine ou de chirurgie, ou des hôpitaux de la République, ou d'une attestation d'un professeur particulier dûment légalisée, et ils doivent constater que l'officier de santé a suivi deux cours d'accouchemens théoriques, ou a pratiqué lui-même les accouchemens au moins pendant six mois dans un hospice.

III. Les officiers de santé qui, n'ayant pas les titres exigés par l'article II, voudront néanmoins exercer cette profession, seront soumis à être examinés par la commission ; l'examen aura lieu sur la théorie et la pratique des accouchemens, sur les accidens qui peuvent les précéder, les accompagner et les suivre, et sur les moyens d'y remédier.

IV. Les officiers de santé admis à exercer l'art des accouchemens, recevront le diplôme conformément aux dispositions de l'arrêté du 10 Germinal. La liste de leurs noms sera rendue publique dans les dix premiers jours de Frimaire prochain.

V. L'arrêté du 10 Messidor continuera d'avoir son exécution en tout ce qui n'est pas contraire au présent, qui sera lu, enrégistré, imprimé et affiché, et dont expédition sera adressée au Préfet colonial et au Commissaire de justice.

A l'île de France, le 24 Fructidor an XII.

Le Capitaine-général, DECAEN.

ARRÊTÉ.

78. DECAEN, Capitaine-général, etc, etc.,

Sur l'exposé du Préfet colonial que, d'après les motifs qui ont déterminé les dispositions de l'arrêté du 25 Fructidor an XII, il ne pouvait pas être différé de statuer sur la fixation et le mode de perception des droits de douane qui doivent être payés aux îles de France et de la Réunion ;

Après en avoir délibéré, Arrête ce qui suit :

TITRE PREMIER.

Des droits d'entrée.

Art. Ier. Les droits d'entrée, aux îles de France et de la Réunion, seront acquittés conformément au tarif annexé au présent.

II. Lorsqu'il y aura incertitude sur l'article général auquel devra appartenir un objet qui n'y est point désigné particulièrement, ce sera toujours à l'article qui donnera le plus fort droit.

III. Les objets non compris au présent tarif ou qui ne se trouvent point dans la classe de ceux qui sont exempts de droits, payeront six pour cent de leur valeur.

IV. Les marchandises importées sous pavillon français jouiront d'une réduction du tiers de leurs taxes, à l'exception du tabac, quant au droit de consommation auquel il est imposé.

V. Les prises faites par les bâtimens de l'Etat ou par ceux des particuliers, ne seront pas assujetties aux diverses taxes de ce tarif ; mais elles payeront un droit de six pour cent, d'après le prix de chaque adjudication, sans en excepter les navires et autres objets exempts de droit d'entrée.

VI. Ces six pour cent seront à la charge des acquéreurs, et toujours acquittés avant la livraison, entre les mains du directeur de la douane.

VII. Il sera perçu à l'île de la Réunion, un droit particulier de quatre francs douze centimes et demi (trois quarts de piastres,) pour chaque velte d'arack, rum et eau-de-vie qui y sera introduite.

TITRE II.

Des droits de sortie.

VIII. Les denrées et productions des îles de France, de la Réunion et Seychelles, ci-après désignés, payeront à leur sortie des deux colonies, un droit qui est fixé ainsi qu'il suit, soit qu'elles soient chargées sur bâtimens français ou étrangers ; Savoir :

Le sucre, par quintal, un franc trente-sept centimes et demi, (un quart de piastre.)

Le café, par quintal, cinq francs cinquante centimes, (une piastre.)

Le coton, par quintal, neuf francs soixante-deux centimes et demi, (une piastre trois quarts.)

Le girofle, par quintal, treize francs soixante-quinze centimes (deux piastres et demi.)

L'indigo, par quintal, vingt-deux francs, (quatre piastres.)

Le bois d'ébène, par quintal, un franc trente-sept centimes et demi, (un quart de piastre.)

L'arack, par velte, cinquante - cinq centimes, (un dixième de piastre.)

IX. Ces denrées acquitteront le double de ces droits, lorsqu'elles seront exportées de l'île de la Réunion sous pavillon étranger.

TITRE III.

De l'arrivée des bâtimens, des déclarations des marchandises.

Section Première.

Dispositions générales aux deux îles.

X. Les capitaines et commandans des bâtimens français ou étrangers, seront tenus aussitôt leur arrivée, et avant d'avoir obtenu le permis de communiquer, de faire au bureau de la douane, une déclaration du lieu de leur départ, des relâches qu'ils ont faites, et de donner l'état de leur chargement, soit que les denrées et marchandises dont il est composé, doivent des droits ou en soient exemptes.

XI. Ces déclarations contiendront le nombre des caisses, malles, balles, ballots, futailles et tonneaux de chargement, avec la désignation des marques et numéros, ainsi que la qualité, le poids, la mesure, l'aunage ou le nombre des marchandises.

Les capitaines devront représenter les manifestes, connaissemens et factures relatifs à leur chargement, et certifier au bas de leur déclaration, qu'ils n'ont d'autres marchandises à leur bord, que celles y portées.

XII. Les capitaines qui ne pourront donner aussitôt leur arrivée, des déclarations ainsi détaillées, soit à cause de la traduction des factures, soit par d'autres empêchemens, seront tenus de déclarer, au moins sommairement, le nombre des caisses, balles, etc. de leur chargement, avec la désignation, autant que possible, de leurs marques et numéros, et de rapporter le jour suivant, à peine de mille francs d'amende, une déclaration en détail desdites marchandises, ou des causes qui les mettraient encore dans l'impossibilité de la donner ; et il leur en sera délivré certificat par l'employé de la douane, qui l'aura reçue.

XIII. Les marchandises dont le détail n'aura pas été donné, seront débarquées avec les autres ; mais elles seront déposées dans le magasin de la douane, jusqu'à ce que ladite déclaration en ait été fournie, à moins que le capitaine ou consignataire ne préfère que l'ouverture des dites caisses soit faite, et que le contenu en soit constaté en sa présence.

XIV. Les capitaines, propriétaires ou consignataires qui auront fait leurs déclarations, n'y pourront plus augmenter ni diminuer, sous quelque prétexte que ce puisse être ; et la vérité ou fausseté des déclarations sera jugée sur ce qui aura été premièrement déclaré. Néanmoins, si, avant la visite ou le débarquement, les déclarans reconnaissent quelqu'erreur dans leurs déclarations, quant au poids, au nombre, à la mesure ou à la valeur, ils pourront rectifier lesdites déclarations, en représentant cependant, les balles, caisses ou futailles, en même nombre, marques et numéros, que

ceux énoncés aux déclarations, ainsi que les mêmes espèces de marchandises.

Le débarquement commencé, ils n'y seront plus reçus.

Section II.

Dispositions particulières à l'île de la Réunion.

XV. Les bâtimens français et étrangers, venant d'un autre lieu que des îles de France, Seychelles, Madagascar et Côte d'Afrique, ne pourront mouiller que dans les rades de St-Denis et St.-Paul, à moins de force majeure de guerre et de mer.

XVI. Ceux des navires qui auront dans leur chargement, des tabacs, aracks et eaux-de-vie, ne pourront également stationner dans ces deux rades, excepté dans les cas prévus ci-dessus. Il leur est défendu dans tous les cas, d'y faire aucun débarquement, sous peine de confiscation du navire et du chargement.

XVII. La même peine sera encourue par les capitaines qui, ayant de ces objets, n'en auraient point passé la déclaration.

Section III.

Dispositions particulières à l'introduction du tabac à l'île de France.

XVIII. Il ne pourra être introduit à l'île de France, de tabacs en feuilles, que par boucauds pesant au moins huit cents livres, et sur bâtimens venant de long-cours, à moins d'un permis spécial, sous peine de confiscation du navire et du chargement.

TITRE IV.

Du débarquement et embarquement des marchandises.

XIX. Il ne pourra être chargé sur les bâtimens français ou étrangers, de guerre ou de commerce, ni en être déchargé aucunes marchandises, même celles exemptes de droits, sans un permis par écrit du directeur ou du préposé de la douane, à peine de confiscation des dites denrées et marchandises, si elles sont soumises à des droits, et d'une amende du dixième de leur valeur, si elles en sont exemptes.

Ce permis ne sera délivré qu'après soumission passée, de payer les droits, et à charge par les propriétaires ou consignataires, de prévenir le bureau de la douane, de l'heure à laquelle le déchargement aura lieu.

XX. Aucun débarquement ni embarquement des dites marchandises, ne pourra avoir lieu, sous la même peine, ailleurs que dans la partie du port ou de la rade à ce destinée, à moins d'un permis spécial, du directeur ou receveur de la douane ; lequel permis ne pourra cependant recevoir son exécution après le coucher du soleil, ni entre les deux cloches.

XXI. Ils n'autoriseront le chargement et déchargement des bâtimens, qu'en aussi grand nombre que le local pourra le permettre ; de manière à ce qu'il n'en résulte point de confusion dans ces opérations, et à laisser aux visiteurs les moyens d'exercer la surveillance dont ils sont chargés. Les navires seront, dans ce cas mis en chargement ou déchargement, suivant la date de leur demande.

XXII. Les débarquemens et embarquemens autorisés, pourront se faire tous les jours, depuis le lever jusqu'au coucher du soleil, à l'exception des dimanches et fêtes, et entre les deux cloches ; il est défendu d'en faire aucun pendant ces heures et après le coucher du soleil, (sans permission spéciale,) sous peine de confiscation des marchandises, ainsi que des noirs, embarcations et charrois employés à leur transport.

Les marchandises qui auront été débarquées auparavant, pourront être enlevées de suite et sortir du port, sur un permis du directeur de la douane.

XXIII. Tout transbordement d'un navire à l'autre, est défendu, sous peine de confiscation des marchandises, et d'une amende de leur valeur, payable par moitié, par le capitaine du navire qui les auraient reçues à son bord, et par celui qui les auraient vendues ; à moins d'un permis du chef de la douane, lequel ne pourra être mis à exécution qu'en présence d'un visiteur.

XXIV. Les marchandises qui seront ainsi transbordées seront sujettes aux mêmes droits d'entrée et de sortie, que si elles avaient été mises à terre.

XXV. Les conducteurs de canots de passage, qui favoriseraient de quelque manière que ce soit, l'embarquement ou débarquement de marchandises, en fraude ou contravention du présent, seront pour toujours privés du droit qui leur avait été donné ; et ils subiront, en outre, la confiscation de leur canot et des noirs y attachés. Ils sont en conséquence autorisés à refuser de prendre à leur bord les marchandises, dont les permis de débarquer ou d'embarquer ne leur seraient pas remis.

XXVI. Les marchandises débarquées seront vérifiées et pesées ; les malles, caisses, ballots, balles, seront transportés dans le magasin de la douane, pour que visite y soit faite de leur contenu.

XXVII. Le transport des marchandises au magasin de la douane, le déballage et remballage seront faits par les noirs attachés à la douane, ou tous autres individus choisis par les propriétaires ; mais, dans ce dernier cas, à leurs frais.

XXVIII. La visite ne pourra en être faite qu'en présence des capitaines des bâtimens, des propriétaires ou consignataires des marchandises, ou de leur commis ; et en cas de refus de leur part d'y assister, lesdites marchandises resteront déposées dans lesdits magasins pendant deux mois ; passé lequel tems, elle seront vendues comme objets abandonnés, sommation préalablement faite au propriétaire de les retirer ; dans le cas où il obtempérerait à la sommation, il en payera les frais, en outre un demi pour cent de droit d'emmagasinage.

XXIX. Les droits seront perçus suivant le poids, le nombre et les mesures énoncés dans les factures ou autres pièces, réduits en poids et mesures français ; mais dans le cas où les préposés de la douane ne s'en rapporteraient pas aux poids, nombre et mesures énoncés auxdites pièces, ou que les propriétaires prétendraient que les marchandises ont essuyé un déchet ou coulage, vérification en sera faite ; et si elles présentent des quantités inférieures, les droits ne seront acquittés que sur les quantités constatées par cette vérification.

XXX. Si les marchandises vérifiées excèdent le poids, le nombre ou la mesure déclarés, l'excédent sera assujetti au payement d'un triple droit, ce qui cependant n'aura pas lieu, si cet excédent n'est que du vingtième pour les métaux, et du dixième pour les autres marchandises ou denrées. L'excédent dans ces cas, ainsi que les quantités déclarées, n'acquitteront que le simple droit.

XXXI. Si la déclaration se trouve fausse dans la qualité ou l'espèce des marchandises, et si le droit auquel on se soustrairait par cette fausse déclaration s'élève à cinq piastres et au-dessus, les marchandises faussement déclarées seront confisquées. Si le droit est au-dessous de cette somme, il n'y aura pas lieu à la confiscation, mais seulement au payement du droit quintuple, pour sûreté duquel la marchandise sera retenue.

XXXII. Tout excédent, quant au nombre de balles, ballots, tonneaux, futailles déclarés, sera saisi, pour la confiscation en être prononcée, avec amende de trois cents francs.

XXXIII. Dans le cas ou, lors de la visite, les balles, ballots, malles, caisses, futailles se trouveraient en moindre nombre que celui porté dans les factures ou déclarations, les capitaines, propriétaires ou consignataires, qui auront passé les déclarations, seront en outre condamnés à une amende quadruple du droit dû, par chaque balle, ballot, caisse, futaille ; pour sûreté de laquelle amende, les navires seront retenus jusqu'au payement, sauf le recours, s'il y a lieu, des capitaines et armateurs contre ceux qui auront fait les déclarations.

XXXIV. Dans le cas de naufrage ou de vol des marchandises, il ne sera fait aucunes poursuites pour le défaut de représentation des balles, caisses, futailles, en rapportant, à l'égard du naufrage, le procès-verbal de l'officier compétent ; et quant au vol, la preuve du vol.

XXXV. Dans le cas d'un bâtiment qui ferait naufrage, les employés du prochain bureau de la douane seront tenus de se transporter sur les lieux. Les marchandises qui en seront sauvées, seront mises en dépôt ; et s'il est possible dans un magasin, dont les préposés de la douane auront une clef. Inventaire en sera dressé en leur présence ; et dans le cas de non réexportation, elles seront sujettes aux droits d'entrée existans.

TITRE V.

De l'estimation des marchandises.

XXXVI. Les marchandises resteront déposées dans les magasins de la douane, jusqu'après estimation de leur valeur, consentie par le propriétaire ou consignataire.

XXXVII. Le directeur ou receveur de la douane, pourra cependant permettre le transport desdites marchandises dans les magasins des propriétaires ; mais l'ouverture des balles, ballots, caisses, malles et futailles ne pourra être faite qu'en présence de l'expert vérificateur ou d'un autre employé de la douane ; et il ne pourra être disposé d'aucun objet, qu'après estimation, sous peine d'une amende quadruple des droits dûs suivant la déclaration, en considérant toutes les marchandises manquantes, comme étant de première qualité.

XXXVIII. Cette estimation aura lieu, autant que possible, dans les trois jours du débarquement des marchandises, et elle sera faite en gros et par partis, d'après leur prix courant, à cette époque, et suivant leur état. L'estimateur de la douane sera tenu de se transporter dans les magasins, aussitôt qu'il en sera requis.

XXXIX. Dans le cas où les marchandises auraient éprouvé des avaries qui donneraient lieu à une expertise, celui qui la poursuivra sera tenu d'en prévenir l'estimateur de la douane, pour qu'il puisse être présent à cette opération et y avoir égard dans son estimation.

XL. Le propriétaire ou consignataire des marchandises, pourra appeler un estimateur pour en faire l'estimation, concurremment avec celui de la douane ; mais son absence à l'heure qui aura été fixée, ne pourra être un motif pour suspendre cette estimation.

XLI. Si l'estimateur de la douane n'est point d'accord avec celui du propriétaire, ou avec ce dernier si l'autre est absent, sur le prix à porter aux marchandises, il en fera l'estimation particulièrement, et son prix deviendra définitif, en offrant de retenir la totalité de ces marchandises pour le prix de son estimation et un dixième en sus, payables comptant dans les dix jours de la notification de son rapport, laquelle sera faite à la requête du directeur ou receveur de la douane.

XLII. La non-acceptation des prix portés par l'estimateur de la douane dans les vingt-quatre heures de la signification de son rapport, sera considérée comme un consentement à son offre, et la retenue aura lieu malgré tout consentement postérieur. Les frais de signification en cas d'inacceptation des prix dans ce délai, seront à la charge du contribuable.

XLIII. Si, après l'acquiescement à cet offre, les marchandises se trouvaient en moindre quantité ou qualité inférieure, l'offre faite sera de nul effet, et le propriétaire de la marchandise acquittera les droits, d'après le prix de l'estimation, et il sera en outre condamné à une amende triple de leur montant.

XLIV. Les marchandises ne pourront, en aucun cas être déplacées avant l'acceptation de l'estimation par le propriétaire ou celui qui le représente, sous peine d'une amende quadruple des droits.

TITRE VI.
De l'acquittement des droits.
Section Première.
Droits d'entrée.

XLV. Les droits d'entrée sont dûs du jour du déchargement des marchandises, et ils devront être acquittés vingt jours après l'arrivée des bâtimens, et toujours, autant que possible, avant leur départ.

XLVI. Les droits pour lesquels les receveurs ne justifieront pas avoir fait les poursuites nécessaires deux mois après l'arrivée des bâtimens, resteront à leur charge, dans le cas où le redevable deviendrait insolvable.

XLVII. Ils sont autorisés à garder dans les magasins de la douane, jusqu'au parfait payement des droits, au moins le dixième des marchandises qui y auront donné lieu.

XLVIII. La République aura privilège et préférence à tous créanciers, sur les meubles et effets mobiliers des redevables pour les droits, à l'exception des frais de justice, et autres privilégiés, de ce qui sera dû pour six mois de loyer seulement, et sauf aussi la revendication dûement formée par les propriétaires des marchandises en nature, qui seront encore sous balle et sous corde.

XLIX. En cas de non payement des droits dans le délai déterminé, lesdits receveurs sont autorisés à décerner contrainte contre les redevables en retard, en fournissant en tête de la contrainte copie de leur soumission.

L. Ces contraintes seront visées par le président du tribunal civil, qui ne pourra refuser son visa, et elles seront exécutées par toutes voies, même par corps, nonobstant toute opposition ou autre acte quelconque

Section II.
Droit de consommation sur le tabac.

LI. Ce droit sera payable comptant ou à termes, en effets de commerce suffisamment cautionnés, savoir :

Deux dixièmes à trois mois ; deux dixièmes à six mois ; trois dixièmes à neuf mois ; trois dixièmes à un an.

LII. Il ne sera fait aucune réduction des droits imposés sur les tabacs pour cause d'avarie ; lors de la reconnaissance qui en sera faite, les propriétaires auront la faculté d'en distraire les parties avariées pour être brûlées ou réexportées, sans qu'ils puissent séparer la tige des feuilles.

LIII. Les propriétaires qui voudront entreposer leur tabac dans le magasin de la douane, ne seront point assujettis aux époques déterminées pour le payement de ce droit ; mais ils l'acquitteront comptant en totalité, au fur et à mesure des quantités qu'il demanderont à faire sortir, quelle que soit l'époque de cette sortie.

LIV. Cet entrepôt pourra durer deux ans, pendant lequel tems les propriétaires auront la faculté de réexporter leur tabac ; mais, après son expiration, la totalité de la taxe sera acquise.

Section III.
Des droits de sortie.

LV. Les droits de sortie seront acquittés par les

capitaines ou chargeurs, toujours avant le départ des bâtimens. Les receveurs qui accorderaient d'autres délais, en seront responsables.

TITRE VII.

Des relâches des vaisseaux et de l'entrepôt des marchandises.

LVI. Le capitaine de tout bâtiment qui viendra relâcher, même par force majeure, sera tenu de passer au bureau de la douane la même déclaration de son chargement, que s'il arrivait dans la colonie pour la vente de ses marchandises.

LVII. Si les navires ont besoin d'être radoubés, ou de quelques fortes réparations qui exigent le débarquement de tout ou partie de leur cargaison, ou, que par cause de guerre et même volontairement, les capitaines ou consignataires veuillent entreposer leur cargaison dans la colonie, ils devront, avant tout déchargement, en faire la déclaration, et donner connaissance des magasins ou bâtimens de mer où ils renfermeront leurs marchandises, ainsi que faire leurs soumissions de les représenter en même qualité en quantité, toutes les fois qu'ils en seront requis; ils ne pourront les vendre et changer de magasin sans déclaration préalable et permis spécial du directeur de la douane, à peine de payer immédiatement les droits d'entrée, en cas de mutation non autorisée, et du double droit dans le cas de vente et de soustraction absolue, indépendamment d'une amende qui pourra s'élever au double de la valeur de la marchandise soustraite.

Le directeur de la douane pourra en outre exiger une clef des magasins ou bâtimens où elles seront entreposées.

LVIII. Les denrées et marchandises qui seront entreposées par force majeure de mer ou de guerre, ne seront assujettis à aucun droit.

Celles qui le seront volontairement, payeront un droit d'entrepôt d'un pour cent de leur valeur réductible d'un tiers pour les navires sous pavillon français; mais pour jouir de ces avantages, il sera nécessaire dans tous ces cas, qu'elles soient rechargées sur le même navire, avec la même commission et pavillon, et que dans le cas où le navire serait condamné, elles soient chargées sur un bâtiment acheté en remplacement par le capitaine ou consignataire, avec la même commission, pavillon et équipage, parce qu'autrement elles payeront les droit d'entrée.

LIX. La durée de l'entrepôt ne pourra excéder six mois pour les bâtimens ayant besoin de réparations, à moins d'une autorisation particulière; le même tems, après la paix connue dans la colonie, pour ceux retenus par la guerre; et une année, lorsque cet entrepôt sera volontaire.

Ces délais expirés, les droits d'entrée seront dûs sur la totalité des marchandises.

LX. Si les capitaines, consignataires ou propriétaires jugent à propos, pendant la durée de l'entrepôt, de vendre tout ou partie des marchandises entreposées, ils seront tenus de payer avant la sortie du magasin, les droits d'entrée, en outre le droit d'entrepôt, s'ils en doivent.

LXI. Le droit d'entrée sera dû suivant la valeur que les marchandises auront à leur sortie d'entrepôt.

LXII. Les marchandises destinées pour un autre pays que l'île de France, et dont il sera justifié de la destination, ne seront sujettes à aucun droit d'entrée ou d'entrepôt, quoique rechargées sur un autre navire, dès que le bâtiment qui les aura importées ne se rendra point dans le lieu où elles seront adressées; mais elles devront rester déposées dans les magasins de la douane jusqu'à leur réembarquement, et elle payeront un quart pour cent de leur valeur pour cet emmagasinage.

LXIII. En cas de désaccord sur l'estimation des marchandises entreposées, il sera, sur la demande du directeur de la douane, nommé par le président du tribunal civil, un troisième arbitre pour la fixer.

LXIV. Le réembarquement des marchandises entreposées sera constaté par les employés de la douane, chargés de la surveillance des embarquemens et débarquemens.

TITRE VIII.

De l'introduction des aracks, rhums et eaux-de-vie à l'île de la Réunion, et du cabotage entre cette île et celle de France.

SECTION PREMIÈRE.

Des aracks, rhums et eaux-de-vie.

LXV. Les aracks, rhums et eaux-de-vie ne pourront être introduits à l'île de la Réunion que sur les bâtimens français venant de l'île de France, qui en auront obtenu le permis du directeur de la douane, et qui y auront rempli les formalités suivantes.

LXVI. Les capitaines qui auront été autorisés à charger des aracks, seront tenus, avant leur départ de l'île de France, de prendre au bureau de la douane, un acquit à caution, qui fera mention du nombre de barriques, de leurs marques et numéros, et du veltage de chacune, et qui contiendra la soumission de rapporter, au retour du bâtiment, ou au plus tard dans trois mois, à moins d'empêchemens légitimes; un certificat d'acquit dudit droit d'entrée, délivré par les receveurs des bureaux où lesdites aracks seront débarquées, ou de payer le double de ce droit.

A cet effet, les capitaines ou chargeurs donneront caution solvable qui s'obligera solidairement avec eux au rapport du certificat de décharge, ou au payement du double droit.

LXVII. Faute de représentation de l'acquit à caution, ou dans le cas où il se trouverait sur lesdits navires une plus grande quantité d'aracks que celle portée audit acquit à caution, le bâtiment et la totalité de l'arack seront confisqués.

LXVIII. Les capitaines des bâtimens français et étrangers qui chargeraient à l'île de France, des aracks, rhums et eaux-de-vie pour un autre lieu que l'île de la Réunion, et qui se proposeraient d'y passer, seront tenus de prendre au bureau de la douane le manifeste desdites aracks et eaux-de-vie qu'ils auront chargées, et de le représenter au bureau des douanes des lieux où ils communiqueront.

LXIX. Ceux de ces navires sur lesquels il y aurait des quantités d'aracks, rhums et eaux-de-vie plus considérables que celles portées audit manifeste, ou dont il en serait débarqué, seront confisqués avec leur chargement.

SECTION II.

Du transport des denrées coloniales sujettes à des droits de sortie, de l'île de la Réunion à l'île de France.

LXX. Les productions coloniales de l'île de la Réunion, sujettes par le présent à des droits de sortie, qui seront chargées pour l'île de France, ne payeront que moitié de ces droits, en prenant un acquit à caution dans les lieux de chargement, dans la même forme que celui pour les aracks. Le restant des droits sera acquitté à leur sortie de l'île de France.

LXXI. Les capitaines des bâtimens qui font les voyages de l'île de la Réunion, auront la faculté de se faire cautionner par avance à l'île de France, pour toutes les denrées coloniales qu'ils chargeront pendant leur voyage ; ils s'obligeront solidairement avec leur caution de les porter à l'île de France, d'y représenter le manifeste de leur chargement dont ils devront être porteurs, d'après l'article suivant, et de payer le droit de sortie double, pour les quantités qui manqueraient ; comme, dans le cas où ils n'y feraient pas leur retour, de payer le même double droit pour les denrées qu'ils auraient chargées, sans avoir acquitté les droits de sortie.

Il sera délivré par le directeur de la douane de l'île de France, un certificat de ce cautionnement ; et sur sa présentation aux receveurs des divers bureaux de douane de l'île de la Réunion, lesdits capitaines seront dispensés de donner caution sur les lieux.

LXXII. Ces capitaines seront porteurs d'un manifeste sur lequel lesdits receveurs porteront, à la suite les uns des autres, la nature et le poids des denrées coloniales qu'ils auront chargées, avec le nombre de sacs et balles, ainsi que le certificat d'acquit des droits qu'elles auront payées. Cette opération se fera dans chaque bureau, toujours avant de commencer l'embarquement.

LXXIII. Si, par mauvais temps ou par toute autre force majeure, des capitaines ne pouvaient terminer le chargement des denrées coloniales portées sur ce manifeste, il en sera fait mention par lesdits receveurs sur leur registre, et par lesdits capitaines dans la déclaration qu'ils devront passer de leur chargement à leur arrivée à l'île de France.

LXXIV. Les denrées et productions coloniales qui seront trouvées à l'arrivée des bâtimens à l'île de France, en outre celles portées sur ces manifestes, payeront, comme passées en fraude, le double du droit

de sortie qu'elles eussent dû acquitter ; lequel sera indépendant de celui qu'elles devront à leur sortie de l'île de France.

LXXV. Faute de rapport des certificats de décharge des acquits à caution exigés pour l'introduction des aracks et eaux-de-vie, et dans les cas prévus par l'article LXXI, il sera décerné contrainte de la manière déterminée pour les droits ordinaires, soit contre le principal obligé, soit contre sa caution, pour le payement du double droit.

SECTION III.

Du transport des autres denrées et marchandises d'une colonie à l'autre.

LXXVI. Les autres denrées et marchandises qui seront chargées d'une colonie pour l'autre, seront quittes des droits d'entrée existans, en prenant au bureau de la douane du lieu du départ, un certificat ou manifeste de ce chargement.

TITRE IX.

Des saisies, procès-verbaux et jugemens.

LXXVII. Les marchandises trouvées à bord des bâtimens, sans être déclarées, ou qui seront embarquées ou débarquées en fraude ou contravention du présent arrêté, seront saisies avec tous les instrumens de la fraude, et transportées aussitôt qu'il sera possible, dans le magasin de la douane, où le rapport sera dressé de la saisie.

LXXVIII. Deux préposés de la douane ou autres français habitans ou militaires, suffiront pour constater ces fraudes et contraventions, et procéder à la saisie des marchandises qui en seront l'objet.

LXXIX. Les rapports des saisies seront rédigés en présence du principal employé du bureau de la douane où les objets saisis auront été conduits, ou par lui, si les saisissans déclaraient ne pouvoir écrire ni signer. Ces actes énonceront la date et la cause de la saisie ; la déclaration qui en a été faite au prévenu ; les noms, qualités et demeures des saisissans ; l'espèce, poids ou nombre des objets saisis ; la présence de la partie à leur description, ou la sommation qui lui aura été faite d'y assister ; le nom et la qualité du dépositaire ; le lieu de la rédaction du rapport et l'heure de sa clôture.

LXXX. Il sera offert main-levée sous caution solvable, ou en consignant la valeur des bâtimens, bateaux, équipage, voitures et chevaux saisis ; et cet offre, ainsi que la réponse de la partie, sera mentionnée au rapport.

LXXXI. Si le prévenu est présent, le rapport énoncera qu'il lui en a été donné lecture, qu'il a été interpelé de le signer, et qu'il en a reçu de suite copie, avec citation à comparaître devant le tribunal civil dans les trois jours, si le tribunal est dans la distance de cinq lieues ; et s'il est éloigné de plus de cinq lieues, dans un délai qui sera prolongé d'un jour par chaque cinq lieues.

En cas d'absence du prévenu, la copie du rapport

sera affichée dans le jour à la porte du bureau de la douane.

Ces rapports, citations et affiches devront être faits tous les jours indistinctement.

LXXXII. A l'égard des saisies faites sur les bâtimens pontés, lorsque le débarquement ne pourra avoir lieu de suite, les saisissans apposeront les scellés sur les ferremens et écoutilles des bâtimens. Le procès-verbal, qui sera dressé au fur et à mesure du déchargement, fera mention du nombre, des marques et des numéros des balles, caisses et tonneaux. La description en détail ne sera faite qu'au bureau en présence de la partie, ou après sommation à elle faite d'y assister. Il lui en sera donné copie à chaque vacation.

L'apposition des scellés sur les portes, ou d'un plomb et cachet sur les caisses, ou ballots, aura lieu toutes les fois que la continuation de la description sera renvoyée à une autre séance ou vacation.

LXXXIII. Les rapports seront sujets à la formalité de l'enregistrement, et ils seront au moins affirmés par deux des saisissans, devant le président du tribunal civil ou son suppléant, dans le délai donné pour comparaître, ou devant le commissaire civil du quartier, dans les lieux où ne siège point le tribunal.

L'affirmation énoncera qu'il en a été donné lecture aux affirmans. Ces rapports ne seront point assujettis à la formalité du timbre, et ils seront enregistrés gratis.

LXXXIV. Les rapports ainsi rédigés et affirmés, seront crus jusqu'à inscription de faux.

Les tribunaux ne pourront admettre contre lesdits rapports, d'autres nullités que celles résultant de l'omission des formalités prescrites par les sept articles précédens.

LXXXV. Celui qui voudra s'incrire en faux contre un rapport, sera tenu d'en faire la déclaration par écrit en personne, ou par un fondé de pouvoir spécial passé devant notaire, au plus tard à l'audience indiquée par la sommation de comparaître devant le tribunal civil. Il devra, dans les trois jours suivans, faire au greffe de ce tribunal le dépôt des moyens de faux et des noms et qualités des témoins qu'il voudra faire entendre, le tout à peine de déchéance de l'inscription de faux.

Cette déclaration sera reçue et signée par le président ou son suppléant et le greffier, dans le cas où le déclarant ne saurait écrire ni signer.

LXXXVI. Au jour indiqué pour la comparution, le tribunal entendra la partie si elle se présente, et sera tenu de rendre de suite son jugement. Si les circonstances de la saisie nécessitaient un délai, ce délai ne pourra excéder trois jours; et dans ce cas, le jugement de renvoi autorisera la vente provisoire des marchandises et autres objets sujets à dépérissement, et le produit en sera versé provisoirement dans les mains du directeur de la douane.

LXXXVII. Les jugemens des tribunaux civils seront sans appel.

LXXXVIII. L'instruction sera verbale, sur simple mémoire et sans frais de justice à répéter de part ni d'autre; toutes les poursuites seront faites à la requête du directeur de la douane.

LXXXIX. Les juges prononceront sur le fait de la fraude ou contravention, et ils ne pourront excuser les contrevenans sur l'intention, ni faire aucunes remises sur les confiscations et amendes.

XC. Les tribunaux ne pourront donner main-levée des marchandises saisies, qu'en jugeant définitivement, si ce n'est au cas de l'article LXXXVI, et aux conditions et exceptions y portées; le tout à peine de nullité des jugemens.

XCI. Les objets saisis pour fraude et contravention, ou confisqués, ne pourront être revendiqués par les propriétaires, ni le prix, soit qu'il soit consigné ou non réclamé par aucuns créanciers, même privilégiés, sauf leur recours contre les auteurs de la fraude ou contravention.

XCII. Les jugemens portant condamnation au payement des droits de la valeur des objets remis provisoirement et confisqués et des amendes, seront exécutés par corps.

TITRE X.

La répartition du produit des marchandises confisquées et des amendes.

XCIII. Le produit des amendes et des confiscations sera partagé de la manière suivante :

Lorsque les saisies auront été faites par les militaires ou particuliers, autres que les employés de la douane, un sixième appartiendra à la République, un second au directeur de la douane, et les quatre autres aux saisissans.

Lorsque les saisies auront été faites par les employés de la douane, deux sixièmes appartiendront à la République; deux autres sixièmes aux saisissans ou à ceux qui auront découvert la fraude; un autre au directeur de la douane, et un autre aux autres employés de la douane, y compris le directeur, d'après le traitement de chacun.

Dans tous les cas, lorsque la somme à répartir n'excédera pas cent piastres, les parts attribuées à la République, appartiendront aux saisissans, par accroissement de leurs parts.

TITRE XI.

Du droit d'ancrage.

XCIV. Ce droit est fixé pour les vaisseaux français,

Savoir :

Pour ceux venant des îles environnantes, et de la Côte d'Afrique, à cinquante-cinq centimes de franc, (dix centièmes de piastres,) par tonneau.

Pour ceux venant de toute autre partie, un franc dix centimes, (vingt centièmes de piastre.)

XCV. Les bâtimens qui naviguent de côte en côte de la même île, en sont exempts.

XCVI. Les bâtimens arrivant à l'île de la Réunion, pour faire le cabotage du tour de cette île, payeront ce droit dans le premier lieu où ils communiqueront;

et sur la présentation de la quittance, ils en seront exempts dans les autres quartiers.

XCVII. Les bâtimens étrangers payeront deux francs soixante-quinze centimes, (une demi piastre) par tonneau, quel que soit le lieu de leur départ.

XCVIII. Les bâtimens français qui séjourneront dans le Trou-Fanfaron, payeront par chaque mois de séjour, en sus du droit d'ancrage, seize centimes et demi (trois centièmes de piastre) par tonneau.

Le mois commencé sera dû en entier.

Les étrangers payeront le double de ce droit.

XCIX. Le droit d'ancrage est exigible dans le même délai que le droit d'entrée, et toujours avant le départ du bâtiment ; et celui de séjour au Trou-Fanfaron, de trois mois en trois mois, ou au sortir des bâtimens, s'ils en sortent auparavant.

C. Ces droits se payeront d'après le tonnage, qui se trouvera porté dans les expéditions des bâtimens, et si les capitaines ne peuvent en justifier par aucune pièce authentique, ou en cas d'erreur présumée, il sera procédé à leur jaugeage, par les jaugeurs du port.

CI. Le bureau du port informera celui de la douane, des entrées et des sorties des bâtimens, du Trou-Fanfaron.

TITRE XII.

Des certificats d'origine.

CII. Les certificats d'origine, qui seront réclamés pour les denrées et productions du crû des îles de France et de la Réunion, seront délivrés par le directeur de la douane, et visés par le Préfet colonial.

CIII. Ces denrées et productions seront vérifiées avant l'embarquement, par le vérificateur de la douane, ou autre employé en son absence, qui en constateront l'origine, et en remettront un certificat, dont la représentation sera indispensable pour la délivrance du certificat d'origine.

CIV. Les certificats d'origine seront enrégistrés au bureau de la douane, sur un régistre à ce destiné.

TITRE XIII.

Du départ des bâtimens.

CV. Tout capitaine de bâtiment français ou étranger, sera tenu avant de pouvoir être expédié, de remettre au bureau de la douane, la déclaration du lieu de sa destination, avec celle de son chargement, soit que les marchandises dont il sera composé, doivent ou ne doivent pas des droits de sortie, contenant le nombre de balles, caisses, sacs, avec la désignation en espèce, nombre, poids, etc., etc. de leur contenu.

CVI. Si le directeur ou receveur de la douane, a connaissance de fraude commise pendant le chargement, et que la vérification exige le débarquement de tout ou partie des marchandises de la cargaison, il pourra sous sa responsabilité y faire procéder ; parce que dans le cas où la fraude ne serait point constatée, il sera passible des dommages et intérêts envers les capitaines et chargeurs.

CVII. La fraude sera jugée d'après la déclaration du chargement, et la confiscation et amende seront prononcées conformément à l'article XXXI.

CVIII. Aucun bâtiment ne pourra être expédié que sur un certificat de non-opposition du chef de la douane. Les personnes chargées de ces expéditions, seront responsables des droits, dont la rentrée ne pourrait se faire faute par eux d'avoir tenu la main à cette disposition.

CIX. Aucun navire ne pourra être expédié sous un autre nom que celui sous lequel il est entré dans le port, à moins d'une déclaration de ce changement, au bureau de la douane.

Les capitaines ou propriétaires qui parviendraient à faire expédier leur navire, en contravention de cet article, seront condamnés à une amende de six cents francs.

TITRE XIV.

Dispositions générales.

CX. Les bureaux de la douane seront ouverts toute l'année, depuis le lever du soleil jusqu'après son coucher ; les heures de midi à deux heures, exceptées.

CXI. Les directeurs et receveurs des douanes, prendront toutes les mesures nécessaires pour empêcher la fraude.

Ils pourront, s'ils le jugent convenable, mettre des préposés ou gardiens, à bord de tous les bâtimens entrans ou sortans, jusqu'après leur déchargement ou sortie.

Il est enjoint aux capitaines et commandans de ces bâtimens, à peine de douze cents francs d'amende, de recevoir lesdits préposés et de leur ouvrir les chambres, armoires et autres fermans de leurs navires, à l'effet d'y faire la visite nécessaire pour prévenir la fraude. Dans le cas de refus, ils pourront requérir l'assistance d'un inspecteur de la police, pour en être fait l'ouverture en sa présence, dont il sera dressé procès-verbal.

CXII. Les préposés de la douane, sont autorisés dans le cas de poursuites de marchandises débarquées frauduleusement, à faire leurs recherches dans les maisons ; mais seulement, lorsque ne les ayant pas perdues de vue, ils arrivent au moment où elles sont introduites dans lesdites maisons.

S'il y a refus d'ouvrir les portes, ils peuvent en requérir l'ouverture en présence d'un inspecteur de la police, qui devra assister au procès-verbal.

Les préposés de la douane, seront tenus dans ces cas, d'exhiber leur commission, à la première réquisition.

CXIII. Ils sont sous la sauve-garde de la loi : il est défendu à toutes personnes de les injurier ou maltraiter et même de les troubler dans l'exercice de leurs fonctions, à peine de mille francs d'amende, et sous telle autre peine qu'il appartiendra, suivant la nature du délit.

CXIV. Tout employé de la douane, qui s'entendrait avec les redevables, pour frauder les droits, sera poursuivi criminellement et puni d'après les lois.

CXV. Tous les droits de douane, existans dans les deux îles, autres que ceux maintenus par le présent arrêté, cesseront du jour de sa publication, à l'exception des droits d'entrée en France, auxquels sont soumises par avance, les denrées coloniales, chargées sur bâtimens neutres et alliés; lesquels continueront d'y être perçus conformément aux arrêtés qui les ont établis; à l'exception de celui sur le bois d'ébène qui ne sera perçu qu'à raison de trois francs par quintal. Mais pendant la durée de la perception de ces droits, les bâtimens de commerce, qui y sont soumis, seront exempts du droit, d'un franc trente-sept centimes et demi, mis par le présent, sur les bois d'ébène, à sa sortie.

CXVI. Le présent et le tarif y annexé, seront lus, enregistrés, imprimés et affichés partout où besoin sera. Expédition en sera adressée au Préfet colonial et au Commissaire de justice.

Ile de France, le 30 Fructidor an XII.

Le Capitaine-général,

DECAEN.

TARIF DES DROITS D'ENTRÉE.

Ces droits se perçoivent sur la valeur des objets, si le contraire n'est énoncé.

A.

	p. cent.
Acier non ouvré et acier fondu	5
Acier ouvré	8
Adaubage à la graisse	8
Affûts et ustensiles de canon	5
Ailerons de requins	5
Alambics pour les sucreries	3
Anchois	8
Ancres	3
Armurerie garnie en or ou argent	8
Idem de toute autre espèce	6
Aracks	10
Arrèques	5
Artifices	8
Avirons	5

B.

	p. cent.
Baguettes peintes, dorées et argentées	8
Bajutapaux	5
Balances en cuivre et fer	5
Baleines en fanons	5
Baleines coupées et apprêtées	6
Bas et bonets de laine	3
Bas de coton de toutes espèces	5
Bas de soie	8
Batiste unie et brodée	8
Bazin uni et piqué	8
Beurre	5
Bière	6
Bijouterie de toute espèce	8
Biscuits de mer	1
Bœuf salé	5
Bois de teinture et de marqueterie	6
Bois de construction	5
Borax	6
Bottes	5
Bouchons de liège	5
Bougie de cire et de blanc de baleine	10
Boulets	5
Bouteilles vides	5
Boutons de toutes espèces	8
Brai	5
Briques	5
Bruderies d'or et d'argent	8
Bronze œuvré	6
Brosseries	5

C.

	p. cent.
Cacao	5
Cadres peints, dorés et argentés	8
Café de Java et autres	10
Calin ou toutenague en lingot et planche	5
Canelle	6
Canons en fer et bronze de toutes espèces	5
Capres	8
Carreaux de vître, de terre, de pierre ou de marbre	5
Cartes géographiques	5
Cartes à jouer	10
Cartons de toutes espèces	6
Casaques à nègres	5
Chaircuiterie de toute espèce	8
Chandelle de suif	5
Chapeaux	6
Chaudières pour les sucreries	3
Chaudronnerie d'autre sorte	5
Charbon de terre	5
Chasselas	5
Chocolat	8
Cidre	5
Cire de toute espèce	6
Clinquants	10
Cloches	5
Clous de toutes espèces	5
Cochenille	6
Confitures	10
Corail	6
Cordage de toute espèce	5
Cordes d'instrumens de musique	8
Cornichons	8
Cosmétiques de toutes espèces	10
Coton en laine	8
Coton filé	6
Coutellerie enrichie d'or et d'argent	8
Idem non enrichie	6
Coutils	5
Couvertures de soie	8
Couvertures de laine	5
Couvertures de coton	6
Crin	5
Cristal brut	6
Cristaux œuvrés	8
Cuirs de toutes especes	5
Cuivre	5
Cuivre ciselé doré et argenté	8

D.

	p. cent.
Dame-jeannes vides	6
Dentelles de toutes espèces	8
Draps de toutes espèces	8
Drogueries préparés ou non	6
Duvet et édredon	8

E.

	p. cent.
Eau-de-vie en bouteilles	10
Idem en barrique	8
Eaux médicinales et de senteur	8
Ecailles de caret brut	6
Enclumes	5
Eponges	8
Etain en lingots	5
Etaux	6
Etoffes de toutes espèces non désignées	8
Etoupes	5
Eventails	8

F.

	p. cent.
Fayence de toute espèce	8
Farine	1
Fer en barres et feuillard	5
Fer œuvré	6
Fer-blanc	5
Ferblanterie	5
Fil d'or et d'argent	8
Fil de fer ou de laiton	6
Fil à coudre et à voile	6
Fourbisserie	8
Fourrures	8
Fromages	8
Fruits secs et à l'eau-de-vie	10
Fusils de chasse	8
Fusils de munition	5
Futailles vides	5

G.

	p. cent.
Galons d'or et d'argent	8
Gants	8
Gaze	8
Genièvre en barriques	8
Girofle	10
Gen-seng	6
Glacés au-dessus de 8 pouces de haut	10
Gomme arabique et autres	6
Goudron	5
Grapins	4
Gravures de toutes espèces	8
Guingans id. id.	8

H.

	p. cent.
Habillemens de toutes espèces	8
Harnais de chevaux et de voitures	8

p. cent.

Horlogerie.... 8
Huile d'olive.... 8
Huile à brûler.... 5

I.

Indigo de toute espèce.... 10
Instrumens de musique.... 10
Idem d'usine et aratoires.... 5
Idem d'astronomie, de navigation de mathématiques, de chirurgie, optique, etc., etc..... 6
Ivoire brut.... 6

J.

Joncs de toutes espèces.... 8
Jambons.... 10
Joujoux d'enfans.... 10

L.

Laine.... 5
Lard salé.... 5
Idem en planches.... 6
Légumes secs.... 6
Liège en planches.... 6
Limencéas.... 6
Linons unis et brodés.... 8
Liqueurs de toutes espèces en bouteilles. 10
Linge de table, de lit et autres.... 6
Livres.... 6

M.

Macaroni.... 8
Macis ou fleurs de muscades.... 8
Madriers.... 5
Mantègue ou beurre fondu.... 5
Marbre de toute espèce.... 10
Marmites de potin.... 5
Médicamens préparés ou non préparés. 6
Merceries de toutes espèces.... 8
Meubles id. id.... 8
Modes (ouvrages de modes).... 8
Mouchoirs de toutes espèces.... 8
Mousse du Japon.... 8
Mousseline.... 8
Muscade.... 8
Musique.... 8

N.

Nacre de perles.... 8
Nankins de toutes espèces.... 8
Nattes id. id.... 5
Nicanias.... 6
Néganépaux.... 6
Nerfs de cerfs.... 8
Nids d'oiseaux.... 8
Noix de Galle.... 6

O.

Obusiers de toutes espèces.... 5
Olives.... 10
Opiat.... 8
Opium non préparé.... 6
Orfèvrerie de toute espèce.... 8
Outils id. id. non désignés.... 6

P.

Pagnes fines de Madagascar.... 6

p. cent.

Paillettes.... 8
Panaches.... 8
Papiers à écrire.... 8
Id. à emballage.... 6
Id. peints.... 8
Parasols.... 8
Parchemin.... 6
Parfumerie.... 10
Passementeries.... 8
Peaux de toutes espèces.... 5
Pelleteries id. id.... 8
Perles fines et fausses.... 5
Pierres fines, brutes ou taillées.... 5
Pierres à fusils.... 5
Pipes.... 8
Peintures de toutes espèces.... 8
Planches id id.... 5
Plomb à giboyer.... 6
Plomb en balles, planches, lingot ou saumon.... 5
Poids à peser.... 5
Poiré.... 6
Poissons, sec et salé.... 6
Poivres.... 5
Porcelaines.... 8
Poteries de terre.... 5
Poudre à giboyer.... 8
Poudre de guerre.... 6

Q.

Quincailleries.... 8

R.

Rassades.... 5
Rabannes de Madagascar.... 5
Rotins.... 6
Rubans.... 8

S.

Safran.... 6
Sagou.... 5
Saindoux.... 5
Salpètre.... 5
Savon de toutes espèces.... 6
Schalls.... 10
Sculptures.... 8
Sel.... 4
Sirsacas.... 8
Sistreçais.... 8
Soie à coudre.... 8
Soie écrue.... 8
Soieries de toutes espèces.... 8
Soufre.... 5
Souy.... 8
Souliers.... 6
Sucre candy.... 10
Idem brut, terré et rafiné.... 10
Sucreries.... 10
Suif.... 5

T.

Tabacs, 5 francs 50 centimes de droit d'entrée, et 110 francs de droit de consommation par quintal.

p. cent.

Tableaux.... 8
Thés de toutes espèces.... 8
Thérébentine.... 8
Thon mariné.... 8
Toile à voiles.... 5
Idem, blanches de l'Inde, jusques et compris le 19 conjons.... 6
Idem, Idem, jusques et non compris le 30 conjons.... 7
Idem, de 30 conjons et au-dessus, y compris les toiles du nord.... 8
Toiles écrues bleues, rayées et à carreaux de toutes espèces.... 6
Toiles blanches de toute autre espèce de l'Inde.... 8
Toiles de fabrique française.... 6
Traite de noirs importées sous pavillon étranger, 6 Ptres. par tête d'esclave.

U.

Ustensiles de bureau.... 8

V.

Vermicelle et autres pâtes.... 8
Vernis.... 8
Verroteries.... 8
Viandes fumées.... 8
Vins de Champagne, du Rhin, et de liqueurs de toutes espèces en bout.. 10
Id. en barriques.... 8
Id. de toutes autres espèces en bout. 8
Id. en barriques.... 6
Vinaigre pour la table.... 6
Vinaigre pour la toilette.... 10
Voitures de toutes espèces.... 10

Marchandises et denrées exemptes de droits d'entrée.

Or et argent monnoyés et en lingot.
Blé.
Riz.
Graines potagères.
Bestiaux vivans.
Toutes les productions de Madagascar et Seychelles, importés sous pavillon français.
Les vêtemens, livres, meubles et instrumens à l'usage des personnes qui viendront pour résider dans la colonie.
Les traites de noirs importées sous pavillon français.

Arrêté le 30 Fructidor an XII, et annexé à l'arrêté de ce jour, en conformité de l'article 1er.

Le Capitaine-général,

DÉCAEN.

ARRÊTÉ.

79. DÉCAEN, Capitaine-général, etc. etc.,

Sur l'exposé qui lui a été fait par le Préfet colonial, que, si le droit de consommation établi sur les tabacs par l'arrêté de ce jour, ne portait pas sur ceux existans à présent à l'île de France, il arriverait que les tabacs à introduire ne pourraient pas être vendus, par l'avantage qu'auraient les possesseurs des premiers ; et qu'il en résulterait suspension dans l'importation et nullité de recette de droits ;

Que cependant les tabacs antérieurement introduits, ayant déjà acquitté un droit d'entrée, il est juste de ne pas les soumettre à la totalité du nouveau droit ;

Après en avoir délibéré avec le Préfet colonial, et sur sa proposition, Arrête :

Art. Ier. Les tabacs en feuilles, existans dans la colonie, payeront un droit de consommation de quinze piastres par quintal (quatre-vingt-deux francs vingt-cinq centimes.)

II. Cette taxe sera payable comptant ou à termes, en effets négociables suffisamment cautionnés, savoir :

Deux dixièmes à trois mois, deux dixièmes à six mois, trois dixièmes à neuf mois, trois dixièmes à un an.

III. Les propriétaires ou dépositaires de tabacs, ne seront point assujettis, aux époques déterminées, pour le payement de ce droit, pour les quantités qu'ils voudront entreposer dans le magasin de la douane ; mais ils l'acquitteront comptant en totalité, au fur et à mesure de celles qu'ils demanderont à faire sortir, quelle que soit l'époque de cette sortie.

IV. Tout propriétaire ou dépositaire de tabacs, sera tenu de passer au bureau de la douane, dans les trois jours qui suivront la publication du présent, une déclaration exacte de leurs quantités, de désigner le magasin ou maison où ils sont déposés ; de déclarer s'ils entendent payer le droit ou déposer leurs tabacs dans le magasin de la douane : il sera remis à chacun un extrait de sa déclaration.

Le registre des déclarations sera arrêté, aussitôt le délai expiré.

V. Le directeur de la douane, sera tenu, sous sa responsabilité, de faire faire toutes les visites et vérifications nécessaires, dans les magasins et maisons des particuliers, pour s'assurer de la vérité des déclarations.

Les visites et vérifications seront faites par les employés de la douane, accompagnés d'un inspecteur de police.

VI. Les tabacs non déclarés, ou qui se trouveront en outre des déclarations, seront saisis et confisqués au bénéfice des saisissans, avec une amende de mille francs contre le délinquant. Il n'y aura point lieu à la confiscation, mais seulement au payement du droit, toutes les fois que l'excédent ne surpassera point la déclaration du dixième.

VII. Il est expressément défendu, sous peine de confiscation, de changer de lieu les tabacs, pendant les quinze jours qui suivront la publication du présent, à moins d'un permis du directeur de la douane.

VIII. Le présent sera lu, enregistré, imprimé et affiché partout où besoin sera. Expédition en sera adressée au Préfet colonial et au Commissaire de justice.

A l'île de France, le 30 Fructidor an XII.

Le Capitaine-général, DECAEN.

ARRÊTÉ.

80. DECAEN, Capitaine-général, etc. etc.,

Sur l'exposé du Préfet colonial, que, d'après la réduction apportée sur les contributions directes des îles de France et de la Réunion, il est nécessaire d'adopter comme un des moyens de remplacement de l'impôt réduit, l'établissement d'un droit de consommation sur l'arack, qui se vend en détail, au port N.-O. ; et que

Quatrième partie, A.

pour le percevoir, il convient de soumettre à une taxe déterminée, les cantiniers qui vendent l'arack en détail ;

Après en avoir délibéré avec le Préfet colonial, Arrête :

Art. Ier. Il est établi un droit de consommation sur l'arack qui se vend en détail, au port N.-O.

II. Ce droit sera perçu par une taxe imposée sur chaque cantine.

III. Le nombre des cantiniers, pour le port N.-O. et la banlieue, est fixé à quarante-cinq, qui seront divisés en quatre classes, en raison de la situation de leurs cantines.

IV. Ces quarante-cinq cantines sont classées comme suit :

    18 cantines de première classe.
    12 idem, de deuxième.
    10 idem, de troisième.
    5 idem, de quatrième.

V. Chaque cantine de première classe, payera ci : 250 piastres ou 1375 francs ; chaque cantine de 2me. 200 piastres ou 1100 fr. ; chaque cantine de 3me. 150 piastres ou 825 fr. ; chaque cantine de 4me. 100 piastres ou 500 fr.

VI. Seront de première classe, les dix-huit cantines situées au Bazar, sur la Chaussée, rue de Moka, des Casernes, du Sentier, rue Nationale jusqu'à la rue de l'Hôpital, rue de Paris jusqu'à la rue de Châlons.

Seront de seconde classe, les douze cantines situées, rue de Paris depuis la rue de Châlons, rue Nationale depuis la rue de l'Hôpital, rues de l'Arsenal, des Dames, de la Pompe, des Pamplemousses et de Soissons.

Seront de troisième classe, les dix cantines situées, rues de la Côte-d'Or, du Rhin, Fanfaron, Plaine-Verte et celles du chemin de la Grande Rivière.

Les cinq cantines établies au faubourg de l'Est, seront de quatrième classe,

VII. Le droit de cantine sera payé par trimestre, d'avance.

VIII. Il est défendu à tout autre qu'aux cantiniers autorisés par le présent arrêté, de vendre de l'arack en détail : c'est-à-dire, par bouteille et au-dessous, à peine de confiscation de l'arack, qui serait saisie, et de cinq cents francs d'amende.

IX. Les cantiniers seront sous la surveillance immédiate de la police ; et les réglemens relatifs à cette partie, tant pour la vérification des aracks, que pour l'ouverture et la fermeture des cantines, seront observés sous les peines y portées.

X. Les cantiniers ne vendront aucune autre boisson : ils ne tiendront point de table dans leurs cantines ; ils ne donneront point à manger.

XI. Les cantiniers ne pourront vendre de l'arack aux noirs esclaves, par bouteille ou en plus grande quantité, que sur des billets signés de leurs maîtres.

Les cantines seront désignées par des tableaux numérotés, placés au-dessus de la porte.

XIII. Le présent sera lu, enregistré, imprimé et affiché. Expédition en sera adressée au Préfet colonial et au Commissaire du justice.

A l'île de France, le Ier. Vendémiaire an XIII.

Le Capitaine-général, DECAEN.

ARRÊTÉ.

81. DECAEN, Capitaine-général, etc. etc.,

Sur l'exposé du Préfet colonial, que d'après ce qui a été statué pour les contributions directes et indirectes aux îles de France et de la Réunion, les traiteurs, aubergistes et cafetiers pouvaient être imposés à une taxe, en raison de la nature de leurs établissemens et des consommations qui s'y faisaient chaque jour ;

Après en avoir délibéré avec le Préfet colonial,

Arrête :

Art. Ier. A dater du 1er. Vendémiaire, les traiteurs qui tiennent des tables d'hôte ou servent en ville, payeront un droit annuel de trois cents piastres ou 1750 francs.

II. Les aubergistes payeront, pour droit de tenir auberge, une taxe annuelle de deux cent cinquante piastres ou 1375 francs.

III. Les cafetiers payeront, pour droit de tenir café, une somme annuelle de quatre-vingts piastres ou 440 francs.

IV. Le nombre des traiteurs, aubergistes et cafetiers pourra être augmenté ; mais nul ne pourra exercer ces trois états sans une permission par écrit de la police, et sans payer le droit imposé pour chaque profession.

V. Ce droit sera payé par trimestre et d'avance.

VI. Chaque traiteur, aubergiste et cafetier sera tenu de désigner sa demeure, par une enseigne placée au-dessus de la porte de sa maison.

VII. Les traiteurs, aubergistes et cafetiers seront sous la surveillance immédiate de la police, et rendront à l'agent-général de ce service, les comptes journaliers exigés par les réglemens de police.

VIII. Le présent sera lu, enregistré, imprimé et affiché partout où besoin sera. Expédition en sera adressée au Préfet colonial et au Commissaire de justice.

A l'île de France, le 6 Vendémiaire an XIII.

Le Capitaine-général, DECAEN.

REGLEMENT.

82. L. R. CRESPIN, Commissaire de justice, etc.,

En vertu de l'article XXVIII de l'arrêté du Gouvernement de la République, du 13 Pluviose an XI ;

Considérant que les régles de la procédure à pratiquer par-devant les tribunaux des îles de France et de la Réunion, se trouvent confondues en divers arrêtés, qui n'ont en général aucune liaison entr'eux, et qui, en beaucoup de points, ne sont plus suivis ; qu'il en résulte souvent des difficultés réelles pour les parties et pour les juges ; qu'il est expédient pour le bien des justiciables, de rassembler en un même réglement les principales dispositions propres à donner de la célérité et de la certitude aux instructions et au jugement des affaires ; Arrête :

RÉGLEMENS SUR LA PROCÉDURE.

TITRE PREMIER.

Procédure en matière civile.

§ PREMIER.

Des ajournemens.

Art. Ier. Les ajournemens et citations en toutes matières au civil, par-devant les tribunaux des îles de France et de la Réunion, se feront par un simple exploit qui énoncera la date de l'acte, les nom, qualités et domicile élu de la partie, les nom et demeure de l'avoué constitué, les prénoms, nom et demeure de l'huissier, le jour de la comparution par-devant le tribunal, l'objet de la demande, ses motifs, et les conclusions de la partie.

II. Tous les exploits d'ajournement seront faits à personne ou domicile réel ; et il sera fait mention en l'original et en la copie, des personnes auxquelles ils auront été laissés.

III. Si l'huissier ne trouve personne au domicile, il sera tenu d'attacher ses exploits à la porte, et d'en avertir le plus proche voisin, qu'il invitera à signer l'exploit, et s'il ne veut ou ne peut signer, il en fera mention ; en cas qu'il n'y ait aucun proche voisin, il fera parapher son exploit, et dater le jour du paraphe par le juge de première instance au chef-lieu, ou dans les autres quartiers, par le commissaire civil ou son suppléant.

IV. L'usage des requêtes reste supprimé dans toutes les affaires et dans tous les tribunaux ; il y sera suppléé par un simple mémoire.

V. Les formalités prescrites par les articles I, II et III, seront observées à peine de nullité des actes, et de cinquante francs d'amende contre l'huissier, applicables, moitié aux réparations de l'auditoire, moitié au bureau de bienfaisance, sans qu'elle puisse être remise ou modérée pour quelque cause que ce soit, sauf les dommages et intérêts des parties.

Les huissiers seront tenus de mettre au bas de l'original des exploits, les sommes qu'ils auront reçues pour leurs salaires, à peine de pareille amende de cinquante francs, applicable comme, en l'article ci-dessus.

§ II.

Des délais.

VII. Les délais des assignations en première instance, seront de cinq jours pour les personnes domiciliées au chef-lieu de chaque colonie, et de huit pour celles qui résident dans les autres quartiers.

Dans les affaires sommaires de police, de commerce

et d'amirauté, ils seront au plus de trois jours, et de moins suivant l'exigence des cas.

VIII. Les délais pour comparaître aux tribunaux d'appel, seront de huit jours, pour les individus domiciliés au chef-lieu, et de quinze jours pour ceux des autres quartiers.

En affaires sommaires, ils ne pourront être de plus de huit jours, quel que soit le domicile des parties.

IX. Tous les jours, y compris ceux des assignations et de leur échéance, sont continus et utiles pour les délais, même les dimanches, fêtes du culte, fêtes nationales, jours de vacations et autres auxquels il ne se fait aucune expédition de justice.

X. Les parties seront tenues d'élire domicile dans le chef-lieu, pour que tous actes nécessaires à la procédure soient faits à ce domicile.

La constitution d'avoué se fera aux termes de l'article II du règlement du 29 Nivôse an XII.

XI. Les délais pour produire et pour répondre dans les affaires de nature à être jugées par écrit, ne pourront être de plus de huit jours pour chaque écrit des parties ; et il ne pourra, dans ce cas, être fourni au procès, sous quelque prétexte que ce puisse être, plus de deux écrits de part et d'autre.

§ III.

Des rôles et de l'inscription des causes.

XII. Il sera fait pour chaque jour d'audience des tribunaux de première instance, un rôle des causes qui devront y être appelées ; l'huissier audiencier le dressera ; il sera arrêté et signé par le juge ou son suppléant, et demeurera déposé au greffe.

XIII. Il y aura trois rôles des causes portées par-devant les tribunaux d'appel ; le premier, des causes sommaires ; le second, de celles de commerce et d'amirauté, et le troisième, des autres affaires.

XIV. Ces rôles seront faits par le greffier, et renouvelés toutes les semaines ; ils seront arrêtés et signés par le président ou le juge qui le remplacera, et affichés dans la salle des audiences ; la date de l'affiche sera certifiée au bas par le greffier.

XV. Les causes y seront inscrites à la diligence des parties, sans qu'il soit besoin de notifier la mise au rôle.

Aucune affaire ne pourra être inscrite, si elle ne peut avoir au rôle trois jours d'affiche avant d'être appelée en son rang d'inscription.

Toute cause qui ne serait pas affichée depuis trois jours, sera rayée.

XVI. Les causes qui resteront sur le rôle à la fin de chaque semaine, seront appelées et jugées la semaine suivante, avant celles du nouveau rôle.

§ IV.

Des défauts et congés, et des forclusions.

XVII. Si, dans les délais ci-dessus déterminés, l'une des parties ne comparaît, il sera de suite, après vérification des pièces du comparant, donné en l'audience défaut ou congé contre le défaillant, sans qu'il soit besoin d'aucun acte ni sommation préalable.

XVIII. Si, au jour indiqué, aucune partie ne se présente, ou, si celui qui se présente, refuse de prendre jugement, la cause sera rayée du rôle.

XIX. Toute cause rayée du rôle, ne pourra être placée sur un nouveau, que sur le vu de l'expédition du jugement de radiation ; tous les frais qui pourront en résulter, seront frustratoires, et ne pourront entrer en taxe, sans préjudice des dommages et intérêts des parties contre l'avoué qui aura donné lieu à la radiation.

XX. Dans le cas où l'affaire n'aurait pu être appelée ou continuée, elle suivra toujours en son rang l'ordre du rôle, et sera poursuivie aux audiences suivantes, sans qu'il soit nécessaire d'une nouvelle assignation ni d'aucun jugement de renvoi, à peine de nullité d'iceux.

XXI. La vérification des pièces, prescrite par l'article XVII, dans le cas d'un défaut ou congé, aura pour but en première instance, d'examiner si la procédure est régulière et si la demande est juste. Elle se bornera, en appel, à constater si toutes les formalités pour obtenir jugement ont été remplies ; et dans le cas d'un débouté d'opposition, les juges pourront vérifier la demande au fond.

XXII. Si dans les procès par écrit, l'une des parties ne produit pas, dans les délais prescrits par l'article XI, sur la demande de l'autre et sur le vu du certificat délivré par le greffier aux termes de l'article VI du règlement du 29 Nivôse an XII, l'affaire sera jugée par forclusion, sans aucun avertissement, signification ni autre procédure ; et ne pourront les juges, sous quelque prétexte que ce soit, se dispenser de procéder à l'examen et au jugement du procès.

§ V.

Des causes contradictoires.

XXIII. Il sera statué, dans tous les tribunaux et dans toutes les affaires, sans aucuns frais, sur défense verbale ou sur simple mémoire qui sera lu à l'audience par la partie ou par l'avoué qu'elle aura constitué, sauf l'exception portée en l'article XXVII.

XXIV. Les plaidoiries respectives des parties se borneront à l'exposé des faits et des moyens de la cause, et à la réplique de part et d'autre.

XXV. Si le différend ne peut être jugé sur-le-champ, les pièces seront laissées sur le bureau sans autres inventaire, écritures ni mémoire, que ceux joints auxdites pièces pour en être délibéré, et le jugement prononcé dans trois jours au plus tard.

XXVI. Les tribunaux accorderont, sur la demande des parties, des audiences extraordinaires pour les affaires qui requièrent célérité. Ces audiences ne pourront, en cas d'interruption, être renvoyées pour leur continuation à des termes éloignés ; il sera, au contraire, procédé de jour en jour à l'examen et au jugement du procès pour lequel elles auront été accordées.

XXVII. Aucune cause ne pourra être instruite et jugée par écrit, si elle n'a été préalablement portée à l'audience, et si après la plaidoirie des parties il n'a pas été jugé, à la pluralité des voix, qu'elle n'est pas susceptible d'être jugée à l'audience ou sur délibéré, à peine de nullité.

Il sera, dans ce cas, nommé un rapporteur par le jugement qui ordonnera l'appointement.

XXVIII. Ne pourront, dans aucun cas, être instruites et jugées par écrit, les affaires qui auront moins de trois chefs de conclusions, les matières sommaires, les affaires d'incompétence, les déclinatoires, les contestations sur la solvabilité des cautions, les reproches de témoins et les récusations de juges.

§ VI.

De l'appel.

XXIX. Les tribunaux de première instance connaîtront définitivement et sans appel,

1°. De toute affaire personnelle et mobilière de leur compétence, jusqu'à la valeur de six cents francs de capital, et des affaires réelles dont l'objet principal sera de cinquante francs de revenu, soit en rente, soit pour prix du bail ;

2°. De toute affaire de leur compétence, à quelque somme qu'elle puisse monter, si toutes les parties ont expressément renoncé, avant le jugement, à la faculté de l'appel ;

3°. Des actions civiles relatives à la perception des impôts indirects, sans aucune formalité et sans frais.

XXX. Tous jugemens rendus par les tribunaux de première instance, autres que ceux désignés en l'article ci-dessus, seront sujets à l'appel.

XXXI. L'appel sera notifié par simple exploit à personne ou domicile réel ; et il devra, à peine de nullité, porter assignation à comparaître, dans les affaires, par-devant le tribunal d'appel.

L'acte d'appel sera, au surplus, soumis aux mêmes formalités que les exploits d'ajournement, sous les peines portées en l'article V.

Aucune appellation verbale ne pourra être reçue.

XXXII. Aucun appel ne pourra, à peine de déchéance, être signifié après l'expiration de trois mois pour les personnes présentes ou dûment représentées aux îles de France et de la Réunion ; de six mois dans l'une des colonies, pour les personnes domiciliés dans l'autre ; d'un an pour les personnes de l'Inde, et de dix-huit mois pour celles qui seront en Europe ou en Amérique.

Ces termes courront du jour de la signification du jugement à personne ou domicile réel, y compris le jour de l'échéance.

En tems de guerre, les délais pour les absens résidant en Europe, en Amérique ou dans l'Inde, ne courront que du jour de la connaissance officielle de la paix auxdites colonies.

L'appel ne sera signifié que dans les huit jours de la signification du jugement faite à personne ou domicile réel.

XXXIII. On ne pourra appeler d'aucun jugement préparatoire pendant le cours de l'instruction ; et les parties seront obligées d'attendre le jugement définitif, sans qu'on puisse cependant leur opposer ni leur silence, ni même les actes faits en exécution des jugemens de cette nature.

XXXIV. Il ne sera formé, en cause d'appel, aucune nouvelle demande, et les juges ne pourront prononcer que sur celles faites en première instance. Ils statueront, néanmoins, sur les intérêts et sur les termes des loyers ou des baux échus depuis le jugement dont a été appel, ainsi que sur les dommages et intérêts ayant pu résulter à l'une des parties depuis la même époque.

XXXV. Les parties pourront former opposition à l'exécution des arrêts rendus contr'elles par défaut ou congé ; elles pourront aussi se pourvoir par la même voie côntre les sentences également rendues par défaut, mais dans le cas de l'article XXIX seulement.

L'acte d'opposition devra, à peine de déchéance, être formé à domicile élu dans les huit jours de la signification de la sentence ou de l'arrêt, faite à semblable domicile, et porter assignation à comparaître dans les délais aux fins de ladite opposition.

XXXVI. Si l'opposant ne se présente à l'audience dans les délais, ou le jour auquel l'affaire sera appelée suivant son rang d'inscription au rôle, il sera donné, en l'audience, congé contre lui, sans aucun avertissement ni signification préalables, et le jugement sera considéré comme contradictoirement rendu et définitif.

XXXVII. Dans tous les cas où il y aura lieu d'annuller un jugement de première instance pour vice de forme ou pour toute autre cause, le tribunal d'appel retiendra et jugera l'affaire au fond, après avoir ordonné que les nullités reconnues seront réparées dans le plus bref délai.

Tous les frais et dépens de la procédure annullée seront à la charge de la partie de qui elles proviendront.

§ VII.

Des jugemens préparatoires, des demandes incidentes et des interventions.

XXXVIII. Tous les jugemens préparatoires qui seront prononcés par les tribunaux pour l'éclaircissement d'une affaire, contiendront les faits sur lesquels l'instruction préparatoire aura lieu, et le délai dans lequel elle devra être faite du jour de la signification ; ce délai sera de rigueur, et les parties seront tenues de s'y conformer, à peine d'être privées du bénéfice du jugement, qui, dans ce cas, aura lieu sur les pièces qui se trouveront produites, sans égard au jugement préparatoire.

XXXIX. Toute demande incidente qui surviendra dans le cours d'un procès, sera faite par simple exploit à domicile élu, contenant les motifs de l'incident, la signification des pièces à l'appui et assignation à comparaître dans les délais : le tribunal prononcera dans la forme ordinaire, sauf à joindre l'incident au fond de la contestation, s'il y a connexité, et s'il croit pouvoir le faire sans nuire à l'intérêt des parties, et sans déroger à l'article XXXIV.

XL. Lorsque par des jugemens rendus contradictoirement sur la contestation principale, il aura été statué par défaut sur les demandes incidentes, lesdites demandes seront réputées jugées contradictoirement, sans que les parties soient reçues à se pourvoir par opposition contre les arrêts, sous prétexte qu'elles n'auraient pas défendu à la demande incidente, ce qui sera observé à peine de nullité.

XLI. Toute demande en intervention sera également faite par un simple acte à personne ou domicile réel, contenant les motifs de l'intervention, la signification des pièces justificatives, l'assignation à comparaître dans les détails, et les conclusions du demandeur.

L'intervention ne sera admise, que lorsque le demandeur aura un intérêt dans la cause ; elle sera dans ce cas jointe au fond, pour y être fait droit par un seul et même jugement.

§ VIII.

De la manière de procéder aux jugemens, de leur forme et de leur exécution.

XLII. Le jugement d'une affaire instruite et en état d'être jugée, ne pourra être différé à cause du décès des parties ou de leurs avoués, ou sous prétexte de constitution d'un nouvel avoué.

XLIII. Toutes les affaires seront jugées suivant leur rang d'instruction au rôle, et de production en cas d'appointement aux termes de l'article XXVII.

XLIV. Toutes les écritures non signifiées ou non communiquées seront rejetées de l'examen du procès, et les juges ne pourront y avoir aucun égard en jugeant.

XLV. Toutes les pièces signifiées après la deuxième réponse du défendeur ou de l'intimé, seront considérées comme non avenues et rejetées du procès, sans être lues, à moins qu'elles n'aient été signées par permission expresse du tribunal ; ce qu'il ne pourra accorder qu'une fois à chaque partie, dans le cas seulement où elles n'auraient pas encore été produites, et où elles seraient indispensablement nécessaires à la décision du procès.

XLVI. Les jugemens contiendront,

1°. Les noms, qualités et conclusions des parties ;

2°. Les questions de fait et de droit ;

3°. Les motifs de décision ;

4°. Le dispositif.

XLVII. Les jugemens seront rendus exécutoires dans les deux colonies, dans la forme suivante :

AU NOM DE LA RÉPUBLIQUE.

Le tribunal de première instance ou d'appel de la colonie de l'île de   séant (le nom des juges)

présent (le nom du commissaire du gouvernement) a rendu la sentence ou l'arrêt suivant :

Entre, etc.

Il est mandé au premier huissier ou autre, sur ce requis, de mettre le présent jugement à due et entière exécution ; aux commissaires du gouvernement, d'y tenir la main ; et aux commandans de la force publique, de prêter main-forte lorsqu'ils en seront légalement requis.

Fait et prononcé judiciairement à
le   l'an   de la République ; au registre signé (le nom du juge qui aura présidé.)

XLVIII. Les jugemens préparatoires seront toujours exécutoires par provision, après signification préalable à domicile élu.

XLIX. Les jugemens définitifs, soit qu'ils soient rendus par forclusion, ou autrement, ainsi que ceux qui prononcent la déchéance de l'appel, seront exécutoires, nonobstant opposition ou appellation au tribunal de cassation, huitaine après la signification, sans autre avertissement ni commandement.

L. Aucun jugement définitif ne pourra être mis à exécution contre une partie, s'il n'a été préalablement signifié à l'avoué qui aura occupé pour elle en instance jugée, et ce, quand même il aurait été signifié à personne ou domicile réel ; ce qui aura lieu à peine de nullité de toutes les procédures et exécutions qui pourraient être faites avant la signification du jugement à l'avoué.

LI. En cas, néanmoins, que l'avoué fût décédé avant que le jugement eût été mis à exécution, celui qui l'aura obtenu pourra le faire exécuter en conséquence de la signification faite à la partie, en son domicile, sans qu'il soit nécessaire d'attendre qu'elle ait constitué un autre avoué, ou de faire aucune poursuite pour l'obliger à en constituer.

LII. L'abrogation des lettres en formes de requêtes civiles est maintenue ; les demandes en cette matière s'introduiront comme toute autre espèce d'action, par un simple acte portant assignation.

LIII. L'ordonnance civile sera au surplus exécutée en toutes celles de ses dispositions auxquelles il n'est pas dérogé ; toutes autres dispositions postérieures à 1792, sont révoquées.

TITRE II.

Procédure en police correctionnelle.

§ Ier. — *En première instance.*

LIV. Toute personne prévenue d'un délit dont la peine excédera trente francs d'amende ou trois jours d'emprisonnement, sera citée devant le tribunal de première instance, connaissant de tous délits de police correctionnelle de cette nature.

LV. La citation sera donné à la requête du commissaire du gouvernement ; elle pourra l'être également à la requête des particuliers qui se prétendront lésés par le délit ; en tous cas, elle devra contenir la plainte même, qui, dans cette circonstance, n'est sujette à aucune formalité.

LVI. La citation sera donnée à jour et heures fixes, à cinq jours au plus pour la ville et à huit jours pour la campagne ; le délai ne courra que du jour de la signification qui en sera faite au prévenu, dans les formes prescrites.

LVII. Si la personne citée ne comparaît pas au jour et à l'heure fixés par la citation, elle sera jugée par défaut.

LVIII. Les défauts seront signifiés à personne ou domicile réel ; ils ne pourront être rebattus qu'autant que la personne condamnée comparaîtra dans la huitaine après la signification, et demandera à être entendue sans délai ; si elle ne comparaît pas, le jugement demeurera définitif.

LIX. Les personnes citées comparaîtront par elles-mêmes ; elles pourront se faire défendre par un fondé de procuration spéciale, sans qu'il soit besoin d'une constitution d'avoué.

LX. L'instruction de chaque affaire se fera à l'audience ; le prévenu y sera interrogé, les témoins pour et contre entendus en sa présence, les reproches et les défenses proposés, les pièces lues, s'il y en a, et le jugement prononcé de suite, ou au plus tard, à l'audience suivante.

LXI. Les témoins prêteront avant d'être entendus, serment de dire vérité ; leurs noms, âges et professions seront insérés dans le jugement.

Le greffier tiendra note sommaire de leurs principales déclarations ainsi que des principaux moyens de défense des prévenus.

Les conclusions des parties et celles de la partie publique seront fixées par écrit et lues, et les jugemens seront motivés.

LXII. Le dispositif du jugement contiendra deux parties.

1°. Les faits dont le prévenu sera jugé coupable ;

2°. L'application de la peine portée par la loi ;

Le texte de la loi sera lu à l'audience par le juge, et inséré dans la seconde partie du jugement.

Le juge prononcera également sur les dommages et intérêts prétendus pour raison du délit.

§ II.—En appel.

LXIII. Les jugemens de police correctionnelle seront sujets à l'appel, par-devant le tribunal d'appel connaissant des affaires de police correctionnelle.

La faculté de l'appel appartiendra,

1°. Au condamné ;

2°. A la partie plaignante ;

3°. Au commissaire du gouvernement.

LXIV. Le condamné, la partie plaignante ou le commissaire du gouvernement qui voudront appeler, seront tenus d'en passer leur déclaration au greffe du tribunal de première instance, le huitième jour au plus tard après celui qui suivra la prononciation du jugement.

Pendant ces huit jours il sera sursis à son exécution.

LXV. La requête contenant les moyens d'appel sera remise au greffe du tribunal de première instance dans les huit jours accordés par le présent pour appeler ; elle sera signée de l'appelant ou de son fondé de pouvoirs ; dans ce dernier cas, le pouvoir sera joint à la requête, le tout à peine de déchéance de l'appel.

LXVI. La requête d'appel sera envoyée par le commissaire du gouvernement au greffe du tribunal d'appel, le lendemain de la remise qui en aura été faite au greffe de première instance.

LXVII. L'appel sera jugé à l'audience, sur un rapport fait par l'un des juges, à peine de nullité ; ce rapport se fera, au plus tard, dans les quinze jours de la notification de l'appel.

LXVIII. Le prévenu, soit qu'il ait été condamné ou acquitté, la partie plaignante et le commissaire du gouvernement près le tribunal d'appel, seront entendus à la suite du rapport, et avant que le rapporteur, et les autres juges émettent leur opinion, le tout à peine de nullité.

Les témoins pourront être entendus de nouveau, si le prévenu ou le commissaire du gouvernement le requiert.

LXIX. Si parmi les condamnés par même jugement et pour les mêmes délits, il s'en trouve un ou plusieurs qui n'ayant point appelé, le jugement du tribunal de première instance sera exécuté contre eux, nonobstant l'appel de ceux qui se seraient pourvus dans les délais et dans les formes prescrites.

LXX. Le tribunal rejettera la requête d'appel ou annullera le jugement. Dans l'un ou l'autre cas, il motivera sa décision.

LXXI. Si le jugement est annullé pour violation ou omission de formes prescrites par la loi, à peine de nullité, le tribunal retiendra et jugera l'affaire au fond, après avoir ordonné que la procédure sera recommencée à partir du premier des actes dans lesquels il s'est trouvé une nullité.

LXXII. Si le jugement est annullé, parce que le délit qui s'en trouve l'objet est de nature à mériter peine afflictive ou infamante, le tribunal renverra le prévenu en première instance, devant celui du juge ou du suppléant qui n'aura pas procédé à l'instruction et au jugement de l'affaire.

LXXIII. Dans le cas où le jugement sera annullé pour mal jugé au fond, le tribunal statuera définitivement.

LXXIV. Les jugemens en police correctionnelle, seront exécutés à la diligence du ministère public, sans préjudice des poursuites à faire en son nom par qui de droit, pour le payement des amendes et confiscations qui pourront être prononcées.

LXXV. Toutes autres dispositions sont maintenues, en ce qu'elles n'ont pas de contraire au présent titre.

LXXVI Le présent réglement sera lu, enregistré, imprimé et affiché partout où besoin sera.

A l'île de France, le 4 Vendémiaire an XIII.

Le Commissaire de justice, CRESPIN.

Approuvé, le Capitaine-général, DECAEN.

ARRÊTÉ.

83. DECAEN, Capitaine-général, etc. etc.,

Sur la représentation du Préfet colonial, que, pour l'avantage de la colonie de l'île de France, il est important de remettre en vigueur les anciens réglemens sur la conservation des eaux et forêts, et sur la police de la chasse et de la pêche, et d'y ajouter les dispositions dont l'expérience et les circonstances font sentir chaque jour l'utilité, Arrête :

Administration forestière.

TITRE PREMIER.

De la conservation des bois.

Art. Ier. Aucun défrichement de bois debout ne pourra se faire, sans qu'auparavant le propriétaire du terrain n'ait fait au bureau de la conservation des eaux et forêts, la déclaration de la quantité d'arpens qu'il voudra mettre en culture ; cette déclaration ayant pour objet la conservation des eaux et forêts de cette île, ainsi que l'emploi économique des bois de construction.

II. Tout propriétaire réservera, en bois debout, le sixième au moins de sa propriété ; et en outre, ceux existans sur les lits, encaissemens et escarpemens des rivières et ruisseaux, si ces parties de terrain sont une dépendance de sa propriété.

Il est expressément défendu de défricher les mornes et pitons au-delà du tiers de leur hauteur, à partir de la base.

III. Les bois seront conservés sur les bords des rivières et ruisseaux. Les lisières de bois sur chaque rive seront de cent-vingt pieds de largeur, à partir du bord de la mer, jusqu'à deux lieues de distance en ligne directe, et de soixante pieds, au-delà de cette distance.

IV. Sur les habitations et autres lieux désignés en l'article II, qui devaient être réservés, où les bois ont été détruits, tout propriétaire sera tenu de rétablir, par des plantations ou semis, les réserves et lisières dépendantes de sa propriété, ci-devant déterminées.

Un dixième de la plantation prescrite devra être effectué chaque année.

V. Tout propriétaire limitrophe des réserves de la République, vers le bord de la mer, sera tenu de conserver sur son terrain, un rideau de cent quatre-vingts pieds de largeur, dans les parties où ces réserves sont déboisées.

Ceux dont les terrains se trouvent découverts dans les mêmes parties, seront tenus de rétablir la lisière par des semis ou plantations d'arbres, ainsi qu'il est prescrit par l'article IV.

VI. Les propriétaires qui ne se seront pas conformés aux articles IV et V, seront condamnés à une amende qui ne pourra être moindre de vingt-cinq francs, ni en excéder deux cents ; il sera en outre procédé à leurs frais et dépens, à la diligence du conservateur des eaux et forêts, aux plantations exigées par lesdits articles.

VII. Sont déclarés bois de construction et d'une conservation indispensable, les bois de natte à grandes et petites feuilles, les bois puant, tacamaca, benjoin, de colophane, de pomme, de canelle et d'olive.

Dans les défrichemens, tous les bois de cette espèce né pourront être brûlés ; avant qu'il soit procédé au défrichement, ils seront marqués du marteau des eaux et forêts, pour être ensuite débités au bénéfice du propriétaire.

VIII. Tous les bois de construction ayant une dimension de cinq pieds de tour et au-dessus, dans quelques parties de l'île qu'ils soient, ne pourront être abattus, dans aucun cas, sans une permission spéciale de la conservation des eaux et forêts. Le conservateur fera marquer ces arbres, et il en tiendra un état dont il sera délivré extrait au propriétaire.

TITRE II.

De la chasse.

IX. Nul n'a le droit de chasser ou de faire chasser sur la propriété d'autrui, sans son consentement, à peine de cent francs d'amende, et de plus forte peine, même de prison, en cas de récidive : il est expressément défendu, sous les mêmes peines, de chasser sur la voie publique et dans les réserves de l'état.

X. Aucun chasseur armé ou suivi de chiens, ne pourra se rendre aux lieux où il lui sera libre de chasser, que par les balisages et chemins ouverts au public ; il lui est défendu, sous quelque prétexte que ce soit, de traverser les habitations, et d'y laisser courir ses chiens, s'il n'en a la permission du propriétaire ; autrement il encoura une amende de cinquante francs, sauf toutes indemnités pour réparations des dommages qu'il aura causés.

XI. Aucun chef de détachement, ni qui que ce soit en faisant partie, ne pourra, en allant à la recherche des noirs marrons, chasser le gibier sur les propriétés d'autrui, sous les peines portées par l'article IX.

XII. La chasse du cerf est défendue dans le tems du rut, (depuis le 20 Thermidor jusqu'au 10 Frimaire) ; et celle de la perdrix, pendant la ponte, (depuis le 10 Ventose jusqu'au Ier. Prairial).

Toute exposition en vente, à ces époques, de la viande de cerf ou de la perdrix, est prohibée.

Ceux qui contreviendront au présent article, seront condamnés à cinquante francs d'amende, et le gibier sera confisqué.

XIII. Lorsqu'un habitant voudra faire chasser et faire garder par ses esclaves, sur sa propriété, avec des armes à feu, il sera tenu de déclarer au commandant du quartier, le nombre de ceux qu'il destinera à ce service, et de leur faire porter une médaille de reconnaissance, sur laquelle seront inscrits le numéro de l'enregistrement de la déclaration, le nom du maître, et les mots : « gardien chasseur. »

L'autorisation qui sera donnée par le commandant du quartier, devra être renouvelée tous les six mois.

Les esclaves arrêtés en contravention au présent, seront confisqués pour être employés aux travaux publics du quartier.

XIV. Les esclaves ne pourront mener dans la forêt, sur les bords de la mer et dans la voie publique, aucun chien, à moins qu'il ne soit conduit en lesse ou affecté à la garde des troupeaux confiés à leurs soins ; il est permis de tuer, hors de la ville et banlieue, les chiens dont les esclaves se feront suivre ailleurs que sur les habitations de leurs maîtres.

XV. Aucun esclave ne pourra apporter ni exposer en vente, soit dans la campagne, soit dans la ville, du gibier mort ou vivant, sans un billet de son maître, qui désignera si le gibier doit être vendu et s'il doit l'être au Port ; dans ce cas, il ne pourra être vendu qu'au bazar, sous peine de confiscation du gibier, du fouet et de quinze jours de chaîne.

TITRE III.
De la pêche.
CHAPITRE PREMIER.
De la pêche dans les ruisseaux, rivières et embouchures.

XVI. La pêche dans les ruisseaux, rivières et embouchures, dont le lit, suivant les titres de concession, fait ou doit faire partie du terrain qu'ils traversent, appartient exclusivement au propriétaire dudit terrain, mais seulement dans l'étendue de la propriété.

XVII. Lorsque le milieu des ruisseaux, rivières et embouchures, formera, suivant les titres de concession, la démarcation des terrains appartenant à des propriétaires différens et limitrophes, la pêche dans cette partie desdits ruisseaux, rivières et embouchures, appartient en commun auxdits propriétaires, exclusivement à tous autres.

En conséquence des dispositions ci-dessus, nul n'a le droit de pêcher sur la propriété d'autrui, sans sa permission, à peine de tous dommages et intérêts.

XVIII. Sur les terrains non concédés, et sur ceux dont les titres de concession ne comprennent pas les berges, escarpemens et lits des rivières qui les traversent ou qui les bornent, la pêche appartient à la République : on ne pourra y pêcher sans une autorisation expresse de la conservation des eaux et forêts, à peine de cinquante francs d'amende contre les personnes libres, contrevenantes, et de deux mois de chaîne contre les esclaves.

XIX. Il est défendu à toute personne ayant droit ou autorisation de pêcher dans les ruisseaux, rivières et embouchures, de les barrer avec filets et autres engins, de manière à causer leur dépeuplement, de les y tenir tendus pendant la nuit ou plusieurs jours de suite ; de saigner, détourner ou dessécher aucun ruisseau ou mares qui s'y rencontrent, à peine de deux cents francs d'amende et de confiscation des filets saisis, et même de plus forte punition, s'il y a lieu.

XX. Il est défendu aux esclaves, destinés par leurs maîtres, à pêcher dans les ruisseaux, rivières et embouchures, de s'écarter, sous aucun prétexte, sur les berges et terrains appartenant aux propriétaires voisins, sous peine de quinze jours de chaîne.

XXI. La pêche dans les canaux est expressément défendue : les contrevenans seront condamnés à une amende de cent francs et tenus en outre de tous dommages et intérêts envers les riverains. Les maîtres répondront à cet égard du fait de leurs esclaves, qui, de plus seront mis aux chaînes pour trois mois.

CHAPITRE II.
De la pêche sur la côte, sans bateaux.

XXII. Les personnes qui voudront pêcher sur la côte, sans bateaux, à la senne ou autres filets et engins non prohibés, en feront leur déclaration au commandant du quartier ; elles mentionneront leur domicile, le nombre, les noms et les qualités des individus qu'elles se proposeront d'employer, et le lieu où elles désireront établir la pêche.

La déclaration pour la pêche dans la banlieue, se fera dans les mêmes formes, au bureau central de police. Lorsqu'on fera pêcher par des esclaves, on se conformera aux dispositions de l'article XIII du présent, à l'exception que la médaille portera le mot : *Pêcheur*.

XXIII. Les sennes, filets et autres engins, dont on fera usage pour pêcher, soit dans les ruisseaux, rivières et embouchures, soit dans les mares et sur les côtes, ne devront pas avoir moins d'un pouce de maille si elles sont en chanvre, et avoir moins de deux pouces, si elles sont en toute autre matière, sous les peines portées par l'article XIX.

CHAPITRE III.
Pêche avec bateaux et pirogues.

XXIV. Tout propriétaire de bateaux ou pirogues, devra les déclarer au bureau de l'inscription maritime, où il en sera tenu enregistrement. Il sera affecté pour chaque bateau ou pirogue, un N°. qui sera estampé et peint sur une plaque de fer-blanc, laquelle devra être clouée sur l'avant du bateau.

XXV. Toute personne qui voudra faire la pêche à la mer en bateaux ou pirogues, devra d'abord s'adresser au commandant de son quartier : sa demande à cet effet contiendra la déclaration voulue par l'article XXII.

En représentant cette demande visée par le commandant du quartier, et pour le port N. O. par le commandant d'armes, l'autorisation de pêche sera accordée, s'il y a lieu, par le Préfet colonial, approuvée par le Capitaine-général, et enregistrée à l'inscription maritime, où il sera délivré une feuille d'armement.

XXVI. Les bateaux ou pirogues devront toujours être percés d'un sabord à romaillet, afin d'être promptement coulés, pour en prévenir l'enlèvement.

XXVII. Aussitôt que les pirogues et bateaux seront entrés dans le lieux de sûreté déterminés, les patrons remettront au poste desdits lieux, le romaillet, les voiles, gouvernail, rames et autres agrès desdites embarcations, qu'ils amareront à terre, avec chaines et cadenats, dont ils se pourvoiront à cet effet.

XXVIII. Faute d'observer les précautions nécessaires, les propriétaires répondront personnellement de l'enlèvement des bateaux, de l'évasion des noirs et de tous autres dommages et intérêts qui pourraient en résulter.

XXIX. Les capitaines des navires et patrons des bateaux mouillés sur les divers points de la côte, répondront de tous dommages provenant du fait ou de l'enlèvement de leurs embarcations.

CHAPITRE IV.

Genres de pêche prohibés.

XXX. Il est défendu de pêcher, soit à la mer, soit dans les rivières, avec des sennes formées de lianes, d'herbes, de feuillages ou de toile, qui ramassent tout le poisson indistinctement, sous peine de deux cents francs d'amende contre les personnes libres, et d'un mois de chaîne contre les esclaves. La pêche aux flambeaux est prohibée sous les mêmes peines.

XXXI. Défenses sont faites de jeter dans les rivières ou anses, ainsi qu'à la mer, chaux, drogues, herbes ou autres substances quelconques capables d'enivrer ou de faire périr le poisson. Les personnes convaincues de ce délit, seront condamnées à une amende, qui ne pourra excéder mille francs, et à un emprisonnement de six mois au plus.

Les esclaves seront mis aux chaines pour un an.

XXXII. La pêche ne pourra se faire dans les rivières, à la senne et autres filets trainans, ni le long de la côte, en temps de frai, c'est-à-dire, trois semaines avant et trois semaines après les équinoxes, sous peine de cinquante francs d'amende et de la confiscation des filets.

Les esclaves surpris à la pêche, à ces époques, seront envoyés aux chaines pour un mois.

CHAPITRE V.

Réserves de la République, pour la pêche.

XXXIII. Il est réservé pour le service de la République, une étendue de côte, comprise depuis la pointe du grand Vacoua au nord de l'île jusqu'à l'anse du Trou aux Biches exclusivemeut; et depuis la passe de la Bête aux mille pattes jusques et compris la baye de la Grande-Rivière. Sur cette étendue de côte, la pêche à la senne et autres filets trainans, ne pourra y être faite que par permission du Préfet colonial.

Quatrième partie, A.

XXXIV. Les habitans riverains de cette réserve, pourront y pêcher et faire pêcher avec ou sans bateaux, mais sans pouvoir y faire usage de la senne, ni d'autres filets trainans; sauf toutes dispositions du présent, relatives aux permissions et à la police de la pêche.

CHAPITRE VI.

Établissement et placement des pêcheries sur la côte.

XXXV. Aucun établissement de pêche ne pourra être fait le long de la côte, sur les réserves du bord de la mer et autres terrains appartenant à la République, sur les îlots, sur les îles au vent de l'île de France, sur les marais salans non concédés, communiquant avec la mer, dans les anses et sur les embouchures des rivières, sans une autorisation du Capitaine-général.

XXXVI. Les particuliers pêcheurs ou autres, qui se sont établis ou se croient fondés à s'établir en ces endroits, seront tenus de représenter au secrétaire de la préfecture, dans un mois à dater de la publication du présent, les titres et pièces constitutifs de leurs droits.

XXXVII. Ceux qui précédemment auraient obtenu des permissions de former des établissemens de pêcheries, les rapporteront, dans le même délai, au secrétariat de la préfecture, en exposant dans leur demande pour en obtenir une nouvelle, le lieu de leur établissement et leur genre de pêche.

Ceux qui en avaient formé sans titre ni autorisation, seront tenus d'en faire la déclaration dans le terme prescrit ci-dessus.

XXXVIII. Ne pourront les pêcheurs autorisés à former des établissements de pêcheries, les placer ailleurs qu'aux lieux, qui seront désignés par l'autorisation, qu'ils auront obtenue, à peine d'en être déchus et d'une amende de cent francs.

XXXIX. Il est défendu sous les mêmes peines à tous pêcheurs ou particuliers autorisés à établir des pêcheries, d'y former des canardiers, et d'y nourrir des animaux avec le poisson.

TITRE IV.

Des autorités compétentes pour prononcer les peines.

XL. Les peines portées par les articles VI, IX, X, XI, XII, XIII, XVII, XVIII, XIX, XXI, XXVIII, XXIX, XXX, XXXI, XXXII, XXXVIII et XXXIX du présent, quant aux personnes libres, seront prononcées par le tribunal de police correctionnelle.

XLI. Quant aux esclaves, ils seront punis par voie de simple police, des peines portées contre eux auxdits articles, ainsi qu'aux articles XV et XX.

XLII. Les peines et les amendes seront doubles en cas de récidive; les amendes ne pourront être remises ni modérées sous quelque prétexte que ce puisse être. Le tiers appartiendra à ceux qui auront arrêtés les contrevenans, et les deux autres tiers seront versés au trésor de la République.

XLIII. Le présent sera lu, enregistré, imprimé et affiché. Expédition en sera adressée au Préfet colonial et au Commissaire de justice.

Ile de France, le 14 Vendémiaire an XIII.

Le Capitaine général, DECAEN.

ARRÊTÉ.

84. DECAEN, Capitaine-général, etc. etc.,

Sur les représentations du Préfet colonial, qu'il existe dans la ville du port N.-O. des denrées coloniales du produit de l'île de la Réunion, qui ont déjà payé des droits tant à leur sortie de cette colonie qu'à leur introduction à l'île de France, et que la justice veut qu'il leur en soit tenu compte lors de leur ré-exportation, sur les taxes auxquelles elles sont imposées par l'arrêté du 30 Fructidor dernier,

Arrête :

Art. Ier. Il sera ouvert, au bureau de la douane, un registre sur lequel les propriétaires ou dépositaires de café, girofle et coton du crû de l'île de la Réunion, seront reçus, dans les trois jours qui suivront la publication du présent, à en passer déclaration, en désignant les magasins où ces denrées sont déposées.

Ce délai passé, ils n'y seront plus admis.

II. Les employés de la douane vérifieront lesdites déclarations ; les déclarans qui ne représenteront point les quantités déclarées, seront condamnés à une amende de la valeur des denrées manquantes.

III. Il sera dressé un état des denrées qui seront représentées ; le directeur de la douane en remettra un double au Préfet colonial, et délivrera à leurs possesseurs des certificats des sommes qu'elles ont dû acquitter, tant à leur sortie de l'île de la Réunion qu'à leur introduction à celle de l'île de France, lesquels seront reçus, lors de leur ré-exportion, en à-compte des nouvelles taxes établies par l'arrêté du 30 Fructidor dernier.

IV. Il ne pourra, sous peine de confiscation, être changé de magasin aucune desdites denrées pendant les cinq jours qui suivront la publication du présent, à moins d'un permis du directeur de la douane.

Le présent sera lu, enregistré, imprimé et affiché partout où besoin sera ; expédition en sera adressée au Préfet colonial et au Commissaire de justice.

Ile de France, le 26 Vendémiaire an XIII.

Le Capitaine-général, DECAEN.

ARRÊTÉ.

85. DECAEN, Capitaine-général, etc. etc.,

Sur la représentation du Préfet colonial et du Commissaire de justice, que les lois anciennes sur les affranchissemens aux îles de France et de la Réunion, ne déterminant pas assez les règles à suivre en pareille matière, il convient d'ajouter à leurs dispositions, celles entr'autres, que le changement d'administration de ces colonies, a pu rendre nécessaires ;

Après en avoir délibéré, Arrête :

Des affranchissemens.

CHAPITRE PREMIER.

Conditions nécessaires pour les affranchissemens.

Art. Ier. Les affranchissemens continueront d'avoir lieu aux îles de France, de la Réunion et dépendances, aux conditions et dans les formes ci-après déterminées.

II. Aucun esclave ne pourra être affranchi, s'il n'a servi son maître cinq ans au moins, depuis qu'il est en sa propriété.

III. L'article II ci-dessus n'est point applicable aux esclaves qui auront rendu un service signalé à leur maître, ou à la colonie. Ils pourront être affranchis avant l'expiration du temps de service exigé.

IV. Aucun esclave qui aurait été repris de justice, ne pourra être affranchi.

V. Nul ne sera admis à affranchir son esclave, s'il n'est, aux termes des lois, capable de donner ou de tester.

VI. Le maître sera tenu :

1º. De donner à titre d'alimens à l'esclave qu'il affranchira, une somme fixée, eu égard à l'âge et au sexe, ainsi qu'il suit :

Pour un noir au-dessous de quinze ans 1500 francs ; idem de quinze à trente 1200 fr. ; idem de trente et au-delà 2000 fr.

Pour une négresse au-dessous de 12 ans 2000 fr. ; idem de douze à vingt-cinq 3000 fr. ; idem de vingt-cinq et au-delà 2000 fr.

2º. De payer au profit de la caisse de bienfaisance trois pour cent de la somme donnée.

3º. De s'obliger à pourvoir à l'entretien de l'affranchi pendant les six premiers mois de son affranchissement.

La somme donnée sera déposée au bureau de bienfaisance, pour être dans la suite remise à l'affranchi, aux époques et aux conditions réglées par l'article XVIII.

VII. Dans le cas du mariage d'un noir libre ou affranchi avec son esclave, cette dernière sera affranchie de droit. Mais il ne pourra être procédé aux publications par le commissaire civil, que sur le vu d'une autorisation, pour l'obtention de laquelle les obligations imposées par l'article XI, devront être remplies.

VIII. Les enfans exposés, reconnus être de la population noire, seront réputés esclaves, et ils appartiendront à l'Etat.

CHAPITRE II.

Formalités pour les affranchissemens.

IX. Le maître qui se proposera d'affranchir son

esclave, devra en faire la demande et en exposer les motifs au Préfet colonial.

Si les motifs sont admis, l'exposant sera renvoyé à exécuter les dispositions contenues aux articles suivans.

X. Il se retirera par-devant le juge de première instance, pour demander qu'il soit nommé à son esclave un patron ; lequel sera chargé de faire toutes les diligences nécessaires pour la confirmation de l'affranchissement, de recevoir et de déposer au bureau de Bienfaisance, la somme donnée par le maître, et d'en réclamer la remise à l'affranchi, lorsque la condition imposée pour cet effet aura été remplie.

Le patron sera nommé par le tribunal, sur les conclusions du procureur impérial.

XI. Les noms et professions du maître, les noms, caste, sexe et âge de l'esclave, seront rendus publics trois fois, de huitaine en huitaine, par deux affiches, l'une à la porte du bureau central de police, et l'autre à la porte du commissariat civil du quartier, où le maître sera domicilié.

XII. Les annonces ci-dessus requises, ayant pour but de prévenir tout affranchissement qui pourrait nuire aux droits des créanciers ou à l'ordre des colonies, il est recommandé à tous les individus de notifier au procureur impérial, les motifs d'opposition qui pourraient exister à leur connaissance contre les affranchissemens projettés.

Les oppositions fondés sur des droits litigieux, seront jugées par les tribunaux, comme affaire sommaire.

XIII. Huit jours après la dernière annonce, le maître pourra se présenter par-devant notaires, pour y passer la déclaration d'affranchissement, et y faire en conséquence, la donation aux termes de l'article VI.

Le patron sera présent à l'acte, pour l'acceptation.

Le contrat de donation sera sujet aux mêmes droits d'enregistrement, que les autres actes de cette nature.

Il ne sera soumis à l'enregistrement et aux droits, qu'après la publication de l'arrêté d'affranchissement ; mais cette formalité devra avoir lieu dans les trois jours au plus tard de cette publication, sous les peines portées par la loi.

XIV. Après l'exécution des dispositions prescrites, le patron représentera au Préfet colonial,

1°. Un certificat de trois affiches prescrites par l'article XI.

2°. Un certificat de non opposition du procureur impérial.

3°. L'acte de donation.

4°. Le reçu du bureau de bienfaisance, tant de la somme donnée, que de la rétribution proportionnelle de trois pour cent.

Alors sur la proposition du Préfet colonial, la déclaration d'affranchissement sera confirmée par arrêté du Capitaine-général ; cet arrêté sera publié en l'audience du tribunal de première instance, et enregistré en son greffe.

XV. Sur la représentation de l'arrêté enregistré,

l'affranchissement sera inscrit, à la réquisition du patron de l'affranchi, sur les registres de l'état civil du lieu où ce dernier aura son domicile ; il en sera dressé acte et l'expédition en sera dans le plus bref délai remise au bureau central de police.

Il sera fait mention sur le titre de l'affranchi, de l'inscription et de la remise prescrite par le présent article.

XVI. Les affranchissemens déclarés par testament, pourront être confirmés, suivant ce qui résultera, soit de la volonté du testateur, soit de l'état de la succession, soit des services de l'esclave ou tout autre circonstance.

CHAPITRE III.
Droits des affranchis ; leurs obligations.
Dispositions particulières.

XVII. Les affranchis jouiront, aux îles de France, de la Réunion et dépendances, les mêmes droits que les personnes de couleur qui y sont nées libres.

XVIII. La somme donnée et déposée au bureau de bienfaisance, pour le compte de l'affranchi, lui sera remise en tout ou partie, dans les six mois de l'affranchissement, sur le vû d'un jugement qui l'aura ordonné.

Le patron se pourvoira, à cet effet, par-devant le tribunal de première instance, et sera tenu, pour obtenir ladite remise, de justifier que la somme est nécessaire à l'affranchi, soit pour l'acquisition d'un terrain à cultiver, soit pour achat de noirs propres à l'aider dans la culture, ou dans son métier, soit pour tout autre emploi capable d'assurer sa subsistance.

En tout cas, la remise ne pourra être ordonnée, ni effectuée avant trois mois du jour du dépôt de la somme.

XIX. Les affranchis qui seront reconnus n'avoir aucun métier, ni aucun moyen d'industrie, entreront au service de l'Etat, et y seront employés à un métier, aux gages et aux conditions qui seront déterminés par le Préfet colonial.

Le tems de ce service durera quatre années pour les individus de l'âge de neuf à quinze ans, et trois années pour ceux d'un âge plus avancé.

A l'expiration du tems de leur service, la somme déposée pour leur compte, au bureau de bienfaisance, leur sera remise sur l'autorisation du Préfet colonial, et sans qu'il soit besoin d'aucun jugement.

XX. Toutes les dispositions du présent devront être exécutés pour la confirmation de l'affranchissement des esclaves, qui depuis le 3 Messidor de l'an VIII, ont été mis en manumission par testament ou autrement, à l'exception néanmoins de celles prescrite par l'article VI.

Il sera pourvu dans les formes, à la nomination d'un patron, pour faire en leur nom, toutes les diligences nécessaires.

XXI. Ceux d'entr'eux qui ne justifieront pas de moyens suffisans pour subsister, seront employés au service de l'Etat, suivant le genre de travail auquel ils seront propres. Le tems de leur service sera réglé par le Préfet colonial.

XXII. Le présent sera lu, enregistré, imprimé et affiché. Expédition en sera adressée au Préfet colonial et au Commissaire de justice.

Ile de France, le 19 Brumaire an XIII.

Le Capitaine-général, DECAEN.

ARRÊTÉ.

86. DECAEN, Capitaine-général, etc. etc.,

Sur la proposition du Commissaire de justice, et après en avoir délibéré, Arrête :

Des huissiers.

Art. Ier. Il y aura douze huissiers près les tribunaux de l'île de France, et dix près de ceux de l'île de la Réunion.

II. Aucun individu ne pourra être reçu huissier avant l'âge de vingt-cinq ans accomplis, ni sans avoir subi une information de vie et mœurs et des examens de capacité.

III. L'information de vie et de mœurs aura lieu par acte de notoriété, reçu au greffe de la cour d'appel ; cet acte contiendra l'attestation de quatre individus français majeurs, propriétaires domiciliés au chef lieu de chaque colonie.

IV. Les examens de capacité se feront par la cour d'appel en chambre, en présence du procureur-général impérial, il en sera dressé procès-verbal par le greffier.

V. Si l'aspirant est trouvé capable d'exercer, la cour le déclarera par un arrêt de chambre, dont expédition sera transmise au Commissaire de justice, avec les procès-verbaux d'information et d'examen.

VI. Les huissiers seront nommés par le Capitaine-général dans la forme prescrite par la loi pour la nomination aux places.

VII. Ils fourniront un cautionnement de six mille francs sur immeubles affranchis de toute hypothèque, lequel sera reçu au greffe de la cour d'appel, contradictoirement avec le procureur-général impérial.

Ce cautionnement servira à la garantie des condamnations prononcées contr'eux, pour raison des fautes qu'ils auraient commises dans l'exercice de leur ministère.

L'huissier, pour les faits duquel la caution aura été obligée de payer, sera suspendu de ses fonctions jusqu'à ce qu'elle ait été remboursée ; et si dans les six mois de la condamnation, le cautionnement n'est pas entièrement rétabli, il sera réputé destitué et sera remplacé.

VIII. Les huissiers nommés prêteront par-devant la cour d'appel, le serment de remplir leurs fonctions, avec zèle, honneur et fidélité ; il leur sera délivré acte de la prestation de leur serment, dont ils feront enregistrer l'extrait au tribunal de première instance et au tribunal spécial.

IX. Les huissiers actuels seront renouvelés, après qu'ils auront obtenu l'agrément de la cour d'appel et qu'ils en auront justifié au Commissaire de justice, et à la charge en outre de completter le cautionnement prescrit par l'article VII : ce qu'ils seront tenus d'effectuer dans le délai d'un mois, à l'effet d'obtenir leur commission du Capitaine-général.

X. Il y aura un huissier audiencier en chaque tribunal, lequel sera choisi par les juges sur la présentation du procureur-général impérial ; les autres huissiers feront par semaine alternativement le service des tribunaux.

XI. L'huissier audiencier portera aux audiences, l'habit noir complet à la française, avec un manteau de voile ou de percale noire, revenant par devant et de la longueur de l'habit ; il aura à la main une baguette noire.

Les autres huissiers en service ou dans l'exercice de leur ministère en ville ou à la campagne, porteront une canne blanche et une médaille dorée, suspendue par un ruban noir, a la boutonnière de leur habit, sur laquelle seront inscrits ces mots : *Action de la loi.*

XII. Le présent sera lu, enregistré, imprimé et affiché ; il en sera adressé expédition au Commissaire de justice.

Ile de France, le 15 Nivose an XIII.

Le Capitaine-général, DECAEN.

ARRÊTÉ.

87. DECAEN, Capitaine-général, etc, etc.,

Sur la proposition du Préfet colonial et du Commissaire de justice, et après en avoir délibéré,

Arrête :

Art. Ier. A l'avenir les attributions relatives au marronnage et à la destruction des oiseaux, conférées aux commissaires civils par les arrêtés du 1er. Pluviose et 7 Floréal an XII et par le réglement du 18 Fructidor de la même année, seront exclusivement du ressort des capitaines-commandans de quartier.

En conséquence, les commandans recevront les recensemens, les déclarations de marronnage et de rentrée, et les noirs marrons qui ne pourraient être conduits au chef-lieu des colonies, par les détachemens.

Ils ordonneront la destruction des oiseaux et animaux destructeurs, recevront et vérifieront le contingent de chaque habitant et en délivreront les certificats nécessaires.

II. Les capitaines commandans et les commissaires civils ne pourront aucunement, sous quelque prétexte que ce soit, s'immiscer dans les fonctions les uns des autres.

Tous comptes ou renseignemens à rendre de la part de chacun dans sa partie, seront adressés au Capitaine-général, ou au Préfet colonial, ou au Commissaire de justice, suivant la nature de l'objet et des circonstances.

III. Les conseils de commune, établis par le réglement du 15 Nivose an XII, se tiendront une fois par an, tant pour la vérification des recensémens, que pour les projets d'amélioration, qui pourraient être à proposer à l'avantage des quartiers. Toutes autre convocations ne pourront avoir lieu que par les ordres et suivant les instructions du Capitaine-général ou du Préfet colonial.

Les majors de quartier seront membres des conseils d'administration.

IV. L'art. IV de l'arrêté du 29 Brumaire an XII est rapporté, quant au costume des commissaires civils et de leurs suppléans.

Ils porteront dans l'exercice de leurs fonctions et aux cérémonies publiques, l'habit noir complet, le chapeau français à gance de velours noir, un ruban bleu foncé passé dans la boutonnière de l'habit, portant ces mots : Commissaire civil ; l'épée à poignée unie, en argent.

V. L'arrêté du 21 Pluviose an XII, continuera d'avoir son exécution en tout ce qui n'est pas contraire au présent, qui sera lu, enregistré, imprimé et affiché, et dont expédition sera adressée au Préfet colonial et au Commissaire de justice.

Ile de France, le 15 Nivose an XII.

Le Capitaine-général, DECAEN.

ARRÊTÉ.

88. Decaen, Capitaine-général, etc. etc.,

Sur les représentions du Préfet colonial, que la mesure prise, de remettre la disposition des conseils d'administration des quartiers, les noirs précédemment achetés des deniers des communes, pour être appliqués aux travaux des chemins de leurs quartiers respectifs, et de charger ces conseils d'imposer des taxes sur les habitans, pour fournir à la subsistance et à l'entretien de ces noirs, n'a pas produit le résultat qu'on en avait attendu ; qu'il était essentiel pour le bien général de la colonie, de faire disparaître toute disposition qui pourrait produire des idées d'isolement de quartier à quartier ; que d'ailleurs, il y avait urgence de s'occuper sans délai des travaux reconnus indispensables, pour réparer au plutôt les routes et faciliter les communications entre les différens points de la colonie ;

Après en avoir délibéré, Arrête :

Art. Ier. Les conseils d'administration des quartiers ne seront plus chargés de subvenir à la nourriture et aux frais d'entretien des noirs, dits de commune, qui sont actuellement attachés aux différens quartiers de la colonie.

II. Les dispositions de l'arrêté du 1er. Pluviose, en ce qui concerne l'autorisation donnée aux conseils de commune, d'imposer des taxes locales pour la nourriture et l'entretien de ces noirs, sont rapportées.

III. Ces taxes seront remplacées par une addition à la taxe du marronnage, à raison de trente-cinq centimes par tête de noir, payable par trimestre, à dater du 1er. Vendémiaire de la présente année.

IV. L'addition à la taxe du marronnage ayant pour objet les réparations et l'entretien des ponts et chemins, auxquels les charrois occasionnent journellement des dégradations, et pour établir autant que possible, une égalité proportionnelle dans cette subvention, il sera payé par chaque voiture, savoir :

Au Port Nord-Ouest.

Charrettes, 1 piastre et demi par mois ; haquets et tombereaux, 5 liv. par mois.

Dans les autres quartiers.

Triqueballe, 8 piastres par an ; voiture à 4 roues, 4 P^tres. par an ; voiture à 2 roues, 2 P^tres. par an.

V. Les propriétaires de voitures seront tenus de déclarer au bureau central de police, au Port N.-O., et dans les quartiers, aux commandans, le nombre de voitures qu'ils employent pour leurs travaux ; ces voitures seront numérotées et porteront le nom du propriétaire.

VI. L'addition de la taxe sera perçue selon les dispositions prescrites par l'arrêté du Ier. Pluviose an XII, et sous les peines y portées.

VII. Le produit de la taxe du marronnage, y compris l'addition établie par le présent, sera affecté au payement de toutes les dépenses à la charge de la caisse du marronnage. Le surplus sera employé à acheter des noirs, pour former un atelier commun destiné à reparer et à entretenir les communications dans toute la colonie.

VIII. Sur la totalité des noirs actuellement existans, et de ceux qui seront acquis par le boni annuel de la caisse du marronnage, il sera formé dans chaque quartier, un atelier permanent, proportionné aux besoins particulier du quartier. Le surplus servira à composer un atelier général, sous la direction du grand-voyer, pour être employé partout où besoin sera, pour travaux d'utilité générale.

IX. Les noirs des ateliers particuliers des quartiers, seront employés, sous la direction immédiate des commissaires civils, à l'entretien ordinaire des chemins du quartier.

X. Quand de grands travaux deviendront nécessaires, l'atelier général sera dirigé sur les points qui seront indiqués par le grand-voyer et ordonnés par le Préfet colonial.

XI. L'administration générale demeure chargée de

la nourriture, du vêtement et traitement des noirs employés aux chemins, et de toutes autres dépenses y relatives.

XII. Le présent sera lu, enregistré, imprimé et affiché. Expédition en sera adressée au Préfet colonial et au Commissaire de justice.

A l'île de France, le 18 Nivose an XIII.

Le Capitaine-général, DECAEN.

ARRÊTÉ.

89. DECAEN, Capitaine-général, etc. etc.,

Le Préfet colonial ayant exposé l'urgente nécessité d'établir un ordre général pour la jouissance des canaux de l'île de France, destinés soit aux usines, soit aux irrigations. Après en avoir délibéré, Arrête :

Des canaux et de leur entretien.

Art. Ier. Les différens canaux de la colonie de l'île de France, seront surveillés et entretenus par la communauté des riverains qui y ont droit ; les frais d'entretien et de surveillance seront répartis entr'eux, en proportion de leurs droits respectifs et de l'usage qu'ils font du cours de l'eau.

II. Il sera donné à chaque riverain une part d'eau de laquelle il pourra disposer sans être obligé de la rendre au canal. Ces parts d'eau seront déterminées, sur la demande des parties intéressées par le tribunal terrier, suivant ce qui résultera soit des titres primitifs de propriété, soit des conventions des co-intéressés entr'eux, soit du volume des eaux entrant dans le canal, ou de toute autre circonstance.

III. Les parts accordées à chaque riverain seront fixées par des pierres percées, dont la dimension sera réglée et le placement ordonné par le tribunal terrier, en raison de la quantité d'eau formant lesdites parts.

IV. Hors ces parts, aucun riverain ne pourra détourner les eaux du canal commun, sans y être autorisé par le tribunal terrier, contradictoirement avec la communauté ; en tout cas, le détournement ne pourra avoir lieu qu'aux conditions suivantes :

1°. De ne pouvoir prendre au plus que le tiers de l'eau contenue dans le canal ;

2°. De rendre l'eau au canal sans aucune perte ni diminution pour les riverains inférieurs ;

3°. De faire maçonner à ses frais toute la partie de son terrain destinée au canal de détournement, tant pour la conduire à ses usines que pour la remettre au canal principal.

V. Le riverain qui, ayant été dûment autorisé à détourner les eaux du canal, ne remplirait pas les conditions ci-dessus prescrites, sera déchu du bénéfice de l'autorisation ; et le cours de l'eau sera rétabli à ses dépens dans son ancien état ; sans préjudice de tous dommages et intérêts envers les riverains inférieurs, s'il y a lieu.

VI. Chacun des co-intéressés pourra établir sur le cours des canaux en sa propriété, les usines nécessaires à l'exploitation des produits de ses terrains, si toutefois l'établissement de ces usines ne peut nuire ni au cours ni à la qualité des eaux : ce qui sera préalablement constaté par-devant le tribunal terrier, à l'effet d'obtenir l'autorisation nécessaire pour ledit établissement.

VII. Les habitans qui n'auraient pas contribué aux dépenses d'ouverture et de confection du canal, passant sur leur propriété, n'auront aucun droit de part, et ne pourront y établir aucune usine, sans avoir préalablement remis à la communauté le montant de la contribution à laquelle ils auraient été sujets ; pour, ledit montant, être partagé entre tous les autres riverains, en raison de leur première contribution, ou rester, s'il y a lieu, à la masse commune, afin d'entrenir le canal.

VIII. Nul riverain ne pourra, sous quelque prétexte que ce soit, changer, arrêter ni ralentir le cours du canal, à peine de quinze cents francs d'amende et de tous dommages et intérêts envers les parties intéressées ; les réparations nécessaires pour le rétablissement du canal dans son ancien état, seront en outre faites à ses frais.

IX. Il est défendu sous peine de cinq cents francs d'amende, de changer ou d'augmenter la dimension ou la situation des pierres percées, après qu'elles auront été posées conformément à la décision du tribunal terrier, de laver linge ou hardes dans les canaux ; de construire sur leur cours, des réservoirs ou des bassins, et d'y établir des vannes, abreuvoirs, bains ou lavoirs.

X. Aucun riverain ne pourra avoir son camp de noirs, ni entretenir des parcs à bœufs, des parcs à cochons, des écuries, des canardiers ou des poulaillers, qu'à la distance de quinze toises au moins des canaux.

Tous ceux qui les auraient à une moindre distance, seront tenus de les éloigner dans le délai de trois mois, à compter de la publication du présent ; faute de quoi, il y sera pourvu à leurs frais, à la diligence du syndic ci-après établi.

Ils seront également tenus d'éloigner à pareille distance, les immondices, fumiers et bagasse ; et de donner aux eaux de leurs manufactures, une issue telle qu'elles ne puissent retourner au canal, ni s'y introduire par l'infiltration. Les contrevenans seront condamnés à une amende de mille francs.

XI. Il ne sera fait sur les rives des canaux aucune plantation d'arbres, arbustes ou plantes quelconques, dont les racines pourraient y pénétrer, y causer des dégradations ou altérer la qualité des eaux.

XII. Il sera laissé sur les deux rives un chemin de six pieds au moins ; chaque riverain devra, sous peine de cinquante francs d'amende, nettoyer ce chemin sur son terrain, et le tenir constamment débarrassé des pierres, herbes, joncs et cannes qui pourraient empêcher de parcourir les canaux et de les inspecter ;

il est tenu, sous la même peine, d'ôter du canal tous les corps étrangers que les eaux pourraient y entraîner et qui peuvent en interrompre ou en ralentir le cours, et d'en retirer les terres et pierres qui pourraient y tomber accidentellement.

XIII. Les amendes ordonnées par le présent, seront doubles en cas de récidive ; elles seront prononcées, sauf l'appel, par le tribunal de police correctionnelle et applicables à l'entretien et aux réparations des canaux de chaque communauté ; elles ne pourront être remises ni modérées, sous quelque prétexte que ce soit.

XIV. Chaque communauté sera représentée par un syndic qui sera choisi parmi les co-intéressés, tous les ans, à la pluralité des voix, dans une assemblée convoquée à cet effet.

Ses fonctions seront : 1º. de surveiller l'entretien et la police du canal ; 2º. de poursuivre les contrevenans au présent arrêté ; 3º. de faire faire par tous les moyens de droit, le recouvrement des amendes prononcées contr'eux ; 4º. d'assembler les riverains, lorsqu'il s'agira de leurs intérêts respectifs.

Il sera indéfinitivement ré-éligible et rendra ses comptes tous les ans.

L'assemblée des riverains, pour la nomination du syndic, sera convoquée et présidée par le commissaire civil du quartier, qui leur indiquera le lieu, le jour et l'heure de leur réunion.

XV. Les assemblées des riverains, relatives à leurs intérêts respectifs, auront pour but d'arrêter les dépenses communes pour l'entreprise ou les réparations des parties maçonnées du canal, des digues indispensables pour maintenir les prises d'eau, des jumelles établies ou à établir pour la conservation de leurs cours, sans interruption et sans perte, et de tous ouvrages utiles pour l'avantage du canal commun ; ainsi que les dépenses concernant la surveillance du canal et les opérations des gens de l'art, appelés pour constater la nécessité desdits ouvrages.

Ces assemblées n'auront lieu qu'après avoir été autorisées par le commandant de quartier.

XVI. La délibération des riverains sera valable, et obligera solidairement tous les riverains, lorsqu'elle aura été prise par la moitié, plus un, des co-intéressés ; et elle sera homologuée au tribunal terrier.

XVII. Si, par l'absence de plus de la moitié des riverains convoqués en assemblée, la délibération demandée n'a pu avoir lieu, il en sera dressé procès-verbal par le syndic, en présence des parties qui s'y seront trouvées ; et d'après l'exposé des parties intéressées, le tribunal terrier ordonnera toutes les visites, réparations et travaux qu'il jugera nécessaire.

XVIII. Dans le cas où quelqu'un des riverains voudrait pour son utilité particulière, faire au canal quelques réparations ou améliorations, il pourra les faire à ses frais, en en prévenant le syndic ; pourvu toutefois que lesdites réparations ou améliorations ne soient pas de nature à diminuer le volume de l'eau, ou à en altérer la qualité, ou à en changer le cours.

XIX. Il sera établi pour la garde de chaque canal, aux frais de la communauté, un gardien surveillant qui sera sous les ordres directs du syndic.

Le surveillant sera chargé : 1º. de visiter le canal, de jour et de nuit ; 2º. d'empêcher que personne n'arrête, ne détourne ou ne gâte les eaux, ou n'y fasse la pêche ; 3º. de constater par des procès-verbaux toutes contraventions au présent, les dégradations faites au canal, tant par accident que par le fait des riverains ; en général, tous les faits dont chaque co-intéressé croira avoir à se plaindre ou à tirer avantage ; 4º. d'avertir le syndic, des abus et négligences qui seront à sa connaissance ; 5º. de se transporter, sur la réquisition des co-intéressés, sur tous les points du canal où sa présence sera nécessaire.

XX. Nonobstant l'établissement d'un surveillant, chaque riverain aura le droit de parcourir le canal dans toute sa longueur, soit de jour, soit de nuit ; d'inspecter le surveillant et de dénoncer au syndic, les négligences ou les fautes qu'il pourra commettre dans l'exercice de son emploi.

XXI. Le surveillant sera choisi par la communauté et nommé par le Capitaine-général, sur la proposition du Préfet colonial ; il prêtera serment par-devant le tribunal de première instance ; ses procès-verbaux feront foi en justice.

Son traitement sera déterminé par la communauté des riverains.

XXII. Dans le cas où, sur la réquisition d'un riverain, le surveillant ne pourrait se transporter assez tôt pour vérifier et constater un délit, la partie intéressée pourra le faire constater par deux témoins, et fera signer leur déclaration par les riverains les plus voisins, qu'il invitera à être présens sur les lieux, et qui ne pourront s'y refuser.

Cette déclaration sera envoyée de suite au syndic, qui fera toutes les diligences nécessaires pour la poursuite du délit.

XXIII. Le présent sera lu, enregistré, imprimé et affiché partout où besoin sera ; expédition en sera adressée au Préfet colonial et au Commissaire de justice.

A l'île de France, le 22 Nivose an XIII.

Le Capitaine-général, DECAEN.

ARRÊTÉ.

90. DECAEN, Capitaine-général, etc. etc.,

Sur la représentation du Préfet colonial et du Commissaire de justice, qu'il est démontré par l'expérience que les arrêtés des 13 Brumaire et 10 Messidor an XII, sur la curatelle aux biens vacans, ne remplissent pas entièrement les vues d'ordre et d'équité qui en ont été l'objet.

Après en avoir délibéré, Arrête :

Art. Ier. Les biens vacans aux îles Seychelles, Madagascar et autres dépendances des iles de France et de la Réunion, seront administrés par le curateur aux biens vacans de l'île de France, qui est autorisé à se faire représenter, sur les lieux, à cet effet, en faisant connaître au Procureur impérial, les fondés de pouvoirs qu'il commettra, et les instructions qu'il se proposera de leur donner.

II. Il se fera rendre compte par toutes les occasions possibles, de l'état de ces biens, et fera tous actes nécessaires, tant pour la rentrée prompte et sûre en ses mains des sommes en provenant, que pour la conservation des immeubles qui ne seraient pas vendus.

Il rendra compte au Procureur impérial de ses diligences et de ses dispositions diverses à cet égard.

III. La commission des curateurs aux biens vacans des îles de France et de la Réunion, sera pour l'avenir réglée ainsi qu'il suit :

Pour leurs droits sur les sommes qui se trouveront en espèces, deux et demi pour cent.

Sur les obligations, billets, cédules et comptes, dix pour cent.

Sur les baux d'immeubles et produits net de gestion, cinq pour cent.

Sur la vente tant des meubles que des immeubles, dix pour cent.

Cette commission ne sera perçue que dans le cas où le recouvrement des sommes aura été fait. Si, lors de la reddition des comptes, il se trouve des sommes non recouvrées, quoique les débiteurs soient solvables et que les diligences convenables aient été faites contr'eux, il sera seulement passé en compte au curateur, savoir : un pour cent sur les obligations, billets, baux immeubles et produits de gestion, et deux et demi pour cent sur les ventes mobiliaires et immobiliaires.

IV. Ils seront tenus de faire des diligences contre les débiteurs solvables ; faute de quoi, il ne leur sera alloué aucune commission.

Ils ne pourront en faire aucune contre les insolvables, ils devront seulement justifier de l'insolvabilité du débiteur, par un acte signé du juge et du procureur impérial, sans qu'ils soient obligés à d'autres formalités.

V. Ils sont autorisés à retenir sur le produit de la liquidation par eux faite des comptes des anciens curateurs, cinq pour cent, qui entreront en déduction des sommes en provenant.

VI. Lorsque, dans les successions vacantes, il se trouvera des biens immeubles que les curateurs auraient à régir, en attendant leur bail à ferme, ils tiendront ou feront tenir sur l'habitation un livre-journal cotté et paraphé par le juge, dans lequel seront inscrits journellement les revenus qui s'y recueilleront ; faute de quoi, lesdits revenus seront évalués sur le pied de la plus forte récolte et sur le plus haut prix des denrées.

VII. Les arrêtés des 13 Brumaire et 10 Messidor an XII, continueront d'avoir leur effet en ce qui n'y est pas dérogé par le présent, qui sera lu, enregistré, imprimé et affiché, et dont expédition sera adressée au Préfet colonial et au Commissaire de justice.

Ile de France, le 22 Nivose an XIII.

Le Capitaine-général, DECAEN.

ARRÊTÉ.

91. Decaen, Capitaine-général, etc. etc.,

Le Préfet colonial ayant exposé, qu'il importe à la sûreté du commerce maritime des îles de France, de la Réunion et dépendances, et à leur prospérité, de régler le mode d'instruction des jeunes gens, qui dans ces colonies se destinent à la navigation, ainsi que les conditions pour être admis au commandement des navires employés au cabotage ; qu'il suffit, pour atteindre ce but, de rendre propres auxdites colonies les décrets des 15 Mai, 21 et 30 Juillet 1791, dans celles de leurs dispositions, qui peuvent leur être appliquées ;

Après en avoir délibéré avec le Préfet colonial.

Arrête :

Etablissement d'une école d'hydrographie, et règles pour l'admission au commandement des bâtimens au grand et au petit cabotage.

CHAPITRE PREMIER.

De l'école d'hydrographie.

Art. Ier. Il est créé à l'île de France une école gratuite et publique d'hydrographie.

II. La place de professeur d'hydrographie sera donnée au concours ; son traitement est fixé à six mille francs par an.

III. Lorsque la place de professeur viendra à vaquer, le Préfet colonial y pourvoira provisoirement et fera annoncer, tant à l'île de France qu'à l'île de la Réunion, l'époque du concours : il y aura au moins deux mois d'intervalle entre l'annonce et l'ouverture du concours.

IV. Ceux qui se présenteront au concours, se feront inscrire au greffe du tribunal de première instance de l'île de France, et auront la faculté de le faire jusqu'à la clôture du concours.

V. Le concours sera ouvert et présidé par le juge du tribunal de première instance, qui invitera à y assister toutes les personnes chargées de quelques fonctions dans l'instruction publique.

VI. Les juges du concours seront cinq capitaines du commerce reçus en France, et ayant navigué pendant trois ans au moins, comme officiers, dans les mers à l'Est du Cap de Bonne-Espérance ; ces capitaines seront choisis par le Préfet colonial.

VII. Lorsque tous les concurrens auront été ap-

pelés et interrogés, le plus ancien capitaine, après
avoir pris l'avis de ses collègues, déclarera publiquement celui qui aura été jugé le plus digne de remplir
la place de professeur d'hydrographie.

Il en sera dressé procès-verbal par le président, par
les juges du concours et par tous ceux qui ayant été
invités, y auront assisté, et copie en sera envoyée au
Préfet colonial.

VIII. Il sera fourni par l'administration, un local
pour les leçons publiques d'hydrographie.

IX. Tous les jours, excepté les dimanches et les
fêtes, le professeur donnera quatre heures de leçons,
en deux séances, destinées, l'une, aux élèves qui
commenceront, l'autre, à ceux dont l'instruction sera
plus avancée. Les heures de chacune de ces séances
seront réglées par le Préfet colonial sur la demande
du professeur.

X. Lorsque les étudians, admis à l'école d'hydrographie, auront atteint l'âge de quinze ans, ils seront
tenus, pour continuer à y être reçus, de se faire inscrire au bureau de l'inscription maritime, rapportant
un certificat du professeur.

CHAPITRE II.

*De l'examen, pour être admis à commander
au grand cabotage.*

XI. Les examens, pour être reçu capitaine au grand
cabotage, seront faits par trois capitaines au moins,
ayant navigué deux ans, comme officiers, dans les
mers à l'Est du Cap de Bonne-Espérance.

XII. Les aspirans au grade de capitaine se présenteront au greffe du tribunal de première instance, pour
y être inscrits sur la liste de ceux admis à subir l'examen ; mais ils seront tenus préalablement de prouver,
par des états certifiés et signés par le chef de l'inscription maritime, leur service et navigation pendant
six ans, dont un au moins sur les vaisseaux de l'Etat,
et deux en qualité d'officier dans les mers à l'Est du
Cap de Bonne-Espérance ; ils devront en outre justifier être âgés de vingt-quatre ans.

XIII. L'examen sera fait publiquement dans la salle
des audiences du tribunal de première instance ; il
sera présidé par le juge, en présence du professeur
d'hydrographie et des trois capitaines nommés par le
Préfet colonial. Toutes les personnes chargées de quelques fonctions dans l'instruction publique seront invi-
tées à y assister.

XIV. Les aspirans seront examinés sur les élémens
des mathématiques, la théorie et la pratique complète
de la navigation. Les juges de l'examen seront les trois
capitaines nommés par le Préfet colonial.

XV. Lorsque le candidat aura été examiné, le plus
ancien capitaine, après avoir pris l'avis de ses deux
collègues, déclarera publiquement s'il a été jugé suffisamment instruit.

XVI. Le président prononcera la clôture de l'examen et en fera dresser procès-verbal, qui sera signé

par lui, par les capitaines examinateurs, par le professeur d'hydrographie, et par tous ceux qui ayant été
invités, y auront assisté. Copie de ce procès-verbal sera
présentée au Préfet colonial, avec les états de service
et de navigation du sujet admis.

CHAPITRE III.

*De l'examen pour être fait maître au petit cabotage
et pilote côtier.*

XVII. Pour être fait maître au petit cabotage, il
faudra avoir au moins cinq ans de navigation, dont
un an sur les vaisseaux de l'Etat ; être âgé de vingt-
quatre ans, et avoir satisfait à un examen, sur :

Les manœuvres, les sondes, la connaissance des
fonds, le gissement des terres et écueils, le courant et
les marées, la boussole.

XVIII. L'examen se fera en présence d'un capitaine
ayant les qualités requises par l'article XI, par deux
anciens maîtres au petit cabotage, nommés par le chef
de l'inscription maritime.

XIX. L'examen pour être pilote côtier, portera sur
toutes les parties indiquées pour l'examen du maître au
petit cabotage, et principalement sur la connaissance
des entrées des divers ports et rades des îles de France
et de la Réunion ; il sera fait dans la forme prescrite
pour celui des maîtres au petit cabotage.

XX. Les noirs libres, qui réuniront les qualités prescrites par l'article XVII, pourront être admis à l'examen, pour être faits maîtres au petit cabotage.

Disposition générale.

XXI. Les personnes admises, après les examens
prescrits, soit pour être professeur d'hydrographie,
soit pour commander des navires au grand cabotage,
soit pour être fait maître au petit cabotage ou pilote
côtier, recevront du Capitaine-général, sur la présentation du Préfet colonial, la commission nécessaire,
qui sera enregistrée au bureau de l'inscription maritime et au greffe du tribunal de première instance.

XXII. Le présent sera lu, enregistré, imprimé et
affiché ; expédition en sera adressée au Préfet colonial
et au Commissaire de justice.

A l'île de France, le 22 Nivose an XIII.

Le Capitaine-général, DECAEN.

ARRÊTÉ.

92. DECAEN, Capitaine-général, etc. etc.,

Sur la représentation du commissaire de justice,
que les formalités prescrites et pratiquées jusqu'à ce
jour aux îles de France et de la Réunion, pour parvenir à la vente des biens sur saisies réelles ou par
licitation, entraînent dans lesdites colonies, des frais
énormes dont le montant absorbe souvent une grande
partie du produit des ventes ; qu'en leur substituant une
seule affiche à la porte du tribunal de première instance et des annonces dans les feuilles publiques, aux

intervalles déterminés par la loi, les ex-propriations n'en auront pas moins toute la publicité qu'exige la loi, pour conserver et assurer les intérêts et droits d'un chacun.

Après en avoir délibéré, Arrête :

Art. Ier. Les criées en matières de décret et les annonces et publications en toutes matières, afin d'expropriation aux îles de France et de la Réunion, se feront dorénavant à compter de la publication du présent, aux intervalles déterminés par la loi, par une seule affiche dressée par l'huissier, visée par le juge de première instance, apposée à la porte de la salle des audiences du tribunal, et répétée dans le journal hebdomadaire de la colonie où les biens sont situés.

II. Les affiches de criées en matière de décret, contiendront les noms, profession et domicile du poursuivant; le titre ou jugement en vertu desquels les poursuites ont lieu; la nature, l'étendue et la situation des biens saisis; les noms, profession et domicile du débiteur; l'état des inscriptions existantes sur l'immeuble, au jour du commandement.

Les affiches, publications et annonces d'enchères et d'adjudication en toute espèce d'expropriations, contiendront le jour, l'heure et le lieu où l'adjudication du bien sera faite; la nature, l'étendue et situation du bien à vendre; les noms, profession et domicile du poursuivant et du débiteur; les conditions de l'adjudication; une mise à prix que le poursuivant sera tenu de faire et qui tiendra lieu de première enchère; l'élection du domicile du poursuivant dans le chef-lieu de la colonie.

III. L'apposition de l'affiche à la porte du tribunal, sera constatée par un procès-verbal de l'huissier, sans qu'il soit besoin de l'assistance de témoins; et le tout sera notifié, tant au saisi qu'aux créanciers inscrits au domicile par eux élu, avec déclaration que pareille affiche sera publiée en tems utile, par la voie des feuilles publiques.

V. Sont rapportés toutes dispositions contraires au présent, qui sera lu, enregistré, imprimé et affiché, et dont expédition sera adressée au Commissaire de justice.

A l'île de France, le 26 Germinal an XIII.

Le Capitaine-général, DECAEN.

ARRÊTÉ.

93. DECAEN, Capitaine-général, etc. etc.,

Sur la proposition du Commissaire de justice,

Arrête :

Art. Ier. Les articles XV, XVI et XL de l'arrêté du Ier Pluviose an XII et l'article VI de l'arrêté du 6 Floréal suivant, sont révoqués en ce qui concerne la distinction de grands marrons et les peines qui leur sont infligées.

II. A l'avenir, le marronnage des esclaves, quel qu'en soit le tems, sera soumis à la discipline de la police ordinaire; il ne pourra être puni de plus de deux mois de chaîne pour la première fois, et de plus de quatre en cas de récidive, sans que pour ce, le maître puisse prétendre à aucune indemnité.

III. Dans les huit jours qui suivront la publication du présent, les esclaves qui auront subi au-delà du tems déterminé dans l'article II, la peine à laquelle ils ont été condamnés par le tribunal spécial, seront rendus à leurs maîtres, et ceux qui seraient maintenant en jugement pour le fait de grand marronnage, seront renvoyés au bureau central de police.

IV. Toutes autres dispositions relatives aux marrons sont maintenues en ce qui n'est pas dérogé par le présent, qui sera lu, enregistré, imprimé et affiché, et dont expédition sera adressée au Préfet colonial et au Commissaire de justice.

A l'île de France, le 7 Floréal an XIII.

Le Capitaine-général, DECAEN.

ARRÊTÉ.

94. DECAEN, Capitaine-général, etc. etc.,

Ordonne :

Art. Ier. Que tous capitaines, officiers de santé des bâtimens du commerce français, employés à la navigation des îles de France etc.; ceux qui résident dans cette colonie depuis moins de cinq ans, ainsi que ceux embarqués à bord des bâtimens en relâche dans ce port, seront tenus de se faire inscrire sur le contrôle de la compagnie d'artillerie de marine.

II. Aucun marin ne sera expédié du bureau des armemens et n'y obtiendra son décompte, qu'après avoir produit un certificat, qu'il a fait son service dans la compagnie d'artillerie de marine.

III. Les contrevenans seront sur-le-champ mis en réquisition pour servir sur les bâtimens de l'état, et punis de leur désobéissance conformément aux lois.

IV. Le présent ordre sera enregistré, imprimé et affiché; expédition en sera adressée au Préfet colonial.

A l'île de France, le 19 Prairial an XIII.

Le Capitaine-général, DECAEN.

ARRÊTÉ.

95. DECAEN, Capitaine-général, etc. etc.,

Sur la représentation du commissaire de justice, que l'article XXX du chapitre II de l'arrêté du 18 Vendémiaire an XII, en déclarant suspensif le pourvoi en cassation contre un jugement qui admet le divorce en dernier ressort, tend à priver des avantages de la loi les habitans des îles de France et de la Réunion qui se trouvent dans la nécessité de faire divorce; qu'il est juste de modifier cette disposition et de la restreindre aux seuls effets que la situation de ces colonies puisse permettre ;

Que l'article IV du chapitre III du même arrêté, lequel oblige les époux en cas de divorce par consentement mutuel à se faire autoriser à cet effet par leurs père et mère ou leurs autres ascendans vivans, est, par le même motif, à modifier quant aux citoyens qui ont leur famille en France.

Après en avoir délibéré, Arrête :

Art. Ier. Le pourvoi en cassation contre un jugement rendu aux îles de France et de la Réunion, qui admettra un divorce en dernier ressort, ne sera suspensif que quant à la faculté de se remarier ; les autres effets du divorce auront lieu provisoirement, sauf tous les actes conservatoires que les époux croiront devoir requérir réciproquement pour leurs intérêts et droits respectifs.

II. L'article IV du chapitre III de l'arrêté du 18 Vendémiaire an XII, est modifié ainsi qu'il suit :

Celui des époux qui, lors d'une action en divorce par consentement mutuel, se trouvera dans l'impossibilité d'avoir l'autorisation exigée par ledit article, ou de représenter l'acte de décès de ses père et mère, ayeul ou ayeule, sera tenu de faire déclarer par un conseil de deux amis majeurs, nommés par le juge, que, pour les causes à eux connues, ils trouvent en leur âme et conscience son consentement au divorce fondé.

Cette déclaration sera faite, produite et déposée, ainsi qu'il est prescrit à chaque épreuve déterminée par la loi.

III. Le présent sera lu, enregistré, imprimé et affiché ; expédition en sera envoyée au Commissaire de justice.

Ile de France, le 25 Prairial an XIII.

Le Capitaine-général, DECAEN.

ARRÊTÉ.

96. DECAEN, Capitaine-général, etc. etc.,

Sur la proposition du Préfet colonial et du Commissaire de justice. Arrête :

Dispositions additionnelles à l'arrêté sur les affranchissemens.

Art. Ier. Il est enjoint aux noirs mis en manumission depuis le 3 Messidor de l'an VIII jusqu'à la publication de l'arrêté du 9 Brumaire dernier, de faire sans délai toutes les diligences nécessaires pour la confirmation de leur affranchissement.

Ceux qui dans un mois, à compter de la publication du présent, ne se seraient pas conformés aux règles prescrites pour cet effet, seront employés au service de l'état, jusqu'à ce qu'il soit prononcé définitivement sur leur affranchissement.

II. La demande à faire par le maître qui se propo-

sera d'affranchir son esclave sera à l'avenir adressée au Capitaine-général.

III. L'article IV dudit arrêté qui exclut du bénéfice d'affranchissement les esclaves repris de justice, ne s'étend point à ceux qui auraient été condamnés par le tribunal spécial pour cause seulement de grand marronnage ; ils pourront être affranchis par leurs maîtres, si d'ailleurs ils réunissent les qualités nécessaires pour jouir de cet avantage.

IV. Les enfans au-dessous de l'âge de sept ans, nés d'une esclave qui obtiendra son affranchissement, suivront le sort de leur mère. Dans ce cas, le maître sera tenu d'ajouter à la somme déterminée pour l'affranchissement de celle-ci, une somme de cinq cents francs par chaque enfant.

V. L'équivalent de la somme exigée par l'article IV, pour servir d'alimens à l'affranchi, pourra être fourni par le maître, en noirs ou en immeubles, sans préjudice de la rétribution à la caisse de bienfaisance, des trois pour cent de la valeur des biens donnés.

Cet équivalent sera estimé par experts nommés par le juge.

VI. Un maître ne pourra affranchir son esclave pour s'être racheté de son pécule ; il est spécialement recommandé aux citoyens et au ministère public de former opposition à tout affranchissement qui aurait un motif de cette nature.

VII. L'autorisation requise par l'article VII dudit arrêté, pour le mariage d'une négresse esclave avec son maître, noir libre, devra émaner de l'autorité supérieure.

VIII. Le patron institué par l'article X du même arrêté, sera désigné au tribunal par le maître ou le testateur, ou l'exécuteur testamentaire ; et dans le cas où l'on s'en rapporterait au tribunal, il sera désigné par le procureur impérial, à la nomination du juge.

IX. Les annonces prescrites par l'article XI, cesseront d'avoir lieu par affiches, à la porte du bureau central de police et du commissariat civil ; elles se feront dorénavant de huitaine en huitaine, par la voie des petites affiches de la colonie, où se fera l'affranchissement.

X. L'arrêté confirmatif d'affranchissement sera rendu après délibération avec le Préfet colonial et le Commissaire de justice ; les pièces à produire pour cet effet, conformément à l'article XIV, seront remises au secrétariat du gouvernement.

XI. Le présent sera lu, enregistré, imprimé et affiché ; expédition en sera adressée au Préfet colonial et au Commissaire de justice.

Ile de France, le 1er Messidor an XIII.

Le Capitaine-général, DECAEN.

ARRÊTÉ.

97. DECAEN, Capitaine-général, etc. etc.,

Sur la représentation du Préfet colonial, qu'une

fausse interprétation de l'arrêté du 22 Nivose dernier, relatif aux canaux de l'île de France, peut engager les habitans de cette colonie dans des actions dispendieuses et inutiles près le tribunal terrier ; que les distributions d'eau, appartenant exclusivement au Préfet colonial, d'après le texte de l'article XIV de l'arrêté du gouvernement, du 13 Pluviose an XI, ledit tribunal doit connaitre seulement des contestations mues sur la manière de jouir des eaux légalement distribués ; que l'arrêté du 22 Nivose, ayant été conçu dans ce sens, il est nécessaire de donner quelques explications propres à fixer la compétence respective des autorités ;

Après en avoir délibéré, Arrête :

Art. Ier. La distribution ordonnée par les articles II et III de l'arrêté du 22 Nivose dernier, n'est réglée par le tribunal terrier qu'entre les riverains, qui, en vertu de titre, ont droit à des parts d'eau déterminées.

II. Le riverain, à qui une part d'eau dans les rivières ou canaux sera nécessaire pour sa culture ou son industrie, se pourvoira pour l'obtenir vers le Préfet colonial, qui ordonnera telle distribution d'eau que les cas et les lieux pourront permettre. Il sera alors délivré un titre de concession dans la forme ordinaire.

III. Les riverains, qui jouissent de parts d'eau, seront tenus de produire au bureau de la voierie dans le délai de trois mois, à compter de la publication du présent, le titre en vertu duquel ils jouissent de ladite part.

IV. Les demandes qui auraient été faites au tribunal terrier en distribution d'eau sans qu'il y ait de titre primitif à ce sujet, seront renvoyées au Préfet colonial.

V. L'acte émané pour la jouissance d'une part d'eau, devra pour son exécution être enregistré au tribunal terrier.

VI. Le présent sera lu, enregistré, imprimé et affiché ; expédition en sera adressée au Préfet colonial et au commissaire de justice.

A l'île de France, le 23 Messidor an XIII.

Le Capitaine-général, DECAEN.

ARRÊTÉ.

98. DECAEN, Capitaine-général, etc, etc.,

Sur la proposition du Préfet colonial et du Commissaire de justice, Arrête :

Art. Ier. L'article Ier. de l'arrêté du 15 Nivose an XIII, est révoqué ; en conséquence, les commissaires civils des îles de France et de la Réunion, autres que ceux des chef-lieux, reprendront l'exercice des attributions qui leur avaient été données par les réglemens et arrêtés antérieurs, sauf néanmoins les exceptions déterminées aux articles suivans.

II. Les marrons arrêtés seront remis chez le commandant du quartier, lorsque les détachemens ne pourront les conduire au Port.

III. Les commissaires civils enverront tous les huit jours au commandant du quartier un état des déclarations, qui leur auront été faites tant pour le marronnage que pour la rentrée des noirs.

IV. Il sera alloué aux commissaires civils une indemnité à raison de leurs fonctions spéciales et de toutes celles qui leur ont été successivement conférées.

V. L'arrêté du 15 Nivose an XIII, et tous autres relatifs aux commissaires civils, continueront d'avoir leur exécution en tout ce qui n'y est pas dérogé par le présent qui sera lu, enregistré, imprimé et affiché ; et dont expédition sera adressée au Préfet colonial et au Commissaire de justice.

A l'île de France, le 24 Messidor an XIII.

Le Capitaine-général, DECAEN.

ARRÊTÉ.

99. DECAEN, Capitaine-général, etc. etc.,

Sur la représentation du Préfet colonial, qu'il est nécessaire d'établir aux îles de France et de la Réunion, un ordre qui puisse garantir le titre et régler le commerce des matières et ouvrages d'or et d'argent ; qu'il est convenable pour cet effet de suivre la loi du 19 Brumaire an VI, en tout ce qu'elle a d'applicable aux localités ;

Après en avoir délibéré, Arrête :

Du titre et du commerce des matières et ouvrages d'or et d'argent.

SECTION PREMIÈRE.

Des Titres.

Art. Ier. Tous les ouvrages d'orfévrerie et d'argenterie, fabriqués aux îles de France et de la Réunion, doivent être conformes aux Titres prescrits par la loi, respectivement suivant leur nature.

II. Il y a trois Titres légaux pour les ouvrages d'or, et deux pour les ouvrages d'argent ; savoir :

Pour l'or :

Le premier, de 950 millièmes (ou 22 karats deux trente-deuxièmes et demi.)

Le second, de 840 millièmes (ou 20 karats cinq trente-deuxièmes et un huitième.)

Le troisième, de 750 millièmes (ou 18 karats)

Pour l'argent,

Le premier, de 920 millièmes (ou onze deniers, neuf grains, sept dixièmes.)

Le second, de 800 millièmes (ou neuf deniers, onze grains et demi.)

III. La tolérance des Titres pour l'or est de trois millièmes ; celles des Titres pour l'argent est de cinq millièmes.

IV. Les fabricans peuvent employer à leur gré l'un

des Ttires mentionnés en l'article II, respectivement pour les ouvrages d'or et d'argent, quelle que soit la grosseur ou l'espèce des pièces fabriquées.

SECTION II.

Des Poinçons.

V. La garantie du titre des ouvrages d'or et d'argent fabriqués aux îles de France et de la Réunion, sera assurée par des poinçons qui seront appliqués sur chaque pièce, ensuite d'un essai de la matière et conformément aux règles établies ci-après.

VI. Il y aura pour marquer les ouvrages tant en or qu'en argent, trois espèces de poinçons, savoir : celui du fabriquant, celui du titre et celui de la garantie.

Il y aura d'ailleurs deux petits poinçons, l'un pour les menus ouvrages d'or, l'autre pour les menus ouvrages d'argent, trop petits pour recevoir l'empreinte des trois espèces de poinçons indiqués ci-dessus.

VII. Le poinçon du fabricant portera la lettre initiale de son nom, avec un symbole qui sera désigné par le Préfet colonial.

VIII. Le poinçon du titre aura pour empreinte un coq avec l'un des chiffres arabes, 1, 2, 3, indicatifs des premiers, second et troisièmes titres.

IX. Le poinçon de garantie aura un signe caractéristique particulier, qui sera déterminé par le Préfet colonial ; le signe sera changé toutes les fois qu'il sera nécessaire pour prévenir les effets d'un vol ou d'une infidélité.

X. Le petit poinçon destiné à marquer les menus ouvrages d'or, aura pour empreinte une tête de coq ; celui pour les mêmes ouvrages d'argent portera une étoile.

XI. Le poinçon du titre sera remis entre les mains des essayeurs ci-après établis ; ceux de chaque essayeur ne seront différens l'un de l'autre, que par une forme particulière à chacun.

XII. Le poinçon de garantie sera déposé au bureau du timbre ; lorsqu'on n'en fera point usage, il sera enfermé dans une caisse à deux serrures ; la clef de l'une des serrures restera entre les mains du préposé ; la clef de l'autre sera déposée au bureau de l'inspection.

XIII. Les fabricans de faux poinçons et ceux qui en feraient usage, seront condamnés à dix années de fers et leurs ouvrages confisqués.

SECTION III.

De l'essai et de l'application du poinçon, du titre et du poinçon de garantie.

XIV. Il y aura à l'île de France, deux essayeurs jurés, pour essayer et constater les titres des ouvrages d'or et d'argent. Ces essayeurs seront choisis parmi les orfèvres, et nommés par le Capitaine-général, sur la présentation du Préfet colonial ; ils prêteront serment au tribunal de première-instance.

L'un d'eux essayera les ouvrages fabriqués par l'autre, ou tous autres qui lui seront présentés.

XV. L'essayeur ne recevra les ouvrages d'or et d'argent pour être essayés, que lorsqu'ils auront l'empreinte du poinçon du fabriquant et qu'ils seront assez avancés, pour qu'en les finissant, ils n'éprouvent aucune altération.

XVI. L'essai sera fait sur un mélange des matières prises sur chacune des pièces provenant de la même fonte ; ces matières seront gratées et coupées, tant sur le corps des ouvrages que sur les accessoires, de manière que les formes et les ornemens n'en soient pas détériorés.

XVII. Lorsque les ouvrages d'or et d'argent seront à l'un des titres prescrits respectivement pour chaque espèce, par l'article II du présent, l'essayeur frappera chaque pièce présentée, du poinçon du titre, et délivrera en outre sur papier libre, un certificat dans lequel il mentionnera la matière, l'espèce, le poids et la fome des ouvrages essayés, et le titre auquel ils ont été trouvés.

XVIII. Lorsque le titre sera trouvé inférieur au plus bas des titres prescrits par la loi, il pourra être procédé à un second essai.

Si le second essai est confirmatif du premier, l'ouvrage sera remis au propriétaire après avoir été rompu en sa présence.

Si le premier essai est infirmé par le second, le poinçon du titre sera appliqué, et le certificat exigé par l'article précédent sera délivré.

XIX. La pièce essayée et le certificat de l'essayeur seront présentés au bureau du timbre, et les ouvrages y seront marqués du poinçon de garantie, en présence d'un officier d'administration, délégué à cet effet par l'inspecteur de la marine.

L'apposition du poinçon ne se fera qu'une fois par semaine, au jour indiqué par le Préfet colonial.

XX. Le préposé au timbre aura un registre cotté et paraphé par le juge de première instance, sur lequel il inscrira le poinçonnage qui aura eu lieu d'après le certificat produit, lequel restera annexé audit registre.

XXI. Dans le cas où il serait constaté que l'ouvrage essayé, quoique marqué du poinçon indicatif de son titre, ne serait pas au titre indiqué, l'essayeur sera condamné, en police correctionnelle, à une amende de deux cents francs, qui sera double en cas de récidive.

XXII. L'essayeur aura pour rétribution, un droit sur chaque essai d'or et d'argent, ainsi qu'il suit :

Pour un essai d'or, six francs ; pour un essai d'argent, deux francs. L'essai des mêmes ouvrages d'or par la pierre de touche, sera payé vingt-centimes par gros.

SECTION IV.

Des obligations des fabricans et marchands d'ouvrages d'or et d'argent.

XXIII. Les orfèvres et autres fabricans d'ouvrages d'or et d'argent, qui voudront exercer leur profession auxdites colonies, seront tenus de se faire inscrire au bureau de l'inspection et au greffe du tribunal de première instance de la colonie où ils résideront, et d'avoir un poinçon pour marquer leurs ouvrages ; ils feront insculper ce poinçon de leur nom, au bureau de l'inspection, sur une table à ce destinée.

XXIV. Les ouvrages fabriqués à l'île de la Réunion, ne seront point assujettis à l'essai ; mais les fabricans n'en seront pas moins tenus à les marquer de leur poinçon, en y ajoutant le chiffre indicatif du titre auquel ils les auront fabriqués.

XXV. L'acheteur des ouvrages mentionnés en l'article précédent, pourra en faire vérifier le titre par l'un des essayeurs institués par l'article XI ; s'il résulte de l'opération, qu'ils sont au-dessous du titre légal, l'orfèvre qui les aura fabriqués, sera condamné, en police correctionnelle, à la restitution du prix d'iceux envers l'acheteur et à une amende envers le bureau de bienfaisance, laquelle ne pourra excéder quinze cents francs, ni être moindre de cinq cents ; les ouvrages seront en outre confisqués et le jugement sera imprimé et affiché aux frais du délinquant. L'amende sera double en cas de récidive.

XXVI. Quiconque se borne au commerce d'orfèvrerie, sans entreprendre la fabrication, n'est tenu que de faire sa déclaration au greffe du tribunal de première instance, et est dispensé d'avoir un poinçon.

XXVII. Les fabricans et marchands d'or et d'argent ouvrés ou non ouvrés, auront, un mois au plus tard après la publication du présent, un registre cotté et paraphé par le juge de première instance, sur lequel ils inscriront la nature et le nombre, le poids et le titre des matières d'or et d'argent qu'ils acheteront, vendront ou recevront en dépôt pour modèle ou pour fabrication, ainsi que les noms et demeures de ceux de qui ils proviendront.

XXVIII. Ils ne pourront acheter que des personnes libres connues, ou ayant des répondans à eux connus ; il leur est expressément défendu d'acheter des matières et ouvrages d'or et d'argent, qui leur seraient proposés par des esclaves, quoiqu'ils soient munis pour cet effet, d'une permission de leur maître.

XXIX. Ils seront tenus de présenter leurs registres à l'autorité publique, toutes les fois qu'ils en seront requis.

XXX. Les orfèvres mettront dans le lieu le plus apparent de leur boutique un tableau énonçant les articles du présent, relatifs aux titres et à la vente des ouvrages d'or et d'argent.

XXXI. Ils remettront aux acheteurs des bordereaux énonciatifs de l'espèce du titre, et du poids des ouvrages qu'ils leur auront vendus, et désignant si ce sont des ouvrages neufs ou vieux.

XXXII. Les contrevenans à l'une l'une des dispositions prescrites aux articles XXIII, XXIV, XXVI, XXVII, XXVIII, XXIX, XXX et XXXI, seront condamnés, pour la première fois, à une amende de deux cents francs ; pour la seconde, à une amende de cinq cents francs avec affiche.

XXXIII. Aucun esclave ne pourra, sous aucun prétexte, faire le commerce de l'orfévrerie, même avec l'autorisation de son maitre, à peine de cinq cents francs d'amende contre ce dernier, et trois mois de chaîne contre l'esclave.

XXXIV. Lorsqu'un orfèvre mourra, son poinçon sera remis, dans l'espace d'un mois après le décès, au bureau de l'inspection, pour y être biffé de suite.

Pendant ce tems, le dépositaire du poinçon sera responsable de l'usage qui en sera fait, comme le sont les fabricans en exercice.

XXXV. Si un orfèvre ou fabricant quitte le commerce, il remettra son poinçon, au bureau de l'inspection, pour y être biffé devant lui ; s'il veut s'absenter de la colonie, pour plus de six mois, il sera tenu de déclarer au bureau de l'inspection, le nom de la personne à laquelle il remettra son poinçon,

XXXVI. Le présent sera lu, enregistré, imprimé et affiché ; expédition en sera adressée au Préfet colonial et au Commissaire de justice.

Ile de France, le 24 Messidor an XIII.

Le Capitaine-général, DECAEN.

ARRÊTÉ.

100. DECAEN, Capitaine-général, etc. etc.,

Sur la représentation du Préfet colonial et du Commissaire de justice, qu'il est nécesaire pour l'ordre des propriétés et pour l'administration générale des îles de France et de la Réunion, de terminer spécialement la manière de constater à l'avenir avec plus de précision et de certitude, les naissances et décès des noirs esclaves ;

Après en avoir délibéré, Arrête :

Art. Ier. Il sera ouvert chez les commissaires civils, un régistre triple, coté et paraphé par le juge pour recevoir les déclarations de naissance et de mort des noirs esclaves.

L'un de ces régistres sera remis tous les ans à la préfecture ; l'autre au greffe du tribunal de première instance ; et le troisième restera chez le commissaire civil.

II. Tout propriétaire, fermier, locataire ou dépositaire d'esclaves, et tout administrateur des biens d'autrui, sera tenu de faire chez le commissaire civil la déclaration des naissances et décès qui auront lieu parmi ses esclaves.

III. Les déclarations devront être faites dans les dix jours de la naissance, ou de la mort de l'esclave. S'il s'agit de naissance, elles porteront le nom donné à l'enfant, le jour de sa naissance, le nom, la caste et l'âge de la mère.

S'il s'agit de décès, elles énonceront le nom, la caste et l'âge de l'esclave décédé et le jour de son décès.

IV. Ceux qui ne feront pas les déclarations prescrites, seront traduits en police correctionnelle et condamnés à une amende de trois cents francs au profit de la caisse de bienfaisance.

V. Les inscriptions de déclarations seront faites gratis, sans préjudice du droit des commissaires civils, pour les expéditions du registre, lesquels seront délivrées sur papier libre.

VI. Le présent sera lu, enregistré, imprimé et affiché ; expédition en sera adressée au Préfet colonial et au Commissaire de justice.

A l'île de France, le 29 Messidor an XIII.

Le Capitaine-général, DECAEN.

ARRÊTÉ.

101. DECAEN, Capitaine-général, etc. etc.,

Sur la proposition du Préfet colonial et du Commissaire de justice, Arrête :

Art. Ier. L'intention d'affranchir un esclave ne pourra se manifester autrement que par la demande à faire conformément aux articles IX et II des arrêtés des 19 Brumaire et Ier Messidor derniers, ou par testament ; toutes déclarations d'affranchir, autrement exprimées, seront nulles ; l'esclave en faveur duquel elles seront faites sera déclaré appartenir à l'Etat ; et le notaire qui les aura reçues, ou l'officier public qui les aura prises en dépôt ou enregistrées, sera destitué.

II. Les demandes seront toujours accompagnées de pièces justificatives du tems de service des esclaves à affranchir, de leur âge et de celui de leurs enfans, dont il y sera fait mention.

Elles ne pourront être faites que par les maîtres ou exécuteurs testamentaires, ou dans leur absence par leur procureur fondé, qui sera tenu de produire son pouvoir spécial à cet effet ; et dans le cas où lesdits maîtres et exécuteurs testamentaires ne pourraient signer, elles seront faites par le ministère d'un officier public.

III. Avant que le patron puisse être nommé, les maîtres ou exécuteurs testamentaires, ou leurs porteurs de pouvoirs, seront tenus de représenter au tribunal avec les pièces et l'ordonnance d'admission, les individus qu'elles concerneront ; et l'acte nominatif du patron le mentionnera.

IV. Le présent sera lu, enregistré, imprimé et affiché ; expédition en sera adressée au Préfet colonial et au Commissaire de justice.

A l'île de France, le 8 Thermidor an XIII.

Le Capitaine-général, DECAEN.

ARRÊTÉ.

102. DECAEN, Capitaine-Général, etc. etc.

Sur la proposition du Préfet colonial et du Commissaire de justice, Arrête :

Art. Ier. La commission de santé, instituée par l'article V de l'arrêté du 10 Germinal an 12, reprendra dans les huit jours de la publication du présent, ses séances, pour faire les vérifications et examens ordonnés par les articles VI et VII dudit arrêté, et II et IV de celui du 24 Fructidor de la même année.

II. Dans un mois au plus tard de ladite publication, les docteurs en médecine et en chirurgie, les officiers de santé et les pharmaciens, ainsi que ceux qui se livrent à l'art des accouchemens, seront tenus de faire enregistrer leur diplôme, au greffe du tribunal de première instance.

III. Ceux qui après l'expiration de ce délai, n'auront pas satisfait à cette disposition, seront sujets aux peines ordonnées par les articles XXIX et XXX de l'arrêté du 10 Germinal an 12.

IV. La liste prescrite par l'article IV de l'arrêté du 24 Fructidor an XII, pour les officiers de santé admis à exercer l'art des accouchemens, devra être rendue publique dans le même délai.

V. Aussitôt après l'expiration du délai ci-dessus fixé, et ensuite à l'avenir, les commissaires civils des quartiers, autres que celui du chef-lieu, adresseront au procureur impérial, l'état des personnes qui, sans avoir le diplôme nécessaire à cet effet, exerceraient l'art de guérir.

VI. L'arrêté de nomination des membres de la commission par le Capitaine-général, leur tiendra lieu de diplôme, et devra être également enregistré.

VII. Le présent sera lu, enregistré, imprimé et affiché ; expédition en sera adressée au Préfet colonial et au Commissaire de justice.

A l'île de France, le 19 Fructidor an XIII.

Le Capitaine-général, DECAEN.

ARRÊTÉ.

103. DECAEN, Capitaine-général, etc. etc.

Le commissaire de justice ayant exposé que les principes sur les fonctions des procureurs généraux et impériaux, ne sont pas à l'île de France, entendus dans le sens du droit et suivant le vœu des lois ; que des interprétatations erronées sur ce point important sont des obstacles réels au cours de la justice et produisent des effets contraires à l'ordre et à la tranquillité publiques ; que pour prévenir de telles conséquences, il est indispensable de rappeler les différentes dispositions des lois à cet égard.

Vu l'article II de la section VIII du titre IX de l'arrêté de l'assemblée coloniale, du 9 Avril 1791, lequel porte : « Au civil, les commissaires du roi exerceront » leur ministère non par voie d'action, mais seulement » par celle de réquisition, dans les procès dont les juges auront été saisis. »

L'article VII de la section V du titre II de l'arrêté du Ier Août 1793, ainsi conçu : « Les injures, les outrages et les menaces par paroles ou par geste faits aux fonctionnaires publics dans le service de leurs fonctions, seront punis d'une amende qui ne pourra excéder trois mille livres, et d'un emprisonnement qui ne pourra excéder deux ans ; la peine se double en cas de récidive. »

Les articles XV et XVI du titre III de l'arrêté du 27 Messidor an 3, conçus en ces termes : « XV. L'ordre public exige que tous les citoyens soient pénétrés de respect pour les ministres de la justice; celui qui troublera les audiences par parole, bruit ou agitation sera rappelé au silence par le commissaire national, ou son substitut; et s'il récidive, le commissaire national ou son substitut, ordonnera à un huissier, au nom de la loi, de traduire le délinquant dans la maison d'arrêt pour vingt-quatre heures. »

» XVI. Tout individu qui sera convaincu d'avoir insulté ou fait insulter par action, par écrit ou par parole, soit un juge, soit un agent du ministère public, pour raison de ses fonctions, sera condamné par la police correctionnelle à deux ans de prison. »

Les articles II, III et IV du titre VI du même arrêté, dont suit la teneur : « II. Le commissaire national et son substitut, sont chargés de maintenir le silence ou l'ordre dans les audiences; III. le commissaire national et son substitut, sont chargés de tenir la main à l'exécution des jugemens, poursuivent d'office cette exécution dans toutes les dispositions qui intéressent l'ordre public; et en ce qui concerne les parties, ils pourront sur la demande qui leur en sera faite, soit enjoindre aux huissiers de prêter leur ministère, soit ordonner les ouvertures de portes, soit requérir main-forte lorsqu'elle sera nécessaire. IV. Ils veilleront dans les tribunaux civil et d'appel, au maintien de la discipline et à la régularité du service, suivant le mode qui sera déterminé. »

Les articles 555, 556, 557 et 558 du code des délits et des peines, portant :

» 555. Les citoyens qui assistent aux audiences des juges de paix, ou à celles des tribunaux de police, des tribunaux correctionnels, des tribunaux civils, des tribunaux criminels de la haute cour de justice, ou du tribunal de cassation, se tiennent découverts dans le respect et le silence; et tout ce que le président ordonne pour le maintien de l'ordre, est exécuté à l'instant même. »

» 556. Si un ou plusieurs assistans interrompent le silence, donnent des signes publics d'approbation ou d'improbation, soit à la défense des parties, soient au jugement, causent ou excitent du tumulte de quelque manière que ce soit, et si après l'avertissement des huissiers, ils ne rentrent pas dans l'ordre sur le champ, le président leur enjoint de se retirer. »

» En cas de refus d'obéir à cette injonction, les réfractaires sont saisis aussitôt et déposés, sur le seul ordre du président conçu de la manière prescrite par l'article 71, dans la maison d'arrêt, où ils demeurent vingt-quatre heures. »

» 557. Si quelques mauvais citoyens osaient outrager les juges, accusateurs publics, accusateurs nationaux, commissaires du pouvoir exécutif, greffiers ou huissiers dans l'exercice de leurs fonctions, le président fait à l'instant saisir les coupables, et les fait déposer dans la maison d'arrêt. L'ordre qu'il donne à cet effet est conçu comme dans le cas de l'article précédent. »

» Dans les vingt-quatre heures suivantes, le tribunal les condamne, par forme de punition correctionnelle, à un emprisonnement qui ne peut excéder huit jours. »

» 558. Si les outrages, par leur nature ou les circonstances, méritent une peine plus forte, les prévenus sont envoyés à subir, devant les officiers compétens, les épreuves de l'instruction correctionnelle ou criminelle, telles qu'elles sont réglées par les titres précédens. »

L'article X de l'arrêté du 14 Germinal an V, s'exprimant ainsi : « Les avoués se présenteront aux audiences en habit décent, sans être assujettis d'ailleurs à aucun costume particulier; si aucun d'eux s'écarte du respect dû au tribunal, il sera rappelé à l'ordre par le président ou par le commissaire national; et en cas de récidive, ou si un avoué se rend coupable d'injure, soit envers le tribunal ou l'un de ses membres, soit envers le commmissaire national ou l'accusateur public, le tribunal pourra d'office ou sur les conclusions du commissaire national, condamner sans appel, le délinquant à être conduit et détenu pendant vingt-quatre heures, en la maison d'arrêt. Ce jugement sera exécuté sur-le-champ et sans aucun délai, par l'huissier de service ou tout autre requis de le faire. Si le cas est de nature à mériter une peine plus grave, le tribunal se retirera en la chambre pour en dresser procès-verbal, qui sera signé de tous les membres présens et envoyé par le commissaire national, au tribunal de police correctionnelle, à l'effet d'y être procédé suivant les rigueurs de la loi. »

» Les hommes de loi et toutes les personnes qui plaideront seront également obligés, sous les mêmes peines, d'observer le respect dû aux juges, commissaire national et accusateur public. »

Après en avoir délibéré avec le Commissaire de justice, Arrête :

Art. Ier. L'action interdite au ministère public en affaires civiles, par l'article II de la section VIII du titre XI de l'arrêté précisé, ne doit s'entendre que du droit de former demande en justice pour chose due et d'en poursuivre l'effet jusqu'à jugement définitif.

Art. II. Le ministère public n'a point d'action en matière civile pour les mineurs, les interdits, les femmes mariées, les absens et l'administration de l'Etat; il exerce en ce cas ses fonctions, seulement par voie de réquisition.

Il veille pour les absens indéfendus et leur fait nommer s'il y a lieu, un curateur spécial.

Art. III. En conséquence de l'article LXIII de la constitution de la République de l'an VIII, et de la loi du 7 Pluviose de l'an IX, promulguée aux îles de France et de la Réunion par arrêté du 25 Messidor an XII, les procureurs généraux et impériaux ont la voie d'action et de réquisition dans les affaires criminelles et correctionnelles.

Art. IV. Ne peuvent être réputés action, les invitations, ordres et divers autres actes d'office du ministère public, tant envers les avocats, avoués, notaires et huissiers qu'envers les autres officiers publics et les citoyens, soit pour la surveillance qui lui est confiée, soit pour la communication, l'apport ou la remise parquet, des pièces, titres ou documens relatifs à l'exercice de ses fonctions, soit pour l'exécution des jugemens civils, correctionnels et criminels, et pour tous cas en dépendans.

Art. V. En faisant les actes mentionnés en l'article ci-dessus, les procureurs-généraux et impériaux sont dans le plein exercice de leur fonction ; personne ne peut, sous quelque prétexte que ce soit, méconnaître lesdits actes, ni s'y refuser ; tout officier public ou citoyen qui s'arroge un droit contraire envers eux et envers tout autre délégué de l'autorité dans le service de ses fonctions, doit être considéré comme réfractaire envers l'autorité et perturbateur de l'ordre public, sauf toutes poursuites par-devant les tribunaux pour offense, injure ou insulte qui auraient accompagné la désobéissance.

Art. VI. Les procureurs généraux et impériaux sont chargés de la police des audiences de leur tribunaux respectifs, sans préjudice du droit qu'ont les présidens d'ordonner d'office ce qu'ils jugent convenable pour le maintien de l'ordre.

Art. VII. L'exécution des différens articles ci-dessus relatés est rappelée à l'île de France et sera commune à l'île de la Réunion en ce qui n'y a pas été dérogé par les lois nouvelles.

Art. VIII. Le présent sera lu, enregistré, imprimé et affiché; expédition en sera adressée au Commisaire de justice.

A l'île de France le 19 Fructidor an XIII.

Le Capitaine-général, DECAEN.

A R R E T É.

104. Decaen, Capitaine-général, etc. etc.

Sur l'exposé du Préfet colonial, qu'il est nécessaire de percevoir, en l'an XIV, aux îles de France et de la Réunion, les mêmes impôts directs et taxes qui ont été établis par les arrêtés des 1er Pluviose et 25 Fructidor an XII, ainsi que par celui du 18 Nivose dernier, et de suivre pour cette réception les dispositions consacrées par les susdits arrêtés, après en avoir délibéré, Arrête:

Art. Ier. L'impôt direct et la taxe établis aux îles de France et de la Réunion, par les arrêtés des 1er Pluviose, 25 Fructidor an XII, et 18 Nivose dernier, y seront perçus pendant l'an XIV.

Cette perception continuera d'avoir lieu selon les modes, règles et dispositions prescrits par lesdits arrêtés.

II. Le présent sera lu, enregistré imprimé et affiché; expédition en sera adressée au Préfet colonial et au Commissaire de justice,

Ile de France, le 25 Fructidor an XIII.

Le Capitaine-général, DECAEN.

Quatrième partie, A.

A R R E T É.

105. Decaen, Capitaine-général, etc. etc.

Sur l'exposé du Préfet colonial, que la Rivière du Rempart est saignée par un grand nombre de canaux, parmi lesquels ceux de la Villebague et du Bois-Rouge intéressent essentiellement le gouvernement; l'un servant, avec les eaux de la rivière des Pamplemousses et du canal de celle des Calbasses, à l'entretien du jardin de l'Etat et aux usines du Moulin à Poudre; l'autre devant pourvoir aux besoins des postes militaires de la côte des Pamplemousses, et mêmes porter une partie de ses eaux sur le domaine des Grandes Réserves,

Que ces deux grands canaux sont à l'usage d'une multitude de propriétaires, tant du quartier des Pamplemousses que de celui de la Rivière du Rempart, et que tant d'intérêts divers ne permettraient pas d'employer avantageusement pour la surveillance de ces canaux et des rivières qui les alimentent, le mode déterminé par l'arrêté du 22 Nivose dernier;

Après avoir délibéré, Arrête :

Art. Ier. Il est établi par le gouvernement, pour la surveillance des eaux de la Rivière du Rempart et de ses divers canaux, pour celle des eaux du jardin de l'Etat et du Moulin à Poudre, un homme de l'art, sous l'inspection du grand-voyer, conservateur des eaux et forêts, et avec la dénomination de garde-général desdites eaux et canaux ; il sera nommé par le Capitaine-général, sur la présentation du Préfet colonial.

II. Il sera pareillement nommé deux gardes particuliers, l'un pour le canal de la Villebague et les eaux du Moulin à Poudre, l'autre pour le canal du Bois-Rouge et ses diverses branches ; ces deux gardes exerceront sous les ordres du garde-général établi par l'article précédent.

III. Le gouvernement réglera leur traitement, dont la dépense sera supportée par l'Etat et par les co-jouissans ayant droit auxdits canaux, savoir : un quart par l'Etat, pour son intérêt dans le canal de la Villebague, les eaux du Moulin à Poudre et dans le canal du Bois Rouge ; et les trois autres quarts par lesdits co-jouissans : la répartition de leur quote-part de contribution pour cet objet, sera réglée par le Préfet colonial, au commencement de chaque année, et établie conformément à l'article Ier. de l'arrêté du 22 Nivose dernier, concernant les canaux, c'est-à-dire, en proportion des droits respectifs des riverains et de l'utilité qu'ils retirent du cours de l'eau.

IV. Les travaux de construction, réparation et entretien du canal de la Villebague, conduite de ses eaux et autres au Moulin à Poudre et au-delà, du canal du Bois-Rouge et de ses branches principales, seront arrêtés chaque année, d'après les rapports et devis soumis par le grand-voyer au Préfet colonial, qui ordonnera les dépenses et réglera la portion contributive de chaque co-jouissant dans les frais desdits travaux, suivant la proportion établie dans le précédent article ; du reste, le gouvernement ainsi que les co-jouissans ayant droit, supporteront chacun envers soi et pour ce qui le concerne, les dépenses de construction, réparation et entretien des objets qui les intéressent privativement et sans aucune nécessité ni avantages reconnus pour la communauté des co jouissans.

V. Quant aux dépenses de construction, réparations et entretien des autres canaux de la Rivière du Rempart et autres dans lesquels le gouvernement n'a aucun intérêt, elles seront supportées en totalité par chaque propriétaire ayant droit à son canal, ou par la communauté des jouissans ; si le canal intéresse plusieurs riverains, les propriétaires contribueront d'ailleurs à l'entretien des gardes, ainsi qu'il est dit a l'article III.

VI. Les gardes particuliers préviendront les habitans des dégradations qu'ils auront reconnues sur les canaux ou branches de canaux dont ils jouissent exclusivement ; ils en rendront compte au garde-général ; et si, sur la notification officielle de ce dernier auxdits habitans, il n'était pas sur-le-champ par eux pourvu aux réparations, sur le rapport du grand-voyer et l'ordre du Préfet colonial, il y serait procédé aux frais du propriétaire.

VII. Le garde-général veillera à la conservation des eaux de la Rivière du Rempart, des ruisseaux et sources qui l'alimentent. Il exercera et fera exercer par les gardes particuliers, la même surveillance sur la Rivière des Pamplemousses et sur celle des Calebasses, depuis ses sources jusqu'à la digue du canal qui verse une partie des eaux de cette rivière dans celle du Moulin à Poudre.

VIII. Les autres fonctions du garde-général et des gardes particuliers seront déterminées par le gouvernement, conformément aux arrêtés des 22 Nivose et 23 Messidor de l'an III, en tout ce que permettront la localité, la destination des canaux et les droits respectifs des riverains

IX. Lesdits gardes prêteront serment devant le tribunal terrier.

X. Le présent sera lu, imprimé et affiché ; expédition en sera adressée au Préfet colonial et au Commissaire de justice.

A l'île de France, le 10 Vendémiaire an XIV.

Le Capitaine-général, DECAEN.

ARRÊTÉ.

106. DECAEN, Capitaine-Général, etc. etc.

Sur les observations et la proposition du Préfet colonial, Arrête :

Art. Ier. L'article II de l'arrêté du 24 Messidor an XII, sur les titres des ouvrages d'or et d'argent, portant, quant au second titre des ouvrages d'argent, une erreur d'explication, est rectifié ainsi qu'il suit : les mots : le second, de huit cents millièmes (ou neuf deniers onze grains et demi), seront remplacés par ceux-ci : le second, de huit cents millièmes (ou dix deniers douze grains, deux dixièmes et demi.)

II. Les essais prescrits par le § III du même arrêté, se feront à la touche, pour les matières et ouvrages d'or, et à la rature pour ceux d'argent.

III. L'apposition du poinçon de garantie aura lieu tous les jours, de huit à neuf heures du matin.

IV. Aucun ouvrage d'or et d'argent importé du dehors, ne pourra être mise en vente, s'il n'a été préalablement examiné par l'un des deux essayeurs institués par l'article XIV dudit arrêté. Dans le cas où ces ouvrages ne porteraient pas l'empreinte d'un bureau de garantie de France, ils seront poinçonnés de la lettre E.

Toute pièce saisie en contravention au présent article, sera confisquée pour être vendue au profit du bureau de bienfaisance.

V. Aucun marchand bijoutier ne pourra mettre en vente aucun ouvrage fabriqué par lui ou autre, s'il n'est frappé des marques prescrites, sous la peine portée par l'article précédent, et sous toutes autres, le cas échéant.

VI. Le présent sera lu, enregistré, imprimé et affiché ; expédition en sera adressée au Préfet colonial et au Commissaire de justice.

Ile de France, le 19 Vendémiaire an XIV.

Le Capitaine-général, DECAEN.

ARRÊTÉ.

107. DECAEN, Capitaine-général, etc. etc.,

Sur les observations et la proposition du Commissaire de justice, Arrête :

Art. Ier. Les esclaves dont le témoignage sera nécessaire en justice dans les enquêtes ou les informations, ne seront pas personnellement assignés à comparaître pour déposer.

II. L'assignation pour leur comparution sera signifiée par un seul et même acte au propriétaire desdits esclaves ou à ceux qui les auront sous leur puissance à titre de bail, de location, d'usufruit ou de dépôt.

III. L'exploit portera les noms et caste des esclaves appelés comme témoins, avec sommation à leur maître de les faire conduire et trouver, en tems et lieu, en exécution de l'ordonnance du juge qui aura été donnée à cet effet.

IV. Les maîtres des esclaves appelés en témoignage seront tenus d'obéir à la sommation qui leur aura été faite, en en remettant la copie à leur conducteur pour être présentée au juge.

Ceux des esclaves dénommés en l'assignation, qui, sans motif légitime, ne comparaîtraient pas, seront pas ordonnance du juge, amenés par-devant lui, aux frais des maîtres, et ceux-ci seront en outre condamnés en cinquante francs d'amende.

V. Les maîtres qui requerront taxe pour la comparution de leurs esclaves en témoignage, recevront un franc par jour pour chacun.

VI. Le présent sera lu, enregistré, imprimé et affiché ; il en sera adressé expédition au Préfet colonial et au Commissaire de justice.

Ile de France, le 25 Vendémiaire an XIV.

Le Capitaine-général, DECAEN.

ARRÊTÉ.

108 DECAEN, Capitaine-général, etc. etc.,

Le Commissaire de justice ayant exposé que par l'article XXXI de l'arrêté du gouvernement du 13 Pluviose an XI, il est chargé de préparer les lois les plus propres à former à l'avenir le code civil des îles de France et de la Réunion.

Que le Code civil des français lui paraît applicable à ces colonies, dans presque toutes ses dispositions ; que les exceptions, additions et modifications exigées par les localités, pourraient être réunies dans un acte supplémentaire qui serait annexé au code ;

Ayant représenté qu'en raison de la grande distance qui sépare ces colonies de la métropole et de la difficulté des communications par l'effet de la guerre, elles seraient longtems privées des bienfaits de la nouvelle législation, si, pour les en faire jouir, on attendait l'approbation de Sa Majesté, sur les projets de lois qui doivent lui être soumis ;

Que la mise à exécution depuis plus d'un an, de quelques lois qui font maintenant partie du code, démontre encore l'utilité de sa promulgation, en ce que toutes les lois qu'il renferme, ont entr'elles une connexité nécessaire ;

Ayant en conséquence proposé la promulgation provisoire, aux îles de France, de la Réunion et dépendances, du Code civil des français et d'un acte supplémentaire, qui comprenne les exceptions, additions et modifications nécessités par les localités ;

Vu l'article XXXI de l'arrêté du 13 Pluviose an XI, dont suit la teneur :

« Le Commissaire de justice préparera les lois qu'il croira les plus propres à former à l'avenir le Code civil et criminel des îles de France et de la Réunion ; ses projets seront communiqués au Capitaine-général et au Préfet colonial, et envoyés au ministre avec le le procès-verbal de leurs délibérations et des opinions respectives. »

Lecture faite du Code civil des français et de l'acte supplémentaire proposé ;

Après en avoir délibéré avec le Préfet colonial et le Commissaire de justice ;

Par les considérations exprimées ci-dessus, Arrête :

Art. Ier. Le Code civil des français sera promulgué aux îles de France et de la Réunion.

II. Un arrêté supplémentaire y annexé exprimera les exceptions, additions et modifications que les localités nécessitent.

III. Le code et l'arrêté supplémentaire seront rendus publics, et auront leur effet en ces colonies, dans les forme et délai ci-après déterminés.

IV. Il en sera déposé des exemplaires imprimés au bureau de l'inspection, dans les greffes des tribunaux, au secrétariat du bureau central de police, chez les commandans de quartiers, les commissaires civils et les notaires de l'une et l'autre colonie.

V. Dans quinze jours de la publication du présent, le Code civil des français et l'arrêté supplémentaire auront, dans lesdites colonies, leur plein et entier effet.

VI Le présent sera lu, enregistré, imprimé et affiché ; il en sera adressé expédition au Préfet colonial et au Commissaire de justice.

Ile de France, le 25 Vendémiaire an XIV.

Le Capitaine-général, DECAEN.

ARRÊTÉ.

109. DECAEN, Capitaine-général, etc. etc.,

En conséquence, et pour l'exécution de l'arrêté du 25 Vendémiaire an XIV, concernant la promulgation provisoire du Code civil des français aux îles de France et de la Réunion.

Après en avoir délibéré avec le Préfet colonial et le Commissaire de justice, Arrête :

ARRÊTÉ SUPPLÉMENTAIRE
AU CODE CIVIL.

Art. Ier. Le Code civil des français est promulgué aux îles de France et de la Réunion, et y aura son exécution, sauf les exceptions, additions et modifications ci-après déterminées.

TITRE PRÉLIMINAIRE.

II. Les lois promulguées en France, dans les formes prescrites par l'article Ier. du Code civil des français, seront exécutoires aux îles de France et de la Réunion, dans les parties dont l'application sera reconnue nécessaire, et aura été arrêtée par le Capitaine-général, après délibération avec le Préfet colonial ou le Commissaire de justice, selon la nature des objets.

III. La publication des arrêtés se fera, ainsi qu'elle a eu lieu jusqu'à présent, par la lecture en l'audience publique des cours d'appel, l'enregistrement en leurs greffes, l'impression et l'affiche.

La promulgation sera réputée connue en chaque colonie, un jour après la lecture et l'enregistrement prescrits.

LIVRE PREMIER. — TITRE II.
CHAPITRE PREMIER.
Dispositions générales.

IV. Les fonctions attribués par le code aux officiers

de l'état civil, sont remplies auxdits colonies, par les commissaires civils.

V. Les actes de l'état civil seront inscrits dans chaque quartier, sur un registre tenu triple.

Il y en aura un pour la population blanche, et un pour les noirs libres et affranchis.

Le registre ouvert pour la population noire, contiendra, outre les naissances, mariages et décès, les affranchissemens légalement confirmés.

VI. Après la clôture des registres, ordonnée par l'article 43 du code, l'un des triples de chaque registre, sera dans le délai fixé, remis au commissariat de justice, pour être envoyé au ministre de la marine et des colonies; l'autre sera déposé au greffe du tribunal de première instance, et le troisième restera chez le commissaire civil.

VII. Lorsque suivant la disposition de l'article 49 du code, un acte relatif à l'état civil devra être mentionné en marge des registres, après qu'ils auront été remis et déposés ainsi qu'il est ci-dessus prescrit, la mention aura également lieu sur ceux remis au commissariat de justice; à l'effet de quoi le procureur impérial fera toutes les diligences nécessaires, pour que cette mention soit uniforme sur les trois registres.

Si le registre destiné pour le ministre se trouvait alors expédié, des extraits de la mention faite en marge du registre déposé au greffe du tribunal et de celui laissé au commissaire civil, seront remis par triplicata, signés du juge, au Commissaire de justice, pour être adressés au ministre.

CHAPITRE II.

Des actes de Naissance.

VIII. Le délai de trois jours marqué par l'article 55 du code pour les déclarations de naissance et la présentation de l'enfant à l'officier de l'état civil, est augmenté et porté à quinze jours.

IX. L'enfant trouvé qui sera reconnu par un rapport de deux docteurs ou officiers de santé être de la population noire, ne sera point inscrit sur les régistres de l'état civil; il en sera donné avis dans le plus bref délai, par le commissaire civil au procureur impérial, à la diligence duquel l'enfant sera remis à l'inspecteur de la marine pour être inscrit à la matricule des esclaves appartenant à l'État.

CHAPITRE III.

Des actes de mariage.

X. Les publications de mariage voulues par l'article 63 du code, se feront devant la porte du bureau central de police, dans le chef-lieu de chaque colonie, et devant la porte du commissariat civil, dans les autres quartiers.

XI. Un extrait de l'acte de publication, sera et restera affiché à la porte du bureau central, dans le chef-lieu, et à la porte du commissariat civil, dans les autres quartiers.

XII. L'acte de notoriété exigé par l'article 70 du code, pour suppléer à l'impossibilité où l'un des époux serait de produire son acte de naissance, sera délivré par un notaire.

XIII. Les dispositions des articles 70 et 71 du code, ne sont point communes aux noirs libres nés dans l'Inde ou aux affranchis; il suffira aux uns de produire un extrait des registres de la police, qui constate le tems de leur arrivée et de leur admission dans la colonie; les autres auront à présenter l'acte de leur affranchissement.

XIV. L'acte authentique mentionné en l'article 73, n'est à représenter que par les personnes qui ont leur famille dans l'une des deux colonies.

XV. Le mariage sera célébré au commissariat civil, dans le quartier où l'un des deux époux aura son domicile; ce domicile, quant au mariage, s'établira par six mois d'habitation continue dans le même quartier.

CHAPITRE IV.

Des actes de décès.

XVI. Dans le cas où il sera impossible au commissaire civil de se transporter près d'une personne décédée, aux fins de l'article 77 du code, il pourra délivrer l'autorisation de l'inhumer, sur la déclaration du décès, par deux témoins majeurs, les plus proches parens, voisins ou amis de la personne décédée; cette déclaration sera enregistrée en marge de l'acte de décès, et rédigée ainsi qu'il suit :

Nous, (prénoms, noms, profession des déclarans, s'ils sont parens, voisins ou amis du défunt, degré de parenté) déclarons et certifions que (prénoms, noms, sexe, âge et profession de la personne décédée), est décédé à (le lieu, l'heure, le jour et le mois), et que nous l'avons vu après son décès : en foi de quoi nous avons signé la présente déclaration.

Donné à (lieu, jour mois et an).

XVII. Si, dans le cas des articles 80, 83 et 84 du code, le dernier domicile d'une personne décédée avait été en France, le commissaire civil enverra l'acte de décès au procureur impérial, qui le transmettra au Commissaire de justice.

XVIII. La levée de cadavre ordonnée par l'art. 81 du code, se fera, dans les quartiers autres que le chef-lieu, par le commissaire civil qui rédigera l'acte de décès d'après le procès-verbal qu'il aura dressé, en conformité dudit article.

TITRE III.

Du domicile,

XIX. La déclaration à faire pour l'effet de l'article 104 du code sera reçue par le Commissaire civil du quartier que l'on quittera et de celui où l'on aura transféré son domicile.

Au chef-lieu les déclarations seront faites au bureau central de police.

TITRE IV. — CHAPITRE II.
De la déclaration d'absence.

XX. Les jugemens d'enquête sur l'absence, rendus en conformité de l'article 118 du code, seront envoyés au Commissaire de justice qui les rendra publics et les transmettra au ministre de la marine et des colonies.

CHAPITRE III. — Section Première.
Des effets de l'absence.

XXI. Dans les quartiers hors du chef-lieu, l'inventaire requis par l'article 126 du code se fera en présence du Commissaire civil.

XXII. Les diverses dispositions contenues au titre IV *des Absens*, ne sont relatives qu'aux absens qui laissent dans l'une ou l'autre colonie des héritiers.

Il sera nommé à la diligence du procureur impérial, un curateur spécial, s'il y a lieu, pour l'administration des biens de ceux qui n'ayant point d'héritiers dans les colonies, en auraient disparu sans laisser une procuration, sauf tous droits et actions de leurs créanciers, ainsi qu'il appartiendra.

TITRE V. — CHAPITRE PREMIER.
Des qualités et conditions requises pour pouvoir contracter mariage.

XXIII. Les articles 148, 149, 150, 151 et 152 du code, quant au consentement des père et mère, et à l'acte respectueux pour un mariage, ainsi que les dispositions qui en sont la suite, sont applicables seulement aux personnes qui ont leur famille dans l'une des deux colonies; celles qui auraient leur famille en France, seront dispensées des obligations imposées par lesdits articles sans préjudice du tems de domicile et des lois et règlemens de police propres à l'ordre des colonies.

XXIV. Les mêmes articles auront leur effet quant aux affranchis quel que soit leur âge, à l'égard du maître qui leur a donné la liberté ou envers sa veuve, ou envers l'aîné de ses enfans, s'il est majeur.

Dans le cas où le maître, sa veuve, ou ses enfans majeurs seraient absens ou décédés, l'affranchi sera tenu d'en justifier par pièce authentique au Commissaire civil, qui ne pourra sans cette preuve, procéder à la célébration de son mariage, sous les peines portées par les articles 156 et 157 du code.

XXV. L'acte de notoriété à produire dans le cas de l'article 155 du code, sera délivré par un notaire, si l'ascendant a eu son dernier domicile en l'une des deux colonies.

CHAPITRE II.
Des formalités relatives à la célébration du mariage.

XXVI. Les publications de mariage seront faites au commissariat civil du lieu où chacune des parties contractantes aura son domicile, sauf la distinction portée ci-dessus en l'article X du présent.

XXVII. Dans le cas où le dernier domicile de l'une des parties contractantes aurait été en France, les publications de mariage se feront au quartier de sa résidence dans l'une des deux colonies; mais elles ne pourront avoir lieu qu'en vertu d'autorisation du juge d'après un acte de notoriété, reçu par un notaire et homologué contradictoirement avec le procureur impérial.

XXVIII. L'acte de notoriété sera de la même teneur que celui exigé par l'article 71 du code, au titre *des actes de l'état civil*; il contiendra, en outre, la déclaration des témoins qu'il n'est point à leur connaissance que le futur époux soit engagé par mariage avec une autre personne.

Quant aux indiens libres, un certificat de leur syndics leur suffira pour obtenir l'autorisation du juge, sauf les conclusions du ministère public.

XXIX. Quoique l'une des parties contractantes dans l'une des deux colonies eût son dernier domicile dans l'autre, elle n'en sera pas moins soumise aux dispositions des articles 167 et 168 du code.

CHAPITRE III.
Des oppositions au mariage.

XXX. En conséquence des modifications et additions portées aux articles 23, 27 et 28 du présent, il ne peut y avoir d'opposition au mariage d'une personne qui aurait sa famille en France, et qui y aurait eu son dernier domicile.

XXXI. Le droit de former opposition à la célébration du mariage d'un affranchi appartient au maître qui lui a donné la liberté, ou à sa veuve, ou à l'aîné de ses enfans, s'il est majeur, sans que les opposans puissent, en cas de rejection de leur opposition, être condamnés à des dommages-intérêts.

CHAPITRE IV.
Des demandes en nullité de mariage.

XXXII. Par suite des articles 23, 27 et 28 du présent, il ne peut y avoir contre un mariage contracté dans lesdites colonies, lieu à l'action en nullité de la part des père et mère ou ascendans de celui des époux qui, lors de son mariage se trouvait dans le cas desdits articles.

TITRE VI.
Du divorce.

XXXIII. Les formalités prescrites au titre VI du *Divorce*, pour l'instruction et le jugement d'admission du divorce, tant pour cause déterminée que par consentement mutuel, s'observeront au tribunal de première instance, sauf les exceptions nécessitées par la composition de ce tribunal; elles auront en cause d'appel leur pleine et entière exécution.

CHAPITRE II.
Des forme du divorce pour cause déterminée.

XXXIV. Au nombre des témoins admissibles aux termes de l'article 251 du code, pour l'instruction du divorce, les esclaves pourront être admis, sauf au tribunal à avoir à leur dépositions tel égard que de raison.

Ils ne seront néanmoins appelés qu'à défaut de tous témoignages de personnes libres, et lorsque le tribunal l'aura jugé nécessaire.

XXXV. Le pourvoi en cassation, établi par l'article 263 du code, contre un jugement en dernier ressort qui admettrait le divorce, sera suspensif seulement quant à la faculté de se remarier ; les autres effets du divorce auront lieu nonobstant ledit pourvoi, sans préjudice de tous actes conservatoires que les parties croiraient devoir requérir pour leurs intérêts et droits respectifs.

XXXVI. En conséquence de l'exception ci-dessus, l'époux qui aura obtenu le divorce, sera tenu, malgré le pourvoi de l'autre, de se conformer à l'article 264 du code, sous la peine portée en l'article 266.

Le commissaire civil n'aura alors à prononcer que la dissolution provisoire du mariage.

CHAPITRE III.

Du divorce par consentement mutuel.

XXXVII. L'article 278 du code, n'est applicable qu'aux personnes qui ont leur famille dans l'une des deux colonies ; celles qui auraient leur famille en France, seront dispensées de produire l'autorisation exigée par ledit article, et la déclaration voulue en conséquence, par le n°. 3 de l'article 283 et par les articles 285 et 289.

TITRE II.

CHAPITRE III. — Section II.

De la reconnaissance des enfans naturels.

XXXVIII. La section II du chapitre III du titre VII, ne recevra son application que dans les rapports des population entre elles ; ainsi la reconnaissance d'un enfant naturel et les effets qui en résultent, ne pourront avoir lieu qu'entre personnes de la même population.

TITRE VIII.

CHAPITRE PREMIER. — Section Ire.

De l'adoption et de ses effets.

XXXIX. Toutes les dispositions du code, relatives à l'adoption, ne pourront s'exécuter qu'entre personnes de la même population et non autrement.

Section II.

Des formes de l'adoption.

XL. L'acte du consentement respectif des parties voulu par l'article 353 du code, pour l'adoption, sera reçu par un notaire du domicile de l'adoptant.

CHAPITRE II.

De la tutelle officieuse.

XLI. Dans le cas prévu par l'article 361 du code, où l'enfant n'aurait point de parens connus, le con-sentement nécessaire pour sa tutelle officieuse, sera donné par le Préfet colonial.

XLII. Le procès-verbal requis par l'article 363, pour constater les demandes et consentemens relatifs à la tutelle officieuse, sera reçu par un notaire.

XLIII. La tutelle officieuse pourra avoir lieu des personnes de la population blanche envers les noirs libres ou affranchis et non réciproquement.

Elle ne pourra néanmoins sous aucun prétexte avoir pour résultat l'adoption du mineur ; son objet se bornera à lui procurer en définitif un métier, ou une indemnité réglée ainsi qu'il est statué par les articles 367 et 369 du code.

TITRE X.

CHAPITRE II. — Section IV.

De la tutelle déférée par le conseil de famille.

XLIV. L'attribution déférée au juge de paix par les articles 406 et 446 du code, de poursuivre la convocation du conseil de famille à fin de tutelle ou de destitution de tutelle, ou de recevoir la dénonciation mentionnée audit article 406, sera exercée par le procureur impérial.

XLV. Les autres fonctions déférées au juge de paix par les sections IV et VIII du chapitre II du titre X de la tutelle, et par le chapitre III, du même titre, seront remplies par le juge de première instance ou son suppléant.

Section VII.

De l'incapacité, des exclusions et destitutions de la tutelle.

XLVI. Les noirs ou affranchis ne peuvent être tuteurs des personnes de la population blanche, ni être membres des conseils de famille pour leur tutelle.

Les personnes de la population blanche au contraire peuvent être tuteurs des noirs libres ou affranchis, ou faire partie du conseil de famille pour leur tutelle, sauf les cas d'incapacité, d'exclusion ou de destitution déterminés par la section VII du titre X.

Section VIII.

De l'administration du tuteur.

XLVII. Les affiches ordonnées par l'article 459 du code, pour la vente des immeubles appartenant à un mineur seront visées et certifiées par le juge, dans le chef-lieu, et dans les autres quartiers par le Commissaire civil.

XLVIII. Les avoués pourront être appelés à former l'avis exigé par l'article 467, pour la transaction d'un tuteur, au nom de son pupille.

LIVRE II.

TITRE PREMIER. — CHAPITRE II.

Des meubles.

XLIX. Les esclaves sont meubles et sont sujets comme tels à toutes les règles établies pour la disposition des propriétés mobilières, sauf les exceptions portées aux articles 50, 78, 100 et 101 du présent.

L. L'on ne peut néanmoins saisir et vendre séparément une négresse esclave et ses enfans âgés de moins de sept ans ; les saisies et ventes de cette nature sont nulles.

La même prohibition s'étend aux ventes volontaires ; dans ce cas, les vendeurs seront privés des enfans qu'ils auront retenus, lesquels sont déclarés appartenir aux acquéreurs, sans que ceux-ci soient tenus à aucun supplément du prix.

TITRE II. — CHAPITRE PREMIER.

Du droit d'accession sur ce qui est produit par la chose.

LI. Les enfans nés des esclaves appartiennent au propriétaire de leur mère, par droit d'accession.

TITRE III.

CHAPITRE PREMIER. — SECTION Ire.

Des droits de l'usufruitier.

LII. Si l'usufruit comprend des esclaves, l'usufruitier jouit du service des enfans qui en sont nés pendant la durée de l'usufruit.

SECTION II.

Des obligations de l'usufruitier.

LIII. Ni le propriétaire ni l'usufruitier ne sont tenus au remplacement des esclaves décédés par vieillesse, maladie ou autrement, sans qu'il y ait faute de la part de l'usufruitier.

LIV. Dans le cas où des esclaves compris dans l'usufruit sont condamnés pour crime, l'usufruitier est tenu de se pourvoir dans le délai prescrit pour l'abandon de l'esclave condamné ; sinon il est responsable des dommages et intérêts qui seraient prononcés contre le propriétaire au profit du poursuivant.

Il est également tenu de se rendre partie civile pour la réparation des excès commis envers les esclaves de l'usufruit, à peine de répondre, à l'égard du propriétaire, de toutes pertes qui pourraient en résulter.

LV. L'usufruitier ne doit pas le remplacement des esclaves condamnés pour crime, pendant le tems de l'usufruit, ni de ceux confisqués, si la cause de confiscation ne peut lui être imputée.

Il ne doit pas non plus de remplacement des esclaves qui se seraient évadés de la colonie, si leur évasion ne peut être imputée à sa négligence ou à sa mauvaise administration.

LVI. Dans tous les cas où le remplacement d'un esclave doit avoir lieu, il doit se faire par la remise d'un autre esclave de même sexe, caste et âge.

LVII. A la fin de l'usufruit, l'usufruitier doit compte au propriétaire des enfans nés des esclaves sur lesquels l'usufruit était établi.

LIVRE III. — TITRE PREMIER.

CHAPITRE IV. — SECTION PREMIÈRE.

Des droits des enfans naturels.

LVIII. La section Ire. du chapitre IV du titre Ier. concernant les droits des enfans naturels sur les biens de leur père ou mère, n'aura son effet que pour ceux de la population blanche envers leurs auteurs de la même population, ou pour ceux de la population noire, dans le même ordre.

LIX. Les enfans nés du commerce d'un blanc avec une négresse libre ou affranchie qui avant la publication de l'arrêté du 3 Pluviose an XII, auraient été légalement reconnus par leur père, pourront seuls prétendre sur ses biens à des alimens, qui seront réglés eu égard aux facultés de la succession, au nombre et à la qualité des héritiers légitimes.

LX. Lorsque le père desdits enfans naturels leur aura ait apprendre un art mécanique, ou qu'il leur aura assuré des alimens de son vivant, ils ne pourront élever aucune réclamation contre sa succession.

LXI. La succession d'un enfant naturel né d'un blanc et d'une négresse libre ou affranchie, décédé sans héritiers est dévolue à l'Etat.

SECTION II.

Des droits du conjoint survivant et de la République.

LXII. L'existence d'un enfant naturel né d'un blanc et d'une négresse libre ou affranchie, dans le cas de de l'article 59 du présent, ne peut changer l'ordre de succession établi par les articles 767 et 768 du code, sans préjudice néanmoins des alimens auxquels il peut prétendre.

LXIII. Quant aux successions des noirs libres ou affranchis entre eux, les formalités requises par l'article 770 du code, pour mettre le conjoint survivant en possession de la succession du défunt, aux termes de l'article 767, ne seront pas nécessaires ; le tribunal pourra, s'il le trouve convenable, statuer à cet égard sans publications et affiches sur les conclusions écrites du procureur impérial.

CHAPITRE V. — SECTION IV.

Des successions vacantes.

LXIV. Il est établi en chacune des colonies, un curateur aux successions vacantes, lequel est tenu aux obligations imposées par les articles 813 et 814 du code et aux règles d'administration spéciale déterminées par les arrêtés que les circonstances locales ont rendu nécessaires.

CHAPITRE VI. — SECTION PREMIÈRE.

De l'action en partage et de sa forme.

LXV. Dans le cas indiqué par la deuxième partie de l'article 810 du code, l'apposition des scellés, hors du chef-lieu, se fera par le commissaire civil du quartier où la succession sera ouverte.

LXVI. Pour les opérations d'un partage dans les

circonstances prévues par l'article 823 du code les parties choisiront, ou le juge nommera d'office un arbitre sur le rapport duquel le tribunal décidera la contestation ; cet arbitre prêtera serment préalablement.

Au surplus les actes qui, aux termes des articles 828, 834 et 837 ont lieu par-devant un juge commissaire, se feront en première instance par le juge ou son suppléant.

TITRE II. — CHAPITRE II.

De la capacité de disposer ou de recevoir par donation entre-vifs ou par testament.

LXVII. Les personnes de la population blanche ne pourront, par actes entre-vifs ou par testament, disposer de leurs biens au profit des noirs libres ou affranchis ; elles ne pourront non plus profiter des dispositions entre-vifs ou testamentaires, que les noirs libres ou affranchis feraient en leur faveur.

LXVIII. Toute disposition faite contre la prohibition ci-dessus sera nulle, soit qu'on la déguise sous la forme d'un contrat onéreux, soit qu'on la fasse sous le nom de personnes interposées ; les deux tiers des choses données ou léguées retourneront aux héritiers légitimes des donateurs ou testateurs, et l'autre tiers sera dévolu à la caisse de bienfaisance ; le tout sans préjudice des alimens que les tribunaux trouveront juste d'accorder aux noirs ou affranchis donataires ou légataires.

LXIX. Les deux articles précédens ne préjudicient en rien à la faculté que les personnes capables ont d'affranchir ceux de leurs esclaves qu'elles croient dignes de ce bienfait, et de leur donner les alimens déterminés par les arrêtés sur les affranchissemens, en se conformant aux règles établies en cette matière.

CHAPITRE III. — Section II.

De la réduction des donations et legs.

LXX. Les dispositions de la nature de celles prévues en l'article ci-dessus, pourront être contestées par les héritiers ou ayant-cause, ou par les créanciers des maîtres, ou par le ministère public ; elles seront réduites et même annullées par qui il appartient, suivant ce qu'il apparaîtra des motifs ou du but des maîtres qui auront conféré les affranchissemens.

CHAPITRE V. — Sections IV, V et VI.

Des legs universels, à titre universel et particuliers.

LXXI. Si un légataire universel est absent des deux colonies, sans y être représenté et que les héritiers du testateur s'y trouvent, le curateur aux biens vacans exercera les droits de ce légataire, et remplira ses charges, conformément à ce qui est prescrit par les sections IV, V et VI, du chapitre V, du titre II.

LXXII. Dans le cas où, le légataire universel présent en l'une ou l'autre colonie, les légataires à titre universel ou à titre particulier en seraient absens, ils seront représentés par le curateur aux biens vacans qui exercera leurs droits, conformément aux sections V et VI du même chapitre.

LXXIII. Si les héritiers du testateur et les légataires universel ou à titre particulier, sont tous absens des deux colonies, sans y être légalement représentés, les biens de la succession seront administrés par l'exécuteur testamentaire, jusqu'à l'expiration du tems de la saisine ci-après fixé, époque à laquelle ils seront remis, après un compte préalable, à l'administration du curateur aux biens vacans.

Section VII.

Des exécuteurs testamentaires.

LXXIV. Dans le cas où un testateur ne laisserait pas à son décès, des héritiers dans l'une ou l'autre colonie, la saisine de l'exécuteur testamentaire durera deux ans en tems de paix et trois ans en tems de guerre ; elle comprendra tous les biens meubles et immeubles de la succession.

LXXV. A la fin de chaque année de sa gestion, l'exécuteur testamentaire sera tenu de faire connaître au procureur impérial, par un compte sommaire, l'état de la succession, et de lui justifier de ses diligences, tant pour faire rentrer les sommes dues que pour avertir les héritiers absens du testateur.

LXXVI. Si, à l'expiration du délai fixé par l'art. 74 ci-dessus, les héritiers n'ont fait aucune réclamation, les biens qui se trouveront dans la saisine de l'exécuteur testamentaire seront réputés vacans.

En conséquence, le curateur aux biens vacans poursuivra les comptes d'exécution testamentaire et se fera mettre en possession de tous les biens dépendans de la succession.

LXXVII. Il en sera de même, si l'exécuteur testamentaire décède dans le cours de sa gestion, à moins que le testateur n'en ait désigné un autre pour ce cas ; mais le délai ci-dessus déterminé ne pourra être prorogé.

CHAPITRE VI.

Des dispositions permises en faveur des petits enfans du donateur ou testateur ou des enfans de ses frères et sœurs.

LXXVIII. Les dispositions contenues en l'article 1064 du code sont applicables aux donations entre-vifs ou testamentaires des habitations pourvues d'esclaves destinés au service et à l'exploitation du fonds.

TITRE III. CHAPITRE VI.

Section Première. — § Ier.

Du titre authentique.

LXXIX. Dans le cas d'exception prévu par l'article 1319 du code, la suspension de l'effet d'un acte argué de faux, aura lieu par le décret de prise de corps ou d'ajournement personnel.

TITRE IV. — CHAPITRE II.

Des délits et quasi délits.

LXXX. Le maître est responsable du dommage causé par ses esclaves, soit qu'ils fussent sous la puissance ou sous celle d'autrui, soit qu'ils fussent égarés ou marrons, sauf les exceptions portées par le présent aux articles concernant *l'Usufruit, le Louage, le Prêt, le Dépôt et le Nantissement*.

Il peut néanmoins faire l'abandon de l'esclave délinquant au profit de celui auquel le tort a été fait ; ce qu'il est tenu d'opter, dans trois jours de la signification du jugement de condamnation, à peine de déchéance.

TITRE VIII.
Du Contrat de Louage.
CHAPITRE PREMIER.
Dispositions générales.

LXXXI. Le contrat de louage, outre ce qui est déterminée par l'article 1708 du code, comprend encore celui des esclaves, soit qu'ils tiennent aux habitations louées, soit qu'on les considère comme ouvriers, domestiques ou matelots, ou comme devant être employés à la culture et à l'exploitation d'un bien rural.

LXXXII. Par suite de la subdivision admise par l'article 1711 du code, le louage des esclaves avec les habitations auxquelles ils tiennent, est classé parmi les *Baux à ferme* ; et celui des ouvriers, domestiques, matelots, et des esclaves pour être employés à la culture d'un terrain, est considéré comme *loyer*.

CHAPITRE II. — Section Première.

Des règles communes aux Baux des biens ruraux.

LXXXIII. Le bailleur des habitations avec noirs n'est pas tenu de leur vagabondage ; ainsi le preneur ne peut prétendre, en raison de ce, à aucune diminution du prix du bail.

LXXXIV. Le preneur ne peut compter parmi les fruits du bien loué les enfans nés pendant le bail des esclaves attachés à l'habitation ; ils sont la propriété du bailleur.

LXXXV. Le preneur est tenu de déclarer dans le délai prescrit les naissances et les décès qui surviennent dans le cours du bail.

LXXXVI. Dans le cas de l'article 1729 du code, le preneur doit au bailleur le remplacement ou le paiement, à dire d'experts, de tous esclaves qui auraient péri ou se seraient estropiés dans des travaux, autres que ceux auxquels ils étaient destinés.

LXXXVII. Le preneur répond des dégradations ou de l'incendie causés par les esclaves qui tiennent au bail à ferme, lorsque leur fait peut être imputé à sa négligence.

LXXXVIII. Le preneur d'un bail d'habitation avec noirs est au reste soumis aux mêmes charges qui sont imposées par le présent aux usufruitiers.

CHAPITRE III.

Du louage d'ouvrage et d'industrie.

LXXXIX. Les règles ci-dessus sont communes aux locataires des esclaves domestiques, ouvriers, matelots, ou aux loyers d'esclaves pour la culture des terrains d'habitation.

XC. On ne peut permettre aux esclaves de se louer eux-mêmes ou de s'engager à journées au service des particuliers ; toute réclamation de la part de ceux qui en auraient employé sans les avoir à loyer du maître ou de tout autre ayant qualité pour les louer, doit être rejetée en justice, sans préjudice des peines de police établies en pareil cas.

TITRE X.
Du Prêt.

XCI. Outre les deux sortes de prêt établies par l'article 1874 du code, il en est une troisième : celui des esclaves pour un service quelconque.

XCII. Les règles et obligations prescrites par les sections Ire et II du chapitre 1er au titre du *prêt*, sont communes au prêt des esclaves, à quelque service qu'ils soient destinés.

XCIII. L'emprunteur est en outre tenu de déclarer la naissance des enfans provenant des esclaves qui lui ont été prêtés, ainsi que les décès qui auraient lieu pendant la durée du prêt.

XCIV. Il répond de tous torts et dommages causés par les esclaves qu'il a à titre de prêt, ou de leur perte par marronnage ou autrement, si leur fait peut être imputé à sa négligence, ou s'il les a donnés à loyer contre l'intention du prêteur.

TITRE XII.
Du Dépôt et du Séquestre.

XCV. Toutes dispositions comprises au titre *du Dépôt et du Séquestre* sont applicables aux personnes qui ont des esclaves en dépôt ou en séquestre.

Elles sont en outre tenues aux obligations imposées par les articles 93 et 94 du présent.

TITRE XVII.
Du Nantissement.

XCVI. Les esclaves peuvent être donnés en nantissement pour sûreté d'une dette.

XCVII. Lorsque le nantissement a des esclaves pour objet, l'état qui, aux termes de l'article 2074 du code, doit être annexé à l'acte nécessaire pour le privilège acquis sur le gage, doit contenir le nom, la caste et l'âge des esclaves donnés en gage.

XCVIII. Le créancier nanti d'esclaves pour gage ou détenteur, à titre d'antichrèse, d'habitations auxquelles des esclaves sont attachés, est sujet aux dispositions des articles 93 et 94 du présent.

TITRE XVIII.
Des Priviléges et Hypothèques.
CHAPITRE V.

De la Radiation et Réduction des inscriptions.

XCIX. L'évaluation d'immeubles ordonnée par l'article 2165 du code pour déterminer la réduction à faire sur les inscriptions excessives, aura lieu par experts choisis par les parties, sinon nommés d'office par le tribunal.

TITRE XIX. — CHAPITRE PREMIER.

De l'expropriation forcée.

C. Les esclaves attachés aux habitations pour le service et l'exploitation du fonds, et y travaillant actuellement, ne peuvent, quel que soit leur âge, être saisis que pour ce qui est dû du prix de leur achat, à moins que les habitations ne soient saisies réellement, auquel cas tous les esclaves indistinctement doivent être compris dans la saisie, sous peine de nullité et de tous dommages envers les parties intéressées.

CHAPITRE II.

De l'ordre et de la distribution du prix entre les créanciers.

CI. La distribution du prix entier de l'adjudication conjointe des fonds et des esclaves y attachés ainsi que de ce qui proviendra du prix des baux judiciaires, sera faite entre les créanciers selon l'ordre de leurs privilèges et hypothèques, sans distinguer ce qui est dû pour le prix des esclaves.

CII. Tous arrêtés et règlemens promulgués aux îles de France et de la Réunion, continueront d'y avoir leur effet, en tout ce qui n'est pas contraire au présent arrêté.

À l'île de France le Iᵉʳ Brumaire an XIV.

Le Capitaine-général, DECAEN.

ARRÊTÉ.

110. Decaen, Capitaine-général, etc. etc.,

Sur la représentation du Commissaire de justice, que la promulgation du Code civil aux îles de France et de la Réunion rend indispensable, quant au titres XVIII et XIX du livre III, l'application simultanée de quelques dispositions des lois du 9 Messidor an III, et du 11 Brumaire an VII, relatives *aux Privilèges, Hypothèques et Mutations du passé*, de la loi du 10 Brumaire an VII, sur le *Régime hypothécaire et les expropriations forcées*, et de la loi du 21 Ventôse, même année, sur *l'organisation de la conservation des hypothèques* ;

Après en avoir délibéré avec le Préfet colonial et le Commissaire de justice, Arrête :

CHAPITRE PREMIER.

Des Privilèges, Hypothèques et Mutations du passé.

Art. Iᵉʳ. Les droits de privilèges et hypothèques antérieurs à la publication du présent, seront inscrits pour tout délai, dans les six mois qui suivront ladite publication.

II. Les inscriptions de ces droits, faites dans le délai prescrit, conserveront aux créanciers leurs privilèges ou hypothèques, et les droits que leur assignaient les lois.

III. Les hypothèques qui n'auraient pas été inscrites avant l'expiration des six mois n'auront effet qu'à compter du jour de l'inscription qui en serait requise postérieurement.

Dans le même cas, les privilèges dégénéreront en simple hypothèque et n'auront rang que du jour de leur inscription.

IV. Pour requérir l'inscription des droits antérieurs à la publication du code, le créancier ou le tiers agissant en son nom, ne sera point obligé de représenter l'expédition du titre de sa créance.

L'inscription sera faite sur la simple représentation des deux bordereaux requis par l'article 2148 du code.

Dans le cas de l'article 2149, le créancier sera tenu de déclarer la somme en numéraire, à laquelle il évalue les rentes et prestations pour laquelle il s'inscrit.

V. A l'égard des inscriptions au profit des femmes, des mineurs et des interdits sur leurs maris, tuteurs et curateurs, les articles 2136, 2137, 2138 et 2139 du code, seront exécutés dans le même délai.

VI. Tous usufruitiers de biens immeubles et tous appelés à recueillir un usufruit, sous une condition échue, seront pareillement tenus de faire inscrire le titre constitutif et récognitif dudit usufruit, avant l'échéance du délai de six mois, passé lequel, l'usufruit répondra subsidiairement des hypothèques de celui auquel appartient la nue propriété, et qui seraient acquises au profit de ses créanciers, dans l'intervalle dudit délai au jour de l'inscription de l'usufruit.

VII. Quant aux hypothèques générales consenties avant la publication du code, les inscriptions qui seront prises dans les six mois, en conserveront le rang sur les biens présens et à venir des débiteurs, situés dans l'étendue de la colonie où elles auront été requises, sans que le créancier soit obligé de désigner la nature ni la situation des immeubles.

VIII. Lorsque l'hypothèque acquise ne résultera d'aucun acte public écrit, ou qu'il ne se trouvera point en la possession de celui qui y a droit, le créancier pourra y suppléer par une déclaration du montant et de la date de son hypothèque, qu'il sera tenu de faire devant un notaire public.

Le droit d'enregistrement de chacune de ces déclarations est fixé à deux francs.

IX. L'arrêté du 24 Thermidor an XII, et les lois sur les criées et ventes d'immeubles par décret forcé, ne seront plus applicables qu'aux hypothèques acquises et aux expropriations de biens volontaires ou forcées, qui auront lieu avant le terme de six mois ci-dessus fixé, sans que néanmoins les créanciers privilégiés et hypothécaires puissent se dispenser de l'inscription de leurs titres, sous les peines portées par l'article III du présent.

CHAPITRE II.

Du mode de procéder sur les expropriations forcées.

SECTION PREMIÈRE.

De l'expropriation forcée.

X. Nul ne peut poursuivre la vente forcée d'un immeuble qu'après un intervalle de trente jours, à partir du commandement qui, aux termes de l'article 2217 du code, doit précéder toute poursuite en expropriation d'immeubles.

XI. Le commandement pourra être fait sans l'assistance des témoins.

L'original sera visé dans les vingt-quatre heures par le juge ou son suppléant, s'il a été signifié dans le chef-lieu, ou par le commissaire civil du lieu où il aura été signifié, et il en sera laissé une copie à celui qui donnera le visa.

Cette copie doit contenir en tête la transcription entière du titre et la désignation des immeubles dont le créancier entend provoquer la vente.

XII. Si la vente est provoquée par des créanciers qu'un acquéreur a déclaré ne vouloir rembourser que jusqu'à concurrence du prix stipulé, le commandement sera remplacé par une dénonciation judiciaire, que l'acquéreur fera au vendeur, de la réquisition desdits créanciers.

Cette dénonciation contiendra sommation de rapporter, dans les dix jours, main-levée des inscriptions excédant le prix de la vente.

XIII. L'adjudication au plus offrant et dernier enchérisseur est publiée et annoncée par des affiches imprimées contenant :

1°. Le lieu, le jour et l'heure où elle sera faite ;

2°. La nature, l'étendue superficielle et la situation des biens à vendre ;

3°. Le nombre des esclaves attachés au bien ;

4°. L'évaluation des revenus par experts ;

5°. Les nom, profession, domicile du débiteur et ceux du poursuivant ;

6°. L'état des inscriptions existantes sur l'immeuble.

7°. Les conditions de l'adjudication ;

8°. Une mise à prix que le poursuivant sera tenu de faire et qui tiendra lieu de première enchère ;

9°. L'élection que fera le poursuivant, d'un domicile.

Si le créancier a laissé écouler le délai de six mois, depuis la date du commandement, il ne peut faire procéder à l'affiche qu'après un nouveau commandement, dans la forme et avec les délais prescrits par les articles XI et XII du présent.

XIV. L'apposition d'affiche vaut saisie de la propriété des biens qui y sont détaillés.

Elle se fait, 1°. à l'extérieur du domicile du débiteur et des édifices saisis, s'il y en a ; 2°. à la porte du tribunal civil qui doit faire l'adjudication ; 3°. à la porte du commissariat civil du quartier (hors celui du chef-lieu) où les biens seront situés.

Cette affiche sera en outre rendue publique par la voie des feuilles hebdomadaires, en chaque colonie.

Il est déposé un exemplaire de l'affiche au greffe du tribunal, pour servir à l'adjudication.

XV. L'apposition est constatée par procès-verbaux d'huissier, sans qu'il soit nécessaire de l'assistance des témoins ; ces procès-verbaux, ainsi que les affiches, seront notifiés, et copie en sera laissée tant au saisi qu'aux créanciers inscrits, au domicile par eux élu, dans le délai de cinq jours de la date du dernier procès-verbal d'affiche ; il sera ajouté à ce délai un jour par huit lieues de distance du lieu de la situation des biens à celui du domicile du saisi.

Les originaux de ces procès-verbaux et des exploits de leur notification seront soumis au visa prescrit par l'article XI du présent ; ils doivent être inscrits au bureau des hypothèques de le situation des biens.

XVI. Il ne peut y avoir moins de quinze jours, ni plus d'un mois entre la notification prescrite en l'article précédent, et le jour indiqué pour l'adjudication.

XVII. Pendant toute la durée des poursuites, le débiteur reste en possession comme sequestre et dépositaire de justice, sans préjudice néanmoins du droit qu'ont les créanciers de faire procéder à la saisie mobilière des fruits, conformément aux lois.

Il ne peut faire aucun abbatis, ni détourner les noirs attachés à l'habitation, ni se permettre aucune dégradation, sous peine de dommages et intérêts, au paiement desquels il sera contraignable par corps.

Il ne peut, à compter du jour de l'inscription prescrite par l'article XV ci-dessus, de la notification des procès-verbaux d'affiche, disposer de la propriété, et est tenu, aussitôt la signification du jugement d'adjudication, et de sa transcription au bureau des hypothèques, de délaisser la possession.

XVIII. L'adjudication est faite au tribunal civil de la situation des biens, aux enchères et à l'extinction des feux.

XIX. Un créancier ne peut provoquer que successivement la vente des biens de son débiteur, situés dans l'une et l'autre colonie, à moins que les biens ne fassent partie d'un domaine exploité ou affermé par une même personne. Dans ce cas, l'adjudication de la totalité desdits biens se fera par le tribunal civil, dans le ressort duquel se trouve le chef-lieu d'habitation ou exploitation.

Dans le cas où il n'y aurait pas de chef-lieu d'exploitation, la compétence sera déterminée par le mode indiqué en l'article XXI ci-après.

XX. Si plusieurs créanciers provoquent la vente des mêmes biens, l'adjudication aura lieu sur la poursuite de celui qui aura fait le premier la notification des procès-verbaux d'affiches.

Si l'un d'eux a compris dans sa poursuite une plus forte quantité de biens, il demeure seul poursuivant.

XXI. Lorsque la vente sera poursuivie dans le cas de l'article XII du présent, elle aura nécessairement lieu pour la totalité des biens compris dans le même contrat, quoique leur exploitation soit divisée.

L'adjudication sera faite par le tribunal civil dans l'arrondissement duquel se trouvera située la partie des biens estimée la plus considérable en valeur.

XXII. Aussitôt que les enchères seront ouvertes, il sera allumé successivement des bougies préparées de manière que chacune ait une durée d'environ cinq minutes.

XXIII. S'il s'éteint deux bougies, sans qu'il soit survenu d'enchère qui ait porté le prix au-delà de son estimation, le tribunal sera tenu de remettre l'adjudication à quinze jours au moins et trente jours au plus, pendant lequel tems le poursuivant fera apposer et notifier de nouvelles affiches dans les formes ci-dessus.

XXIV. Dans le cas où, soit à la première séance, soit à la subséquente, il y aurait des enchères pendant le durée des deux premières bougies, il en est allumé successivement jusqu'à ce qu'il s'en soit éteint une, sans qu'il soit survenu de nouvelle enchère, et l'adjudication est prononcée sur-le-champ au profit du dernier enchérisseur.

XXV. Les enchères ne peuvent être moindre de 25 fr., lorsque la première mise à prix excède 2000 fr. ni moindres de 5 fr. pour les objets inférieurs.

XXVI. Au jour indiqué pour la remise ordonnée par l'article XXIV, le tribunal, après l'extinction de trois feux consécutifs, prononce l'adjudication définitive à celui qui a fait l'offre la plus avantageuse, quoiqu'inférieure au prix d'estimation.

XXVII. Lorsque l'adjudication est poursuivie sur la soumission d'un créancier d'augmenter le prix d'une vente volontaire la somme à laquelle ce dernier s'est obligé de porter ou faire porter l'immeuble, sert de première enchère.

Si, au jour annoncé pour l'adjudication, il se présente des enchérisseurs, l'immeuble est adjugé à celui qui a fait l'offre la plus avantageuse.

Dans le cas contraire, elle est faite au profit du créancier provoquant, pourvu qu'il la requière; s'il ne se présente point, ni personne pour lui à l'effet de la requérir, le tribunal déclare, après l'extinction des trois feux consécutifs, que ce créancier demeure déchu du bénéfice de son enchère, et que l'acquéreur continue de demeurer propriétaire, moyennant le prix stipulé dans son contrat; il condamne celui qui aura provoqué la vente aux frais de la poursuite; et en outre à payer comme excédent du prix, la somme à laquelle il s'était obligé de porter ou faire porter l'immeuble en sus du prix conventionnel.

Le tout sans qu'il y ait lieu à aucune remise, quel que soit le montant du prix ou celui des enchères.

XXVII. Tout citoyen peut enchérir par lui-même ou par autrui; ceux qui enchériront pour un tiers ne peuvent être contraints de justifier de leurs pouvoirs; mais ils sont tenus de faire au pied du procès-verbal d'adjudication, dans les vingt-quatre heures qui la suivront, leur déclaration en command, faute de quoi ils seront réputés adjudicataires directs et tenus, comme tels, de satisfaire à toutes les charges et suites de l'adjudication.

XXIX. Le saisi ne peut se rendre adjudicataire: toute déclaration de command qui serait faite à son profit est nulle; toute personne qui se serait rendue adjudicataire pour lui, demeurera personnellement et

directement responsable de tous dépens, dommages et intérêts, au paiement desquels elle sera contrainte par corps.

Ceux qui se seraient rendus adjudicataires pour le compte de personnes notoirement insolvables, en demeureront garants et responsables en leurs propres et privés noms, nonobstant la déclaration de command.

XXX. Les frais pour parvenir à la vente et adjudication, sont à la charge de l'adjudicataire, et par lui payés au poursuivant, dans les dix jours de l'adjudication.

XXXI. L'adjudication doit être transcrite, à la diligence de l'adjudicataire, sur les régistres du bureau de la conservation des hypothèques de la situation des biens, dans le mois de sa prononciation. Il ne peut, avant l'accomplissement de cette formalité, se mettre en possession des biens adjugés; et après l'expiration du mois, les créanciers non remboursés ont aussi la faculté, même, sans attendre l'échéance du terme d'exigibilité de leurs créances, de faire procéder contre l'adjudicataire, et à sa folle-enchère, à la revente et adjudication des biens, dans les mêmes formes et délais qu'à l'égard du saisi; sauf que le commandement sera remplacé par une dénonciation du certificat délivré par le conservateur des hypothèques, que la transcription du jugement d'adjudication n'a pas été faite.

XXXII. Le saisi ni les créanciers ne peuvent exciper contre l'adjudicataire d'aucun moyen de nullité ou omission de formalité dans les actes de la poursuite, qu'autant qu'ils les auraient proposés à l'audience où l'adjudication aura eu lieu, sauf l'appel, tant du jugement intervenu à cet égard, que de celui d'adjudication, si l'on opposait à ce dernier quelque nullité ou l'omission de quelqu'une des formalités prescrites.

XXXIII. Faute par l'adjudicataire de satisfaire aux conditions de l'adjudication et de payer les créanciers, aux termes et de la manière qu'ils y ont droit, il sera procédé contre lui à la revente et adjudication sur folle-enchère, en vertu de l'extrait du jugement d'ordre, contenant la collocation utile du créancier.

Section II.

Des Revendications.

XXXIV. Ceux qui, avant l'adjudication, voudraient exercer une revendication, pourront le faire en se rendant parties intervenantes dans la procédure d'adjudication, suivant les formes ci-après.

XXXV. L'exploit d'intervention sera signifié tant au poursuivant au domicile élu par les affiches, qu'au saisi, avec déclaration de la part du requérant qu'il fera statuer sur sa revendication, à l'audience indiquée par l'adjudication.

Le même exploit contiendra l'énonciation des titres justificatifs de la propriété par lui réclamée. Ces titres seront déposés par le réclamant, avant le jour indiqué pour l'adjudication, au greffe du tribunal où les parties intéressées pourront en prendre communication.

Si la revendication ne porte que sur des héritages

particuliers et non sur la totalité ou partie d'un corps de domaine entier, cet exploit contiendra en outre l'indication exacte de la situation, de la nature, de la consistance et des confins, par tenans et aboutissans, de chaque objet revendiqué.

A défaut de l'observation de ces formalités, il sera passé outre à l'adjudication, à moins que le poursuivant ne s'y oppose.

XXXVI. Le tribunal prononcera, si faire se peut, sur la revendication, au jour indiqué, sinon, il renverra le jugement à une prochaine audience ; ce jugement ne pourra être rendu qu'après avoir entendu le procureur impérial.

En cas d'appel, il y sera statué comme en matière provisoire et sans tour de rôle.

XXXVII. Toutes les fois qu'il y aura une revendication, il sera sursis à l'adjudication des objets revendiqués.

Le tribunal peut néanmoins, après avoir entendu les parties intéressées qui seraient présentes et le procureur impérial, ordonner l'adjudication de tout ou partie des objets non revendiqués ; à la charge de prononcer à cet égard, par un jugement séparé de celui relatif à la question de revendication.

XXXVIII. Lorsque l'adjudication aura été retardée par une revendication, il ne pourra y être procédé qu'après l'apposition et notification de nouvelles affiches, dans les formes prescrites par les articles XIII, XIV, XV et XVI du présent, sans qu'il soit besoin de renouveler le commandement, à moins qu'il ne se soit écoulé plus de six mois depuis la date du jugement qui aura statué sur la revendication.

SECTION III.

Des ordres et distributions de prix.

XXXIX. L'ordre et la distribution du prix des immeubles seront faits devant le tribunal de première instance qui aura procédé à leur adjudication,

Si l'aliénation n'a point été faite en justice, il sera procédé à l'ordre et distribution devant le tribunal de première instance de la situation des immeubles, et en cas d'aliénation, par un même acte, de biens situés dans l'une et l'autre colonie, devant le tribunal dans l'arrondissement duquel se trouvera située la partie des biens estimée la plus considérable en revenus.

A cet effet, il sera ouvert au greffe du tribunal un procès-verbal sur la première réquisition d'un des créanciers, et sur la remise qu'il sera tenu de faire en même-tems, d'un état certifié par le conservateur des hypothèques, de toutes les inscriptions existantes sur les biens aliénés.

XL. Le procès-verbal d'ordre ne pourra être clos que trente jours après que son ouverture aura été notifiée, tant aux créanciers inscrits qu'à la partie saisie.

Pendant cet intervalle, les créanciers privilégiés qui ne sont point assujettis à l'inscription de leurs droits, seront tenus, à peine de déchéance de leurs privilèges, d'en produire les titres et pièces au greffe.

Quant aux privilégiés et aux créanciers inscrits, l'état mentionné en l'article précédent, tient lieu par eux de production ; néanmoins, ils sont tenus, sur la réquisition, soit d'un créancier, soit de la partie saisie, de justifier des titres de leurs créances et de les déposer et produire au greffe du tribunal.

XLI. Il est loisible à tout créancier et à la partie saisie, de prendre communication, pendant le même délai, du procès-verbal d'ouverture d'ordre, de l'extrait des inscriptions et des titres et pièces qui auraient été produits, de faire sur le tout les observations qu'ils croiront convenables, et qui seront consignées sur le procès-verbal ; faute de quoi, l'ordre sera dressé d'après l'extrait des inscriptions et les titres et les pièces produits.

En cas de contestation, il y est statué par le tribunal entre le réclamant et ceux dont il conteste en tout ou en partie le droit de collocation.

XLII. L'homologation d'ordre sera portée à la première audience qui suivra l'expiration du délai de trente jours, fixé par l'article XL ci-dessus, pour y être statué par le tribunal, ainsi que sur les contestations qui auraient été élevées, sans qu'il soit besoin d'assignation à la partie saisie ni aux créanciers, et sauf l'appel, nonobstant lequel les collocations qui n'auraient pas été contestées, recevront leur exécution.

Les frais pour parvenir à la confection de l'ordre seront prélevés de préférence à toute créance et colloqués au profit du poursuivant.

XLIII. Le jugement d'homologation ordonne la délivrance, par le greffier, des bordereaux de collocation à ceux qui viennent en ordre utile, pour le montant en être acquitté par l'adjudicataire, s'il n'existe aucune saisie ni opposition sur le créancier colloqué.

Ces bordereaux énoncent la nature et la quotité de la créance et de ses accessoires, ayant le même rang d'hypothèque, ainsi que l'époque d'exigibilité, tant du capital que des intérêts ou arrérages.

Le même jugement détermine celles des inscriptions qui ne viennent point en ordre utile sur le prix, et ordonne que la radiation en sera faite par le conservateur des hypothèques, en ce qu'elles frapperaient sur l'immeuble aliéné.

XLIV. Toutes lois sont abrogées en ce qu'elles auraient de contraire au présent chapitre.

CHAPITRE III.

De la conservation des hypothèques.

SECTION PREMIÈRE.

De l'institution du conservateur, de ses obligations, de son remplacement, de ses droits.

XLV. La conservation des hypothèques, aux îles de France et de la Réunion est confiée, sous l'autorité du Préfet colonial, au receveur de l'enregistrement de chacune des colonies, suivant les formes ci-après déterminées.

XLVI. Chaque préposé à la conservation des hypothèques aura son bureau dans le chef-lieu de la colonie.

XLVII. Le conservateur des hypothèques sera chargé, 1°. de l'exécution des formalités prescrites par le Code civil des français, pour la conservation des hypothèques et la consolidation des mutations de propriétés immobilières ; 2°. de la perception des droits établis au profit du trésor public pour chacune de ces formalités.

XLVIII. Avant d'entrer en exercice chaque préposé fera enregistrer sa commission au greffe du tribunal de première instance ; il y prêtera le serment prescrit par le Sénatus-Consulte organique du 28 Floréal an XII, et celui de remplir avec fidélité et exactitude les fonctions qui lui sont confiées.

XLIX. Le préposé fournira en immeubles un cautionnement de 30,000 francs ; il sera payé pour l'enregistrement de ce cautionnement un droit fixe d'un franc.

Le cautionnement sera reçu par le tribunal de première instance contradictoirement avec le procureur impérial.

L. Le préposé sera tenu de faire recevoir son cautionnement et d'en justifier au Préfet colonial dans le mois de l'enregistrement de sa commission.

LI. L'inscription du cautionnement sera faite à la diligence et au frais du préposé.

Elle subsistera pendant toute la durée de sa responsabilité sans avoir besoin d'être renouvelée.

LII. Le cautionnement ci-dessus sera spécialement et exclusivement affecté à la responsabilité du préposé, à la conservation des hypothèques pour les erreurs et omissions dont le code le rend garant envers les citoyens.

Cette affectation subsistera pendant toute la durée des fonctions et dix années après ; passé lequel délai, les biens servant de cautionnement seront affranchis de plein droit de toutes actions de recours qui n'auraient point été intentées dans cet intervalle.

LIII. Le préposé à la conservation des hypothèques aura domicile dans le bureau où il remplira ses fonctions, pour les actions auxquelles sa responsabilité pourra donner lieu.

Ce domicile est de droit ; il durera aussi long-temps que la responsabilité du préposé ; toutes poursuites à cet égard pourront y être dirigées contre lui, quand même il serait sorti de place, ou contre ses ayant-cause.

LIV. En cas d'absence ou d'empêchement du préposé, il sera suppléé par le premier commis du bureau de l'enregistrement.

Le préposé demeurera garant de cette gestion, sauf son recours contre celui qui l'aura remplacé.

LV. S'il y a vacance du bureau, par mort ou autrement, le cas de démission excepté, il sera rempli provisoirement par le premier commis du bureau de l'enregistrement, qui demeurera responsable de sa gestion ; il sera sur-le-champ pourvu à la vacance.

LVI. Le préposé en cas de démission, ne pourra quitter ses fonctions avant l'installation de son successeur, à peine de répondre de tous dommages et intérêts auxquels la vacance momentanée du bureau pourrait donner lieu.

LVII. Le traitement du préposé à la conservation des hypothèques est réglé ainsi qu'il suit :

1°. Il aura, sur la recette des droits d'hypothèques jointe aux autres recettes dont il est chargé, les remises accordées par la loi sur les droits d'enregistrement et autres.

2°. Il lui sera payé par les requérans, pour les actes qu'il délivrera, outre le papier timbré, les sommes énoncées au tarif suivant, Savoir :

Pour l'inscription de chaque droit d'hypothèque ou privilège, quel que soit le nombre des créanciers, si la formalité est requise par le même bordereau, 2 fr.

Pour la transcription de chaque acte de mutation, par rôle d'écriture contenant 25 lignes à la page et 18 syllabes à la ligne, 1 fr.

Pour chaque déclaration de changement de domile 1 f.

Pour l'inscription de chaque notification de procès-verbaux d'affiches, 2 fr. 50 c.

Pour chaque radiation d'inscription, 1 fr. 50 c.

Pour chaque extrait d'inscription ou certificat qu'il n'en existe aucune, 1 fr. 50 c.

Pour les copies collationnées des actes déposés ou transcrits au bureau des hypothèques, par chaque rôle de feuille de papier de 25 lignes à la page et de 18 syllabes à la ligne, 1 fr.

LVIII. Outre les registres mentionnés au chap. X du titre XVIII du livre III du code, le préposé tiendra un registre sur papier libre, dans lequel seront portés par extrait, au fur et mesure des actes, sous le nom de chaque grevé et à la case qui lui sera destinée ; les inscriptions à sa charge, les transcriptions, les radiations et les autres actes qui les concernent, ainsi que l'indication des registres où chacun de ces actes sera porté, et les numéros dans lesquels ils y seront consignés.

SECTION II.

De l'établissement et de la perception des droits d'hypothèques.

LIX. Il sera perçu au profit du trésor public, un droit sur l'inscription des créances hypothécaires et sur la transcription des actes portant mutation des propriétés immobilière.

LX. Le droit d'inscription des créances hypothécaires sera : 1°. d'un pour deux mille du capital de chaque créance hypothécaire antérieure à la promulgation du code ; 2°. d'un pour mille du capital des créances postérieures à ladite époque.

LXI. Il ne sera payé qu'un seul droit d'inscription pour chaque créance, quel que soit d'ailleurs le nombre des créanciers requérans et celui des débiteurs grevés.

LXII. S'il y a lieu à inscription d'une même créance dans le bureau de l'une et l'autre colonie, le droit sera acquitté en totalité dans le premier bureau ; il ne sera payé, pour chacune des autres inscriptions, que le simple salaire du préposé, sur la représentation de la quittance constatant le paiement entier du droit, lors de la première inscription.

En conséquence, le préposé dans le premier bureau sera tenu de délivrer à celui qui payera le droit, indépendamment de la quittance au pied du bordereau, autant de *duplicata* de ladite quittance qu'il lui en sera demandé.

Il sera payé au préposé, soixante-quinze centimes par chaque *duplicata*, outre le papier timbré.

LXIII. L'inscription des créances appartenant à l'Etat et aux établissemens publics, sera faite sans avance du droit d'hypothèques et des salaires du préposé.

LXIV. Toutes les fois que l'inscription aura lieu sans avance du droit et des salaires, le préposé sera tenu : 1°. d'énoncer, tant sur les registres que sur le bordereau à remettre au requérant, que les droits et salaires sont dûs ; 2°. d'en poursuivre le recouvrement sur les débiteurs, dans le mois après la date de l'inscription.

Ces poursuites s'exerceront suivant les formes établies pour le recouvrement des droits d'enregistrement.

LXV. Le droit sur la transcription des actes emportant mutation de propriété immobilière sera d'un pour cent du prix intégral desdites mutations, suivant qu'il aura été réglé à l'enregistrement.

LXVI. Si le même acte donne lieu à transcription dans le bureau de l'une et l'autre colonie, le droit sera acquitté ainsi qu'il est porté en l'article 62 ci-dessus.

LXVII. Hors les cas d'exception prononcés par le présent, les droits et salaires dûs pour les formalités hypothécaires, seront payés d'avance par les requérans.

Le préposé en expédiera quittance au pied des actes et certificats par lui remis et délivrés ; chaque somme y sera mentionnée séparément et en toutes lettres.

LXVIII. En conséquence des dispositions précédentes, le droit de quatre pour cent établi par le paragraphe VII de l'art. LXXIV de l'arrêté du 16 Frimaire an XII, pour l'enregistrement des actes translatifs de propriétés immobilières est réduit et fixé à deux pour cent.

Section III.
De la cessation des fonctions des greffiers conservateurs.

LXIX. Les conservateurs des hypothèques établis par l'arrêté du 24 Thermidor an XII, continueront pour les expropriations antérieures à l'expiration du délai fixé par l'article Ier. du présent, d'exercer leurs fonctions jusqu'à deux mois au-delà dudit délai.

LXX. A cette époque les registres, titres et papiers concernant la conservation des hypothèques, seront, à la diligence du procureur impérial, arrêtés et inventoriés en présence du greffier conservateur et du préposé à la conservation des hypothèques.

Ils seront remis à ce dernier qui en donnera reçu au bas de l'inventaire, lequel restera déposé au greffe de la cour d'appel.

LXXI. Le nouveau préposé à la conservation des hypothèques n'en entrera pas moins aussitôt en exercice pour les transcriptions et inscriptions qui doivent être faites en exécution du code, et du chapitre Ier. du présent.

LXXII. Le présent sera imprimé à la suite de l'arrêté supplémentaire au Code civil pour avoir en même temps son exécution.

Il sera adressé expédition du tout au Préfet colonial et au Commissaire de justice.

A l'île de France, le 1er. Brumaire an XIV.

Le Capitaine-général, DECAEN.

ARRETÉ

111. Decaen, Capitaine-général, etc, etc.,

Après délibération avec le Préfet colonial et le Commissaire de justice, Arrête :

Art. Ier. Le sénatus-consulte et le décret impérial des 22 et 24 Fructidor an XIII, dont suit la teneur, sont promulgués aux îles de France, de la Réunion et dépendances.

N°. 940. Sénatus-Consulte sur le rétablissement du Calendrier Grégorien, du 22 Fructidor.

Napoléon, par la grâce de Dieu et les constitutions de la République, Empereur des Français, à tous présens et à venir, Salut :

Le Sénat, après avoir entendu les orateurs du Conseil-d'Etat, a décrété et nous ordonnons ce qui suit :

Extrait des registre du Sénat-Conservateur, Du lundi 22 Fructidor an XIII.

Vu le projet du sénatus-consulte, rédigé en la forme prescrite par l'article LVII de l'acte des constitutions, du 16 Thermidor an X.

Après avoir entendu, sur les motifs dudit projet, les orateurs du gouvernement et le rapport de la commission spéciale nommée dans la séance du 15 de ce mois, décrète ce qui suit :

1°. A compter du 11 Nivose prochain, Ier. Janvier 1806, le calendrier grégorien sera mis en usage dans tout l'Empire Français.

2°. Le présent sénatus-consulte sera transmis par un message à Sa Majesté Impériale.

Les présidens et secrétaires :

Signé François (de Neufchâteau), président.

Colaud et Porcher, secrétaires.

Donné au Palais impérial de St.-Cloud, le 22 Fructidor an XIII, de notre règne le second.

Signé NAPOLEON.

Certifié conforme au Bulletin des Lois,

Le Capitaine-général, DECAEN.

Napoléon, Empereur des Français, Roi d'Italie.

Notre Conseil-d'Etat entendu, nous avons décrété et décrétons ce qui suit :

1°. Les comptabilités de l'an XIV, tant en recette qu'en dépense, pour les divers départemens ou ministère, pour toutes les administrations des revenus publics, pour les départemens de l'Empire, pour les municipalités, pour les travaux publics, pour les établissemens de bienfaisance, pour ceux d'instruction publique, pour les maisons de détention, et en général pour toutes les branches d'administration publique, nationale, départementale ou municipale, contiendront 1°. les mois et jours compris entre le Ier. Vendémiaire an XIV, 23 Septembre 1805, et le 10 Nivose an XIV, 31 Décembre 1805 inclusivement, formant trois mois et dix jours, ou cent jours en tout; 2°. les douze mois de l'an 1806.

2°. Le budget de l'Etat se réglera en recettes et en dépenses, pour quinze mois, à compter du Ier Vendémiaire prochain.

3°. Les rôles des contributions, foncières, mobilière, somptuaires, des patentes, portes et fenêtres, dressés pour l'an XIV, et tous rôles des contributions extraordinaires, communales ou départementales, serviront pour jusqu'au 31 Décembre 1806 inclusivement, en y ajoutant proportionnellement la somme à laquelle les contributions devront être portées, d'après la prolongation de la durée de l'exercice, et la perception se fera sur les mêmes rôles. Il n'en sera dressé de nouveaux que pour l'an 1807.

4°. Les registres de l'état-civil seront arrêtés par les municipalités, au 10 Nivose, 31 Décembre prochain au soir, et elles continueront de se servir de ces mêmes registres, pour l'an 1806 entier, en mentionnant seulement le commencement de l'année au Ier. Janvier, et employant, à compter de ce jour, le calendrier grégorien.

5°. Il ne sera rien changé, quant à présent, au payement des rentes dues par l'Etat.

6°. Nos ministres sont chargés de l'exécution du présent décret.

Au Palais de St.-Cloud, le 24 Fructidor an XIII.

Signé NAPOLEON.

Certifié conforme,

Le Capitaine-général, DECAEN.

Art. II. L'article Ier. du sénatus-consulte aura son exécution le 11 Germinal prochain, Ier. Avril 1806.

Les registres de l'état-civil seront arrêtés par les commissaires civils, au 10 Germinal, 31 Mars présent mois, et ils continueront de se servir des mêmes registres pour le restant de la présente année 1806.

Art. III. Le présent sera lu, enregistré, imprimé et affiché; il en sera adressé expédition au Préfet colonial et au Commissaire de justice.

A l'île de France, le 12 Ventose an XIV.

Le Capitaine général, DECAEN.

*

112. Decaen, Capitaine-général, etc. etc.,

Sur la représentation du Préfet colonial, que les plantations de vivres aux îles de France et de la Réunion, ont éprouvé des dommages considérables par l'intempérie de la saison, qu'il est urgent de prendre des mesures qui garantissent la subsistance des habitans de ces îles, jusqu'à ce que les récoltes aient dissipé toute inquiétude à ce sujet.

Après en avoir délibéré, Arrête :

Art. Ier. Dans les vingt-quatre heures de la publication du présent, chaque habitant sera tenu de passer une déclaration au commissariat civil de son quartier, de la quantité et de l'espèce de denrées nourricières qu'il possède, pour les besoins de sa famille, ainsi que pour nourrir ses esclaves, au chef-lieu des colonies ; le délai sera de trois jours.

II. Les commerçans de grains, dépositaires, marchands en détail et les boulangers, devront déclarer dans le même délai, au bureau central de police, les quantités de grains de toute espèce qu'ils ont dans leurs magasins.

III. Dans huit jours au plus tard, les commissaires civils et l'agent-général de police devront adresser au Préfet colonial, à l'île de France, et au Sous-Préfet, à l'île de la Réunion, le résultat des déclarations ordonnées par les articles précédens.

IV. Quiconque ne passera pas la déclaration prescrite aux articles I et II, sera non-seulement privé des secours qu'il pourrait réclamer des administrateurs qui ont pris des mesures pour faire venir de l'extérieur les approvisionnemens nécessaires pour assurer les subsistances dans les deux colonies, mais en outre traduit devant le tribunal de police correctionnelle, pour y être condamné à une amende qui ne pourra être moindre de cinq cents francs ni excéder quinze cents.

V. Tous commerçans de grains, dépositaires, marchands en détail et boulangers, qui feraient de fausses déclarations, seront condamnés à une amende de trois mille francs, et les grains qui seront trouvés dans les magasins desdits, seront saisis et confisqués au profit de la caisse de bienfaisance.

VI. Attendu que la saison permet encore la plantation du maïs et de diverses substances nourricières, il est ordonné à tous les cultivateurs de planter de suite en vivres, celles des terres qui peuvent convenir à cette culture, et en quantité suffisante pour assurer au moins la subsistance annuelle de leurs esclaves, selon ce qui est fixé par les réglemens.

Tout contrevenant à cette disposition sera condamné par le tribunal de police correctionnelle, à une amende de cinq cents francs et à une peine double en cas de récidive.

VII. Le présent sera lu, enregistré, imprimé et affiché ; expédition en sera adressée au Préfet colonial et au Commissaire de justice.

Île de France, le 26 Ventose an XIV.

Le Capitaine-général, DECAEN.

ARRÊTÉ.

113. DECAEN, Capitaine-général, etc. etc.,

Sur la proposition et les observations du Commissaire de justice, Arrête :

Art. Ier. L'avis du conseil d'Etat du 27 Messidor an XIII, approuvé de Sa Majesté, le 4 Thermidor suivant, lequel concerne des formalités relatives au mariage et dont suit la teneur, est promulguée aux îles de France, de la Réunion et dépendances.

(N° 858.) Extrait des minutes de la Secrétairerie d'Etat, du 4 Thermidor.

Avis du Conseil-d'Etat sur des formalités relatives au mariage. (Séance du 27 Messidor.)

Le Conseil-d'Etat auquel Sa Majesté a renvoyé un rapport du Grand juge, ministre de la justice, sur les difficultés que rencontrent beaucoup de mariages dans l'application de divers articles du Code civil ;

Après avoir oui le rapport de la section de législation ;

Considérant que les difficultés naissent de ce que les officiers de l'état civil ne discernent pas assez soigneusement les divers cas que la loi a voulu régler, de ceux qu'elle a laissés à la disposition des principes généraux et du droit commun ;

Que, quoique l'acte de naissance des futurs mariés soit nécessaire, il est pourtant permis de le remplacer par les formalités mentionnées dans l'article LXXI ; mais que les formalités prescrites lorsqu'il s'agit de suppléer au titre constitutif de l'état des personnes, ne peuvent être exigées en remplacement d'actes moins essentiels ; qu'il ne faut donc pas, pour remplacer l'acte de décès des pères et mères ou ascendans, un acte de notoriété contenant la déclaration de sept témoins et homologué par le tribunal ;

Que le supplément naturel de l'acte de décès des pères et mères est dans la présence des aïeuls et aïeules et dans l'attestation qu'on peut leur demander de ce décès ;

Que si par l'ignorance du lieu où sont décédés les pères et mères et ascendans, on ne peut produire leur acte de décès ; que si, comme cela arrive souvent dans les classes pauvres, par l'ignorance du dernier domicile on ne peut recourir à l'acte de notoriété prescrit par l'article CLV, et destiné à constater l'absence d'un domicile connu, dans ce cas la raison suggère de se contenter de la déclaration de témoins ; que déjà dans beaucoup d'occasions semblables les officiers de l'état civil de Paris, ont procédé aux mariages sur des actes de notoriété ou devant notaires, ou devant les juges de paix, par des témoins que les parties ont produits ;

Qu'il n'en est résulté aucun inconvénient, ni plainte, qu'il en est au contraire résulté beaucoup, lorsque,

dans des cas pareils, on a voulu être plus rigoureux et exiger d'avantage ;

Que même plusieurs fois on a suivi une voie plus simple et encore moins coûteuse que celle des actes de notoriété, et qui mérite d'être préférée et de devenir générale ; on s'est contenté de la déclaration des quatre témoins nécessaires à l'acte de mariage, faite à l'officier public et mentionnée dans cet acte ;

Que cette déclaration aussi solennelle qu'un acte de notoriété, est sans danger relativement au mariage des majeurs, pour lequel le consentement ou le conseil des ascendans n'est pas d'une nécessité absolue et dirimante ;

Que rien n'est à craindre relativement au mariage des mineurs, puisqu'en force de l'article CLX du Code civil, toutes les fois qu'il n'y a ni pères, ni mères, ni aïeuls ou aïeules, ou qu'ils se trouvent dans l'impossibilité de manifester leur volonté, les fils ou filles mineurs de vingt-un ans, ne peuvent contracter mariage sans le consentement du conseil de famille, EST D'AVIS,

1°. Qu'il n'est pas nécessaire de produire les actes de décès des pères et mères des futurs mariés, lorsque les aïeuls ou aïeules attestent ce décès, et dans ce cas, il doit être fait mention de leur attestation dans l'acte de mariage.

2°. Que si les pères, mères, aïeuls ou aïeules, dont le consentement ou conseil est requis, sont décédés, et si l'on est dans l'impossibilité de produire l'acte de leur décès ou la preuve de leur absence, faute de connaître leur dernier domicile, il peut être procédé à la célébration du mariage des majeurs, sur leur déclaration à serment que le lieu du décès et celui du dernier domicile de leurs ascendans leur sont inconnus. Cette déclaration doit être certifiée aussi par serment des quatre témoins de l'acte de mariage, lesquels affirment que, quoiqu'ils connaissent les futurs époux, ils ignorent le lieu du décès de leurs ascendans et leur dernier domicile. Les officiers de l'état civil doivent faire mention dans l'acte de mariage, desdites déclarations.

Pour extrait conforme,

Le secrétaire-général du Conseil-d'Etat,

Signé J. G. LOCRÉ.

Approuvé, au Palais de St.-Cloud, le 4 Thermidor an XIII.

Signé NAPOLÉON.

Art. II. Le présent sera lu, enregistré, imprimé et affiché ; expédition en sera adressée au Commissaire de justice.

Île de France, le 5 Avril 1806.

Le Capitaine-général, DECAEN.

ARRÊTÉ.

114. DECAEN, Capitaine-général, etc. etc.,

Sur la proposition du Commissaire de justice et après en avoir délibéré, Arrête :

Tarif des vacations, honoraires et droits des membres des tribunaux, des avoués, des notaires et des huissiers.

Vacations et honoraires du juge.

Art. Ier. Les juges des tribunaux de première instance des îles de France et de la Réunion pourront faire en l'hôtel les élections de tutelle, curatelle, assemblées, avis de parens, enquêtes, redditions de compte, rapports d'experts, comparaisons et vérifications de seings et écritures, taxes de dépens, liquidations de fruits et de dommages et intérêts, ainsi que les premiers actes de présence à fin de conciliation entre époux demandeurs en divorce.

II. Ils ne prendront aucun droit pour leurs appointemens et ordonnances sur requête, à l'ordinaire, pour quelque cause que ce soit, ni pour les actes ordinaires de justice qu'ils feront à l'audience et sur le siège, tels que sentence d'enrégistrement, ou d'homologation, insinuations de donations, sentences par défaut ou contradictoires, décrets, jugemens d'élargissement sous caution ou qui renvoient les parties à fins civiles.

III. Pour tous autres actes et opérations de leur compétence, leurs droits et vacations seront réglés d'après le tarif ci-après, argent au cours de France, la piastre à 5 livres 10 sous l'une, savoir :

Appositions, levées et reconnaissances de scellés, neuf francs.

Actes de tutelles, curatelles, émancipations, avis de parens sur l'intérêt et état des affaires des mineurs pour vendre, louer, gérer et conserver leurs biens, ou pour tout autre cas, neuf francs.

Vacations aux assemblées où il y aura contestation pour la personne des tuteurs, soit pour les destituer à la requête des parens, soit pour tout autre motif, par heure, quatre francs cinquante centimes.

Actes d'affirmation, clôtures d'inventaires, prestations de serment au greffe, cautionnemens ordinaires, cinq francs.

Lorsqu'il y aura contestation sur le cautionnement, par vacation d'une heure, quatre francs cinquante centimes.

Droits d'examen, de vérification et de réglement des inventaires, partages, comptes de tutelle et d'exécution testamentaire et autres vérifications ou réglemens sur appointemens, sentences d'ordre et de distribution de deniers, à la conscience du juge, suivant la difficulté de l'affaire et le tems qu'elle aura exigé.

Ordonnances, appointemens et sentences par défaut à l'extraordinaire, cinq francs.

Jugement contradictoire à l'extraordinaire, six francs.

Taxe de dépens, par article, quinze centimes.

Vacations aux ventes d'immeubles et baux à ferme chaque, six francs.

La dernière, neuf francs.

Interrogatoires sur faits et articles, par vacation d'une heure, quatre francs cinquante centimes.

Auditions de témoins en matière civile, par témoin, deux francs cinquante centimes.

Vérifications et comparaisons d'écriture et signatures et autres non exprimées que le juge peut expédier en l'hôtel ou dans la maison des particuliers, par vacation d'une heure, quatre francs cinquante centimes.

Légalisation d'actes, deux francs cinquante centimes.

Transport hors de la ville, en exécution d'arrêt ou de sentence, par jour, vacations et tous frais de voyage compris, trente-six francs.

Transport à bord des vaisseaux dans le port et en rade, à fin de condamnation de vaisseaux, quinze fr.

Déclaration d'amirauté, cinq francs.

Liquidations de payement dûs aux équipages d'un vaisseau condamné, quinze francs.

Vacations aux conseils de répartition, par heure, dix francs.

Vacations aux ventes de vaisseaux, chaque, six fr.

La dernière, neuf francs.

Procès-verbal de visite d'une personne blessée, levée de cadavre, vérification d'effraction, dix francs.

Information sommaire en ville, par vacation d'une heure, six francs.

Audition de témoins en matière criminelle, répétition, récolement et confrontation, par témoin, deux francs cinquante centimes.

Interrogatoire des accusés, par vacation d'une heure, quatre francs cinquante centimes.

IV. Tous les actes et opérations ci-dessus désignés qui auront lieu pour les indigens se feront gratis.

V. A l'égard des visites et levées des cadavres de personnes libres sans aveu et inconnues ou d'esclaves, le juge le fera gratis quand il sera requis par le procureur impérial, sauf en cas de transport à l'extérieur, à être remboursé par le domaine, des frais de transport, ainsi qu'ils sont fixés.

VI. Les procès criminels poursuivis à la requête du procureur impérial, seront instruits et jugés sans frais ; pourra néanmoins le juge prendre ses droits sur les biens de l'accusé, s'il y en a, et s'il y est condamné.

VII. Le suppléant du juge, ou l'avoué qui suppléera l'un et l'autre en cas d'empêchement, percevra les mêmes droits que ceux du juge, pour tous les actes qu'il fera pendant le remplacement.

Vacations et honoraires du Procureur Impérial.

VIII. Le procureur impérial percevra les deux tiers des droits du juge, pour tous les actes et opérations où sa présence aura été nécessaire.

IX. Lorsqu'il sera requis seul aux inventaires et partages où son intervention sera nécessaire pour les mineurs, absens ou autres, il prendra, par vacation d'une heure, quatre francs.

Droits du greffier.

X. Le greffier aura attention de faire signer tous les jours les plumitifs au juge et de les tenir dans le plus grand ordre, ainsi que les différens registres dont il est chargé.

XI. Pour tous jugemens à l'extraordinaire, procès-verbaux, actes de tutelle, curatelle, émancipation, audition des témoins et autres actes tant en matières civiles que criminelles, où le greffier travaillera avec le juge, il prendra les deux tiers des droits du juge, et en outre ses expéditions, à raison d'un franc, par rôle de deux pages, vingt lignes à la page, et douze syllabes au moins à la ligne.

XII. Pour les jugemens sur procès, par écrit ou sentence d'ordre et partages, il aura l'option ou de prendre les deux tiers des droits du juge, ou de se faire payer la première expédition à raison d'un franc cinquante centimes, du rôle réglé comme en l'article précédent.

XIII. Dans les transports et commissions où il ira avec le juge, il prendra les deux tiers de ses vacations, non compris ses expéditions.

XIV. Ses autres droits sont fixés ainsi qu'il suit :
Sentences en forme et grosse exécutoire, trois francs.
Extraits de sentence pour le premier rôle, deux francs.
Pour les rôles en sus, un franc.
Toutes autres expéditions levées au greffe, un franc.
Actes de soumission, caution, renonciation à communauté ou à succession, autorisation et autres de pareille nature, deux francs cinquante centimes.
Acte de produit, un franc.
Enregistrement de procurations, insinuations et autres enregistremens d'actes sujets à publication, trois fr.
Enregistremens de saisies, établissemens de commissaire et séquestre, récolemens de deux rôles, six francs.
Chaque rôle en sus, un franc.
Actes d'affirmation de voyage et autres équivalens, deux francs cinquante centimes.
Recherches d'actes et minutes d'une date incertaine, par heure, deux francs cinquante centimes.
Actes de dépôt de pièces ou deniers, deux francs cinquante centimes.
Droits de consignation d'espèces, un pour cent.
Compulsoires, par heure, deux francs cinquante centimes.
Clôtures d'inventaires, quatre francs.

XV. Le greffier ne pourra rien exiger pour les enregistremens des lois, arrêtés, réglemens, ordonnances et mandemens.

XVI. Dans tous les procès criminels, instruits et poursuivis d'office, à la requête du procureur impérial, il ne lui sera rien alloué, sinon sur les biens des condamnés, s'ils en ont.

XVII. Le greffier ne délivrera aucune expédition, tant au civil qu'au criminel, qu'il ne soit payé des droits du juge ou du suppléant et du procureur impérial; il en fera mention sur les expéditions et en demeurera comptable envers chacun ayant droit.

Vacations et honoraires des Avoués.

XVIII. Les avoués percevront en première instance leurs droits suivant la taxe déterminée ainsi qu'il suit :
Droit de conseil tant en demandant qu'en défendant, cinq francs.
Demande en matière sommaire, trois francs.
Demande libellée à plusieurs chefs, dix francs.
Demande en intervention, trois francs.
Demande incidente dans le cours d'une instance, trois francs.
Plaidoirie sur défaut, sept francs cinquante centimes.
Plaidoirie contradictoire, quinze francs.
Vacations pour mettre les causes au rôle, pour lever les expéditions de sentences, pour faire enregistrer tous les actes de procédure, pour produire et pour autres opérations de cette nature, un franc.
Inventaires de production, pour chaque article ou pièce cottée, vingt-cinq centimes.
Mémoires, rédigés de plaidoirie et écrits, contredits, débats, défenses dans les procès, à l'arbitrage du juge. Faits et articles pour chacun de ceux qui seront signifiés, un franc.
Requêtes pour émancipations, séparations de biens, autorisations de femmes en puissance de mari, nominations et autorisations de tuteurs ou curateurs et autres demandes de ce genre, cinq francs.
Requêtes pour audiences extraordinaires, pour saisies conservatoires, pour baux judiciaires, pour ventes mobilières, pour assigner des témoins, pour faire faire inventaire, pour mise en possession et pour autres actes de cette nature, cinq francs.
Présentation et assistance au greffe, à l'étude d'un notaire, aux enchères comme poursuivant ou comme opposant, trois francs.
Pour tous autres actes extrajudiciaires, cinq francs.
Les honoraires des avoués augmenteront en cause d'appel de la moitié de ceux réglés par l'article XVIII, ci-dessus.

Vacations et honoraires des Notaires.

XX. Les vacations et honoraires des notaires, susceptibles du réglement à l'amiable autorisé par l'article XLIII de l'arrêté du 14 Pluviôse an XII, sont : les contrats de mariage, les actes en divorce, les transactions de toute nature, les contrats d'abandon de biens, unions de créanciers et nominations de syndics; les actes de société portant réglement des droits des associés, du mode de réglement et autres stipulations.

XXI. Leurs droits pour les autres actes de leur ministère sont fixés ainsi qu'il suit, non compris les droits de timbre et d'enregistrement :
Obligation simple jusqu'à 500 fr. dix francs.
De 500 fr. jusqu'à 5000, quinze francs.
Au-delà de 5000 fr. un franc cinquante centimes par mille.
Il est alloué un tiers en sus des droits ci-dessus

lorsque l'obligation portera déclaration d'emploi à fin de subrogation.

Quittance simple, à la suite d'autres actes, cinq fr.

Quittance particulière énonçant déclaration d'origine de deniers et subrogation, dix francs.

Procuration simple pour recouvrer deniers ou autres objets, dix francs.

Procuration générale, vingt francs.

Contrat de vente simple, contenant quittance du prix jusqu'à cinq mille francs, vingt francs.

Depuis cinq mille jusqu'à vingt mille, vingt-cinq fr.

Au-delà, un franc cinquante centimes, par mille fr.

Contrat de vente portant obligation à différens termes, cession et transport par l'acquéreur à compte ou jusqu'à concurrence du prix, cautionnement, emploi de deniers, subrogations, clauses résolutoires ou de rachat, un tiers en sus du droit fixé pour les autres ventes.

Constitution de rente, échange de biens, mêmes droits que pour les ventes.

Donation d'une somme de deniers, jusqu'à cinq cents francs, dix francs.

Depuis cinq cents francs jusqu'à mille, quinze fr.

Depuis mille jusqu'à cinq mille, vingt francs.

Au-dessus, un franc cinquante centimes, par mille.

Et à fin de charge, la moitié en sus.

Donation de biens avec réserve d'usufruit, lorsqu'ils sont d'une valeur de dix à vingt mille francs, trente fr.

Et au-delà, un franc cinquante centimes, par mille.

Testament ou codicile, trente francs.

Désistement, révocation de testament, de procuration, etc. dix francs.

Cession, transport de rente constituée sur particuliers, jusqu'à vingt mille francs de capital, vingt francs.

Et au-delà, un franc cinquante centimes par mille.

Transport simple de sommes au-dessous de cinq mille francs pour deniers ou pour être quitte, dix francs.

Acte d'affranchissement, quinze francs.

Acte de dépôt de pièces ou deniers, cinq francs.

Vérification de pièces déposées, par heure, deux francs cinquante centimes,

Droit sur les deniers déposés, un pour cent.

Acte de notoriété, dix francs.

Baux à ferme de biens et esclaves dont le prix s'élève jusqu'à mille francs, trente francs.

Et au-delà, à raison de deux francs par mille.

Contribution de deniers en conséquence d'abandon, trois francs, par millier de francs contribué.

Engagement, devis et marché, résiliation desdits actes et des contrats de vente, quinze francs.

Vacations aux inventaires, aux ventes, en l'étude ou ailleurs et pour livraison des objets vendus, par heure, quatre francs.

Rédaction de la minute du procès-verbal, pour chaque rôle de minute, trois francs.

Droit de recherche de pièces anciennes, trois francs.

Double minute et expédition, autre que la première, laquelle sera toujours comprise dans les prix ci-dessus fixés, par rôle d'écriture réglé comme en l'article XI, un franc cinquante centimes.

Transport en campagne ou hors du lieu de la résidence, huit francs par lieue, y compris le retour.

Lorsque le voyage excédera huit lieues, y compris le retour, il sera payé par chaque journée, trente fr.

XXII. Les notaires ne pourront exiger ni percevoir à leur profit aucun droit de vente sur le produit de celles qu'ils recevront à l'encan en leurs études ou ailleurs ; mais lorsqu'ils recouvreront pour les parties ledit produit, ils percevront un droit de recouvrement de deux et demi pour cent sur le montant des sommes rentrées, sauf leur droit de consignation.

XXIII. Ils donneront, lorsqu'ils en seront requis, reçu en toutes lettres au bas de leurs expéditions, des sommes qu'ils auront reçues, tant pour leurs honoraires et vacations que pour leur transport hors du lieu de leur résidence, de quelque espèce et nature que soient leurs actes.

XXIV. En cas de contestation sur la perception des droits qui leur sont ci-dessus alloués, il en sera référé à la chambre des notaires, pour avoir son avis, d'après lequel, il sera prononcé à cet égard, par le tribunal de première instance.

Droits des Huissiers.

XXV. Il est alloué aux huissiers pour les différens actes de leur ministère, des droits et salaires déterminés ainsi qu'il suit :

Assignation en ville à une seule personne, deux francs cinquante centimes.

Copie au-delà de la première, un franc cinquante centimes.

Signification de pièces ou toutes autres dépendant de leur ministère, en ville à une seule personne, deux francs cinquante centimes.

Chaque copie au-delà de la première, un franc cinquante centimes.

Chaque rôle au-delà du premier, soixante quinze centimes.

Protêt de billet à ordre, lettres de change, ou autres effets de commerce y compris la signification du titre, en ville, à une seule personne, six francs.

Chaque copie au-delà de la première, deux francs.

Chaque dénonciation de protêt, deux francs cinquante centimes.

Exploit d'offres réelles, six francs.

Saisies mobilières ou provisoires et conservatoires en ville, pour dresse de procès-verbal dont le contenu n'excède pas un rôle de minute, dix francs.

Pour chaque rôle au-delà du premier, vacations comprises, deux francs.

Dénonciation de saisie, en ville, à une seule personne, cinq francs.

Pour chaque dénonciation au-delà de la première, deux francs cinquante centimes.

Par rôle de minute au-delà du premier, soixante-quinze centimes.

Saisies réelles en ville, pour dresse de procès-verbal ne contenant qu'une feuille de papier timbré de soixante-quinze centimes, vingt-cinq francs.

Par rôle au-delà du premier, vacation comprise, trois francs.

Dénonciation avec copie de saisie, en ville, à une seule personne, cinq francs.

Pour chaque dénonciation au-delà de la première, deux francs cinquante centimes.

Par rôle au-delà du premier, soixante quinze centimes.

Procès-verbal d'affiche, dix francs.; apposition d'affiche, deux francs ; dénonciation, chaque, un franc.

Assignation en interposition de décret ou en mise à bail judiciaire, en ville, à une seule personne, trois fr.

Pour chaque copie au-delà de la première, un fr.

Vacation aux prisées d'inventaires, en ville, pour chacune de deux heures, cinq francs.

Procès-verbal de vente mobilière en ville, d'un seul rôle de minute, six francs.

Par rôle au-delà du premier, deux francs.

Par chaque vacation de deux heures auxdites ventes, cinq francs.

Dénonciation de procès-verbal de vente, en ville, à une seule personne, deux francs cinquante centimes.

Par copie au-delà de la première, un franc.

Par rôle au-delà du premier, soixante quinze centimes.

Pour chaque témoin en toute espèce d'acte, en ville, deux francs cinquante centimes.

Procès-verbaux de perquisition, chaque, six francs.

Capture et emprisonnement de personnes libres, tant au civil qu'au criminel, compris le salaire des témoins, frais de voyage, acte, procès-verbal et dénonciation d'écrou, quarante-cinq francs.

XXVI. Les huissiers percevront les mêmes droits pour tous les actes qu'ils feront hors du chef-lieu, et leur transport dans les campagnes, sera en outre compté, savoir : à raison de cinq francs par chaque lieue, y compris le retour, pour les actes pour lesquels la présence de témoins n'est pas exigée, et de huit francs, lorsqu'ils seront accompagnés de témoins, dont les salaires seront dans ce cas à leur charge.

Leur transport à bord des vaisseaux sera payé sept francs cinquante centimes.

XXVII. Pour vacations aux ventes d'immeubles forcées ou volontaires, licitations ou baux à ferme, leurs droits sont en proportion du tiers de ceux du juge.

A l'égard de meubles saisis dont la vente est faite par eux, il leur sera alloué quatre francs par chaque vacation d'une heure, et ils ne pourront percevoir aucun droit sur le produit de la vente, sauf un droit de deux et demi pour cent sur les recouvremens qu'ils pourront faire.

XXVIII. L'huissier audiencier chargé du rôle, aura pour chaque mise en appel de cause en première instance, un franc, et en la cour, deux francs.

XXIX. Les huissiers ne pourront rien exiger ni recevoir au-delà des salaires déterminés par le présent ; ils écriront au bas de leurs actes, le montant du droit qu'ils auront perçu ; le tout sous les peines portées par les lois et réglemens.

XXX. Le présent sera lu, enregistré ; il en sera envoyé expédition au Commissaire de justice.

A l'île de France, le 12 Brumaire an XIV.

Le Capitaine-général, DECAEN.

ARRÊTÉ.

115. DECAEN, Capitaine-Général, etc. etc.

Sur la proposition et les observasions du Commissaire de justice, Arrête :

Art. Ier. L'avis du Conseil-d'Etat du 3 Floréal an XIII, approuvé de Sa Majesté le 12 du même mois, lequel est relatif à la transcription des actes de vente sous signature privée et enregistrés, et dont la teneur suit, est promulgué aux îles de France, de la Réunion et dépendances.

(N°. 702.) EXTRAIT DES MINUTES DE LA SECRETAIRÉ-RIE-D'ÉTAT. A Alexandrie, 12 Floréal.

Avis du Conseil-d'Etat sur la transcription des actes de vente sous signature privée et enregistrés.

(Séance du 3 Floréal.)

Le Conseil-d'Etat, qui d'après le renvoi fait par Sa Majesté l'Empereur, a oui le rapport des sections de législation et des finances sur celui du Grand-Juge, ministre de la justice, relatif à la question de savoir si l'on peut valablement transcrire, pour purger les hypothèques, les ventes faites par actes sousseing privé, dûment enregistrés, mais dont les signatures n'ont pas été reconnues devant notaires ou par un jugement ;

Vû la loi du 11 Brumaire an VII, sur le régime hypothécaire, et le titre du Code civil, sur les privilèges et hypothèques ;

Considérant qu'aucune disposition précise ne s'oppose à ce qu'un acte de vente sous signature privée, revêtu de la formalité de l'enrégistrement, soit transcrit sur les registres du conservateur des hypothèques ; que cette transcription n'a d'autre effet que d'annoncer aux personnes intéressées, que la propriété d'un immeuble a passé d'une main dans une autre, et qu'il n'y aurait pas de motif pour prohiber les annonces du changement qui se serait opéré par acte sous signature privée, quand il est permis d'aliéner de cette manière ;

Qu'on ne peut tirer aucune induction contraire de ce que l'inscription à l'effet d'acquérir hypothèque, ne peut avoir lieu que sur le vu d'une expédition authentique, du jugement ou de l'acte qui constitue l'hypothèque, parce qu'elle ne peut être constituée en effet que par un acte authentique.

Qu'enfin, lors de la discussion du titre du Code civil des privilèges et hypothèques, la question fut proposée en Conseil-d'Etat, et qu'il parût si évident qu'on pouvait transcrire un acte de vente sous signature privée, dûment enregistré, qu'on jugea superflu de faire une disposition pour le permettre, comme on peut s'en convaincre par la lecture du procès-verbal, séance du 10 Ventose an XII ;

Est d'avis,

Que les actes de vente sous signature privée et enregistrés peuvent être présentés à la transcription.

Pour extrait conforme,

Le secrétaire-général du Conseil-d'Etat, Locré.

Approuvé, à Alexandrie, le 12 Floréal an XIII.

Signé NAPOLEON.

Certifié conforme,

Le Capitaine-général, DECAEN.

II. Le présent sera lu, enregistré, affiché ; expédition en sera adressée au Commissaire de justice.

Ile de France, le 5 Avril 1806.

Le Capitaine général, DECAEN.

ARRETE.

116. Decaen, Capitaine-général, etc. etc.

Après délibération avec le Préfet colonial et le Commissaire de justice, Arrête :

Article Ier.

L'article 49 de l'arrêté du Ier. Floréal an XII, ainsi que le décret impérial du 9 Messidor an XIII, concernant la peine encourue pour recèlement de marins déserteurs, et dont suit la teneur, sont promulgués aux îles de France, de la Réunion et dépendances.

Arrêté du Ier. Floréal an XII.

Art. 49. « Tout armateur ou propriétaire de navires ou autres embarcations quelconques, ou tout habitant de l'intérieur, convaincu d'avoir recelé un marin déserteur, d'avoir favorisé son évasion, ou de l'avoir de quelque manière que ce soit, soustrait du service de l'Etat ou aux recherches de sa personne, sera dénoncé au substitut du commissaire du gouvernement près le tribunal criminel, par le préfet maritime ou chef d'administration du port, et jugé conformément à la loi du 24 Brumaire an VI, concernant l'exécution de celles relatives aux déserteurs et condamnés, par voie de police correctionnelle, à une amende, qui ne pourra être moindre de trois cents francs, ni excéder trois mille francs, et à l'emprisonnement d'un an.

» L'emprisonnement sera de deux ans, si la désertion a eu lieu en tems de guerre.

» Si la désertion a eu lieu à l'ennemi, l'individu qui l'aura provoquée ou favorisée sera jugé conformément au Code des délits et des peines, du 21 Brumaire an V, pour les troupes de la République, titre IV de l'Embauchage. »

(N°. 814.) Décret Impérial, concernant la peine encourue pour recèlement de marins déserteurs.

Au palais de Plaisance, le 9 Messidor an XIII.

Napoleon, Empereur des Français, etc.

Sur le rapport du ministre de la marine et des colonies ;

Le Conseil-d'Etat entendu, décrète ce qui suit :

1°. « Tout capitaine de navire ou autre soumis à l'inscription maritime, convaincu d'avoir recelé un marin déserteur, d'avoir favorisé son évasion, ou de l'avoir, de quelque manière que ce soit, soustrait au service de l'Etat, ou aux recherches de sa personne, sera conformément aux dispositions de l'article 49 de l'arrêté du Ier. Floréal an XII, additionnel à celui du 5 Germinal précédent, si c'est en tems de paix, condamné par voie de police correctionnelle, à une amende qui ne pourra être moindre de trois cents francs, ni excéder trois mille francs, et à l'emprisonnement d'un an.

» Si c'est en tems de guerre, l'emprisonnement sera de deux ans. Sont, au surplus, applicables à tous les individus tenant à la marine, les dispositions des articles 46, 47 et 48, de l'arrêté du Ier Floréal an XII. »

2°. » Le mininistre de la marine et des colonies, est chargé de l'exécution du présent décret. »

Signé NAPOLEON.

Article II.

La loi du 24 Brumaire an VI, et le Ier. article du titre IV, du Code des délits et des peines, du 21 Brumaire an V, sont également promulgués.

Loi du 24 Brumaire an VI.

Le Conseil des Anciens, adoptant les motifs de la déclaration d'urgence qui précède la résolution ci-après, approuve l'acte d'urgence.

Suit la teneur de la déclaration d'urgence et de la résolution du 6 Brumaire.

Le Conseil des Cinq-Cents, considérant qu'il est instant de fixer la législation sur la nature des peines à infliger aux fonctionnaires publics qui négligeraient de faire exécuter les lois relatives aux déserteurs et aux réquisitionnaires et à ceux qui favoriseraient la désertion, déclare qu'il y a urgence.

Le Conseil après avoir déclaré l'urgence, prend la résolution suivante :

1° « Tout administrateur de département ou de canton, officier de police judiciaire, accusateur public, juge, commissaire du Directoire Exécutif, tout individu faisant partie de la gendarmerie nationale, qui n'exécutera pas ponctuellement, en ce qui le concerne, les lois relatives aux déserteurs, aux fuyards de la réquisition et à leurs complices, ou qui en empêchera ou entravera l'exécution, sera puni de deux années d'emprisonnement.

2°. » Tout fonctionnaire public convaincu d'avoir favorisé la désertion, empêché ou retardé le départ des déserteurs et des citoyens de la réquisition, soit par des écrits, soit par des discours, sera, outre l'emprisonnement, condamné à une amende, qui ne pourra être moindre de cinq cents francs, ni excéder deux mille francs.

» Il sera de plus destitué de ses fonctions.

3°. » Tout officier de gendarmerie, coupable de négligence dans l'exercice de ses fonctions envers les déserteurs, les fuyards de la réquisition et leurs complices, pourra être destitué par le Directoire Exécutif.

4°. » Tout habitant de l'intérieur de la République, convaincu d'avoir recelé sciemment la personne d'un déserteur ou réquisitionnaire, ou d'avoir favorisé son évasion, ou de l'avoir soustrait d'une manière quelconque aux poursuites ordonnées par la loi, sera condamné, par voie de police correctionnelle, à une amende, qui ne pourra être moindre de trois cents francs, ni excéder trois mille francs, et à un emprisonnement d'un an.

» L'emprisonnement sera de deux ans, si le déserteur ou réquisitionnaire a été recelé avec armes et bagages.

» En conséquence, le premier paragraphe de l'article VII, du titre II de la loi du 21 Brumaire an V, portant la peine de deux ans de gêne et deux ans de fers, est abrogé.

5°. » Celui qui aura reçu chez lui un déserteur ou réquisitionnaire fugitif, ne sera point admis à proposer comme excuse valable, que ledit déserteur ou réquisitionnaire était entré chez lui en qualité de serviteur à gages, à moins qu'il ne l'ait préalablement présenté à l'administration municipale de son canton, pour l'interroger, examiner ses papiers et passeports, et s'assurer, par tous les moyens possibles, qu'il n'était point dans le cas de la désertion ni de la réquisition.

6°. » La négligence des administrateurs à cet égard, sera punie conformément à l'article premier.

« En cas de connivence pour favoriser la désertion, les peines portées par l'art. II, leur seront appliquées.

7°. » Ceux qui seraient convaincus d'avoir fait de fausses déclarations à l'administration du canton, pour favoriser la désertion, seront poursuivis et punis des mêmes peines que les recéleurs.

8°. « La présente résolution sera imprimée.

Signé VILLERS, président; BOULLAY (de la Meurthe,) GAYVERNON, PORTE, secrétaires.

Après une seconde lecture, le Conseil des Anciens approuve la résolution ci-dessus.

Signé J. P. LACOMBE St.-MICHEL, président ; P. POMPEY, DESMAZIERES, CHATRY LA FOSSE, secrét.

Code des délits et des peines, pour les troupes de la République. Du 21 Brumaire an V.

Titre IV. — De l'Embauchage.

1°. « Tout embaucheur ou complice d'embauchage pour une puissance en guerre avec la République, sera puni de mort.

Certifié conforme au Bulletin des Lois,

Le Capitaine-général, DECAEN.

Article III.

Le présent sera lu, enregistré, imprimé et affiché; expédition en sera adressée au Préfet colonial et au Commissaire de justice.

A l'île de France, le 3 Avril 1806.

Le Capitaine-général, DECAEN.

O R D R E.

117. DECAEN, Capitaine-général, etc, etc.,

Art. Iᵉʳ. Des circonstances imprévues pouvant nécessiter une réunion d'individus susceptibles de rendre des services importans à cette colonie, les commandans de quartiers devront s'occuper, dès la réception du présent ordre, d'organiser dans leurs quartiers respectifs des compagnies de réserve.

II. Cette troupe portera le nom de chasseurs de réserve et sera composée comme il suit :

Un capitaine-commandant.

Un capitaine en second.

Un lieutenant en premier.

Un lieutenant en second.

Ces officiers seront à la nomination du Capitaine-général, sur la présentation des commandans de quartier, qui choisiront parmi les habitans ayant déjà des commissions de chefs de détachement et parmi ceux qui ont un goût décidé pour l'exercice de la chasse.

III. Chacune de ces compagnies aura un sergent-major, à la nomination du commandant de quartier, choisi dans les sections de chasseurs coloniaux.

IV. Les individus qui doivent servir à la formation de ces compagnies, seront choisis dans les noirs d'habitation.

Pour cet effet, chaque habitant devra désigner au commandant du quartier, ceux de ses noirs qui sont le plus propres à faire partie de ces compagnies eu égard à la confiance qu'ils ont en eux et à l'habitude qu'ils ont de se servir de l'arme à feu. Il est entendu que tous les noirs employés journellement à la chasse des marrons, feront partie de ces compagnies.

V. Chaque compagnie sera composée d'au moins 52 chasseurs de réserve divisés en quatre escouades, pour chacune desquelles les capitaines choisiront un noir des plus intelligens pour faire les fonctions de chef d'escouade ; et il en sera formé dans chaque quartier autant qu'il y a de compagnies de gardes nationales, excepté au Port N. O., où il en sera seulement formé deux.

VI. Aussitôt que les commandans de quartier auront reçu des habitans les déclarations prescrites par l'article IV, ils appelleront près d'eux le major du quartier et les officiers nommés pour le commandement de ces compagnies, à l'effet de procéder à leur organisation.

VII. Si quelque habitant n'avait pas exécuté les dispositions de l'article IV, l'indication prescrite par ledit article en sera donnée par les officiers de la compagnie, au commandant du quartier, pour que les noirs jugés susceptibles de ce service soient compris dans la formation de la compagnie.

VIII. L'uniforme des officiers des chasseurs de réserve, sera un habit-veste de drap vert, paremens et retroussis du même, collet noir, épaulettes en argent et boutons blancs ; gilet et pantalon blancs et des bottes.

Ils seront armés d'un sabre et d'un fusil de chasse ou d'une carabine.

Celui du sergent-major, habit-veste bleu, paremens et retroussis du même, collet vert, boutons blancs, gilet et pantalon blancs et guêtres noires.

Il sera armé d'un sabre et d'un fusil de chasse.

IX. L'armement des chasseurs de réserve sera un fusil ou mousqueton ; ces armes leur seront distribuées lorsque le besoin du service l'exigera.

Les capitaines de quartier proposeront au Capitaine-général, quel est le vêtement qui pourrait le mieux convenir aux chasseurs pour uniforme.

X. Le rassemblement des chasseurs de réserve, ne pourra avoir lieu que d'après un ordre spécial du Capitaine-général, ou de son Lieutenant.

XI. Si le besoin du service exigeait qu'une ou plusieurs compagnies d'un quartier fussent mises en activité, elles seraient alors nourries et entretenues aux frais du gouvernement.

XII. Dans le cas où par accident ou tout autre événement quelconque, pendant la durée de l'activité, un noir serait perdu ou mis hors d'état de servir, le prix en sera remboursé à son maître, suivant l'estimation qui pourra en être faite.

XIII. Le présent sera enregistré à l'inspection, imprimé et affiché ; expédition en sera adressée au Préfet colonial et au Lieutenant du Capitaine-général, chargé d'en surveiller l'exécution.

Ile de France, le 1er. Juin 1806.

Le Capitaine-général, DECAEN.

RÈGLEMENT.

118. LÉGER, Préfet colonial des Iles de France, etc.

Désirant employer toutes les mesures que la situation des îles de France et de la Réunion permet de prendre pour y conserver la vaccine, qu'on a eu le bonheur d'y recouvrer depuis quelque mois, ordonne ce qui suit :

Art. Ier. Dans la huitaine de la publication du présent, qui sera imprimé, affiché et inséré dans la gazette, les habitans de chaque quartier seront obligés de déclarer aux commissaires civils le nombre d'individus libres ou esclaves qu'ils auront à faire vacciner, en indiquant l'âge de chacun : au Port N.-O., ces déclarations seront faites au bureau central de police.

II. Les commissaires civils remettront au chirurgien major du quartier, le relevé numérique de ces déclarations, pour être transmis à la commission de santé ; au Port N.-O. elle le recevra de l'agent-général de police, pour le chef-lieu et la banlieue.

III. Les naissances et les acquisitions de noirs nouveaux donneront lieu à des déclarations successives.

IV. La commission de santé jugera, d'après l'état général qu'elle aura formé des sujets à vacciner, quel nombre il conviendra d'inoculer, soit dans plusieurs quartiers simultanément, soit par quartier successivement ; elle en fera son rapport au Préfet colonial, qui en fera donner connaissance par affiches et par la gazette.

V. Dans les quartiers, le chirurgien-major désigné à cet effet, pourra seul vacciner ; il rendra compte à la commission de santé, du nombre des sujets qu'il aura vaccinés, et des circonstances particulières des traitemens qu'il aura faits.

VI. Au Port N. O., l'inoculation du virus-vaccin ne se fera pour les esclaves, qu'à l'hôpital et sous la surveillance des officiers de santé en chef ; nul officier de santé ne pourra vacciner d'esclaves ailleurs qu'à l'hôpital. Les blancs et tous autres individus de la population libre, pourront être vaccinés à domicile ; mais les officiers de santé choisis par les particuliers, pour inoculer dans leurs maisons, seront obligés d'en faire rapport à la commission de santé, et ne pourront opérer que sur son permis.

VII. L'inoculation de la vaccine, se fera tous les dimanches à l'hôpital et par ordre d'inscription ; les particuliers qui auront fait inoculer des esclaves, seront tenus de les y représenter tous les matins du quatrième au dixième jour du traitement.

VIII. Il est expressément défendu aux parens de laisser prendre du virus-vaccin de leurs enfans vaccinés ; même défense est faite aux propriétaires d'esclaves inoculés.

IX. Les dispositions du présent règlement seront communes aux deux colonies.

X. Dans les vingt-quatre heures de la publication du présent, les officiers de santé, au Port N.-O., déclareront à la commission de santé, le nombre de sujets qu'ils auront vaccinés.

Ile de France, le 6 Juin 1806.

Le Préfet colonial, LÉGER.

ARRÊTÉ.

119. DECAEN, Capitaine-général, etc. etc.,

Sur les observations et la proposition du Commissaire de justice, Arrête :

Art. Ier. L'arrêté du gouvernement, du 20 Prairial an XI, sur le mode de délivrance des dispenses relatives au mariage, aura son exécution aux îles de France et de la Réunion, ainsi qu'il suit :

Les dispenses pour se marier avant l'âge fixé par l'article 144 du Code civil, ou dans les degrés prohibés par l'article 163, seront délivrées par le Capitaine-général, après délibération avec le Commissaire de justice.

II. Le procureur impérial près le tribunal de première instance de la colonie, dans laquelle les impétrans se proposent de célébrer le mariage, lorsqu'il s'agira de dispenses dans les degrés prohibés, ou dans laquelle l'impétrant a son domicile, lorsqu'il s'agira de dispenses d'âge, mettra son avis au pied de la pétition tendant à obtenir la dispense, et elle sera ensuite adressée au Commissaire de justice.

III. Les dispenses de la seconde publication de bancs, dont est mention dans l'article 169 du code, seront accordées, s'il y a lieu, au nom du gouvernement par le procureur impérial près le tribunal de première instance de la colonie dans laquelle les impétrans se proposent de célébrer leur mariage, et il sera par lui rendu compte au Commissaire de justice des causes graves qui auront donné lieu à chacune de ces dispenses.

IV. La dispense d'une seconde publication de bancs sera remise au commissariat civil du quartier où le mariage sera célébré, pour être annexée à l'acte de célébration.

V. L'arrêté du gouvernement, portant la dispense d'âge, ou celle dans les degrés prohibés, sera, à la diligence du procureur impérial, et en vertu d'ordonnance du juge, enregistré au greffe du tribunal de première instance de la colonie où le mariage sera célébré ; une expédition de cet arrêté, dans laquelle il sera fait mention de l'enregistrement, demeurera annexée à l'acte de célébration de mariage.

VI. Le présent sera lu, enregistré, imprimé et affiché ; il en sera adressé expédition au Commissaire de justice.
Ile de France, le 6 Mai 1806.

Le Capitaine-général, DECAEN.

ARRÊTÉ.

120 DECAEN, Capitaine-général, etc. etc.,

Sur la proposition du Commissaire de justice,

Arrête :

Art. Ier. La loi du 28 Germinal an XI, relative aux délais des assignations pour les colonies et dont suit la teneur, est promulguée aux îles de France, de la Réunion et dépendances.

Loi relative aux délais des assignations pour les colonies,

Du 28 Germinal.

AU NOM DU PEUPLE FRANÇAIS.

BONAPARTE, Premier Consul, proclame loi de la République le décret suivant, rendu par le Corps Législatif le 28 Germinal an XI, conformément à la proposition faite par le gouvernement le 18 Germinal, communiquée au tribunal le lendemain.

DECRET.

Art. Ier. Les délais des assignations données aux

Quatrième partie, A.

parties domiciliées dans les colonies, pour comparaître devant les tribunaux de France, seront de six mois à compter du jour de la signification à personne ou à domicile, pour les colonies occidentales, et les côtes d'Afrique jusqu'au Cap de Bonne-Espérance, et d'un an pour les colonies à l'Est du même Cap.

Art. 2. Lorsqu'une assignation à une partie domiciliée dans les colonies sera donnée à sa personne en France, elle n'emportera que les délais ordinaires, sauf au tribunal à les prolonger s'il y a lieu.

Art. 3. Il n'est rien innové aux lois relatives au domicile élu, et à ce qui concerne les personnes domiciliées en France, et qui se trouvent dans les colonies.

Collationné à l'original, par nous, président et secrétaires du Corps Législatif.

A Paris, le 28 Germinal an XI.

Signé FAULCON, président ; F. A. TRUMEAU, GRAPE, LIGNIVILLE, HEMART, secrétaires.

Soit la présente loi revêtue du sceau de l'Etat, insérée au bulletin des lois, inscrite dans les registres des autorités judiciaires et administratives et le grand-juge, ministre de la justice, chargé d'en surveiller la publication.

A St.-Cloud, le 8 Floréal an XI.

Signé BONAPARTE, Premier Consul.

II. Le présent sera lu, enregistré, imprimé et affiché ; expédition en sera adressée au Commissaire de justice.

Ile de France, le 6 Juin 1806.

Le Capitaine-général, DECAEN.

ARRÊTÉ.

121. DECAEN, Capitaine-général, etc. etc.,

Considérant que plusieurs compagnies du Ier bataillon de la légion des gardes nationales de l'île de France ont un effectif au-delà de celui fixé par l'arrêté d'organisation ;

Que cet excédent exige une augmentation de compagnies, Arrête :

Art. Ier. Le premier bataillon de la légion du Port Nord-Ouest, sera augmenté de deux compagnies, lesquelles prendront la dénomination de Chasseurs. Elles seront organisées et formées comme les compagnies de grenadiers et prendront rang à la gauche de ce bataillon.

II. Les officiers de ces compagnies seront nommés par le Capitaine-général, sur la proposition de son Lieutenant. Il en sera de même, à l'avenir, pour les remplacemens aux emplois vacans dans la légion.

Les sous-officiers de chaque compagnie seront nommés par les capitaines-commandans.

Cette organisation devra être terminée pour le 15 juillet prochain.

III. Ces compagnies conserveront l'uniforme de la

légion, avec la distinction suivante : épaulettes et dra-
gonnes vertes, schakos polonais et plumet vert ; chaque
sous-officier et chasseur sera armé d'un fusil et d'un sabre.

IV. Le présent sera imprimé et mis à l'ordre ; expédition en sera adressée au Lieutenant du Capitaine
général.

Ile de France, le 18 Juin 1806.

Le Capitaine-général, DECAEN.

ARRÊTÉ.

122. DECAEN, Capitaine-général, etc. etc.,

Le Commissaire de justice ayant exposé qu'il importe de compléter le nouveau régime hypothécaire
surtout en ce qui concerne les inscriptions sur les
comptables publics qui fournissent des cautionnemens en
immeubles, et qu'il convient pour cet effet de suivre la
loi du 6 Messidor an VII.

Vu ladite loi et après en avoir délibéré avec le
Préfet colonial et le Commissaire de justice,

Arrête :

Art. Ier. L'inscription indéfinie qui a pour objet la
conservation d'un simple droit d'hypothèque éventuel,
sans créance existante, n'est pas sujette au droit proportionnel établi par l'arrêté du Ier Brumaire an XIV.

II. Si le droit éventuel qui a donné lieu à l'inscription indéfinie se convertit en créance réelle, le
droit proportionnel est dû sur le capital de la créance.

III. L'enregistrement d'aucune transaction ou quittance de payement de ladite créance ne peut être requis, que le droit proportionnel d'inscription n'ait été
préalablement acquitté.

IV. Les comptables publics qui fournissent des cautionnemens en immeubles sont sujets à l'inscription
hypothécaire.

V. L'inscription n'a lieu que jusqu'à concurrence
de la valeur du cautionnement fourni, et sur les immeubles qui en sont l'objet. Elle est indéfinie.

VI. Les procureurs impériaux requièrent d'office les
inscriptions indéfinies sur les comptables publics ci-
dessus désignés, sauf l'exception résultant de l'article
LI de l'arrêté précité.

VII. Il est délivré sur récépissé, aux procureurs
impériaux, le papier timbré nécessaire pour la confection des bordereaux des inscriptions hypothécaires qu'ils
sont chargés de requérir.

VIII. Les dispositions ci-dessus sont applicables aux
inscriptions faites en vertu du code et de l'arrêté du
Ier Brumaire an XIV, et dont les droits et salaires
n'auraient pas encore été acquittés, quelles que soient
la nature et la date desdites inscriptions.

IX. Le présent sera lu, enregistré, imprimé et affiché ; expédition en sera adressée au Préfet colonial et
au Commissaire de justice.

Ile de France, le 6 Juin 1806.

Le Capitaine-général, DECAEN.

ARRÊTÉ.

123. DECAEN, Capitaine-général, etc. etc.,

Le Commissaire de justice ayant représenté que la
loi du 22 Ventose an XII, relative aux écoles de droit,
comporte plusieurs dispositions applicables aux îles de
France et de la Réunion ;

Vu ladite loi,

Apres en avoir délibéré, Arrête :

Article Ier.

Les articles 14, 15, 16, 17, 18, 19, 20, 21, 23, 24,
26, 27, 28, 29, 30, 31 et 32 de la loi du 22 Ventose
an XII, et dont suit la teneur, sont promulgués aux
îles de France et de la Réunion, sauf les modifications
qui seront portées par le présent.

EXTRAIT DU BULLETIN DES LOIS, n°. 355.

LOI relative aux Ecoles de Droit.

Art. 14. Les docteurs et licencés en droit, reçus
dans les anciennes universités de France ou des pays
réunis, seront considérés comme docteurs et licenciés
en droit, à la charge seulement de faire viser leurs
lettres ou un acte de notoriété délivré par les anciens
juges, avocats ou professeurs, lequel acte tiendra lieu
desdites lettres si elles sont perdues.

Art. 15. Il en sera de même des docteurs et licenciés reçus dans les universités étrangères et qui exerceront lors de la publication de la loi, depuis plus de
six mois, la profession d'homme de loi, plaidant ou
consultant près l'un des tribunaux de la République,
ou auront été inscrits sur le tableau des avocats près
une cour souveraine de France, un présidial, un bail-
lage ou une sénéchaussée.

Art. 16. On comptera à ceux qui auront étudié dans
les mêmes universités, avant la publication de la loi et
en rapporteront la preuve, leur tems d'étude dont ils
justifieront : et s'ils ont obtenu le grade de bachelier,
ils pourront, après un an d'étude dans une des écoles
de droit, et avoir subi les examens et actes publics
exigés, obtenir les diplômes de licencié ou docteur, s'ils
sont trouvés capables.

Art. 17. Seront considérés comme licenciés, sans
remplir aucune formalité, 1°. les juges des tribunaux
de cassation, d'appel, criminels et de première instance,
en fonctions au moment de la publication de la présente loi, et leurs suppléans ;

2°. Les commissaires du gouvernement près ces tribunaux et leurs substituts ;

3°. Ceux qui seront nommés à ces fonctions jusqu'au Ier Vendémiaire an XVI ;

4°. Les professeurs de législation aux écoles centrales en activité au moment de leur suppression.

Art. 18. Pourront obtenir d'ici au Ier Vendémiaire an
XIV, un diplôme de licencié, ceux qui, au moment
de la publication de la présente loi, exerceront actuellement les fonctions d'homme de loi ou de défenseur

officieux près les tribunaux de cassation, d'appel, criminels ou de première instance et les auront exercées habituellement, sans interruption et sans s'être livrés à aucune autre profession depuis trois ans, ou qui après les avoir exercées pendant trois ans, ne les auront quittées que pour exercer celles d'avoué; à la charge de rapporter un certficat du président et du commissaire du gouvernement du tribunal près lequel ils exercent, attestant qu'ils sont dans les cas déterminés ci-dessus.

Art. 19. On ne comptera point dans le tems d'exercice exigé par les articles précédens, celui après lequel il y aura eu interruption, à moins qu'il n'ait été rempli par l'exercice des fonctions de membre de la législature, juge des tribunaux ou juge de paix par une mission civile du gouvernement, ou par les fonctions de notaire et d'avoué.

Art. 20. Ceux qui seront dans le cas de l'article 18, mais qui auront moins de trois ans d'exercice de leurs fonctions, pourront d'ici au Ier Vendémiaire an XV, obtenir un diplôme de licencié, aux mêmes conditions, et en outre, de subir un examen particulier et de rapporter une attestation de capacité, délivrée par les examinateurs.

Art. 21. Les élèves des écoles centrales et des établissemens connus à Paris sous le nom d'académie de législation et d'université de jurisprudence, qui y auront suivi pendant trois ans les cours de législation, pourront, d'ici au Ier Vendémiaire an XV, obtenir le titre de licencié, en soutenant l'acte public général sur tous les objets d'étude fixés pour les trois premières années : pour ceux qui auront moins de trois ans d'étude, le tems dont ils justifieront leur sera compté comme tems d'étude dans une école de droit.

Ceux qui auront suivi des écoles particulières, pourront, jusqu'à la même époque, obtenir du gouvernement une dispense d'une partie ou de la totalité du tems d'étude prescrit par la loi selon la durée de celui pendant lequel ils auront suivi lesdites écoles particulières, à la charge de subir les examens et de soutenir l'acte public.

Art. 23. A dater du Ier Vendémiaire an XVII, nul ne pourra être appelé à l'exercice des fonctions de juge, commissaire du gouvernement ou leurs substituts, dans les tribunaux de cassation, d'appel, criminels ou de première instance, s'il ne présente un diplôme de licencié ou des lettres de licence obtenues dans les universités comme il est dit aux articles 14 et 15.

Art. 24. A compter de la même époque, nul ne pourra exercer les fonctions d'avocat près les tribunaux, et d'avoué près le tribunal de cassation, sans avoir représenté au commissaire du gouvernement, et fait enregistrer, sur ses conclusions, son diplôme de licencié, ou des lettres de licence obtenues dans les universités comme il est dit en l'article précédent.

Art. 26. Nul ne pourra, après le Ier Vendémiaire an XVII, être reçu avoué près les tribunaux, s'il n'a suivi le cours de législation criminelle et de procédure civile et criminelle, subi un examen devant les pro-

fesseurs, et s'il n'en rapporte attestation visée d'un inspecteur général. Jusqu'à cette époque, il suffira de justifier de cinq ans de cléricature chez un avoué ou homme-de-loi.

Art. 27. Les avoués, après dix ans d'exercice, pourront être nommés aux fonctions de juge, commissaire du gouvernement ou leurs substituts.

Art. 28. Le gouvernement pourra, pendant dix ans, à compter de la publication de la loi, dispenser de la représentation des diplômes les individus qui auront exercé des fonctions législatives, administratives ou judiciaires.

Art. 29. Il sera formé un tableau des avocats exerçant près les tribunaux.

Art. 30. A compter du Ier Vendémiaire an XVII, les avocats, selon l'ordre du tableau, et après eux, les avoués selon la date de leur réception, seront appelés en l'absence des suppléans, à suppléer les juges, les commissaires du gouvernement et leurs substituts.

Art. 31. Les avocats et avoués seront tenus, à la publication de la présente loi, et à l'avenir, avant d'entrer en fonctions, de prêter serment de ne rien dire ou publier comme défenseurs ou conseils, de contraire aux lois, aux réglemens, aux bonnes mœurs, à la sûreté de l'état et à la paix publique, et de ne jamais s'écarter du respect dû aux autorités publiques.

Art. 32. Les avoués qui seront licenciés, pourront, devant le tribunal auquel ils sont attachés et des affaires où ils occuperont, plaider et écrire dans toute espèce d'affaires, concurremment et contradictoirement avec les avocats.

En cas d'absence ou refus des avocats de plaider, le tribunal pourra autoriser l'avoué même non licencié à plaider la cause.

Certifié conforme au Bulletin des Lois.

Le Capitaine-général, DECAEN.

II. Pour l'exécution des articles 18 et 19 ci-dessus promulgués, les avoués qui au moment de la publication du présent, exerceront actuellement et auront trois années d'exercice près les tribunaux des îles de France et de la Réunion, seront considérés comme licenciés, et l'acte de prestation de leur serment en cette qualité, après leur inscription au tableau, réglé comme ci-après, leur vaudra diplôme.

En conséquence de l'article 20 de la même loi, ceux qui actuellement auraient moins de trois années d'exercice de leurs fonctions, pourront d'ici au Ier Juin 1807, être inscrits sur le tableau comme licenciés, sauf l'avis du procureur-général, et le consentement du président de la cour.

III. La formation du premier tableau se fera par le procureur-général : il sera visé et arrêté par le président de la cour d'appel.

L'ordre d'inscription aura lieu suivant la date de l'enregistrement des titres des inscrits ou de leur réception, soit aux ci-devant conseils supérieurs, soit aux ci-devant tribunaux d'appel.

Les inscrits au tableau seront dès ce moment appelés dans le rang de leur inscription à suppléer les juges, les procureur - généraux et impériaux et leurs substituts.

IV. Les avocats qui n'auraient pas fait partie des avoués institués par l'arrêté du 14 Nivose an XII, ne pourront avoir constitution d'avoué en leur propre domicile, qu'en vertu d'une commission d'avoué délivrée dans la forme et aux conditions prescrites par ledit arrêté.

V. A l'avenir, les individus qui se destineront à la profession d'avoué, seront tenus d'en faire la déclaration à la chambre, et d'y produire l'attestation de l'avocat ou de l'avoué en l'étude duquel ils auront été admis.

Le tems de cléricature ne leur sera compté que du jour de l'inscription de cette déclaration sur les registres de la chambre.

Lorsqu'ils changeront d'étude, ils devront également le déclarer.

VI. Ceux qui, pour commencer le stage requis, voudront suivre les audiences, en informeront le procureur-général ou son substitut, qui visera les certificats de stage, lesquels seront délivrés par les greffiers.

VII. Outre les citoyens admis par l'article 12 dudit arrêté du 14 Nivose an XII, à concourir aux places d'avoués, pourront encore être présentés et nommés sauf les conditions prescrites par les paragraphes 1, 2, 3, 4, 5, et 6 de l'article 12;

1°. Ceux qui justifieront avoir travaillé dans les greffes des tribunaux de l'une ou de l'autre colonie pendant cinq années consécutives, dont deux au moins de service non interrompu, en qualité de commis juré audiencier ;

2°. Ceux qui produiront des pièces desquelles il résulterait qu'avant la suppression des universités, ils avaient suivi pendant une année les cours de droit, ou que depuis cette-époque, ils ont étudié pendant le même temps la législation dans des écoles centrales, ou qu'ils ont exercé pendant le même temps les fonctions de défenseurs officieux près un des tribunaux de France, ou qu'enfin ils ont en trois années de cléricature chez un homme de loi en France ;

3°. Ceux qui lors de la publication du présent auraient actuellement plus de quatre années de cléricature.

VIII. Les avoués qui à l'avenir seront nommés en conséquence du présent ne pourront plaider et écrire en appel concurremment avec les licenciés qu'après deux années d'exercice, à l'expiration desquelles ils pourront être admis à cette faculté, en par eux produisant pour cet effet à la cour un certificat de capacité donné par le tribunal de première instance.

IX. Le serment prescrit par l'article 31 de ladite loi du 22 Ventose an XII sera prêté par-devant la cour d'appel.

L'extrait de la prestation du serment sera enregistré au tribunal de première instance et au tribunal spécial.

X. Le présent sera lu, enregistré, imprimé et affiché;

il en sera adressé expédition au Commissaire de justice.
Ile de France, le 3 Juillet 1806.

Le Capitaine-général, DECAEN.

124. DECAEN, Capitaine-Général, etc. etc.

Sur les observations et la proposition du Commissaire de justice,

Après en avoir délibéré avec le Préfet colonial et le Commissaire de justice, Arrête :

Dispositions modificatives de quelques articles des arrêtés sur les affranchissemens.

Art. Ier. A l'avenir les sommes pour prix d'affranchissement, fixées par l'article 6 de l'arrêté du 19 Brumaire an XIII, seront versées à la caisse de bienfaisance, pour être employées au profit des indigens, ainsi qu'il sera déterminé par un réglement d'administration publique.

II. Il est dérogé à l'article IV de l'arrêté du Ier Messidor an XIII, en ce qu'il fixe à cinq cents francs l'affranchissement des enfans âgés de moins de sept ans, qui doivent suivre le sort de leur mère.

La disposition de l'article VI de l'arrêté du 19 Brumaire an XIII, leur sera commune, quel que soit leur âge.

III. Le prix des affranchissemens sera fourni en argent, et non en noirs ou en immeubles, ainsi qu'il avait été déterminé par l'article V de l'arrêté du Ier Messidor, et il ne sera point sujet à la rétribution proportionnelle de trois pour cent, ni à aucun autre droit.

IV. L'acte d'affranchissement ne pourra être reçu par les notaires en exécution de l'article XIII de l'arrêté du 19 Brumaire, qu'il ne leur ait été préalablement justifié du versement en la caisse de bienfaisance des sommes exigées pour chaque affranchi, en raison de son âge et de son sexe, et la quittance devra en être produite avec l'expédition de l'acte d'affranchissement pour sa confirmation.

V. Les maîtres pourront faire, en outre, une donation à ceux de leurs esclaves qu'ils affranchiront; mais elle ne pourra dans aucun cas excéder en faveur de chaque affranchi le double de la somme versée en la caisse de bienfaisance, et elle sera sujette au droit d'enregistrement.

VI. Le mariage d'un noir libre avec son esclave et la légitimation des enfans nés de leur commerce, ne pourront plus avoir lieu qu'après que l'esclave et les enfans auront été affranchis dans les formes et aux conditions prescrites par lesdits arrêtés et par le présent.

VII. Les arrêtés des 19 Brumaire, Ier Messidor, et 8 Thermidor an XIII, continueront d'avoir leur effet en tout ce qui n'y est pas dérogé par le présent, qui sera lu, enregistré, imprimé et affiché, et dont expédition sera adressée au Préfet colonial et au Commissaire de justice.

Ile de France le 27 Août 1806.

Le Capitaine-général, DECAEN.

ARRÊTÉ.

125. DECAEN, Capitaine-général, etc. etc.

Sur les observations et la proposition du Préfet colonial,

Après en avoir délibéré avec le Préfet colonial et le Commissaire de justice, Arrête :

Création d'une administration de bienfaisance.

CHAPITRE PREMIER.

De l'administration de bienfaisance ; de son bureau.

Art. Ier. Il est créé en chacune des îles de France et de la Réunion, un établissement sous le titre *d'administration de bienfaisance.*

II. L'administration de bienfaisance sera chargée de régler la juste distribution des secours à domicile et d'ordonner de tout ce qui pourra en assurer les moyens.

III. Elle sera composée de sept administrateurs, dont l'agent-général de police et le préfet apostolique, ou celui qui le représente à l'île de la Réunion, feront nécessairement partie ; il y aura en outre quatre suppléans, pour remplacer les membres qui ne pourraient se trouver aux délibérations.

Les administrateurs et les suppléans seront nommés par le Capitaine-général, sur la présentation du Préfet colonial et du Commissaire de justice.

IV. Chaque année, dans les premiers jours de Janvier, l'administration de bienfaisance nommera son président et son secrétaire, et formera son bureau de trois de ses membres, dont l'un sera directeur, l'autre rapporteur et le troisième trésorier.

Le président, le secrétaire de l'administration et les trois membres du bureau seront nommés au scrutin secret et à la majorité absolue des suffrages ; les mêmes personnes pourront être toujours réélues.

V. Les fonctions du bureau seront d'exécuter les dispositions déterminées par l'administration de bienfaisance, et d'ordonner en conséquence la répartition des secours, d'après ses statuts et suivant les règles ci-après établies.

VI. Le directeur du bureau sera chargé de le convoquer et de le présider ; de donner les mandats sur la caisse, d'après les listes arrêtées ; de signer les ordres de recette pour les sommes à verser à la caisse et de pourvoir à la répartition des secours, ainsi qu'elle aura été ordonnée par le bureau.

Le rapporteur visera les mandats de dépense, tiendra note des ordres de recettes donnés par le directeur, poursuivra d'office le payement et la rentrée des sommes dues à la caisse, à quelque titre que ce soit,

ainsi que l'effet de toute libéralité en faveur des indigens ; fera tous les actes conservatoires que les cas requerront ; prendra et fera connaître au bureau tous les renseignemens désirables sur les demandes de secours et sur les indigens inscrits ou à inscrire, fera les recherches et les propositions qui lui paraîtront convenables à cet égard et dénoncera au bureau les abus dont il aura connaissance.

Le trésorier tiendra registre de toutes les recettes et dépenses qu'il fera ; rendra compte chaque mois, au bureau, produira à l'appui toutes les pièces nécessaires et délivrera les reçus et quittances qui lui seront demandés, des sommes versées à la caisse. Il sera en outre le secrétaire du bureau et veillera à la conservation des registres, titres et papiers de l'administration de bienfaisance.

VII. Tous les trois mois, l'administration de bienfaisance se rassemblera, sur la convocation de son président, pour entendre et recevoir les comptes à rendre du trimestre par le bureau, et pour arrêter par des statuts les dispositions nouvelles qu'il croira devoir proposer.

CHAPITRE II.

Des fonds de l'administration de bienfaisance.

VIII. Les fonds de l'administration de bienfaisance se composeront :

1°. Des amendes et de toutes autres rétributions ordonnées par les lois, au profit de la caisse de bienfaisance ; 2°. des aumônes ; 3°. des donations et legs dont l'acceptation aura été légalement autorisée ; 4°. du prix des affranchissemens d'esclaves ; 5°. du produit des spectacles donnés au profit des indigens.

IX. Les fonds provenant des donations et legs, ainsi que du prix des affranchissemens seront, d'après une délibération de l'administration de bienfaisance, placés à l'intérêt de neuf pour cent, sur des immeubles sur lesquels il devra en conséquence être pris aussitôt par le rapporteur, des inscriptions au bureau des hypothèques.

X. Les intérêts des capitaux placés, ainsi que les deniers publics provenant des amendes, des aumônes, des spectacles et de toutes rétributions qui pourront être par la suite affectées à la caisse de bienfaisance, seront employés pour les secours ordinaires.

Néanmoins, lorsque de ces moyens réunis il résultera un excédent de trois mille francs en sus de la somme nécessaire pour six mois de service, cet excédent sera également placé, conformément à l'article ci-dessus.

XI. Lorsque les fonds de l'administration de bienfaisance se seront élevés à une somme suffisante pour des fondations de bienfaisance, ils seront consacrés à l'établissement d'un hospice, sans que néanmoins la prestation des secours à domicile puisse jamais être pour ce, discontinuée ou suspendue.

XII. La caisse de bienfaisance sera déposée chez le trésorier.

Les registres seront sur papier libre ; ils devront être cottés et paraphés par le président de l'administration. Les quittances, bordereaux et autres pièces de comptabilité seront également sur papier libre.

XIII. Les poursuites pour le recouvrement des sommes dues à la caisse, et toutes les procédures et instructions auxquelles elles donneront lieu, se feront sans frais, et toutes les pièces du procès seront timbrées et enregistrées gratis.

CHAPITRE III.

De la prestation des Secours.

XIV. Les secours de bienfaisance ne seront donnés qu'aux personnes qui auront été inscrites sur la liste qui sera renouvellée et arrêtée tous les mois.

XV. Aucun individu ne pourra être inscrit sur la liste de bienfaisance, ni y être conservé à son renouvellement, qu'en vertu d'une résolution du bureau rendue à la pluralité des voix.

Les résolutions en ce cas seront soumises à l'approbation de l'administration de bienfaisance, à sa première réunion, sans préjudice néanmoins de leur effet provisoire jusqu'à leur confirmation.

XVI. Les secours à domicile seront fournis en nature, autant qu'il sera possible.

XVII. A l'avenir, aucune souscription en demande de secours ne pourra être tolérée au profit de qui que ce soit ; celles qui seraient présentées en ville seront de suite arrêtées et dénoncées à l'agent-général de police qui prendra aussitôt toutes les informattions nécessaires sur l'état des personnes au profit de qui elles auraient été mises en circulation.

XVIII. L'administration de bienfaisance, dans les quinze jours de la nomination de ses membres, s'assemblera pour former le bureau et pour arrêter à l'effet du présent, tous les statuts qu'elle jugera nécessaire.

XIX. Le présent sera lu, enregistré, imprimé et affiché ; il en sera adressé expédition au Préfet colonial et au Commissaire de justice.

Ile de France, le 28 Août 1806.

Le Capitaine-général, DECAEN.

ARRÊTÉ.

126. DECAEN, Capitaine-général, etc, etc.,

Le Commissaire de justice ayant exposé qu'il se présente des affaires où les cours d'appel et les tribunaux des îles de France et de la Réunion, se trouvent décompletés, par l'empêchement légitime des juges, sans que pour la même cause les avocats et les avoués puissent les suppléer ; que quoique ces circonstances soient rares, il est néanmoins indispensable d'y pourvoir, pour que maintenant et en aucun tems, le cours de sa justice ne puisse être interrompu ;

Après en avoir délibéré avec le Commissaire de justice, et sur sa proposition, Arrête :

Art. Ier. Lorsque pour des causes reconnues valables, les avocats et les avoués ne pourront suppléer les juges, les procureurs généraux, les procureurs impériaux ou leurs substituts légitimement empêchés, les citoyens membres du tribunal spécial seront appelés suivant l'ordre de leur nomination.

II. Le procureur général et son substitut ne pourront être suppléés par les avocats, les avoués et les membres du tribunal spécial que dans le cas où leur remplacement par les derniers nommés des juges rendrait la cour incomplète.

Art. III. Le présent sera lu, enregistré, imprimé et affiché ; expédition en sera adressée au Commissaire de justice.

Ile de France, le 8 Septembre 1806.

Le Capitaine-général, DECAEN.

ARRÊTÉ.

127. DECAEN, Capitaine-général, etc. etc.,

Vu l'extrait des testament et codicile de feue dame Merville St.-Remy, épouse du sieur Louis Latourhody, reçus par les notaires Boudeville et Guérin, le 28 Vendémiaire an VI, et le 19 Ventose an IX, homologués le 8 Septembre présent mois, par lesquels la testatrice lègue aux pauvres, une somme de douze mille livres (la piastre à dix livres.)

Après délibération avec le Préfet colonial et le Commissaire de justice, Arrête :

Art. Ier. Le legs fait aux pauvres par feue dame Latourhody, sera accepté par l'administration de bienfaisance, pour être employé au profit des pauvres, conformément à l'arrêté du 28 Août dernier.

II. Le présent sera lu, enregistré, rendu public par la voie des feuilles hebdomadaires et inséré au recueil des lois coloniales ; il en sera adressé expédition au Préfet colonial et au Commissaire de justice.

Ile de France, le 18 Septembre 1806.

Le Capitaine-général, DECAEN.

ARRÊTÉ.

128. DECAEN, Capitaine-général, etc. etc.,

Sur la proposition du Commissaire de justice, tendant à ce que les vacances des cours d'appel et des tribunaux des îles de France et de la Réunion soient déterminées par les dispositions les plus propres à concilier le vœu des lois et des localités ;

Vu l'ordonnance du 1er Octobre 1766, et les lois du gouvernement des 21 Fructidor an IV, et 5 Fructidor an VIII ;

Après en avoir délibéré avec le Commissaire de justice, Arrête :

Art. Ier. Les cours d'appel et les tribunaux de première instance des îles de France et de la Réunion,

ahront chaque année deux vacances; l'une depuis le
Ier Avril jusqu'au Ier Mai, et l'autre depuis le Ier
Octobre jusqu'au Ier Novembre.

II. Pour les affaires criminelles qui se présenteraient
dans cet intervalle, et toutes autres qui requerraient
célérité, les cours se réuniront au complet dans le plus
bref délai, sur la convocation extraordinaire qui en sera
faite, s'il y a lieu, par le président ou celui qui le
remplace ; à cet effet, les parties intéressées remettront
leur requête au greffe, dont le service ne sera pas interrompu.

III. Il n'y aura point de vacance en première instance pour les affaires de commerce et d'amirauté,
pour les affaires criminelles et celles de police correctionnelle.

IV. Les deux sessions de la cour de l'île de la Réunion, fixées par le réglement du 9 Germinal an XIII,
commenceront le premier et le troisième jeudi de
chaque mois, sauf l'affiche en tems utile du rôle pour
chaque session.

V. Le présent sera lu, enrégistré, imprimé et affiché ; il en sera adressé expédition au Commissaire de
justice.

Ile de France, le 4 Septembre 1806.

Le Capitaine-général, DECAEN.

ARRÊTÉ.

129. Decaen, Capitaine-général, etc. etc.,
et Léger, Préfet colonial.

Sur le compte rendu par le bureau de l'administration du Lycée, de la situation actuelle de cet établissement, considéré sous tous ses rapports et sur
l'exposé de ses besoins, tant pour le progrès de l'enseignement que pour l'agrandissement du local et la
construction d'un édifice principal et de ses dépendances, devenus nécessaires à raison du dépérissement
et de l'insuffisance de ses bâtimens ;

Considérant, qu'un établissement principal pour
l'instruction publique est le plus grand bienfait que
puissent recevoir ces colonies lointaines, où il est difficile et souvent impossible aux pères de famille d'envoyer leurs enfans en France, pour leur éducation ;

Que l'attachement constant des habitans de ces îles
à la mère patrie, les rend dignes de ce même bienfait
dont la bonté paternelle de notre auguste souverain
fait jouir les départemens de l'Empire Français ;

Que nous sommes fondés à concevoir les plus hautes
espérances des secours que l'on ajouterait à ceux
déjà donnés au Lycée colonial, où une nombreuse jeu-
nesse se prepare avec succès à rendre des services à
l'Etat ;

Que l'accroissement de la population de ces îles,
que les améliorations qu'exige le Lycée, devant y multiplier le nombre des élèves, il devient indispensable
d'augmenter le local et les bâtimens de cet établissement ;

Que pour subvenir libéralement aux dépenses nécessaires, nous trouverons heureusement une ressource
suffisante dans le produit de la vente de plusieurs terrains des grandes réserves, ordonnée par notre arrété
du 15 Avril dernier ;

Que c'est déjà par le même moyen et en disposant
pour l'utilité publique, de partie de ces réserves dont
on pouvait faire un objet de faveurs particulières, que
nous avons éteint le capital et les intérêts de la dette
contractée en l'an VII, pour l'acquisition du terrain
et des bâtimens actuels du Lycée ; Arrétons:

Art. Ier. Au moyen de la juste indemnité qui sera
préalablement réglée et payée aux propriétaires, tout
le terrain désigné sur le plan joint au présent et par
nous approuvé sera réuni à l'emplacement du Lycée,
et la rue projettée entre les rues de Marengo des Lié-
geois, pour servir d'avenue au Lycée, sera ouverte.

II. Il sera construit pour le Lycée un édifice principal qui sera exécuté conformément aux plans, élévations, coupes et devis estimatifs présentés par le
directeur des fortifications, par nous arrétés et joints
au présent.

III. Le marché de l'entreprise de cet édifice sera
passé avec un seul entrepreneur et suivant les formes
prescrites.

IV. Les travaux dudit bâtiment principal seront
commencés dans un mois au plus tard, à dater de ce
jour; il devra être terminé au quinze Mars mil huit
cent huit.

V. Les bâtimens actuels seront ou reconstruits ou
réparés suivant les plans et devis par nous arrétés
également joints au présent; les travaux en seront
exécutés d'après des marchés particuliers et aux époques qui seront par nous ordonnées.

VI. A commencer du premier Octobre prochain, le
nombre des élèves entretenus au Lycée par l'Etat sera
porté à vingt-quatre, qui seront tous pensionnaires;
les dispositions concernant leur admission seront réglées
par un arrété particulier.

VII. Pour subvenir aux dépenses de l'augmentation
du terrain de construction de l'édifice principal, de
ses dépendances et à l'entretien des élèves gratuits,
il sera affecté le produit de la vente des terrains des
réserves du Bois-Rouge et de la Poudre-d'Or, ordonnée
par notre arrété du 15 Avril dernier.

VIII. Le présent sera enrégistré et déposé à l'inspection de la marine, ainsi que l'un des doubles par
nous signés, des plans, élévations, coupes et devis estimatifs y joints ; expédition dudit arrété sera donnée
à la direction du génie, au bureau de la grande-voyerie
et au bureau d'administration du Lycée.

A l'île de France, le 12 Septembre 1806.

Le Capitaine-général, DECAEN.

Le Préfet colonial, LÉGER.

ARRÊTÉ.

130. Decaen, Capitaine-général, etc. etc.,

Vu l'extrait du testament de feu sieur Pierre François Joubert, prêtre, reçu par Bombard, notaire au quartier des Pamplemousses, le 25 Messidor an XI, homologué le 27 Brumaire an XIV, par lequel il est dit :

« Donne et lègue le testateur, le surplus de ses biens existans en cette île, notamment son petit établissement situé sur la plaine des Pamplemousses, et une créance de quatre cents piastres de principal sur le sieur Montant, dont le sieur Delvoye a les titres, savoir : la moitié pour être employée aux réparations de l'église de ce canton, et l'autre moitié pour faire dire des messes à son intention, et dont lesdits exécuteurs testamentaires seront chargés.

» Donne et lègue le testateur, pour ornement de l'église de ce canton, un crucifix d'argent de la hauteur de douze à quinze pouces, garni de brillans. »

Après en avoir délibéré avec le Préfet colonial et le Commissaire de justice, Arrête :

Art. Iᵉʳ. Les legs faits par feu sieur Pierre François Joubert, prêtre, à l'église du quartier des Pamplemousses, seront acceptés par le commissaire civil de ce quartier, qui en surveillera l'emploi conforme aux volonté du testateur, suivant les instructions du Préfet colonial.

II. Le présent sera lu, enregistré, rendu public par les feuilles hebdomadaires et inséré au recueil des lois coloniales ; il en sera adressé expédition au Préfet colonial et au Commissaire de justice.

Ile de France, le 18 Septembre 1806.

Le Capitaine-général, DECAEN.

RÈGLEMENT.

131. Léger, Préfet colonial des Iles de France, etc.

Sur les représentations des boulangers, qu'ils ne peuvent continuer à fournir le pain au prix établi jusqu'à ce jour parce qu'ils ont été obligés d'acheter à six piastres les blés traités à l'île de la Réunion et que la fixation à cinq piastres des blés de la prochaine récolte, les mettaient évidemment en perte ; ayant fait constater par des calculs exacts que ces représentations sont fondées, et considérant qu'il est juste que les boulangers trouvent dans le prix de vente du pain, le prix d'achat du blé et un juste bénéfice pour l'emploi de leurs fonds et de leur industrie ;

Le Préfet colonial arrête qu'à compter du premier Octobre prochain et jusqu'à pareil jour de l'an 1807, la vente du pain sera réglée comme suit :

Art. Iᵉʳ. Le pain blanc de première qualité, épuré de cinquante pour cent, du poids de douze onces, sera vendu quinze sous de la colonie.

Le pain de seconde qualité, épuré de vingt-cinq à trente, du poids de quatorze onces, sera vendu douze sous de la colonie.

II. Il ne sera pas fait de pain au-dessous des poids ci-dessus désignés, dans l'une ou l'autre qualité.

III. Chaque boulanger sera tenu de mettre sur les pains de sa fabrique une marque qui puisse le faire reconnaître.

IV. Il est également prescrit à chaque boulanger d'avoir un livre destiné à enregistrer, chaque jour, la quantité de pains qu'il aura débitée ; ce livre sera cotté et paraphé par l'agent-général de police.

V. Nul ne pourra tenir boulangerie s'il ne justifie avoir en magasin, ou par contrats d'achat, un approvisionnement de grains pour six mois, calculé sur la quantité de pain qu'il débitait au premier Avril de la présente année.

VI. Toutes dispositions réglementaires antérieures pour la fabrication et la vente du pain sont maintenues en ce qui n'est pas contraire au présent.

Au Port-Napoléon, île de France, le 25 Septembre 1806.

Le Préfet colonial, Léger.

Approuvé, le Capitaine-général, DECAEN.

ARRÊTÉ.

132. Decaen, Capitaine-général, etc. etc.,

Pour l'exécution de l'arrêté du 12 de ce mois, et sur la proposition du Préfet colonial ;

Après en avoir délibéré, Arrête :

Art. Iᵉʳ. Les demandes d'admission au Lycée colonial de l'île de France, en qualité d'élève entretenu du gouvernement, seront adressées au Capitaine-général et au Préfet colonial. Ces demandes devront être accompagnées du certificat de naissance du sujet proposé, ainsi que du certificat de mariage de ses père et mère, et contenir l'exposé des motifs suffisans pour faire prononcer sur l'admission.

II. Les sujets proposés devront, hors quelques cas d'exception, être dans leur huitième année, et ne pas avoir au-delà de douze ans, savoir lire et un peu écrire. Ceux qui seront admis seront entretenus jusqu'à quinze ans accomplis.

III. Les vingt-quatre élèves seront choisis parmi les enfans créoles des établissemens français à l'Est du Cap de Bonne-Espérance, dont les familles seront jugées avoir le plus de besoin de ce secours, en raison de leur situation de fortune, et en être en même tems les plus dignes.

IV. Les places d'élèves gratuits seront principalement accordées aux enfans dont le père sera mort en servant l'Etat dans les armées de terre et de mer et dans les administrations civiles et militaires ; à ceux des officiers de terre et de mer, et des administrations civiles et militaires ; aux enfans des officiers de la marine du commerce, et des habitans qui auront rendu des services à l'état soit dans l'agriculture, soit dans le commerce.

Les enfans des officiers militaires et civils en service dans lesdits établissemens pourront, quoique non créoles, jouir de la même faveur.

V. Les élèves seront admis par le Capitaine-général, sur la proposition du Préfet colonial.

VI. Les demandes qui seront faites de l'île Bonaparte, seront remises au Lieutenant du Capitaine-général et au sous-préfet, qui les transmettront, avec leur avis, aux Administrateurs-généraux.

VII. Il sera ultérieurement statué sur la destination des élèves lorsqu'ils auront atteint l'âge fixé pour leur sortie du Lycée.

VIII. Au moyen des dispositions du présent et de l'arrêté du 12 de ce mois, les places de demi-pensionnaires et d'élèves externes, actuellement entretenus, sont supprimées.

IX. L'exécution des précédens arrêtés et réglemens concernant le Lycée, est maintenue en tout ce qui n'est pas contraire au présent.

X. Le présent sera enregistré, imprimé et affiché; expédition en sera adressée au Préfet-colonial.

Ile de France, le 28 Septembre 1806.

Le Capitaine-général DECAEN.

A R R E T È.

133. Decaen, Capitaine-général, etc, etc.,

Sur l'exposé du Préfet colonial que pour arriver à l'exécution du projet arrêté de retirer, le plutôt possible de la circulation, le papier monnaie émis précédemment dans cette colonie, il convient de prendre une mesure préalable pour connaître la quantité de ce papier maintenant existante, en constater le caractère et en légitimer le cours en attendant son extinction définitive;

Après en avoir délibéré, Arrête :

Art. Ier. Le cours du papier monnaie maintenant en circulation dans cette colonie, est provisoirement suspendu.

II. Dans les trois jours de la publication du présent, tout porteur de papier monnaie, sera tenu de le présenter au bureau du trésor pour être échangé, à son choix, en bons de caisse ou en valeur métallique. A cet effet, le bureau du trésor sera ouvert chaque jour, depuis 7 heures du matin jusqu'a midi, et depuis 2 heures jusqu'à 6 heures du soir.

III. Les trois jours expirés, le papier monnaie ne sera plus admis à l'échange.

IV. Aussitôt la rentrée de ce papier, il sera procédé à sa vérification, et l'état détaillé en sera dressé afin d'en connaître la quantité réelle.

V. Avant que ce papier monnaie soit remis dans la circulation, les billets de chaque série recevront un nouveau numéro et seront revêtus du timbre sec, dont l'empreinte est en marge.

Quatrième partie, A.

VI. Le présent sera lu, enregistré, imprimé et affiché; il en sera adressé expédition au Préfet colonial et au Commissaire de justice.

Ile de France, le 4 Octobre 1806.

Le Capitaine-général, DECAEN.

A R R E T È.

134. Decaen, Capitaine-général, etc. etc.,

Sur l'exposé du Préfet colonial et du Commissaire de justice, que le colportage par le moyen des esclaves est essentiellement contraire à l'ordre colonial;

Après en avoir délibéré avec le Préfet colonial et le Commissaire de justice, Arrête :

Art. Ier. Le commerce du colportage par le moyen des esclaves, est défendu; il ne pourra être fait que par des personnes libres, suivant les règles ci-après déterminées, sauf le service des esclaves pour le transport des balles de marchandises à vendre en ambulance.

II. Ceux qui voudront faire le colportage, seront tenus de déclarer à la police et d'y faire connaître s'ils sont dans l'intention d'exercer ce commerce par eux-mêmes, ou par des préposés, ainsi que le nombre, le nom et la caste des noirs qu'ils destinent à porter leurs balles de marchandises; ils seront tenus en outre de se munir, chaque année, d'une patente qui leur sera délivrée aux conditions et dans les formes prescrites par le présent.

III. Il est établi sur les patentes pour le colportage, un droit de cent cinquante francs par an, lequel devra être payé en totalité.

IV. Les patentes seront délivrées et signées par l'agent-général de police.

V. Elles ne seront délivrées qu'après payement fait au bureau central, du montant du droit.

Elles seront sur papier timbré, aux frais des particuliers à qui elles seront délivrées.

VI. Il sera tenu par le secrétaire du bureau central de police, un registre sur lequel seront inscrits de suite et par ordre de numéros, toutes les patentes qui seront délivrées.

Ce registre sera en papier non timbré; il sera cotté et paraphé par l'inspecteur de la marine.

VII. Les patentes seront personnelles et ne pourront servir qu'à ceux pour qui elles seront délivrées; elles énonceront les noms, prénoms et demeure des personnes qui les auront obtenues, et en outre, les noms et prénoms de leurs préposés, si elles ne peuvent faire par elles-mêmes le colportage.

VIII. Tout individu muni d'une patente, pourra colporter dans toute l'étendue de la colonie; mais le colporteur en passant d'un quartier dans un autre et chaque fois qu'il y rentrera devra, avant de pouvoir y vendre aucune marchandise, faire viser sa patente par le commissaire civil du quartier, qui datera son visa.

IX. Les colporteurs ne pourront vendre ou se retirer dans les ateliers des habitations, sans y être expressément autorisés par l'habitant propriétaire ou fermier, ou celui qui le représente; ils seront tenus d'exhiber leur patente à toute réquisition des habitans; ceux qui s'y refuseraient ou ne pourraient en produire, pourront être arrêtés et conduits par-devant le commissaire civil.

X. Ceux qui se permettront de porter une patente délivrée pour d'autres personnes seront, par voie de police correctionnelle, condamnés à une amende de cent-cinquante francs.

XI. Les colporteurs ne pourront, sous aucun prétexte, permettre aux esclaves chargés de leurs balles, de s'éloigner d'eux pour vendre des marchandises; le noir arrêté hors de leur surveillance sera conduit au commissaire civil, qui prendra toutes les mesures nécessaires, pour qu'il soit remis dans le plus bref délai à l'agent-général de police; il sera détenu à la chaîne pendant deux mois, et le colporteur qui aura négligé de le surveiller ou lui aura donné commission de vendre, sera condamné correctionnellement à deux cents francs d'amende.

XII. Tout esclave qui hors le cas prévu par l'article précédent sera trouvé soit en ville, soit en campagne, vendant des marchandises, sera de suite arrêté et conduit au bureau central de police, qui ordonnera sa détention à la chaîne pour deux mois; les marchandises dont il était chargé seront confisquées.

XIII. Les amendes seront doubles en cas de récidive, et leur produit ainsi que celui des confiscations sera versé en la caisse de bienfaisance.

Les fonds provenant des patentes seront réunis à ceux spécialement destinés aux dépenses pour le maintien de la propreté et de la salubrité de la ville du Port-Napoléon.

XIV. Les condamnations prononcées en vertu du présent, seront sujettes à l'appel, lorsque leur montant excédera une somme de deux cents francs; elles seront néanmoins exécutoires par provision.

En cas d'appel, les parties seront tenues de se pourvoir dans les trois jours de la signification du jugement, par-devant la cour, qui prononcera sans délai sur leur simple mémoire.

XV. Le présent sera lu, enregistré, imprimé et affiché; il en sera adressé expédition au Préfet colonial et au Commissaire de justice.

Port-Napoléon, île de France, le 11 Nov. 1806.

Le Capitaine-général, DECAEN.

A R R E T É.

135. Decaen, Capitaine-général, etc. etc., et Léger, Préfet colonial.

Considérant que l'éducation des femmes doit avoir une puissante influence sur la société, que l'éloignement de la métropole ne permet pas aux mères de famille de ces colonies d'y envoyer leurs demoiselles, ou d'en faire venir des instituteurs et des institutrices, qui ne seraient jamais en assez grand nombre pour généraliser l'instruction par des éducations particulières;

Considérant que la famille du sieur Daubonne, qui s'est consacrée depuis quelques années à l'éducation des jeunes demoiselles, au Port-Napoléon, a déjà rendu de grands services et qu'elle peut avec les secours du gouvernement donner à son établissement une extension qui remplira les intentions bienfaisantes et la sollicitude de S. M. pour le bonheur des colonies;

Arrêtent :

Art. Ier. La maison d'éducation tenue par M. Daubonne, pour l'instruction des jeunes demoiselles, est déclarée Etablissement national d'éducation sous la protection du gouvernement.

II. Cet établissement sera sous la surveillance de la commission d'instruction publique.

Le présent sera enregistré à l'inspection de la marine.

Au Port-Napoléon, le 6 Décembre 1806.

Le Capitaine-général, DECAEN.

Le Préfet colonial, Léger.

A R R E T É.

136. Decaen, Capitaine-général, etc. etc.,

Sur l'exposé du Préfet colonial, que les différentes parties du service attribuées à chacune des grandes voyeries des îles de France et de Bonparte, ne peuvent être convenablement administrées qu'en les réunissant en une seule et même direction, dont l'organisation remplirait les vues d'administration générale, sur l'amélioration de ce service en faveur des deux colonies;

Après en avoir délibéré, Arrête :

Art. Ier. Les places de grand-voyer à l'île de France et à l'île Bonaparte, sont supprimées.

Les attributions confiées à chacun de ses fonctionnaires sont réunies, pour ces deux colonies, en une seule et même direction, sous dénomination de Direction des ponts et chaussées.

II. Cette direction sera exercée dans toutes les parties de ses attributions, sous l'autorité des Administrateurs-généraux des établissemens français à l'Est du Cap de Bonne-Espérance, et autant qu'il sera possible, suivant les formes établies dans ces colonies, pour la gestion et la comptabilité des directions de l'artillerie et du génie; il sera à cet effet, dressé et arrêté les instructions nécessaires.

III. La direction des ponts et chaussées des deux îles, comprendra en général tout ce qui concerne la confection, l'entretien et les réparations des grandes routes et communications principales des avenues, rues et places publiques des villes et bourgs des deux colonies ; leur libre circulation ; les alignemens et cons-'tructions sur la voie publique et sa conservation ; les ponts et les canaux publics autres que ceux dont est chargé la direction du génie ; la conservation des eaux et forêts, pêche et chasse ; les rapports à l'administration générale sur l'observation des réglemens concernant cette conservation ; la conservation des terrains vagues, de ceux réservés au domaine de l'Etat ; les rapports sur leur arpentage ; leur estimation sur la concession ou la vente de ceux présumés aliénables ; les projets de rédaction et le dépôt des titres et plans concernant ces aliénations, sans préjudice aux autres dépôts qui doivent être faits soit au greffe du tribunal terrier, soit au bureau de l'inspection de la marine, les rapports sur les concessions dont les titres ne sont pas régularisés et sur les jouissances sans titres.

Le détail de ces attributions et du mode de leur exercice sera spécifié dans les instructions mentionnées à l'article précédent.

IV. Le personnel de cette direction sera composé ainsi qu'il suit : à l'île de France, un directeur, trois inspecteurs, un arpenteur qui au besoin, pourra remplir les fonctions d'inspecteur ; dix gardes des ponts et chaussées, eaux et forêts, dont six seront en même tems préposés aux ateliers des chemins, et pour le bureau, un gérant commis principal, un commis aux écritures, un commis dessinateur, chargé de la garde des plans.

A l'île Bonaparte, un sous-directeur, deux inspecteurs, un arpenteur qui au besoin pourra remplir les fonctions d'inspecteur ; cinq gardes des ponts et chaussées, eaux et forêts, dont quatre seront en même tems proposés aux ateliers.

Il sera ultérieurement statué sur les appointemens et traitement à fixer pour chacune de ces différentes places et emplois, auxquels il sera nommé par le Capitaine-général, sur la présentation du Préfet colonial.

V. L'arpenteur et les gardes des ponts et chaussées, eaux et forêts, de chacune des deux îles, prêteront serment devant les tribunaux respectifs desdites îles.

VI. La direction des ponts et chaussées, occupera continuellement sur les grandes routes et principales communications des îles de France et de Bonaparte, ainsi qu'aux divers travaux publics dont elle est chargée, dix ateliers de noirs esclaves manœuvres et ouvriers, savoir :

Six ateliers à l'île de France et quatre à l'île Bonaparte ; chacun de ces ateliers sera porté successivement au complet de quatre-vingts noirs.

VII. Le directeur, le sous-directeur et les inspecteurs porteront l'uniforme suivant :

Habit de drap bleu national, doublé de même, croisé sur la poitrine, huit gros boutons sur chaque revers, poches en travers, trois gros boutons sur chaque poche ; un gros bouton à la naissance des plis, deux dans leur longueur, collet renversé de drap cramoisi, monté sur un collet droit, de huit centimètres de hauteur ; la manche de l'habit coupée en dessous, avec paremens et pattes de drap cramoisi, garnis de

trois petits boutons ; gilet croisé, chamois ou blanc, garni de douze petits boutons de chaque côté ; culotte ou pantalon chamois ou blanc, boutons argentés et autour ces mots en abrégé : Colonies orientales, Empire Français, et au milieu également en abrégé : Ponts et Chaussées, Eaux et Forêts.

Chapeau uni à la française, ganse en argent, arrêtée par un petit bouton ; la cocarde nationale et une arme.

Les gardes seront distingués par une baguette à fleurons brodée en argent.

Le directeur portera la double baguette, sur le collet, les paremens et les poches.

Le sous-directeur, baguette simple sur le collet, les paremens et les poches.

Les inspecteurs, baguette simple sur le collet et les paremens.

L'arpenteur, habit de drap bleu national, collet et paremens de velours noir, galon d'argent et deux boutonnières à chaque côté du collet, un galon et deux boutonnières aux paremens.

Les gardes des ponts et chaussées, eaux et forêts, seront vêtus comme ils le jugeront convenable ; mais il porteront toujours leur marque distinctive, qui sera un ceinturon chamois avec une bordure cramoisie, d'un centimètre de largeur ; le tout ayant huit centimètres de largeur ; au milieu du ceinturon une plaque argentée, autour de laquelle seront gravés ces mots : « Colonies orientales, Empire Français » et au milieu de la plaque : « Ponts et Chaussées, Eaux et Forêts, Pêche et Chasse » ; leur arme, un sabre court en couteau de chasse et un mousqueton. L'arme, le ceinturon et la plaque, seront fournis par l'Etat.

VIII. Le présent sera lu, enregistré, imprimé et affiché ; expédition en sera adressée au Préfet colonial et au Commissaire de justice.

Ile de France, le 8 Janvier 1807.

Le Capitaine-général, DECAEN.

ARRÊTÉ.

137. DECAEN, Capitaine-général, etc. etc.,

D'après compte rendu par le directeur des ponts et chaussées, de l'état des grandes routes et principales communications des îles de France et Bonaparte ; des travaux nécessaires à leurs réparations et confection ; de ceux qu'exigera leur entretien ; de l'insuffisance et des inconvéniens des moyens employés jusqu'à ce jour pour assurer le succès de ces travaux indispensables à la prospérité de ces deux colonies ;

Sur les propositions du Préfet colonial, relativement à cet objet et en exécution de l'article VI de l'arrêté du 8 de ce mois, concernant la direction des ponts et chaussées et après en avoir délibéré,

Arrête :

Art. Ier. La taxe du marronnage pour chaque tête d'esclave recensé, est fixée aux îles de France et de Bonaparte, pour la présente année, à une demi-piastre.

Jusqu'à ce qu'il en soit autrement ordonné, cette taxe sera annuellement perçue sur ce pied et selon le mode précédemment déterminé pour cette perception.

II. Au moyen de la disposition précédente, il sera pourvu par l'Etat à l'achat, nourriture, entretien et remplacement des esclaves manœuvres et ouvriers qui, aux termes de l'arrêté du 8 présent mois, composeront lesdits ateliers affectés aux travaux des ponts et chaussées, des deux îles, savoir : six ateliers à l'île de France et quatre à l'île Bonaparte.

Chacun de ces ateliers comprendra six noirs charpentiers, tailleurs de pierres et maçons, et soixante-quatorze manœuvres; l'acquisition en sera faite successivement dans l'espace de quatre années et au moins par quart, à dater du commencement de celle-ci. Dans la formation de ces ateliers on excluera les noirs mal constitués ou infirmes, les négresses, les enfans et tout noir nouveau de l'âge au-dessus de trente ans et au-dessous de quatorze.

III. En outre des appointemens et traitement des personnes employées dans la direction des ponts et chaussées, en vertu de l'arrêté du 8 de ce mois, l'Etat participera pour un quart, dans l'acquisition des noirs composant les dix ateliers des deux îles, leur nourriture, entretien et remplacement, la solde des ouvriers blancs et piqueurs entretenus à la suite desdits ateliers, dans la dépense annuelle qui aura été arrêtée pour les ponts et autres ouvrages d'art ordinaires. L'Etat fera fournir, réparer et remplacer à ses frais les outils, ustensiles et appareils nécessaires aux travaux des ponts et chaussées de chacune des deux îles.

IV. En conséquence de ces dispositions, l'établissement des esclaves dits de Commune, est supprimé dans chacune des deux colonies; ils seront vendus au plus offrant et dernier enchérisseur, par les conseils d'administration des quartiers dont ils proviennent, en suivant les formes qui seront prescrites par l'administration générale, qui se réserve néanmoins de pouvoir préalablement choisir et reprendre aux prix d'estimation et à la décharge d'autant de la taxe supplémentaire qui se trouve résulter de celle établie par l'article Ier, la quantité desdits noirs qu'elle jugera propres à entrer dans la composition desdits ateliers.

Les fonds provenant de la vente de ces noirs seront versés à la caisse du marronnage et de suite employés, par l'administration générale, à l'achat des noirs propres aux travaux des chemins.

V. D'après les états arrêtés par le Préfet colonial, 1° du nombre des esclaves dits de Commune, qui auront été choisis pour entrer dans la composition des nouveaux ateliers et de leurs prix d'estimation ; 2° du prix et recette des autres esclaves vendus, l'administration générale déterminera la somme qui sera précomptée par année à chaque quartier des deux îles, en déduction de la portion de la taxe supplémentaire mentionnée en l'article précédent. Le conseil d'administration de chacun desdits quartiers, établira respectivement la répartition de cette déduction pour chaque habitant, proportionnellement à la quantité d'esclaves par lui recensés.

XI. Les états de recette et d'emploi des fonds versés à la caisse du marronnage, en vertu des articles Ier et IV du présent arrêté ; l'état des travaux des ponts et chaussées exécutés pendant l'année courante, celui des travaux projetés et déterminés pour l'année suivante seront, à la fin de chaque année, arrêtés par l'administration générale et rendus publics.

VII. Le boni annuel qui pourra rester à la caisse du marronnage, après les dépenses de l'année, sera appliqué par l'administration générale à des travaux publics, pour le plus grand avantage de chacune des deux colonies.

VIII. Le présent sera lu, enregistré, imprimé et affiché ; expédition en sera adressée au Préfet colonial et au Commissaire de justice.

Ile de France, le 9 Janvier 1807.

Le Capitaine-général, DECAEN.

A R R E T É.

138. Decaen, Capitaine-général, etc. etc.,

Vu l'extrait du testament olographe de feu Sr. Baron, libraire, contenant un legs de cent piastres effectives, en faveur des pauvres de l'hôpital de cette ville ;

Après en avoir délibéré avec le Préfet colonial et le Commissaire de justice, Arrête :

Art. Ier. L'administration de bienfaisance de l'île de France est autorisée à accepter le legs de cent piastres effectives, fait par feu Sr. Baron, libraire, en faveur des pauvres de l'hôpital de la ville du Port-Napoléon.

II. Le présent sera lu, enregistré, rendu public par la voie des feuilles hebdomadaires et inséré au recueil des lois coloniales ; il en sera adressé expédition au Préfet colonial et au Commissaire de justice.

Ile de France, le 11 Mars 1807.

Le Capitaine-général, DECAEN.

A R R E T É.

139. Decaen, Capitaine-général, etc. etc.

Sur l'exposé du Préfet colonial, qu'il est nécessaire que l'impôt direct, aux îles de France et Bonaparte, y soit le même, pour l'année 1807, que celui qui a été perçu en 1806, en conformité des arrêtés des Ier Pluviose et 25 Fructidor an XII, 18 Nivose et 25 Fructidor an XIII ; et que le même mode de perception que celui qui a été consacré par lesdits arrêtés, soit ordonné ;

Après en avoir délibéré, Arrête :

Art. Ier. L'impôt direct aux îles de France et Bonaparte, est établi, pour l'année 1807, le même que celui qui a été perçu en 1806, en conformité des arrêtés des Ier Pluviose et 25 Fructidor an XII, 18 Nivose et 25 Fructidor an XIII,

La perception continuera d'avoir lieu, selon le mode, règles et dispositions prescrits par lesdits arrêtés.

II. Le présent sera lu, enregistré, imprimé et affiché; il en sera adressé expédition au Préfet colonial et au Commissaire de justice.

Ile de France, le 24 Mars 1807.

Le Capitaine-général, DECAEN.

ARRÊTÉ.

140 DECAEN, Capitaine-général, etc. etc.,

Sur l'exposé du Préfet colonial, que le commerce d'échange qui a lieu annuellement sur divers points de Madagascar, entre les français et les naturels de cette île, réclame des mesures conservatrices de leurs intérêts réciproques, et des règles d'ordre et de discipline, pour les traitans français, dont la mésintelligence entr'eux-mêmes, a produit plusieurs fois des effets nuisibles aux colonies des îles de France et Bonaparte;

Après en avoir délibéré, Arrête :

Art. Ier. Il sera entretenu à Madagascar, dans chacun des lieux où précédemment le gouvernement avait des établissemens principaux, pour la traite des diverses productions de cette île, des délégués qui auront le titre d'Agens commerciaux, avec les mêmes pouvoirs et attributions que les agens commerciaux de l'Empire Français, sauf les exceptions que les peuples de Madagascar, la localité, la nature du commerce ou toutes autres considérations pourront déterminer.

Ces agens seront nommés par le Capitaine-général.

Ils pourront déléguer, si les circonstances l'exigent, des personnes pour les représenter dans les divers lieux dépendans de leur résidence ; ils en rendront compte, ainsi que des motifs, afin d'en obtenir l'approbation du Capitaine-général.

II. Toute personne qui se proposera d'aller se fixer à Madagascar, ou pour y demeurer seulement quelque tems, devra être pourvue d'une autorisation spéciale. Cette autorisation sera donnée à l'île de France, par le Capitaine-général ; à l'île Bonaparte, par son Lieutenant.

III. Tout capitaine ou commandant d'un navire sous pavillon français, qui prendra mouillage dans une rade ou port d'un lieu de Madagascar, où il résidera un agent-commercial ou un subdélégué, sera tenu de faire à l'un ou à l'autre, dès son arrivée, les mêmes déclarations que doivent les capitaines des navires français et étrangers qui fréquentent les rades et ports des îles de France et Bonaparte, comme il a été prescrit par l'arrêté du 27 Pluviose an XII, pour l'arrivée des bâtimens.

Pour le séjour des navires et leur départ, il se conformeront à ce qui est prescrit par les lois de l'Empire, pour les navires sous pavillon français, qui entrent dans les ports des nations étrangères où il réside des agens commerciaux de la nation française.

IV. Un français qui aura pris passage sur un navire français ou neutre, pour se rendre à Madagascar, sera tenu, dès son arrivée, et avant de se livrer à aucune affaire de commerce ou d'exercer quelque métier ou industrie que ce puisse être, ainsi que pour voyager dans l'intérieur de l'île, de justifier préalablement à l'agent commercial ou à ses subdélégués, de l'autorisation prescrite par l'article II.

On devra, en outre, faire la déclaration des motifs de résidence, ou de ceux du voyage qu'on voudra entreprendre ; sans quoi, on sera non-seulement privé de la protection nécessaire pour demeurer ou voyager, mais encore on sera dans le cas d'être arrêté et renvoyé de Madagascar, sur le premier navire qui fera voile pour les îles de France et Bonaparte.

V. Dès qu'un agent commercial sera installé, il devra appeler au lieu de sa résidence, tous les français qu'il saura habiter dans l'étendue de Madagascar où il aura ses relations, et devra maintenir l'ordre et la considération du nom français. Chacun sera tenu de lui déclarer son nom, prénoms, âge, lieu de naissance, ainsi que le commerce, profession ou industrie qu'il exerce, l'époque depuis laquelle il vit à Madagascar ou sur quel navire il y a été transporté. D'après cette déclaration, l'agent commercial donnera les autorisations nécessaires pour continuer la résidence, ou les refusera, s'il y a lieu ; de quoi il rendra compte au Capitaine-général.

VI. Les agens commerciaux sont autorisés à faire auprès des princes ou chefs du pays, tout ce qui pourra convenir pour faire arrêter et être remis à leur disposition, tout individu qui aura refusé de se présenter ou de passer la déclaration exigée par l'article précédent, ainsi que ceux qui s'introduiront clandestinement à Madagascar, ou déserteront des vaisseaux de l'Etat et du commerce ; enfin, ceux qui contreviendront aux ordres et réglemens qui seront établis.

VII. Les commandans des vaisseaux de l'Empire ou du commerce seront tenus sous leur responsabilité personnelle, de recevoir à leur bord et de se charger, comme passagers de Madagascar aux îles de France et Bonaparte, de toutes personnes pour lesquelles ils seront requis par les agens commerciaux, ou leurs subdélégués.

VIII. Chaque agent commercial, dans la partie de Madagascar pour laquelle il aura été délégué, devra régler et arrêter avec les princes et chefs du pays, les prix et mesures, ainsi que les quantités et les qualités selon lesquelles les naturels et les traitans donneront et recevront réciproquement en échange les objets et marchandises de traite et les productions du pays.

L'agent commercial fera tout son possible pour maintenir le mode qui a été suivi, à cet égard, pendant le cours de l'année 1806, d'après des conventions avec les princes du pays, dont plusieurs traitans sont restés fidèles observateurs.

IX. D'après la convention qui sera arrêtée, il sera fourni aux français traitans et à leurs frais, des gamelles pour le mesurage du riz, des mesures pour la poudre et des brasses pour mesurer les toiles. Ces ustensiles seront jaugés et étampés, et les étalons resteront déposés à la résidence de l'agent commercial, pour y avoir recours en cas de contestation de part ou d'autre.

X. Il est expressément défendu à tout traitant de se servir soit pour vendre, soit pour acheter d'autres mesures que celles qui auront été légalisées, ainsi qu'il est prescrit en l'article précédent. De même il ne pourra être mis un plus haut prix aux diverses choses données ou reçues en échange, que celui qui aura été déterminé dans les conventions arrêtées entre les princes et chefs du pays, et l'agent commercial, qui devra faire connaître cette convention à chacun des français qui commerceront à Madagascar pour qu'ils aient à s'y conformer scrupuleusement.

XI. Il est défendu de traiter aucun riz, ou d'en faire traiter ailleurs qu'aux endroits où les bâtimens destinés à les transporter, peuvent les charger, à moins que pour des causes extraordinaires, l'agent commercial n'autorise à une disposition contraire.

XII. Les conventions entre les français et les naturels du pays, dont une des clauses sera de donner et recevoir des avances, soit d'une part, soit de l'autre, ne seront validés qu'autant que ces marchés auront été conclus en présence du chef du pays et de l'agent commercial, ou un de ses subdélégués, lesquels garantiront alors respectivement l'exécution des obligations réciproques de ceux qui auront contracté.

XIII. Les discussions de quelque nature qu'elles puissent être, qui pourront naître entre un français et un naturel de Madagascar, seront réglées par le prince ou chef du pays et par l'agent commercial, ou son subdélégué. Chacun fera exécuter respectivement les décisions données; l'agent commercial ou son subdélégué employeront à l'égard des français, tous les moyens convenables de contrainte qu'ils auront à leur disposition.

XIV. Sous les peines les plus sévères, toutes voies de fait de la part d'un français sur un naturel du pays, sont défendues; quand il aura des motifs fondés de se plaindre, il s'adressera à l'agent commercial ou à son subdélégué, qui réclameront de suite la justice due et la punition de l'offense.

XV. Il est expressément défendu à tout français habitant à Madagascar, de prendre part directement ou indirectement, et sous quelque prétexte que ce soit, dans les différends que pourraient avoir entr'eux les princes ou chefs du pays, ou entr'eux et leurs vassaux.

XVI. Les agens commerciaux dans l'étendue de leur département, veilleront scrupuleusement à ce que les français qui y résideront, vivent entr'eux dans la plus parfaite harmonie, et qu'en toutes choses leur conduite franche et loyale commande l'admiration et le respect pour le nom français.

XVII. Tout contrevenant aux dispositions du présent, sera non-seulement privé sur-le-champ, de continuer ses opérations de commerce, ou d'exercer son industrie ou profession; mais il sera en outre déchu de la faculté de demeurer à Madagascar; il sera renvoyé à l'île de France où, d'après les motifs de son renvoi, exposés par l'agent commercial, il sera poursuivi, s'il y a lieu, conformément aux lois, en raison des infractions et des torts qu'ils aura commis.

XVIII. Le présent sera lu, enregistré, imprimé et affiché; expédition en sera adressée au Préfet colonial et au Commissaire de justice.

A l'île de France, le 23 Mars 1807.

Le Capitaine-général, DECAEN.

ARRETE.

141. Decaen, Capitaine-Général, etc. etc.

Le Préfet colonial ayant exposé que pour la repression des délits commis dans les ports et arsenaux des îles de France et Bonaparte, il est important d'établir dans le chef-lieu de ces colonies, une cour martiale telle qu'il en a été institué pour cet effet dans plusieurs ports de l'Empire français, par la loi du 12 Octobre 1791 et par le décret impérial du 25 Thermidor an XII, qu'il convient de fixer en même tems la compétence de cette cour à l'égard des individus non attachés au service, qui seraient auteurs, fauteurs ou complices des délits spéciaux dont la connaissance lui est attribuée; que les articles 54, 55 et 56 de la loi ci-dessus mentionnée contiennent sur ce point des dispositions précises, dont aucune raison de localité n'interdit l'application;

Vu la loi du 12 Octobre 1791 et les articles 54, 55 et 56 dont suit la teneur;

» 54. Les auteurs, fauteurs ou complices d'un délit relatif au service maritime, ou d'un délit commis dans l'arsenal, pourront être poursuivis par-devant la cour martiale, encore qu'ils ne soient pas gens de guerre ou employés dans l'arsenal.

» Si un ou plusieurs étrangers au département de la marine, sont poursuivis par-devant la cour martiale, pour délits commis dans l'arsenal, le jury sera composé de jurés civils, et formé suivant les règles établies.

» 56. Si les particuliers étrangers au département de la marine, sont poursuivis concurremment avec quelque militaire ou employé du département, il sera ajouté au jury, pour chacun d'eux, six jurés civils; et la récusation sera faite comme il est dit précédemment, de manière cependant qu'il reste toujours dans le jury un juré civil. »

Vu le décret impérial du 25 Thermidor an XII;

Après délibération avec le Préfet colonial et le Commissaire de justice, Arrête:

Art. Ier. Une cour martiale maritime sera formée dans le port de l'île de France, pour les colonies orientales.

II. Le chef d'administration de la marine présidera la cour martiale; ses deux assesseurs seront par lui choisis, l'un parmi les plus anciens officiers militaires.

Ils devront être âgés au moins de vingt-cinq ans.

III. Un officier en activité de service dans ces colonies, pourvu qu'il ait le grade de lieutenant et qu'il soit âgé de 30 ans, ou, à défaut, un avocat, l'un ou l'autre, au choix du président, remplira les fonctions de commissaire-auditeur.

IV. Les fonctions de greffier seront remplies par un commis de marine, également choisi par le président.

V. La composition de la cour martiale maritime, sera, au surplus, conforme à la loi du 12 Octobre 1791, et les dispositions de la même loi, relatives à la compétence, à la forme de procéder, à l'application des peines, y seront exécutées suivant leur forme et teneur.

Les articles 54, 55 et 56 ci-dessus relatés sont, en conséquence, promulgués aux îles de France, Bonaparte et dépendances.

VI. Les esclaves qui se trouveront impliqués dans les affaires portées par-devant la cour martiale seront, après l'instruction, renvoyés au tribunal spécial, qui ne pourra leur infliger de plus fortes peines que celles qui auront été appliquées par la cour martiale aux personnes libres dont ils auront été les complices.

VII. Immédiatement après la publication du présent les procédures instruites conformément à l'article XCVII du réglement du 2 Prairial an XI, et qui sont dans le cas du renvoi prescrit par ledit article, seront renvoyés à la cour martiale, pour y être le procès continué jusqu'à jugement définitif.

VIII. Le présent sera lu, enregistré, imprimé et affiché ; il en sera adressé expédition au Préfet colonial et au Commissaire de justice.

À l'île de France, le 26 Mars 1807.

Le Capitaine-général, DECAEN.

ARRÊTÉ.

142. DECAEN, Capitaine-général, etc. etc.,

Sur la représentation du Préfet colonial, que si le régime des douanes à l'île Bonaparte, a exigé des dispositions réglementaires, pour en centraliser le service dans la personne du directeur, à l'île de France, il n'est pas moins utile d'y établir un inspecteur de la douane, et de qualifier le préposé qui doit y exercer le premier emploi ;

Après en avoir délibéré, Arrête :

Art. Ier. Le préposé en chef de la douane, à l'île Bonaparte, est désigné sous le titre de sous-directeur.

II. Il est établi dans la sous-direction de la douane de cette île, un inspecteur.

III. Ces deux fonctionnaires, ainsi que le directeur, les receveurs et autres employés susceptibles d'être commissionnés pour exercer leurs fonctions, seront nommés par le Capitaine-général, sur la présentation du Préfet colonial. Ils jouiront des émolumens et attributions qui ont été ou qui seront déterminés par les lois et réglemens sur le service des douanes, aux colonies orientales.

IV. Le directeur, sous-directeur et autres employés des douanes, aux îles de France et Bonaparte, porteront l'uniforme prescrit dans la métropole, pour chacun des employés de ce service.

V. Le présent sera lu, enregistré, imprimé et affiché ; il en sera adressé expédition au Préfet colonial et au Commissaire de justice.

Île de France, le 19 Avril 1807.

Le Capitaine-général, DECAEN.

ARRÊTÉ.

143. DECAEN, Capitaine-général, etc. etc.,

Ordonne :

Art. Ier. Pour contribuer au maintien de l'ordre intérieur aux îles Seychelles, il sera organisé au principal établissement, une compagnie de gardes nationales, composée de tous les français qui y habitent et en état de porter les armes.

II. Cette compagnie, organisée, prendra le nom de Compagnie de Mahé : elle sera formée de deux sections composées des personnes de la population blanche et d'une section composée de gens libres ; chaque section sera subdivisée en deux demi-sections.

III. Pour son organisation, le commandant des îles Seychelles déterminera, en raison de le population, la portion de localité dont les habitans devront entrer dans la composition de chaque demi-section, lesquelles devront être composées chacune comme suit ; pour la population blanche, savoir :

Un officier, un sergent, deux caporaux, et autant que possible égales en fusiliers.

IV. La section qui devra être composée de gens libres aura la dénomination de Chasseurs coloniaux ; il entrera dans la composition de chaque demi-section qui sera attachée à l'une ou à l'autre section de gardes nationales.

Un officier, un sergent, deux caporaux, et pour chasseurs, tous les individus qui seront susceptibles d'en faire partie.

V. Cette compagnie, ainsi organisée, sera composée des officiers et sous-officiers comme suit :

Gardes nationales. Un capitaine commandant, un capitaine en second, deux lieutenans, quatre sergens, dont le premier fera les fonctions de sergent-major, huit caporaux.

Chasseurs coloniaux. Deux officiers, avec le grade de sous-lieutenant, deux sergens, quatre caporaux.

Il y aura un tambour par section.

VI. Les officiers de tous grades seront nommés et commissionnés par le Capitaine-général, sur la présentation du commandant des îles Seychelles.

Les sous-officiers seront nommés par ce commandant sur la présentation des deux capitaines de la Compagnie de Mahé.

VII. L'uniforme pour les deux premières sections

de cette compagnie, sera habit bleu national, collet et paremens rouges avec passe-poil blanc, revers et doublure de la couleur de l'habit, avec liseré rouge, boutons jaunes, et pour coiffure un schakos.

L'uniforme des chasseurs coloniaux, sera habit veste, bleu national, collet, paremens et retroussis verts, revers bleus en pointe, liseré vert et boutons blancs, et la même coiffure.

VIII. Les officiers des sections de la population blanche, porteront, pour marque distinctive, l'épaulette jaune avec la distinction du grade, le hausse-col et l'épée.

Ceux de la section des chasseurs, l'épaulette jaune, le hausse-col et le sabre.

Les sous-officiers auront leurs galons de la couleur des boutons uniformes de leurs sections.

IX. Les deux premières sections seront armées d'un fusil et baïonnette, les chasseurs d'un mousqueton, les officiers de la compagnie seront armés d'un sabre.

X. Dans les huit jours de la publication du présent, tous les français habitans de l'île Mahé, de l'âge de 16 à 60 ans, seront tenus de se faire inscrire chez le commandant des îles Seychelles, qui ouvrira à cet effet deux registres, l'un pour la papulation blanche, et l'autre pour les gens libres.

XI. Après l'organisation terminée, ces deux registres resteront déposés chez le commandant de la compagnie, et à l'avenir, toutes personnes qui seront admises à résider à Mahé, devront s'y faire inscrire dans les trois jours de leur arrivée, ainsi que tous les jeunes gens de l'une et l'autre population, dès qu'ils auront atteint leur seizième année.

XII. Le commandant de cette compagnie à moins d'un ordre du commandant des îles Seychelles, ne pourra pas la rassembler dans un même lieu, ni lui faire prendre les armes.

XII. Chaque demi-section devra être réunie tous les premiers dimanches de chaque mois, pour être exercée, et tous les trois mois, d'après l'ordre qui sera donné; la section de garde nationale et la section de chasseurs qui sera attachée à chacune selon la division locale qui aura été déterminée, seront réunis pour être exercées par leurs commandans respectifs. Néanmoins, le commandant de la compagnie devra inspecter le plus souvent possible, et aux jours déterminés pour les exercices, les demi-sections sous ses ordres, pour s'assurer des progrès de l'instruction, ainsi que de la tenue des gardes nationales et chasseurs coloniaux, et de l'état des armes.

XIV. Tous les six mois, après l'organisation, le commandant des îles Seychelles passera la revue de la compagnie rassemblée en entier, ou par sections, selon qu'il le jugera le plus convenable.

Il adressera au Capitaine-général le procès-verbal d'organisation et le contrôle nominatif de la compagnie, ainsi que l'état de l'armement: chaque année il devra de même adresser le résultat de sa dernière revue.

XV. Les exemptions de service ne pourront être accordées que par le commandant des îles Seychelles, sur la demande qui lui en sera présentée par le capitaine de la compagnie.

XVI. Tout garde national ou chasseur qui changera de section, devra en prévenir le capitaine de la compagnie.

Ceux qui quitteront la colonie, seront tenus de remettre leurs armes, si elles appartiennent à l'Etat, à l'officier de la demi-section dont ils feront partie : les fusils non remis, ainsi que ceux qui seraient hors de service, seront payés dix piastres et les mousquetons huit.

XVII. Pour pouvoir obtenir le passeport nécessaire pour sortir de la colonie, il devra être justifié du certificat du capitaine de la compagnie, qui atteste qu'on a fait le service ou les causes qui en auront empêché, ainsi que la remise des armes et effets appartenant à l'Etat.

XVIII. Les dispositions des lois et réglemens pour les gardes nationales sédentaires et en activité de service dans l'étendue de l'Empire Français, seront applicables aux gardes nationales et chasseurs coloniaux de la colonie de l'île Mahé et dépendances, en tout ce qui n'a pas été dérogé par le présent.

XIX. Expédition du présent ordre sera adressée au commandant des îles Seychelles, chargé de son exécution ; il sera imprimé, publié et affiché partout où besoin sera.

A l'île de France le 15 Mai 1807.

Le Capitaine-général, DECAEN.

ARRETÉ.

144. DECAEN, Capitaine-général, etc. etc.,

Vu le rapport qu'une grande partie des réserves des bords de la mer, dites des cinquante pas géométriques est occupée aux îles de France et Bonaparte, par divers particuliers, que les uns n'ont pas de titres, que d'autres n'ont que ceux d'une jouissance temporaire et sujette à révocation, que d'autres prétendent à la propriété de cette réserve, parce que leur titre désigne les bords de la mer pour limites;

Considérant que cette réserve n'est autre chose que les rivages et bords de la mer dont la largeur a été fixée en général à cinquante pas géométriques pour remplir en même tems un double objet : la défense de ces îles et l'utilité publique;

Que conséquemment, cette réserve est, autant par sa nature que par sa destination, hors de la classe des terrains susceptibles de devenir propriété privée; et qu'elle appartient essentiellement au domaine public;

Après en avoir délibéré avec le Préfet colonial,

Arrête :

Art. Ier. Les réserves des bords de la mer, dites des cinquante pas géométriques, sont maintenues sur toute l'étendue des côtes des îles de France et Bonaparte ; ces réserves sont inaliénables.

II. La largeur de la réserve des pas géométriques est comptée à partir de la ligne des rivages baignée par la haute mer dans les grandes marées.

Cette largeur ne sera pas moindre que cinquante pas géométriques, de cinq pieds chacun, c'est-à-dire, quatre-vingt-un mètres à-peu-près.

Dans tous les cas, ladite largeur comprendra l'espace jugé nécessaire à la défense de la côte, sans perdre de vue celui qui doit exister pour les pacages et le parcours des troupeaux.

III. Sont réputés et déclarés annexes de la réserve des pas géométriques, les étangs et marais salans, lacs, mares et bassins situés en tout ou en partie sur l'espace que ces réserves doivent naturellement occuper ou qui en interrompent la largeur; lesquelles annexes font ou doivent faire partie du domaine public, et, de plus, intéressent la défense de la côte. La réserve nécessaire sur le contour desdites annexes, tant pour la défense que pour le pacage, sera déterminée suivant la nature des lieux.

Sont encore réputés et déclarés annexes des réserves des bords de la mer, les îlots adjacens aux rivages, les bancs qui assèchent aux basses marées, les embouchures et les bassins d'embouchures des rivières accessibles aux bateaux du dehors ; ces dernières annexes, ainsi que les bras de mer, auront sur leur contour, une réserve de défense dont la longueur et la largeur seront déterminées suivant l'exigence des lieux et sans préjudice au chemin de hallage dû le long des rivières navigables et flottables.

IV. La démarcation de la réserve des pas géométriques et de ses annexes sera, autant que le permettra la localité, parallèle au contour de la côte, considérée en grand et sans égard aux petites sinuosités ; elle sera abornée à tous ces points d'inflexion et à tous ceux de sa rencontre avec les balisages des concessions contiguës ou avec leur prolongement.

Cette démarcation sera rendue reconnaissable par des balisages faits aux dépens de qui il appartiendra et de la manière qui sera ultérieurement ordonnée ; lesdits balisages sépareront la réserve des pas géométriques d'avec les propriétés particulières adjacentes, et même des terrains appartenans à l'Etat, ou des réserves d'autre nature qui lui seront contigus.

V. La reconnaissance des réserves des pas géométriques sur les côtes des îles de France et Bonaparte, sera faite par le directeur du génie et soumise au Capitaine-général qui en arrêtera la démarcation. Ces réserves seront ensuite abornées et balisées par la direction des ponts et chaussées, en présence des propriétaires limitrophes ; les procès-verbaux d'abornement seront faits doubles, pour être déposés aux archives et au greffe du tribunal terrier; expéditions en seront délivrées aux propriétaires limitrophes respectifs.

VI. Les terrains non concédés qui pourront se trouver en arrière de la réserve des pas géométriques après sa détermination seront reconnus par la direction des ponts et chaussées qui les fera aborner et arpenter ainsi qu'il a été dit en l'article précédent, elle donnera ses rapports sur le meilleur emploi à faire desdits terrains. Dans les cas où ils seraient susceptibles d'être aliénés ou donnés à bail, la préférence sera accordée, toutes choses d'ailleurs égales, aux propriétaires limitrophes placés vis-à-vis de ces terrains.

VII. Toutes permissions d'établissement et titres quelconques de jouissance ou de propriété sur la réserve des pas géométriques, seront représentés par les titulaires à la première réquisition du directeur du génie.

Les permissions d'établissement et titres quelconques de jouissance sur les autres réserves seront de même représentés par les titulaires à la première réquisition du directeur des ponts et chaussées.

VIII. Par des dispositions subséquentes il sera statué sur l'emploi le plus avantageux des réserves des pas géométriques, tant pour l'intérêt de l'Etat que pour celui des habitans.

IX. Le présent sera lu, enregistré, imprimé et affiché; il en sera adressé expédition au Préfet colonial et au Commissaire de justice.

Ile de France, le 5 Mai 1807.

Le Capitaine-général, DECAEN.

ARRÊTÉ.

145. DECAEN, Capitaine-général, etc, etc.,

Après délibération avec le Préfet colonial et le Commissaire de justice, Arrête :

Art. Ier. Les décrets impériaux, des 6 Février et 21 Mars 1806, concernant la nomination du Sr. Hoffmann (François-Pierre), aux fonctions de Supérieur ecclésiastique, aux îles de France et Bonaparte, et la publication du décret d'institution canonique, donné à Paris, le 21 Février, desquels suit la teneur, sont promulgués aux îles de France et Bonaparte.

Extrait des minutes de la Secrétairerie d'Etat.

Au Palais des Thuileries, le 6 Février 1806.

NAPOLÉON, Empereur des Français et Roi d'Italie.

Sur le rapport du ministre de la marine et des colonies,

Nous avons décrété et décrétons ce qui suit :

Art. Ier. Le Sr. abbé Hoffmann (François-Pierre), curé du Port Nord-Ouest, île de France, et chef provisoire du culte, dans cette colonie, est nommé Supérieur ecclésiastique des îles de France et de la Réunion.

II. Notre ministre de la marine et des colonies, et notre ministre des cultes, sont chargés, chacun en ce qui le concerne, de l'exécution du présent décret.

Signé NAPOLÉON.

Extrait des minutes de la Secrétairerie-d'Etat.

Au Palais des Thuileries, le 21 Mars 1806.

NAPOLÉON, Empereur des Français et Roi d'Italie.

Sur le rapport de nos ministres de la marine et des colonies et des cultes,

Notre conseil d'Etat entendu,

Nous avons décrété et décrétons ce qui suit:

Art. Ier. Le décret rendu par le cardinal Caprara, légat à latere, auprès de nous, sous la date du 14 Février 1806, pour l'institution canonique de M. François Pierre Hoffmann, nommé par nous Supérieur ecclésiastique des îles de France et de la Réunion, sera publié et enregistré dans cette colonie, sans approbation des clauses, formules et expressions qu'il renferme, et qui sont, ou pourraient être contraires aux lois de l'Empire, aux franchises, libertés et maximes de l'église gallicane.

II. Ledit décret sera transcrit en latin et en français sur les registres de notre Conseil-d'Etat, et mention en sera faite sur l'original par le secrétaire du conseil.

III. Nos ministres de la marine et des colonies et des cultes sont chargés chacun en ce qui le concerne, de l'exécution du présent décret.

Signé NAPOLÉON.

Decretum institutionis canonicæ.

Nos Joannes Baptista, tituli Sancti Homphrii, S. R. E. presbyter cardinalis Caprara, archiepiscopus Mediolanensis, S. S. D. D. nostri Pii papæ VII, et sanctæ sedis ad Gallorum Imperatorem a latere legatus.

Utentes facultatibus a serenissimo domino nostro Pio Papâ VII, non solùm de more et stylo, sed etiam in casibus extraordinariis nobis benigne concessis, præhabita nominatione a M. S. Napoléone I°, Francorum Imperatore et Italiæ Rege in Superiore Ecclesiastionne insularum Franciæ et Reunionis favore, sacerdotis Francisci Petri Hoffmann, parochi, uti præfertur, *du Port Nord-Ouest, Ile de France*, et prœviæ revocatione cujuscumque nominationis, electionis et institutionis canonicæ apostolicâ etiam auctoritate, sive immediate, sive mediate, et quomodolibet hactenus factæ in superiorem Præfectum et deputatum ecclesiasticum in personâ alterius ecclesiastici viri et signanter in personâ D. Boucher parochi vulgo *des Pamplemousses*, et in Domino cupientes dictarum insularum ecclesiastico regimini providere, memoratum sacerdotem Hoffmann ad effectum infrà scriptæ gratiæ electionis et institutionis consequendum a quibusvis sententiis, censuris et pœnis ecclesiasticis absolventes et absolutum fore censentes eumdem sacerdotem Hoffmann in Ecclesiastionne superiore memoratarum insularum Franciæ et Reunionis, cum omnibus juribus et facultatibus de stylo et more, atque etiam specialiter adnexis præfato muneri et officio, et sacerdoti tale munus canonicum obeunti concessis, quibuscum, Christi fidelibus iisdem in insulis degentibus, servata indultorum et concessionum formâ

ac tenore, uti et gaudere licite et liberè valeat, eligimus et constituimus et omnibus et singulis ecclesiasticis viris et Christi fidelibus ut eumdem Hoffmann uti talem agnoscant sub pœna divinæ indignationis, mandamus atque præcipimus, contrariis quibuscumque speciali et individua etiam mentione dignis non obstantibus.

Datum Parisiis, ex Ædibus nostræ residentiæ, die 14 Februarii, anno 1806.

Décret d'institution canonique.

Nous Jean-Baptiste CAPRARA, prêtre de la sainte église romaine, cardinal du titre de St.-Onuphre, archevêque de Milan et légat à latere de sa sainteté Pie VII, pape, et du St.-Siège apostolique auprès de l'Empereur des Français;

Usant des pouvoirs à nous concédés, non-seulement suivant l'usage et style ordinaire, mais encore pour les cas extraordinaires, par S. S. Pie VII, pape, en conséquence de la nomination déjà faite par S. M. Napoléon Ier, Empereur des Français et Roi d'Italie, de François Pierre Hoffman, prêtre curé du Port Nord-Ouest, île de France, à la place du Supérieur ecclésiastique des îles de France et de la Réunion. Révoquant préalablement toute nomination, élection et institution canonique qui peut avoir eu lieu jusqu'ici, même d'autorité apostolique, médiatement ou immédiatement et de quelque manière que ce soit d'un supérieur, préfet et député ecclésiastique dans la personne de tout autre ecclésiastique, et nommément dans celle de M. Boucher, curé des Pamplemousses; désirant dans le Seigneur, pourvoir au gouvernement ecclésiastique desdites îles, et afin que ledit préfet Hoffman, obtienne l'effet de la grâce d'élection et d'institution qui sera énoncée ci-après, le relevant de toutes sentences, censures et peines ecclésiastiques, et entendant qu'il en soit relevé, élisons et constituons ledit prêtre Hoffmann Supérieur-Ecclésiastique desdites îles de France et de la Réunion, avec tous les droits et pouvoirs de style et d'usage, et même ceux spécialement attachés aux susdites fonctions et office, et accordés au prêtre remplissant canoniquement ce même office, afin qu'il en use et jouisse licitement et librement envers les fidèles de ces îles, suivant la forme et teneur des indults et concessions; mandons et prescrivons à tous et à chacun des ecclésiastiques et des fidèles, de reconnaître ledit Hoffmann en cette qualité, sous peine de l'indignation divine, et ce, nonobstant tous empêchemens quelconques, mêmes ceux qui seraient susceptibles d'une mention spéciale et individuelle.

Donné à Paris, au Palais de notre résidence, le quatorzième jour de Février an mil huit cent six.

Pour copie conforme,

Le Secrétaire-d'Etat, Signé H. B. MABET.

II. Le présent sera lu, enregistré et publié aux prônes des paroisses en l'une et l'autre colonie; il en sera adressé expédition au Préfet colonial et au Commissaire de justice.

Ile de France, le 26 Juin 1807.

Le Capitaine général, DECAEN.

ARRÊTÉ.

146. Decaen, Capitaine-général, etc. etc.

Sur les observations du Préfet colonial et du Commissaire de justice, après délibération;

Arrête:

Article Ier.

Le décret impérial du 12 Novembre 1806, portant création des tribunaux maritimes dans les ports de l'Empire, est promulgué aux îles de France et Bonaparte.

DÉCRET IMPÉRIAL.

Au quartier-général de Berlin,
le 12 Novembre 1806.

Napoléon, par la grâce de Dieu et les constitutions de l'Empire, Empereur des Français et Roi d'Italie.

Sur le rapport de notre ministre de la marine et des colonies, notre Conseil-d'Etat entendu,

Nous avons décrété et décrétons ce qui suit:

TITRE PREMIER.

Organisation des tribunaux maritimes.

Art. 1er. Les cours martiales maritimes établies dans les ports de Brest, Toulon, Rochefort et Lorient, sont supprimées: elles seront remplacées par des tribunaux maritimes.

II. Les tribunaux maritimes seront composés de huit juges, y compris le président, d'un commissaire-rapporteur et d'un greffier. Nul ne pourra être membre de ces tribunaux, s'il n'est âgé de vingt-cinq ans accomplis.

III. Le président sera un des contre-amiraux présens dans le port, et à défaut de contre-amiraux, l'officier le plus élevé en grade et le plus ancien; dans l'un et l'autre cas, il sera désigné par le préfet maritime.

IV. Les juges seront deux capitaines de vaisseau, deux commissaires de marine, un ingénieur de la marine et deux membres du tribunal de première instance de l'arrondissement.

V. Les capitaines de vaisseau, commissaires et ingénieurs de marine, présens dans le port, siégeront à tour de rôle et par rang d'ancienneté dans le tribunal; ils seront convoqués à cet effet par le préfet maritime, en son absence, par celui qui le remplace dans ses fonctions. A défaut de capitaine de vaisseau il sera pris des capitaines de frégate; à défaut de commissaires de marine, des sous-commissaires; et à défaut d'ingénieurs, des sous-ingénieurs; le tout dans le même ordre et d'après la même convocation réglée ci-dessus.

Les juges des tribunaux de première instance à leur défaut, les suppléans suivant l'ordre du tableau, et à défaut de ceux-ci, des gradués suivant le même ordre, seront appelés à prendre séance au tribunal maritime, d'après la demande officielle qui en sera faite au président par le chef du service de la marine.

VI. Le commissaire rapporteur est nommé par l'Empereur: les conditions de son éligibilité seront les mêmes que celles exigées pour les procureurs-généraux impériaux près les cours de justice criminelle.

VII. Le greffier est à la nomination de l'Empereur. Les commissaires auditeurs actuellement en exercice, continueront près les tribunaux maritimes les fonctions de commissaires-rapporteurs.

Il en sera de même des greffiers actuels.

VIII. Les fonctions de commissaire-rapporteur et du greffier sont permanentes.

IX. Les tribunaux maritimes seront dissous dès qu'ils auront prononcé sur le délit pour le jugement duquel ils auront été convoqués.

TITRE II.

Compétence des tribunaux maritimes.

X. Ces tribunaux connaîtront de tous les délits commis dans les ports et arsenaux, qui seront relatifs, soit à leur police ou sûreté, soit au service maritime.

XI. Ils connaîtront de ces délits à l'égard de tous ceux qui en seraient auteurs, fauteurs ou complices; encore qu'ils ne fussent pas gens de guerre ou attachés au service de la marine.

XII. Les équipages des bâtimens en armement seront de même soumis à leur jurisdiction pour les délits relatifs au service maritime, commis jusqu'au moment de la mise en rade; et au désarmement, depuis la rentrée dans le port jusqu'au licenciement de l'équipage.

XIII. Dans le cas où les délits commis dans les ports et arsenaux ne seront relatifs ni à la police, ni à la sûreté desdits ports et arsenaux, ni au service maritime, les prévenus seront renvoyés devant les tribunaux qui en doivent connaître.

TITRE III.

De la forme de procéder.

XIV. Lorsqu'un délit de la compétence du tribunal maritime aura été commis, le commissaire-rapporteur, soit sur la plainte qui lui sera portée, soit d'office, dressera procès-verbal du corps du délit, s'il y a lieu, et entendra les témoins qui lui sont indiqués, comme ayant, ou qu'il jugera avoir connaissance des faits; les témoins signeront leurs déclarations; s'ils ne savent ou ne veulent signer, il en sera fait mention.

Si les témoins représentent des pièces de conviction, il les paraphera et les fera parapher par les témoins, et s'ils ne savent ou ne le veulent, il en fera mention.

Si les pièces de conviction ne sont pas susceptibles de recevoir des caractères d'écritures, le commissaire rapporteur y attachera une bande de papier, qu'il scellera de son sceau, et qu'il paraphera et fera parapher, ainsi qu'il vient d'être dit.

Si les témoins qu'il aura fait citer refusent de comparaître, il décernera contre eux un mandat d'amener en vertu duquel ils seront conduits devant lui par la force publique.

Si, comparaissant ou amenés devant lui, les témoins refusent de déposer, il décernera contre eux un mandat d'arrêt, en vertu duquel ils seront traduits devant le tribunal maritime, et condamnés aux peines portées par la loi du 11 Prairial an IV.

XV. Pour l'information comme pour le reste de la procédure, jusqu'au jugement définitif, les rapporteur se fera aider du greffier.

XVI. Après avoir constaté le corps et les circonstances du délit et reçu la déposition des témoins, le rapporteur interrogera le prévenu sur ses noms, prénoms, âge, lieu de naissance, profession et domicile, et sur les circonstances du délit; s'il y a des preuves matérielles du délit, elles seront représentées au prévenu, pour qu'il ait à déclarer s'il les reconnaît, et qu'il les paraphe, ainsi qu'il est expliqué par l'art. XIV.

XVII. S'il y a plusieurs prévenus du même délit, chacun d'eux sera interrogé séparément.

XVIII. L'interrogatoire fini, il en sera donné lecture au prévenu, afin qu'il déclare si ses réponses ont été fidèlement transcrites, si elles contiennent vérité, et s'il y persiste, auquel cas, il signera; s'il ne peut ou ne veut signer, il en sera fait mention, et l'interrogatoire sera clos par la signature du rapporteur et celle du greffier. Il sera pareillement donné lecture au prévenu, du procès-verbal d'information.

XIX. Les interrogatoires et réponses de prévenus du même délit, seront inscrits de suite sur un seul et même procès-verbal, et séparés seulement par leurs signatures et celles du rapporteur et du greffier.

XX. Après avoir clos l'interrogatoire, le rapporteur dira au prévenu de faire choix d'un défenseur.

Le prévenu aura la faculté de choisir ce défenseur dans toutes les classes des individus présens sur les lieux; s'il déclare qu'il ne peut faire ce choix, le rapporteur le fera pour lui.

XXI. Dans aucun cas, le défenseur ne pourra retarder la convocation du tribunal maritime.

XXII. Il sera donné au défenseur, communication du procès-verbal d'information, de l'interrogatoire subi par le prévenu et de toutes les pièces tant à charge qu'à décharge, envers ledit prévenu.

XXIII. Le rapporteur rendra, sans délai, compte de la procédure au préfet maritime, qui ordonnera aussitôt la convocation du tribunal.

XXIV. Les juges qui devront composer le tribunal, se rendront au lieu destiné à cet effet, à l'heure de la matinée qui aura été prescrite la veille par le président.

XXV. Les séances du tribunal seront publiques; mais le nombre des spectateurs ne pourra excéder le triple de celui des juges; ils ne pourront entrer avec armes, cannes, ni bâtons; ils s'y tiendront chapeau bas et en silence; et si quelqu'un d'entr'eux s'écartait du respect dû au tribunal, le président pourra le reprendre et le condamner à garder prison jusqu'au terme de quinze jours, suivant la gravité du fait.

XXVI. Le tribunal étant assemblé, le président fera apporter et déposer devant lui, sur le bureau, un exemplaire de la loi, le procès-verbal fera mention de cette formalité indispensable. Il demandera ensuite au rapporteur la lecture du procès-verbal d'information et celle des pièces à charge comme à décharge envers le prévenu.

XXVII. Lecture faite du procès-verbal et des pièces, le président ordonnera que l'accusé soit amené devant le tribunal; l'accusé paraîtra devant ses juges, libre et sans fers, accompagné de son défenseur, l'escorte restera en dehors de la salle du tribunal, ou elle y sera introduite, selon que le président en ordonnera.

XXVIII. Le président interrogera l'accusé, lequel répondra par lui ou par son défenseur, excepté sur les questions auxquelles il sera interpellé de répondre personnellement.

Les membres du tribunal pourront faire des questions à l'accusé.

XIX. Les témoins seront introduits; ils seront nommés et désignés l'un après l'autre par leurs noms, prénoms, âge, état, profession et domicile. Le président leur ordonnera de prêter le serment et de dire la vérité; ce qu'ils seront tenus de faire en levant la main et en disant: je le jure.

XXX. Il sera libre aux accusés ou à leur conseil, non-seulement de proposer les motifs de reproches qu'ils peuvent avoir contre les témoins, mais encore de faire telles observations qu'ils jugeront à propos, sur son témoignage; même de demander au président de proposer, pour l'éclaircissement des faits, telles questions qu'ils voudront et auxquelles le témoin sera tenu de répondre, si le président juge convenable de l'interpeller.

XXXI. Le rapporteur et les juges pourront ensuite demander successivement au témoin les explications dont ils croiront sa déposition susceptible.

XXXII. Les témoins ayant été tous entendus et examinés, l'un après l'autre, dans une ou plusieurs séances, suivant l'exigence des cas, le rapporteur établira le mérite de l'accusation par les divers témoignages et autres preuves qu'il résumera. Il conclura, s'il y a lieu, à ce que l'accusé soit déclaré coupable et condamné à la peine que la loi prononce pour son délit.

XXXIII. L'accusé ou les accusés pourront, soit par eux-mêmes, soit par l'organe de leur conseil, proposer leurs moyens de défense ou d'atténuation. Il sera libre au rapporteur de reprendre la parole après les accusés, et ceux-ci seront les maîtres de répondre à leur tour, mais les plaidoiries ne s'étendront pas plus loin, et il ne sera jamais accordé de duplique.

XXXIV. Lorsque l'accusé ou les accusés produiront des témoins présens, soit à l'appui des moyens de reproche qu'ils auront proposés contre les témoins à charge, soit pour établir des faits tendant à leur justification ou à leur décharge, on ne pourra pas leur refuser d'entendre ces témoins.

XXXV. Les mêmes formalités seront observées tant pour l'audition et l'examen des témoins produits par les accusés, que pour l'audition et l'examen des témoins produits par le plaignant, ou d'office par le commissaire-rapporteur.

XXXVI. Si la partie plaignante se présente au conseil, elle y sera admise; elle pourra faire ses observations, auxquelles l'accusé répondra, ou son défenseur pour lui.

XXXVII. Le greffier rédigera le procès-verbal de chaque séance, de manière qu'il puisse servir à constater l'accomplissement ou l'inobservation de chacune des formalités qui doivent avoir lieu dans le cours de l'instruction pour assurer la régularité du jugement.

XXXVIII. Toutes les formalités prescrites ci-dessus étant remplies, le président demandera à l'accusé s'il n'a rien à ajouter à sa défense; il fera la même question au défenseur; et après les avoir entendus, il demandera aux membres du tribunal s'ils ont des observations à faire. S'ils déclarent, à la majorité des voix, que la cause est instruite, il ordonnera que le défenseur se retire et que l'accusé soit reconduit en prison.

XXXIX. Les membres du tribunal pourront, s'ils le jugent à propos, se retirer dans une salle voisine pour délibérer. Le président recueillera les voix, en commençant par le grade inférieur; il émettra son opinion le dernier.

XL. Les jugemens seront rendus à la majorité absolue des voix.

En cas de partage, l'avis le plus doux prévaudra.

XLI. L'accusé étant jugé, le président fera dresser le jugement; tous les juges signeront au bas, quand bien même ils auraient été d'avis différent de celui qui aura prévalu; et il en sera envoyé une expédition au ministre de la marine et des colonies.

XLII. Après que les juges auront signé le jugement, les portes du tribunal s'ouvriront, et le président prononcera le jugement en présence de l'auditoire.

XLIII. Le jugement ainsi prononcé, le président ordonnera au rapporteur de faire ses diligences pour qu'il soit mis de suite à exécution.

XLIV. Le greffier se transportera immédiatement à la prison, où il donnera lecture du jugement aux accusés, et les préviendra qu'ils ont vingt-quatre heures pour se pourvoir en révision. Le procès-verbal de la lecture sera écrit au bas du jugement, et signé seulement du greffier.

XLV. Les jugemens rendus par les tribunaux maritimes seront exécutés dans les vingt-quatre heures, à moins de recours en révision, ainsi qu'il sera dit au titre VI ci-après, ou d'un ordre contraire émané de nous.

Le greffier assistera et veillera aux exécutions, dont il dressera procès-verbal au bas du jugement.

XLVI. Les pièces de toutes les procédures instruites, et les minutes des jugemens rendus en conséquence, seront remises par le commissaire-rapporteur au greffe de la marine.

XLVII. Les minutes des jugemens seront inscrites sur un registre qui sera déposé, à la fin de chaque année, au bureau de l'inscription de la marine, pour y avoir recours en cas de besoin.

XLVIII. Le commissaire-rapporteur sera tenu d'adresser au ministre de la marine, les copies certifiées de tous les jugemens rendus par le tribunal.

TITRE IV.
Des contumaces.

XLIX. Lorsqu'un accusé n'aura pu être arrêté ni constitué prisonnier, il sera déclaré contumax et la procédure sera instruite contre lui, à la diligence du commissaire-rapporteur, conformément aux dispositions du titre IX du code des délits et des peines, du 3 Brumaire an IV.

TITRE V.
Des délits et des peines.

L. Les tribunaux maritimes se conformeront quant aux délits et aux peines, aux dispositions des titres II et III de la loi du 20 Septembre 1791, sur l'organisation des cours martiales et maritimes.

Les délits non prévus par cette loi, seront punis conformément aux lois pénales suivies par les tribunaux criminels ordinaires.

TITRE VI.
De la révision.

LI. Les jugemens rendus par les tribunaux maritimes peuvent être soumis à révision.

LII. La révision ne doit être ordonnée que lorsqu'il y a violation des formes prescrites, ou fausse application des lois pénales.

LIII. Le recours en révision peut être exercé soit par le commissaire-rapporteur, soit par l'accusé ou son défenseur. Il doit avoir lieu dans les vingt-quatre heures qui suivront la prononciation du jugement.

LIV. Pour décider s'il y a lieu d'admettre ou de rejetter le recours en révision, il sera formé un conseil composé du préfet maritime, du chef militaire, du chef d'administration, du président et du procureur impérial près le tribunal de première instance, et en leur absence, par ceux qui les remplacent dans leurs fonctions.

Ils se réuniront à la préfecture maritime. Les pièces de la procédure leur seront remises; il examineront, dans les vingt-quatre heures, si le jugement est conforme aux lois, tant pour la forme que pour l'application de la peine.

LV. Si ces officiers et magistrats décident que le jugement a été rendu dans les formes déterminées par la loi, et que la peine est conforme aux dispositions qu'elle prescrit, ils approuveront le jugement, le signeront, et il sera exécuté dans les vingt-quatre heures.

LVI. S'ils prononcent, à la majorité des voix, que le jugement a été illégalement rendu, ils en ordonneront la révision fondée sur l'article de la loi, dont ils rapporteront le texte dans le procès-verbal.

LVII. Dans ce cas, le préfet maritime sera tenu de convoquer sur-le-champ un autre tribunal.

Ce tribunal sera composé d'un nouveau président et de nouveaux juges, en se conformant aux articles II, III, IV et V du titre Ier.

Le commissaire-rapporteur et le greffier seront les mêmes que près le tribunal maritime.

LVIII. Il sera procédé, sans délai, au nouveau jugement. Si le nouveau jugement est frappé de recours en révision, on se conformera aux articles LII, LIII, LIV, LV, LVI et LVII.

Néanmoins, si le nouveau recours en révision est fondé sur les mêmes moyens qui ont déjà déterminé l'annullation du premier, la question ne pourra plus être agitée devant les officiers et magistrats désignés par l'article LIV, sans nous avoir été préalablement soumise en Conseil-d'Etat, et lesdits officiers et magistrats seront tenus de se conformer à la décision que nous aurons donnée en conséquence.

TITRE VII.

Dispositions relatives aux autres ports de l'Empire, non compris dans l'article premier.

LIX. Dans les ports et arsenaux de la marine non désignés dans l'article Iᵉʳ il sera, lorsque le cas le requerra, établi un tribunal maritime. Ce tribunal sera composé conformément aux dispositions du titre Iᵉʳ du présent décret.

LX. Dans ceux desdits ports, où il n'y aurait pas de préfet maritime, les fonctions qui lui sont attribuées par le présent décret, seront remplies par le chef du service de la marine.

LXI. Il désignera le président parmi les officiers militaires les plus élevés en grades, présens dans le port.

LXII. Dans le cas où le nombre de juges à prendre parmi les officiers militaires et d'administration, ne pourra pas être rempli, conformément aux dispositions de l'article IV, il sera pourvu à leur remplacement par des officiers militaires et d'administration, d'un grade inférieur à celui désigné par ledit article; mais néanmoins supérieur ou au moins égal à celui du prévenu; et à défaut de ces officiers, par des gradués, pris dans l'ordre du tableau, dans le lieu où se tiendra le tribunal.

LXIII. Les fonctions de commissaire-rapporteur seront remplies par le procureur impérial du tribunal de première instance de l'arrondissement, ou, s'il en est empêché, par le substitut magistrat de sûreté du même arrondissement.

LXIV. Un commis de la marine, nommé par le chef du service, remplira les fonctions de greffier.

LXV. Les dispositions des articles LI, LII, LIII, LIV, LV, LVI, LVII et LVIII du titre IV, seront applicables aux jugemens rendus par ces tribunaux; et en conséquence, pour prononcer sur l'admission ou le rejet du recours en révision, il sera formé un conseil composé du chef de service de la marine, des deux officiers militaires et civils les plus élevés en grade, du président et du procureur impérial près le tribunal de première instance de l'arrondissement.

TITRE VIII.

Dispositions relatives aux chiourmes et bagnes.

LXVI. Les infractions aux ordonnances et réglemens concernant la police des chiourmes et bagnes, et tous les délits y relatifs, seront portés devant les tribunaux maritimes spéciaux, lesquels seront composés :

Du préfet maritime, président, et, en son absence, de celui qui le remplace dans ses fonctions ;

De deux capitaines de vaisseau ou de frégate ;

D'un commissaire ou sous-commissaire de marine, et d'un ingénieur ou sous-ingénieur de la marine, les uns et les autres commis par le préfet maritime ;

Du commissaire rapporteur et du greffier, institués par les articles VI et VII du présent décret.

LXVII. Dans les ports où il n'existerait pas de préfet maritime, et dans lesquels il serait établi des bagnes, les fonctions attribuées au Préfet maritime, seront remplies par le chef du service de la marine.

Dans le cas où le nombre des juges ne pourrait pas être completté, comme il est prescrit par l'article précédent, il y sera pourvu, conformément aux dispositions de l'article LXII du titre VII, par des gradués pris dans l'ordre du tableau dans le lieu où se tiendra le tribunal.

Il sera de même pourvu, d'après les dispositions des articles LXIII et LXIV du même titre, aux fonctions du commissaire-rapporteur et du greffier.

LXVIII. Il n'est rien changé à la forme de procéder dans les jugemens concernant la police des chiourmes et bagnes.

Ces jugemens ne pourront dans aucun cas, être soumis au recours en révision.

LXIX. Les lois concernant les délits des forçats et les peines relatives à ces délits, continueront à être exécutées, avec cette exception que tout forçat qui s'évadera sera condamné à vingt-quatre années de fers et si déjà il est condamné à cette peine, il sera mis à la double chaîne pendant trois ans.

LXX. Tous délits commis par les individus employés au service des bagnes et à la garde des forçats, seront punis en conformité des réglemens rendus pour la police et la justice des chiourmes.

LXXI. Tous fauteurs et complices d'évasion de forçats, seront justiciables des tribunaux maritimes spéciaux, et jugés conformément aux ordonnances précédemment rendues sur le fait des chiourmes.

Dans le cas où ces fauteurs et complices seraient étrangers au département de la marine, deux juges du tribunal de première instance, et, à leur défaut, deux suppléans ou gradués, suivant l'ordre du tableau, seront appelés à prendre séance au tribunal.

LXXII. Notre grand-juge, ministre de la justice, et notre ministre de la marine et des colonies, sont chargés, chacun en ce qui le concerne, de l'exécution du présent décret, qui sera inséré au bulletin des lois.

Signé NAPOLÉON.

Article II.

En conséquence du décret impérial ci-dessus promulgué, l'arrêté du 26 Mars dernier, est rapporté ;

toutes affaires qui seraient maintenant en instance ou en renvoi par-devant la cour martiale, seront jugées sur les lieux, par le tribunal maritime formé conformément au décret.

Article III.

Le présent sera lu, imprimé et affiché ; expédition en sera adressée au Préfet colonial et au Commissaire de justice.

Ile de France, le 9 Juillet 1807.

Le Capitaine-général, DECAEN.

ARRÊTÉ.

147. Decaen, Capitaine-Général, etc. etc.

Sur l'exposé du Préfet colonial, que plusieurs habitans de l'île Bonaparte ont établi des guildiveries et soustrait ainsi plus ou moins de terrain à la culture des riches et utiles productions qui ont été la source de la véritable prospérité de cette colonie, qu'il serait contraire aux intérêts bien entendus de cette île, de tolérer l'extension d'un abus si préjudiciable au bien être des deux colonies, qui, par des cultures particulières appropriées à leur sol, ont établi et entretenu des rapports d'échange d'une utilité commune, qu'il suffit de prévenir l'accroissement du mal, et qu'on ne pourrait ordonner la destruction des guildiveries actuellement existantes à l'île Bonaparte, sans léser les particuliers qui les ont établies ; mais qu'il est juste que ces manufactures supportent dans leur produit, une taxe relative à celle qui est établie sur les produits des manufactures de même espèce à l'île de France, que le moyen le plus équitable de régler le droit est d'imposer chaque guildivier, en raison du nombre et de la contenance des alambics qu'il employe, soit à la distillation du vezou ou des mélasses, qu'il pourrait extraire de l'île de France. Qu'en réglant la quotité du droit à payer par les guildiviers, à l'île Bonaparte, il convient de faire dans le mode de perception du droit sur les aracks exportés de l'île de France, tant à leur sortie de cette île qu'à leur entrée à l'île Bonaparte, un changement qui favorise le commerce, sans nuire au revenu de l'Etat.

Après en avoir délibéré, Arrête :

Art. Ier. A dater de la publication du présent, il ne pourra plus être établi de guildiveries à l'île Bonaparte.

II. Les propriétaires de guildiveries y existantes, seront tenus, dans la quinzaine de la publication du présent, de passer, au bureau du sous-directeur ou receveur des douanes de leur arrondissement, déclaration du nombre et de la capacité des alambics composant leur guildiverie.

III. L'inspecteur de la douane s'assurera sur les lieux, de la vérité desdites déclarations, et en fera son rapport au sous-directeur, qui en adressera l'état au sous-préfet, ainsi qu'au chef de son service.

IV. Nul guildivier ne pourra augmenter le nombre des alambics qu'il employe, ni les changer pour de plus grands, à peine d'être poursuivi correctionnellement et

condamné à une amende de mille piastres, et en cas de récidive, à faire démolir son usine.

V. Les guildiviers payeront à compter du 1er Septembre 1807, une taxe de mille piastres par alambic de 120 veltes et au-dessous ; 1200 piastres pour les alambics au-dessus de 120 veltes, jusques et compris ceux de 180 veltes ; et 1400 piastres pour tous ceux d'une plus grande capacité ; cette taxe sera payable par quart à la fin de chaque trimestre ; et en cas de non payement, les débiteurs seront contraints par les mêmes voies que celles employées pour la perception des droits de douane.

VI. Les propriétaires de guildiveries, seront exempts desdites taxes pour les alambics, dont ils déclareront renoncer à se servir à l'avenir, mais ils seront tenus de les démonter, et dans le cas où ils viendraient à s'en servir sans une nouvelle déclaration, ils auront encouru les peines prononcées par l'article IV du présent.

VII. Les sirops ou mélasses qu'on exportera à l'île de France, pour être distillés à l'île Bonaparte, payeront à la sortie les quatre dixièmes du droit de sortie sur les aracks et autres liqueurs fortes.

VIII. Les droits acquittés en vertu de l'article précédent, seront considérés comme à-comptes sur la taxe annuelle des guildiviers, pour lesquels lesdites mélasses auront été déclarées.

IX. Lorsque le droit d'entrée sur un envoi d'arack, fait à l'île Bonaparte, par un seul propriétaire, s'élèvera à cent piastres, il pourra être payé moitié à trois mois, moitié à quatre, en effets de commerce souscrits par des personnes domicilières et cautionnés à la satisfaction des receveurs qui en seront personnellement responsables.

X. Le présent sera lu, enregistré, imprimé et affiché ; il en sera adressé expédition au Préfet colonial et au Commissaire de justice.

A l'île de France, le 23 Juillet 1807.

Le Capitaine-général, DECAEN.

ARRÊTÉ.

148. Decaen, Capitaine-général, etc. etc.,

Sur les observations et la proposition du Commissaire de justice ;

Après en avoir délibéré avec le Préfet colonial et le Commissaire de justice, Arrête :

Art. Ier. Le décret impérial du 4 Juillet 1806, concernant le mode de rédaction de l'acte par lequel l'officier de l'état civil constate qu'il lui a été présenté un enfant sans vie, est promulgué aux îles de France, Bonaparte et dépendances.

DÉCRET IMPÉRIAL.

Au Palais de St.-Cloud, le 4 Juillet 1806.

Napoléon, Empereur des Français et Roi d'Italie,

Sur le rapport de notre grand juge, ministre de la justice ;

Vû les différens articles du Code civil relatifs au mode de constater les décès ;

Notre Conseil-d'Etat entendu,

Nous avons décrété et décrétons ce qui suit :

Art. 1er. Lorsque le cadavre d'un enfant dont la naissance n'a pas été enregistrée, sera présenté à l'officier de l'état civil, cet officier n'exprimera pas qu'un tel enfant est décédé, mais seulement qu'il lui a été présenté sans vie. Il recevra de plus la déclaration des témoins, touchant les noms, prénoms, qualités et demeure des père et mère de l'enfant, et la désignation des an, jour et heure auxquels l'enfant est sorti du sein de sa mère.

Art. 2. Cet acte sera inscrit à sa date, sur les registres des décès, sans qu'il en résulte aucun préjugé sur la question de savoir si l'enfant a eu vie ou non.

Art. 3. Notre grand juge ministre de la justice et notre ministre de l'intérieur, sont chargés, chacun en ce qui le concerne, de l'exécution de notre présent décret.

Signé NAPOLÉON.

II. Le présent sera lu, enregistré, imprimé et affiché ; il en sera adressé expédition au Préfet colonial et au Commissaire de justice.

A l'île de France, le 7 Août 1807.

Le Capitaine-général, DECAEN.

ARRÊTÉ.

149 DECAEN, Capitaine-général, etc. etc.,

Sur les observations et la proposition du Commissaire de justice, et après délibération,

Arrête :

Art. Ier. Sont promulgués aux îles de France et Bonaparte ;

1°. L'article 3 du décret du 3 Pluviose an II, sur l'organisation de la justice militaire;

2°. Les articles 1er, 14 et 15, de la loi du deuxième jour complémentaire an III, concernant les délits militaires;

3°. La loi du 22 Messidor an IV, sur la compétence des conseils militaire;

4°. Les articles 1er et 12 de la loi du 13 Brumaire an V ;

5°. L'avis du Conseil-d'Etat, du 7 Fructidor an XII, relatif à compétence en matière de délits ordinaires commis par des militaires en congé ou hors de leurs corps.

Lesdits articles et actes seront publiés à la suite du présent.

II. Toute affaire de la nature de celles prévues par les dispositions ci-dessus promulguées, qui serait maintenant en instruction, sera de suite renvoyée pardevant les tribunaux qui doivent en connaître en conséquence.

III. Il est dérogé à toutes lois, ordonnances, arrêtés et réglemens contraires au présent, qui sera lu, enregistré, imprimé et affiché ; et dont expédition sera adressée au Commissaire de justice.

Ile de France, le 22 Octobre 1807.

Le Capitaine-général, DECAEN.

Extrait du décret du 3 Pluviose an II, sur l'organisation de la justice militaire.

Titre Ier. — *De la jurisdiction militaire.*

Art. 3. Tout délit de quelque nature qu'il soit, commis pendant la guerre ; à l'armée ou dans les camps, cantonnemens ou garnisons qu'elle occupe, par les individus qui la composent, ou qui sont employés ou attachés à la suite, sera jugé par les tribunaux criminels militaires, ou par les tribunaux de police correctionnelle militaire, suivant la gravité du délit.

Extrait de la loi du 2e jour complémentaire an III, relative au jugement des délits militaires.

Art. Ier. Tout délit commis par un militaire ou par tout autre individu attaché aux armées ou employé à leur suite, sera jugé à l'avenir par un conseil militaire.

Art. 14. Celui qui sera convaincu de crimes d'assassinats, de viol, d'incendie et de vol fait avec effraction, attroupement ou violence, sera puni de mort.

Art. 15. Sera réputé vol fait avec attroupement, lorsqu'il sera commis par plus de deux individus réunis; et avec violence lorsqu'il y aura des voies de fait contre les citoyens.

Extrait du Bulletin des Lois, du 22 Messidor an IV, n° 524. Loi qui fixe la compétence des conseils militaires.

Le Conseil des Anciens adoptant les motifs de la déclaration d'urgence qui précède la résolution ci-après, approuve l'acte d'urgence.

Suit la teneur de la déclaration d'urgence et de la résolution du 11 Messidor :

Le Conseil des Cinq-Cents considérant qu'il importe de déterminer sans délai la compétence des conseils militaires d'après les principes des articles 204 et 290 de l'acte constitutionnel ;

Déclare qu'il y a urgence.

Le Conseil des Cinq-Cents, après avoir déclaré l'urgence, prend la la résolution suivante :

Art. Ier. Nul délit n'est militaire, s'il n'a été commis par un individu qui fait partie de l'armée : tout autre individu ne peut jamais être traduit comme prévenu devant les juges délégués par la loi militaire.

Art. 2. Si parmi deux ou plusieurs prévenus du même délit, il y a un ou plusieurs militaires, et un ou plusieurs individus non militaires, la connaissance en appartient aux juges ordinaires.

Art. 3. Dans les cas prévus par la présente résolution, les procédures déjà commencées par-devant les
tribunaux militaires, seront, ainsi que les prévenus,
renvoyés devant les juges ordinaires.

Art. 4. La présente résolution sera imprimée.

Signé PELET (de la Lozère), président ; J.V.
DUMOLARD, SOULIGNAC, J. C. P. DELLEVILLE,
LECLERC de (Loir-et-Cher), secrétaires.

Après une seconde lecture, le Conseil des Anciens
approuve la résolution ci-dessus.

Le 22 Messidor an IV de la République Française.

Signé PORTALIS, président ; CRETET, RABAUT,
MOYSSET, secrétaires.

————

*Extrait de la loi du 13 Brumaire an V, N°. 843,
sur la manière de procéder au jugement des
délits militaires.*

Art. Ier. Il sera établi pour toutes les troupes de la
République et jusqu'à la paix, un conseil de guerre
permanent, dans chaque division d'armée et dans chaque division de troupes employées dans l'intérieur,
pour connaître et juger de tous les délits militaires.

Art. 12. L'officier supérieur commandant sur le
lieu, qui, par voie de plainte, notoriété publique, ou
autrement, aura connaissance certaine d'un délit commis par un militaire ou autre justiciable du conseil de
guerre, ordonnera sur-le-champ au capitaine faisant
les fonctions de rapporteur, de recevoir la plainte, s'il
en est fait une, de faire sur-le-champ l'information,
d'entendre les témoins, d'interroger le prévenu et de
lui rendre compte ; à défaut de plainte, il sera également procédé à l'information.

————

Extrait des minutes de la Secrétairerie-d'Etat,
du 7 Fructidor an XII.

*Avis du Conseil-d'Etat, relatif à la compétence
en matière de délits ordinaires, commis par des
militaires en congé ou hors de leur corps.*

(Séance du 30 Thermidor.)

Le Conseil d'Etat, sur le renvoi à lui fait par S.M.I.
d'un rapport du grand juge ministre de la justice, sur
la question de savoir à qui doit appartenir la connaissance des délits commis par les militaires en congé ;

Vu les diverses lois rendues sur la matière, et notamment celles du 16 Mai 1792, du 3 Pluviose an II,
du 2e jour complémentaire an III, du 22 Messidor
an IV, du 13 Brumaire an V, de l'article 85 de la
constitution de l'an VIII, et l'avis du Conseil-d'Etat,
du 27 Floréal an XI ;

Considérant qu'on a toujours distingué dans les délits
des militaires, ceux qu'ils commettent en contravention aux lois militaires, de ceux qu'ils commettent en
contravention aux lois générales qui obligent tous les
habitans de l'Empire ;

Qu'on a ensuite distingué parmi ces derniers délits,

ceux qui sont commis aux armées, dans leurs arrondissemens, dans les garnisons ou au corps, d'avec ceux
qui sont commis hors du corps ou en congé ;

Que la connaissance des uns a été attribuée aux
tribunaux militaires, et la connaissance des autres,
laissée aux tribunaux ordinaires ;

Que par les mots, *délits des militaires*, on ne peut
entendre que les délits commis par les militaires contre
leurs lois particulières ou contre les lois générales,
lorsque se trouvant sous les drapeaux ou à leur corps,
ils sont astreints à une discipline et à une surveillance
plus sévères ;

Que les délits qu'ils commettent hors de leur corps
et de leur garnison ou cantonnement, ne sont pas des
délits de militaires, mais des délits d'un infracteur des
lois, quelle que soit sa qualité ou sa profession ;

EST D'AVIS que la connaissance des délits communs, commis par des militaires en congé ou hors de
leur corps, est de la compétence des tribunaux ordinaires.

Approuvé, le 7 Fructidor an XII.

Signé NAPOLEON.

ARRÊTÉ.

150. DECAEN, Capitaine-général, etc. etc.,

Sur l'observation du Préfet colonial, qu'une loi rendue le 29 Mars 1806, attribue aux tribunaux de police correctionnelle la connaissance des délits préjudicia-
bles au domaine militaire de l'Etat ; qu'il est nécessaire
d'en appliquer les dispositions aux îles de France et
Bonaparte, et de déterminer en même temps les peines
encourues par les individus qui y contreviennent ;

Vu la loi du 29 Mars 1806 ;

Après délibération avec le Préfet colonial et le Commissaire de justice, Arrête :

CHAPITRE PREMIER.

*Du mode de procéder pour l'instruction des délits
commis contre les établissemens militaires.*

Art. Ier. Les lois qui ont pour but la conservation
des domaines nationaux, des eaux et forêts, édifices
et établissemens publics, seront applicables à la conservation des fortifications et de leurs dépendances,
des casernes, hôpitaux, magasins, arsenaux, et en général de tout ce qui constitue le domaine militaire de
l'Etat aux îles de France et Bonaparte.

II. Les gardes du génie seront pour l'exécution du
présent article, assimilés aux gardes forestiers et autres
agens conservateurs ; ils prêteront serment par-devant
le trbunal de première instance ; leurs procès-verbaux
feront foi auprès de toutes les autorités jusqu'à inscription de faux, les procureurs impériaux sont chargés
sous leur responsabilité personnelle, de poursuivre au
nom du gouvernement, par voie de police correctionnelle, et sans préjudice de poursuites extraordinaires
s'il y a lieu, la réparation des délits constatés par ces

Quatrième partie, A.

procès-verbaux, sur la simple transmission qui leur en sera faite par le directeur des fortifications.

III. Tous les procès-verbaux que les gardes du génie donneront dans les cas prévus par l'article Ier, relateront, afin d'être admis en justice, la date du jour et du lieu de l'enregistrement et de la prestation de serment, et seront visés pour timbre et enregistrés en débet, ainsi que les actes et jugemens qui interviendront sur lesdits procès-verbaux, conformément aux numéros 4 et 5 du paragraphe Ier de l'art. LXX, titre II de l'arrêté du 16 Frimaire an XII.

CHAPITRE II.

Des délits contre les établissemens militaires; des peines et de l'application des amendes.

IV. Il est défendu à tout propriétaire de troupeaux, de les envoyer paître dans les environs des fortifications et autres établissemens militaires au-delà d'une distance de quarante toises; les troupeaux qui seront trouvés en dedans de cette ligne, seront saisis et mis en fourrière aux frais du propriétaire, et le propriétaire sera condamné à une amende qui ne pourra être moindre d'une piastre, ni excéder cinq par chaque bête.

V. Il est défendu, sous les mêmes peines, de les envoyer ou laisser paître sur les réserves de l'État, lesquelles réserves comprennent, savoir : l'espace qui environne les parcs à bœufs de la direction du Génie, le terrain compris entre le chemin de la Grande-Rivière et celui de Moka, celui qui s'étend depuis le canal de décharge du Fanfaron jusqu'aux retranchemens des Lataniers, enfin celui qui dépend de la briquerie de l'État.

VI. Nul ne pourra, sans une autorisation expresse du directeur des fortifications, extraire sur les réserves de l'État, des pierres, des terres et du sable; toute personne qui en enlèvera sans l'autorisation prescrite, sera condamnée à une amende qui ne pourra être moindre de dix piastres, sans préjudice de tous dommages et intérêts, s'il y échet.

VII. Toutes dégradations faites aux fortifications et autres établissemens militaires et dépendances, seront punies d'une amende égale au prix des réparations qui seront faites aux frais des délinquans.

VIII. Le canal, dit la Grande-Rivière à l'île de France, étant une dépendance de la direction du Génie, il est défendu, sous peine de cinq piastres d'amende, de laver du linge ou de se baigner dans l'eau du canal, d'en interrompre ou d'en ralentir le cours, de quelque manière que ce soit.

IX. Il n'y aura sur ses bords, jusqu'à la distance de six toises de chaque côté, aucune plantation d'arbres et arbustes quelconques; cette distance est réduite à douze pieds dans les endroits où le canal se trouve élevé d'au moins six pieds au-dessus du sol. Toutes plantations maintenant existantes dans ces distances, seront détruites par les propriétaires, dans le délai de deux mois, à compter de la publication du présent, passé lequel il y sera pourvu à leurs frais.

X. Aucune personne ne pourra parcourir les bords dudit canal; ceux qui y seront trouvés, seront pour la première fois conduits de suite au bureau central de police pour y être punis de telle peine de simple police qui sera jugée convenable; en cas de récidive, ils seront condamnés à une amende de dix piastres, et les esclaves seront fouettés et mis aux chaînes pour quinze jours.

XI. Les troupeaux ne pourront paître sur les bords du canal, à la distance de vingt toises, et ce, sous les peines portées par l'article IV ci-dessus.

XII. Les peines seront doubles en cas de récidive; il sera alloué un tiers des amendes aux gardes des fortifications, sur le procès-verbal desquels elles auront été prononcées.

XIII. La section IX du titre II de l'arrêté du Ier Août 1793, sera au surplus suivie pour les délits ci-dessus prévus en tout ce qui leur est applicable, et n'est pas contraire au présent, qui sera lu, enregistré, imprimé et affiché, et dont expédition sera adressée au Préfet colonial et au Commissaire de justice.

A l'île de France, le Ier Novembre 1807.

Le Capitaine-général, DECAEN.

RÈGLEMENT.

151. Léger, Préfet colonial des Îles de France, etc.

Considérant qu'il importe à la conservation du Port, d'y faire observer avec exactitude les réglemens de police qui contiennent les mesures de sûreté prescrites par les ordonnances; que les capitaines des navires étrangers cherchent à excuser les infractions par eux commises à ces réglemens, en prétextant qu'ils les ignorent :

Considérant qu'il est aussi urgent qu'essentiel de ne pas laisser subsister un tel motif d'excuse pour des abus si dangereux, Arrête :

Art. Ier. Tout bâtiment venant au mouillage du Port Napoléon, prenant les pilotes, sera tenu de recevoir les secours du Port.

II. Défenses sont faites aux pilotes de touer ou de laisser amarrer les navires sur les bouées des corps morts et chaînes de répétitions; les grelins devront toujours être frappés sur les organeaux des grosses chaînes; en cas de fortes brises, les bâtimens laisseront tomber une ancre et fileront de la touée.

III. Les bâtimens français au-dessous de cent tonneaux, qui ne seront point dans l'obligation de recevoir les pilotes, se toueront de même que les autres bâtimens; ils ne pourront dans aucun cas, s'amarrer sur les bouées des corps morts; ils répondront de tous dommages qu'ils pourraient occasionner.

IV. Aucun bâtiment ne pourra entrer plus loin que le vaisseau amiral, avant d'avoir débarqué ses poudres; les pilotes en sont responsables sous peine d'emprisonnement pour la première fois, et sous peine d'être traduits au conseil militaire en cas de récidive.

On n'embarquera de poudre, que quand les vaisseaux seront évités et en appareillage.

V. Les pilotes n'amarreront à poste les bâtimens arrivans que d'après l'ordre du capitaine de port, et à la place qu'il leur aura désignée ; les bâtimens devront avoir deux ancres devant et une en croupière, garnies de leurs bouées et de bons orins ; ils auront de plus, dans la mauvaise saison, une amarre debout et une seconde croupière ou forte embossure ; leurs vergues seront amenées et leurs mâts de hune calés.

VI. Tout bâtiment amarré à poste ne pourra, sous aucun prétexte, changer la position de ses amarres ; il ne pourra les filer ou visiter que d'après l'ordre du capitaine de port et en présence d'un pilote.

VII. Les bâtimens mouillés dans le Port sont tenus d'éteindre leur feu à huit heures, de faire bon quart, de piquer l'horloge et de s'assurer que leurs embarcations soient bien amarrées le long du bord ; tout feu est interdit de jour et de nuit aux vaisseaux séjournant dans le Port Fanfaron.

VIII. Les capitaines et officiers qui voudront se rendre à leur bord après le coup de canon de huit heures, sont tenus de se pourvoir d'une permission de l'officier de garde ; leurs bateaux devront toujours rester, en les attendant, sous la surveillance d'une sentinelle, au quai de la Flèche.

IX. Les bâtimens occupant les corps morts sont tenus de supporter les amarres de tous bâtimens en mouvement ayant pilotes à bord ; leur refus, dans ce cas, ou l'action de larguer l'amarre disposée, les rendraient responsables de tout événement. Les officiers de port et pilotes en service à bord des vaisseaux de l'Etat, sont autorisés à employer tous les moyens utiles pour la sûreté desdits vaisseaux dans leurs mouvemens.

X. Défenses sont faites à tous capitaines et officiers des bâtimens, de brûler des amorces dans le port, tirer des armes à feu et saluer, sans en avoir prévenu le capitaine de port ; en tems de croisière, il leur est aussi défendu d'arborer leurs couleurs, d'enverguer, de déverguer, sans un ordre du capitaine de port, et de mettre leurs voiles à sécher.

XI. Il est défendu de jeter à la mer des saletés ou matières quelconques ; les capitaines enverront porter ces objets au port, dans leurs bateaux ; il leur sera désigné un lieu où ils devront les déposer ; en cas de contravention, le capitaine du bâtiment sera condamné à dix piastres d'amende, pour la première fois, à vingt piastres et à dix jours de détention en cas de récidive.

XII. Tout capitaine convaincu d'avoir jeté du lest dans le port, sera puni de cinq cents piastres d'amende, et en cas de récidive, le bâtiment sera confisqué au profit de l'Etat. Aucun bâtiment ne pourra débarquer son lest, sans la permission du capitaine de port, qui en désignera le dépôt.

XIII. Aucun bâtiment ne pourra hâler ses bateaux sur les calles, sans en avoir obtenu la permission du capitaine de port, il en sera de même pour leur mise à la mer.

XIV. Lorsqu'un bâtiment sera désarmé, l'armateur sera tenu de se pourvoir d'un gardien blanc, désigné par le capitaine de port ; à défaut de quoi, il y sera pourvu aux frais de l'armement.

XV. En cas d'incendie en rade ou à terre, il sera envoyé de chaque bâtiment armé, une partie de son équipage sous la conduite d'un officier.

XVI. Nul bâtiment ayant des poudres à bord ne pourra passer la nuit dans le port en dedans du vaisseau amiral.

XVII. L'entrepreneur des bateaux de passage tiendra continuellement à la disposition du port et du public tous ses bateaux en cas de mauvais temps, et ne pourra les désarmer qu'après en avoir obtenu l'ordre du capitaine de port.

XVIII. Nul ne pourra faire un appareil de dématage ou de carène, ni entreprendre la démolition d'un bâtiment, sans l'ordre du capitaine de port, qui enverra un maître d'appareil pour la carène, mâtage et démâtage ; ses journées lui seront payées suivant le tarif arrêté par le Capitaine-général et le Préfet colonial.

XIX. Chaque pilote sera porteur d'un exemplaire du présent règlement, dont il donnera connaissance aux capitaines des bâtimens qu'il pilotera ; il sera tenu d'avoir un cahier sur lequel il fera signer ces capitaines en témoignage de la connaissance qui leur en aura été donnée.

Au Port Napoléon, île de France, le 10 Nov. 1807.

Le Préfet colonial,   LÉGER.

Approuvé, le Capitaine-général, DECAEN.

ARRÊTÉ.

152. DECAEN, Capitaine-général, etc. etc.,

Sur les observations et la propostion du Préfet colonial ;

Après en avoir délibéré avec le Préfet colonial et le Commissaire de justice ;

Arrête :

Art. Ier. La recette des impositions comprises sous le nom d'impositions directes, timbre et taxe du marronnage, sera faite par un seul receveur.

II. La police du marronnage, quant aux déclarations, à la constatation des droits des capteurs et des infractions, à l'interrogatoire des marrons et à leur remise au propriétaire, est déférée au bureau central de police, auquel seront envoyées les déclarations de marronnage et de rentrées faites dans les quartiers.

III. Le receveur sera au surplus chargé de toutes les autres fonctions déterminées par le chapitre V de l'arrêté du Ier Pluviose an XII.

IV. Il y aura à l'île Bonaparte, deux dépôts de marrons : l'un à St.-Denis, pour les noirs pris dans le quartier de l'Est ; l'autre à St.-Paul, pour ceux pris dans la partie de l'Ouest.

V. Les articles II et III de l'arrêté du 6 Floréal an XII, sont modifiés ainsi qu'il suit :

Est marron, tout esclave absent depuis-vingt-quatre heures ; néanmoins, l'esclave arrêté durant les trois premiers jours de son absence, sera de suite rendu au propriétaire, et il ne sera point alloué de prix de capture pour ces arrestations.

Le capitaine commandant de quartier prononcera, en cas de contestation, sur l'époque de l'évasion.

VI. A l'avenir, les prix de capture pour les marrons, en l'une et l'autre colonie, seront payés d'après le tarif ci après :

Pour tout esclave marron arrêté dans le cours d'un mois de marronnage, une piastre.

Pour un marron d'un mois à deux, quatre piastres.

Pour un marron de deux à quatre, huit piastres.

Pour un marron de quatre à six, douze piastres.

Pour un marron de six mois et au-delà, vingt id.

VII. Tout esclave qui aura été arrêté quatre fois pour marronnage, et dont une des absences aura duré plus de six mois, ainsi que celui qui serait arrêté après récidive de marronnage de plus de six mois, appartiendra à l'Etat, pour être mis à la chaîne, et employé à des travaux de force. Il sera payé au propriétaire, à titre d'indemnité, une somme de quatre-vingts piastres.

VIII. Chaque année, les maîtres porteront dans leurs recensemens les noms des esclaves non rentrés qu'ils auront déclarés marrons dans le cours de l'année.

Les déclarations de 1808 comprendront les absens depuis le 1er Vendémiaire an XII.

IX. L'article XI de l'arrêté du 6 Floréal an XII, est rapporté en ce qui concerne les prises faites dans l'intérieur de l'île Bonaparte, sauf toutes gratifications estimées justes d'après les lieux et les circonstances des captures.

X. L'exécution de l'article VI du présent arrêté aura lieu du jour de sa publication ; les dispositions des autres articles ne commenceront à être exécutées que le 1er Février prochain.

XI. Le présent sera lu, enregistré, imprimé et affiché ; expédition en sera adressée au Préfet colonial et au Commissaire de justice.

A l'île de France, le 30 Décembre 1807.

Le Capitaine-général, DECAEN.

ARRÊTÉ.

153. Decaen, Capitaine-général, etc. etc.,

Sur les observations et la proposition du Préfet colonial ;

Après en avoir délibéré, Arrête :

Art. Ier. Les impositions directes et la taxe du marronnage, pour l'année 1808, seront les mêmes aux îles de France et Bonaparte, que pour l'année 1807.

II. Il sera fait une estimation des édifices nouvellement construits, ou qui ont pris un accroissement depuis l'estimation de l'an XII, par deux experts, dont un nommé par le receveur de l'imposition, d'après autorisation du Préfet colonial, et du sous-préfet pour l'île Bonaparte, et l'autre par le propriétaire.

III. Le receveur des impositions sera tenu d'avoir des collecteurs, pour recevoir à domicile des habitans, dans les quartiers, le montant de leurs cottes d'impositions.

Ces collecteurs seront au choix du receveur, qui en sera garant et responsable.

IV. Pour 1808, les recensemens qui ont été distribués par les commissaires civils seront recueillis dans le délai prescrit par les collecteurs, qui à, l'avenir, en feront la distribution et la collecte à la diligence du receveur.

V. Les recensemens seront remis par le receveur à la préfecture, pour qu'il soit procédé à leur vérification.

VI. Les recensemens ne seront distribués que par doubles, l'un desquels restera entre les mains du propriétaire ; les deux seront signés par le déclarant et le collecteur.

VII. Sur la simple ordonnance du Préfet colonial, les habitans qui seront reconnus avoir fait de fausses déclarations seront poursuivis en payement de l'amende portée par l'article V de l'arrêté du 1er Pluviose an XII. Il en sera de même pour l'application des articles IX et X dudit arrêté, dans les cas prévus par leurs dispositions.

VIII. Il est dérogé à toutes dispositions contraires au présent, qui sera lu, enregistré, imprimé et affiché, et dont expédition sera adressée au Préfet colonial et au Commissaire de justice.

Ile de France, le 31 Décembre 1807.

Le Capitaine-général, DECAEN.

ARRÊTÉ.

154. Decaen, Capitaine-général, etc. etc.,

Sur les observations et la proposition du Commissaire de justice ;

Après en avoir délibéré avec le Préfet colonial et le Commissaire de justice, Arrête :

Art. Ier. Toute personne libre prévenue d'un délit dont la peine n'excéderait pas trente francs d'amende et trois jours de prison, sera citée devant le juge de première instance, pour être entendue et jugée en dernier ressort.

La citation sera donnée à la requête de l'officier de police ; elle pourra aussi l'être à la requête des particuliers qui se prétendront lésés par le délit.

II. Dans ce dernier cas et dans celui où les personnes lésées par le délit interviendraient comme parties civiles sur la citation donnée à la requête de l'officier de police, le tribunal de police prononcera en dernier ressort par le même jugement, sur les dommages-intérêts prétendus pour raison du délit, et sur la peine infligée par la loi.

III. La citation sera notifiée par un huissier qui en laissera une copie au prévenu.

IV. Néanmoins les parties pourront comparaître volontairement ou sur un simple avertissement, sans qu'il soit besoin de citation.

V. La citation sera donnée à jour et heure fixes.

Il ne peut y avoir entre la citation et la comparution un intervalle moindre de vingt-quatre heures.

VI. Si la personne citée ne comparait pas au jour et à l'heure fixés par la citation, elle sera jugée par défaut.

VII. La condamnation par défaut sera comme non avenue si dans les huit jours de la signification qui en sera faite à la personne citée, celle-ci se présente et demande à être entendue.

Néanmoins les frais de la signification du jugement demeureront à sa charge.

VIII. Si la personne citée ne comparait pas dans les huit jours de la signification du jugement par défaut, ce jugement demeurera définitif.

IX. La personne citée comparaitra par elle-même ou par un fondé de procuration spéciale, sans pouvoir être assistée d'un défenseur officieux ou conseil.

X. L'instruction de chaque affaire sera publique et se fera dans l'ordre suivant :

Les procès-verbaux, s'il y en a, seront lus par le greffier ; les témoins, s'il en a été appelé par l'officier de police, seront entendus ;

La personne citée proposera sa défense et fera entendre ses témoins si elle en a amené ou fait citer ;

L'officier de police résumera l'affaire et donnera ses conclusions ;

Le juge prononcera ensuite dans la même audience ou au plus tard dans la suivante ;

Il motivera son jugement et y insérera les termes de la loi qu'il appliquera.

XI. Nonobstant la disposition de l'article VI du réglement du 6 Vendémiaire an XII, qui fixe le jour des audiences de police, le juge de première instance pourra en régler le nombre et les jours, suivant l'exigence des cas.

XII. Le premier jour de chaque mois, le premier officier de police remettra au procureur impérial l'extrait des jugemens de police prononcés dans le cours du mois précédent, pour servir en police correctionnelle de renseignemens sur les délinquans en cas de récidive.

Il en sera rendu compte au procureur-général impérial.

XIII. Les jugemens de police seront exécutés à la requête du premier officier et de la partie civile.

Il sera tenu, sous sa responsabilité, de faire verser le montant des amendes recouvrées, dans la caisse du receveur de l'enregistrement, prélèvement fait de la part destinée au bureau de bienfaisance.

Il rendra compte du tout au sous-préfet.

XIV. Le présent sera lu, enregistré, imprimé et affiché ; expédition en sera adressée au Préfet colonial et au Commissaire de justice.

Ile de France, le 18 Février 1808.

Le Capitaine-général, DECAEN.

ARRÊTÉ.

155. DECAEN, Capitaine-général, etc. etc.,

Vu le rapport des Administrateurs particuliers à l'île Bonaparte ;

Après en avoir délibéré avec le Préfet colonial et le Commissaire de justice, Arrête :

Art. Ier. Une nouvelle division de l'île Bonaparte est déterminée ainsi qu'il suit :

St.-Denis. — St.-Denis, Ste.-Marie.

Ste.-Suzanne. — Ste.-Suzanne, St.-André.

St.-Benoît. — St.-Benoît, Ste.-Rose.

St.-Pierre. St.-Pierre, St.-Joseph.

St.-Leu. — St.-Leu, St.-Louis.

St.-Paul. St.-Paul.

II. Le quartier de Ste.-Suzanne s'étendra depuis la rivière de Ste.-Suzanne jusqu'à celle des Roches.

III. Dans chacun des quartiers de St.-Denis et Ste.-Suzanne il y aura un commissaire civil et un suppléant, ainsi que dans chaque section des autres quartiers.

IV. Le présent sera lu, enregistré, imprimé et affiché ; il en sera adressé expédition au Préfet colonial et au Commissaire de justice.

Ile de France, le 18 Février 1808.

Le Capitaine-général, DECAEN.

ARRÊTÉ.

156. DECAEN, Capitaine-général, etc. etc.,

Sur les observations et la proposition du Commissaire de justice ;

Après délibération avec le Préfet colonial et le Commissaire de justice, Arrête :

Art. Ier. Les titres d'agent-général, de sous-agent et d'inspecteur de police, à l'île Bonaparte, sont supprimés.

II. La justice pour la répression des délits de simple police, sera administrée, en cette colonie, par le juge de première instance.

III. Les autres fonctions de police seront remplies par le commissaire civil du quartier St.-Denis et son suppléant, sous le titre de premier et second officier de police. Il y aura un commis pour le service du bureau.

IV. Les officiers de police exerceront, sous la surveillance du procureur impérial, le ministère public près le tribunal de police ; ils auront en conséquence, par-devant le tribunal, la voie d'action et de réquisition contre tous faits de simple police.

V. Ils prêteront serment par-devant le tribunal de première instance, et porteront dans l'exercice de leurs fonctions le costume des commissaires civils.

VI. L'article II de l'arrêté du 14 Vendémiaire an XII, quant aux attributions de justice et de police des commissaires civils hors du chef-lieu, continuera d'avoir son exécution.

VII. Il est dérogé à toutes dispositions contraires au présent qui sera lu, enregistré, imprimé et affiché, et dont expédition sera adressée au Préfet colonial et au Commissaire de justice.

Ile de France, le 18 Février 1808.

Le Capitaine-général, DECAEN.

RÈGLEMENT.

157. L. R. CRESPIN, Commissaire de justice, etc.

En vertu de l'article XXVIII de l'arrêté du Gouvernement de la République du 13 Pluviose an XI ;

Vu différentes adresses sur la question de savoir si l'exécution d'un jugement en matière correctionnelle ou criminelle est suspendue par la déclaration du condamné qu'il se pourvoit en cassation ;

Attendu que l'arrêté du 3 Germinal an XI, rétablit les tribunaux des îles de France et de la Réunion, sur le même pied qu'en 1789, et ordonne l'observance tant au civil qu'au criminel, des formes de procéder, des lois et réglemens alors observés, sans qu'il soit innové à l'organisation, au ressort et à la compétence desdits tribunaux ; qu'en conformité dudit arrêté, l'instruction des jurés a été, par réglement du 6 Vendémiaire an XII, abolie auxdites îles, et l'ordonnance de 1670, remise en vigueur ; qu'aucun réglement postérieur ne s'exprime sur le pourvoi en cassation ni sur son effet ; qu'en conséquence, l'article XXI du titre XXV de l'ordonnance de 1670, pour l'exécution des jugemens est maintenu en son entier, sauf les cas de sursis, prévus par ladite ordonnance et par les dispositions publiées avant 1789, aux îles de France et Bonaparte, sur les accusés condamnés en dernier ressort dans les colonies ;

Déclare qu'il n'y a lieu à délibérer.

A l'île de France, le 29 Février 1808.

Le Commissaire de justice, L. R. CRESPIN.
Approuvé, le Capitaine-général, DECAEN.

PROCLAMATION.

158. DECAEN, Capitaine-général, etc. etc.,

La lettre ci-après de S. Exc. le ministre de la marine et des colonies est publiée aux îles de France, Bonaparte et dépendances.

Paris, le 23 Octobre 1807.

Messieurs les Capitaine - général, Préfet colonial, Commissaire de justice intérimaire des îles de France et de la Réunion.

« Je m'empresse, Messieurs, de vous annoncer que le Portugal ayant rompu toutes ses relations avec la France et s'étant mis en état d'hostilités envers elle, notre auguste Empereur vient de lui déclarer la guerre. L'intention de Sa Majesté est en conséquence que tous ses vaisseaux de guerre et corsaires courent sus aux bâtimens de cette puissance qui doit être traitée comme ennemie, tant sur terre que sur mer.

» Vous voudrez bien à cet effet, Messieurs, donner, chacun en ce qui vous concerne, les ordres convenables, et faire enregistrer cette lettre au bureau de l'inspection, ainsi qu'aux greffes des tribunaux.

» Recevez, Messieurs, l'assurance de ma considération distinguée,

Le ministre de la marine et des colonies,

Signé DECRÈS.

La présente proclamation sera lue, enregistrée, imprimée et affichée ; expédition en sera adressée au Préfet colonial et au Commissaire de justice.

Ile de France, le 7 Mars 1808.

Le Capitaine général, DECAEN.

ARRÊTÉ.

159. DECAEN, Capitaine-Général, etc. etc.

Le Préfet colonial et le Commissaire de justice ayant exposé qu'il serait nécessaire d'établir aux îles de France et Bonaparte, sauf les modifications qu'exige la localité, des brigades de gendarmerie organisées selon les dispositions de la loi du 28 Germinal an VI, et autres subséquentes, relatives à la gendarmerie de l'Empire ;

Après en avoir délibéré avec le Préfet colonial et le Commissaire de justice, Arrête :

TITRE PREMIER.

Organisation et mode d'avancement et de remplacement.

Art. Ier. Quatre brigades de gendarmerie à pied seront successivement formées et organisées pour le service des îles de France et Bonaparte.

II. Chaque brigade sera composée comme il suit :

Un maréchal des logis, un brigadier, huit gendarmes, un tambour pour les quatre brigades.

III. Ces quatre brigades seront commandées par un capitaine et un lieutenant, nommés par le Capitaine-général.

IV. Le maréchal des logis de la Ire brigade aura le grade de maréchal en chef, secrétaire-greffier.

V. Les deux premières brigades seront, dans le plus bref délai, formées, organisées et mises en activité.

VI. Les maréchaux des logis, brigadiers, gendarmes et le tambour seront tirés des corps des différentes armes stationés aux îles de France et Bonaparte.

Ils seront nommés et commissionnés par le Capitaine-général.

A cet effet, le Lieutenant du Capitaine-général se fera remettre, par chaque corps, une liste des sous-officiers et soldats susceptibles d'être admis.

Ils devront réunir les qualités suivantes : 1° être âgés de vingt-cinq ans et au-dessus jusqu'à quarante ; 2° savoir lire et écrire couramment ; 3° avoir au moins quatre années de service et s'être constamment rendus recommandables par leurs bonnes mœurs, une soumission exacte à la discipline militaire et par leur attachement au service de S. M. I. et R. ; 4° être au moins de la taille d'un mètre 702 milimètres (5 pieds 3 pouces.)

VII. Le Lieutenant du Capitaine-général, après l'examen des différentes listes, formera un tableau des candidats qu'il aura jugés les plus capables de service en qualité de sous-officiers et gendarmes, et il le présentera au Capitaine-général.

VIII. L'organisation des quatre brigades terminée, il sera nommé aux emplois vacans des sous-officiers, de la manière suivante :

1°. Il sera pourvu aux places vacantes de gendarmes selon le mode déterminé par les articles VI et VII ;

2°. Les emplois de brigadiers seront donnés aux gendarmes qui se seront fait distinguer par des actions d'éclat ou par un zèle et une activité soutenue, ou qui auront donné des preuves d'une grande aptitude à remplir les fonctions de brigadier. Ils seront nommés par le Lieutenant du Capitaine-général, sur une liste de trois candidats, formée par le capitaine commandant la gendarmerie ;

3°. Les emplois des maréchaux des logis seront donnés, savoir : la première place vacante au plus ancien brigadier ; à la deuxième, il sera nommé par le Lieutenant du Capitaine-général, sur une liste de trois brigadiers, formée par le capitaine de gendarmerie.

Le Capitaine-général nommera à l'emploi vacant de maréchal des logis, revenant au troisième tour, sur la proposition du Lieutenant du Capitaine-général.

Les emplois au choix du Capitaine-général seront donnés soit à un brigadier de la gendarmerie, soit à

un maréchal des logis ou sergent des différens corps stationnés aux colonies orientales.

Le maréchal des logis en chef, secrétaire-greffier, sera choisi par le Lieutenant du Capitaine-général parmi les maréchaux des logis de la gendarmerie.

TITRE II. — PREMIÈRE SECTION.

Solde et traitement.

IX. La solde de la gendarmerie sera payée sur le pied ci-après, savoir ; par an :

Capitaine, 4500 fr. ; lieutenant, 3000 fr. ; maréchal des logis en chef, 1698 fr. ; maréchal des logis, 1248 fr. ; brigadier, 976 fr. ; gendarme et le tambour, 842 fr.

X. Lorsque les sous-officiers et gendarmes devront découcher pour un service extraordinaire, il leur sera alloué un supplément par chaque nuit, savoir :

Maréchal des logis, 1 fr. ; brigadier, 90 centimes ; gendarme, 57 centimes.

XI. Le paiement de la solde de la gendarmerie, sera fait tous les mois, sur un état, des hommes présens au corps, certifié par le conseil d'administration et visé par l'inspecteur aux revues.

XII. Les frais de découcher pour service extraordinaire, seront payés tous les trois mois, sur la demande du conseil d'administration, appuyée de l'ordre de service et des certificats des commandans ou commissaires civils des quartiers où ils auront couché. Ces pièces resteront entre les mains du commissaire aux revues.

XIII. Les officiers de gendarmerie, les sous-officiers et gendarmes recevront, en outre, la solde et le traitement fixés par les articles précédens, la ration de vivres et le chauffage comme les troupes de ligne.

SECTION II.

Masse d'entretien et de linge et chaussure ; habillement, armement, équipement, hôpital et frais d'administration.

XIV. Au moyen de la solde et du traitement attribués aux sous-officiers et gendarmes par les art. IX, X et XIII, ils seront tenus de pourvoir à l'entretien de leur habillement, grand et petit équipement. Il leur sera seulement délivré, à leur entrée en fonctions, des magasins de l'Etat, un habillement complet, ainsi que l'armement et le grand équipement.

XV. Sur les fonds affectés à la solde des sous-officiers et gendarmes, il sera prélevé chaque année, par douzième, une masse de 120 francs par homme, destinée à l'entretien et au renouvellement de l'habillement, coiffure et bottes des sous-officiers et gendarmes.

Il ne sera point fait de décompte de cette masse générale qui sera gérée par le conseil d'administration, par les soins duquel chaque sous-officier et gendarme recevra tous les deux ans un habit et un surtout de drap bleu national.

Et tous les ans, trois gilets, trois pantalons de nankin jaune ; une paire de bottes, un chapeau.

L'entretien de l'armement et du grand équipement sera aussi pris sur cette masse.

Cette masse est aussi destinée à faire face aux frais des bureaux et à remplacer aux sous-officiers et gendarmes qui, en remplissant leurs devoirs et sans qu'il y ait de leur faute, auraient éprouvé des pertes.

Le conseil d'administration déterminera ce qui devra être accordé.

XVI. Chaque sous-officier et gendarme devra avoir une masse particulière dite de linge et chaussure ; elle est fixée à 100 francs.

Dans le courant du premier trimestre, à compter du jour de l'admission d'un gendarme, elle devra être portée au moins à 50 francs ; elle sera ensuite complétée par une retenue de 25 centimes sur la solde journalière.

XVII. Chaque trimestre, il sera fait aux sous-officiers et gendarmes un décompte de l'excédent de cette masse, après la revue, qui constatera qu'ils sont complètement fournis des effets ci-après : huit chemises, trois paires de souliers, une paire de guêtres noires, deux idem idem blanches, six cravates, quatre mouchoirs.

Ainsi que les autres effets de petit équipement dont tout soldat doit être pourvu.

XVIII. Les sous-officiers et gendarmes seront casernés.

Il leur sera fourni à cet effet un local convenable, ainsi que les effets et ustensiles de casernement.

Un logement en nature sera également fourni aux officiers.

Les brigades de gendarmerie devront faire ordinaire. Le conseil d'administration déterminera la portion de la solde, qui devra être journellement employée à cet usage. Il en sera fait retenue au commencement de chaque mois, pour être ensuite distribuée par tiers, tous les dix jours, aux brigadiers ou gendarmes chargés de la dépense.

XIX. L'uniforme de la gendarmerie, sera comme ci-après :

Habit de drap bleu national, collet, revers, paremens et doublures rouges ; liséré rouge, surtout de drap bleu national, sans revers ni paremens, collet bleu, doublures et liséré rouge, veste et culotte de drap chamois ou nankin jaune.

Boutons blancs, portant pour légende : GENDARMERIE, et au milieu, FORCE A LA LOI.

L'aiguillette en argent pour les officiers, et en fil ou coton blanc pour les sous-officiers et gendarmes ; chapeau à la française, cravate blanche, demi-bottes ou guêtres.

XX. L'armement sera composé d'un fusil avec bayonnette, d'une giberne avec banderolle, d'un sabre monté à la dragonne avec baudrier jaune, sur lequel sera appliqué une plaque en argent.

Le Capitaine-général en déterminera la forme et les dimensions.

XXI. Lorsqu'un sous-officier ou gendarme entrera à l'hôpital, à sa sortie il sera rappelé pour la moitié de sa solde, sur laquelle il sera néanmoins prélevé la retenue pour la masse générale et celle de linge et chaussure.

TITRE III.

Administration.

XXII. Il sera établi pour les brigades de gendarmerie, un conseil d'administration composé du capitaine, du lieutenant et d'un maréchal des logis.

Les détails de la comptabilité seront tenus par le maréchal des logis en chef.

Un maréchal des logis sera chargé de la tenue des contrôles.

XXIII. L'administration des brigades de gendarmerie sera établie d'après les bases déterminées par les arrêtés des 28 Ventôse et 8 Floréal an VIII, et du décret impérial du 25 Germinal an XIII. Il sera en conséquence dressé des registres de comptabilité et de signalement sur les modèles annexés aux décrets précités.

XXIV. L'examen de la comptabilité aura lieu tous les ans, aux époques déterminées pour les revues des troupes par le lieutenant du Capitaine-général chargé de l'inspection.

TITRE IV.

Police et discipline.

XXV. Les officiers, sous-officiers et gendarmes seront justiciables des tribunaux criminels, pour les délits relatifs au service de la police générale et judiciaire dont ils sont chargés ; et des conseils de guerre, pour les délits relatifs au service et à la discipline militaire.

XXVI. Si l'officier, sous-officier ou gendarme, est accusé tout à la-fois d'un délit militaire et d'un délit relatif au service de la police générale et judiciaire, la connaissance appartiendra au tribunal criminel, qui appliquera, s'il y a lieu, les peines portées au code pénal militaire, quand, pour raison du délit militaire, les officiers, sous-officiers et gendarmes auront encouru une peine plus forte que celle résultant du délit relatif au service de la police générale, ou de tout autre délit qui ne serait point militaire par sa nature.

XXVII. Les officiers, sous-officiers et gendarmes seront soumis, chacun en ce qui le concerne, aux réglemens de discipline militaire, et aux peines que les supérieurs sont autorisés à infliger pour les fautes de service.

XXVIII. Il sera rendu compte aux supérieurs, en suivant la hiérarchie des grades, de toutes les punitions qui auront été infligées, ainsi que des motifs.

XXIX. Les peines portées au code pénal militaire contre les crimes et délits militaires, seront applicables aux membres de la gendarmerie coloniale, qui seront convaincus de ces crimes et délits, pour raison desquels ils auront été traduits, soit devant le conseil de guerre, soit devant le tribunal criminel, d'après les dispositions de l'article 26 du présent titre.

XXX. Pour mettre à même d'apprécier les talens et la moralité des sous-officiers et gendarmes, il sera établi un registre de discipline, dans lequel on inscrira les fautes commises, les punitions infligées, les bonnes, les mauvaises actions, les loyaux services, les expéditions et opérations importantes confiées aux sous-officiers et gendarmes. Les notes consignées sur ce registre seront examinées, toutes les fois qu'il devra être procédé à la nomination d'un maréchal des logis ou d'un brigadier.

XXXI. Aux époques de ses revues, le Lieutenant du Capitaine-général se fera représenter le registre de discipline, il examinera les notes qui y seront portées et celles inscrites sur son registre particulier. Il décernera, lors de sa revue, les éloges publics à ceux des sous-officiers et gendarmes qui les auront mérités par leur conduite : ils seront portés sur les registres comme susceptibles d'avancement.

Il réprimandera ensuite publiquement les sous-officiers et gendarmes dont la conduite aura excité des plaintes fondées, et il demandera au Capitaine-général le renvoi des sous-officiers et gendarmes auxquels il aura été infligé des punitions réitérées de discipline pendant le cours de l'année, et dont la mauvaise conduite ou l'incapacité reconnues auraient donné lieu à des plaintes graves de la part des autorités civiles ou des chefs respectifs.

XXXII. L'habitude de s'enivrer, quand bien même elle ne serait pas accompagnée d'autres circonstances aggravantes, suffira pour motiver l'exclusion du corps de la gendarmerie ; en conséquence, tout membre de la gendarmerie qui s'enivrera, qui ne se sera pas corrigé après un premier avertissement, et qui aura subi des punitions de discipline, à trois reprises différentes, pour cause d'ivrognerie, sera renvoyé.

XXXIII. Nul officier, sous-officier ou gendarme ne pourra faire aucun commerce, tenir cabaret, ni exercer aucun métier ni profession.

Leurs femmes ne pourront également tenir cantine, billard, café ou tabagie dans les endroits de la résidence desdits officiers, sous-officiers et gendarmes.

TITRE V.

Des fonctions de la gendarmerie ; de ses rapports avec les autorités civiles.

SECTION PREMIÈRE.

Fonctions ordinaires de la gendarmerie.

XXXIV. Les fonctions essentielles et ordinaires de la gendarmerie, sont,

1°. De faire des marches, tournées, courses et patrouilles sur les grandes routes, traverses, chemins vicinaux, et dans tous les arrondissemens des lieux respectifs ;

2. De recueillir et prendre tous les renseignemens possibles sur les crimes et les délits publics, et d'en donner connaissance aux autorités compétentes.

3. De rechercher et poursuivre les malfaiteurs.

4. De saisir toutes personnes surprises en flagrant délit, ou poursuivie par la clameur publique ;

5. De saisir tous gens trouvés porteurs d'armes ensanglantées faisant présumer le crime ;

6. De saisir les voleurs de grands chemins et assassins attroupés ;

7. De saisir les dévastateurs des bois, des récoltes, les esclaves armés non porteurs de la médaille indicative du motif des permissions de port d'armes ;

8. De dissiper tous attroupemens qualifiés séditieux par les lois, à la charge d'en prévenir sur-le-champ les autorités locales ;

9. De saisir tous ceux qui seront trouvés exerçant des voies de fait ou violences contre la sûreté des personnes, des propriétés nationales et particulières ;

10. De protéger les porteurs des contraintes pour deniers publics, et exécuteurs des mandemens de justice ;

11. D'assurer la libre circulation des subsistances, et de saisir tous ceux qui s'y opposeraient par la force ;

12. De saisir et conduire à l'instant devant l'autorité compétente ceux qui troubleraient l'exercice du culte ; de protéger le commerce intérieur, en donnant toute sûreté aux négocians, marchands, artisans, et à tous les citoyens que leur commerce, leur industrie et leurs affaires obligent de voyager ;

13. De surveiller les vagabonds et gens sans aveu, de prendre à leur égard les précautions de sûreté prescrites par les lois.

14. De dresser les procès-verbaux de tous les cadavres trouvés sur les chemins, dans les campagnes, ou retirés de l'eau, et d'avertir l'officier de gendarmerie ou le commissaire-civil le plus voisin, qui sera tenu de se transporter en personne sur les lieux, dès qu'il lui en aura été donné avis ;

15. De dresser pareillement des procès-verbaux des incendies, effractions, assassinats et de tous les crimes qui laissent des traces après eux ;

16. De dresser de même procès-verbal des déclarations qui seront faites aux membres de la gendarmerie, par les habitans, voisins, parens, amis ou autres personnes qui seront en état de leur fournir des indices, preuves et renseignemens sur les auteurs des crimes et délits, et sur leurs complices ;

17. De se tenir à portée des grands rassemblemens d'hommes, tels que bazar, fêtes et cérémonies publiques ;

18. De conduire les prisonniers ou condamnés, en prenant toutes les précautions pour empêcher leur évasion.

19. De saisir et arrêter les déserteurs militaires et marins.

20. De faire rejoindre les militaires absens de leurs corps, à l'expiration de leurs congés ou permissions limitées ; à l'effet de quoi, les militaires porteurs de ces congés ou permissions seront tenus de les faire

viser par l'officier de gendarmerie, qui en tiendra note pour contraindre les militaires en retard de rejoindre ;

21. Lorsqu'il passera des troupes dans l'arrondissement d'une brigade de gendarmerie, elle sera tenue de se porter en arrière et sur les flancs desdites troupes, arrêtera les traîneurs, ceux qui s'écarteront de la route, et les remettra au commandant du corps, de même que ceux qui commettraient des désordres ;

22. De s'assurer de la personne de tous étrangers circulant dans l'intérieur, sans passeports, ou qui ne seraient point conformes aux lois, à la charge de les conduire sur-le-champ devant l'autorité du lieu.

23. De saisir et arrêter tout individu commettant des dégâts dans les bois, dégradant les clôtures des murs, haies et fossés, encore bien que ces délits ne soient pas suivis de vols, tous ceux qui seront surpris en commettant des larcins de fruits et de productions d'un terrain cultivé ;

24. De saisir et arrêter ceux qui, par imprudence, par négligence, par la rapidité de leurs chevaux, ou de toute autre manière, auront blessé quelqu'un sur les routes, dans les rues ou voies publiques ;

25. De saisir et d'arrêter ceux qui tiendraient des jeux de hasard et autres jeux défendus par les lois, sur les places publiques ; de saisir et arrêter également tous les esclaves qui seront trouvés jouer aux cartes, ou aux dés, ou de l'argent à quelque jeu que ce soit ;

26. De faire la police sur les grandes routes, et voies publiques, d'y maintenir les communications et passages libres en tous tems, de contraindre les charretiers et tous conducteurs de voiture à se tenir à côté de leurs attelages ;

27. D'empêcher qu'aucune échoppe ou cantine ne soit établie à proximité des grandes routes et chemins publics, s'il n'est pas justifié par celui qui tiendra cette échoppe ou cantine, d'un permis spécial, délivré par l'autorité compétente ;

28. De dissiper les rassemblemens d'esclaves, sous quelque prétexte qu'ils aient lieu, s'ils n'ont point été autorisés.

29. De ne pas permettre que les esclaves transportant des fruits, légumes, bois, charbon, etc., s'arrêtent sur les chemins, autrement que pour se reposer et autres besoins indispensables ;

30. De saisir et arrêter les individus qu'ils trouveront sur les chemins occupés à visiter et défaire les paquets et paniers de bazar, dont les esclaves sont chargés pour la ville, et à acheter d'eux les portions qu'ils en détachent ;

31. D'empêcher qu'ils se tienne sur les chemins et à l'entrée de la ville aucuns marchés de fruits, légumes et autres objets destinés pour le bazar.

XXXV. Les fonctions ci-dessus mentionnées seront habituellement exercées par la gendarmerie, sans qu'il soit besoin d'aucune réquisition des autorités. Il sera fait mention de ce service habituel sur le journal tenu par le capitaine de la gendarmerie, et qui sera adressé chaque mois, au Capitaine-général.

XXXVI. Les signalemens des voleurs, assassins, perturbateurs du repos public, évadés des prisons, ceux des personnes contre lesquelles il sera intervenu mandat d'arrestation, seront délivrés à la gendarmerie, qui, en cas d'arrestation de l'un des individus signalés, le conduira à la destination indiquée par lesdits signalemens.

Pour l'arrestation de chaque individu désigné dans le présent article, la gendarmerie aura droit à une gratification de cinquante francs, laquelle gratification sera même augmentée selon les circonstances.

Les signalemens des déserteurs, soldats et marins lui seront également envoyés, et elle aura droit, pour leur arrestation, à une gratification de vingt-cinq francs.

XXXVII. La gendarmerie arrêtera tout noir marron, ou qu'elle suspectera tel, et le conduira au bureau de police. Les captures de ces noirs lui seront payées selon le tarif et le mode établi.

XXXVIII. Les membres de la gendarmerie sont autorisés à visiter les auberges, cantines et autres maisons ouvertes au public, même pendant la nuit, jusqu'à l'heure où lesdites maisons doivent être fermées, d'après les réglemens de police, pour y faire la recherche des personnes qui leur auront été signalées, ou dont l'arrestation aura été ordonnée par l'autorité compétente.

XXXIX. Les hôteliers et aubergistes seront tenus de communiquer leurs registres toutes les fois qu'ils en seront requis par les officiers et commandans de brigade, de leur arrondissement.

XL. La maison de chaque citoyen étant un asyle inviolable pendant la nuit, la gendarmerie ne pourra y entrer que dans le cas d'incendie, d'inondation ou de réclamation venant de l'intérieur de la maison.

Elle pourra, pendant le jour, dans les cas et formes prévues par les lois, exécuter les ordres des autorités constituées.

Elle ne pourra faire aucune visite dans la maison d'un citoyen où elle soupçonnera qu'un coupable s'est réfugié, sans un mandat spécial de perquisition, décerné par pouvoir compétent ; mais elle pourra investir la maison ou la garder à vue, en attendant l'expédition du mandat.

XLI. Tous procès-verbaux de corps de délit, de capture, d'arrestation, seront envoyés, dans les vingt-quatre heures, à tout officier de police judiciaire dans l'arrondissement duquel les crimes ou délits auront été commis ou les prévenus arrêtés ; et il en sera envoyé extrait, avec tous les renseignemens nécessaires, au capitaine de la gendarmerie, qui en ordonnera l'enregistrement par le maréchal des logis en chef faisant fonctions de secrétaire-greffier, et en rendra compte sur-le-champ, au Capitaine-général.

SECTION II.

Service extraordinaire.

XLII. Les brigades de gendarmerie prêteront main-forte, lorsqu'elle leur sera légalement demandée, savoir :

Par les officiers de police judiciaire et les commissaires civils.

Par les préposés aux douanes, pour la perception des droits d'importation et d'exportation, et pour la répression de la contrebande.

Par les directeurs et sous-directeurs des fortifications et des ponts et chaussées, chargés dans ces colonies, de la conservation des eaux et forêts, pour la répression des délits relatifs à la police et aux directions dont ils sont chargés.

Par les percepteurs de la contribution foncière et mobilière, pour assurer la rentrée des impositions directes et indirectes.

Par les huissiers et autres exécuteurs des mandemens de justice, lesquels seront tenus de justifier des sentences, jugemens et mandemens en vertu desquels ils demanderont main-forte à la gendarmerie.

Les mandats d'arrêt décernés par les officiers de police judiciaire, peuvent être notifiés aux prévenus et mis à exécution par les gendarmes.

XLIII. Les détachemens de la gendarmerie qui seront requis lors des exécutions des criminels condamnés par les tribunaux, serviront comme garde de police et main-forte à la justice, uniquement préposée pour maintenir l'ordre, prévenir et empêcher les émeutes, et garantir de trouble dans leurs fonctions les officiers de justice chargés de faire mettre à exécution les jugemens de condamnation.

XLIV. Dans les réquisitions adressées aux officiers de la gendarmerie, on ne pourra employer que les termes consacrés par l'acte constitutionnel.

XLV. L'autorité civile ayant requis la gendarmerie conformément aux lois, ne pourra exiger que le rapport de ce qui aura été fait en conséquence de sa réquisition.

XLVI. Les extraits des procès-verbaux et les notes des opérations exécutées par suite des réquisitions civiles, seront adressés au Capitaine-général.

SECTION III.

Rapport de la gendarmerie avec les différentes autorités civiles.

XLVII. En toutes occasions, les officiers, sous-officiers et gendarmes prêteront sur-le-champ main-forte qui leur sera demandée par réquisitions légales ; ils exécuteront et feront exécuter les ordres et réquisitions données en vertu des articles XVIII et XXXIII de l'acte du gouvernement, du 13 Pluviose an XI, et les réquisitions qui leur seront adressées par les procureurs impériaux près les tribunaux pour l'exécution des jugemens et ordonnances de justice.

XLVIII. Les officiers de gendarmerie seront tenus de faire connaître aux inspecteurs de l'administration de la marine et aux procureurs généraux impériaux tous les objets qui pourront intéresser la sûreté et la tranquillité publique, ils recevront d'eux les réquisitions et instructions relatives à l'exécution des jugemens et ordres supérieurs, et leur communiqueront exactement les renseignemens qu'ils auront extraits, tant des feuilles de service que des procès-verbaux dressés par les sous-officiers et gendarmes, de l'extrait desquels l'enregistrement aura été fait au secrétariat de la gendarmerie.

XLIX. Les autorités locales qui requerront la gendarmerie dans les cas prévus par la loi, ne pourront le faire que par écrit ; les réquisitions énonceront la loi ou l'arrêté en vertu desquels la réquisition aura été donnée.

L. Les procès-verbaux de toutes les opérations de la gendarmerie seront faits sur papier libre, et ne seront assujettis à aucun droit d'enregistrement.

SECTION IV.

Rapport de la gendarmerie avec la garde nationale et la troupe de ligne.

LI. Dans toutes les circonstances qui exigeront le rassemblement simultané de la gendarmerie avec la garde nationale ou la troupe de ligne, à pied ou à cheval, pour des objets de son service, la gendarmerie prendra toujours la droite et marchera à la tête des colonnes.

LII. Les capitaines de quartier et commandans de troupes de ligne ne peuvent intervenir, en aucune manière quelconque, dans les opérations journalières et le service habituel de la gendarmerie, ni détourner les membres de ce corps des fonctions qui sont déterminées par le présent arrêté.

LIII. Lorsque pour dissoudre un rassemblement séditieux, pour la répression des délits, ou pour l'exécution des réquisitions des autorités civiles, une force supplétive devra être adjointe à la gendarmerie, les officiers et sous-officiers de ce corps s'adresseront aux commandans de place pour obtenir le nombre de troupes nécessaires pour assurer l'exécution de la loi ; et, à cet effet, ils leur présenteront l'original des ordres qu'ils auront reçus, et leur feront leur demande par écrit.

LIV. Les réquisitions de l'autorité civile en vertu desquelles les commandans de gendarmerie devront agir, seront communiquées aux chefs qui devront ordonner les mouvemens des troupes appelées pour marcher avec la gendarmerie coloniale.

LV. L'expédition finie, les troupes rentreront dans leurs garnisons ou cantonnemens, et les brigades de gendarmerie dans leurs résidences respectives.

LVI. A défaut, ou en cas d'insuffisance de troupes de ligne, les commandans de gendarmerie sont autorisés à requérir toute main-forte nécessaire de la garde nationale.

LVII. Dans les cas de l'article précédent, les demandes des commandans de la gendarmerie seront adressées aux capitaines de quartier, qui donneront la main-forte demandée par la gendarmerie.

LVIII. Les détachemens de troupes de ligne et de garde nationale qui seront appelés pour marcher avec la gendarmerie et donner force à la loi, seront, à grade égal, aux ordres de l'officier de la gendarmerie, qui, pendant la durée de l'expédition, reste chargé d'exécuter les réquisitions de l'autorité civile; et, à grade inférieur, ils seront commandés par le chef des troupes de ligne ou de garde nationale, lequel sera cependant tenu de se conformer aux réquisitions par écrit qui lui seront transmises par l'officier de gendarmerie.

LIX. La gendarmerie pour le rétablissement de la tranquillité publique, pourra, en cas de besoin, requérir les gardes des eaux et forêts et les commandans de détachement pour la chasse des esclaves marrons.

LX. Les officiers et les sous-officiers de gendarmerie qui seront en résidence dans les postes militaires, autres que les chefs-lieux des deux colonies, seront subordonnés aux commandans desdits postes pour l'ordre de police y établi, sans toutefois qu'ils soient tenus de leur rendre aucun compte de leurs opérations ou de l'exécution des ordres dont ils seront chargés, autres que ceux qui concerneront le service militaire et la sûreté desdits postes.

LXI. Les commandans de la gendarmerie seront tenus de donner connaissance aux généraux commandant la force armée dans les deux colonies, de tout ce qui pourra compromettre la sûreté et la tranquillité publique, comme aussi de leur transmettre les renseignemens d'après lesquels les mouvemens des troupes et les dispositions jugées nécessaires au maintien de l'ordre public pourront être ordonnés.

Les mêmes renseignemens seront communiqués par les sous-officiers de la gendarmerie aux commandans des postes militaires ou de quartier, où ils feront leur résidence.

TITRE VI.

Des moyens d'assurer la liberté de citoyens contre les détentions illégales et autres actes arbitraires.

LXII. Tout officier, sous-officier ou gendarme qui donnera, signera, exécutera ou fera exécuter l'ordre d'arrêter un individu, ou qui l'arrêtera effectivement, si ce n'est en flagrant délit ou dans les cas prévus par les lois, pour le remettre sur-le-champ au procureur impérial, sera poursuivi criminellement, et puni comme coupable du crime de détention arbitraire.

LXIII. La même peine aura lieu contre tout membre de la gendarmerie qui, même dans les cas d'arrestation pour flagrant délit ou dans tous autres cas autorisés par les lois, conduira ou retiendra un individu dans un lieu de détention non légalement et publiquement désigné pour servir de maison d'arrêt, de justice ou de prison.

LXIV. Tout individu arrêté en flagrant délit, par la gendarmerie, dans les cas déterminés par le paragraphe premier du titre V du présent arrêté, et contre lequel il ne sera pas intervenu mandat d'arrestation, ordonnance de prise de corps, ou jugement de condamnation, à la prison ou détention correctionnelle, sera conduit à l'instant devant le procureur impérial, et il ne pourra être transféré ensuite dans une maison d'arrêt ou de justice, qu'en vertu du mandat d'arrêt délivré par le juge.

LXV. Dans le cas seulement où par l'effet de l'absence du procureur impérial, le prévenu en flagrant délit ne pourrait être entendu devant le juge, immédiatement après l'arrestation, il pourra être déposé dans une des salles du bureau de police, où il sera gardé à vue jusqu'à ce qu'il puisse être conduit devant le juge; mais, sous quelque prétexte qui ce soit, cette conduite ne pourra être différée au-delà de vingt-quatre heures; l'officier, sous-officier ou gendarme, qui aura retenu plus long-tems le prévenu sans le faire comparaître devant le procureur impérial, sera poursuivi criminellement comme coupable de détention arbitraire.

LXVI. Hors les cas de flagrant délit déterminés par les lois, la gendarmerie coloniale ne pourra arrêter aucun individu, si ce n'est en vertu, soit d'un mandat d'amener ou d'arrêt, décerné selon les formes prescrites, soit d'une ordonnance de prise de corps, ou d'un jugement de condamnation à la prison ou à la détention correctionnelle.

LXVII. Toutes rigueurs employées dans les arrestations, détentions et exécutions, autres que celles prescrites par la loi, sont des crimes; en conséquence, il est expressément défendu à tous, et en particulier aux dépositaires de la force publique, de faire aux personnes arrêtées, aucun mauvais traitement ni outrage, même d'employer contre elles aucune violence, à moins qu'il n'y ait résistance ou rebellion : auquel cas seulement ils sont autorisés à repousser par la force les violences et voies de fait commises contre eux dans l'exercice des fonctions qui leur sont confiées par la loi.

TITRE VII.

Fonctions des officiers de tous grades.

LXVIII. Pour assurer et régulariser le service journalier des brigades de gendarmerie, le nombre de brigades qui seront établies dans chacune des deux îles sera ultérieurement déterminé, ainsi que le lieu de la résidence da chaque brigade et l'arrondissement territorial où elles seront tenues de faire leurs tournées journalières.

LXIX. Les brigades correspondront une fois par semaine avec chacune de celles dont elles seront environnées jusqu'à la distance de six lieues. Lorsqu'on fixera l'emplacement des brigades, les lieux où elles seront tenues de se porter, pour la correspondance, seront également déterminés.

LXX. Ces correspondances, qui auront lieu en faisant les tournées habituelles, ordonnées par le premier paragraphe du titre V, auront pour objet, de la part des brigades, de se communiquer les avis qu'elles auront pu recevoir, sur tout ce qui intéresse la sûreté publique, et de concentrer leurs opérations relatives à la recherche des malveillans dont elles auraient connaissance; elles serviront aussi à la traduction des prisonniers dont les conduites auront été ordonnées de brigade en brigade, et enfin, à la remise des ordres et lettres des officiers de gendarmerie.

LXXI. Les officiers de gendarmerie feront l'inspection des brigades sous leurs ordres, au moins six fois par an.

Ces revues seront certifiées sur le livret prescrit par l'article LXXIV.

LXXII. L'objet de ces revues sera de prendre connaissance du service des brigades, de la tenue des hommes, des casernes, de la conduite des sous-officiers et gendarmes ; de donner aux uns et aux autres, les instructions et les ordres que les circonstances et le bien du service exigeront ; de s'assurer auprès des autorités civiles et des bons citoyens, si la gendarmerie remplit ses devoirs, et d'en rendre compte aux chefs respectifs.

Les bonnes et mauvaises notes extraites des rapports de ces inspections, seront portées sur les registres de discipline établis dans chaque colonie pour toutes les brigades.

LXXIII. Les officiers de gendarmerie recevront les ordres [du Capitaine-général, et de son Lieutenant à l'île Bonaparte, pour aller faire l'inspection des brigades établies dans les postes hors les chefs-lieux.

LXXIV. Le journal de service ordinaire étant spécialement destiné à constater, jour par jour, le service habituel des brigades de gendarmerie, les officiers devront avoir un livret dont toutes les pages seront paraphées par le chef d'état-major, et sur lequel seront certifiées les tournées des officiers de gendarmerie.

Sur le même livret seront inscrits, jour par jour, les ordres que les chefs transmettront à leurs subordonnés.

LXXV. Chaque commandant de brigade est tenu pareillement d'avoir un livret pour constater le service extraordinaire des brigades et l'exactitude des correspondances. Les sous-officiers et gendarmes qui seront employés à ce service, se donneront réciproquement sur leurs livrets un certificat qui fera mention de l'heure à laquelle ils seront arrivés au rendez-vous, et de celle de leur départ, lorsqu'il s'agira du service de la correspondance ; et s'il s'agit du service extraordinaire pour raison duquel ils auront été obligés de découcher, il sera certifié sur le livret par les commandans des postes militaires, capitaines de quartier, ou commissaires civils des lieux où ils se seront transportés.

LXXVI. Les officiers de gendarmerie coloniale, pour l'exercice des fonctions de la police judiciaire seulement, sont placés sous la surveillance des procureurs impériaux dans l'une et l'autre colonie.

LXXVII. Les maréchaux des logis chefs secrétaires-greffiers seront employés à tous les objets de service et de correspondance qui leur seront prescrits par les officiers commandant la gendarmerie.

LXXVIII. Il sera payé annuellement une somme de 450 francs au maréchal des logis chef secrétaire-greffier de la gendarmerie, pour les menus frais et dépenses du secrétariat, tels que registres, papier, etc., sans qu'il puisse être admis à faire à cet égard aucune réclamation. Les dépenses du secrétaire de la gendarmerie ne pourront être confondues avec celles du bureau du conseil d'administration, que doit supporter la masse commune.

LXXIX. Les lois et arrêtés à l'exécution desquels la gendarmerie devra immédiatement concourir, seront transmis aux officiers de la gendarmerie par le secrétaire de la correspondance commune des trois magistrats chargés de régir les colonies orientales.

TITRE VIII.

Démissions, retraites et pensions.

LXXX. Les démissions demandées par les officiers, sous-officiers et gendarmes pourront leur être accordées. Ces démissions devront être adressées par le commandant de la gendarmerie, avec son avis, au Lieutenant du Capitaine-général, commandant les troupes, qui les proposera à l'acceptation du Capitaine-général.

LXXXI. Les officiers, sous-officiers et gendarmes parvenus à l'âge de soixante ans, pourront demander des pensions de retraites.

Ceux qui se trouveront, par leurs infirmités ou par des blessures reçues dans l'exercice de leurs fonctions, absolument hors d'état de continuer leurs services, recevront également des pensions de retraite. Ces pensions seront réglées sur les mêmes principes que celles accordées aux troupes composant l'armée de terre.

LXXXII. S'ils préfèrent jouir de ces retraites, sur le territoire continental de l'Empire, ils y seront transportés.

LXXXIII. Les officiers, sous-officiers et gendarmes qui auront obtenu leur retraite, à cause de leur grand âge ou de leurs infirmités, jouiront de leur pension de retraite, du jour où ils auront cessé d'être en activité.

LXXXIV. Le Lieutenant du Capitaine-général commandant les troupes, fera mention, dans les rapports de la revue d'inspection qu'il passera chaque année, de la gendarmerie, des officiers, sous-officiers et gendarmes, susceptibles d'obtenir la pension de retraite à cause de leur grand âge, blessures ou infirmités.

TITRE IX.

Dispositions générales.

LXXXV. Le vœu des lois et arrêtés sur le respect dû aux fonctionnaires publics, concerne également les officiers, sous-officiers et gendarmes qui dans l'exercice de leurs fonctions, seraient outragés ou menacés par paroles ou gestes. Le commandant peut faire saisir à l'instant les coupables, et les faire déposer dans la maison d'arrêt.

L'ordre qu'il donne à cet effet doit être signé de lui et scellé, énoncer le nom du délinquant, sa profession, son domicile, le sujet de son arrestation, et le présent article qui l'autorise.

A défaut de quelques-unes de ces formalités, le gardien de la maison d'arrêt ne peut recevoir l'individu arrêté, sous peine d'être poursuivi conformément à la loi.

LXXXVI. Lorsque les membres de la gendarmerie seront menacés ou attaqués dans l'exercice de leurs fonctions, ils prononceront à haute voix : *force à la loi.* Et, à l'instant où ce cri sera entendu, tous les citoyens seront tenus de prêter main-forte à la gendarmerie, tant pour repousser les attaques que pour assurer l'exécution des réquisitions et ordres légaux dont la gendarmerie sera chargée.

LXXXVII. Les membres de la gendarmerie appelés pour assurer l'exécution de la loi, des jugemens, ordonnances ou mandemens de justice ou de police, ne pourront déployer la force des armes que dans les deux cas suivans :

Le premier, si des violences ou voies de fait sont exercées contre eux-mêmes ;

Le second, s'ils ne peuvent défendre autrement le terrain qu'ils occupent, les postes ou personnes qui leur sont confiés, ou enfin si la résistance est telle qu'elle ne puisse être vaincue autrement que par le développement de la force armée.

LXXXVIII. Les chefs de la gendarmerie, les commandans de brigade et les gendarmes qui refuseront d'exécuter les réquisitions qui leur seront faites par les autorités civiles dans les cas prévus par la loi, seront destitués de leurs fonctions, d'après le compte qui en sera rendu au Capitaine-général, dénoncés au procureur impérial, pour être jugés et punis d'un emprisonnement qui ne pourra être moindre de trois mois, sans préjudice des peines plus graves prononcées par la loi contre les crimes attentatoires à la sûreté intérieure de ces colonies, dans le cas où elles auraient été compromises par le refus desdits officiers, sous-officiers et gendarmes.

LXXXIX. Il sera fait et imprimé un recueil de toutes les lois et articles de loi à l'exécution desquels devra concourir la gendarmerie, ainsi que des formules des différens actes que les officiers, sous-officiers et gendarmes sont tenus de dresser dans l'exercice de leurs fonctions.

XC. Le présent sera lu, enregistré, imprimé et affiché ; expédition en sera adressée au Préfet-colonial, au Commissaire de justice et au Lieutenant du Capitaine-général commandant les troupes.

Ile de France, le 20 Mars 1808.

Le Capitaine-général, DECAEN.

ARRÊTÉ.

160. DECAEN, Capitaine-général, etc. etc.

Sur les observations et la proposition du Préfet colonial et du Commissaire de justice ;

Après en avoir délibéré, Arrête :

De la Police.

TITRE PREMIER.

Des contraventions et des peines de police.

CHAPITRE PREMIER..

Des Peines.

Art. Ier. Les peines de police sont, la détention, l'amende et la confiscation spéciale en certains cas.

II. La détention pour contravention de police pourra être prononcée depuis un jour jusqu'à dix.

Les jours de détention sont des jours complets de vingt-quatre heures.

III. Les amendes pour contravention pourront être prononcées depuis cinq francs jusqu'à cent francs.

IV. Le payement de l'amende peut se poursuivre par la voie de la contrainte par corps contre les auteurs ou complices.

Après trois mois d'emprisonnement par l'effet de cette contrainte, le condamné, lorsque son absolue insolvabilité sera prouvée par les voies de droit, pourra obtenir sa liberté, sauf à reprendre la même contrainte en cas qu'il survienne au condamné quelque moyen de solvabilité.

V. En cas d'insuffisance des biens, les restitutions et les indemnités dues à la partie lésée, sont préférées à l'amende.

VI. Les restitutions et le payement des indemnités et des frais pourront aussi se poursuivre par la voie de la contrainte par corps contre les auteurs et les complices, et si ces condamnations sont prononcées au profit de l'Etat, les condamnés pourront jouir après trois mois d'emprisonnement, de la faculté accordée par l'article IV.

VII. Toutes les personnes condamnées pour une même contravention, seront tenues solidairement du payement des amendes, des restitutions et dommages-intérêts et des frais.

VIII. Les tribunaux de police pourront aussi, dans certains cas, prononcer la confiscation, soit des choses saisies en contravention, soit des choses produites par la contravention, soit des matières ou des instrumens qui ont servi ou étaient destinés à la commettre.

CHAPITRE II.

Des contraventions et de l'application des peines.

SECTION PREMIÈRE.   Première classe.

IX. Seront punis d'amende depuis cinq francs jusqu'à vingt-cinq francs :

1°. Ceux qui auront négligé d'entretenir, réparer ou nétoyer les fours, cheminées ou usines où l'on fait usage du feu.

2. Ceux qui auront violé la défense de tirer dans les rues et en certains autres lieux, des pièces d'artifice.

3. Ceux qui auront négligé d'éclairer ou de nétoyer les rues ou passages, dans les lieux où ce soin est laissé à la charge des habitans.

4. Ceux qui auront embarrassé la voie publique, en

y déposant ou en y laissant sans nécessité des matériaux ou des choses quelconques qui empêchent ou diminuent la liberté ou la sûreté du passage.

5. Ceux qui auront établi sur les fenêtres ou balcons, des objets dont la chute pourrait nuire ou blesser les passans.

6. Ceux qui auront négligé de faire piocher et détruire devant les maisons qu'ils habitent et leurs entourages, les herbes, chiendents et autres plantes combustibles, dans le tems de leur sécheresse.

7. Ceux qui auront porté dans les rues, du feu autrement que dans des lanternes ou dans des vases, ou au moyen d'autres précautions propres à prévenir les accidens d'incendie.

8. Ceux qui auront négligé ou refusé d'exécuter les réglemens ou arrêtés concernant la voierie, ou d'obéir à la sommation émanée de l'autorité administrative, de réparer ou démolir les édifices menaçant ruine.

9. Ceux qui auront laissé dans les rues, chemins, places, lieux publics ou dans les champs, des pinces, barres, barreaux, ou autres machines ou instrumens ou armes, dont puissent abuser les malfaiteurs ou les voleurs.

10. Ceux qui, sans permission, auront fait des trous ou des excavations dans les rues, carrefours, places et chemins, ou qui, en ayant obtenu la permission, n'auront pas exécuté les mesures ou précautions qui leur auront été prescrites pour prévenir les accidens que ces excavations pourraient occasionner.

11. Ceux qui auront dressé dans les rues et places publiques, des tentes ou des cordes au-dessous de dix pieds de hauteur ou qui auront établi à plus de quatre pieds de leurs maisons des poteaux pour soutenir des tentes, ou qui auront étendu des tentes sur la rue au-delà de vingt-cinq pieds.

12. Ceux qui sans permission, auront établi à leurs maisons des étais ou des entourages, donnant sur la rue, des abavents, des tables pour exposition de marchandises, des trapes de caves ou autres ouvrages propres à obstruer ou à gêner le passage des trottoirs.

13. Ceux qui n'auraient pas assujéti les contrevents et portes de leurs maisons, de manière à ce que les passans ne puissent en être incommodés ni blessés.

14. Ceux qui auront négligé de faire balayer avant l'heure fixée le devant de leurs maisons jusqu'au milieu de la rue, et de réunir les balayures à tems pour être enlevées par les tombereaux de la police.

15. Ceux qui auront jeté dans les rues ou exposé au-devant de leurs maisons, même parmi les balayures des fumiers, terreaux, décombres, emballages, copeaux, pailles, verres, bouteilles cassées et autres choses de nature à ne pouvoir être enlevées par les tombereaux, et à nuire à la commodité et à la salubrité de la voie publique.

16. Ceux qui auront jeté par les fenêtres, de jour ou de nuit, de l'eau ou autres choses, ou qui imprudemment auront jeté des immondices sur quelques personnes.

17. Ceux qui auront, sans permission ou d'une manière contraire à la permission obtenue, pratiqué ou conservé sur les rues des éviers pour servir d'écoulement aux immondices de leurs cours et emplacemens.

18. Ceux qui auront laissé vaguer des cochons à eux appartenans.

19. Ceux dont les esclaves auront transporté dans la ville des cadavres non renfermés dans une bière, ou auront transporté des bières par des rues, autres que celles désignées pour ce transport.

20. Ceux qui auront jeté dans les rues des animaux morts ou des ordures, ou dont les esclaves en auront porté ou déposé autre part que dans les endroits indiqués.

21. Ceux dont les esclaves auront été trouvés dans les rues après huit heures du soir sans lumière, et après dix heures sans lumière et sans billet de passe.

22. Ceux qui auront étalé ou fait étaler par leurs esclaves, ailleurs qu'au bazar, des fruits, viandes, légumes, poissons et autres choses à faire vendre au marché public.

23. Ceux qui auront été trouvés sur les chemins et dans les rues, défaisant les paquets et paniers de bazar, dont les esclaves sont chargés pour la ville, ou achetant d'eux, ailleurs qu'au bazar, des objets dont ils sont porteurs pour cette destination.

24. Ceux qui sans permission auront vendu ou fait vendre dans les rues ou ailleurs qu'aux lieux désignés par la permission, des objets de mercerie, quincaillerie, friperie et autres détails.

25. Ceux qui, sans avoir été provoqués par des outrages, auront proféré contre quelqu'un des grossièretés ou des injures verbales, quand même elles ne contiendraient l'imputation ni d'aucun fait, d'aucun vice déterminé.

26. Ceux qui sans autre délit prévu par les lois, auront cueilli ou mangé, sur le lieu même, des fruits appartenant à autrui.

27. Ceux qui n'étant pas propriétaires, usufruitiers, locataires, fermiers, ni jouissant d'un terrain, ou n'étant leurs agens ni préposés, seront entrés et auront passé sur ce terrain ou sur partie de ce terrain, s'il est préparé, ensemencé ou chargé d'une récolte quelconque.

28. Ceux qui auront fait ou laissé passer leurs troupeaux, bestiaux, bêtes de trait, de charge ou de monture sur le terrain d'autrui avant l'entier enlèvement de la récolte.

29. Ceux dont les esclaves gardiens n'auront pas gardé à vue ou auront abandonné à eux-mêmes les troupeaux, bestiaux ou animaux dont ils avaient la garde.

X. La peine de détention pendant trois jours au plus pourra en outre être prononcée selon les circonstances, contre ceux qui auront tiré des pièces d'artifice.

XI. La peine de détention contre toutes les personnes mentionnées en l'article IX, aura toujours lieu en cas de récidive, pendant quatre jours au plus.

XII. Il y a récidive dans tous les cas prévus par le présent, lorsqu'il a été rendu contre le contrevenant dans les douze mois précédens un premier jugement pour contravention de police commise dans le ressort du même tribunal.

XIII. Seront en outre confisqués les pièces d'artifice, les instrumens et armes, les cochons et les objets de bazar mentionnés aux numéros 2, 9, 18 et 22 de l'article IX.

Section II. — Deuxième classe.

XIV. Seront punis d'une amende depuis vingt-six francs jusqu'à cinquante francs :

1°. Les aubergistes, hôteliers et logeurs qui auront négligé d'inscrire de suite et sans aucun blanc, sur un registre tenu régulièrement, les noms, qualités, domicile habituel, dates d'entrée et de sortie de toute personne qui aurait couché ou passé une nuit dans leurs maisons, ainsi que ceux qui auraient manqué à représenter ce registre, aux époques déterminées par les réglemens ou lorsqu'ils en auraient été requis, aux procureurs impériaux, commissaires civils, officiers de gendarmerie, officiers de police ou aux citoyens commis à cet effet, sans préjudice de la responsabilité des crimes ou des délits de ceux qui ayant logé ou séjourné chez eux, n'auraient pas été régulièrement inscrits.

2. Les charretiers conducteurs de voitures quelconques ou de bêtes de charge, qui auront négligé de se tenir constamment à portée de leurs chevaux, bêtes de trait ou de charge et de leurs voitures, et à leur approche de leur laisser libre au moins la moitié des rues, chaussées, routes et chemins.

3. Ceux qui auront fait ou laissé courir les chevaux, bêtes de trait, de charge ou de monture, dans les rues et dans les endroits populeux, ou qui auront fait aller dans ces lieux, avec rapidité, leurs voitures roulantes.

4. Ceux dont les esclaves seront trouvés montés sur des chevaux et autres bêtes de selle, dans la ville.

5. Ceux dont les chevaux, ânes, mulets et bœufs seront trouvés dans les rues sans conducteurs.

6. Ceux qui auront laissé divaguer des fous ou des furieux étant sous leur garde, ou des animaux malfaisans ou féroces, quand il n'en serait résulté aucun mal ni dommage.

7. Ceux qui auraient jeté des pierres ou d'autres corps durs contre les maisons, édifices ou clôtures d'autrui, ou dans les jardins ou enclos, et ceux qui auraient jeté des immondices sur quelqu'un.

8. Ceux qui auront établi ou tenu dans les rues, chemins, places ou lieux publics, des jeux de loterie ou d'autres jeux de hasard, quelle que soit la nature ou la forme de ces jeux, les bornes ou l'étendue des risques ou des espérances.

9. Ceux qui auront vendu ou débité des boissons falsifiées, sans préjudice des peines plus sévères, si elles l'étaient par des mixtions nuisibles à la santé.

10. Ceux qui auront donné à leurs esclaves des permissions de se louer eux-mêmes ou de s'engager à journées au service des particuliers.

11. Ceux qui auront pris à loyer ou à journée, des esclaves sur des permissions produites par eux à cet effet.

12. Ceux qui auront commandé ou fait faire à des esclaves, sans la participation du maître, des ouvrages ou autres travaux à leurs jours et momens de repos.

13. Ceux qui auront permis à leurs esclaves de tenir boutique ou cantine ou un étalage quelconque hors de l'emplacement qu'ils habitent.

14. Ceux qui n'étant propriétaires, usufruitiers, ni jouissant d'un terrain, y sont entrés et y ont passé dans le tems où ce terrain était chargé de grains en tuyau, de cafés, de coton, d'indigo ou d'autres produits mûrs ou voisins de la maturité ou de l'exploitation.

15. Ceux qui auraient passé avec des bêtes de trait, de charge ou de monture, sur le terrain d'autrui, ensemencé ou chargé d'une récolte, en quelque saison que ce soit.

16. Ceux qui auraient fait ou laissé passer des troupeaux, bestiaux ou animaux de trait, de charge ou de monture, dans un jardin ou verger, ou autre terrain cultivé.

17. Ceux qui auraient commis les contraventions mentionnées aux trois numéros précédens, dans un enclos, quelqu'en fût la clôture et en quelle que tems que ce pût être.

18. Ceux qui auraient refusé de recevoir les espèces ou monnaies du prince non fausses ni altérées, selon la valeur pour laquelle elles ont cours.

19. Ceux qui, sans raison valable, auront refusé ou négligé de faire les travaux, le service, ou de prêter le secours dont ils auront été requis dans les circonstances d'accidens, tumulte, inondation, incendie ou autres calamités, ainsi que dans les cas de brigandage, rassemblemens de marrons, pillages, flagrant délit, clameur publique, ou d'exécution judiciaire.

20. Ceux qui auront affiché, vendu ou distribué des écrits, dessins ou gravures contraires aux principes de la morale naturelle ou publique, s'ils ont fait connaître l'auteur ou le dessinateur.

XV. Pourra, suivant les circonstances, être prononcée, outre l'amende portée en l'article précédent, la détention pendant cinq jours au plus contre les charretiers, voituriers ou conducteurs en contravention ; contre ceux qui auront couru le risque de nuire par la rapidité ou la mauvaise direction des voitures ou des animaux ; contre ceux qui auraient jeté des pierres ou d'autres corps durs ou des immondices ; contre les vendeurs et débiteurs de boissons falsifiées ; contre ceux qui auraient refusé un service ou des secours requis dans des circonstances urgentes.

XVI. La peine de détention pendant sept jours au plus sera toujours prononcée en cas de récidive contre toutes les personnes mentionnées en l'article XIV.

XVI. Seront saisis et confisqués,

1°. Les tables, instrumens, appareils des jeux ou loteries établis dans les rues, chemins et voies publiques, ainsi que les enjeux et les fonds, denrées, objets ou lots proposés aux joueurs dans le cas du numéro 8 de l'article XIV.

2°. Les boissons falsifiées trouvées appartenir au vendeur ou débitant.

Section III. — Troisième classe.

XVIII. Seront punis d'une amende de cinquante-un à cent francs,

1°. Ceux qui, ou dont les esclaves auront maraudé du bois ou des fruits à autrui à dos d'homme ou à dos d'une bête de charge, ou auront pris dans les champs des grains ou autres productions de la terre.

2. Les voleurs de volailles ou de pigeons.

3. Ceux qui auront pris ou enlevé des terres, pierres ou pierrailles ou gazons, soit dans les voies ou chemins, soit sur les terres de l'Etat, soit sur le terrain d'autrui.

4. Ceux qui auront allumé du feu dans les rues ou places des villes, bourgs et habitations, même dans les champs, à moins de cinquante toises des maisons, édifices, bois, vergers, plantations, haies, meules ou tas de grains, pailles, fourrages et autres matières combustibles, quand il n'en serait résulté aucun accident.

5. Les aubergistes, hôteliers, qui auraient inscrit sur leurs registres les personnes qui ont logé ou passé une nuit chez eux, sous des noms supposés ou de fausses qualifications, sans préjudice de leur responsabilité.

6. Les cantiniers qui auront tenu leur boutique ouverte avant six heures du matin et après huit heures du soir, ou qui en quelque tems que ce soit auront permis à des esclaves de s'attabler chez eux, pour boire ou pour manger, ou de s'attrouper à leurs portes.

7. Les cantiniers, aubergistes, traiteurs et cafetiers qui auront donné à boire ou à jouer à des militaires ou à des gens de mer, après la retraite battue, et les cafetiers qui, après dix heures du soir, auront du monde chez eux, ou auront donné à jouer à qui que ce soit.

8. Les individus qui auront causé du dommage aux propriétés mobilières d'autrui, ceux qui auront occasionné mort ou blessure des animaux ou bestiaux appartenans à autrui, par l'effet de la divagation des fous ou furieux, ou d'animaux malfaisans ou féroces, ou par la rapidité ou la mauvaise direction des voitures, chevaux, bêtes de trait, de charge ou de monture, ou par l'emploi ou l'usage d'armes, sans précaution ou avec maladresse, ou par jets de pierres ou d'autres corps durs, ou par la vétusté, la dégradation, le défaut de réparation ou d'entretien des maisons ou édifices, ou par l'encombrement ou l'excavation ou telles autres œuvres dans ou près les rues, chemins, places ou voies publiques, sans les précautions ou les signaux ordonnés ou d'usage.

9. Ceux qui, sur le terrain par eux possédé, au-

ront estropié ou blessé, sans nécessité, des chevaux ou des bêtes de trait, de charge ou de monture, des bestiaux à cornes, des veaux, des béliers, brebis, moutons, agneaux, boucs, chèvres, chevreaux, porcs ou autres, appartenans à autrui, sauf compensation jusqu'à concurrence des restitutions ou indemnités avec le dommage fait par ces animaux.

10. Ceux qui auront étendu leur culture, plantation, ensemencement ou récolte, au-delà des limites qui séparent leurs propriétés d'avec celles d'autrui, déterminées par opération de bornage ou par le dernier état de la possession.

11. Ceux qui auront donné à leurs esclaves des jours de la semaine pour gagner leur nourriture, ou qui, pour raison de leurs infirmités ou toute autre cause, les auront renvoyés de chez eux ou abandonnés, ou les auront laissé libres de chercher leur nourriture ou un asyle.

12. Ceux qui auront de faux poids ou de fausses mesures dans leurs magasins, boutiques, ateliers ou maisons de commerce, ou dans les marchés ou bazars, quand bien même ils n'en auraient pas fait usage pour tromper les acheteurs.

13. Ceux qui auront contrevenu à la défense de distribuer ou de débiter des recettes, drogues, médicamens, compositions ou secrets pour la guérison de maladies, infirmités ou blessures, sans en avoir obtenu les autorisations nécessaires, sans préjudice des peines à prononcer en cas d'accidens survenus par l'effet de l'usage de ces compositions ou recettes.

14. Ceux qui auront fait le métier de deviner, pronostiquer, d'expliquer les songes, ou qui seront les auteurs de fausses nouvelles inquiétantes pour le public, ou propres à causer une hausse dans le prix des marchandises et des denrées, ou à troubler l'ordre établi.

15. Ceux qui auront commis les contraventions mentionnées dans les 14, 15 et 16e partie de l'article XIV, si le lieu de la contravention est un enclos tenant à une maison habitée ou servant à l'habitation, ou si l'on a fait passer une voiture sur un terrain ensemencé ou chargé d'une récolte quelconque.

16. Les auteurs ou complices des bruits ou tapages injurieux ou nocturnes, troublant l'ordre public ou la tranquillité des habitans, sans préjudice des peines à prononcer en cas de violation de domicile ou de dégats, pillages ou autres violences avec escalade ou à main armée ou avec effraction soit aux clôtures, quelles qu'elles soient, soit aux portes et fenêtres des maisons habitées ou servant à habitation.

XIX. Pourra selon les circonstances, être prononcée la peine de détention pendant huit jours au plus contre les contrevenans désignés aux numéros 1, 2, 4, 7, 8, 11, 12, 13, 14, 15 et 16 de l'article précédent.

XX. La peine de détention pendant dix jours aura toujours lieu, contre les personnes mentionnées en l'article XVIII, en cas de récidive.

XXI. Seront de plus saisis et confisqués,

Quatrième partie, A.

25.

1°. Les faux poids et les fausses mesures.

2. Les instrumens, ustensiles ou autres objets servant ou destinés à l'exercice du métier de devin, pronostiqueur ou interprète de songes.

3. Les drogues, médicamens, compositions, appareils et ustensiles des charlatans ou débiteurs sans autorisation.

CHAPITRE III.

Dispositions particulières.

XXII. La peine de détention ne pourra être prononcée contre les maîtres des esclaves trouvés en contravention ; mais les esclaves seront punis, savoir : de dix coups de fouet et de quinze jours de chaînes, pour les contraventions de la première classe ; de vingt coups de fouet et d'un mois de chaînes, pour les contraventions de la seconde classe ; de trente coups de fouet et de deux mois de chaînes, pour les contraventions de la troisième classe ; le tout sans préjudice de l'amende, des dommages et intérêts et dépens contre les maîtres, suivant la nature des contraventions, et de toutes poursuites de droit, pour le payement desdites condamnations pécuniaires.

La peine des chaînes sera double en cas de récidive.

XXIII. Les maîtres seront tenus, même par corps, de représenter leurs esclaves contrevenans ou condamnés, dès qu'ils en auront été requis par le procureur impérial, les commissaires civils ou les officiers de police.

XXIV. Les maîtres pourront faire l'abandon de leurs esclaves, au profit de qui il appartiendra, à raison des condamnations pécuniaires prononcées contre eux pour le fait desdits esclaves ; au moyen de cet abandon, dans les délais et formes prescrites, il ne seront point sujets aux dispositions des articles IV, V et VI du présent.

XXV. A l'avenir, il ne pourra être prononcé en police correctionnelle, d'amende au-dessous de cent-n francs et d'emprisonnement au-dessous de onze jours.

TITRE II.

Des tribunaux de police et du mode de procédure à y suivre

CHAPITRE PREMIER.

Des tribunaux de police.

XXVI. La justice pour la répression des contraventions de police sera administrée aux îles de France et Bonaparte, par le tribunal de première instance.

XXVII. A l'île de France, l'agent-général de police remplira, sous la surveillance du procureur impérial, les fonctions du ministère public près le tribunal de police ; il aura en conséquence la voie d'action et de réquisition contre tous faits de simple police.

En cas d'empêchement, il sera remplacé par le sous-agent.

Il n'est rien dérogé, quand à la disposition du présent article, à ce qui est prescrit pour l'île Bonaparte, par l'arrêté du 18 Février dernier.

XXVIII. L'appel des jugemens de police, dans les cas déterminés ci-après, sera en l'une et l'autre colonie, portée par-devant la cour, qui pourra prononcer, en ces sortes d'affaires, au nombre de trois juges.

XXIX. Les audiences de police se tiendront le vendredi de chaque semaine, à trois heures de l'après-midi.

CHAPITRE II.

Du mode de procéder par-devant les tribunaux de police.

XXX. Toute personne libre prévenue d'une contravention de police et celles qui en seront responsables, seront citées devant le juge de police, pour être entendues et jugées.

XXXI. Les citations seront données à la requête de l'officier de police chargé du ministère public, ou à la requête des particuliers qui se prétendront lésés par la contravention.

XXXII. Le fait qui donnera lieu aux poursuites sera réputé simple contravention, lorsque le maximum de la peine n'excédera pas cent francs d'amende et dix jours de détention.

Lorsque la loi ne prononcera que la peine de confiscation, le fait sera également considéré comme une simple contravention.

XXXIII. Les citations seront notifiées par un huissier, qui en laissera copie au prévenu, elles pourront l'être par l'appariteur du bureau de police lorsqu'elles seront données à la requête du ministère public.

XXXIV. Les parties pourront comparaître volontairement et sur un simple avertissement, sans qu'il soit besoin de citation.

XXXV. Il ne pourra y avoir entre la citation et le jugement un intervalle moindre de vingt-quatre heures, outre un jour pour six lieues, à peine de nullité de la condamnation par défaut contre la personne citée.

Néanmoins cette nullité ne pourra être proposée qu'à la première audience et avant toute exception et défense.

XXXVI. Avant le jour de l'audience, le juge pourra, sur la réquisition du ministère public ou de la partie civile, estimer ou faire estimer les dégâts, dresser ou faire dresser des procès-verbaux, exiger des sûretés, arrêter toute nouvelle œuvre, ordonner des réparations urgentes, commettre pour tous actes nécessaires à l'instruction les commissaires civils des quartiers ou leurs suppléans, faire en un mot ou ordonner tous les actes qui mettront la cause en état d'être discutée et jugée.

XXXVII. Si la personne citée ne comparaît pas au jour et à l'heure fixés par la citation, elle sera jugée par défaut.

XXXVIII. La condamnation par défaut, sera comme non avenue, si dans les trois jours de la signification qui en aura été faite à la personne citée ou à son domicile, outre un jour par six lieues, celle-ci forme opposition au jugement et notifie cette opposition, tant au ministère public qu'à la partie civile, qui en laissera copie à chacun d'eux.

Néanmoins les frais de l'expédition et de la signification du jugement par défaut et de l'opposition demeureront à la charge de l'opposant.

XXXIX. L'opposition emportera de droit citation à la première audience, et le jugement qui sera rendu sur cette opposition, ne pourra être attaqué par la partie qui l'aura formée, si ce n'est par appel en certains cas, ainsi qu'il sera dit ci-après.

XL. Les parties comparaîtront par elles-mêmes, ou par des citoyens fondés de procuration spéciale, sans pouvoir être assistées d'un défenseur officieux, avoué ou conseil.

XLI. L'instruction de chaque affaire sera publique et se fera dans l'ordre suivant :

Les procès-verbaux, s'il y en a, seront lus par le greffier. Les témoins, s'il en a été appelé par le ministère public ou la partie civile, seront entendus s'il y a lieu, et la partie civile prendra ses conclusions.

La personne citée proposera sa défense et fera entendre ses témoins, si elle en a amené ou fait citer, et si elle est recevable à les produire.

Le ministère public résumera l'affaire et donnera ses conclusions.

Le juge pourra ne prononcer le jugement que dans l'audience qui suivra celle où l'instruction aura été terminée.

XLII. Les contraventions se prouveront par procès-verbaux ou rapports.

A défaut de procès-verbaux ou rapports réguliers, elles se prouveront par témoins.

Nul ne pourra être admis à faire preuve par témoins pour ou contre le contenu aux procès-verbaux ou rapports des officiers de police, des agens, préposés, ou autres officiers ayant reçu de la loi le pouvoir de constater les délits et les contraventions, leurs procès-verbaux ou rapports feront foi jusqu'à inscription de faux.

XLIII. Les témoins feront serment à l'audience de dire la vérité ; le greffier tiendra note sommaire de leurs noms, prénoms, âge, profession et demeure, ainsi que de leur principale déclaration.

XLIV. Les témoins qui ne comparaîtront pas sur la citation qui leur aura été donnée et à l'heure qui aura été indiquée, ou qui refuseront, soit de prêter serment, soit de porter témoignage, seront condamnés par le tribunal sur les réquisitions du ministère public, à une amende de vingt-cinq francs, sans autres formalités, sans délai et sans appel, cette condamnation sera exécutoire par les voies de droit et même par corps.

LXV. La voie de l'opposition sera ouverte contre ces condamnations, dans les trois jours de la signification qui en aura été faite au témoin condamné ou à son domicile, outre un jour par six lieues, et l'opposition sera reçue s'il prouve qu'il a été légitimement empêché.

XLVI. Dans le cas où la citation aura été donnée à la requête des personnes lésées, et lorsqu'elles interviendront comme parties civiles, sur la citation donnée à la requête de l'officier du ministère public, le tribunal prononcera sur les restitutions et les dommages et intérêts prétendus pour raison de la contravention.

XLVII. Si le tribunal juge que le fait est un délit qui mérite une peine correctionnelle ou plus grave, il renverra les parties à une audience qu'il fixera par son jugement, ou prononcera autrement, suivant l'exigence des cas.

XLVIII. S'il juge que le fait ne présente ni délit ni contravention, il annullera la citation et tout ce qui aura suivi, et statuera, s'il y a lieu, sur les dommages et intérêts demandés par le prévenu.

XLIX. Tout jugement de condamnation contre la personne citée ou la partie civile, le condamnera aux frais, tant envers l'Etat qu'envers l'autre partie.

Les dépens seront liquidés par le jugement.

L. Tout jugement définitif de condamnation sera motivé, et les termes de la loi appliquée y seront insérés.

LI. La minute du jugement sera signée dans les vingt-quatre heures, par le juge qui aura tenu le siège.

LII. Le jugement sera rendu en dernier ressort, excepté dans les deux cas qui suivent :

1º. Lorsque le jugement aura prononcé les peines de détention pour les contraventions de la deuxième et troisième classes, déterminées par le présent.

2º. Lorsque les restitutions et les autres réparations civiles excéderont ensemble, outre l'amende et les dépens, la somme de cinq cents francs.

LIII. Le jugement sera exécuté à la requête de l'officier du ministère public et de la partie civile.

L'officier du ministère public sera tenu, sous sa responsabilité, de faire verser dans la caisse du receveur de l'enregistrement, le montant des sommes recouvrées.

LIV. L'appel du jugement rendu par le tribunal de police, sera intenté, suivi et jugé dans les formes et délais prescrits pour les affaires sommaires.

LV. Sur l'appel, les témoins seront entendus de nouveau, dans la même forme, si les parties ou le ministère public le requièrent, et la cour pourra même entendre, si les parties ou le ministère public le requièrent, d'autres témoins que ceux qui auraient été produits en première instance.

LVI. Les dispositions des articles précédens sur la solennité de l'instruction, la nature des preuves, la forme, l'authenticité et la signature du jugement définitif, seront communes aux jugemens rendus sur l'appel.

LVII. Il est dérogé à toutes dispositions contraires au présent, qui ne commencera à avoir son exécution à l'île de France, qu'au 1er du mois de Juin prochain.

LVIII. Le présent sera lu, enregistré, imprimé et affiché ; il en sera adressé expédition au Préfet colonial et au Commissaire de justice.

Ile de France, le 28 Avril 1808.

Le Capitaine-général, DECAEN.

A R R E T É.

161. Decaen, Capitaine-général, etc. etc.,

Sur les observations et la proposition du Commissaire de justice,

Après délibération avec le Préfet colonial et le Commissaire de justice, Arrête :

Art. Ier. L'avis du Conseil-d'Etat, du Ier Juin 1807, sur les moyens de prévenir les difficultés en matière d'hypothèques légales indépendantes de l'inscription, duquel suit la teneur, est promulgué aux îles de France, Bonaparte et dépendances.

« Le Conseil-d'Etat, qui, d'après le renvoi ordonné par Sa Majesté, a entendu le rapport des sections des finances et de législation, sur celui du ministre du trésor public, concernant les moyens de prévenir les difficultés qui s'élèvent en matière d'hypothèques légales existantes indépendamment de l'inscription ;

» Considérant que les articles 2193, 2194 et 2195 du Code civil, ont tracé les règles à suivre pour purger les hypothèques légales des femmes et des enfans mineurs et interdits, existantes indépendamment de l'inscription ;

» Que l'art. 2194 exige que l'acte de dépôt au greffe, du contrat translatif de propriété soit signifié, tant à la femme et au subrogé tuteur, qu'au procureur impérial près le tribunal de l'arrondissement où les biens sont situés ;

» Que l'exécution de cette disposition est possible toutes les fois que le subrogé tuteur et la femme, ou ceux qui la représentent, sont connus ;

» Mais qu'il arrive souvent qu'ils ne le sont pas, et que les acquéreurs sont alors forcés de se borner à faire la signification au procureur impérial seulement ;

» Qu'il convient, dans cet état de choses, de recourir pour l'avenir aux moyens indiqués par le Code civil et par le Code de procédure, lorsqu'il s'agit d'avertir les parties qui peuvent avoir des intérêts,

EST D'AVIS,

» Premièrement, que lorsque, soit la femme ou ceux qui la représentent, soit le subrogé tuteur, ne seront pas connus de l'acquéreur, il sera nécessaire et il suffira, pour remplacer la signification qui doit leur être faite aux termes dudit article 2194, en premier

lieu, que dans la signification à faire au procureur impérial, l'acquéreur déclare que ceux du chef desquels il pourrait être formé des inscriptions pour raison d'hypothèques légales, existantes indépendamment de l'inscription, n'étant pas connus, il fera publier la susdite signification dans les formes prescrites par l'article 683 du Code de procédure civile ; en second lieu, que le susdit acquéreur fasse cette publication dans lesdites formes de l'article 683 du Code de procédure civile, ou que, s'il n'y avait pas de journal dans le département, l'acquéreur se fasse délivrer par le procureur impérial un certificat portant qu'il n'en existe pas.

» Secondement, que le délai de deux mois fixé par l'article 2194 du Code civil, pour prendre inscription du chef des femmes et des mineurs et interdits, ne devra courir que du jour de la publication faite aux termes du susdit article 683 du Code de procédure civile, ou du jour de la délivrance du certificat du procureur impérial, portant qu'il n'existe pas de journal dans le département.

» Troisièmement, que le présent avis doit être inséré au bulletin des lois.

Pour extrait conforme,

Le secrétaire-général du Conseil-d'Etat,

Signé J. G. Locré.

Approuvé, en notre camp impérial de Dantzick, le Ier Juin 1807. Signé NAPOLÉON.

II. Le présent sera lu, enregistré, imprimé et affiché ; expédition en sera adressée au Préfet colonial et au Commissaire de justice.

Ile de France, le 26 Mars 1808.

Le Capitaine-général, DECAEN.

A R R E T É.

162. Decaen, Capitaine-général, etc. etc.,

Sur les observations et la proposition du Commissaire de justice,

Après délibération, Arrête :

Art. Ier. La loi du 3 Septembre 1807, relative aux inscriptions hypothécaires, en vertu de jugemens rendus sur des demandes en reconnaissance d'obligations sous-seing privé, de laquelle suit la teneur, est promulguée aux îles de France, Bonaparte et dépendances.

1°. Lorsqu'il aura été rendu un jugement sur une demande en reconnaissance d'obligation sous-seing privé, formée avant l'échéance ou l'exigibilité de ladite obligation, il ne pourra être pris aucune inscription hypothécaire en vertu de ce jugement, qu'à défaut de payement de l'obligation, après son échéance ou son exigibilité, à moins qu'il n'y ait eu stipulation contraire.

2°. Les frais relatifs à ce jugement ne pourront être répétés contre le débiteur, que dans le cas où il aura dénié sa signature.

Les frais d'enregistrement seront à la charge du débiteur, tant dans le cas dont il vient d'être parlé, que lorsqu'il aura refusé de se libérer après l'échéance ou l'exigibilité de la dette.

II. Le présent sera lu, enregistré, imprimé et affiché ; expédition en sera adressée au Préfet colonial et au Commissaire de justice.

Ile de France, le 27 Mars 1808.

Le Capitaine général, DECAEN.

A R R E T É.

163. Decaen, Capitaine-Général, etc. etc.

En conformité de la dépêche de S. Exc. le ministre de la marine et des colonies du 23 Janvier 1807, Après délibération avec le Commissaire de justice,

Arrête :

Art. Ier. Le décret impérial du 12 Décembre 1805, (21 Frimaire an XIV) qui règle le mode de délivrance des lettres de grâce pour les colonies, dont suit la teneur, est promulgué aux îles de France et Bonaparte.

1º. Les lettres de grâce seront par nous données pour les colonies comme pour la partie continentale de l'Empire, après avoir entendu un conseil privé.

Elles seront expédiées dans la même forme.

2º. Les pièces et renseignemens relatifs aux demandes pour les colonies seront transmis par le ministre de la marine et des colonies au grand juge ministre de la justice, qui en fera le rapport au conseil privé.

3º. L'expédition des lettres de grâce sera transmise par le grand juge ministre de la justice, au ministre de la marine, qui les adressera aux tribunaux des colonies, pour être par eux transcrites sur leurs registres.

4º. Notre grand juge ministre de la justice et notre ministre de la marine et des colonies seront chargés, chacun en ce qui le concerne, de l'exécution du présent décret. Signé NAPOLEON.

II. L'article XXXV de l'ordonnance du 25 Septembre 1766, sur le gouvernement civil des îles de France et Bonaparte, est modifié et rédigé ainsi qu'il suit :

« En cas qu'un accusé se soit pourvu par-devant le Capitaine-général pour obtenir de Sa Majesté sa grâce, il en sera délibéré entre le Capitaine-général et le Commissaire de justice ; et s'il a été décidé entre eux que l'accusé est dans le cas d'obtenir sa grâce, il sera sursis à la lecture et à l'exécution de l'arrêt, jusqu'à ce que, sur le vu de leur avis, qui sera rédigé par écrit et envoyé à Sa Majesté, avec l'expédition des charges et informations, il ait été statué par elle sur ladite grâce ce qu'il appartiendra. »

III. Le présent sera lu, enregistré, imprimé et affiché ; expédition en sera adressée au Commissaire de justice.

Ile de France, le 23 Mars 1808.

Le Capitaine-général, DECAEN.

A R R E T É.

164. Decaen, Capitaine-général, etc. etc.,

Sur les observations et la proposition du Commissaire de justice, et après délibération, Arrête :

Art. Ier. La loi du 10 Septembre 1807, relative à la contrainte par corps contre les étrangers non domiciliés en France, dont suit la teneur, est promulguée aux îles de France et Bonaparte.

1º. Tout jugement de condamnation, qui interviendra au profit d'un français, contre un étranger non domicilié en France, emportera la contrainte par corps.

2º. Avant le jugement de condamnation, mais après l'exigence ou l'exigibilité de la dette, le président du tribunal de première instance, dans l'arrondissement duquel se trouvera l'étranger non domicilié, pourra, s'il y a de suffisans motifs, ordonner son arrestation provisoire, sur la requête du créancier français.

3º. L'arrestation provisoire n'aura pas lieu, ou cessera, si l'étranger justifie qu'il possède sur le territoire français, un établissement de commerce ou des immeubles, le tout d'une valeur suffisante pour assurer le payement de la dette, ou s'il fournit pour caution, une personne domiciliée en France et reconnue solvable.

II. Le présent sera lu, enregistré, imprimé et affiché ; expédition en sera adressée au Commissaire de justice.

Ile de France, le 23 Mars 1808.

Le Capitaine-général, DECAEN.

A R R E T É.

165. Decaen, Capitaine-général, etc. etc.,

Sur les observations et la proposition du Préfet colonial et du Commissaire de justice et après délibération, Arrête :

Art. Ier. La loi du 3 Septembre 1807, sur le taux de l'intérêt de l'argent, dont suit la teneur, est promulguée aux îles de France, Bonaparte et dépendances, et y sera exécutoire, sauf la modification ci-après :

1º. L'intérêt conventionnel ne pourra excéder, en matière civile, cinq pour cent, ni en matière de commerce, six pour cent ; le tout sans retenue.

2º. L'intérêt légal sera, en matière civile, de cinq pour cent ; et en matière de commerce, de six pour cent aussi sans retenue.

3º. Lorsqu'il sera prouvé que le prêt conventionnel a été fait à un taux excédant celui qui est fixé par l'article Ier, le prêteur sera condamné, par le tribunal saisi de la contestation, à restituer cet excédant, s'il l'a reçu, ou à souffrir la réduction sur le principal de la créance, et pourra même être renvoyé, s'il y a lieu, devant le tribunal correctionnel, pour y être jugé conformément à l'article suivant.

4º. Tout individu qui sera prévenu de se livrer habituellement à l'usure, sera traduit devant le tribunal correctionnel, et, en cas de conviction, condamné à une amende qui ne pourra excéder la moitié des capitaux qu'il aura prêtés à usure.

S'il résulte de la procédure, qu'il y a eu escroquerie de la part du prêteur, il sera condamné, outre l'amende ci-dessus, à un emprisonnement qui ne pourra excéder deux ans.

5°. Il n'est rien innové aux stipulations d'intérêts par contrats ou autres actes faits jusqu'au jour de la publication de la présente loi.

II. Le taux de l'intérêt conventionnel et légal fixé par les paragraphes 1 et 2, sera, pour l'argent de colonie, de neuf pour cent, en matière civile, et de douze pour cent, en matière de commerce, sans retenue.

III. Le présent sera lu, enregistré, imprimé et affiché ; expédition en sera adressée au Préfet colonial et au Commissaire de justice.

Ile de France, le 26 Mars 1808.

Le Capitaine-général, DECAEN.

ARRÊTÉ.

166. DECAEN, Capitaine-général, etc. etc.,

Sur les observations du Préfet colonial,

Après délibération avec le Préfet colonial et le Commissaire de justice, Arrête :

Art. Ier. La loi du 5 Septembre 1807, relative aux droits du trésor public sur les biens des comptables, dont suit la teneur, est promulguée aux îles de France, Bonaparte et dépendances.

1°. Le privilège et l'hypothèque maintenus par les articles 2098 et 2121 du Code civil, au profit du trésor public, sur les biens meubles et immeubles de tous les comptables chargés de la recette et du paiement de ses deniers, sont réglés ainsi qu'il suit :

2°. Le privilège du trésor public a lieu sur tous les biens meubles des comptables, même à l'égard des femmes séparées de biens, pour les meubles trouvés dans les maisons d'habitation du mari, à moins qu'elles ne justifient légalement que lesdits meubles leur sont échus de leur chef, ou que les deniers employés à l'acquisition leur appartenaient.

Ce privilège ne s'exerce néanmoins qu'après les privilèges généraux et particuliers énoncés aux articles 2101 et 2102 du Code civil.

3°. Le privilège du trésor public sur les fonds de cautionnement des comptables, continuera d'être régi par les lois existantes.

4°. Le privilège du trésor public a lieu, 1° sur les immeubles acquis à titre onéreux, par les comptables, postérieurement à leur nomination ; 2° sur ceux acquis au même titre et depuis cette nomination, par leurs femmes, même séparées de biens.

Sont exceptées néanmoins les acquisitions à titre onéreux faites par les femmes, lorsqu'il sera légalement justifié que les deniers employés à l'acquisition leur appartenaient.

5°. Le privilège du trésor public, mentionné au numéro 4 ci-dessus, a lieu conformément aux articles 2106 et 2113 du Code civil, à la charge d'une inscription qui doit être faite dans les deux mois de l'enregistrement de l'acte translatif de propriété.

En aucun cas, il ne peut préjudicier, 1° aux créanciers privilégiés désignés dans l'article 2103 du Code civil lorsqu'ils ont rempli les conditions prescrites pour obtenir privilège ; 2° aux créanciers désignés aux articles 2101, 2104 et 2105 du Code civil, dans le cas prévu par le dernier de ces articles ; 3° aux créanciers du précédent propriétaire qui auraient, sur le bien acquis, des hypothèques légales, existantes indépendamment de l'inscription, ou toute autre hypothèque valablement inscrite.

6°. A l'égard des immeubles des comptables, qui leur appartenaient avant leur nomination, le trésor public a une hypothèque légale à la charge de l'inscription, conformément aux articles 2121 et 2134 du Code civil.

Le trésor public a une hypothèque semblable, et à la même charge, sur les biens acquis par le comptable autrement qu'à titre onéreux, postérieurement à sa nomination.

7°. A compter de la publication de la présente loi, tous receveurs généraux de département, tous receveurs particuliers d'arrondissement, tous payeurs généraux et divisionnaires, ainsi que les payeurs de département, des ports et des armées, seront tenus d'énoncer leurs titres et qualités dans les actes de vente, d'acquisition, de partage, d'échange et autres translatifs de propriété qu'ils passeront ; et ce, à peine de destitution en cas d'insolvabilité envers le trésor public, et d'être poursuivis comme banqueroutiers frauduleux.

Les receveurs de l'enregistrement et les conservateurs des hypothèques seront tenus, aussi à peine de destitution, et en outre de tous dommages et intérêts, de requérir ou de faire, au vu desdits actes, l'inscription, au nom du trésor public, pour la conservation de ses droits, et d'envoyer, tant au procureur impérial du tribunal de première instance de l'arrondissement des biens, qu'à l'agent du trésor public à Paris, le bordereau prescrit par les articles 2148 et suivans du Code civil.

Demeurent néanmoins exceptés les cas où, lorsqu'il s'agira d'une aliénation à faire, le comptable aura obtenu un certificat du trésor public portant que cette aliénation n'est pas sujette à l'inscription de la part du trésor. Ce certificat sera énoncé et daté dans l'acte d'aliénation.

8°. En cas d'aliénation par tout comptable de biens aux droits du trésor public par privilège ou par hypothèque, les agens du gouvernement poursuivront, par voies de droit, le recouvrement des sommes dont le comptable aura été constitué redevable.

9°. Dans le cas où le comptable ne serait pas actuellement constitué redevable, le trésor public sera tenu dans trois mois, à compter de la notification qui lui sera faite aux termes de l'article 2183 du Code civil, de fournir et de déposer au greffe du tribunal de l'arrondissement des biens vendus, un certificat constatant la situation du comptable, à défaut de quoi, ledit délai expiré, la main-levée de l'inscription aura lieu de droit, et sans qu'il soit besoin de jugement.

La main-levée aura également lieu de droit, dans le cas où le certificat constatera que le comptable n'est pas débiteur envers le trésor public.

10°. La prescription des droits du trésor public, établie par l'article 2227 du Code civil, court, au profit des comptables, du jour où leur gestion a cessé.

11°. Toutes dispositions contraires à la présente loi sont abrogées.

II. Le présent sera lu, enregistré, imprimé et affiché ; expédition en sera adressée au Préfet-colonial et au Commissaire de justice.

Ile de France, le 23 Mars 1808.

Le Capitaine-général, DECAEN.

ORDRE.

167. DECAEN, Capitaine-général, etc. etc.,

Ordonne ;

Art. Ier. Il est expressément défendu, jusqu'à nouvel ordre, aux commandans des navires employés au cabotage de Madagarcar, d'aller dans les rades de Foulpointe et Fénérif, que préalablement ils n'aient communiqué à Tamatave, afin de recevoir, s'il y a lieu, l'autorisation nécessaire pour aller dans ces deux endroits, ainsi que pour y débarquer leurs passagers et cargaisons.

Celui qui contreviendra au présent article, sera privé de commander à l'avenir.

II. Aucun français ne pourra aller à Foulpointe et Fénérif, de quelque lieu que ce soit, sans y être spécialement autorisé.

III. Qui que ce soit ne pourra établir ce qu'on appelle poste de traite, ni envoyer ou faire transporter hors des établissemens de Tamatave, Foulpointe et Fénérif, de l'arack, de la poudre et des armes, ainsi que les diverses marchandises de traite, s'il n'en a pas obtenu la permission de l'agent commercial ou de ses délégués.

IV. Il est défendu à tout traitant à Madagascar, dans quelqu'endroit que ce soit, de se permettre d'apporter ou de susciter clandestinement des changemens aux conventions arrêtées dans les assemblées qui se tiennent habituellement chaque année, à l'époque de l'ouverture de la traite, pour fixer le degré de pilage du riz, la capacité de la gamelle, pour la mesure de ce grain, celle de la mesure de la poudre, la longueur de la brasse, le prix des esclaves ; et enfin, à tout ce qui aura été fixé dans lesdites assemblées, tant par l'agent commercial ou ses délégués dans les endroits où il y en aura en résidence, que par les traitans qui les premiers auront fait lesdites conventions, dans les lieux où il n'aura pas encore été établi des délégués de l'agent commercial.

V. La traite du riz, en piastres, n'étant point permise avec les naturels, comme contraire au bien du commerce et aux intérêts des iles de France et Bonaparte, il est également défendu à tout français quelconque, de revendre à Madagascar même, le riz pour des piastres.

VI. Toutes contraventions aux articles II, III, IV et V du présent, seront punies pour la première fois, d'une amende dont le maximum ne pourra s'élever au-delà de mille francs, ni être moindre de cinquante francs ; mais selon la gravité des cas, les infracteurs pourront être renvoyés de Madagascar, par le premier navire qui ferait voile pour l'ile de France.

La moitié des amendes sera au profit de ceux qui auront fait connaître les contrevenans, et l'autre partie sera employée aux frais de l'établissement.

VII. Seront punis selon l'article précédent, tous contrevenans aux dispositions qui prescrivent de s'adresser à l'agent commercial ou à ses délégués, dans les cas de contestation avec les naturels, ainsi que pour des réclamations qu'ils auraient à faire, de même ceux qui provoqueront directement ou indirectement des assemblées dites cabarres.

VIII. L'agent commercial prononcera sur les infractions aux dispositions du présent ordre, commises dans l'étendue de son département. Il s'adjoindra à cet effet, deux des plus anciens traitans, dans le lieu de sa résidence, à la charge par lui d'en rendre compte au Capitaine-général.

IX. L'agent commercial et ses délégués, avant d'établir avec les naturels les conditions réciproques pour la traite, appelleront à leur résidence, de la manière qu'ils jugeront la plus convenable, les divers traitans qui auront commencé à cet endroit, l'année précédente, pour en recevoir les renseignemens et entendre les observations et propositions qu'ils pourront faire sur le plus grand avantage du commerce d'échange avec les naturels.

Ces agens du gouvernement se régleront, autant que possible, en conséquence des documens qu'ils auront acquis, pour statuer, lors de l'assemblée générale des naturels ou cabarre, les conventions auxquelles chacun devra réciproquement se soumettre pendant tout le cours de l'année.

X. Toutes dispositions, non contraires aux articles précédens sont maintenues.

XI. Le présent ordre, pour servir d'instruction à l'agent commercial et à ses délégués, ainsi qu'aux capitaines et officiers de commerce, sera imprimé. Il en sera remis, par les commandans d'armes, aux iles de France et Bonaparte, un exemplaire à chaque capitaine de navire autorisé à faire la navigation de Madagascar, lequel sera tenu d'en faire lecture aux personnes autorisées à s'embarquer sur son navire pour aller à cette destination, sous la peine prononcée par l'art. Ier.

XII. L'agent commercial et ses délégués feront aussi connaître aux traitans qui sont ou qui arriveront dans le lieu de leur résidence respective, et pour tout ce qui les concerne, les dispositons de cet ordre, dont expédition sera adressée au Préfet colonial.

Ile de France, le 7 Avril 1808.

Le Capitaine-général, DECAEN.

A R R E T É.

168. DECAEN, Capitaine-général, etc., etc.

Sur les observations et la proposition du Commissaire de justice,

Après en avoir délibéré avec le Préfet colonial et le Commissaire de justice,

Arrête :

Art. Iᵉʳ. La loi du 3 Septembre 1807, concernant une nonvelle rédaction du Code civil des Français, dont suit la teneur, est promulguée aux îles de France, Bonaparte et dépendances.

1º. Les lois qui ont été réunies en un seul corps sous le titre de Code civil des Français, seront promulguées de nouveau sous le titre de Code Napoléon, avec les changemens faits aux articles 1ᵉʳ, 13, 17, 18, 19, 21, 33, 48, 49, etc.

2º. Chacune des lois comprises dans le Code Napoléon, portera désormais la date du calendrier grégorien, correspondante à celle du jour où elle a été décrétée.

3º. Néanmoins, les susdites lois continueront à recevoir leur exécution du jour qu'elles ont dû l'avoir, en vertu de leur promulgation particulière.

Certifié conforme, le Capitaine-général, DECAEN.

II. L'extrait du discours de présentation de la loi ci-dessus promulguée, portant explication des changemens décrétés par ladite loi, sera publié à la suite du présent.

III. Le présent sera lu, enregistré, imprimé et affiché ; expédition en sera adressée au Préfet colonial et au Commissaire de justice.

Ile de France, le 21 Avril 1808.

Le Capitaine-général, DECAEN.

Extrait du discours de l'Orateur du Gouvernement, sur la loi concernant le Code Napoléon.

Le titre de Code civil des Français suffisait, lorsque son exécution a été bornée aux limites de l'Empire ; mais lorsqu'il s'est propagé chez plusieurs autres peuples, il a été nécessaire qu'il portât le titre propre à caractériser la loi de chaque pays. Déjà ce code a été publié en plusieurs contrées, sous un titre dont le choix aurait été inspiré par la seule reconnaissance, si ce n'était pas d'ailleurs un hommage rendu par la vérité à celui à qui ce grand ouvrage doit sa naissance, à celui qui dans le plan général, comme dans ses prin-cipales dispositions, y a imprimé les traits impérissables de son génie prévoyant et créateur. Par tous ces motifs et par les sentimens qui animent plus particulièrement les Français pour leur Empereur, le Code civil sera pour eux plus que tout autre peuple, le Code Napoléon, et on ne saurait douter qu'il ne soit contre leur vœu de lui laiser plus long-temps un autre nom.

La différence des tems où le Code Napoléon a été publié en France et chez d'autres peuples, a aussi entraîné des changemens de dénomination. C'est ainsi qu'il a été publié dans deux grands États de l'Italie, en substituant les expressions propres à la forme de leur gouvernement. Il convient également qu'une loi destinée à être chaque jour et pendant des siècles, citée dans les tribunaux et dans toutes les transactions sociales, commande la soumission et le respect au nom de l'Empereur et avec les formes du gouvernement actuel. Ainsi ces dénominations, Empereur, Empire, Etat, y ont été substituées à celles de Premier consul, Gouvernement, République, Nation.

Le tribunal de cassation, les tribunaux d'appel, y sont nommés cour de cassation, cour d'appel ; les tribunaux criminels, cours de justice criminelle ; leurs jugemens, arrêts.

Le titre de Commissaire du gouvernement près le tribunal d'appel, ou de Commissaire du gouvernement près du tribunal de première instance, sera remplacé par celui de Procureur-général impérial en la cour d'appel, ou de Procureur-impérial au tribunal de première instance.

Le titre de Commissaire des relations commerciales, par celui de Consul, et l'expression de commissariat des mêmes relations, par celui de consulat.

Les armées de la République, les vaisseaux ou bâtimens de l'Etat y sont nommés les armées de l'Empereur, les vaisseaux ou bâtimens de l'Empereur.

Suivant l'une des dispositions du code sur la privation des droits civils par la perte de la qualité de français, cette qualité serait perdue par l'affiliation à toute corporation étrangère qui exigerait des distinctions de naissance.

Les affiliations à une corporation étrangère ne peuvent avoir lieu qu'avec l'autorisation de l'Empereur ; elles doivent désormais être mises dans la classe des rapports politiques d'une puissance à l'autre ; et d'ailleurs dans ces espèces d'affiliations, les règles et les usages de chaque pays ne reçoivent aucune atteinte ; ce ne peut donc être à l'avenir la matière d'une disposition du Code civil. Elle doit être supprimée.

Le paragraphe Iᵉʳ de l'article 427, contient une énumération des personnes auxquelles, à raison de leurs grandes fonctions, on ne peut pas imposer la charge de la tutelle des mineurs ou des interdits.

Ces grands fonctionnaires étaient ceux dont il est mention dans les titres II, III et IV de l'acte constitutionnel du gouvernement consulaire ; cette organisation n'étant plus la même, le principe de la dispense doit être maintenu en l'appliquant à ceux qui, par l'acte des constitutions, du 18 Mai 1804, sont établis dans des fonctions du même ordre ou d'un ordre supérieur. Ainsi, au lieu de la disposition qui déclare dispensés de la tutelle les membres des autorités établies par les titres II, III et IV de l'acte constitutionnel de l'an VIII, on a déclaré que cette dispense s'applique aux personnes désignées dans les titres III, V, VI, VIII, IX, X et XI de l'acte des constitutions, du 18 Mai 1804.

Un objet plus important est celui qui concerne les substitutions,

Elles sont défendues par le Code civil.

Cette règle générale a été modifiée par l'Acte impérial du 30 Mars 1806, et par le Sénatus-consulte du 14 Août suivant.

Les motifs de cette modification sont énoncés dans le Sénatus-consulte dont l'article VI est ainsi conçu : « Quand S. M. le jugera convenable, soit pour récompenser de grands services, soit pour exciter une utile émulation, soit pour concourir à l'éclat du trône, elle pourra autoriser un chef de famille à substituer ses biens libres pour former la dotation d'un titre héréditaire que Sa Majesté érigerait en sa faveur, reversible à son fils aîné, né ou à naître, et à ses descendans en ligne directe de mâle en mâle par ordre de primogéniture. »

Cette loi spéciale bornant à un petit nombre de cas de la plus haute importance, ceux où il sera fait exception à la règle générale qui défend les substitutions, confirme cette règle; cependant il ne serait pas convenable que dans une édition nouvelle du Code, la prohibition absolue des substitutions, fut conservée, lorsqu'elle a été modifiée. Il a été jugé nécessaire d'énoncer cette modification; ce n'est point addition ou changement dans la législation, mais seulement la réunion de deux dispositions co-relatives, l'une du Code et ntre d'un Sénatus-consulte postérieur.

Il est aussi dans l'une des formes extérieures du Code, un changement indispensable.

Un nouveau calendrier fut établi en 1793; aucun autre peuple ne l'a cru préférable aux usages consacrés depuis tant de siècles dans presque toute l'Europe. La France se trouvait, sous des rapports aussi importans, dans un isolement absolu: une telle barrière devait s'abaisser sous le règne d'un Empereur qui ne s'occupe qu'à multiplier les liens entre les nations. Un Sénatus-consulte rendu depuis la promulgation du Code civil, a rétabli le calendrier grégorien. Il est donc convenable que chacune des lois comprises dans le Code Napoléon, porte désormais la date de ce calendrier, correspondante à celle du jour où elle a été, soit décrétée, soit promulguée.

Il résulte encore du calendrier grégorien, qu'un des articles de ce Code ne saurait à l'avenir être d'aucune application. C'est l'article 2261, suivant lequel, pour les prescriptions qui s'accomplissent dans un certain nombre de jours, les jours complémentaires sont comptés, et pour les prescriptions qui s'accomplissent par mois, celui de Fructidor comprend les jours complémentaires.

Il est évident, qu'à compter du 1er Janvier 1806, le calendrier grégorien rend cette disposition absolument nulle, et qu'elle ne peut plus avoir d'effet que pour les prescriptions d'un certain nombre de jours, et pour les prescriptions de mois, qui se seraient accomplies pendant que le calendrier républicain a été en vigueur, et pour lesquelles l'action pourrait être encore intentée; mais la suppression actuelle de cet article ne pouvant avoir d'effet rétroactif, il serait également invoqué comme étant la règle subsistante au tems de ces prescriptions, par ceux qui voudraient les faire prononcer dans les tribunaux. Ainsi, cette suppression ne peut avoir pour le tems passé aucun inconvénient, et pour l'avenir elle est devenue nécessaire.

Certifié conforme, le Capitaine-gén. DECAEN.

ARRÊTÉ.

169. DECAEN, Capitaine-général, etc. etc.,

Sur les observations et la proposition du Commissaire de justice, et après délibération,

Arrête :

Art. Ier. L'avis du Conseil-d'Etat, du 23 Avril 1807, dont suit la teneur, est promulgué aux îles de France et Bonaparte :

Le Conseil-d'Etat, sur le renvoi qui lui a été fait par ordre de Sa Majesté l'Empereur et Roi, d'un rapport du grand juge ministre de la justice, tendant à ce qu'il soit donné un avis interprétatif des lois relatives aux parentés et alliances entre les membres de l'ordre judiciaire dans un même tribunal;

Considérant que la loi du 27 Ventose an VIII, qui a donné à Sa Majesté la nomination des membres des tribunaux, n'a rappelé aucune des dispositions des lois précédentes sur l'incompatibilité résultant des parentés ou alliances : d'où il suit qu'elle n'a point limité les pouvoirs de Sa Majesté; qu'elle a laissé à sa sagesse le soin d'appeler les plus capables, sans égard, s'il en était besoin, à leurs parentés et qu'elle a supposé qu'en tout cas sa nomination emporterait de plein droit dispense;

Que cette opinion est fondée, 1°. sur ce que l'incompatibilité établie par la loi du 11 Septembre 1790, et étendue jusqu'au degré de cousin issu de germain, avait été restreinte, par l'article 207 de la constitution de l'an III, au degré de cousin germain; qu'il aurait fallu choisir entre ces deux prohibitions et déclarer si la dernière, à laquelle l'exécution aurait appartenu de droit commun, pouvait avoir force, étant contenue dans une constitution qui ne nous régissait plus;

2°. Sur ce que les dispositions de la loi du 11 Septembre 1790 et de l'article 207 de la constitution de l'an III, étant relatives à l'élection des juges par des assemblées électorales, on avait pu prescrire à ces assemblées des règles qui demeuraient étrangères aux nominations à faire par Sa Majesté et que la loi n'aurait pas manqué de rappeler si elles avaient dû être encore observées.

3°. Sur ce que, quoique dans le ministère de la justice on ait regardé la prohibition de parenté comme utile en général, on ne l'a point considérée comme une règle, puisqu'on s'en est écarté plusieurs fois ; d'où il suit qu'il n'y a de loi sur cette matière que celle du 27 Ventose an VIII, laquelle est muette sur les incompatibilités ;

Considérant que Sa Majesté peut, sans diminuer la prérogative qu'elle tient de cette loi, en régler l'usage de manière à prévenir les inconvéniens ou les suspicions qui peuvent résulter des parentés et alliances entre les membres d'un même tribunal et passer cependant sur ces inconvéniens, lorsque la nature des circonstances et la qualité des sujets l'exigeront ; qu'elle userait en cela du droit des rois qui étaient en possession d'accorder des dispenses de parenté ;

Est d'avis,

Que Sa Majesté pourrait prescrire au grand juge ministre de la justice, de ne lui présenter aucun candidat, pour les places de juge, suppléant, procureur-général, procureur-impérial ou substitut, greffier ou commis-greffier, dans les cours et tribunaux de justice civile, criminelle ou spéciale, qu'il ne se soit assuré par certificat des présidens des cours ou tribunaux dans lesquels il s'agira de nommer, ou par toute autre voie qui paraîtra convenable, si les candidats sont ou non parens ou alliés des membres exerçant déjà dans lesdites cours et tribunaux, jusqu'au degré de cousin germain inclusivement ; ainsi le choix de Sa Majesté serait éclairé sur ce fait, ou elle s'abstiendrait de nommer le candidat qui aurait un parent dans le tribunal ; ou, si elle le nommait, ce serait par des considérations qui emporteraient implicitement une dispense donnée en connaissance des causes.

Le conseil pense, au surplus, que, dans le cas où les parens ou alliés au degré de cousin-germain inclusivement, opinent dans la même cause, l'ancienne règle que leurs voix ne comptent que pour une, s'ils sont du même avis, doit être observée.

Art. II. Le présent sera lu, enregistré, imprimé et affiché ; expédition en sera adressée au Commissaire de justice.

Ile de France, le 21 Avril 1808.

Le Capitaine-général, DECAEN.

A R R E T É.

170. DECAEN, Capitaine-général, etc. etc.,

Après délibération avec le Préfet colonial et le Commissaire de justice, Arrête :

Art. Iᵉʳ. Le décret impérial du 23 Avril 1807, dont suit la teneur, est promulgué aux îles de France, Bonaparte et dépendances :

1°. Tout français prévenu d'avoir été employé sur les vaisseaux ou autres bâtimens de nos ennemis, sera traduit devant un conseil de guerre, composé conformément aux dispositions de la troisième section, titre III de notre décret du 22 Juillet 1806, qui suivra, pour l'instruction et le jugement, les formes établies par la section IV du même titre.

2°. Seront jugés de la manière prescrite en l'article précédent, ceux qui, à l'époque de la publication de notre présent décret, se trouveraient prévenus du délit y énoncé.

3°. Notre ministre de la marine et des colonies est chargé de l'exécution du présent décret.

Signé NAPOLEON.

II. Le présent sera lu, enregistré, imprimé et affiché ; expédition en sera adressée au Préfet colonial et au Commissaire de justice.

Ile de France, le 23 Avril 1808.

Le Capitaine-général, DECAEN.

A R R E T É.

171. DECAEN, Capitaine-général, etc, etc.,

Sur les observations et la proposition du Commissaire de justice, et après délibération, Arrête :

Art. Iᵉʳ. La loi du 16 Septembre 1807, dont suit la teneur, est promulguée aux îles de France, Bonaparte et dépendances :

1°. Il y a lieu à interprétation de la loi, si la cour de cassation annulle deux arrêts ou jugemens en dernier ressort, rendus dans la même affaire, entre les mêmes parties, et qui ont été attaqués par les mêmes moyens.

2°. Cette interprétation est donnée dans la forme des réglemens d'administration publique.

3°. Elle peut être demandée par la cour de cassation avant de prononcer le second arrêt.

4°. Si elle n'est pas demandée, la cour de cassation ne peut rendre le second arrêt que les sections réunies, et sous la présidence du grand juge.

5°. Dans le cas déterminé en l'article précédent, si le troisième arrêt est attaqué, l'interprétation est de droit, et il sera procédé comme il est dit à l'article 2°.

Signé NAPOLEON.

II. Le présent sera lu, enregistré, imprimé et affiché ; il en sera adressé expédition au Commissaire de justice.

Ile de France, le 23 Avril 1808.

Le Capitaine-général, DECAEN.

A R R E T É.

172. DECAEN, Capitaine-général, etc. etc.,

Sur les observations et la proposition du Commissaire de justice,

Après délibération avec le Commissaire de justice,

Arrête :

Art. Ier. Le décret impérial du 2 Octobre 1807, dont suit la teneur, est promulgué aux îles de France, Bonaparte et dépendances :

1°. Ceux de nos officiers, dans nos cours de cassation, d'appel, de justice criminelle, ou dans nos tribunaux de première instance, que la cécité, la surdité ou d'autres infirmités graves, mettraient hors d'état d'exercer leurs fonctions, seront admis à prendre leur retraite.

2°. Lorsque ceux qui se trouveront dans l'un des cas ci-dessus déterminés, négligeront de demander leur retraite, nos présidens et nos procureur-généraux en donneront avis à notre grand juge ministre de la justice, qui, après avoir demandé les observations de celui auquel on propose d'accorder une retraite, nous en fera son rapport, pour être par nous statué ainsi qu'il appartiendra.

3°. Les officiers de nos cours et tribunaux, en retraite, conserveront leur titre, leur rang et leurs prérogatives honorifiques, sans néanmoins pouvoir exercer leurs fonctions ; ils continueront d'être portés sur le tableau, et d'assister aux cérémonies publiques.

4°. Lesdits officiers jouiront, en outre, d'une pension qui sera fixée par nos ordres, pour chaque cas particulier.

5°. Notre grand juge ministre de la justice, et notre ministre du trésor public, sont chargés, chacun en ce qui le concerne, de l'exécution du présent décret, qui sera inséré au bulletin des lois.

Signé NAPOLÉON.

II. L'avis exigé par l'article 2° du décret, sera adressé dans lesdites colonies au Commissaire de justice.

III. Le présent sera lu, enregistré, imprimé et affiché ; expédition en sera adressée au Commissaire de justice.

Ile de France, le 21 Avril 1808.

Le Capitaine-général, DECAEN.

ARRÊTÉ.

173. DECAEN, Capitaine-général, etc. etc.

Sur les observations et la proposition du Préfet colonial, après en avoir délibéré avec le Préfet colonial et le Commissaire de justice,

Arrête :

Art. Ier. La loi du 5 Septembre 1807, dont suit la teneur, est promulguée aux îles de France, Bonaparte et dépendances :

1°. En conséquence de l'article 2098 du Code civil, le privilège du trésor public est réglé de la manière suivante, en ce qui concerne le remboursement des frais dont la condamnation est prononcée à son profit en matière criminelle, correctionnelle et de police.

2°. Le privilège du trésor public sur les meubles et les effets mobiliers des condamnés ne s'exercera qu'après les autres privilèges et droits ci-après mentionnés, savoir : 1° les privilèges désignés aux articles 2101 et 2102 du Code civil ; 2° les sommes dues pour la défense personnelle du condamné, lesquelles, en cas de contestation de la part de l'administration des domaines, seront réglées d'après la nature de l'affaire par le tribunal qui aura prononcé la condamnation.

3°. Le privilège du trésor public sur les biens immeubles des condamnés, n'aura lieu qu'à charge de l'inscription, dans les deux mois, à dater du jour du jugement de condamnation ; passé lequel délai, les droits du trésor public ne pourront s'exercer qu'en conformité de l'article 2113 du Code civil.

4°. Le privilège mentionné en l'article précédent, ne s'exercera qu'après les autres privilèges et droits suivans : 1° les privilèges désignés en l'art. 2101 du Code civil, dans le cas prévu par l'art. 2105 ; 2° les privilèges désignés en l'article 2103 du Code civil, pourvu que les conditions prescrites pour leur conservation aient été accomplies ; 3° les hypothèques légales existantes indépendamment de l'inscription, pourvu toutefois qu'elles soient antérieures au mandat d'arrêt, dans le cas où il en aurait été décerné contre le condamné ; et dans les autres cas, au jugement de condamnation ; 4° les autres hypothèques, pourvu que les créances aient été inscrites au bureau des hypothèques, avant le privilège du trésor public, et qu'elles résultent d'actes qui aient une date certaine, antérieures auxdits mandat d'arrêt ou jugement de condamnation ; 5° les sommes dues pour la défense personnelle du condamné, sauf le règlement, ainsi qu'il est dit en l'article 2° ci-dessus.

5°. Toutes les dispositions contraires à la présente loi sont abrogées.

II. Le présent sera lu, enregistré, imprimé et affiché ; expédition en sera adressée au Préfet colonial et au Commissaire de justice.

Ile de France, le 21 Avril 1808.

Le Capitaine-général DECAEN.

RÈGLEMENT.

174. L. R. CRESPIN, Commissaire de justice, etc.

En vertu de l'article XXVIII de l'arrêté du Gouvernement du 2 Février 1803 (13 Pluviose an XI),

Arrête :

Art. Ier. Les dispositions des réglemens des Ier Octobre et 15 Novembre 1803 (8 Vendémiaire et 3 Brumaire an XII) relatives à la publicité des instructions criminelles, sont révoquées ; en conséquence ces instructions se feront jusqu'au jugement définitif, conformément à ce qui est prescrit par l'ordonnance de 1670.

II. Est également révoqué l'article IV dudit réglement du 15 Novembre (23 Brumaire) ; ainsi l'article XII, de la loi du 19 Octobre 1789 cessera en son entier d'avoir son exécution.

III. Après l'interrogatoire fait ensuite du décret d'ajournement personnel ou de prise de corps, les accusés seront dans la même séance interpellés de déclarer le choix qu'ils auront fait d'un ou de plusieurs conseils, pour les aider dans leur défense ; sinon le juge leur en nommera un sur-le-champ, à peine de nullité ; il en sera fait mention au procès-verbal d'interrogatoire.

IV. La faculté de prendre connaissance des pièces du procès et de conférer avec les accusés, sera accordée par le juge à leurs conseils, et dans le cas d'une addition d'information ordonnée depuis le décret, les conseils ne pourront avoir connaissance de la nouvelle information, ni conférer avec les accusés, qu'après les nouveaux interrogatoires auxquels l'addition d'information aura donné lieu.

V. La communication de pièces autorisée par l'article précédent, sera donnée au greffe, sans déplacement et sans retarder l'instruction ; il sera délivré aux conseils, sur la demande des accusés, expédition des pièces qu'ils désigneront dans leur requête.

VI. Ladite loi du 19 Octobre 1789, continuera d'être observée en ce qui n'y est pas dérogé par le présent.

A l'île de France, le 12 Mai 1808.

Le Commissaire de justice, L. R. CRESPIN.

Approuvé, le Capitaine-général, DECAEN.

A R R E T É.

175. DECAEN, Capitaine-général, etc. etc.,

Sur les observations et la proposition du Préfet colonial,

Après en avoir délibéré avec le Préfet colonial et le Commissaire de justice, Arrête :

Art. Ier. Les cantines autorisées par l'arrêté du 1er Vendémiaire an XIII (23 Septembre 1804), pour le quartier du Port Napoléon de l'île de France, sont réduites au nombre de seize.

Il y en aura de plus, douze pour les autres quartiers de la colonie.

II. Les cantines sont divisées en deux classes, savoir :

Seize de première classe pour le Port Napoléon.

Douze de seconde pour les autres quartiers.

III. Il ne pourra y avoir de cantine sur l'emplacement du bazar.

IV. Les cantines seront placées au Port et dans les autres quartiers, conformément au tableau qui sera dressé.

V. Il sera délivré pour la tenue des cantines, une patente qui sera renouvellée tous les ans ; elle sera demandée à l'agent-général de police, autorisée par le Préfet colonial, enregistrée au bureau central de police et au greffe de la gendarmerie.

VI. Il sera payé un droit de patente, savoir :

Pour chaque cantine de première classe, trois-cents piastres.

Pour chaque de seconde, soixante-douze piastres.

Le droit de patente sera payé par trimestre d'avance.

VII. Les cantiniers patentés auront seuls le droit de vendre de l'arack au détail.

VIII. Ils seront tenus de placer au-dessus de la porte principale de leur maison, une enseigne sur laquelle seront inscrits leur nom et leur profession.

IX. En conséquence de l'article VII ci-dessus, il est défendu à tout particulier ainsi qu'à tout fabricant d'arack d'en débiter ou d'en faire débiter au détail sur ses habitations ou dans son établissement, sous peine de condamnation en police correctionnelle, à une amende de cent un francs à cinq-cents francs, et de confiscation des boissons saisies.

X. Pourront néanmoins les habitans fabricans d'arack en vendre par veltes, mais seulement sur la demande écrite d'un domicilié.

XI. Aucun fonctionnaire public, civil et militaire ne pourra obtenir une patente pour la tenue d'une cantine.

XII. Aucun cantinier ne pourra transporter ni céder son droit de patente à qui que ce soit, sans y être autorisé, ainsi qu'il est prescrit par l'article V.

Les cessions ou transports faits en infraction du présent article seront sujets à la peine portée par l'article IX, à laquelle le cédant et le cessionnaire seront solidairement condamnés.

XIII. Il ne pourra être débité d'arack ayant moins de trois mois de fabrication, ni d'une qualité inférieure à 17 degrés.

XIV. Les cantiniers ne pourront, sous peine d'être poursuivis en police ordinaire comme coupables de contravention au second chef,

1°. Tenir leur cantine hors de la cour où sera située la principale maison leur servant de domicile ;

2°. Tenir table dans leur cantine, ni permettre aux esclaves ou à qui que soit de s'y attabler pour boire ou pour manger ;

3°. Avoir leur cantine ouverte avant le lever du soleil et après la retraite battue ;

4°. Altérer les boissons par aucune mixtion ;

5°. Permettre aux esclaves de s'attrouper ou de danser devant leur cantine ou dans l'emplacement de leur domicile.

6°. Donner à boire à des personnes ivres.

XV. Ils ne pourront, sous peine d'être traduits en police correctionnelle, comme receleurs, recevoir des esclaves, en payement de l'arack, autre chose que de la monnaie courante ou des bons signés de leurs maitres.

XVI. Il leur est défendu, sous la même peine, de recevoir des marins ou des soldats, aucunes hardes ou autres effets quelconques.

XVII. Dans trois mois de la publication du présent, au Port Napoléon, et dans un mois, aux autres quartiers, il ne pourra y avoir d'autres cantines que celles autorisées en conformité de l'article V.

Sont exceptées les cantines existantes actuellement au bazar, qui pourront être continuées jusqu'au premier Janvier 1809.

XVIII. Toutes dispositions contraires au présent, sont révoquées ; il sera lu, enregistré, imprimé et affiché ; expédition en sera adressée au Préfet colonial et au Commissaire de justice.

Ile de France, le 20 Juin 1808.

Le Capitaine-général, DECAEN.

ARRÊTÉ.

176 DECAEN, Capitaine-général, etc. etc.,

Sur les observations et la proposition du Préfet colonial,

Après en avoir délibéré avec le Préfet colonial et le Commissaire de justice, Arrête :

Des cafetiers et teneurs de billard.

Art. Ier. A compter du 1er Octobre prochain, il ne pourra y avoir dans la ville du Port Napoléon de l'île de France, que huit cafetiers, lesquels seront placés ainsi qu'il suit, par première et deuxième classe ;

Première classe, rue Nationale, deux ; rue de l'Hôpital, un ; rue du Calvados, un.

Deuxième classe, rue du Sentier, un ; rue Beaucaire, un ; rue Moka, un ; rue Kléber, un.

II. Il sera délivré pour la tenue des cafés, une patente qui sera renouvelée tous les ans ; elle sera demandée à l'agent-général de police, autorisée par le Préfet colonial et enregistrée au bureau central de police et au greffe de la gendarmerie.

III. Les patentes seront sujettes à un droit, savoir : de cent cinquante piastres pour la première classe, et de cent piastres pour la seconde ; ce droit sera payable par quart, tous les trois mois d'avance.

IV. Les cafetiers patentés auront seuls le droit de vendre des boissons chaudes, café, thé, chocolat ; du punch et des limonades.

V. Ils auront également, dans toute l'étendue du quartier Napoléon, le droit exclusif de tenir billard et tous autres jeux non prohibés par les lois.

VI. Les cafetiers établis dans le Port Napoléon, pourront vendre concurremment avec les aubergistes du vin, de la bière, de l'eau-de-vie, du rhum et des liqueurs.

VII. En conséquence des articles IV et V, il est défendu à tout particulier de faire le commerce attribué par ces articles, aux cafetiers, sous peine de condamnation en police correctionnelle, à une amende de cent un francs à cinq cents francs, et de confiscation des objets saisis.

VIII. Les cafetiers seront tenus de placer au-dessus de la porte principale de leur maison, une enseigne indicative de leur établissement.

IX. Aucun cafetier ne pourra céder ni transporter son droit de patente à qui que ce soit, sans y être autorisé, ainsi qu'il est prescrit par l'article II.

Les cessions ou transports faits en infraction du présent article seront sujets à la peine portée par l'article VII, à laquelle le cédant et le cessionnaire seront solidairement condamnés.

X. Il leur est défendu, à moins de contravention de police au second chef,

De tenir des jeux prohibés, de vendre des boissons falsifiées, de donner à boire à des personnes ivres, de donner à boire ou à jouer à des soldats ou à des marins, après la retraite battue.

A moins de contravention au troisième chef,

De donner à boire ou à jouer à des esclaves, d'avoir chez eux du monde à boire ou à jouer, après dix heures du soir, de souffrir dans leur salle de jeu ou autres endroits de leur établissement, des réunions tumultueuses.

Sous peine d'être poursuivis comme receleurs,

De recevoir des marins ou des soldats, en payement de leur dû, aucuns effets quelconques.

XI. Toutes dispositions contraires au présent sont révoquées ; il sera lu, enregistré, imprimé et affiché ; expédition en sera adressée au Préfet colonial et au Commissaire de justice.

Ile de France, le 30 Juin 1808.

Le Capitaine-général, DECAEN.

ARRÊTÉ.

177. DECAEN, Capitaine-général, etc. etc.,

Sur les observations et la proposition du Commissaire de justice,

Après en avoir délibéré avec le Préfet colonial et le Commissaire de justice, Arrête :

ARRÊTÉ SUPPLÉMENTAIRE AU CODE DE PROCÉDURE CIVILE.

Art. Ier. Le Code de procédure civile est promulgué aux îles de France, Bonaparte et dépendances, sauf les modifications ci-après déterminées.

PREMIÈRE PARTIE.

Procédure devant les tribunaux.

LIVRE PREMIER.

De la justice de paix.

II. Les actions de compétence de la justice de paix se poursuivront devant les juges de première instance, dans les formes et délais prescrits pour les affaires sommaires.

III. Les jugemens rendus en ces matières, jusqu'à concurrence de six cents francs, seront sans appel ; les juges pourront dans les autres cas, ordonner l'exécution provisoire de leurs jugemens, avec ou sans caution.

IV. Il n'est rien changé à l'article 17 du Code de procédure, quant aux jugemens rendus par le juge de paix établi aux îles Seychelles.

V. Dans le cas où, en ces sortes de causes, le juge ou son suppléant seraient récusés, la récusation sera, dans les délais prescrits, jugée en dernier ressort, par l'un ou l'autre, sur les conclusions du procureur impérial, ou par le plus ancien des avocats au tableau, s'il y a récusation contre l'un et l'autre.

VI. La récusation formée contre l'un des membres de la justice de paix des îles Seychelles, sera également jugée en dernier ressort par celui des trois qui ne sera pas empêché d'en connaître.

LIVRE II.

Des tribunaux inférieurs.

VII. Les formalités prescrites au titre de la Conciliation ne seront point nécessaires.

VIII. En conséquence de l'article 69, ceux qui n'ont aucun domicile connu ni résidence en l'une ou l'autre colonie, et qui habitent le territoire français hors desdites îles, où seront établis chez l'étranger, seront assignés au domicile du procureur impérial, sans préjudice de l'affiche prescrite par le numéro 8 dudit article.

Le procureur impérial transmettra chaque mois au Commissaire de justice les copies qui lui auront été laissées.

IX. La clause pénale de l'article LXX, est commune à l'inobservance de l'article VIII ci-dessus.

X. Si celui qui est assigné en l'une ou l'autre colonie, demeure hors de celle où siège le tribunal, le délai de l'ajournement sera,

1°. Pour ceux demeurant dans l'une des colonies, deux mois ;

2°. Pour ceux demeurant aux îles Seychelles et en Afrique à l'est du Cap de Bonne-Espérance, de quatre mois ;

3°. Pour ceux demeurant dans l'Inde et autres lieux de l'Asie, de six mois ;

4°. Pour ceux demeurant en France et autres lieux au-delà du Cap de Bonne-Espérance, d'un an ;

XI. Parmi les causes dont la communication au ministère public est prescrite par l'article 83 sont comprises celles des affranchis contre leurs anciens maîtres et celles des oppositions aux affranchissemens.

XII. Lorsqu'en vertu de l'article 87, les cours de l'une et l'autre colonie ordonneront des plaidoieries à huis clos, le compte prescrit en sera rendu au Commissaire de justice.

XIII. Les esclaves pourront être entendus en témoignage, mais seulement comme témoins nécessaires et sauf à avoir tel égard que de raison à leurs dépositions.

XIV. Ils seront assignés dans la personne de leur maître ou actuel détenteur, qui sera tenu de les faire comparaître, sous les peines portées par les articles 263 et 264.

XV. Ils ne pourront être assignés en témoignage pour ou contre leurs maîtres.

XVI. S'il est requis taxe pour la comparution des esclaves admis en témoignage, elle sera faite par le juge, comme tous autres témoins, et ainsi qu'il est réglé par l'article 277.

XVII. Le renvoi d'un tribunal à un autre ne pourra avoir lieu en première instance.

XVIII. En cause d'appel, les renvois se feront de la cour d'appel d'une colonie à l'autre.

XIX. Les renvois et les récusations de juges, à l'île Bonaparte, pour cause de parenté ou d'alliance, n'auront lieu que jusqu'au degré de cousin-germain inclusivement.

XX. La récusation formée contre des membres du tribunal de première instance sera jugée, sauf l'appel, ainsi qu'il est ordonné par l'article V du présent.

XXI. Il pourra être statué par trois juges sur l'appel d'un jugement de récusation, ainsi que sur le renvoi d'une cour à l'autre, et sur les récusations proposées contre leurs membres.

LIVRE III.

Des tribunaux d'appel.

XXII. En conformité des articles 445 et 486 du code, ceux qui demeurent hors de l'une ou l'autre colonie, auront pour interjeter appel ou pour se pourvoir en requête civile, outre le délai de trois mois, depuis la signification du jugement, le délai des ajournemens réglé par l'article X du présent.

XXIII. Dans le cas de la seconde partie de l'article 468, la cour pourra n'appeler pour le jugement, qu'un avocat ou un avoué, le plus ancien du tableau, qui ne sera pas empêché d'en connaître.

LIVRE IV.

Des voies extraordinaires pour attaquer les jugemens.

XXIV. La consultation d'avocats, exigée par l'article 495, pourra également être donnée par les avocats qui auront le tems d'exercice prescrit ; et pour un jugement rendu dans une colonie, elle devra émaner des avocats ou avoués exerçant dans l'autre colonie.

XXV. Dans le cas prévu par la deuxième partie de l'article 509, les pièces seront adressées au Commissaire de justice, qui les transmettra au ministre de la marine et des colonies.

XXVI. Si une requête en prise-à-partie contre un tribunal de première instance, ou contre un de ses membres, ou contre un juge d'appel est admise par la cour par-devant laquelle elle aura été portée, la prise-à-partie sera jugée par la cour d'appel de l'autre colonie, sur la transmission qui lui sera faite des pièces de la poursuite par le Commissaire de justice; il en sera rendu compte au ministre de la marine et des colonies.

LIVRE V.

De l'exécution des jugemens.

XXVII. La disposition de l'article 560, pour saisie, arrêt ou opposition entre les mains d'un tiers non demeurant sur le territoire continental de l'Empire, sera suivie à l'égard des personnes non demeurant en l'une ou l'autre colonie.

XXVIII. Si parmi les objets saisis, il y a des esclaves, le procès-verbal contiendra la désignation détaillée de leurs noms, caste et âge, et ils resteront déposés chez la partie saisie, à moins que le saisissant de la partie saisie, ensemble les opposans, s'il y en a, ne conviennent d'un autre lieu de dépôt, qui ne pourra être dans les prisons civiles.

XXIX. Les esclaves détenus pour fait de marronnage, ne pourront être saisis par voie d'opposition à leur sortie; à l'époque déterminée par l'autorité compétente, ils seront relaxés pour rester en dépôt, s'il y a lieu, ainsi qu'il est établi en l'article précédent.

XXX. Le dépôt des deniers comptans qui, suivant l'article 590, doit se faire au lieu établi pour les consignations, se fera par l'huissier, au greffe du tribunal de première instance, sauf la réserve portée au même article.

XXXI. Sera compris parmi les objets déclarés insaisissables par l'article 592, un esclave domestique attaché au service personnel de la partie saisie, sans préjudice de l'exception voulue par l'article 593.

XXXII. La vente des objets saisis sera faite au chef-lieu de la colonie sur la place principale, tous les jours de la semaine, sauf la faculté laissée au juge par l'article 617, de permettre la vente en un autre lieu plus avantageux.

Les placards exigés par le même article, ainsi que par les articles 629 et 645, seront au nombre de trois seulement, affichés, 1°. au lieu où sont les effets ou à la porte du saisi, dans les cas des art. 629 et 645; 2°. à la porte de l'auditoire du tribunal; 3°. sur la place publique au chef-lieu.

XXXIII. Les objets mentionnés en l'article 621, devront être d'une valeur de six cents francs au moins pour que leur vente soit sujette aux formalités requises par cet article.

XXXIV. La saisie d'une rente entre les mains de personnes non demeurant dans la colonie sera signifiée à personne ou à domicile; et seront observés pour la citation les délais prescrits par l'article X du présent.

XXXV. L'article 642, concernant les domiciliés hors du continent de l'Empire est commun au saisi, eu égard aux débiteurs de la rente saisie qui demeureraient hors de l'une ou l'autre colonie.

XXXVI. La réserve portée en l'article 655 pour les hypothèques établies antérieurement à la loi du 11 Brumaire an VII, comprendra dans l'une et l'autre colonie et dépendances, les hypothèques antérieures à la publication du Code civil auxdites colonies.

XXXVII. Le visa prescrit par les articles 673, 681 et 687 pour les originaux des actes des huissiers pour saisie immobilière, sera donné par le procureur impérial, si le domicile du débiteur est au chef-lieu.

XXXVIII. Outre les désignations qui, aux termes de l'article 675, doivent être contenues dans le procès-verbal de saisie d'un bien rural, y sera encore comprise celle du nombre et des noms, castes et âges des esclaves attachés à l'exploitation du fonds, et l'extrait de la matrice du rôle de contribution foncière, sera remplacé par l'extrait de recensement pour tous les objets saisis.

XXXIX. Les copies du procès-verbal de saisie qui en conséquence de l'article 676, doivent être remises aux greffiers des juges de paix, aux maires et adjoints de communes de la situation des immeubles saisis, seront remises au procureur impérial, s'ils sont situés au chef-lieu.

LX. En cas de saisie d'un bien rural, l'extrait prescrit par l'article 682, contiendra, outre l'indication exigée par le numéro 4 dudit article, celle de la quantité, par caste, sexe et âge, des esclaves attachés au sol.

LXI. Le chef du bureau de police légalisera la signature de l'imprimeur, sur la feuille contenant l'extrait à insérer, conformément à l'article 683, dans les journaux imprimés.

XLII. Les affiches ordonnées par l'article 684, se feront, 1°. à la porte du domicile du saisi; 2°. à la principale place du chef-lieu de la colonie; 3°. à la porte de l'auditoire du tribunal de première instance.

XLIII. La clause pénale portée en l'article 717 est commune à tous les articles du présent, correspondans à ceux du code auxquels elle est relative.

XLIV. Le pouvoir attribué au juge de paix par le numéro 5 de l'article 781, pour l'arrestation d'un débiteur dans une maison quelconque, même dans son domicile, sera exercé par le procureur impérial; et dans ce cas, un officier de police au chef-lieu, ou le commissaire civil dans les quartiers, accompagnera l'officier ministériel chargé de l'exécution de l'ordre donné par le procureur impérial.

DEUXIÈME PARTIE

Procédures diverses.

XLV. La seconde affiche des jugemens de séparation qui suivant l'article 872 doit, à défaut du tribunal de commerce, se faire dans la principale salle de la maison commune du domicile du mari, sera mise dans la salle du commissariat civil du domicile du mari.

XLVI. En conséquence de l'article 45 de l'arrêté supplémentaire au Code Napoléon, le pourvoi autorisé par l'article 883 du Code de procédure, contre les délibérations du conseil de famille, ne pourra avoir lieu que par-devant la cour d'appel ; et quant aux délibérations sujettes à homologation, le juge qui aura présidé le conseil de famille, les homologuera conformément à l'article 886.

Il n'est rien changé aux dispositions du code à cet égard pour les délibérations reçues par les commissaires civils, en vertu de la commission, qu'aux termes de l'arrêté du 29 Novembre 1806 (1) le juge aura pu leur donner à cet effet.

XLVII. La déclaration imposée par l'article 901 au débiteur, admis au bénéfice de cession, se fera à l'audience du tribunal de première instance.

XLVIII. La seconde affiche prescrite par l'article 903, à l'égard du débiteur admis au bénéfice de cession, sera placée dans la salle du bureau de police.

XLIX. Les formalités prescrites par les articles 961 et 962 pour la vente des biens immeubles d'une succession, seront observées avec les modifications portées par les articles du présent, relatifs aux saisies immobilières.

L. Les dispositions du titre X du livre II de la seconde partie, concernant le curateur à une succession vacante, sont applicables à la curatelle générale établie dans les deux colonies.

Dispositions générales.

LI. En dérogation à l'article 1037, aucune signification ni exécution ne pourra, pendant tout le cours de l'année, être faite dans les colonies avant le lever et après le coucher du soleil.

LII. Dans tous les cas où le Code de procédure ordonne ou suppose la nomination d'un juge commissaire en première instance, il sera procédé par le même juge ou son suppléant, à tous les actes d'instruction et jugemens y relatifs.

LIII. Les commissaires civils des quartiers autres que le chef-lieu ou leurs suppléans, pourront être commis par le juge aux diverses opérations pour lesquelles le Code de procédure désigne les juges de paix ; ils ne pourront néanmoins procéder à la levée des scellés que sur une ordonnance du juge.

---

(1) Art. 1er. « Le juge de première instance pourra, lorsqu'il le trouvera nécessaire, autoriser pour les quartiers, hors du chef-lieu, la convocation et la tenue des conseils de famille, dans celui de la résidence des personnes intéressées, pour la nomination des tuteurs, des subrogés tuteurs et des curateurs, et pour tous actes relatifs à leur administration.

« Il commettra alors par son ordonnance, le commissaire civil ou son suppléant pour présider le conseil de famille.

II. « Le commissaire civil ou le suppléant qui aura été délégué, aura les mêmes pouvoirs que ceux déférés au juge de paix, par le titre X du livre 1er. du code.

III. « La délibération des conseils de famille, tenus par le commissaire civil, en vertu d'une autorisation du juge, devra, en tous cas, être pour son exécution, homologué au tribunal de première instance, contradictoirement avec le procureur impérial.

Ils remplaceront également les maires et adjoints de commune pour les visas et autres formalités nécessaires aux actes des huissiers dans les quartiers.

LIV. Le code et le présent seront en même temps exécutés, à dater du premier Octobre prochain ; en conséquence les dispositions de l'article 1041 auront à cette époque leur entier effet pour les îles de France, Bonaparte et dépendances.

LV. Le présent sera lu, enregistré et imprimé ; expédition en sera adressée au Préfet colonial et au Commissaire de justice.

Ile de France, le 20 Juillet 1808.

Le Capitaine-général, DECAEN.

ARRÊTÉ.

178. DECAEN, Capitaine-général, etc. etc.,

Après délibération avec le Préfet colonial et le Commissaire de justice, Arrête :

Art. 1er. L'arrêté du 19 Février dernier, concernant la nouvelle division des quartiers de l'île Bonaparte, est modifié ainsi qu'il suit :

II. La section, dite de Ste.-Marie, cessera de faire partie du quartier St.-Denis.

Tout le territoire compris entre la rive droite de la rivière des Pluies et la rive gauche de la rivière Dumas, formera un quartier, sous la dénomination de quartier St.-Jean.

Ce quartier sera divisé en deux sections : l'une, appelée Ste.-Marie, comprendra le territoire entre la rive droite de la rivière des Pluies et la rive gauche de la rivière Ste.-Suzanne ; l'autre, sous le nom de St.-Jean, comprendra l'autre partie du quartier.

III. La portion de quartier détachée du quartier St.-Benoît par l'arrêté du 19 Février dernier, rentrera dans son ancienne division.

IV. Il y aura dans chacune des sections du quartier, un commissaire civil et un suppléant.

V. L'église pour la section St.-Jean, sera placée sur le lieu qui sera reconnu le plus convenable pour l'avantage commun des habitans de cette section.

VI. Les Administrateurs particuliers de l'île Bonaparte proposeront, dans le plus bref délai, ce qu'ils auront jugé le plus favorable à l'exécution du précédent article, ainsi que pour l'emploi des établissemens publics existans dans les ci-devant sections de Ste.-Suzanne et St.-André.

VII. Le présent sera lu, enregistré, imprimé et affiché ; expédition en sera adressée au Préfet colonial et au Commissaire de justice.

Ile de France, le 2 Août 1808.

Le Capitaine général, DECAEN.

TARIF du prix des secours du Port, fournis aux bâtimens de commerce français, lequel sera augmenté de moitié en sus, pour tous les bâtimens de nation étrangère, ainsi que pour les prises.

Un grand ponton de carène, lorsqu'un bâtiment l'occupera, 20 piastres par jour.

Un petit ponton de carène, 15 id.

Une grande allège pontée, avec deux gardiens, 10 id.

Une petite allège pontée, avec un gardien, 5 id.

Une citerne, 6 id.

Un grand chalan, 5 id.

Un petit chalan, 3 id.

Une grande chaloupe, 4 id.

Un moyenne id. 3 id.

Une petite id. 2 p. 50 c.

Un raz plat de carène, 2 p. 50 c.

Un id. ponté, 5 id.

Un appareil complet de carène pour un vaisseau de 1000 à 600 tonneaux, 40 id.

Pour un id. de 599 à 300 ton. 30 id.

Pour un id. de 299 à 150 ton. 15 id.

Pour un id. de 149 et au-dessous, 10 id.

Un appareil complet de mâtage et démâtage pour un vaisseau de 1000 à 600 ton. 30 id.

Un id. id. pour un de 599 à 300 ton. 20 id.

Pour un vaisseau de 299 à 150 ton. 10 id.

Pour un id. de 149 et au-dessous, 5 id.

Une bigue de carène pour un vaisseau de 1000 à 600 ton. 8 id.

Pour un id. de 599 à 300 ton. 5 id.

Pour un id. de 299 à 150. ton. 3 p. 50 c.

Pour un id. de 149 et au-dessous, 2 id.

Un cabestan de 8 barres, 5 id.

Un id. de 2 à 4 barres, 3 id.

Une pompe à incendie, pour chaque feu, 5 id.

Une id. royale, 5 id.

Une id. commune, 2 p. 50 c.

Une grande chaudière de 100 à 200 points, 1 p. 50 c.

Une moyenne id. de 99 points et au-dessous, 1 id.

Un échafaud, 25 c.

Une caillorne avec son garant de 5 pouces et 60 brasses, garni de ses 3 poulies, 4 p.

Une caillorne de 4 p. à garant id. 3 id.

Une id. de 3 p. et demi, id. id. 2 id.

Cables, grelins et aussières.

Un cable de 14 à 16 pouces, 8 piastres par jour.

Un id. de 11 à 13 id. 6 id.

Un id. de 8 à 10 id. 5 id.

Un id. de 6 à 7 id. 3 id.

Un id. de 4 à 5 id. 2 id.

Ancres.

Une ancre de 4500 à 3500 livres. 4 p. par jour.

Une id. de 3500 à 2500 id. 3 id.

Une id. de 2500 à 2000 id. 2 id.

Une id. de 2000 à 1500 id. 1 p. 50 c.

Une id. de 1500 et au-dessous, 1 id.

Corps morts.

Un corps mort à chaîne 1 p. par jour.

Deux corps morts 50 c.

Quatrième partie, A.

Trois corps morts 25 c.

Pour carène d'un vaisseau de 100 tonneaux et au-dessus abattu sur le quai, par jour 3 id.

Chaloupe et péniche hallée à terre pour être carénée ou radoubée, par mois. 6 id.

Canot et pirogue id. id. par mois 3 id.

Chaloupe et péniche mise dans le bassin, par quinzaine 1 id.

Canot et pirogue id. id. par quinzaine 50 c.

Journées d'ouvriers blancs.

Maîtres, contre-maîtres, charpentiers et calfats, chaque, 3 p. par jour.

Nuits pour lesdits 3 id.

Breloques pour lesdits (lesquelles breloques doivent être remboursées auxdits blancs) 75 c.

Journées d'ouvriers noirs.

Commandeurs, charpentiers, calfats et de marine, 1 p. par jour.

Noirs charpentiers, calfats et matelots, 75 c.

Id. de marine et chaloupiers, 60 c.

Nuits des commandeurs charpentiers, calfats et de marine, 1 p.

Id. pour les ouvriers charpentiers, calfats et matelots, 75 c.

Id. pour les noirs de marine, 60 c.

Breloques des commandeurs charpentiers, calfats et de marine, 25 c.

Id. pour les ouvriers charpentiers, calfats et matelots, 20 c.

Id. pour les noirs de marine, 20 c.

Journées de plongeurs, 1 p. 50 c.

Arrête le présent tarif pour être exécuté à dater de ce jour.

Au Port-Napoléon, le 10 Septembre 1808.

Le Préfet colonial,   LÉGER.

Approuvé, le Capitaine-général,   DECAEN.

RÈGLEMENT.

179. LÉGER, Préfet colonial des îles de France, etc.

Considérant que, s'il y a eu précédemment des motifs de fixer le nombre de bœufs à tuer journellement pour approvisionner le bazar, l'accroissement qu'ont acquis les troupeaux dans cette colonie, laisse aujourd'hui plus de latitude à cet égard ;

Considérant aussi, qu'il n'y a plus d'inconvénient à permettre que les habitans participent à approvisionner directement la boucherie, Arrête :

Art. Ier. A compter du premier Octobre prochain, il sera libre à tous particuliers de tuer des bœufs et d'en débiter la viande au bazar.

II. La viande de bœuf est classée en viande marchande et basse boucherie.

Le prix de la première ne pourra excéder cinquante sols de la colonie, la livre de seize onces.

Le prix de la viande de basse boucherie n'est point

fixé : les acheteurs en traiteront de gré à gré avec les vendeurs.

III. Les veaux et génisses devant être conservés pour la reproduction des souches, il ne pourra être vendu de cette viande, qu'en justifiant à la police que l'animal a été blessé de manière à obliger de le tuer.

Le prix de la viande de veau n'est point fixé, cette viande n'étant pas considérée comme objet de consommation ordinaire.

IV. Le droit de boucherie sera payé comme suit : Deux piastres pour un bœuf. Une piastre pour un veau. Idem id. pour un mouton. Une demi-piastre pour un cabrit. Une piastre pour un cochon de cent livres et au-dessus. Une demi-piastre pour un cochon de cinquante à cent livres. Un quart de piastre pour un cochon de vingt-cinq à cinquante livres. Une piastre pour une tortue de mer. Une piastre pour un cerf.

V. Quiconque n'exposera que la moitié, ou même un seul quartier des animaux désignés à l'article précédent, payera le même droit que s'il avait exposé en vente l'animal entier.

VI. Il ne pourra être exposé en vente que de la viande de bonne qualité. Toute viande jugée nuisible d'après procès-verbal dressé par l'inspecteur de police de service pour le bazar, sera enlevée et jetée à la mer.

VII. Au Port-Napoléon, il ne pourra être vendu de viande qu'à la boucherie du bazar ; toute viande trouvée en vente ailleurs, sera saisie et confisquée aux termes des réglemens. La moitié du produit de l'objet confisqué sera au profit de celui qui aura fait connaître la contravention, l'autre moitié sera versée à la caisse de bienfaisance.

VIII. Il n'est en rien dérogé aux lois et réglemens relatifs à la vente de la viande de boucherie en cette colonie, en tout ce qui n'est pas contraire au présent.

Au Port-Napoléon, île de France, le 8 Septembre 1808.

Le Préfet colonial, Léger.

Approuvé, le Capitaine-général, DECAEN.

ARRETÉ.

180. DECAEN, Capitaine-général, etc. etc.,

Arrête :

Art. Ier. Sur la proposition du Préfet colonial, il est créé pour la colonie de l'île de France, en outre la place d'arpenteur de la direction des ponts et chaussées, eaux et forêts, six places d'arpenteurs particuliers.

II. Les arpenteurs particuliers seront commissionnés par le Capitaine-général, sur la proposition du Préfet-colonial,

III. Les aspirans à cet emploi seront âgés au moins de vingt-cinq ans ; ils seront tenus de présenter un certificat de vie et mœurs, et de justifier de leurs connaissances sur la théorie et la pratique de l'arpentage ;

à cet effet, ils seront examinés d'après l'autorisation du Préfet colonial, en présence du directeur des ponts et chaussées, par l'arpenteur de ladite direction et par un professeur de mathématiques du Lycée, qui sera désigné par le Préfet colonial.

IV. Sur la présentation des certificats exigés par l'article précédent, il leur sera délivré une commission, laquelle sera enregistrée au tribunal de première instance, devant lequel ils prêteront serment.

V. D'après les dispositions ci-dessus, nul ne pourra, à compter du Ier Janvier 1809, exercer l'état d'arpenteur, s'il n'est commissionné et assermenté ainsi qu'il est prescrit.

VI. Il sera fait incessamment un réglement concernant les devoirs, les attributions et les émolumens des arpenteurs.

VII. Les arpenteurs qui voudront établir leur résidence hors du chef-lieu, seront tenus de s'adresser au Préfet-colonial, pour en obtenir la permission.

VIII. Il n'est dérogé en rien aux dispositions des lois et réglemens concernant l'arpentage, qui ne sont pas contraires au présent.

IX. Le présent sera lu, enregistré, imprimé et affiché ; expédition en sera adressée au Préfet colonial et au Commissaire de justice.

Île de France, le 25 Novembre 1808.

Le Capitaine-général, DECAEN.

ARRETÉ.

181. DECAEN, Capitaine-Général, etc. etc.

Sur les observations et la proposition du Commissaire de justice, et après délibération, Arrête :

Art. Ier. L'avis du Conseil-d'Etat, du 6 Janvier 1807, approuvé par Sa Majesté, le 16 Février suivant, et dont suit la teneur, est promulgué aux îles de France et Bonaparte :

« Le Conseil-d'Etat qui, d'après le renvoi ordonné par Sa Majesté, a entendu le rapport de la section de législation, sur celui du grand juge ministre de la justice, concernant l'exécution de l'article 1041 du Code de procédure civile ;

« Vu ledit article ainsi conçu : « Le présent code sera exécuté à dater du 1er Janvier 1807 ; en conséquence, tous procès qui seront intentés depuis cette époque, seront instruits conformément à ces dispositions ; toutes lois, coutumes, usages et réglemens relatifs à la procédure civile, seront abrogés. »

« Est d'avis, que les seuls procès intentés depuis le 1er Janvier 1807, doivent être instruits conformément aux dispositions du code ; mais que l'on ne doit comprendre dans la classe des affaires antérieurement intentées, ni les appels interjetés depuis l'époque du 1er Janvier 1807, ni les saisies faites depuis, ni les ordres et contributions, lorsque la réquisition d'ouverture du procès-verbal est postérieure, ni les expropriations forcées, lorsque la procédure réglée par la loi du 11 Brumaire an VII, a été entamée par l'apposition des affiches avant le 1er Janvier 1807. Ces appels, saisies, contributions et affiches, sont dans le fait le principe d'une nouvelle procédure qui s'introduit à la suite d'une précédente. Dans tous les autres cas, l'instruction des affaires entamées avant le 1er Janvier 1807, doit être continuée conformément aux réglemens antérieurs au Code de procédure.

II. Le présent sera lu, enregistré, imprimé et affiché; expédition en sera adressée au Préfet colonial et au Commissaire de justice.

Ile de France, le 7 Décembre 1808.

Le Capitaine-général, DECAEN.

ARRÊTÉ.

182. DECAEN, Capitaine-général, etc. etc.,

Sur les observations et la proposition du Commissaire de justice,

Après en avoir délibéré avec le Préfet-colonial et le Commissaire de justice, Arrête:

Art. Ier. L'avis du Conseil-d'Etat du 3 Janvier 1807, approuvé par Sa Majesté le 25 du même mois, et dont suit la teneur, est promulgué aux îles de France, Bonaparte et dépendances :

« Le Conseil-d'Etat qui, d'après le renvoi ordonné par Sa Majesté l'Empereur et Roi, a entendu le rapport des sections de législation et de l'intérieur sur celui du ministre du trésor public, sur la question de savoir si de l'article 68 du titre des ajournemens au Code de procédure civile, il résulte qu'il y ait des changemens dans le régime actuel des protêts des lettres de change et billets de commerce ;

« Vu ledit article 68 conçu en ces termes :

« Tous exploits seront faits à personne ou domicile; mais si l'huissier ne trouve au domicile, ni la partie, ni aucun de ses parens ou serviteurs, il remettra de suite la copie à un voisin, qui signera l'original ; si ce voisin ne peut ou ne veut signer, l'huissier remettra la copie au maire ou adjoint de la commune, lequel visera l'original sans frais; l'huissier fera mention du tout, tant sur l'original que sur la copie. »

« Est d'avis, que par l'article 68 du Code de procédure civile, on n'a point entendu déroger aux lois du commerce concernant les protêts des lettres de change et billets de commerce, sans néanmoins qu'on puisse arguer de nullité contre les protêts qui, avant la publication de cet avis, auraient pu être faits dans les formes indiquées par ledit article.

II. Le présent sera lu, enregistré, imprimé et affiché; expédition en sera adressée au Préfet-colonial et au Commissaire de justice.

Ile de France, le 7 Décembre 1808.

Le Capitaine-général, DECAEN.

ARRÊTÉ.

183. DECAEN, Capitaine-général, etc. etc.

Sur les observations et la proposition du Commissaire de justice,

Après en avoir délibéré avec le Préfet-colonial et le Commissaire de justice, Arrête:

Art. Ier. La loi du 4 Septembre 1807, qui détermine le sens et les effets de l'article 2148 du Code Napoléon sur l'inscription des créances hypothécaires, de laquelle suit la teneur, est promulguée aux îles de France, Bonaparte et dépendances :

Art. 1er. Dans le délai de six mois, à dater de la promulgation de la présente loi, tout créancier qui aurait, depuis la loi du 11 Brumaire an VII jusqu'au jour de ladite promulgation, obtenu une inscription sans indication de l'époque de l'exigibilité de sa créance, soit que cette époque doive avoir lieu à jour fixe ou après un événement quelconque, est autorisé à représenter au bureau de la conservation où son inscription a été faite, son bordereau rectifié, à la vue duquel le conservateur indiquera, tant sur son registre que sur le bordereau resté entre ses mains, l'époque de l'exigibilité de la créance ; le tout en se conformant à la disposition de l'article 2200 du Code civil, et sans perception d'aucun nouveau droit.

2. Au moyen de cette rectification, l'inscription primitive sera considérée comme complète et valable, si d'ailleurs on y a observé les autres formalités prescrites.

3. La présente loi ne s'applique point aux inscriptions qui auraient été annullées par jugemens passés en force de chose jugée.

II. L'article Ier de la loi ci-dessus transcrite, est applicable aux créanciers qui, depuis la promulgation du Code Napoléon en ces colonies, se trouveraient dans le cas prévu par ledit article.

III. Le présent sera lu, enregistré, imprimé et affiché; expédition en sera adressée au Préfet-colonial et au Commissaire de justice.

Ile de France, le 7 Décembre 1808.

Le Capitaine-général, DECAEN.

ARRÊTÉ.

184. DECAEN, Capitaine-général, etc. etc.,

Sur les observations et la proposition du Préfet colonial et du Commissaire de justice, Arrête:

Art. Ier. Le décret impérial du 18 Août 1807, qui prescrit les formalités pour les saisies-arrêts ou oppositions entre les mains des receveurs ou administrateurs de caisse ou deniers publics, est promulgué aux îles de France, Bonaparte et dépendances :

NAPOLÉON, Empereur des Français, etc.

Sur le rapport de notre ministre du trésor public;

Vu l'avis de notre Conseil-d'Etat du 12 Mai 1807, approuvé par nous le Ier Juin suivant ;

Vu le titre XX du livre III du Code de procédure civile, ensemble les lois des 19 Février 1792 et 30 Mai 1793 ;

Considérant que les lois des 19 Février 1792 et 30 Mai 1793 avaient établi les formes à suivre pour les saisies-arrêts ou oppositions signifiées au trésor public ;

Que d'après le susdit avis de notre Conseil-d'Etat, approuvé par nous, l'abrogation prononcée par l'article 1041 du Code de procédure civile ne s'étend point aux affaires qui intéressent le Gouvernement, pour lesquelles il a toujours été regardé comme nécessaire de se régir par des lois spéciales, soit en simplifiant la procédure, soit en produisant des formes différentes ;

Qu'ainsi les lois des 19 Février 1792 et 30 Mai 1793 continuent d'être les règles de la matière, à l'exception des dispositions du Code de procédure civile, qui portent nominativement sur les saisies-arrêts ou oppositions signifiées aux administrations publiques, et qui se bornent aux deux articles 561 et 569 ;

Voulant, pour le bien de notre service et pour celui des parties intéressées, réunir toutes les dispositions relatives à cet objet et faciliter la connaissance des règles à observer ;

Notre Conseil-d'Etat entendu, nous avons décrété et décrétons ce qui suit :

Art. 1er. Indépendamment des formalités communes à tous les exploits, tout exploit de saisie-arrêt ou opposition entre les mains des receveurs, dépositaires ou administrateurs de caisses ou de deniers publics, en cette qualité, exprimera clairement les noms et qualités de la partie saisie ; il contiendra, en outre, la désignation de l'objet saisi.

2. L'exploit énoncera pareillement la somme pour laquelle la saisie-arrêt ou opposition est faite ; et il sera fourni, avec copie de l'exploit, auxdits receveurs, caissiers ou administrateurs, copie ou extrait en forme du titre du saisissant.

3. A défaut par le saisissant de remplir les formalités prescrites par les articles Ier et II ci-dessus, la saisie-arrêt ou opposition sera regardée comme non avenue.

4. La saisie-arrêt ou opposition n'aura d'effet que jusqu'à concurrence de la somme portée en l'exploit.

5. La saisie-arrêt ou opposition formée entre les mains des receveurs, dépositaires ou administrateurs de caisses ou deniers publics, en cette qualité, ne sera point valable, si l'exploit n'est fait à la personne proposée pour le recevoir, et s'il n'est visé par elle sur l'original, ou, en cas de refus, par le procureur impérial près le tribunal de première instance de leur résidence, lequel en donnera de suite avis aux chefs des administrations respectives.

6. Les receveurs, dépositaires ou administrateurs seront tenus de délivrer, sur la demande du saisissant, un certificat qui tiendra lieu, en ce qui les concerne, de tous autres actes et formalités prescrites, à l'égard des tiers saisis, par le titre XX du livre III du Code de procédure civile.

S'il n'est rien dû au saisi, le certificat l'énoncera.

Si la somme due au saisi est liquide, le certificat en déclarera le montant.

Si elle n'est par liquide, le certificat l'exprimera.

7. Dans le cas où il serait survenu des saisies-arrêts ou oppositions sur la même partie et pour le même objet, les receveurs, dépositaires ou administrateurs seront tenus, dans les certificats qui leur seront demandés, de faire mention desdites saisies-arrêts ou oppositions, et de désigner les noms et élections de domicile des saisissans, et les causes desdites saisies-arrêts ou oppositions.

8. S'il survient de nouvelles saisies-arrêts ou oppositions depuis la délivrance d'un certificat, les receveurs, dépositaires ou administrateurs seront tenus, sur la demande qui leur en sera faite, d'en fournir un extrait contenant pareillement les noms et élection de domicile des saisissans, et les causes desdites saisies-arrêts ou oppositions.

9. Tout receveur, dépositaire ou administrateur de caisses ou de deniers publics, entre les mains duquel il existera une saisie-arrêt ou opposition sur une partie prenante, ne pourra vider ses mains sans le consentement des parties intéressées, ou sans y être autorisé par justice.

10. Notre grand juge ministre de la justice et nos ministres des finances et du trésor public sont chargés, chacun en ce qui le concerne, de l'exécution du présent décret.

Au Palais des Tuileries, le 18 Août 1807.

Signé NAPOLEON.

II. Le présent sera lu, enregistré, imprimé et affiché ; expédition en sera adressée au Préfet-colonial et au Commissaire de justice.

Ile de France, le 7 Décembre 1808.

Le Capitaine-général, DECAEN.

ARRÊTÉ.

185. DECAEN, Capitaine-général, etc. etc.,

Sur l'observation du Préfet colonial, que pour le cas où des travaux publics sont nécessaires à l'avantage des îles de France, Bonaparte et dépendances, la loi du 16 Septembre 1807, concernant cette matière pour le territoire continental de l'Empire, contient des dispositions d'une application utile en ces colonies ;

Après en avoir délibéré avec le Préfet colonial et la Commissaire de justice ; Arrête :

SECTION PREMIERE.

Règles pour la confection des travaux publics et pour les obligations et indemnités qui en résultent aux propriétaires.

Art. Ier. Lorsqu'il s'agira de faire des travaux publics aux îles de France, Bonaparte et dépendances, la nécessité en sera constatée et arrêtée par un réglement d'administration publique.

II. Lorsque par l'ouverture d'une grande route, pour la construction d'un pont, pour la confection d'un canal, un ou plusieurs quartiers seront jugés devoir recueillir une amélioration à la valeur de leur territoire, ils seront susceptibles de contribuer aux dépenses des travaux, suivant le mode et dans les proportions qui seront déterminés par des arrêtés particuliers.

Le gouvernement se chargera de la moitié des dépenses.

III. Lorsqu'il y aura lieu à l'ouverture ou à l'entretien des grandes routes d'un intérêt local, à la construction ou à l'entretien des ponts sur lesdites routes ou sur des chemins vicinaux, les quartiers intéressés contribueront selon les degrés d'utilité respective des travaux.

Le gouvernement ne fournira de fonds, dans ce cas, que lorsqu'il le jugera convenable ; les proportions des contributions respectives seront réglées par des arrêtés particuliers.

IV. Lorque par suite des travaux énoncés ci-dessus, lorsque par l'ouverture de nouvelles rues, par la formation de places nouvelles, par la construction de quais ou par tous autres travaux publics d'un intérêt général ou local, des propriétés privées auront acquis une notable augmentation de valeur, ces propriétés pourront être chargées de payer une indemnité qui pourra s'élever jusqu'à la valeur de la moitié des avantages qu'elles auront acquis ; le tout sera réglé par estimation dans les formes établies ci-après.

V. Les indemnités pour payement de plus-value seront acquittées au choix des débiteurs en argent, ou en délaissement d'une partie de la propriété si elle est divisible ; ils pourront aussi délaisser en entier les fonds, terrains ou bâtimens dont la plus-value donne lieu à l'indemnité, et ce sur l'estimation réglée d'après la valeur qu'avait l'objet avant l'exécution des travaux desquels la plus-value aura existé.

Il n'y aura lieu qu'au droit fixe d'un franc pour l'enregistrement de l'acte de mutation de propriété ; et les indemnités dues à raison de la plus-value, auront privilège sur toute ladite plus-value, à la charge de faire transcrire au bureau des hypothèques l'acte qui aura ordonné lesdits travaux.

L'hypothèque de tout individu inscrit avant les travaux sera restreinte au moyen de la transcription ci-dessus ordonnée sur une portion de propriété égale en valeur à sa première valeur estimative des terrains employés aux travaux.

VI. Les indemnités ne seront dues par les propriétaires des fonds voisins des travaux effectués, que lorsqu'après les représentations des parties intéressées, il aura été décidé par un réglement d'administration publique qu'il y a lieu à l'application des deux articles précédens.

VII. Lorsqu'il s'agira d'ouvrir ou de perfectionner une route dont l'objet sera d'exploiter avec économie des bois ou tout autre produit d'un transport difficile et de leur fournir un débouché, toutes les propriétés de cette espèce, générales ou particulières qui devront en profiter, seront appelées à contribuer pour la totalité de la dépense dans les proportions variées des avantages qu'elles devront en recueillir.

Le gouvernement pourra néanmoins accorder sur les fonds publics les secours qu'il croira nécessaires.

Section II.

Des indemnités aux propriétaires pour occupations de terrains.

VIII. Lorsque pour la confection d'un travail publiic, il sera question de supprimer des moulins et autres usines, de les déplacer, modifier, ou de réduire l'élévation de leurs eaux, la nécessité en sera constatée aux frais de l'Etat, et arrêtée dans la forme prescrite par l'article premier.

Il sera d'abord examiné dans l'estimation si l'établissement des moulins et usines est légal, ou si le titre d'établissement ne soumet pas les propriétaires à voir démolir leurs établissemens sans indemnité, si l'utilité publique le requiert.

IX. Les terrains nécessaires pour l'ouverture des canaux, des routes, des rues, la formation des places et autres travaux reconnus d'une utilité générale, seront payés à leurs propriétaires et à dire d'experts, d'après leur valeur avant l'entreprise des travaux et sans nulle augmentation du prix d'estimation.

X. Lorsqu'un propriétaire fait volontairement démolir sa maison, lorsqu'il est forcé de la démolir pour cause de vétusté, il n'a droit à indemnité que pour la valeur du terrain délaissé, si l'alignement qui lui est donné par les autorités compétentes le force à reculer sa construction.

XI. Les maisons et bâtimens dont il serait nécessaire de faire démolir et d'enlever une portion pour cause d'utilité publique légalement reconnue, seront acquis en entier si le propriétaire l'exige ; sauf à l'administration publique à revendre les portions des bâtimens ainsi acquises et qui ne seront pas nécessaires pour l'exécution du plan. La cession par le propriétaire à l'administration et la revente seront effectuées d'après un arrêté dans les formes prescrites.

XII. Les alignemens pour l'ouverture des nouvelles rues, pour l'élargissement des anciennes qui ne font point partie d'une grande route ou pour toute autre objet d'utilité publique, seront donné par le bureau central de police, conformément au plan dont les projets auront été arrêtés par un acte d'administration coloniale.

XIII. En cas de réclamation de tiers intéressés, il sera de même statué par un arrêté.

XIV. Au cas où, par les alignemens arrêtés, un propriétaire pourrait recevoir la faculté de s'avancer sur la voie publique, il sera tenu de payer la valeur du terrain qui lui sera cédé. Dans la fixation de cette valeur les experts auront égard à ce que le plus ou le moins de profondeur du terrain cédé, la nature de la propriété, le reculement du reste du terrain bâti ou non bâti loin de la nouvelle voie, peut ajouter ou diminuer de valeur relative pour le propriétaire.

Si le propriétaire ne voulait point acquérir, l'administration publique pourra le déposséder de l'ensemble de sa propriété, en lui payant la valeur telle qu'elle était avant l'entreprise des travaux, la cession et la revente seront faites comme il a été dit en l'article XI ci-dessus.

XV. Lorsqu'il y aura lieu en même tems à payer une indemnité à un propriétaire pour terrains occupés, et à recevoir de lui une plus-value pour des avantages acquis à ses propriétés restantes, il y aura compensation jusqu'à concurrence, et le surplus, seulement selon les résultats, sera payé au propriétaire ou acquitté par lui.

XVI. Les terrains occupés pour prendre les matériaux nécessaires aux routes ou aux constructions publiques pourront être payés aux propriétaires comme s'ils eussent été pris pour la route même.

Il n'y aura lieu à faire entrer dans l'estimation la valeur des matériaux à extraire, que dans le cas où l'on s'emparerait d'une carrière déjà en exploitation ; alors lesdits matériaux seront évalués d'après leur prix courant, abstraction faite de l'existence et des besoins de la route pour laquelle ils seraient pris ou des constructions auxquelles on les destine.

Section III.

Des estimations des indemnités.

XVII. Les experts pour les évaluations des indemnités spécifiées au présent arrêté, seront nommés pour les objets de travaux d'une utilité générale, l'un par les propriétaires, l'autre par les directeurs du génie et des ponts et chaussées, et le tiers expert par l'inspecteur de la marine.

Quant aux travaux de ville, un expert sera nommé par le propriétaire, un par le bureau central de police, et le tiers expert par l'inspecteur de la marine.

XVIII. Lorsqu'il se trouvera une communauté de propriétaires intéressés aux travaux publics qui auront été arrêtés, le préfet nommera dans cette communauté pour syndic le plus imposé des propriétaires qui en fera partie.

Le syndic de cette communauté nommera pour elle l'expert qui devra concourir avec l'autre à l'estimation des obligations de chaque propriétaire, et des indemnités qui pourraient leur être dues.

XIX. Les experts nommés procéderont toujours en présence du tiers expert qui les départagera s'ils ne peuvent s'accorder.

XX. Le procès-verbal d'expertise sera déposé pendant un mois au bureau de l'inspection maritime; pendant lequel tems les intéressés pourront faire audit bureau telles réclamations qu'ils jugeront convenables;

XXI. A l'expiration de ce délai le procès-verbal d'expertise et les réclamations présentées contre les estimations y portées seront soumises au Préfet-colonial qui pourra dans tous les cas ordonner une nouvelle expertise.

XXII. Les expertises et là décision du Préfet ne pourront en aucun cas déterminer les questions de propriété sur lesquelles il sera prononcé par les tribunaux ordinaires, sans que toutefois les opérations relatives aux travaux, ou à l'exécution des décisions du Préfet-colonial puissent être retardées ou suspendues.

XXIII. Il est dérogé à tous arrêtés et réglemens en ce qu'ils auraient de contraire au présent, qui sera lu, enregistré, imprimé et affiché ; et dont expédition sera adressée au Préfet-colonial et au Commissaire de justice.

Ile de France, le 13 Décembre 1808.

Le Capitaine-général, DECAEN.

ARRÊTÉ.

186. DECAEN, Capitaine-général, etc. etc.,

Vu l'extrait du testament olographe de feu M. Pierre Nicolas Boucher, prêtre, duquel suit la teneur:

« Madame veuve Lebreton donnera aux pauvres des Pamplemousses, la somme de six cents piastres, et à la fabrique de l'église des Pamplemousses, celle de quatre-cents piastres, applicable au pavé de l'église. etc. »

Après en avoir délibéré avec le Préfet-colonial et le Commissaire de justice, Arrête:

Art. Ier. L'administration de bienfaisance à l'île de France, est autorisée à accepter le legs de six cents piastres fait par M. Boucher, prêtre, en faveur des pauvres du quartier des Pamplemousses; elle en disposera envers eux, ainsi qu'elle le jugera convenable.

II. Le commissaire civil du même quartier, est autorisé à accepter l'autre legs de quatre cents piastres, pour en être fait emploi conformément au vœu du testateur et selon les instructions du Préfet-colonial.

III. Le présent sera lu, enregistré et rendu public par la voie des feuilles hebdomadaires ; expédition en sera adressée au Préfet colonial et au Commissaire de justice.

Ile de France, le 7 Décembre 1808.

Le Capitaine-général, DECAEN.

ARRÊTÉ.

187. DECAEN, Capitaine-général, etc. etc.,

Sur les observations et la proposition du Commissaire de justice, Arrête :

Art. Ier. Le décret impérial du 30 Mars 1808, contenant réglement pour la police et discipline des cours et tribunaux, et dont suit la teneur, est promulgué aux îles de France, Bonaparte et dépendances.

Napoléon, Empereur des Français, etc.

Sur le rapport de notre grand juge et ministre de la justice;

Vu l'article 1042 du Code de procédure civile, portant qu'il sera fait, pour la police et discipline des tribunaux, des réglemens d'administration publique;

Notre Conseil d'Etat entendu,

Nous avons décrété et décretons ce qui suit:

TITRE PREMIER

Des cours d'Appel.

Première Section

Du rang des juges entre eux et pour leur service.

Art. 1er. Le premier président d'une cour d'appel composée de plusieurs chambres, présidera celle à laquelle il voudra s'attacher; il présidera les autres chambres au moins une fois par semestre, et quand il le jugera convenable.

2. Lorsque le premier président sera dans le cas d'être suppléé pour des fonctions qui lui sont spécialement attribuées, il sera remplacé par le plus ancien des présidens.

Si la cour n'est pas divisée en plusieurs chambres, le président sera suppléé par le doyen.

3. Le premier président et les présidens seront, en cas d'empêchement, remplacés, pour le service de l'audience, par le juge présent le plus ancien dans l'ordre des nominations.

4. En cas d'empêchement d'un juge, il sera, pour compléter le nombre indispensable, remplacé par un juge d'une autre chambre qui ne tiendrait pas audience, ou qui se trouverait avoir plus de juges que le nombre nécessaire.

5. Il sera fait chaque année un roulement des juges d'une chambre à l'autre, à l'exception du doyen, qui en sera dispensé, et qui restera attaché à la chambre présidée habituellement par le premier président.

Ce roulement aura lieu de telle manière qu'il sorte de chaque chambre la majorité des membres qui seront répartis dans les autres chambres, le plus également possible, et, encore, de manière que les juges passent successivement dans toutes les chambres.

6. Néanmoins celui qui aurait été nommé rapporteur dans la chambre dont il serait ensuite sorti par le roulement, reviendra dans cette chambre pour y faire les rapports dont il aura été chargé.

7. Il sera, en conséquence, dressé deux listes des juges; l'une de rang, l'autre de service.

La première, formée suivant l'ordre des nominations, établira le rang dans les cérémonies publiques, dans les assemblées de la cour, et même entre les juges se trouvant ensemble dans une même chambre.

La seconde liste sera dressée pour régler l'ordre du service; elle sera renouvelée chaque année dans la huitaine qui précédera les vacances.

8. Chaque juge sera, lors de sa nomination, placé le dernier dans la liste de rang; il remplacera, sur la liste de service, le juge dont la démission ou le décès a donné lieu à sa nomination.

Section II.

De la tenue des audiences.

9. Il sera fait dans chaque cour d'appel, sur le nombre des audiences nécessaires pour la plus prompte expédition des affaires, un réglement particulier qui sera soumis à notre approbation.

10. Chaque audience sera au moins de trois heures.

Le temps destiné aux audiences ne devra être employé ni à d'autres fonctions ni aux assemblées générales de la cour.

11. Chaque juge sera tenu, avant l'heure fixée pour l'audience, de se faire inscrire sur le registre de pointe. Ce registre sera, avant de commencer l'audience, arrêté et signé par le président de la chambre ou par le juge qui le remplacera.

12. Sera aussi soumis à la pointe, comme s'il avait été absent d'une audience, le juge qui ne se rendrait pas à une assemblée générale des membres de la cour, que le premier président pourra convoquer pour ce qui tient au service intérieur et à la discipline des officiers ministériels.

13. Les droits d'assistance, ainsi qu'ils sont réglés par la loi, n'appartiendront qu'aux membres présens. Néanmoins les absens, pour cause de maladie attestée par un officier de santé, dont le certificat demeurera déposé au greffe, ne perdront point leur droit d'assistance, mais ils ne participeront à aucun accroissement.

14. Les absens, pour quelque autre cause que ce soit, même par congé, si ce n'est pour un service public, ne jouiront point pendant leur absence des droits d'assistance, et ne participeront point à ceux qui seront distribués, à raison de l'absence des autres.

L'absent ne pourra s'excuser sur ce que les juges se seraient trouvés en nombre suffisant.

Le juge qui ne se trouvera pas au moment de la signature du registre de pointe, perdra son droit de présence à cette audience, lors même qu'il y aurait assisté.

15. Lorsque l'ouverture n'en aura pas été faite à l'heure prescrite, le président ne pourra être excusé par aucun motif.

Si néanmoins c'était par défaut de juges, il en dressera un procès-verbal, qui devra être envoyé, par le procureur-général, au grand juge ministre de la justice.

16. Il sera dressé au commencement de chaque mois, par le greffier, un procès-verbal de répartition des sommes qui, pour cette cause, seront à distribuer entre ceux qui y auront droit.

Ce procès-verbal sera signé et certifié par le premier président et par le procureur-général impérial.

Le greffier tiendra registre de cette comptabilité, qui sera surveillée par le procureur-général.

17. La cour n'accordera de congé, ainsi qu'il est

réglé par l'article 5 de la loi du 27 Ventose an VIII, que pour cause nécessaire et qu'autant que l'absence du juge qui le demandera ne fera pas manquer le service.

Dans le cas où la demande de congé doit être adressée au grand juge, on devra également justifier, par un certificat du premier président et du procureur-général, que le service ne souffrira point de l'absence.

SECTION III.

De la distribution des Causes.

18. Lorsqu'il s'agira d'abréger les délais des assignations, les requêtes seront présentées au premier président, et par lui répondues : néanmoins les requêtes présentées après la distribution de la cause, et dans le cours de l'instruction, seront répondues par le président de la chambre à laquelle la cause aura été distribuée.

19. Il sera tenu au greffe un registre ou rôle général, coté et paraphé par le premier président, et sur lequel seront inscrites toutes les causes dans l'ordre de leur présentation.

Les avoués seront tenus de faire cette inscription la veille au plus tard du jour où l'on se présentera à l'audience.

Chaque inscription contiendra les noms des parties, ceux de l'avoué; et en marge sera la distribution faite par le premier président.

20. Toutes les citations seront données à l'heure fixée pour la première des audiences, s'il y a plusieurs chambres.

21. Au jour de l'échéance des assignations, l'huissier audiencier fera successivement, à l'ouverture de l'audience, l'appel des causes, dans l'ordre de leur placement au rôle général.

Sur cet appel, et à la même audience, seront donnés les défauts, sur les conclusions signées de l'avoué qui le requerra, et déposées sur le bureau, en se conformant au Code de procédure.

22. Si les avoués des deux parties se présentent pour poser des qualités, les causes resteront à la chambre qui tiendra l'audience.

Sont exceptées les contestations sur l'état civil des citoyens, à moins qu'elles ne doivent être décidées à bref délai, ou avec des formes particulières qui ne comportent pas une instruction solennelle, les prises à partie, et les renvois après cassation d'un arrêt, qui seront portés aux audiences solennelles.

Ces audiences se tiendront à la chambre que préside habituellement le premier président, en y appelant la deuxième chambre dans les cours composées de deux chambres, et alternativement la deuxième et la troisième chambre dans les cours qui se divisent en trois chambres.

23. Chaque jour d'audience, le premier président fera, entre les chambres, la distribution de toutes les autres causes inscrites sur le rôle général.

24. Une heure sera employée dans chaque audience ordinaire pour l'expédition des affaires sommaires.

Il sera extrait pour chaque chambre, sur le rôle général, un rôle particulier des affaires qui lui seront distribuées ou renvoyées.

Ce rôle particulier sera remis au greffier de la chambre qu'il concerne.

25. S'il s'élève des difficultés, soit sur la distribution, soit sur la litispendance ou la connexité, les avoués seront tenus de se retirer devant le premier président à l'heure ordinaire de la distribution ; il statuera sans forme de procès et sans frais.

26. Les réceptions du premier président, des présidens, des juges, de notre procureur-général, de ses substituts et du greffier, se feront devant la cour, chambres assemblées.

Les réceptions de juges de première instance et de commerce, de nos procureurs impériaux et de leurs substituts, celles des officiers ministériels près la cour, et autres, seront faites à l'audience de la chambre où siège le premier président ; ou à l'audience de la chambre des vacations, si ces réceptions se trouvent pendant le tems des vacances.

27. Les homologations d'avis de la chambre de discipline des officiers ministériels seront portées devant la cour entière, lorsqu'ils intéresseront le corps de ces officiers.

SECTION IV.

De l'instruction et du jugement.

28. Le premier jour d'audience de chaque semaine, le président de la chambre fera appeler un certain nombre de causes, dans lesquelles il fera poser les qualités et prendre les conclusions, en indiquant un jour pour plaider.

S'il y a des obstacles à ce que les défenseurs ou l'un d'eux se trouve au jour indiqué, ils devront en faire sur-le-champ l'observation; et si la cour la trouve fondée, il sera indiqué un autre jour.

Si l'avoué qui poursuit l'audience ne comparaît pas, la cause sera retirée du rôle, et il sera responsable de tous dommages et intérêts envers sa partie, s'il y a lieu.

29. Si au jour indiqué, aucun avoué ne se présente, ou si celui qui se présente, refuse de prendre jugement, la cause sera retirée du rôle, sans que l'on puisse accorder aucune remise, si ce n'est pour cause légitime, auquel cas il sera indiqué un autre jour.

Une cause retirée du rôle par le motif ci-dessus énoncé, ne pourra y être rétablie que sur le vu de l'expédition du jugement de radiation, dont le coût restera à la charge personnelle des avoués, qui seront en outre tenus de tous dommages et intérêts, et auxquels il pourra encore être fait injonction suivant les circonstances.

30. Lorsqu'il aura été formé opposition à un arrêt

par défaut, la cause reprendra le rang qu'elle occupait au rôle particulier, à moins qu'il ne soit accordé, par le président de la chambre, un jour fixé pour statuer sur les moyens d'opposition.

31. Les causes dans lesquelles il aura été prononcé un arrêt interlocutoire, préparatoire ou d'instruction, seront, après l'instruction faite, jugées dans l'ordre où elles avaient d'abord été placées.

32. Les causes mises en délibéré, ou instruites par écrit, seront distribuées par le président de la chambre entre les juges.

33. Dans toutes les causes, les avoués, avant d'être admis à requérir défaut ou à plaider contradictoirement, remettront au greffier de service à l'audience, leurs conclusions motivées et signées d'eux, avec le numéro du rôle d'audience de la chambre.

Lorsque les avoués changeront les conclusions par eux déposées, ou qu'ils prendront sur le barreau des conclusions nouvelles, ils seront tenus d'en remettre également les copies signées d'eux au greffier, qui les portera sur les feuilles d'audience.

34. Lorsque les juges trouveront qu'une cause est suffisamment éclaircie, le président devra faire cesser les plaidoiries.

35. Le président recueillera les opinions après que la discussion sera terminée.

Les juges opineront à leur tour, en commençant par le dernier reçu.

Dans les affaires jugées sur rapport, le rapporteur opinera le premier.

Si différens avis sont ouverts, on ira une seconde fois aux opinions.

36. Le greffier portera sur la feuille d'audience du jour, les minutes de chaque jugement, aussitôt qu'il sera rendu ; il fera mention en marge, des noms des juges et du procureur - général impérial ou de son substitut qui y auront assisté.

Celui qui aura présidé vérifiera cette feuille à l'issue de l'audience, ou dans les vingt-quatre heures, et signera, ainsi que le greffier, chaque minute de jugement, et les mentions faites en marge.

37. Si, par l'effet d'un accident extraordinaire, le président se trouvait dans l'impossibilité de signer la feuille d'audience, elle devra l'être, dans les vingt-quatre heures suivantes, par le plus ancien des juges ayant assisté à l'audience. Dans le cas où l'impossibilité de signer serait de la part du greffier, il suffira que le président en fasse mention en signant.

38. Si les feuilles d'une ou de plusieurs audiences n'avaient pas été signées dans les délais et ainsi qu'il est dit ci-dessus, il en sera référé à la chambre que tient le premier président, laquelle pourra, suivant les circonstances, et sur les conclusions par écrit de notre procureur-général, autoriser un des juges qui ont concouru à ces jugemens, à les signer.

39. Les feuilles d'audience seront de papier de même

Quatrième partie, A.

format, et réunies par année en forme de registre.

SECTION V.

Des Chambres de Vacations.

40. Dans les cours d'appel, la chambre des vacations sera composée d'un président et de sept juges.

Si la cour n'est pas divisée en plusieurs chambres, les fonctions de présidens seront remplies par les deux juges les plus anciens alternativement.

Si la cour est divisée en deux chambres, le second président et le plus ancien des juges feront alternativement ce service.

Si le nombre des chambres excède celui de deux, le même service sera fait alternativement par les second et troisième présidens.

Le ministère public sera rempli par notre procureur-général ; s'il n'a pas de substitut, ou alternativement par notre procureur-général ou par son substitut, ou alternativement par les substituts, s'il y en a plusieurs.

Le premier président fera l'ouverture de la chambre des vacations, et notre procureur-général y assistera.

41. La chambre des vacations sera renouvelée chaque année, de manière que tous les membres de la cour y fassent le service, chacun à leur tour, en commençant par les derniers, dans l'ordre des nominations.

42. En cas d'absence du président, il sera remplacé par celui des juges le premier inscrit dans l'ordre du tableau, ou, en cas d'empêchement, par celui qui suivra.

A défaut d'un ou de plusieurs juges, il en sera appelé en nombre suffisant parmi ceux qui ne sont pas de vacation.

43. Il y aura un rôle particulier pour la tenue des vacations : ce rôle sera coté et paraphé par celui qui devra y présider.

Les causes portées en vacations, et qui n'y auront pas été jugées, seront reportées à la chambre à laquelle elles avaient précédemment appartenu : celles qui auraient été portées directement à la chambre des vacations, seront distribuées à la rentrée, par le premier président, en suivant l'ordre des inscriptions au rôle.

44. La chambre des vacations est uniquement chargée des matières sommaires et de celles qui requièrent célérité.

Elle donnera au moins deux audiences par semaine. Les jours en seront indiqués lors de son ouverture.

45. Seront, au surplus, les dispositions du présent réglement, exécutées en vacations, dans tous les cas où elles pourront être appliquées.

TITRE II.

Des Tribunaux de première instance.

SECTION PREMIÈRE.

Du rang des juges entre eux et pour le service.

46. Le président d'un tribunal de première instance

28.

composé de plusieurs chambres, présidera celle à laquelle il voudra s'attacher ; il présidera les autres chambres quand il le jugera convenable.

47. Lorsque le président sera dans le cas d'être suppléé pour des fonctions qui lui sont spécialement attribuées, il sera remplacé par le plus ancien des juges.

Si le tribunal n'est pas divisé en plusieurs chambres, le président sera suppléé par le plus ancien des juges.

48. Le président et les vice présidens seront, en cas d'empêchement, remplacés, pour le service de l'audience, par le juge présent, le plus ancien dans l'ordre des nominations.

49. En cas d'empêchement d'un juge, il sera, pour compléter le nombre indispensable, remplacé ou par un juge d'une autre chambre qui ne tiendrait pas audience dans le même temps, ou par un des juges suppléans, en observant, dans tous les cas, et autant que faire se pourra, l'ordre des nominations.

A défaut de suppléans, on appellera un avocat attaché au barreau, et, à son défaut, un avoué, en suivant aussi l'ordre du tableau.

50. Il se fera chaque année un roulement, de manière que tous les juges fassent consécutivement le service de toutes les chambres.

S'il y a plusieurs vice-présidens, ils passent aussi tous les ans d'une chambre à l'autre.

51. Dans les tribunaux où il n'y a que trois juges, chacun d'eux fera tour-à-tour, pendant trois mois, les fonctions de directeur du jury.

Dans les tribunaux où il y a plus de trois juges, ces fonctions seront successivement remplies, pendant six mois, du premier Mai au premier Novembre, et du premier Novembre au premier Mai, par chacun des juges autres que les présidens et vice-présidens, et suivant l'ordre des nominations.

Le directeur du jury sera, en cas d'empêchement, remplacé par le juge qui le suivra dans l'ordre du tableau ; il ne pourra l'être par un suppléant qu'à défaut de tous les autres juges.

Le directeur du jury assistera aux audiences de la chambre à laquelle il sera attaché, lorsque ses fonctions le lui permettront.

Les juges sortant du service de directeur du jury au premier Mai, rentreront dans la chambre où le roulement de l'année les a placés.

Ceux sortant du même service au premier Novembre, rentreront dans la chambre où le roulement les placera.

52. Il sera dressé deux listes, l'une de rang et l'autre de service, conformément aux articles 7 et 8 ci-dessus.

Section II.
De la tenue des audiences.

53. Les dispositions des articles 10 et suivans, concernant la tenue des audiences et composant la seconde section du titre I.er du présent réglement, seront aussi exécutées dans les tribunaux de première instance.

Section III.
De la distribution des affaires.

54. Toutes requêtes à fin d'arrêt ou de revendication de meubles ou marchandises, ou autres mesures d'urgence ; celles pour mise en liberté, ou pour obtenir permission d'assigner sur cession de biens ou sur homologation de concordats et délibérations de créanciers, et celles pour assigner à bref délai, en quelque matière que ce soit, seront présentées au président du tribunal, qui les répondra par ordonnance, après la communication, s'il y a lieu, au procureur impérial.

Néanmoins, les requêtes présentées après la distribution de la cause, et dans le cours de l'instruction, seront répondues par le vice-président de la chambre à laquelle la cause aura été distribuée.

55. Il sera tenu au greffe un registre ou rôle général coté et paraphé par le président, sur lequel seront inscrites, dans l'ordre de leur présentation, toutes les causes, en exceptant seulement celles dont est mention aux articles suivans.

Les avoués seront tenus de faire cette inscription la veille au plus tard du jour où l'on se présentera.

Chaque inscription contiendra les noms des parties, ceux des avoués ; et en marge sera la distribution faite par le président.

56. Dans les tribunaux de première instance composés de plusieurs chambres, il sera tenu deux autres rôles, dont l'un pour les citations libellées en forme de plainte et visées par le directeur du jury, et pour les contraventions aux lois et réglemens de police, et l'autre, pour les affaires relatives aux lois forestières, aux droits d'enregistrement, aux loteries, aux droits d'hypothèque, de greffe, et en général aux contributions, le tout en ce qui est de la compétence du tribunal.

Les affaires ci-dessus énoncées seront, par ordre de numéros, portées à la chambre indiquée par le président pour ces sortes d'affaires.

57. Le président du tribunal tiendra l'audience des référés, à laquelle seront portés tous référés, pour quelque cause que ce soit.

58. Toutes les autres assignations en matière civile, soit aux délais ordinaires, soit à bref délai, en vertu d'ordonnance, seront données à la chambre où siège habituellement le président.

59. Au jour où l'on se présentera, l'huissier audiencier fera successivement, à l'ouverture de l'audience tenue par le président, l'appel des causes dans l'ordre de leur placement au rôle général.

Sur cet appel, et à la même audience, seront donnés les défauts sur les conclusions signées de l'avoué qui le requerra, et déposées sur le bureau, en se conformant au Code de procédure.

60. Les contestations relatives aux avis de parens, aux interdictions, à l'envoi en possession des biens des absens, à l'autorisation des femmes pour absence ou refus de leurs maris, à la réformation d'erreurs dans les actes de l'état civil et autres de même nature, seront, ainsi que les affaires qui intéresseront le gouvernement, les communes et les établissemens publics, réservées à la chambre où le président siége habituellement.

Il en sera de même des renvois des référés à l'audience, sauf au président à renvoyer à une autre chambre, s'il y a lieu.

61. Les affaires autres que celles exceptées par les articles précédens, seront, chaque jour d'audience, distribuées par le président entre les chambres sur le rôle général, de la manière qu'il trouvera la plus convenable pour l'ordre du service et l'accélération des affaires,

Il renverra aussi à chaque chambre les affaires dont elle doit connaître, par motifs de litispendance ou de connexité.

62. Il sera extrait pour chaque chambre, sur le rôle général, un rôle particulier des affaires qui lui auront été distribuées ou renvoyées.

Ce rôle particulier sera remis au greffier de la chambre qu'il concerne.

63. S'il s'élève des difficultés soit sur la distribution, soit pour la litispendance ou la connexité, les avoués seront tenus de se retirer devant le président, à l'heure ordinaire de la distribution ; il statuera sans forme de procès et sans frais.

64. Les homologations d'avis des chambres de discipline des officiers ministériels seront portées devant le tribunal entier, lorsqu'ils intéresseront le corps de ces officiers.

65. Les prestations de serment qui doivent se faire devant le tribunal de première instance, seront reçues à l'audience de la chambre que tient le président ; ou à l'audience de la chambre des vacations, si on se présente pour ces prestations de serment pendant les vacances.

SECTION IV.

De l'instruction et du jugement.

66. Les causes introduites par assignation à bref délai, celles pour déclinatoires, exceptions et réglemens de procédures qui ne tiennent point au fond, celles renvoyées à l'audience en état de référé, celles à fin de mise en liberté, de provision alimentaire, ou toutes autres de pareille urgence, seront appelées sur simples mémoires, pour être plaidées et jugées sans remise et sans tour de rôle.

Si, par considération extraordinaire, le tribunal croit devoir accorder remise, elle sera ordonnée contradictoirement à jour fixe ; et au jour indiqué il n'en pourra être accordé une nouvelle.

Aux appels des causes, celles ci-dessus énoncées sont retenues pour être jugées avant celles des affiches.

67. Il sera fait, dans l'ordre des causes du rôle particulier de la chambre, et par les soins de celui qui la présidera, des affiches d'un certain nombre de causes.

Chacune de ces affiches sera exposée dans la salle d'audience et au greffe, huit jours avant que les causes soient appelées.

68. Un certain nombre des causes affichées, sera appelé le premier jour d'audience de chaque semaine qui suit celle de l'exposition de l'affiche.

69. En cas de non comparution des deux avoués à cet appel, la cause sera retirée du rôle, et l'avoué du demandeur sera responsable envers sa partie, de tous dommages et intérêts, s'il y a lieu.

Si un seul des avoués se présente, il sera tenu de requérir jugement.

Si les deux avoués sont présens, ils seront tenus de poser les qualités et de prendre des conclusions ; il leur sera indiqué un jour pour plaider.

S'il y a des obstacles à ce que les avoués ou défenseurs, ou l'un d'eux, se trouvent au jour indiqué, ils devront en faire sur-le-champ l'observation, et si le tribunal la trouve fondée, il sera indiqué un autre jour.

70. Les avoués seront tenus, dans les affaires portées aux affiches, de signifier leurs conclusions, trois jours au moins avant de se présenter à l'audience, soit pour plaider, soit pour poser les qualités.

71. En toutes causes, les avoués ou défenseurs ne seront admis à plaider contradictoirement ou à prendre leurs conclusions, qu'après que les conclusions respectivement prises, signées des avoués, ont été remises au greffier.

72. S'il est pris des conclusions sur le barreau, l'avoué ou les avoués seront tenus de les remettre, après les avoir signées, au greffier, qui les portera sur les feuilles d'audience.

Les avoués seront tenus d'ajouter à leurs conclusions l'indication de la section où la cause est pendante, et son numéro dans le rôle général.

73. Les dispositions des articles 29, 30, 31, 32, 33, 34, 35, 36, 37 et 39 du présent réglement, relatives à l'instruction et au jugement dans les cours d'appel, seront aussi observées dans les tribunaux de première instance.

74. Si les feuilles d'une ou de plusieurs audiences n'avaient pas été signées dans les délais et ainsi qu'il est réglé par les articles 36 et 37 du présent réglement, il en sera référé par le procureur impérial à la cour d'appel devant la chambre que tient le premier président. Cette chambre pourra, suivant les circonstances et sur les conclusions par écrit de notre procureur-général, autoriser un des juges qui ont concouru à ces jugemens, à les signer.

SECTION V.

Des Vacations.

75. Dans les tribunaux de première instance composés de plusieurs chambres, le service, pendant les vacations, se fait chaque année alternativement par

le président et le vice-président, ou par l'un des vice-présidens, et par deux des juges qui n'ont point été directeurs du jury dans le cours de l'année, et qui ne sont point et ne doivent point être de service à la section chargée de la police correctionnelle, de manière que tous les juges fassent aussi successivement ce service.

Le directeur du jury n'a point de vacances.

76. Le ministère public sera rempli par notre procureur impérial, s'il n'a pas de substitut, ou alternativement par notre procureur impérial et par son substitut, ou alternativement par les substituts, s'il y en a plusieurs.

77. Le président fera l'ouverture de la chambre des vacations, et notre procureur impérial y assistera.

78. Les articles 42, 43, 44 et 45 du présent réglement concernant les chambres des vacations des cours d'appel, seront observés dans les tribunaux de première instance.

Néanmoins, la chambre des vacations de première instance à Paris, tiendra au moins quatre audiences par semaine.

TITRE III.
Des procureurs-généraux et impériaux.

79. Notre procureur-général en chaque cour d'appel et notre procureur impérial près chaque tribunal de première instance doivent veiller à ce que les lois et réglemens y soient exécutés ; et lorsqu'ils auront des observations à faire à cet égard, le premier président de la cour d'appel et le président du tribunal de première instance seront tenus, sur leur demande, de convoquer une assemblée générale.

80. Notre procureur-général en chaque cour sera tenu d'envoyer à notre grand juge ministre de la justice, en Avril et Septembre de chaque année, un état contenant, 1° le nombre des causes portées sur le rôle dans le semestre précédent ; 2° le nombre des instances d'ordre entre les créanciers ; 3° celui des rapports d'affaires instruites par écrit ; 4° le nombre des affaires qui auront été jugées contradictoirement, et celui des affaires jugées par défaut ; 5° les nombre des affaires restant à juger ; 6° les causes du retard du jugement des affaires arriérées.

Sont réputées arriérées les causes d'audience qui seraient depuis plus de trois mois sur le rôle général, ainsi que les ordres ou procès par écrit qui ne seraient pas vidés dans quatre mois.

81. Nos procureurs impériaux des arrondissemens du ressort de chaque cour seront tenus d'adresser, dans les huit premiers jours des mêmes mois, un semblable état, à notre procureur-général, qui l'enverra à notre grand juge ministre de la justice avec ses observations.

82. Le service du ministère public auprès des chambres de nos cours d'appel sera distribué par notre procureur-général entre lui et ses substituts.

Il en est de même pour notre procureur impérial dans les tribunaux de première instance.

83. Dans toutes les causes où il y aura lieu de communiquer au ministère public, les avoués seront tenus de faire cette communication avant l'audience où la cause devra être appelée, et même, dans les causes contradictoires, de communiquer trois jours avant celui indiqué pour la plaidoirie.

Ces communications se feront au parquet, dans la demi-heure qui précède ou qui suit l'audience.

Si la communication n'a pas été faite dans le tems ci-dessus, elle ne passera point en taxe.

84. Lorsque celui qui remplit le ministère public ne portera point la parole sur-le-champ, il ne pourra demander qu'un seul délai, et il en sera fait mention sur la feuille d'audience.

85. Dans les procès dont l'instruction est par écrit, le juge rapporteur devra veiller à ce que les communications au ministère public soient faites assez à tems pour que le jugement ne soit pas retardé.

86. Notre procureur-général ou impérial, ou son substitut, après avoir pris communication des pièces, les fera remettre, dans le plus bref délai, au rapporteur, quand il les aura prises de ses mains, sinon au greffe.

87. Le ministère public une fois entendu, aucune partie ne peut obtenir la parole après lui, mais seulement remettre sur-le-champ de simples notes, comme il est dit à l'article 111 du Code de procédure.

88. Notre procureur-général ou impérial, ni ses substituts n'assisteront point aux délibérations des juges, lorsqu'ils se retireront à la chambre du conseil pour les jugemens ; mais ils seront appelés à toutes les délibérations qui regardent l'ordre et le service intérieur ; ils auront le droit de faire inscrire sur les registres de la cour où du tribunal les réquisitions qu'ils jugeront à propos de faire sur cette matière.

89. Nos procureurs-généraux ou impériaux et leurs substituts sont soumis à le pointe de la même manière que les juges, lorsqu'ils sont remplacés par un juge.

TITRE IV.
Des Greffiers.

90. Les greffes de nos cours d'appel et ceux de nos tribunaux de première instance seront ouverts tous les jours, excepté les dimanches et fêtes, aux heures réglées par la cour ou par le tribunal de première instance, de manière néanmoins qu'ils soient ouverts au moins huit heures par jour.

91. Le greffier ou l'un de ses commis assermentés tiendra la plume aux audiences depuis leur ouverture jusqu'à ce qu'elles soient terminées.

Le greffier en chef assistera aux audiences solennelles et aux assemblées générales.

92. Le greffier est chargé de tenir dans le meilleur ordre les rôles et les différens registres qui sont prescrits par le Code de procédure, et celui des délibérations de la cour ou du tribunal.

93. Il conservera avec soin les collections des lois et autres ouvrages à l'usage de la cour ou du tribunal. Il veillera à la garde des pièces qui lui sont confiées et de tous les papiers du greffe.

TITRE V.

Des Huissiers.

94. Nos tribunaux de première instance désigneront pour le service intérieur ceux de leurs huissiers qu'ils jugeront les plus dignes de leurs confiance.

95. Les huissiers audienciers de nos cours et de nos tribunaux de première instance feront tour-à-tour le service intérieur, tant aux audiences qu'aux assemblées générales ou particulières, aux enquêtes et autres commissions.

96. Les huissiers qui seront de service, se rendront au lieu des séances, une heure avant l'ouverture de l'audience; ils prendront au greffe l'extrait des causes qu'ils doivent appeler.

Ils veilleront à ce que personne ne s'introduise à la chambre du conseil sans s'être fait annoncer, à l'exception des membres de la cour ou du tribunal.

Ils maintiendront, sous les ordres des présidens, la police des audiences.

97. Les huissiers audienciers auront près la cour ou le tribunal une chambre ou un banc, où se déposeront les actes et pièces qui se notifieront d'avoué à avoué.

78. Les émolumens des appels des causes et des significations d'avoué à avoué, se partageront également entre eux.

99. Les huissiers désignés par le premier président de la cour, ou par le président du tribunal de première instance, assisteront aux cérémonies publiques, et marcheront en avant des membres de la cour ou du tribunal.

TITRE VI.

Dispositions générales.

100. Les présidens, les juges, tant de nos cours d'appel que de nos tribunaux de première instance, nos procureurs-généraux et impériaux et leurs substituts, les greffiers et leurs commis de service aux audiences, seront tenus de résider dans la ville où est établie la cour ou le tribunal. Le défaut de résidence sera considéré comme absence.

101. Tous les ans, à la rentrée de nos cours d'appel, chambres réunies, il sera fait, par notre procureur-général, un discours sur l'observation des lois et le maintien de la discipline.

102. Les officiers ministériels qui seront en contravention aux lois et réglemens, pourront, suivant la gravité des circonstances, être punis par des injonctions d'être plus exacts ou circonspects, par des défenses de récidiver, par des condamnations de dépens en leur nom personnel, par des suspensions à temps; l'impression et même l'affiche des jugemens à leurs frais pourront aussi être ordonnées, et leur destitution pourra être provoquée, s'il y a lieu.

103. Dans les cours et dans les tribunaux de première instance, chaque chambre connaîtra des fautes de discipline qui auraient été commises ou découvertes à son audience.

Les mesures de discipline à prendre sur les plaintes des particuliers ou sur les réquisitoires du ministère public, pour cause de faits qui ne se seraient point passés ou qui n'auraient pas été découverts à l'audience, seront arrêtées en assemblée générale, à la chambre du conseil, après avoir appelé l'individu inculpé. Ces mesures ne seront point sujettes à l'appel, ni au recours en cassation, sauf le cas où la suspension serait l'effet d'une condamnation prononcé en jugement.

Notre procureur-général impérial rendra compte de tous les actes de discipline, à notre grand juge ministre de la justice, en lui transmettant les arrêtés, avec ses observations, afin qu'il puisse être statué sur les réclamations, ou que la destitution soit prononcée, s'il y a lieu.

104. Notre procureur impérial en chaque tribunal de première instance, sera tenu de rendre, sans délai, un pareil compte à notre procureur-général en la cour du ressort, afin que ce dernier l'adresse à notre grand juge ministre de la justice, avec ses observations.

105. Les avocats, les avoués et les greffiers porteront dans toutes leurs fonctions, soit à l'audience, soit au parquet, soit aux comparutions et aux séances particulières, devant les commissaires, le costume prescrit.

106. Les réglemens de discipline particuliers à aucunes de nos cours ou tribunaux, continueront d'être exécutés en ce qu'ils n'auraient rien de contraire au présent.

107. Notre grand juge ministre de la justice est chargé de l'exécution du présent décret.

Signé NAPOLEON.

II. Le réglement particulier que chaque cour doit faire en conséquence du décret ci-dessus promulgué, sera soumis à l'approbation du Capitaine-général et du Commissaire de justice.

III. Les congés mentionnés en la première partie de l'article 17, ne peuvent être donnés que pour une semaine; la demande de congé d'une plus longue durée, sera adressée au Commissaire de justice dans la forme prescrite par le même article.

IV. Eu égard à la disposition de l'article 27 de l'arrêté consulaire du 13 Pluviose an XI, les procureurs-généraux et impériaux sont dispensés d'envoyer au Commissaire de justice l'état exigé par l'article 80 du décret, sans préjudice de ce qui est ordonné par cet article relativement aux affaires arriérées.

V. Les comptes exigés par les articles 103 et 104, sur les actes de discipline faits envers les officiers ministériels, seront rendus au Commissaire de justice.

VI. Le présent sera lu, enregistré, imprimé et affiché ; expédition en sera adressée au Préfet-colonial et au Commissaire do justice.

Ile de France, le 3o Décembre 1800.

Le Capitaine-général, DECAEN.

ARRÊTÉ.

188. DECAEN, Capitaine-général, etc. etc.,

Sur les observations et la proposition du Commissaire de justice,

Après délibération avec le Préfet-colonial et le Commissaire de justice, Arrête :

Art. Ier. L'avis du Conseil-d'Etat du 15 Décembre 1807, approuvé par Sa Majesté le 22 Janvier 1808, et dont suit la teneur, est promulgué aux îles de France, Bonaparte et dépendances :

Le Conseil-d'Etat qui, d'après le renvoi ordonné par Sa Majsté, a entendu le rapport de la section de législation sur celui du grand juge ministre de la justice, concernant la question de savoir si les inscriptions hypothécaires prises d'office, et celles prises par les femmes, les mineurs et le trésor public, sur les biens des maris, des tuteurs et des comptables, doivent être renouvelées avant l'expiration du délai de dix années ;

Est d'avis que la question est décidée par l'article 2154 du Code Napoléon ; il est ainsi conçu :

« Les inscriptions conservent l'hypothèque et le privilège, pendant dix années, à compter du jour de leur date ; leur effet cesse si ces inscriptions n'ont pas été renouvelées avant l'expiration de ce délai. »

Cet article ne fut adopté, lors de la discussion du Code, qu'après une mûre délibération.

La section de législation avait proposé de laisser aux inscriptions tout leur effet pendant tout le tems que dureraient l'obligation et l'action personnelle contre le débiteur, ou pendant tout celui que durerait l'action hypothécaire contre le tiers détenteur, quand le bien chargé d'hypothèque serait dans ses mains.

Cette proposition fut rejetée : ce n'est pas qu'on ne trouvât un avantage pour les citoyens à n'être pas obligés de renouveler les inscriptions qu'ils auraient prises ; mais l'article de la section présentait de grands inconvéniens dans son exécution ; on se réunit même à penser que l'exécution en serait impossible.

En effet, l'obligation personnelle dont le terme devait, suivant l'avis proposé, régler la durée de l'inscription, pouvait se prolonger un siècle peut-être, soit par des actes conservatoires, soit par une suite de minorités : or, comment un conservateur aurait-il pu se retrouver dans cette foule de registres qu'il serait forcé de consulter tous les jours, à chaque fois qu'on lui demanderait un certificat d'inscription ?

Cette objection parut insoluble ; et tout en reconnaissant qu'il eût été à désirer qu'il fût possible d'épagner aux citoyens l'embarras d'un renouvellement d'inscriptions, on pensa qu'il n'y avait pas de moyens pour y parvenir ; l'article passa tel qu'il est aujourd'hui, sans aucune exception ; c'est-à-dire que les inscriptions ne conservent les hypothèques et les privilèges que pendant dix ans, et que leur effet cesse si elles ne sont pas renouvelées avant l'expiration de ce délai.

Le code ne fait aucune exception ; et c'est en quoi le nouvel article diffère de la disposition de la loi du 11 Brumaire an VII, sur la durée des inscriptions.

L'article 23 de cette loi, présente d'abord la même disposition que celle de l'article 2154 du code : il offre ensuite deux exceptions à cette règle ; la première, en faveur des inscriptions prises sur les comptables et leurs cautions, lesquelles, est-il dit, auront leur effet jusqu'à l'apurement définitif des comptes et six mois au-delà ; la deuxième, en faveur des inscriptions sur les biens des époux pour leurs droits et conventions, lesquelles dureront pendant tout le tems du mariage et une année après.

Si ces exceptions ne sont pas retracées dans le Code Napoléon, ce n'est point par oubli, mais avec réflexion, et par une suite de principes qui sont la base des nouvelles dispositions concernant les hypothèques.

D'abord, les inscriptions relatives aux droits des femmes et des mineurs, ne sont plus nécessaires pour la conservation de leurs hypothèques qui existent indépendamment de toute inscription, suivant l'article 2135 du code ; on n'a donc pas dû ordonner, pour la conservation de cette hypothèque, le renouvellement d'une inscription qui n'était plus nécessaire pour son établissement.

Quant aux inscriptions sur les biens des comptables, il est constant que le créances du trésor public n'ont pas été affranchies de la formalité de l'inscription par le Code Napoléon. L'article 2135 ne donne ce privilège qu'aux mineurs interdits et aux femmes ; l'administration qui a partout des agens qu'on doit supposer plus actifs et plus éclairés que le commun des citoyens, peut, sans contredit, faire renouveler les inscriptions qu'elle a dû prendre.

On sent, d'ailleurs, que les inconvéniens sans nombre qui ont empêché de donner aux inscriptions un effet indéfini, se trouveraient tous dans une disposition qui affranchirait celles prises sur les comptables de la nécessité du renouvellement avant l'expiration du terme de dix ans, généralement fixé pour toutes les inscriptions.

On vient de dire que l'hypothèque légale des femmes et des mineurs, existant indépendamment de l'inscription, il n'y avait pas lieu, de leur part, à renouveler une mesure dont ils étaient dispensés.

C'est ici le moment de remarquer qu'en affranchissant les droits des femmes et des mineurs de la nécessité d'une inscription pour l'existence de leur hypothèque, on a cependant pris des mesures sévères pour que ces droits fussent rendus publics, et pour que ceux qui traiteraient avec les maris et les tuteurs ne fussent pas les victimes d'une clandestinité que le régime hypothécaire actuel a voulu proscrire.

En conséquence l'article 2136 du code porte que les maris et les tuteurs seront tenus de rendre publiques les hypothèques dont leurs biens seront grevés à raison du mariage ou de la tutelle ; il leur est ordonné d'en requérir eux-mêmes l'inscription sur leurs propres biens, sous peine d'être réputés stellionataires, et, comme tels, contraignables par corps.

L'hypothèque n'existe pas moins, à défaut de cette inscription de la part des maris et des tuteurs ; mais ceux-ci sont punis personnellement, s'ils ont négligé de faire inscrire l'hypothèque.

C'est ainsi qu'on a cherché à concilier dans cette occasion l'intérêt général, qui veut la publicité des hypothèques, et l'intérêt particulier des femmes et des mineurs, qui ne doivent pas être victimes du défaut d'une inscription qu'ils seraient souvent dans l'impossibilité de former.

Mais il est hors de doute que les maris et les tuteurs sont tenus, sous les peines portées en l'article 2136, de renouveler, avant l'expiration du délai de dix ans, les inscriptions des hypothèques dont leurs biens peuvent encore être chargés ; le motif qui leur a fait ordonner d'inscrire, leur prescrit aussi de renouveler l'inscription, toutes les fois que leurs biens continuent d'être grevés à raison du mariage ou de la tutelle.

Il ne reste plus qu'à s'expliquer sur le renouvellement des inscriptions prises d'office. Le texte de l'article 2154 du code, et les développemens qu'on vient de donner, ne doivent plus laisser de doute sur la nécessité de ce renouvellement avant l'expiration du délai de dix années : on ne pourrait en élever que sur la personne chargée de prendre ce soin ; mais, avec un peu de réflexion, on demeure convaincu que, même sur ce point, il est impossible d'élever un doute sérieux.

L'article 2108 porte que la transcription vaut inscription pour le vendeur ; le même article charge le conservateur de faire d'office l'inscription sur son registre. La raison en est sensible ; le conservateur trouve dans l'acte de vente qu'on lui présente tous les élémens du bordereau qu'un créancier ordinaire doit fournir pour faire inscrire son titre ; le conservateur a donc sous les yeux tout ce qu'il peut désirer pour être en état d'inscrire la créance du vendeur : la loi l'oblige à cette inscription, sans qu'il soit nécessaire de lui faire, à ce sujet, une réquisition particulière ; la présentation de l'acte à la transcription équivaut à cette réquisition.

Résulte-t-il delà que l'inscription, ainsi faite d'office, ne doit pas être renouvelée ? En résulte-t-il que, lorsque l'époque du renouvellement est venue, c'est au conservateur à y pourvoir ? Il est évident que non. Le conservateur ignore, au bout de dix ans, si la créance du vendeur est ou non soldée ; il lui serait d'ailleurs

impossible de tenir note de toutes les ventes qu'il aurait transcrites, pour veiller chaque jour à ce que chaque inscription d'office fût renouvelée à son terme.

On n'a pas dû, on n'a pas pu imposer une pareille charge au conservateur, on n'a pas pu davantage l'obliger, à chaque demande d'un certificat d'inscription, de consulter tous ses registres, depuis quarante ans et plus, pour s'assurer qu'il n'existe pas quelque inscription d'office ; recherche qui serait cependant indispensable, si les inscriptions d'office n'étaient pas renouvelées.

Il est donc vrai de dire que l'inscription d'office doit être renouvelée comme toute autre, pour la conservation de l'hypothèque, et que c'est au vendeur à veiller au renouvellement ; il ne doit pas se trouver blessé par une obligation qui lui est commune avec tous les créanciers sans exception, quand ils veulent conserver leurs droits.

Les principes que nous venons d'établir, s'appliquent aussi à une autre espèce d'inscription d'office, ordonnée par l'art VII de la loi du 5 Septembre 1807.

Les conservateurs des hypothèques sont tenus, sous peine de destitution et de dommages et intérêts, au vu des actes translatifs de propriété passés par les receveurs-généraux et payeurs, de faire d'office une inscription au nom du trésor public, pour la conservation de ses droits, et d'en envoyer un bordereau à l'agent du trésor public.

Il est facile à l'administration de tenir un registre de ces envois, et de faire renouveler ces inscriptions dans les délais prescrits ; il n'y a ici aucun motif d'exception à la règle générale.

Ainsi, pour se résumer : 1° toute inscription doit être renouvelée avant l'expiration du laps de dix années ;

2°. Lorsque l'inscription a été nécessaire pour opérer l'hypothèque, le renouvellement est nécessaire pour sa conservation ;

3°. Lorsque l'hypothèque existe, indépendamment de l'inscription, et que celle-ci n'est ordonnée que sous des peines particulières, ceux qui ont dû la faire, doivent la renouveler sous les mêmes peines.

4°. Enfin, lorsque l'inscription a dû être faite d'office par le conservateur, elle doit être renouvelée par le créancier qui a intérêt.

Le présent avis, ensemble celui que le conseil a adopté le 17 Novembre 1807, sur la question de savoir si les héritiers bénéficiaires peuvent transférer sans autorisation les inscriptions au-dessus de cinquante francs de rente, seront imprimés et insérés au bulletin des lois.

Le Secrétaire-gén. du Conseil-d'Etat, J. G. LOCRÉ.

II. Le présent sera lu, enregistré, imprimé et affiché ; expédition en sera adressée au Préfet colonial et au Commissaire de justice.

Ile de France, le 30 Décembre 1808.

Le Capitaine-général DECAEN.

ARRÊTÉ.

189. Decaen, Capitaine-général, etc. etc.,

Sur les observations et la proposition du Commissaire de justice, Arrête :

Art. Ier. Le Sénatus-Consulte du 12 Octobre 1807, concernant l'ordre judiciaire, et dont suit la teneur, est promulgué aux îles de France, Bonaparte et dépendances :

———

Le Sénat-Conservateur, réuni au nombre de membres prescrit par l'article 90 de l'acte des constitutions du 22 Frimaire an VIII;

Vu le projet du Sénatus-Consulte rédigé en la forme prescrite par l'article 57 du Sénatus-Consulte organique en date du 16 Thermidor an X; après avoir entendu les orateurs du Conseil-d'Etat, et le rapport de sa commission spéciale nommée dans la séance du 9 de ce mois;

Considérant que par l'article 68 de l'acte des constitutions du 22 Frimaire an VIII, les juges ne conservent leurs fonctions à vie qu'autant qu'ils sont maintenus sur la liste d'éligibles;

Qu'il importe de suppléer pour le passé à cette prévoyance de la loi, et que pour l'avenir il est nécessaire qu'avant d'instituer les juges d'une manière irrévocable, la justice de Sa Majesté l'Empereur et Roi soit parfaitement éclairée sur leurs talens, leur savoir et leur moralité, afin qu'aucune partie de leur conduite ne puisse altérer, dans l'esprit des justiciables, la confiance et le respect dûs au ministère auguste dont ils sont investis, décrète ce qui suit;

Art. Ier. A l'avenir les provisions qui instituent les juges à vie, ne leur seront délivrées qu'après cinq années de d'exercice de leurs fonctions, si à l'expiration de ce délai, Sa Majesté l'Empereur et Roi reconnaît qu'ils méritent d'être maintenus dans leur place.

2. Dans le courant de Décembre 1807, il sera procédé, dans la forme ci-après déterminée, à l'examen des juges qui seraient signalés par leur incapacité, leur inconduite et des déportemens dérogeant à la dignité de leurs fonctions.

3. Cet examen sera fait sur un rapport du grand juge ministre de la justice, renvoyé par ordre de Sa Majesté Impériale et Royale à la commission de dix sénateurs nommés par elle.

4. La commission pesera les faits, et pourra demander au grand juge ministre de la justice, des éclaircissemens sur ceux qui ne lui paraîtraient pas suffisamment établis. Elle pourra même demander au grand juge d'appeler devant elle les juges dont la conduite aurait paru susceptible d'examen.

5. D'après le résultat de ses recherches, et avant le Ier Mars 1808, la commission présentera à Sa Majesté Impérial et Royale un avis motivé, dans lequel seront désignés les juges dont elle estime que la nomination doit être révoquée.

6. Il est réservé à Sa Majesté Impériale et Royale de prononcer définitivement sur le maintien ou la révocation des juges désignés dans le rapport de la commission.

7. Il n'est pas dérogé à l'article 82 de l'acte des constitutions du 16 Thermidor an X.

Le présent Sénatus-Consulte sera transmis par un message, à Sa Majesté Impériale et Royale.

II. Le présent sera lu, enregistré, imprimé et affiché; expédition en sera adressée au Préfet colonial et au Commissaire de justice.

Ile de France, le 30 Décembre 1808.

Le Capitaine-général, DECAEN.

ARRÊTÉ.

190. Decaen, Capitaine-général, etc, etc.,

Sur les observations et la proposition du Commissaire de justice, Arrête :

Art. Ier. La délibération du Conseil-d'Etat, du 28 Avril 1808, et la décision de Sa Majesté, du 7 Mai suivant, desquelles suit la teneur, sont promulguées aux îles de France, Bonaparte et dépendances :

« Le Conseil-d'Etat ayant délibéré dans sa séance du 23 Avril 1808, d'après le renvoi de Sa Majesté, sur le rapport du grand juge ministre de la justice tendant à faire décider la question de savoir si le mariage est permis entre le grand oncle et la petite nièce;

Sa Majesté Impérial et Royale a rendu la décision suivante :

Le mariage entre un grand oncle et sa petite nièce ne peut avoir lieu qu'en conséquence de dispenses accordées conformément à ce qui est prescrit par l'article 164 du code. (Bayonne, le 7 Mai 1808.)

II. Le présent sera lu, enregistré, imprimé et affiché; il en sera adressé expédition au Commissaire de justice.

Ile de France, le 30 Décembre 1808.

Le Capitaine-général, DECAEN.

ARRÊTÉ.

191. Decaen, Capitaine-général, etc. etc.,

Sur la proposition du Commissaire de justice, Après en avoir délibéré avec le Préfet-colonial et le Commissaire de justice, Arrête :

Art. Ier. Le décret imperial du 16 Juin 1808, concernant le mariage des militaires en activité de service, dont suit la teneur, est promulgué aux îles de France, Bonaparte et dépendances :

Napoléon, Empereur des Français, etc.

Sur le rapport de notre ministre de la guerre, notre Conseil-d'Etat entendu;

Nous avons décrété et décrétons ce qui suit :

Art. 1er. Les officiers de tout genre, en activité de service, ne pourront à l'avenir se marier qu'après en avoir obtenu la permission par écrit du ministre de la guerre.

Ceux d'entre eux qui auront contracté mariage sans cette permission, encourront la destitution et la perte de leurs droits, tant pour eux que pour leur veuve et leurs enfans, à toute pension ou récompense militaire.

2. Les sous-officiers et soldats en activité de service, ne pourront de même se marier qu'après en avoir obtenu la permission du conseil d'administration de leur corps.

3. Tout officier de l'état civil qui sciemment aura célébré le mariage d'un officier, sous-officier ou soldat en activité de service, sans s'être fait remettre lesdites permissions, ou qui aura négligé de les joindre à l'acte de célébration du mariage, sera destitué de ses fonctions.

4. Notre grand juge ministre de la justice et nos ministres de la guerre et de l'intérieur, sont chargés, chacun en ce qui le concerne, de l'exécution du présent décret. (Bayonne, le 16 Juin 1808.)

Signé NAPOLÉON.

II. La permission requise par l'article Ier du décret ci-desssus sera donnée par le Capitaine-général.

III. Le présent sera lu, enregistré, imprimé et affiché ; expédition en sera adressée au Préfet colonial et au Commissaire de justice.

Ile de France, le 30 Décembre 1808.

Le Capitaine-général, DECAEN.

ARRÊTÉ.

192. Decaen, Capitaine-général, etc. etc.,

Sur les observations et la proposition du Commissaire de justice, et après délibération, Arrête :

Art. Ier. L'avis du Conseil-d'Etat, du 19 Mars 1808, approuvé par Sa Majesté, le 30 du même mois, dont suit la teneur, est promulgué aux îles de France, Bonaparte et dépendances :

« Le Conseil-d'Etat qui, d'après le renvoi ordonné par Sa Majesté, a entendu le rapport de la section de législation, sur celui du grand juge ministre de la justice, tendant à prévenir les inconvéniens qui résultent pour les personnes qui veulent se marier, de l'obligation de faire rectifier par les tribunaux les actes qu'elles sont obligées de produire dans plusieurs occasions où cependant la rectification sur les registres n'est pas nécessaire ;

» Considérant que, s'il est important de ne procéder à la rectification des registres de l'état civil que par l'autorité de la justice, et en vertu de jugemens rendus à cet effet, il n'est pas moins convenable de ne pas jeter les citoyens dans les frais d'une rectification sur les registres, lorsqu'elle n'est pas absolument nécessaire ;

» Est d'avis, que dans le cas où le nom des futurs ne serait pas ortographié dans son acte de naissance comme celui de son père, et dans celui où l'on aurait omis quelqu'un des prénoms de ses parens, le témoignage des pères et mères ou aïeux assistant au mariage et attestant l'identité, doit suffire pour procéder à la célébration du mariage ;

» Qu'il doit en être de même dans le cas d'absence des pères et mères ou aïeux, s'ils attestent l'identité dans leur consentement donné en la forme légale ;

» Qu'en cas de décès des pères, mères ou aïeux, l'identité est valablement attestée, pour les mineurs, par le conseil de famille ou par le tuteur ad hoc ; et par les majeurs, par les quatre témoins de l'acte de mariage ;

» Qu'enfin, dans le cas où les omissions d'une lettre ou d'un prénom se trouvent dans l'acte de décès des pères, mères ou aïeux, la déclaration à serment des personnes dont le consentement est nécessaire pour les mineurs, et celle des parties et des témoins pour les majeurs, doivent aussi être suffisantes, sans qu'il soit nécessaire, dans tous ces cas, de toucher aux registres de l'état civil, qui ne peuvent jamais être rectifiés qu'en vertu d'un jugement.

« Les formalités susdites ne sont exigibles que lors de l'acte de célébration, et non pour les publications, qui doivent toujours être faites, conformément aux notes remises par les parties, aux officiers de l'état civil.

« En aucun cas, conformément à l'article 100 du Code Napoléon, les déclarations faites par les parens ou témoins ne peuvent nuire aux parties qui ne les ont point requises et qui n'y ont point concouru.

« Le présent avis sera inséré au bulletin des lois. »

II. Le présent sera lu, enregistré, imprimé et affiché ; expédition en sera adressée au Préfet colonial et au Commissaire de justice.

Ile de France, le 30 Décembre 1808.

Le Capitaine-général, DECAEN.

ARRÊTÉ.

193. Decaen, Capitaine-Général, etc. etc.

Sur les observations et la proposition du Commissaire de justice, après délibération,

Arrête :

Art. Ier. L'avis du Conseil-d'Etat du 17 Novembre 1807, approuvé par Sa Majesté le 11 Janvier 1808 et dont suit la teneur, est promulgué aux îles de France, Bonaparte et dépendances :

« Le Conseil-d'Etat qui, d'après le renvoi ordonné par Sa Majesté, a entendu le rapport de la section de législation sur celui du ministre du trésor public, concernant la question de savoir si les héritiers bénéficiaires peuvent transférer, sans autorisation, les inscriptions au-dessus de cinquante francs de rente.

» Est d'avis, que l'héritier bénéficiaire ne peut pas faire le transfert des rentes au-dessus de cinquante fr. sans être préalablement autorisé.

» Qu'est-ce qu'un héritier bénéficiaire? On en trouve la définition dans l'article 803 du code: « C'est un homme chargé d'administrer les biens d'une succession, et qui doit rendre compte de son administration aux créanciers et aux légataires. »

» La qualité d'administrateur ne donne certainement pas le droit de vendre; aussi a-t-il fallu une disposition particulière de la loi pour autoriser l'héritier bénéficiaire à vendre certains objets de la succession, et pour régler le mode de la vente.

C'est l'objet de l'article 805 du code :

« L'héritier bénéficiaire ne peut vendre les meubles de la succession que par le ministère d'un officier public, aux enchères, et après les affiches et publications accoutumées. »

» La seule lecture de cet article suffit pour convaincre que le législateur s'occupait, en ce moment, des choses qui sont meubles par leur nature, et non pas de celles qui sont meubles par la détermination de la loi, comme les rentes; en effet, la faculté de vendre les meubles, sous des conditions et avec des formes qui préviennent des abus, ne peut pas s'étendre aux rentes sur l'Etat, qui ne sont nullement susceptibles de ces conditions et de ces formes.

» C'est ainsi que l'article du code a été entendu et exécuté jusqu'à ce jour; aussi le ministre du trésor public reconnaît, dans son rapport, que l'autorisation a été nécessaire pour la vente d'inscriptions par l'héritier bénéficiaire.

» Ce n'est pas, comme le suppose le rapport, parce que l'héritier bénéficiaire est tenu, aux termes de l'article 807, de donner caution de la valeur du mobilier, si les créanciers l'exigent; ce n'est pas, disons-nous, par ce motif que l'autorisation pour vendre les rentes est nécessaire à l'héritier bénéficiaire; cette nécessité dérive de sa qualité, qui ne le constitue qu'un administrateur; on a dû prendre, à son égard, les mesures adoptées pour tous les autres administrateurs, sous quelque dénomination qu'ils soient connus.

» En vain observe-t-on que les rentes sont vendues par l'agent-de-change, qui est un officier public, et au cours du jour, ce qui, dit-on, supplée suffisamment les enchères, affiches et publications exigées par l'article 805 du code, pour la validité des ventes de meubles d'une succession bénéficiaire.

» D'abord, il serait dangereux de substituer à des formalités voulues par la loi, des équivalens qui pourraient ne pas donner toujours la même garantie.

» D'ailleurs, il se présente ici une considération d'une autre nature: la vente au cours du jour peut donner connaissance du véritable prix de la vente; on le suppose, quoique souvent le taux varie beaucoup dans la même journée.

» Mais la nécessité de vendre dans un moment de défaveur sera-t-elle constatée? L'héritier aura-t-il toujours les notions suffisantes pour vendre dans un temps opportun?

» On dira peut-être qu'il n'a aucun intérêt à vendre à contre-temps; cela est possible; mais aura-t-il toujours autant de prudence que de droiture?

» Il ne faut jamais perdre de vue sa qualité; il n'est qu'un administrateur comptable, et l'on ne peut l'affranchir des précautions indiquées par les lois contre ses erreurs ou ses fautes.

» Il ne paraît pas au reste que des considérations supérieures, d'un intérêt général, sollicitent ici une dérogation à la loi et à l'usage : le taux actuel des rentes, quoique les héritiers bénéficiaires n'aient vendu jusqu'ici qu'avec autorisation, en fournit une preuve sans réplique.

» Enfin, le loi du 24 Mars 1806 a fait tout ce qui pouvait être convenable pour faciliter la disponibilité des rentes; elle a affranchi les tuteurs et curateurs des mineurs ou interdits de la nécessité d'une autorisation spéciale pour le transfert des inscriptions au-dessous de cinquante francs.

» Le modicité de l'objet et une raison d'économie ont motivé cette dérogation; mais la même loi, article 3, exige toujours l'autorisation pour les ventes d'inscriptions au-dessus de cinquante francs.

» Il est sensible que ces dispositions s'appliquent à tous les autres administrateurs comptables et aux héritiers bénéficiaires, qui ne doivent par conséquent transférer les rentes au-dessus de cinquante francs qu'après une autorisation préalable. »

II. Le présent sera lu, enregistré, imprimé et affiché; expédition en sera adressée au Préfet colonial et au Commissaire de justice.

Ile de France, le 30 Décembre 1808.

Le Capitaine-général, DECAEN.

ARRETE.

194. DECAEN, Capitaine-général, etc. etc.,

Sur les observations et la proposition du Commissaire de justice, et après délibération, Arrête:

Art. 1er. L'avis du Conseil-d'Etat du 23 Février 1808, approuvé par Sa Majesté le 4 Mars, duquel suit la teneur, est promulgué aux îles de France, Bonaparte et dépendances :

» Le Conseil-d'Etat qui, d'après le renvoi ordonné par Sa Majesté, a entendu le rapport de la section de législation sur celui du grand juge ministre de la justice, tendant à faire statuer sur la difficulté qui existe à Paris, entre l'autorité administrative et l'autorité judiciaire, relativement au mode de transcription sur le registre de l'état civil des jugemens de rectification, et à la délivrance des actes rectifiés;

» Considérant qu'aux termes de l'article 101 du Code

Napoléon, les jugemens de rectification des actes de l'état civil doivent être inscrits sur les registres aussitôt qu'ils ont été remis à l'officier de l'état civil, et que mention en doit être faite en marge de l'acte réformé ;

» Que le greffier du tribunal de première instance, d'un côté, et de l'autre les maires de Paris, et le préposé au dépôt des registres qui existent à la préfecture, suivent un mode différent dans l'exécution de cet article ;

» Que le greffier, après avoir, conformément à la disposition du code, fait mention de la rectification en marge de l'acte réformé, le délivre aux parties avec la mention expresse de sa rectification ;

» Qu'au contraire, les maires et le préposé au dépôt de la préfecture se bornent à indiquer la date du jugement de rectification, en marge de l'acte réformé, et délivrent cet acte dans son état primitif, ensorte que les parties ne sont point dispensés de lever une expédition du jugement de rectification ;

» Que le mode adopté par le greffier du tribunal de première instance, est incontestablement plus expéditif et plus économique ;

» Est d'avis, que les maires de Paris et le préposé au dépôt de la préfecture, doivent se conformer, dans les transcriptions sur leurs registres, des jugemens de rectification des actes de l'état civil, et dans la délivrance des actes rectifiés, à la méthode adoptée par le greffier du tribunal de première instance du département de la Seine ;

» Que le procureur impérial près le tribunal de première instance doit veiller, conformément à l'article 49 du Code Napoléon, à ce que la mention de la rectification soit faite uniformément sur les deux registres. »

II. Le présent sera lu, enregistré, imprimé et affiché ; expédition en sera adressée au Préfet colonial et au Commissaire de justice.

Ile de France, le 3o Décembre 1808.

Le Capitaine-général, DECAEN.

ARRETÉ.

195. DECAEN, Capitaine-général, etc. etc.,

Sur les observations et la proposition du Préfet colonial,

Après délibération avec le Préfet colonial et le Commissaire de justice, Arrête :

Art. Ier. L'avis du Conseil-d'Etat du 29 Mars 1808, approuvé par Sa Majesté le Ier Avril suivant, et dont suit la teneur, est promulgué aux îles de France, Bonaparte et dépendances :

« Le Conseil d'Etat qui, d'après le renvoi ordonné par Sa Majesté, a entendu le rapport de la section des finances sur celui du ministre de ce département, tendant à faire statuer sur la question de savoir si

l'article 6 de la loi du 6 Prairial an VII, sur le timbre, s'applique aux reconnaissances de dépôts faits entre les mains de particuliers, et dans quel cas ces reconnaissances sont sujettes au timbre proportionnel ;

« Vu les observations de l'administration de l'enregistrement et des domaines ;

« Vu les articles 12 et 14 de la loi du 13 Brumaire an VII sur le timbre, et l'article 6 de la loi du 6 Prairial suivant ;

« Considérant, 1° que l'article 14 de la loi du 13 Brumaire an VII ne déclare assujettis au droit de timbre proportionnel que les billets à ordre ou au porteur, les rescriptions, mandats, mandemens, ordonnances, et tous autres effets négociables ou de commerce ;

« 2°. Que l'article 6 de la loi du 6 Prairial suivant a étendu cette même disposition aux billets et obligations non négociables, et aux mandats à terme ou de place en place ;

« 3°. Que les reconnaissances de dépôts ne sont point nominativement désignées dans ces deux lois, et que rien ne prouve que l'intention du législateur ait été de les comprendre indistinctement dans la dénomination générale de billets et obligations non négociables, insérée dans la loi du 6 Prairial ;

« 4°. Que néanmoins toute reconnaissance de dépôt qui, soit par son énonciation, soit par toute autre circonstance, présenterait les caractères d'une obligation ordinaire, quoique qualifiée de dépôt, ne peut jouir de l'exception de la loi, puisqu'alors elle rentre dans la classe des obligations ;

« Est d'avis que toute obligation déguisée sous le nom de reconnaissance de dépôt, entre toutes sortes de personnes, est assujettie au droit de timbre proportionnel comme les autres obligations désignées en l'article 6 de la loi du 6 Prairial an VII ;

« Et que le présent avis doit être inséré au bulletin des lois. »

II. Le présent sera lu, enregistré, imprimé et affiché ; expédition en sera adressée au Préfet colonial et au Commissaire de justice,

Ile de France, le 3o Décembre 1808.

Le Capitaine-général, DECAEN.

ARRETÉ.

196. DECAEN, Capitaine-général, etc. etc.,

Vu la lettre de Son Exc. le ministre de la marine et des colonies, du 22 Août 1808 ;

Après délibération avec le Préfet colonial et le Commissaire de justice, Arrête :

Art. Ier. Le décret impérial du 3 Août 1808, et la lettre de Son Excellence, desquels suit la teneur, sont promulgués aux îles de France, Bonaparte et dépendances :

NAPOLÉON, Empereur des Français, etc.

Sur le rapport de notre ministre de la marine et

des colonies, notre Conseil-d'Etat entendu, nous avons décrété et décrétons ce qui suit :

Art. 1er. Les dispositions de notre décret du 16 Juin 1808, relatif au mariage des militaires en activité de service, sont applicables aux officiers et aspirans de notre marine impériale, aux officiers de nos troupes d'artillerie de marine, aux officiers du génie maritime, aux administrateurs de la marine, et enfin à tous officiers militaires et civils du département de la marine, nommés par nous.

En conséquence, nul desdits officiers ne pourra désormais se marier, sans en avoir obtenu la permission par écrit, de notre ministre de la marine.

2. Nous autorisons, toutefois, les capitaines-généraux de nos colonies et les préfets coloniaux, à consentir aux mariages des officiers qui leur sont respectivement subordonnés, si les circonstances ne permettaient pas d'attendre la permission de notre ministre, à la charge par eux de lui en rendre compte par la plus prochaine occasion.

3. Les sous-officiers et soldats des troupes appartenant au ministère de la marine, ne pourront de même se marier, qu'après en avoir obtenu la permission du conseil d'administration de leur corps.

Notre ministre de la marine des colonies est chargé de l'exécution du présent décret.

Au palais impérial de Bordeaux, le 3 Août 1808.

Signé NAPOLEON.

A MM. les Capitaine-général, Préfet colonial et Commissaire de justice, des îles de France et de la Réunion.

Paris, le 22 Août 1808.

Je vous transmets ici, Messieurs, une expédition du décret impérial, du 3 de ce mois, relatif aux mariages de tous officiers militaires et civils brévetés, et à ceux des sous-officiers et soldats employés au service de mon département.

Vous le ferez publier, enregistrer et exécuter dans la colonie.

Aux termes de l'article 2, les chefs coloniaux peuvent, dans les cas urgens, permettre, à la charge de m'en rendre compte, le mariage de leurs subordonnés respectifs. Quoique Messieurs les grands juges et Commissaires de justice n'y soient point nommément investis de cette faculté, comme le sont Messieurs les Capitaines-généraux et Préfets coloniaux, ils n'en demeurent pas moins autorisés à l'exercer, sous les mêmes conditions en ce qui concerne les officiers de justice.

Cette explication, Messieurs, est conforme aux intentions de Sa Majesté. Vous voudrez bien y avoir égard, dans l'exécution du décret impérial du 3 Août.

II. Le présent sera lu, enregistré, imprimé et affiché; expédition en sera adressée au Préfet colonial et au Commissaire de justice.

Ile de France, le 4 Février 1809.

Le Capitaine-général, DECAEN.

A R R E T É.

197. DECAEN, Capitaine-général, etc. etc.

Vu la lettre de Son Excellence le ministre de la marine et des colonies du 3 Octobre 1808;

Après délibération avec le Préfet colonial et le Commissaire de justice, Arrête:

Art. Ier. Le décret impérial du 21 Septembre 1808, dont suit la teneur, est promulgué aux îles de France, Bonaparte et dépendances :

NAPOLÉON, Empereur des Français, etc.

Nous avons décrété et décrétons ce qui suit:

Art. 1er. Il est ordonné à tous commandans de nos escadres, divisions navales, vaisseaux et autres bâtimens de guerre, à tous armateurs et capitaines pourvus de nos lettres de marque, de courre sus aux bâtimens espagnols non munis d'expédition émanées de l'autorité légitime, et de s'en emparer.

2. Notre ministre de la marine et des colonies est chargé de l'exécution du présent décret.

Au Palais de Saint-Cloud, le 21 Septembre 1808.

Signé NAPOLÉON.

II. Le présent sera lu, enregistré, imprimé et affiché; expédition en sera adressée au Préfet colonial et au Commissaire de justice.

Ile de France, le 4 Février 1809.

Le Capitaine général, DECAEN.

A R R E T É.

198. DECAEN, Capitaine-général, etc. etc.

Et

LÉGER, Préfet colonial des îles de France, etc.

Considérant que plusieurs quartiers de l'île Bonaparte n'ont que des communications très-difficiles et se trouvent même impraticables faute de chemins ouverts, ou de ponts établis sur les rivières;

Que jusqu'à ce jour, le quartier St.-Joseph a été retardé dans les progrès de son établissement, faute de communication avec les quartiers limitrophes et même dans son intérieur;

Que d'après les reconnaissances faites et les rapports qui nous ont été soumis par les administrateurs de ladite colonie, la possibilité d'ouvrir ces communications a été bien constatée, et qu'en conséquence quelques travaux nécessaires ont été provisoirement commencées;

Qu'il est d'une utilité générale de donner une suite active à ces travaux, tant pour améliorer le sort des habitans actuels de ce quartier que pour déterminer d'autres familles à s'y établir et donner à l'agriculture une grande portion de l'île presqu'inculte jusqu'à présent.

Que la rivière des Marsouins qui traverse le quartier St.-Benoît est sujette à des crues considérables qui interceptent souvent les communications dans cette partie de l'île, et portent notamment un grand préjudice aux habitans dudit quartier placés sur ses deux rives ;

Qu'il résulte des rapports qui nous ont été présentés la possibilité de construire un pont sur ladite rivière ;

Que l'établissement de ce pont, qui est un des travaux le plus indispensables, intéresse plus particulièrement encore les habitans du quartier de St.-Benoît, et qu'il est juste que ce quartier supporte une partie de la dépense dans le rapport de l'utilité qu'il doit en retirer ;

Que des travaux aussi importans intéressent généralement les habitans de tous les quartiers, et que chacun d'eux doit concourir proportionnellement à la dépense qu'ils exigeront ;

Que ces travaux sont extraordinaires, et que la portion du produit de la taxe actuelle du marronnage attribuée à l'entretien général des communications ne peut y suffire ; qu'il est indispensable d'augmenter temporairement cette taxe pour subvenir aux dépenses calculées tant pour l'ouverture des chemins du quartier St.-Joseph que pour la construction du pont à établir sur la rivière des Marsouins,

Arrête :

Art. Ier. Le chemin du quartier St.-Joseph, à partir de la rivière des Remparts, jusqu'au lieu dit le Bois-blanc, dont l'ouverture a été commencée pendant le courant de 1808, sera continué jusqu'à son entière confection, selon les devis et plans par nous approuvés ; les travaux nécessaires seront terminés dans le cours de 1811.

II. Il sera établi un pont sur la rivière des Marsouins qui traverse le quartier St.-Benoît, conformément aux plans et devis par nous approuvés ; la construction de ce pont devra être achevée en 1811.

III. Attendu que l'entretien des chemins de la colonie ne permet pas qu'il puisse être affecté à des travaux extraordinaires plus de vingt esclaves de l'atelier général des ponts et chaussées, il sera pris à loyer, à raison d'un franc par jour et nourris, jusqu'à la concurrence de cent trente esclaves pour travailler journellement au chemin de St.-Joseph pendant les cinq mois de chaque année les plus convenables à l'exécution desdits travaux, jusqu'à ce qu'ils soient achevés.

IV. Dans le cas de difficulté de se procurer à l'amiable des esclaves à loyer, les administrateurs de l'île Bonaparte sont autorisés à user du moyen de réquisition envers les habitans des différens quartiers de l'île qu'ils jugeront pouvoir fournir à ladite réquisition.

V. Les habitans qui ne satisferont pas auxdites réquisitions, seront, d'après le rapport qui en sera fait au sous-préfet, traduits en simple police, pour y être condamnés à payer trois francs par chaque journée d'esclave, requise et qui n'aurait pas été fournie ; sur cette somme il sera prélevé l'équivalent du remplacement des journées non fournies, et le surplus sera versé à la caisse de bienfaisance.

VI. Le pont à construire sur la rivière des Marsouins, sera, autant que possible, mis à l'entreprise selon les formes ordinaires ; à défaut d'entrepreneurs, les administrateurs de l'île Bonaparte feront exécuter ladite construction par les moyens qu'ils jugeront convenables.

VII. Pour subvenir aux dépenses des travaux extraordinaires ordonnés par le présent, il sera perçu, en addition à la taxe annuelle du marronnage, pendant les années 1809, 1810 et 1811, soixante-quinze centimes par chaque tête d'esclave recensé dans tous les quartiers de la colonie.

En outre de cette taxe, le quartier St.-Benoît, à raison de l'avantage particulier qu'il doit retirer du pont à établir sur la rivière des Marsouins, payera, pendant lesdites trois années, un supplément de deux francs par chaque tête d'esclave recensé par les habitans dudit quartier.

VIII. L'État participera pour un sixième à la dépense générale des travaux ordonnés par le présent arrêté.

IX. Le présent sera lu, enregistré, imprimé et affiché ; expédition en sera adressée au Commissaire de justice.

Ile de France, le 30 Mars 1809.

Le Capitaine-général, DECAEN.

Le Préfet colonial, LÉGER.

ARRÊTÉ.

199. DECAEN, Capitaine-général, etc. etc.,

Sur l'exposé du Préfet colonial, que malgré l'activité des ateliers des ponts et chaussées, employés aux réparations des rues et avenues de la ville du Port Napoléon, il a été impossible d'exécuter les travaux nécessaires ;

Qu'il est urgent d'avoir recours à des moyens supplémentaires pour accélérer lesdites réparations et prévenir des dégradations plus considérables ;

Après en avoir délibéré, Arrête ;

Art. Ier. Il sera fourni, dans le cours de la présente année, par chaque habitant de la ville, faubourgs et banlieue du Port Napoléon, trois journées de noirs, par chaque esclave recensé, pour être employées aux réparations des rues et avenues de la ville.

II. L'emploi successif desdites journées commencera à dater du 22 Mai, et continuera jusqu'au 1er Décembre de la présente année.

Il sera établi, pour les rues de la ville et des faubourgs, trois ateliers, dont le fonds sera composé du nombre de noirs de la direction des ponts et chaussées, jugé nécessaire; chaque atelier sera surveillé spécialement par un préposé de ladite direction, tant pour la conduite des travaux, que pour constater exactement et journellement la présence des noirs composant lesdits ateliers.

III. Les journées de noirs à fournir par chaque habitant seront fixées d'après le recensement actuel; à cet effet, il sera dressé pour la ville, faubourgs et banlieue du Port Napoléon, un état arrêté et rendu exécutoire par le Préfet colonial; il sera remis à l'agent-général de police, pour qu'il ait à faire fournir exactement, aux jours, et sur les lieux indiqués, le nombre des noirs prescrit pour chaque habitant.

Les journées qui devront être fournies, ne compteront que par la présence des noirs sur les travaux, constatée chaque jour par le préposé et vérifiée par qui de droit.

IV. Les habitans qui n'auront pas satisfait à la demande de leur contingent de journées de noirs, seront traduits en police et condamnés au payement des journées de remplacement, à raison d'un franc cinquante centimes chaque journée, et en outre, à une amende de six francs, au profit de la caisse de bienfaisance.

V. Le présent sera lu, enregistré, imprimé et affiché; expédition en sera adressée au Préfet colonial et au Commissaire de justice.

Ile de France, le 10 Mai 1809.

Le Capitaine-général, DECAEN.

ARRÊTÉ.

200. DECAEN, Capitaine-général, etc. etc.,

Vu l'extrait du testament de feu sieur François Bernisson, négociant, reçu par les notaires Roze et Boudeville, le 18 Avril dernier, et enregistré le 20 du même mois, lequel extrait est ainsi conçu :

« Je donne et lègue mille piastres aux pauvres de la ville du Port Napoléon. »

Après en avoir délibéré avec le Préfet-colonial et le Commissaire de justice, Arrête :

Art. Ier. L'administration de bienfaisance est autorisée à accepter le legs fait par feu sieur Bernisson, aux pauvres du Port Napoléon, pour en être par elle disposé à leur profit, conformément à l'arrêté du 28 Août 1806.

II. Le présent sera lu, enregistré, rendu public par la voie des feuilles hebdomadaires, et inséré au recueil des lois coloniales; expédition en sera adressée au Préfet colonial et au Commissaire de justice.

Ile de France, le 21 Juin 1809.

Le Capitaine-général, DECAEN.

ARRÊTÉ.

201. DECAEN, Capitaine-général, etc. etc.,

Sur les observations et la proposition du Commissaire de justice,

Après délibération, Arrête :

Art. Ier. En cas d'empêchement des officiers publics désignés par la loi, pour suppléer les membres empêchés des cours et des tribunaux, les anciens avocats et procureurs, ou avoués, non exerçant, seront appelés suivant la date de l'enregistrement de leurs lettres de licence ou de leur commission.

II. Pour l'exécution du précédent article, il sera fait par le procureur-général, une liste des anciens avocats ou procureurs, ou avoués qui se trouvent parmi les fonctionnaires publics et les citoyens, et dont les titres ont été enregistrés.

Cette liste, après avoir été arrêtée par le président de la cour et le procureur-général, sera déposée au greffe de la cour, et une copie, visée par le procureur-général, en sera remise au greffe du tribunal de de première instance.

III. Les inscrits sur la liste, qui seront appelés à suppléer, ne pourront s'abstenir que par des motifs de récusation déterminés par le Code de procédure et légalement admis.

IV. Avant de connaître de la cause pour laquelle ils seront appelés, ils prêteront à la cour ou au tribunal qu'ils devront compléter, le serment de remplir avec honneur leurs fonctions momentanées.

V. Il est dérogé à toutes dispositions contraires au présent, qui sera lu, enregistré, imprimé et affiché, et dont expédition sera adressée au Commissaire de justice.

Ile de France, le 26 Juin 1809.

Le Capitaine-général, DECAEN.

REGLEMENT.

202. L. R. CRESPIN, Commissaire de justice, etc.

En vertu de l'article 28 de l'arrêté des Consuls, du 13 Pluviose an XI;

Informé qu'on avait élevé les questions de savoir si dans les actions intentées contre le curateur aux successions vacantes en sa qualité, les héritiers absens devaient être mis en cause;

Si les héritiers absens dans les successions vacantes devaient être assignés dans les délais prescrits pour les autres absens, par le Code de procédure civile et par l'arrêté supplémentaire, du 20 Juillet 1808;

Si les mandans absens de personnes décédées dont la succession est vacante, étaient à défaut de procurations légales, dans le cas des absens indéfendus, auxquels le ministère public doit, aux termes de la loi, faire nommer, s'il y a lieu, un curateur spécial;

Vu, 1° l'article 4 de l'arrêté du 10 Messidor an XII, ainsi conçu : le curateur aux biens vacans sera tenu, dès l'instant qu'il sera saisi d'une succession, d'avertir les héritiers, au moins par triplicata.

Il renouvellera ses avis par toutes les occasions possibles, et justifiera de sa correspondance, à cet égard, au commissaire du gouvernement, à sa première réquisition.

2°. Les articles du même arrêté qui déterminent la durée de l'administration du curateur pour chaque succession vacante.

3°. L'article 103 de la loi promulguée par l'arrêté du 3 Pluviose an XII et l'article 813 du Code Napoléon, lesquels portent :

« Le curateur à une succession vacante est tenu, » avant tout, d'en faire constater l'état par un inven- » taire. Il en exerce et poursuit les droits ; il répond » aux demandes formées contre elle. »

« Il administre, etc. etc. »

4°. Les différens articles du Code Napoléon et du Code de procédure civile, relatifs aux absens.

5°. L'article 2010 du Code Napoléon, dont suit la teneur :

« En cas de mort du mandataire, ses héritiers doi- » vent en donner avis au mandant et pourvoir, en » attendant, à ce que les circonstances exigent pour » l'intérêt de celui-ci. »

Déclare et arrête ce qui suit :

Art. Ier. Toute disposition qui ordonnerait la mise en cause des héritiers absens dans les affaires de la curatelle qui les concerne, serait contraire au vœu de la loi et ferait sans aucun fondement deux parties distinctes des successions vacantes et des personnes qui en héritent.

II. Les héritiers absens dans les successions vacantes étant dûment représentés par le curateur chargé, suivant le Code Napoléon, d'exercer leurs droits et de répondre aux demandes formées contre elle, les dispositions du Code de procédure civile et de l'arrêté supplémentaire relatives aux absens, n'ont pu ni ne peuvent leur être appliquées, sans infraction aux règles du droit.

III. Toute décision qui transférerait à d'autres qu'au curateur aux successions vacantes, l'exercice du mandat confié aux décédés, serait évidemment en opposition avec le texte précis des articles 813 et 2010 du Code Napoléon.

IV. Tous actes qui ont pu être faits au préjudice des dispositions de la loi rappelées par le présent, doivent être considérés comme non avenus; en conséquence, le curateur aux successions vacantes et les parties sont, chacun en ce qui les concerne, réintégrés dans le plein exercice de leurs droits résultant desdites dispositions de la loi et du présent.

Ile de France, le 18 Juillet 1809.

Le Commissaire de justice, L. R. Crespin.

Approuvé, le Capitaine-général, DECAEN.

ARRÊTÉ.

202. Decaen, Capitaine-général, etc, etc.,

Après en avoir délibéré avec le Préfet colonial et le Commissaire de justice, Arrête:

Art. Ier. Le décret impérial du 2 Février 1809, duquel suit la teneur, est promulgué aux îles de France, Bonaparte et dépendances.

NAPOLÉON, Empereur des Français, etc.

Sur le rapport de notre ministre de la marine et des colonies, conforme au vœu des habitans de nos îles de France et de la Réunion,

Nous avons décrété et décrétons ce qui suit :

Art. Ier. L'île de la Réunion aura le nom d'île Bonaparte.

2. Le Port Nord-Ouest, chef-lieu de l'île de France, s'appellera Port Napoléon, et le Port Sud-Est de la même île, Port Impérial.

Notre ministre de la marine et des colonies est chargé de l'exécution du présent décret.

Signé NAPOLÉON.

II. Le présent sera lu, enregistré, imprimé et affiché; expédition en sera adressée au Préfet colonial et au Commissaire de justice.

Ile de France, le 25 Août 1809.

Le Capitaine-général, DECAEN.

ARRÊTÉ.

204. Decaen, Capitaine-général, etc. etc.,

Après en avoir délibéré avec le Préfet colonial, Arrête :

Art. Ier. Afin d'ajouter aux moyens de défense de cette colonie, il sera fait de suite une levée de 650 noirs, lesquels seront incorporés dans les corps d'africains, dont l'organisation a été ordonnée. Cette levée devra être terminée pour le 1er Octobre.

II. Chaque quartier fournira le nombre de noirs ci-après, savoir:

Le Port Napoléon 150; les Pamplemousses 90; la Rivière du Rempart 70; Flacq 75; le Port Impérial 60 ; la Savanne 40 ; la Rivière Noire 60; les Plaines Wilhems 70; Moka 35. Total 650.

III. La levée desdits noirs s'effectuera d'après lesdits recensemens et selon les progressions suivantes:

Tout habitant au Port Napoléon, qui recense de 8 à 15 noirs mâles, ayant atteint l'âge de 15 ans, sera appelé à en fournir 1; celui qui en recense de 20 à 30, 2; de 40 à 50, 3; de 70 à 85, 4; de 95 à 120, 5; au-delà de 150, 6.

Dans les autres quartiers ils seront fournis, savoir: Depuis 20 à 40, 1 ; de 55 à 75, 2 ; de 90 à 125, 3; de 150 à 175, 4; au-delà de 200, 5.

IV. Il sera dressé pour chaque quartier une liste des habitans qui doivent être appelés à fournir des noirs, conformément au mode prescrit par l'article précédent; ces listes ordonnancées du Préfet colonial, seront, avec des instructions relatives, adressées, au Port Napoléon, à l'agent-général de police; et dans les autres quartiers aux commissaires civils.

Les doubles de ces listes seront pareillement adressés au commandans des quartiers. Le Lieutenant du Capitaine-général leur indiquera, en outre ce qui est prescrit par le présent, comment il devra être procédé aux choix et à la réception desdits noirs, par les officiers qui seront désignés à cet effet.

V. Pour procéder au choix et à la réception desdits noirs, les commandans et commissaires civils des quartiers, se concerteront pour appeler les habitans dénommés sur les listes qui leur auront été adressées, à ce qu'ils aient à présenter, aux lieu et heure qui seront indiqués, cinq noirs, pour un à fournir; tous lesquels ne devront être âgés que de 15 à 25 ans; devront être de la taille de cinq pieds un à quatre pouces, d'une belle conformation, sans blessures ni infirmités quelconques, et reconnus d'ailleurs pour bons sujets.

Au Port Napoléon, l'appel susdit sera fait par l'agent-général de police.

VI. Les officiers chargés de la réception, remettront à chacun des habitans dont les noirs auront été admis, un reçu portant que lesdits noirs sont reconnus avoir toutes les qualités requises. Cette pièce sera ensuite échangée pour un mandat du Préfet colonial, à acquitter dans six mois, de la somme de deux cents piastres, à laquelle est fixée l'indemnité accordée pour chaque noirs. Cependant, ledit mandat ne sera délivré qu'après la revue d'admission définitive desdits noirs, passée par le commissaire aux revûes, en présence du Général de division commandant les troupes.

VII. Le présent sera enregistré à l'inspection de la marine, imprimé et affiché; expédition en sera adressée au Préfet colonial et au Lieutenant du Capitaine-général.

Ile de France, le 27 Août 1809.

Le Capitaine-général DECAEN.

ARRETÉ.

205. Decaen, Capitaine-général, etc. etc.

Vu l'extrait du testament olographe de feu sieur Jean-Baptiste Guimbeau, lequel est ainsi conçu:

» Je dispose du reste comme suit:

» 1°. Aux pauvres de cette paroisse cinq cents piastres.

Après en avoir délibéré avec le Préfet colonial et le Commissaire de justice, Arrête :

Art. Ier. L'administration de bienfaisance est autorisée à accepter le legs fait par feu sieur Guimbeau, aux pauvres de la paroisse du Port Napoléon, pour

en être par elle disposé à leur profit, conformément à l'arrêté du 28 Août 1806.

II. Le présent sera lu, enregistré, rendu public par la voie des feuilles hebdomadaires et inséré au recueil des lois coloniales ; expédition en sera adressée au Préfet colonial et au Commissaire de justice.

Ile de France, le 5 Septembre 1809.

Le Capitaine-général, DECAEN.

ARRETÉ.

206. Decaen, Capitaine-général, etc. etc.

Sur les observations du Préfet colonial et du Commisaire de justice, qu'il est nécessaire d'apporter quelques modifications aux arrêtés concernant la curatelle générale aux biens vacans et les exécutions testamentaires aux îles de France, Bonaparte et dépendances ;

Vu l'article 3 du chapitre 3 de l'arrêté du 13 Brumaire an XII, portant: « Les fonctions du curateur seront de régir et administrer toutes les successions vacantes dans les colonies, soit celles ouvertes et non liquidées, soit celles qui s'ouvriraient par la suite et se trouveraient abandonnées par l'absence des présomptifs héritiers, ou par leur renonciation, ensemble tous autres biens vacans, de quelque manière que ce soit ; »

Vu les autres arrêtés sur cette partie et les dispositions y relatives de l'arrêté du 1er Brumaire an XIV, supplémentaire au Code Napoléon ;

Après en avoir délibéré avec le Préfet colonial et le Commissaire de justice, Arrête :

Art. Ier. L'article 22 de l'arrêté supplémentaire au Code Napoléon, quant aux curatelles spéciales dans le cas y prévu, est révoqué et remplacé par la disposition suivante :

L'administration des biens de ceux qui n'ayant point d'héritiers dans les colonies, en auraient disparu sans laisser une procuration, fera partie de la curatelle générale aux biens vacans.

II. Si l'individu qui a disparu était mandataire d'une personne absente, le curateur aux biens vacans donnera avis au mandant de sa disparition, et pourvoira, en attendant, comme dans les successions vacantes, à ce que les circonstances exigeront pour son intérêt.

III. Lorsque dans les successions ouvertes en l'absence de tous les héritiers, il y aura testament, les droits des héritiers n'en seront pas moins surveillés et défendus par le curateur aux biens vacans, sauf la saisine et administration laissées aux exécuteurs testamentaires, par les articles 73 et 74 de l'arrêté supplémentaire au Code Napoléon, lesquels sont maintenus.

IV. En conséquence de l'article ci-dessus,

1°. Tous actes dans lesdites successions seront faits contradictoirement avec le curateur aux biens vacans.

2°. Il devra poursuivre la nullité de toutes clauses testamentaires qui pourraient être contraires aux lois et à l'intérêt des héritiers absens.

3°. Il se fera remettre, chaque année, par les exécuteurs testamentaires, un état de situation de leur gestion, qui sera soumis au Procureur impérial et envoyé au Commissaire de justice.

4°. S'il y a mauvaise gestion de la part des exécuteurs testamentaires, ou péril imminent pour les héritiers absens, il en informera de suite le Procureur impérial qui devra provoquer la cessation de la saisine des biens de la succession.

Les frais et dépenses du curateur pour l'exécution du présent article seront à la charge des successions pour lesquelles il aura agi.

V. Les absens dans le cas du présent arrêté, seront assignés, en la personne, ou au domicile du curateur aux biens vacans; une seconde copie sera donnée au procureur impérial, qui visera l'original.

VI. Le curateur aux biens vacans n'est pour les actes de son administration, responsable qu'envers le gouvernement et les parties à qui il doit compte de cette administration; ainsi il ne pourra être formé par d'autres aucune action personnelle contre lui, à raison de ces actes.

VII. Lorsque le ministère public croira devoir requérir des condamnations personnelles contre le curateur, il en sera référé au Commissaire de justice.

VIII. L'article 12 de l'arrêté du 10 Messidor an XII, aura, à l'égard des successions vacantes des personnes de la population noire, son entière exécution un an après leur ouverture.

IX. A l'avenir, la commission du curateur aux biens vacans sera de cinq pour cent sur le produit des successions et biens vacans qu'il administrera, et des recouvremens qu'il fera, quelle qu'en soit la nature; elle sera de deux et demi dans le cas d'exception du dernier alinéa de l'article 3 de l'arrêté du 22 Nivose an XIII.

X. Il est dérogé à toutes dispositions contraires au présent qui sera lu, enregistré, imprimé et affiché, et dont expédition en sera adressée au Préfet colonial et au Commissaire de justice.

Ile de France, le 6 Septembre 1809.

Le Capitaine-général, DECAEN.

ARRÊTÉ.

207. Decaen, Capitaine-général, etc. etc..

Vu le rapport à nous fait par le général de division Vandermaësen, commandant les troupes, sur l'exécution de notre arrêté du 27 Août dernier; dont il résulte que la plupart des habitans invités à en rem-

Quatrième partie, A.

plir les dispositions y ont satisfait avec autant d'empressement que les commandans de quartier et commissaires civils, conjointement avec les officiers d'état-major qui devaient y concourir ont mis de zèle et d'activité à procéder à cette opération; et que, si elle n'a pas été entièrement terminée dans tous les quartiers, c'est:

1°. Parce que des habitans portés sur des listes, d'après l'état-général des recensemens ne résident plus dans lesdits quartiers, soit par changement de domicile ou autrement;

2°. Que d'autres habitans, indiqués comme susceptibles de participer au contingent demandé proportionnellement aux facultés de chacun, n'ont pu être portés sur ces listes, parcequ'ils n'avaient pas encore fourni leur recensement; négligence dont on ne peut induire le dessein de vouloir se soustraire aux charges communes;

3°. Que plusieurs, mais en très-petit nombre, n'ont pas répondu à l'appel qui leur a été fait; les uns, en ne présentant que des noirs qui n'avaient pas les qualités requises; les autres, en ne répondant d'aucune manière à l'invitation qui leur avait été faite;

4°. Qu'il s'est trouvé aussi quelques habitans qui n'ont pas été portés sur les listes des quartiers où ils habitent, parce qu'ils y sont seulement établis depuis le commencement de l'année;

5°. Enfin, qu'il y a quelques personnes qui n'ont point été indiquées pour fournir un nombre de noirs en proportion de ce qu'elles en ont, parce que sans doute elles ont augmenté ce nombre depuis leurs derniers recensemens, ou qu'il y a eu erreur ou oubli de leur part lorsqu'elles les ont recensés.

Considérant qu'il ne serait point équitable qu'une très-faible minorité des habitans de cette colonie fût dispensée de contribuer aux charges publiques, tandis que la très-grande majorité a donné en toutes occasions, et surtout dans ce dernier cas, les preuves du plus constant dévouement;

Après en avoir délibéré avec le Préfet colonial,

Arrête :

Art. Ier. Afin que chaque quartier puisse compléter le contingent de noirs demandé à chacun d'après les dispositions de notre arrêté du 27 Août dernier, il sera fait de nouvelles listes des habitans qui se trouvent dans l'un des cas énoncés dans les rapports adressés par les commandans et commissaires civils desdits quartiers. Chacun desdits habitans sera porté sur ces listes pour le nombre de noirs qu'il doit fournir, avec l'indication du motif qui l'a fait comprendre sur ces listes, lesquelles seront adressées aux commandans et commissaires civils des quartiers, afin qu'il soit procédé à la levée des noirs qui restent à fournir selon le mode prescrit par les dispositions de notre susdit arrêté, ainsi que par les instructions données à cet effet.

II. Ceux des habitans qui n'ont pas encore fourni, parce que dans le nombre de noirs qu'ils ont présentés, il ne s'en est pas trouvé de susceptibles d'être admis, seront requis, par les commandans et commissaires civils, d'en présenter de nouveau le nombre demandé pour établir le choix.

Dans le cas où il pourrait arriver qu'une seconde fois on ne satisferait pas convenablement à cette demande, les commandans et commissaires civils requerront l'habitant de se rendre avec tous les noirs mâles qu'il recense, au lieu qu'ils indiqueront, pour qu'il soit procédé à l'appel desdits noirs, et ensuite fait le choix du nombre de ceux pour lesquels il aura été porté sur la liste.

Dans le cas où il se trouverait que dans la totalité desdits noirs, ce qui n'est guère présumable, celui ou ceux qu'on doit fournir, n'eussent point toutes les qualités indiquées pour être admis, il en sera choisi parmi ceux auxquels il manquera le moins desdites qualités.

III. Le peu d'habitans qui n'ont point répondu au premier appel qui leur a été fait, seront requis en la forme prescrite en l'article précédent, de satisfaire sans délai aux dispositions de notre arrêté du 27 Août dernier, pour le nombre de noirs qu'ils doivent fournir. S'il peut arriver que cette seconde demande reste encore sans effet, il nous en sera de suite fait un rapport circonstancié d'après lequel nous statuerons, en raison de cette mauvaise volonté, ainsi qu'il appartiendra.

IV. Comme il pourra résulter de l'effet des dispositions du présent, que quelques quartiers auraient à fournir plus que le contingent qui leur a été demandé, les commandans et commissaires civils désigneront ceux des habitans qu'ils reconnaîtront susceptibles de participer à la remise des noirs qui se trouveront en surplus du nombre que leur quartier a dû fournir.

V. Le présent sera enregistré à l'inspection de la marine et imprimé ; expédition en sera adressée au Préfet colonial et au général de division commandant les troupes.

Ile de France, le 15 Septembre 1809.

Le Capitaine-général, DECAEN.

ARRÊTÉ.

208. Decaen, Capitaine-général, etc. etc.,

Sur les observations et la proposition du Commissaire de justice,

Après délibération avec le Préfet colonial et le Commissaire de justice, Arrête :

Art. Ier. Le Code de commerce est promulgué aux îles de France, Bonaparte et dépendances, sauf les exceptions, additions, modifications ci-après déterminées.

LIVRE Ier. — *Du commerce en général.*

II. Le délai fixé par l'article 160 du code, pour l'exigibilité du payement ou de l'acceptation d'une lettre-de-change, sera de huit mois pour celles tirées du Cap de Bonne-Espérance, des côtes orientales des îles de l'Afrique sur l'une desdites colonies, et réciproquement de l'une d'elles sur le Cap de Bonne-Espérance, les côtes orientales et les îles de l'Afrique.

Il sera d'un an pour les lettres-de-change tirées de tous les lieux situés en Asie et réciproquement.

Il sera de deux ans pour les lettres-de-change tirées du continent et des îles des Indes occidentales et réciproquement.

III. En conformité de l'article 166, les lettres-de-change tirées desdites colonies étant protestées, les tireurs et endosseurs y résidant, seront poursuivis dans les délais, savoir :

De trois mois, pour celles qui étaient payables d'une colonie dans l'autre.

D'un an, pour celles qui étaient payables au Cap de Bonne-Espérance et sur les côtes orientales et îles de l'Afrique, et dans les pays situés en Asie.

Et de deux ans, pour celles qui étaient payables en Amérique.

LIVRE II. — *Du commerce maritime.*

IV. Le délai prescrit par l'article 373, pour délaissement, en cas de sinistre, d'objets assurés, sera, pour l'une ou l'autre colonie de trois mois, à partir du jour de la réception de la nouvelle de la perte arrivée aux ports ou côtes de l'une des deux colonies.

Il sera de six mois, après la réception de la nouvelle ou de la perte arrivée, ou de la prise conduite à la côte orientale de Madagascar, ou aux Seychelles et îles adjacentes.

Il sera d'un an après la réception de la nouvelle, ou de la perte arrivée, ou de la prise conduite à la côte occidentale de Madagascar, au Cap de Bonne-Espérance, aux côtes orientales de l'Afrique, et aux lieux situés en Asie.

Il sera de deux ans après la nouvelle des pertes arrivées ou des prises conduites dans les autres parties du monde.

V. Le délai déterminé par l'article 387, pour le délaissement, en cas d'arrêt, sera de six mois, si l'arrêt a eu lieu dans l'Océan indien, et d'un an s'il a eu lieu autre part.

LIVRE III. — *Des faillites et des banqueroutes.*

VI. Les juges de première instance ou leurs suppléans, rempliront les fonctions du juge-commissaire qui, aux termes de l'article 454, doit être nommé aux faillites ouvertes.

VII. Le versement de fonds à la caisse d'amortissement, indiqué par l'article 497, sera supplée par telle autre mesure conservatoire qui aura été convenue par les syndics, et autorisée par le juge.

LIVRE IV. — *De la jurisdiction commerciale.*

VIII. La valeur fixée par les articles 639 et 646, pour déterminer le dernier ressort des jugemens de commerce en première instance, est portée à 2000 francs.

IX. Les juges de première instance ou leurs suppléans feront dans le chef-lieu, le service confié par le code, aux juges de paix, et ils délégueront, s'il y a lieu, les commissaires civils ou leurs suppléans, aux actes qui pourraient être nécessaires dans les autres quartiers.

X. Les dispositions du Code de commerce et le présent seront exécutés à l'île de France, à compter du premier Octobre de l'année courante; l'exécution en commencera à l'île Bonaparte deux mois après la publication qui y en sera faite.

XI. Le présent sera lu, enregistré, imprimé à la suite du code et affiché; expédition en sera adressée au Préfet colonial et au Commissaire de justice.

Île de France, le 14 Juillet 1809.

Le Capitaine-général, DECAEN.

A R R E T É.

209. Decaen, Capitaine-général, etc. etc.,

Sur les observations et la proposition du Commissaire de justice, et après en avoir délibéré,

Arrête:

Art. Ier. A l'avenir, les enchères et adjudications qui se poursuivront à l'audience des tribunaux des îles de France et Bonaparte, pourront être faites autrement qu'il est prescrit par les codes de procédure civile et de commerce.

En conséquence, il pourra y être procédé sans le ministère des avoués et sans bougies, suivant le mode pratiqué en ces îles, avant la promulgation du Code Napoléon.

II. Le présent sera lu, enregistré, imprimé et affiché; expédition en sera adressée au Commissaire de justice.

Île de France, le 23 Mars 1810.

Le Capitaine-général, DECAEN.

A R R E T É.

210. Decaen, Capitaine-général, etc. etc.

Sur l'exposé du Préfet colonial, que les matières d'or e d'argent provenant de la prise l'Oviédor, acquises par l'administration, en vertu de notre arrêté du 28 Février dernier, ne peuvent être employées dans l'état et la forme qu'elles ont; qu'il pense que le meilleur moyen de les utiliser dans l'intérêt-général de la colonie et pour l'avantage du service, est de les con-

vertir en monnaies coloniales, qui, à raison de leur titre et de l'empreinte, seraient plus particulièrement destinées à faciliter les transactions intérieures des deux îles;

Qu'il y a possibilité de faire frapper ces monnaies, et que les frais de fabrication se retrouveront dans la valeur d'émission qui leur sera fixée;

Qu'à défaut de moyens directement à la disposition de l'administration, pour monétiser ces matières, un artiste, le Sr. Aveline, connu pour capable d'exécuter toutes les opérations de monnoyage, possédant les matériaux et ustensiles qu'exige ce travail, il pense qu'il est convenable de traiter avec cet artiste, pour l'entreprise de la fabrication projetée, pour laquelle il demande huit pour cent pour tous frais;

Considérant qu'il y a utilité pour les deux îles et pour le gouvernement, d'augmenter la quantité de numéraire en circulation dans ces colonies; que les matières d'or et d'argent introduites par la prise l'Oviédor, seraient exportées sans aucun avantage public si elles étaient vendues dans leur état naturel; et qu'en les convertissant dans une monnaie dont l'exportation ne puisse présenter d'appâts aux spéculateurs, elles faciliteront efficacement les transactions particulières; et qu'il est d'ailleurs généralement adopté dans les colonies orientales des européens, d'y avoir une monnaie locale qui n'en est pas exportée.

Après en avoir délibéré avec le Préfet colonial,

Arrête :

Art. Ier. Les matières d'or et d'argent mises à la disposition de l'administration de la marine, par notre arrêté du 28 Février dernier, seront converties dans le plus bref délai en monnaie coloniale, dont le titre, le poids, la valeur et l'empreinte seront réglés par un arrêté subséquent.

II. Le présent sera enregistré; expédition en sera adressée au Préfet colonial.

Île de France, le 6 Mars 1810.

Le Capitaine-général, DECAEN.

A R R E T É.

211. Decaen, Capitaine-général, etc. etc.,

Sur l'exposé du Préfet colonial, que les mesures pour convertir en monnaies les matières d'or et d'argent acquises par l'administration, en vertu de l'arrêté du 28 Février dernier, sont prises, tous les moyens d'exécution préparés, et qu'il importe maintenant de régler le titre, le poids, la forme et l'empreinte de ces monnaies; que la fidélité dans l'exécution des dispositions qui seront arrêtées, sera garantie par les soins d'une commission chargée de surveiller la fonte des matières, l'addition de l'alliage déterminée, et tous les détails d'exécution de la fabrication des pièces d'or et d'argent qui seront frappées;

Considérant qu'il est urgent de compléter le plutôt possible les mesures nécessaires pour frapper la monnaie projetée et en assurer la circulation garantie par les précautions convenables ;

Après en avoir délibéré avec le Préfet colonial,

Arrête :

Art. Ier. Les monnaies d'or et d'argent dont la fabrication a été ordonnée par notre arrêté du 6 du courant, auront les titres, poids et valeur ci-après déterminés, savoir :

Pour la monnaie d'or.

Le titre sera de 20 karats.

La taille sera de 36 pièces et quatre septièmes au marc.

La valeur monétaire de chaque pièce, sera de 40 liv. argent de la colonie.

Le diamètre des pièces, sera de deux centimètres et deux millimètres, et leur épaisseur d'un millimètre.

Pour la monnaie d'argent.

Le titre sera de dix deniers.

La taille sera de 9 pièces et un septième au marc.

La valeur monétaire de chaque pièce sera de 10 liv. argent de la colonie.

Leur diamètre sera de trois centimètres et neuf millimètres, et leur épaisseur de deux millimètres.

II. Ces pièces porteront pour empreinte d'un côté l'aigle impérial couronné, avec le millésime 1810 au-dessous, et ces mots : *Isles de France et Bonaparte* pour légende ; de l'autre ces mots : 40 livres pour les pièces d'or, et 10 livres pour celles d'argent, renfermés entre deux palmes de laurier et d'olivier : les unes et les autres porteront un cordon sur la tranche.

III. Le présent sera enregistré ; expédition en sera adressée au Préfet colonial.

Ile de France, le 8 Mars 1810.

Le Capitaine-général, DECAEN.

ARRETE.

212. DECAEN, Capitaine-général, etc. etc.

Après délibération avec le Préfet colonial et le Commissaire de justice ;

Considérant que depuis long-temps l'administration des finances se trouve dans la position la plus difficile, et que le cours des affaires publiques est entièrement interrompu ;

Que les derniers succès des frégates de S. M. sur les ennemis de l'État, en assurant la tranquillité de la colonie ont augmenté considérablement les charges et les embarras du service ;

Que l'intérêt commun des habitans, du commerce et du gouvernement, réclame impérieusement qu'il soit pourvu au plutôt aux moyens d'arrêter les progrès de la crise actuelle ;

Mais, que la colonie étant en ce moment la seule qui puisse le plus contribuer provisoirement à cet effet, il est convenable de la faire intervenir par des représentans dans la connaissance et l'examen des dispositions les plus propres à soutenir la fortune publique, jusqu'à l'arrivée des secours que l'on doit attendre avec confiance de l'affection et des sollicitudes paternelles de Sa Majesté, Arrête :

CHAPITRE PREMIER.

Art. Ier. Il est créé à l'île de France, un conseil colonial, dont les membres choisis parmi les principaux habitans et négocians seront élus et nommés uivant les formes déterminées ci-après, chapitre II.

II. Le conseil colonial sera composé de onze membres, dont trois pour le Port Napoléon, et un pour chacun des autres quartiers.

III. Les membres du conseil seront nommés par le Capitaine-général, à la présentation du Préfet colonial et du Commissaire de justice, sur une liste de neuf candidats élus pour le Port Napoléon, et de trois pour chaque quartier.

IV. La mission du conseil colonial sera de donner son avis sur les plans de finances et autres objets d'utilité publique qui lui seront communiqués ; il pourra même présenter tel autre projet qui lui paraitrait le plus convenable dans les circonstances actuelles.

V. Les séances du conseil seront présidées par le Capitaine-général, ou en cas d'absence, par l'un des deux autres administrateurs généraux.

VI. Au jour et à l'heure qui seront indiqués par un arrêté de convocation, le conseil colonial se rassemblera au gouvernement pour y recevoir des administrateurs généraux la communication des projets sur lesquels il aura à donner son avis ; après cette communication, il nommera un ou deux rapporteurs.

VII. Il sera fait procès-verbal de la séance par un des membres du conseil, désigné par le président ; il sera signé du Capitaine-général, de deux membres du conseil, et de celui qui l'aura rédigé.

VIII. Dans les huit jours de la communication, le rapport sera fait au conseil réuni au gouvernement, en présence des administrateurs généraux ; il sera discuté dans toutes ses parties par chaque membre qui aura des observations à proposer.

IX. Il sera dressé, dans les formes ci-dessus prescrites, procès-verbal de la séance ; et dès que l'avis du conseil aura été arrêté et le procès-verbal signé, le conseil sera dissout.

X. Les membres du conseil jouiront, pendant deux années, des prérogatives suivantes :

1°. Ils représenteront le quartier de leur domicile, et auront à ce titre le droit de transmettre aux trois administrateurs généraux, ensemble ou séparément, suivant la nature des objets, les réclamations du quartier sur tout ce qui pourrait concerner son intérêt particulier.

2°. Ils pourront être convoqués en conseil toutes les fois que l'intérêt général de la colonie l'exigera.

XI. Dans le cas où le remplacement d'un membre deviendra nécessaire, il aura lieu par le premier des candidats restant inscrits sur la liste d'élection.

CHAPITRE II.

XII. Pour l'élection des candidats au conseil, il sera formé dans chaque quartier une chambre électorale, dont les membres seront nommés parmi les plus imposés de la colonie, par le Capitaine-général, sur la présentation du Préfet colonial et du Commissaire de justice.

XIII. Les chambres électorales seront composées, savoir: de trente-six membres au Port Napoléon, et de douze dans chacun des autres quartiers.

XIV. La chambre électorale du Port Napoléon se réunira aux lieu, jour et heure qui seront fixés par un arrêté; elle y procédera à l'élection des candidats au conseil, sous la présidence du sous préfet chef d'administration, qui y aura droit de suffrage.

XV. Les chambres électorales des autres quartiers se réuniront à la même époque chez le commandant, pour y procéder également, sous sa présidence, et en présence du commissaire civil.

Les commandans et les commissaires civils auront aussi droit de suffrage.

XVI. L'élection des candidats au conseil se fera au scrutin, et à la majorité des suffrages; ils seront choisis parmi les membres de la chambre électorale, à l'exception du sous préfet, des commandans des quartiers et des commissaires civils; ils pourront l'être encore parmi les autres officiers publics et les autres personnes notables du quartier.

XVII. Il sera fait procès-verbal des séances par un membre qui sera désigné par le président. Les procès-verbaux seront signés du président, de quatre électeurs, et de ceux qui les auront rédigés.

L'opération finie, l'assemblée électorale sera dissoute.

XVIII. Les présidens feront parvenir au Préfet colonial les procès-verbaux des élections.

XIX. Les membres de la chambre électorale et du conseil colonial, avant d'entrer en fonctions, prêteront entre les mains du président de la séance, le serment de les remplir avec honneur.

XX. Le présent sera lu, enregistré, imprimé et affiché; expédition en sera adressée au Préfet colonial et au Commissaire de justice.

Ile de France, le 29 Septembre 1810.

Le Capitaine-général, DECAEN.

ARRÊTÉ.

213. DECAEN, Capitaine-général, etc. etc.

En conséquence et pour l'exécution de l'arrêté du jour d'hier, Arrête:

Art. Ier. Sur la présentation du Préfet colonial et du Commissaire de justice, sont nommés membres des chambres électorales, Savoir:

AU PORT NAPOLÉON.

MM. Amelin, Amic, L. Barbé, Bestel aîné, Bousquet, Carto, Chardoillet, C. A. Chauvet, Christin, Couturout, T. Dayot, J. M. Dayot, Dechezeaux, Desroullèdes, Froppier, Jcery, Kbalanec, Lapotaire, E. Latour, Lebouteiller, Lejolif, Lenouvel, Lucas, Martin juge d'appel, Malavois, Martineau, Monneron, Piston, C. Pitot, J. Quesnel, Roblès, Rondeaux, Rudelle, Saulnier, Saulnier jeune, Sevré.

A MOKA.

MM. Batour, Bessaignet, Bolle, J. L. Curac, J. A. Desfontaines, J. B. Fleuriot, Huguenin, Hertel, Legentil, Lesur, Pigeot St.-Valeri, Rivière.

AUX PLAINES-WILHEMS.

MM. Bigaignon, Burguès, Caillou, Chazal, Chevreau, Dureau, Grancourt, J. Maret, Martin Moncamp, Merlo, Pouget St.-André, Rivière.

A LA RIVIÈRE NOIRE.

MM. Boucherville père, Chazal Chamarel, Convois, Doger Vekranges, Deguigné, V. Desbleds, Duquilio, C. Faure, Labauve, Labutte, Lefevre, E. Lejuge.

A LA SAVANNE.

MM. T. E. Bolger fils, Carosin, Coriolis, Descroisilles, Doumergue, Ducray père, G. Fleuriot, Gallet, Geffroy fils, Lacourtaudière, J. P. Lousteau, Pipon.

AU PORT IMPÉRIAL

MM. Begau, Bulle, l'abbé Charlot, Chrestien, L. Dumont, Durup, Duval aîné, M. Fontenay, P. F. Leclos, Ollier, J. Rochecouste, Virieux.

A FLACQ.

MM. Bayard, Begninot, Belzim, C. R. Ecroignard, Gondreville, Kjean, Jubin, Litant, Lory, Oudin, Prévot, Ravenel.

A LA RIVIÈRE DU REMPART.

MM. Boismartin, Bruix, Chauvet, Gabriac, Galdemar, Motet, L. Naud, Pilot, Raffray, Rouillard, Sornay, Vieillard.

AUX PAMPLEMOUSSES.

MM. Barabé, Beaufils, P. R. Bourgault, Chauveau,

Derune, Dumé, T. Enouf, J. P. Faure, Latourhody, Lousteau père, Merven, Ver.

II. Le présent sera lu, enregistré et imprimé; expédition en sera adressée au Préfet colonial et au Commissaire de justice.

Ile de France, le 3o Septembre 1810.

Le Capitaine-général, DECAEN.

ARRÊTÉ.

214. DECAEN, Capitaine-général, etc. etc.,

Sur l'exposé du Préfet colonial, qu'il a été introduit dans cette colonie une quantité assez considérable de monnaie de cuivre, de onze lignes de diamètre, du poids d'un gros seize grains, et portant pour type d'un côté trois lignes en caractère Persan, une barre horizontale, le nombre X suivi du mot Cash, et de l'autre côté des armes.

Que ces monnaies par leur poids et la valeur vraie du métal dont elles sont composées peuvent former une subdivision utile de la pièce de trois sous, en donnant deux pièces de cuivre pour une de billon; qu'il en résultera plus de facilité pour les achats d'objets de peu de valeur.

Ayant entendu l'avis du conseil colonial, et après en avoir délibéré avec le Préfet colonial et le Commissaire de justice, Arrête :

Art. Ier. Les monnaies de cuivre ci-dessus désignées seront mises en circulation à l'île de France, elles auront cours immédiatement après la publication du présent, à raison de deux pour trois sous.

II. Les demi-pièces et les pièces doubles de celles mentionnées au précédent article, auront cours dans leur rapport avec elles.

III. Il ne pourra être donné dans les payemens au-dessus de cinq piastres, qu'un vingtième de leur montant en la monnaie dont la circulation est établie par le présent.

IV. Le présent sera lu, enregistré, imprimé et affiché; expédition en sera adressée au Préfet colonial et au Commissaire de justice.

Ile de France, le 17 Octobre 1810.

Le Capitaine-général, DECAEN.

ARRÊTÉ.

215. DECAEN, Capitaine-général, etc. etc.,

Ayant entendu le rapport et l'avis du conseil colonial, sur les projets de finances qui lui ont été communiqués;

Et après en avoir délibéré avec le Préfet colonial et le Commissaire de justice, Arrête :

Art. Ier. Afin de subvenir aux besoins urgens du service public à l'île de France, il est fait un appel de fonds, en forme d'emprunt, pour une somme de deux millions de francs, ou trois cent soixante-trois mille six cent trente-six piastres, sur tous les habitans de la colonie et sur les absens y possédant des propriétés quelconques.

II. Pour la plus juste répartition de cet emprunt, le montant en est divisé en vingt-quatre portions égales, et le conseil colonial en déterminera la distribution d'après les règles ci-après établies aux articles III, IV, VII et VIII.

III. Les dix-sept vingt-quatrièmes seront supportés, d'après les recensemens, par les propriétaires d'immeubles, d'esclaves, d'animaux et de troupeaux, et par les industriels domiciliés aux campagnes; les sept autres parties par les capitalistes dans toute la colonie, et à la ville par les commerçans, les industriels et les propriétaires d'autres valeurs mobilières de toute espèce.

IV. La quote-part de chaque personne obligée de fournir à l'emprunt, sera fixée d'après l'estimation de son avoir, conformément au tableau suivant, sauf la disposition portée en l'article V.

PROPRIÉTÉS.	Estimations. Ptres. c.	Quote-parts.
Terrains d'habitations. .	1 à 5o l'arpent	1 ½ p. c.
Esclaves id. . .	100 chaque.	1 ¾ p. c.
Esclaves de la ville. .	200 chaque.	,, ,,
Chevaux et mulets. . .	200 chaque.	,, ,,
Bœufs et vaches. . . .	33-3o ch.	,, ,,
Anes.	5o chaque.	,, ,,
Moutons, chèvres. . .	2 chaque.	,, ,,
Alambics.	26o chaque.	,, ,,
Triqueballes et charrettes	6o chaque.	,, ,,
Maisons et emplacemens à la ville.	Estimations du dern. cadastre.	2 ½ p. c.

Pour les augmentations faites en immeubles aux emplacemens de la ville, depuis la confection du dernier cadastre, il en sera remis au conseil colonial un état portant l'estimation approximative de leur valeur.

V. Tout détenteur, à quelque titre que ce soit, de biens grevés de dettes privilégiées et hypothécaires, contribuera à l'emprunt pour toute la valeur du bien qu'il possède, sans égard auxdites dettes; mais il aura le droit de faire retenue sur icelles du payement fait par lui pour l'emprunt, en raison de leur montant, et il remettra à ses créanciers les acquits de ce qu'il aura payé pour eux, et ce qu'il aura reçu pour remboursement du prêt, ou l'équivalent dont ils conviendront.

La retenue sera de deux pour cent.

VI. Les dépositaires publics, les mandataires et tous autres détenteurs de fonds d'autrui contribueront également à l'emprunt, à raison de deux pour cent, pour le montant des sommes qu'ils ont entre leurs mains, sauf les réserves et condition portées en l'article précédent.

VII. L'évaluation des terrains d'habitations, qui, conformément au tableau ci-dessus, doit s'opérer sur l'échelle d'une à cinquante piastre l'arpent, sera faite dans chaque quartier par son représentant au conseil colonial, le commandant du quartier et le commissaire civil, qui pourront s'adjoindre les personnes notables qu'ils jugeront nécessaires à cette opération.

VIII. Dans la répartition de sept vingt-quatrièmes à supporter par les capitalistes, les industriels, les commerçans et les propriétaires d'effets mobiliers, le conseil colonial aura égard :

1°. Aux particuliers qui, ayant des contrats ou autres titres sur des immeubles, contribueront à l'emprunt sur le montant de leurs créances par la retenue qui doit leur être faite en conséquence de l'article V.

2°. A ceux qui, ayant une partie de leur fonds dans les dépôts publics, supporteront également l'emprunt sur cette partie, en conséquence de l'article VI.

3°. A ceux qui seraient connus avoir fait récemment de nouvelles acquisitions, ou effectué des chargemens ou des envois de fonds à l'extérieur.

4°. Enfin à la situation plus ou moins difficile des contribuables.

IX. Dès que la répartition de l'emprunt aura été faite par le conseil colonial, le réglement en sera rendu exécutoire par le Préfet colonial, et de suite les rôles seront mis en recouvrement par des percepteurs qui à cet effet seront par lui nommés pour chaque quartier.

X. Chaque contribuable sera tenu dans les trois jours de la notification de l'extrait du rôle le concernant, de remettre au percepteur ses bons de prêt pour les termes fixés en l'article suivant; ces bons seront imprimés et conçus ainsi qu'il suit :

Obligation de prêt colonial.

Bon pour la somme de
payable à l'ordre de l'administration des fonds publics, dans le cours du premier au dix du mois de
prochain, pour le   de ma contribution à l'emprunt colonial.

A   le   1810.

Au-dessous, l'obligé écrira de sa main, bon comme dessus, et signera.

XI. Les bons de prêt seront faits, savoir:

En un seul billet payable en Février prochain pour les contributions de moins de vingt piastres.

En deux billets d'égale somme payables en Janvier et Mars, pour celles de vingt piastres à quarante exclusivement.

En trois billets payables en Décembre, Février et Avril, pour celles de quarante à quatre-vingt piastres exclusivement.

En cinq billets payables en Décembre, Janvier, Février, Mars et Avril, pour celles de quatre-vingt piastres et au-delà.

XII. Ceux qui ne remettront pas leurs bons de prêt dans le délai prescrit, auront à payer le huitième en sus de leur contribution à l'emprunt ; le produit de cette amende ne sera point susceptible du remboursement ci-après ordonné.

XIII. Il est affecté aux bons de prêt, un droit de préférence sur tous privilèges et hypothèques, quels que soient leur origine et leur date, et de quelque nature qu'ils puissent être, lesquels sont eux-mêmes soumis à l'emprunt, en proportion de leur somme.

XIV. Lorsque les bons de prêt auront été versés à la caisse du receveur-général des contributions directes, les Administrateurs-généraux se concerteront avec trois membres du conseil colonial, à l'effet d'en ordonner, suivant l'exigence du cas, le versement en tout ou partie à la caisse de l'Etat, où ils seront à la disposition du Préfet colonial, pour les besoins du service.

XV. Le payement des bons de prêt s'effectuera en numéraire métallique.

Il pourra encore être fait en objets nécessaires à l'Administration, dans la quantité, au prix et sous les conditions qui seront déterminées par le Préfet colonial. En conséquence, les prêteurs qui désireront fournir leur contribution en ces objets, devront en faire par écrit leur déclaration, en remettant leurs obligations ; autrement ils ne seront point admis à s'acquitter ainsi ; et d'après l'examen de leurs propositions, elles seront acceptées ou non, en tout ou partie, suivant ce qui paraîtra convenable.

XVI. Il sera délivré aux prêteurs, en échange de leurs bons, un récépissé signé par le percepteur et par un commissaire nommé à cet effet par le Préfet colonial.

XVII. A chaque payement effectué par le prêteur, le percepteur lui remettra le bon de la somme payée; il en donnera quittance sur le récépissé remis au prêteur; et de suite en sa présence il émargera sur le rôle, en toutes lettres, le payement qu'il aura reçu.

XVIII. Les contribuables en retard de payer leurs obligations à leur échéance, seront contraints par voie de saisie exécution, à la requête de l'inspecteur colonial, poursuite et diligence du receveur des impositions, et par la vente de leurs esclaves, meubles et effets, jusqu'à due concurrence.

Les contraintes à cet effet seront décernées par le receveur des impositions et visées par le sous-préfet.

Les esclaves attachés aux habitations pourront être saisis séparément pour ce qui sera dû; il est dérogé quant à ce, à toutes dispositions contraires.

XIX. Jusqu'au parfait acquittement des sommes

dues par les contribuables poursuivis, aucun acte où ils seraient parties requérantes, ne pourra être reçu par les notaires, ni enregistré, ni mis à exécution par les huissiers ; aucune affaire où ils seraient demandeurs ne pourra être plaidée ni recevoir jugement ; et les autorités auxquelles ils adresseraient des requêtes, ne pourront y faire droit ; à l'effet de quoi les noms de ces contribuables seront rendus publics par la voie des petites affiches.

XX. Le produit des recettes faites par les percepteurs sera versé par eux, au moins tous les huit jours, dans la caisse du receveur-général des impositions ; il leur sera alloué un pour cent sur le montant des sommes versées.

XXI. Pour le remboursement de l'emprunt, il sera, sur la représentation des bons ou des récépissés acquittés, délivré aux prêteurs ou à leurs porteurs de pouvoirs, des traites du caissier-général du trésor public sur lui-même, si l'administration s'en trouve pourvue ; à leur défaut, des obligations de remettre de ces mêmes traites lorsque l'administration en recevra ; ou enfin des traites sur le payeur-général de la marine, avec les certificats indiqués par les instructions ministérielles.

XXII. Le présent sera lu, enregistré, imprimé et affiché ; expédition en sera adressée au Préfet colonial et au Commissaire de justice.

Ile de France, le 1er Novembre 1810.

Le Capitaine-général, DECAEN.

FIN.

SUPPLEMENT.

216. Lettres Patentes de 1723.

Connues sous le nom de Code Noir.

LOUIS par la grâce de Dieu, Roi de France et de Navarre, à tous présens et à venir SALUT,

Les directeurs de la Compagnie des Indes nous ayant représenté que l'île de Bourbon est considérablement établie par un grand nombre de nos sujets, lesquels se servent d'esclaves nègres pour la culture des terres, que l'île de France qui est proche de la dite île de Bourbon commence aussi à s'établir et qu'ils sont dans le dessein de faire encore de nouveaux établissemens dans les pays circonvoisins, nous avons jugé qu'il était de notre autorité et de notre justice pour la conservation de ces colonies d'y établir une loi et des règles certaines pour y maintenir la discipline de l'église catholique, apostolique et romaine, et pour ordonner de ce qui concerne l'état et la qualité des esclaves dans lesdites îles, et désirant y pourvoir et faire connaître à nos sujets qui y sont habitués et qui s'y habitueront à l'avenir, qu'encore qu'ils habitent des climats infiniment éloignés, nous leur sommes toujours présent par l'étendue de notre puissance et par notre application à les secourir; à ces causes et autres à ce nous mouvant, de l'avis de notre conseil et de notre certaine science, pleine puissance et autorité royale, nous avons dit, statué et ordonné, disons, statuons et ordonnons, voulons et nous plaît ce qui suit :

Art. Ier. Tous les esclaves qui seront dans les îles de Bourbon, de France et autres établissemens voisins, seront instruits dans la religion catholique, apostolique et romaine et baptisés; ordonnons aux habitans qui achèteront des nègres nouvellement arrivés, de les faire instruire et baptiser dans le tems convenable, à peine d'amende arbitraire; enjoignons aux conseils établis dans lesdites îles, ou directeurs pour ladite Compagnie, d'y tenir exactement la main.

II. Interdisons tout exercice d'une religion que de la catholique, apostolique et romaine; voulons que les contrevenans soient punis comme rebelles et désobéissans à nos commandemens; défendons toutes assemblées pour cet effet, lesquelles nous déclarons conventicules, illicites et séditieuses, sujettes à la même peine, qui aura lieu même contre les maîtres qui les permettront ou souffriront à l'égard de leurs esclaves.

III. Ne seront préposés aucuns commandeurs à la direction des nègres qu'ils ne fassent profession de la religion catholique, apostolique et romaine, à peine de confiscation desdits nègres contre les maîtres qui les auront préposés, et de punition arbitraire contre les commandeurs qui auront acceptés ladite direction.

IV. Enjoignons à tous nos sujets, de quelques qualité et conditions qu'ils soient, d'observer régulièrement les jours de dimanches et de fêtes; leurs défendons de travailler, ni faire travailler leurs esclaves auxdits jours, depuis l'heure de minuit jusqu'à l'autre minuit, à la culture de la terre et à tous autres ouvrages, à peine d'amende et de punition arbitraire contre les maîtres, et de confiscation des esclaves qui, surpris par nos officiers dans le travail, pourront néanmoins envoyer leurs esclaves aux marchés.

V. Défendons à nos sujets blancs de l'un et l'autre sexe de contracter mariage avec les noirs, à peine de punition et d'amende arbitraire, et à tous curés, prêtres ou missionnaires séculiers ou réguliers, et même aux aumôniers des vaisseaux, de les marier; défendons aussi à nos dits sujets blancs, même aux noirs affranchis ou nés libres de vivre en concubinage avec des esclaves; voulons que ceux qui auront eu un ou plusieurs enfans d'une pareille conjonction, ensemble les maîtres qui les auront soufferts soient condamnés, chacun en une amende de trois cents livres, et s'ils sont maîtres de l'esclave de laquelle ils auront eu lesdits enfans, voulons qu'outre l'amende ils soient privés tant de l'esclave que des enfans et qu'ils soient adjugés à l'hôpital des lieux, sans pouvoir jamais être affranchis; n'entendons toutefois le présent article avoir lieu lorsque l'homme noir affranchi ou libre qui n'était pas marié durant son concubinage avec son esclave, épousera, dans les formes prescrites par l'église, ladite esclave qui sera affranchie par ce moyen, et les enfans rendus libres et légitimes.

VI. Les solemnités prescrites par l'ordonnance de Blois et par la déclaration de 1639 pour les mariages seront observées, tant à l'égard des personnes libres que des esclaves, sans néanmoins que le consentement du père et de la mère de l'esclave y soit nécessaire, mais celui du maître seulement.

VII. Défendons très-expressément aux curés, de procéder aux mariages des esclaves, s'ils ne font apparoir du consentement de leurs maîtres; défendons aussi aux maîtres d'user d'aucune contrainte sur leurs esclaves pour les marier contre leur gré.

VIII. Les enfans qui naîtront des mariages entre les esclaves, seront esclaves et appartiendront aux maîtres des femmes esclaves et non à ceux de leurs maris, si les maris et les femmes ont des maîtres différens.

IX. Voulons que si le mari esclave a épousé une

femme libre, les enfans tant mâles que filles suivent la condition de leur mère, et soient libres comme elle, nonobstant la servitude de leur père; et que si le père est libre et la mère est esclave, les enfans soient esclaves pareillement.

X. Les maîtres seront tenus de faire enterrer en terre sainte, dans les cimetières destinés à cet effet, leurs esclaves baptisés; et à l'égard de ceux qui mourreront sans avoir reçu le baptême, ils seront enterrés la nuit dans quelque champ voisin du lieu où ils seront décédés.

XI. Défendons aux esclaves de porter aucune arme offensive, ni de gros bâtons, à peine du fouet et de confiscation des armes au profit de celui qui les en trouvera saisis, à l'exception seulement de ceux qui seront envoyés à la chasse par leurs maîtres, ou qui seront porteurs de leurs billets ou marques connues.

XII. Défendons pareillement aux esclaves appartenans à différens maîtres, de s'attrouper le jour ou la nuit, sous prétexte de noce ou autrement, soit chez l'un de leurs maîtres ou ailleurs, et encore moins dans les grands chemins ou lieux écartés, à peine de punition corporelle qui ne pourra être moindre que du fouet et de la fleur de lys; et, en cas de fréquentes récidives et autres circonstances aggravantes, pourront être punis de mort, ce que nous laissons à l'arbitrage des juges; enjoignons à tous nos sujets de courre aux contrevenans, et de les arrêter et conduire en prison, bien qu'ils ne soient officiers et qu'il n'y ait encore contre lesdits contrevenans aucun décret.

XIII. Les maîtres qui seront convaincus d'avoir permis ou toléré de pareilles assemblées composées d'autres esclaves que ceux qui leur appartiennent, seront condamnés, en leur propre et privé nom, à réparer tout le dommage qui aura été fait à leurs voisins à l'occasion desdites assemblées et en dix piastres d'amende pour la première fois et au double en cas de récidive.

XIV. Défendons aux esclaves d'exposer en vente au marché, ni de porter dans les maisons particulières pour vendre aucune sorte de denrées, même des fruits, légumes, bois à brûler, herbes ou fourrages pour la nourriture des bestiaux, ni aucune espèce de grains ou autres marchandises, sans permission expresse de leurs maîtres, par billet ou par des marques connues, à peine de revendication des choses ainsi vendues, sans restitution du prix par les maîtres, et de six livres d'amende à leur profit contre les acheteurs.

XV. Voulons à cet effet que deux personnes soient préposées dans chaque marché par les officiers desdits conseils, chacun dans leur district ou par les directeurs pour ladite compagnie, pour examiner les denrées et marchandises qui y seront apportées par les esclaves, ensemble les billets ou marques de leur maîtres, dont ils seront porteurs.

XVI. Permettons à tous nos sujets, habitans desdits pays, de se saisir de toutes les choses dont ils trouveront les esclaves chargés, lorsqu'ils n'auront pas de billets de leurs maîtres, ni des marques connues pour être rendus incessamment à leurs maîtres, si leur habitation est voisine du lieu où les esclaves auront été surpris en délit; sinon, elles seront incessamment envoyées au magasin de la Compagnie le plus proche, pour y être en dépôt jusqu'à ce que les maîtres en aient été avertis.

XVII. Voulons que les officiers desdits Conseils supérieurs, chacun en ce qui les concerne, ou les directeurs pour ladite Compagnie, nous envoient leur avis sur la quantité des vivres et la qualité de l'habillement qu'il convient, que les maîtres fournissent à leurs esclaves, lesquels vivres doivent leur être fournis par chacune semaine, et l'habillement par chaque année, pour y être statué par nous, et cependant permettons auxdits officiers ou directeurs de régler par provision lesdits vivres et lesdits habillemens; défendons aux maîtres desdits esclaves de donner aucune sorte d'eau-de-vie ou guildive, pour tenir lieu de ladite subsistance et habillement.

XVIII. Leur défendons pareillement de se décharger de la nourriture et subsistance de leurs esclaves, en leur permettant de travailler certains jours de la semaine pour leur compte particulier.

XIX. Les esclaves qui ne seront point nourris, vêtus et entretenus par leurs maîtres, pourront en donner avis au Procureur général desdits conseils, procureur pour nous, et mettre leurs mémoires entre ses mains, sur lesquels et même d'office, si les avis lui viennent d'ailleurs, les maîtres seront poursuivis à sa requête et sans frais, ce que nous voulons être observé pour les crimes et pour les traitemens barbares et inhumains des maîtres envers leurs esclaves.

XX. Les esclaves infirmes par vieillesse, maladie ou autrement, soit que la maladie soit incurable ou non, seront nourris et entretenus par leurs maîtres et en cas qu'ils les eussent abandonnés, lesdits esclaves seront adjugés à l'hôpital le plus proche, auquel les maîtres seront condamnés de payer quatre sous par chacun jour pour la nourriture et entretien de chacun esclave, pour le payement de laquelle somme, ledit hôpital aura privilége sur les habitations des maîtres en quelques mains qu'elles passent.

XXI. Déclarons les esclaves ne pouvoir rien avoir qui ne soit à leurs maîtres, et tout ce qui leur vient par leur industrie ou par la libéralité d'autres personnes ou autrement, à quelque titre que ce soit, être acquis en pleine propriété à leurs maîtres, sans que les enfans des esclaves, leur père et mère, leurs parens et tous autres, libres ou esclaves, y puissent rien prétendre par succession, dispositions entre-vifs, ou à cause de mort, lesquelles dispositions nous déclarons nulles, ensemble toutes les promesses et obligations qu'ils auraient faites, comme étant faites par gens incapables de disposer et contracter de leur chef.

XXII. Voulons néanmoins que les maîtres soient tenus de ce que leurs esclaves auront fait par leur commandement, ensemble de ce qu'ils auront géré et négocié dans les boutiques et pour l'espèce particulière de commerce à laquelle leurs maîtres les auront préposés ; et, en cas que leurs maîtres n'aient donné aucun ordre et ne les aient pas préposés, ils seront tenus seulement jusqu'à concurrence de ce qui aura tourné à leur profit ; et si rien n'a tourné au profit des maîtres, le pécule desdits esclaves que les maîtres leur auront permis d'avoir, en sera tenu après que leurs maîtres en auront déduit par préférence ce qui pourra leur en être dû, sinon que le pécule consistât en tout ou partie en marchandises, dont les esclaves auraient permission de faire trafic à part, sur lesquelles leurs maîtres viendront seulement par contribution au sol la livre avec les autres créanciers.

XXIII. Ne pourront les esclaves être pourvus d'office ni de commission ayant quelque fonction publique, ni être constitués agens pour autres que par leurs maîtres, pour gérer et administrer aucun négoce, ni être arbitres ou experts ; ne pourront aussi être témoins, tant en matière civile que criminelle, à moins qu'ils ne soient témoins nécessaires et seulement à défaut de blancs ; mais, dans aucun cas, ils ne pourront servir de témoins pour ou contre leurs maîtres.

XXIV. Ne pourront aussi les esclaves être parties, ni être en jugement en matière civile, tant en demandant qu'en défendant, ni être parties civiles en matières criminelles, sauf à leur maître d'agir et défendre en matière civile et de poursuivre en matière criminelle la réparation des outrages et excès qui auront été commis contre leurs esclaves.

XXV. Pourront les esclaves être poursuivis criminellement, sans qu'il soit besoin de rendre leurs maîtres parties, si ce n'est en cas de complicité, et seront les esclaves accusés, jugés en première instance par les juges ordinaires, s'il y en a, et par appel au conseil, sur la même instruction et avec les mêmes formalités que les personnes libres.

XXVI. L'esclave qui aura frappé son maître, sa maîtresse, le mari de sa maîtresse ou leurs enfans, avec contusion ou effusion de sang, ou au visage, sera puni de mort.

XXVII. Et quant aux excès et voie de fait qui seront commis par les esclaves contre les personnes libres, voulons qu'ils soient sévèrement punis, même de mort s'il y échéoit.

XXVIII. Les vols qualifiés, même ceux des chevaux, cavales, mulets, bœufs ou vaches, qui auront été faits par les esclaves ou par les affranchis, seront punis de peine afflictive, même de mort si le cas le requiert.

XXIX. Les vols de moutons, chèvres, volailles, grains, fourrages, pois, fèves ou autres légumes et denrées faits par les esclaves, seront punis, selon la qualité du vol, par les juges qui pourront, s'il y échéoit, les condamner d'être battus de verges par l'exécuteur de la haute justice et marqués d'une fleur-de-lys.

XXX. Seront tenus les maîtres, en cas de vols ou d'autres dommages causés par leurs esclaves, outre la peine corporelle des esclaves, de réparer le tort en leur nom, s'ils n'aiment mieux abandonner l'esclave à celui auquel le tort aura été fait ; ce qu'ils seront tenus d'opter dans trois jours, à compter de celui de la condamnation, autrement ils en seront déchus.

XXXI. L'esclave fugitif qui aura été en fuite pendant un mois, à compter du jour que son maître l'aura dénoncé à justice, aura les oreilles coupées et sera marqué d'une fleur de lys sur une épaule ; et s'il récidive pendant un autre mois, à compter pareillement du jour de la dénonciation, il aura le jarret coupé et il sera marqué d'une fleur de lys sur l'autre épaule ; et la troisième fois il sera puni de mort.

XXXII. Voulons que les esclaves qui auront encouru les peines du fouet, de la fleur de lys et des oreilles coupées, soient jugés en dernier ressort par les juges ordinaires, et exécutés, sans qu'il soit nécessaire que tel jugement soit confirmé par le conseil supérieur, nonobstant le contenu en l'article XXV des présentes, qui n'aura lieu que pour les jugemens portant condamnation de mort ou du jarret coupé.

XXXIII. Les affranchis ou nègres libres qui auront donné retraite dans leurs maisons aux esclaves fugitifs, seront condamnés par corps, envers le maître, en une amende de dix piastres par chacun jour de rétention ; et les autres personnes libres qui leur auront donné pareillement retraite, en trois piastres d'amende aussi pour chacun jour de rétention, et faute par lesdits nègres affranchis ou libres de pouvoir payer l'amende, ils seront réduits à la condition d'esclaves et vendus ; et si le prix de la vente passe l'amende, le surplus sera délivré à l'hôpital.

XXXIV. Permettons à nos sujets dudit pays, qui auront des esclaves fugitifs, en quelque lieu que ce soit, d'en faire faire la recherche par telles personnes et à telles conditions qu'ils jugeront à propos, ou de la faire eux-mêmes ainsi que bon leur semblera.

XXXV. L'esclave condamné à mort sur la dénonciation de son maître, lequel ne sera pas complice du crime, sera estimé avant l'exécution par deux des principaux habitans, qui seront nommés d'office par le juge, et le prix de l'estimation en sera payé, pour à quoi satisfaire il sera imposé par les conseils chacun dans leur ressort, ou pour les directeurs de ladite Compagnie sur chaque tête d'esclave, la somme portée par l'estimation, laquelle sera réglée sur chacun desdits nègres, et levée par ceux qui seront commis à cet effet.

XXXVI. Défendons à tous officiers des conseils et autres officiers de justice, établis auxdits pays, de prendre aucune taxe dans les procès criminels contre les esclaves, à peine de concussion.

XXXVII. Défendons aussi à tous nos sujets desdits pays, de quelque qualité et condition qu'ils soient, de donner ou faire donner de leur autorité privée, la question ou torture à leurs esclaves, sous quelque prétexte que ce soit, ni de leur faire ou faire faire aucune mutilation de membres, à peine de confiscation des esclaves et d'être procédé contre eux extraordinairement ; leur permettons seulement lorsqu'ils croiront que leurs esclaves l'auront mérité, de les faire enchaîner et battre de verges ou cordes.

XXXVIII. Enjoignons aux officiers de justice établis dans lesdits pays, de procéder criminellement contre les maîtres et les commandeurs qui auront tué ou mutilé les membres des esclaves étant sous leur puissance ou sous leur direction, et de les punir de mort, selon les circonstances ; et, en cas qu'il y ait lieu à l'absolution, leur permettons de renvoyer tant les maîtres que les commandeurs, absous, sans qu'ils aient besoin d'obtenir de nous des lettres de grâce.

XXXIX. Voulons que les esclaves soient réputés meubles et comme tels qu'ils entrent dans la communauté, qu'il n'y ait point de suite par hypothèque sur eux ; qu'ils se partagent également entre les co-héritiers sans préciput et droits d'aînesse, et qu'ils ne soient point sujets au douaire coutumier, au retrait lignager et féodal, aux droits féodaux et seigneuriaux, aux formalités des décrets, ni au retranchement des quatre quints en cas de dispositions à cause de mort ou testamentaires.

XL. N'entendons toutefois priver nos sujets de la faculté de les stipuler propres à leurs personnes et aux leurs de leur côté et ligne, ainsi qu'il se pratique pour les sommes de deniers et autres choses mobilières.

XLI. Les formalités prescrites par nos ordonnances et par la coutume de Paris, pour les saisies des choses mobilières, seront observées dans les saisies des esclaves ; voulons que les deniers en provenans soient distribués par ordre des saisies ; et, en cas de déconfiture, au sol la livre, après que les dettes privilégiées auront été payées, et généralement que la condition des esclaves soit réglée en toutes affaires comme celles des autres choses mobilières.

XLII. Voulons néanmoins que le mari, sa femme et leurs enfans impubères, ne puissent être saisis et vendus séparément, s'ils sont tous sous la puissance d'un même maître ; déclarons nulles les saisies et ventes séparées qui pourraient en être faites ; ce que nous voulons aussi avoir lieu dans les ventes volontaires, à peine contre ceux qui feront lesdites ventes, d'être privés de celui ou de ceux qu'ils auront gardés, qui seront adjugés aux acquéreurs, sans qu'ils soient tenus de faire aucun supplément de prix.

XLIII. Voulons aussi que les esclaves âgés de quatorze ans et au-dessus jusqu'à soixante ans, attachés à des fonds ou habitations et y travaillant actuellement, ne puissent être saisis pour autres dettes que pour ce qui sera dû du prix de leur achat, à moins que lesdits fonds ou habitations fussent saisis réellement, auquel cas nous enjoignons de les comprendre dans la saisie réelle et défendons, à peine de nullité, de procéder par saisie réelle et adjudication par décrets sur des fonds ou habitations, sans y comprendre les esclaves de l'âge susdit, y travaillant actuellement.

XLIV. Le fermier judiciaire des fonds ou habitations, saisies réellement conjointement avec les esclaves, sera tenu de payer le prix de son bail, sans qu'il puisse compter, parmi les fruits qu'il perçoit, les enfans qui sont nés des esclaves pendant son dit bail.

XLV. Voulons, nonobstant toutes conventions contraires que nous déclarons nulles, que lesdits enfans appartiennent à la partie saisie, si les créanciers sont satisfaits d'ailleurs, ou à l'adjudicataire s'il intervient un décret ; à cet effet, il sera fait mention dans la dernière affiche de l'interposition dudit décret, des enfans nés des esclaves depuis la saisie réelle ; comme aussi des esclaves décédés depuis ladite saisie réelle dans laquelle ils étaient compris.

XLVI. Pour éviter aux frais et aux longueurs des procédures, voulons que la distribution du prix entier de l'adjudication conjointe des fonds et prix des esclaves et de ce qui proviendra du prix des baux judiciaires, soit faite entre les créanciers, selon l'ordre de leurs privilèges et hypothèques, sans distinguer ce qui est pour le prix des esclaves, et néanmoins les droits féodaux et seigneuriaux ne seront payés qu'à proportion des fonds.

XLVII. Ne seront reçus les lignagers et les seigneurs féodaux à retirer les fonds décrétés, licités ou vendus volontairement, s'ils ne retirent aussi les esclaves vendus conjointement avec les fonds où ils travaillaient actuellement, ni l'adjudicataire ou l'acquéreur à retenir les esclaves sans les fonds.

XLVIII. Enjoignons aux gardiens nobles et bourgeois, usufruitiers, amodiateurs et autres jouissans de fonds, auxquels sont attachés des esclaves qui y travaillent, de gouverner lesdits esclaves en bons pères de familles, au moyen de quoi ils ne seront pas tenus après leur administration finie de rendre le prix de ceux qui seront décédés ou diminués par maladie, vieillesse ou autrement, sans leur faute ; et aussi ils ne pourront pas retenir comme fruits à leur profit les enfans nés desdits esclaves durant leur administration, lesquels nous voulons être conservés et rendus à ceux qui en sont les maîtres et les propriétaires.

XLIX. Les maîtres, âgés de vingt-cinq ans, pourront affranchir leurs esclaves par tous actes entre-vifs ou à cause de mort ; et cependant comme il se peut trouver des maîtres assez mercenaires pour mettre la liberté de leurs esclaves à prix, ce qui porte lesdits esclaves au vol et au brigandage, défendons à toutes personnes, de quelque qualité et condition qu'elles soient, d'affranchir leurs esclaves, sans en avoir obtenu la permission par arrêt du conseil supérieur ou provincial de l'île où ils résideront, laquelle permission sera accordée sans frais lorsque les motifs qui auront été exposés par les maîtres paraîtront légitimes. Voulons que les affranchissemens qui seront faits à l'avenir sans cette permission soient nuls, et que les affranchis n'en puissent jouir, ni être reconnus pour tels. Ordonnons au contraire qu'ils soient tenus, censés et réputés esclaves, que les maîtres en soient privés, et qu'ils soient confisqués au profit de la Compagnie des Indes.

L. Voulons néanmoins que les esclaves qui auront été nommés par leur maîtres, tuteurs de leurs enfans, soient tenus et réputés comme nous les tenons et réputons pour affranchis.

LI. Déclarons les affranchissemens faits dans les

formes ci-devant prescrites, tenir lieu de naissance dans nos dites îles, et les affranchis n'avoir besoin de nos lettres de naturalité pour jouir des avantages de nos sujets naturels dans notre royaume, terres et pays de notre obéissance, encore qu'ils soient nés dans les pays étrangers ; déclarons cependant lesdits affranchis, ensemble le nègre libre, incapable de recevoir des blancs aucune donation entre vifs à cause de mort ou autrement ; voulons qu'en cas qu'il leur en soit faite aucune, elle demeure nulle à leur égard, et soit appliquée au profit de l'hôpital le plus prochain.

LII. Commandons aux affranchis de porter un respect singulier à leurs anciens maîtres, à leurs veuves et à leurs enfans, en sorte que l'injure qu'ils auront faite soit punie plus grievement que si elle était faite à une autre personne ; les déclarons toutefois francs et quittes envers eux de toutes autres charges, services et droits utiles, que leurs anciens maîtres voudraient prétendre tant sur leurs personnes que sur leurs biens et successions, en qualité de patrons.

LIII. Octroyons aux affranchis les mêmes droits, privilèges et immunités, dont jouissent les personnes nées libres ; voulons que le mérite d'une liberté acquise produise en eux, tant pour leurs personnes que pour leurs biens, les mêmes effets que le bonheur de la liberté naturelle cause à nos autres sujets, le tout cependant aux exceptions portées par l'article LI des présentes.

LIV. Déclarons les confiscations et les amendes qui n'ont pas de destination particulière par ces présentes, appartenir à ladite Compagnie des Indes, pour être payées à ceux qui sont préposés à la recette de ses droits et revenus ; voulons néanmoins que déduction soit faite du tiers desdites confiscations et amendes au profit de l'hôpital du lieu le plus proche où elles auront été adjugées.

Si donnons en mandement à nos amés et féaux les gens tenans nos conseils supérieurs de l'île de Bourbon et provincial de l'île de France, que ces présentes ils aient à faire lire, publier et enregistrer, et le contenu en icelles garder et observer, selon leur forme et teneur, nonobstant tous édits, déclarations, arrêts, réglemens et usages à ce contraire, auxquels nous avons dérogé et dérogeons pas cesdites présentes : car tel est notre plaisir ; et afin que ce soit chose ferme et stable à toujours, nous y avons fait mettre notre scel.

Donné à Versailles, au mois de Décembre, l'an de grâce mil sept cent vingt-trois et de notre règne le neuvième.

Signé LOUIS.

---

217. LOI
SUR LA POLICE MUNICIPALE ET CORRECTIONNELLE.

Séance de l'Assemblée coloniale, du 1er Août 1793.

L'Assemblée coloniale, après avoir entendu le rapport de son commissaire et la lecture de la loi du 22 Juillet 1791, et de celle du 28 Septembre dite année, des biens et usages ruraux, a arrêté l'urgence, et après avoir arrêté l'urgence, a arrêté et arrête ce qui suit :

TITRE PREMIER.
POLICE MUNICIPALE.
Section Première.
Dispositions générales d'ordre public.

Art. Ier. Dans les villes et les campagnes, les municipalités feront tous les ans un recensement général des citoyens et de leurs moyens de subsistance, selon les règles prescrites dans la loi du 17 Mai 1793. Tout citoyen qui n'aurait à indiquer aucun moyen de subsistance, selon les règles prescrites dans la loi du 17 Mai 1793, désignera les citoyens domiciliés dans la municipalité dont il sera connu et qui pourront rendre bon témoignage de sa conduite.

II. Ceux qui étant en état de travailler n'auront ni moyens de subsistance, ni métier, ni répondans, seront inscrits avec la note de gens sans aveu.

Ceux qui refuseront toute déclaration, seront inscrits sous leur signalement et demeure avec la note de gens suspects.

Ceux qui seront convaincus d'avoir fait de fausses déclarations, seront inscrits avec la note de gens mal-intentionnés.

Il sera donné communication de ces notes aux officiers et sous-officiers de la gendarmerie coloniale, s'il en est établi une, afin qu'ils puissent en faire usage dans leurs tournées ; aux commissaires de police, afin qu'ils puissent au besoin, en user, s'il y a lieu, dans les procès-verbaux qu'ils auront occasion de dresser, et aux juges de paix de chaque canton, pour les diriger dans leurs jugemens, lorsque quelque individu desdits trois classes seront cités devant eux.

III. Ceux des trois classes énoncées dans l'article précédent qui prendront part à une rixe, à un attroupement, à un acte de voie de fait ou de violence, ou qui contreviendraient, de quelque manière que ce soit, aux lois et réglemens de police, seront soumis dès la première fois, aux peines de la police correctionnelle, comme il sera dit ci-après au titre sur cette matière.

IV. Dans la ville et dans les campagnes, les aubergistes, maîtres d'hôtels garnis et logeurs, seront tenus d'inscrire de suite, et sans aucun blanc, sur un registre, qu'ils se fourniront à leurs frais, et qui sera cotté et paraphé, dans la ville, par un commissaire de police, et dans les campagnes, par un officier municipal, les noms, qualités, domicile habituel, dates d'entrée et de sortie, de tous ceux qui coucheront chez eux, même une seule nuit ; de représenter ce registre, dans la ville et dans les campagnes, tous les mois, au procureur de la commune, et en outre toutes les fois qu'ils en seront requis, soit aux officiers municipaux de leurs cantons, soit aux commissaires de police dans la ville, soit aux officiers et sous-officiers de la gendarmerie nationale, s'il en est établi une, quand ils seront en tournée, soit aux officiers et sous-officiers de la garde nationale en patrouille, soit enfin aux citoyens que la municipalité commettra à cet effet.

Ce registre sera visé chaque fois, des officiers municipaux et autres citoyens auxquels ledit registre sera représenté, et lesdits officiers municipaux et autres citoyens ci-dessus désignés, seront tenus de dater leur visa.

V. Faute de se conformer aux dispositions de l'article précédent, lesdits aubergistes, maîtres d'hôtels garnis et logeurs, seront condamnés à une amende de vingt livres, qui sera prononcée aux audiences publiques de la police municipale, sur les conclusions du procureur de la commune ou de son substitut; ils demeureront en outre civilement responsables des désordres et des délits commis par ceux qui logeront dans leurs maisons.

VI. Les jeux de hasard où l'on admet, soit le public, soit des affiliés, sont défendus, sous les peines qui seront désignées ci-après.

Les propriétaires ou principaux locataires des maisons ou appartemens où le public serait admis à des jeux de hasard, seront tenus d'en donner avis aux procureurs de leurs communes respectives, lesquels seront tenus d'en faire registre ; sinon et à défaut de cet avis, lesdits propriétaires et locataires, s'ils demeurent dans ces maisons, seront condamnés pour la première fois à cinq cents livres d'amende, à mille livres en cas de récidive; laquelle amende augmentera toujours de cinq cents livres pour chaque contravention ; le tout solidairement avec ceux qui occuperont les appartemens employés à cet usage. Ces amendes seront prononcées aux audiences publiques de la police municipale, sur les conclusions du procureur de la commune ou de son substitut, et ne pourront jamais être modérées.

SECTION II.

Règles à suivre par les officiers municipaux, commissaires de police et autres, commis par les municipalités, pour constater les contraventions de police.

Art. Ier. Nul officier municipal, commissaire ou autre officier de la police municipale, ne pourra entrer dans les maisons des citoyens, si ce n'est pour la confection des états ordonnés par l'article premier, de la première section du présent titre, et pour la vérification des registres des logeurs ; pour l'exécution des lois sur les contributions directes lorsqu'il y en aura d'établies, ou en vertu d'ordonnances et jugemens des tribunaux de la municipalité ou du juge de paix, dont ils seront porteurs, ou enfin sur le cri des citoyens invoquant de l'intérieur d'une maison le secours de la force publique.

II. A l'égard des lieux où tout le monde est admis indistinctement, tels que cafés, cabarets, auberges, cantines, boutiques, billards et autres lieux semblables ; les officiers municipaux, les commissaires et autres officiers de police, pourront toujours y entrer, soit pour prendre connaissance des désordres ou contraventions aux réglemens, soit pour vérifier les poids et mesures, matières d'or et d'argent, la salubrité des comestibles et médicamens.

III. Ils pourront aussi entrer en tous tems dans les maisons où l'on donne à jouer des jeux de hasard, mais seulement sur la désignation qui leur en aurait donnée par deux citoyens domiciliés, et audit cas ils dresseront procès-verbal, saisiront tous les fonds exposés au jeu ; et les joueurs, ainsi que ceux qui tiendront ces maisons, seront poursuivis devant les tribunaux de police correctionnelle, à la requête des procureurs de la commune ou de leurs substituts, et jugés sur leurs conclusions, conformément à ce qui sera dit au titre de la police correctionnelle.

Ils pourront de même entrer en tous tems dans les lieux livrés notoirement à la débauche.

IV. Hors les cas mentionnés aux trois articles précédens, les officiers municipaux, commissaires et autres officiers de police, qui, sans autorisation spéciale de justice, de la municipalité ou du juge de paix, feront des recherches dans les maisons des citoyens, seront condamnés par le tribunal de police, et, en cas d'appel, par celui qui jugera en dernier ressort, en des dommages et intérêts, qui ne pourront être au-dessous de deux cents livres, sans préjudice des peines prononcées par les lois, dans le cas de voie de fait, de violence et autres délits.

V. Les commissaires de police, dans la ville, les officiers municipaux et juges de paix ou leurs assesseurs ; dans les campagnes, les officiers et sous-officiers de la gendarmerie coloniale, s'il en est établie, les appariteurs et autres agens assermentés, dresseront dans leurs visites et tournées, le procès-verbal des contraventions, en présence de deux des plus proches voisins, qui apposeront leurs signatures, et des experts en chaque partie d'art, lorsque la municipalité, soit par voie d'administration, soit comme tribunal de police, aura jugé à propos d'en indiquer.

VI. Les municipalités, soit par voie d'administration, soit comme tribunaux de police, pourront commettre à l'inspection des matières d'or et d'argent, à celle de la salubrité des comestibles et médicamens, un nombre suffisant des gens de l'art, lesquels, après avoir prêté serment entre les mains des municipalités, rempliront, à cet égard seulement, dans les cantons respectifs, les fonctions de commissaire de police.

SECTION III.

Délits de police municipale et peines qui seront prononcées.

Art. Ier. Ceux qui voudront former des sociétés ou clubs, seront tenus, à peine de deux cents livres d'amende, de faire préalablement au greffe de la municipalité, la déclaration des lieux et jours de leur réunion, et en cas de récidive, ils seront condamnés en cinq cents livres d'amende; ces amendes seront poursuivies à la requête et diligence des procureurs des communes ou de leurs substituts, devant les tribunaux de police municipale, contre les présidens, secrétaires ou commissaires des clubs ou sociétés.

II. Ceux qui négligeront de nettoyer les rues devant leurs maisons ;

Ceux qui embarrasseront ou dégraderont les voies publiques;

Ceux qui contreviendront à la défense de rien jeter qui puisse nuire ou endommager par sa chûte, ou causer des exhalaisons nuisibles, et de rien exposer de semblable sur les fenêtres ou au-devant de leurs maisons, donnant sur les rues ou voies publiques ;

Tous ceux qui laisseront divaguer des insensés ou furieux, dont ils seront chargés de quelque manière que ce soit ; ou des animaux malfaisans et féroces;

Tous ceux-là seront, indépendamment des réparations ou indemnités envers les citoyens lésés, condamnés en une amende qui ne pourra être au-dessous de dix livres, ni excéder cent livres; et si le fait est grave, à la détention de la police municipale, qui ne pourra excéder trois jours dans la ville, vingt-quatre heures dans les campagnes. En cas de récidive, la peine sera double.

III. Ceux qui, par imprudence ou par la rapidité de leurs chevaux auront blessé quelqu'un dans les rues ou voies publiques, seront, indépendamment des indemnités, condamnés à huit jours de détention dans la ville, et à trois jours dans les campagnes, et à une amende qui ne pourra être moindre de cinq cents livres, ni excéder mille livres, s'il y a eu fracture de membres, ou si d'après les certificats de gens de l'art, la blessure est telle qu'elle ne puisse se guérir en moins de quinze jours, les délinquans seront renvoyés à la police correctionnelle.

IV. Le refus des secours et services requis par les officiers municipaux, juges de paix ou commissaires de police, en cas d'incendies ou autres fléaux calamiteux, sera puni d'une amende qui ne pourra être au-dessous de dix livres.

V. Le refus ou la négligence d'exécuter les réglemens sur la voierie, ou d'obéir à la sommation faite d'ordre des officiers municipaux, de réparer ou démolir les édifices menaçant ruine, sur la voie publique et sur les rues, seront, outre les frais de la démolition ou de la réparation de ces édifices, punis d'une amende qui ne pourra être au-dessous de vingt livres.

VI. En cas de rixe ou dispute avec ameutement, en cas de voie de fait ou de violences légères dans les assemblées et lieux publics ; en cas de bruit ou attroupement nocturne;

Ceux des trois classes mentionnées en l'article II de la première section du présent titre, seront renvoyés à la police correctionnelle, pour être punis ainsi qu'il sera dit au titre sur cette matière.

Les autres seront condamnés à une amende qui ne pourra être au-dessous de quarante livres et pourront l'être, suivant la gravité des cas, à une détention de trois jours dans les campagnes, et de huit jours dans la ville.

Tous ceux qui, après une condamnation prononcée par la police municipale, se rendraient encore coupables des délits ci-dessus, seront renvoyés sur-le-champ à la police correctionnelle.

VII. En cas d'exposition en vente de comestibles gâtés, corrompus ou nuisibles, ils seront confisqués et détruits, et celui qui les aura exposés en vente, condamné à une amende qui ne pourra être au-dessous de dix livres, et en cas de récidive, d'un emprisonnement qui ne pourra être au-dessus de trois jours, ni excéder huit jours, sans préjudice de l'amende.

VIII. Ceux qui feront vendre par leurs esclaves, des comestibles au bazar, ou en tel autre lieu que ce soit, à la ville ou dans les campagnes, seront tenus de leur donner un état desdits comestibles qui contiendra la nature, la quantité, la qualité et le prix d'iceux, à peine de confiscation.

IX. En cas de vente de médicamens gâtés, le délinquant sera incontinent renvoyé à la police correctionnelle et puni de deux cents livres d'amende, et d'un emprisonnement qui ne pourra être au-dessous de deux mois, ni excéder six mois.

X. En cas d'infidélité de poids et mesures dans la vente des denrées et autres objets qui se débitent à la mesure, au poids ou à l'aune, les faux poids et fausses mesures seront confisqués et détruits, et l'amende sera pour la première fois de deux cents livres au moins. Les délinquans seront en outre condamnés à la détention de la police municipale, qui ne pourra excéder trois jours dans la ville et vingt-quatre heures dans les campagnes ; en cas de récidive, les prévenus seront renvoyés à la police correctionnelle.

XI. Afin de prévenir les délits prévus dans l'article précédent, toutes personnes vendant ou achetant au poids, à la mesure et à l'aune, rapporteront à la municipalité de la ville, aussitôt la publication de la présente loi, les poids, aunes et mesures dont ils se servent, pour être confrontés aux poids, aunes et mesures matrices qui se trouvent au bureau-général de police; les poids, aunes et mesures qui ne s'y trouveront point conformes, seront brisés et il en sera délivré de nouveaux par la municipalité, qui les fera étamper, et se fera rembourser, par les citoyens marchands et commerçans, de la dépense qu'elle aura été nécessitée de faire, pour se procurer des poids, aunes et mesures conformes aux matrices.

XII. Ceux qui ne payeront pas dans les trois jours, à dater de la signification du jugement, l'amende prononcée contre eux, y seront contraints par les voies de droit ; néanmoins, la contrainte par corps ne pourra entraîner qu'une détention d'un mois, à l'égard de ceux qui seront insolvables.

XIII. Dans tous les cas où la présente loi ne renvoie pas pour les cas de récidive, à la police correctionnelle, ladite récidive sera punie d'une amende double de celles établies par la présente loi, et tous les jugemens seront affichés aux dépens des condamnés, au nombre de vingt exemplaires.

XIV. Défenses sont faites à toutes personnes de conduire les chevaux au galop dans la ville, à peine de deux cents livres d'amende.

XV. Pourront être saisis et retenus jusqu'au jugement, s'ils sont inconnus ou n'offrent aucun répondant, ceux qui par imprudence ou par la rapidité de leurs chevaux, auront fait quelque blessure dans la rue ou voie publique, ainsi que ceux qui seront prévenus des délits mentionnés aux articles VI, IX et X de la présente section, et ils seront contraignables par corps au payement des dommages et intérêts, ainsi que des amendes.

XVI. Les municipalités ne pourront, en aucun cas, même provisoirement, que le pain et la viande de boucherie, sous peine de destitution des officiers municipaux, sauf aux municipalités, dans le cas où les autres denrées seraient portées par les vendeurs à des prix immodérés, à en donner connaissance au Directoire, qui enverra, sur le tout, son avis à l'Assemblée coloniale, laquelle y pourvoira selon l'exigence des cas.

XVII. Les réclamations élevées par les marchands et commerçans, relativement aux taxes, ne seront en aucun cas, du ressort des tribunaux ; mais elles seront portées devant le Directoire, qui prononcera sans appel. Les réclamations des citoyens, contre les marchands et commerçans, qui vendraient au-dessus de la taxe, seront portées et jugées au tribunal de police municipale, sauf l'appel au tribunal désigné, pour juger en dernier ressort.

SECTION IV.

Forme de procéder et règles à observer par le tribunal de la police municipale.

Art. Ier. Tous ceux qui dans la ville et dans les campagnes, auront été arrêtés, seront conduits directement chez le juge de paix, lequel, conformément à l'organisation des municipalités de la colonie, du 17 Avril dernier, renverra devant le commissaire de police dans la ville, et devant le maire dans les campagnes, lorsque l'affaire sera de la compétence de la police municipale.

II. Tout juge de paix sera compétent pour prononcer dans son canton, soit la liberté des personnes amenées, soit le renvoi à la police municipale, soit le mandat d'amener devant lui ou devant un autre juge de paix, soit enfin le mandat d'arrêt, tant en matière de police correctionnelle, qu'en matière criminelle.

III. Les personnes prévenues de contravention aux lois et réglemens de police, soit qu'il y ait eu procès-verbal ou non, seront citées devant le tribunal de police par les appariteurs ou par tous autres huissiers, à la requête du procureur de la commune, ou des particuliers qui croiront avoir à se plaindre. Les parties

pourront comparaître volontairement ou sur un simple avertissement, sans qu'il soit besoin de citation.

IV. Les citations seront données à trois jours ou à l'audience la plus prochaine.

V. Les défauts seront signifiés par un huissier commis par le tribunal de police municipale ; ils ne pourront être rabattus qu'autant que la personne citée comparaîtra dans la huitaine, après la signification du jugement, et demandera à être entendue sans délai. Si elle ne comparaît pas, le jugement demeurera définitif et ne pourra être attaqué que par la voie de l'appel.

VI. Les personnes citées comparaîtront elles mêmes ou par des fondés de procuration spéciale, aux tribunaux de police municipale.

VII. Les procès-verbaux, s'il y en a, seront lus, les témoins, s'il en faut appeler, seront entendus ; la défense sera proposée et les moyens en seront exposés ; les conclusions seront données par le procureur de la commune ou son substitut ; le jugement préparatoire ou définitif sera rendu avec expression des motifs dans la même audience, ou au plus tard, dans l'audience suivante.

VIII. L'appel des jugemens ne sera point reçu, s'il est interjeté après huit jours, depuis la signification des jugemens à la partie condamnée.

IX. La forme de procéder sur l'appel en matière de police municipale, sera comme première instance.

X. Aucun jugement ne pourra être rendu en matière de police municipale, que par trois juges, et sur les conclusions du procureur de la commune ou de son substitut.

XI. Extrait des jugemens de la police municipale sera déposé au greffe du tribunal de police correctionnelle, dans tous les cas où la présente loi aura renvoyé à la police correctionnelle les délinquans en récidive.

XII. Aucun tribunal de police, ni aucun corps municipal, ne pourra faire de réglement. Les corps municipaux pourront cependant, sous le nom de délibération, et sauf la réformation par le Directoire, s'il y lieu, faire des arrêtés ;

1°. Lorsqu'il s'agira d'ordonner les précautions locales sur les objets confiés à leur vigilance et à leur autorité, qui sont tout ce qui intéresse la sûreté et la commodité du passage dans les rues, quais, places et voies publiques, ce qui comprend le nettoyement, l'illumination, l'enlèvement des encombremens, la démolition ou la réparation des bâtimens menaçant ruine, l'interdiction de rien exposer aux fenêtres ou autres parties des bâtimens, qui puisse nuire par sa chute; celle de ne rien jeter qui puisse blesser ou endommager les passans ou causer des exhalaisons nuisibles :

Le soin de réprimer et de punir les délits contre la tranquillité publique, tels que les rixes et disputes accompagnées d'ameutemens dans les rues ; le tumulte excité dans les lieux d'assemblées publiques ; les bruits et attroupemens nocturnes, qui troublent le repos des citoyens.

Le maintien du bon ordre dans les endroits où il se fait de grands rassemblemens d'hommes, tels que les bazars, réjouissances et cérémonies publiques, spectacles, jeux, cafés, églises et autres lieux publics.

L'inspection sur la fidélité du débit des denrées qui se vendent au poids, à l'aune ou à la mesure, et sur la salubrité des comestibles exposés en vente publique.

Le soin de prévenir par des précautions convenables et celui de faire cesser par la distribution des secours nécessaires, les accidens et fléaux calamiteux, tels que les incendies, les épidémies, les épizooties, en provoquant aussi dans ces deux derniers cas, l'autorité du Directoire.

Le soin d'obvier ou de remédier aux inconvéniens fâcheux, qui pourraient être occasionnés par les insensés et les furieux laissés en liberté, et par la divagation des animaux malfaisans et féroces.

2°. Lorsqu'il s'agira d'établir quelques points sur les spectacles, entre les individus qui y sont attachés, tels que les entrepreneurs, directeurs, acteurs et tous autres attachés au spectacle.

3°. Les corps municipaux, pourront encore faire des arrêtés par forme de délibération, lorsqu'il s'agira de publier de nouveau les lois et réglemens de police, ou de rappeler les citoyens à leur observation.

XIII. Les objets confisqués par jugement du tribunal de police municipale, resteront au greffe dudit tribunal ; ils seront vendus au plus tard dans quinzaine, au plus offrant et dernier enchérisseur, selon les formes ordinaires, par le ministère du secrétaire-greffier, en présence d'un officier municipal, du procureur de la commune ou de son substitut, et toujours à sa requête, poursuite et diligences. Le prix de ces ventes, ainsi que les amendes qui seront toujours remises au secrétaire-greffier, seront par lui versés, dans la huitaine du jugement qui aura prononcé l'amende, et de la vente des effets confisqués, avec extrait desdits jugemens et procès-verbaux de vente, à la caisse de la commune-générale, et ces deniers seront employés, sur les mandats du procureur-général-syndic, visé par le président du Directoire, un quart aux menus frais du tribunal de police du canton, un quart aux frais du bureau de paix, un quart aux dépenses de la municipalité, et un quart au soulagement des pauvres de la commune.

XIX. La municipalité de la ville délivrera seule aux citoyens qui désireront sortir de la colonie, le certificat pour constater que les citoyens, qui désirent partir, ont été affichés et qu'il n'existe aucune opposition à leur départ.

XV. Les oppositions au départ des citoyens, seront faites, comme par le passé, au bureau municipal de la ville.

XVI. Toute personne qui voudra sortir de la colonie, pour toujours ou pour un tems, soit qu'elle y soit domiciliée depuis plus d'un mois, soit qu'elle y soit arrivée depuis peu, sera tenue d'en remettre l'avis au secrétaire-greffier de la municipalité de la ville, lequel remettra au partant, note de cet avis, contenant ses prénom, nom, âge, profession ou métier et son dernier domicile, le nom du vaisseau sur lequel le départ devra avoir lieu, pour être par celui-ci porté à l'imprimerie où restera ladite note. Le directeur de l'imprimerie sera tenu de faire inscrire cet avis dans le plus prochain journal ou gazette ; et, sur le vu de cet avis, inséré auxdits journal ou gazette, et huit jours après la sortie de ces feuilles, le secrétaire-greffier délivrera au partant son certificat d'affiche, visé au bureau municipal, sans que ledit secrétaire-greffier puisse le délivrer, ni le partant l'exiger plutôt, à peine contre le secrétaire-greffier et contre les officiers municipaux qui auront signé, de répondre solidairement de toutes les dettes du partant, contre celui-ci de détention, qui ne pourra être moindre de trois jours, ni excéder huit jours, dans le cas où, sous tel prétexte que ce soit, il se répandrait en invectives contre les officiers municipaux, en raison du délai ci-dessus fixé.

XVII. Néanmoins, ceux au départ desquels il n'y aurait aucune opposition, et qui à raison de leurs affaires hors de la colonie, ou du prompt départ des vaisseaux, ne pourraient attendre le délai prescrit par l'article précédent, seront admis à fournir deux cautions solidaires, au greffe de la municipalité. Dans ce dernier cas, l'avis de départ sera publié à son de trompe et affiché deux fois dans le jour, dans tous les lieux les plus apparens de la ville ; ceux qui se présenteront pour cautions, seront tenus chacun de justifier par contrat duement quittancé, de propriété au moins d'un immeuble dans la colonie, faute de quoi, ils ne pourront être reçus pour cautions ; le nom, la demeure et la profession de ces cautions seront envoyés à l'imprimerie, par le secrétaire-greffier, pour être insérés dans le journal ou dans la gazette la plus prochaine ; défenses sont faites à l'imprimeur, de retarder, sous aucun prétexte, l'insertion dans ses feuilles, des avis de départ et des noms, demeures et professions, tant des partans que des cautions, sous peine de répondre en son propre et privé nom, des dommages et intérêts des parties.

XVIII. La peine ci-dessus portée contre les officiers municipaux et le secrétaire-greffier, sera encourue de plein droit, et par le seul fait de leurs signatures au pied des certificats délivrés avant le délai prescrit par l'article précédent, la détention du partant sera prononcée, et le terme en sera fixé par le tribunal de police municipale, sur la dénonciation et sur les conclusions du procureur de la commune ou de son substitut ; ces jugemens ainsi que tous autres qui seront rendus par ce tribunal, seront exécutés par provision, sauf l'appel qui ne pourra être reçu, passé le terme prescrit par l'article VIII de la présente section, et encore après que l'appelant aura payé l'amende à laquelle il aura pu être condamné ; ce qui sera constaté par certificat du secrétaire-greffier.

XIX. Quiconque, ayant annoncé son départ et pris à la municipalité son certificat d'affiche, n'en aura point fait usage dans un mois après la sortie de la feuille qui contiendra l'avis de son départ, sera tenu de se faire afficher de nouveau, et de suivre ce qui est prescrit aux articles XVI et XVII. Si ce n'est dans le cas du retard prouvé du vaisseau sur lequel le départ devait avoir lieu. Défenses sont faites au commissaire du bureau des armemens et des désarmemens et à ceux qui le représenteront, d'employer en quelque qualité que ce soit, sur les rôles d'équipage ou sur les états de passagers, toutes personnes qui ne se seraient pas conformées au présent article et aux articles XVI et XVII, sous peine d'être responsables envers les créanciers des partans de tout ce que ceux-ci pourraient devoir, et de trente livres d'amende par chaque personne employée sur lesdites rôles et listes, contre l'esprit du présent article.

XX. Le commissaire préposé au bureau des armemens, fera mention sur les rôles d'équipage, et sur les états de passagers, du certificat qui aura été délivré par la municipalité à tous partans, qui auront résidé, même peu de jours, soit dans la ville, soit dans tout autre canton de la colonie, laquelle mention contiendra la date dudit certificat, sous les peines portées en l'article précédent.

XXI. Défenses sont faites à tous capitaines et autres officiers commandant les vaisseaux de l'état, du commerce ou autres, de recevoir à leur bord, toutes personnes qui ne seraient pas portées, ni sur les rôles d'équipage, ni sur les états ou listes des passagers sur lesdits vaisseaux, sous les peines portées et l'art. XIX.

XXII. Tout capitaine qui contreviendra à l'article précédent, sera, outre les peines y portées, condamné à la détention de police municipale, qui ne pourra être moindre de trois jours.

XXIII. Si après le départ d'un vaisseau de ce port, de l'état ou autre, il s'y trouve quelqu'un qui ne soit employé, ni sur le rôle de l'équipage, ni sur la liste des passagers, formée au bureau des armemens, le capitaine ou autres officiers commandans dudit vaisseau, en dressera procès-verbal, qui contiendra les prénoms, nom, art, métier ou profession de l'homme ainsi embarqué, son dernier domicile, les motifs qui l'auront déterminé à se cacher à bord, les noms de ceux qui auront aidé ou favorisé son embarquement ou sa déclaration, qu'il s'est embarqué sans la participation de qui que se soit, et généralement toutes les circonstances de son départ furtif. Le capitaine ou autre officier commandant le vaisseau, s'assurera de la personne des individus ainsi embarqués, afin de les remettre à la municipalité du premier lieu où il abordera, ou à celle de cette ville, s'il y fait son retour, à peine de responsabilité dudit capitaine et des officiers, envers les créanciers des personnes parties furtivement sur leurs vaisseaux.

XXIV. Les procès-verbaux à dresser à bord des vaisseaux, dans le cas de l'article précédent, seront faits quadruples; un restera à bord du vaisseau, les trois autres seront remis au retour, savoir : un à la municipalité de cette ville, un au bureau des armemens, et le troisième au tribunal qui aura la connaissance des matières de commerce maritime.

XXV. Toutes personnes, marins, habitans ou autres prévenus d'avoir aidé ou favorisé l'embarquement furtif de quelque personne que ce soit, demeureront responsables envers les créanciers de ceux dont ils auront aidé ou favorisé ledit embarquement furtif, et poursuivis en outre devant le tribunal de police correctionnelle.

XXVI. Extrait des articles XXI, XXII, XXIII, XXIV et XXV de la présente section sera remis par le commissaire du bureau des armemens ou par celui qui le représentera, aux capitaines ou autres officiers commandant les vaisseaux de l'état, du commerce ou autres, lorsqu'ils viendront prendre leurs rôles d'équipages audit bureau, avec recommandation de les faire lire publiquement à bord, sur le gaillard d'arrière, en présence de l'équipage, aussitôt qu'ils y seront rendus ; lesdits capitaines et autres officiers qui prendront lesdits rôles, donneront reçu desdits extraits au bureau des armemens.

TITRE II.

POLICE CORRECTIONNELLE.

SECTION PREMIÈRE.

Dispositions générales sur les peines de la police correctionnelle des délits et peines qui seront prononcées.

Art. Ier, Les peines correctionnelles seront, 1° l'amende, 2° la confiscation, en certain cas de la matière du délit, 3° l'emprisonnement.

II. Lorsque les circonstances le permettront, il y aura des maisons de correction destinées, 1° aux jeunes gens au-dessous de l'âge de vingt ans, qui devront y être renfermés dans les cas ci-après désignés, 2° aux personnes condamnés par voie de police correctionnelle.

III. Si la maison de correction est dans le même local que celle destinée aux personnes condamnées par jugement du tribunal qui aura la connaissance des affaires criminelles, le quartier de la correction sera entièrement séparé.

IV. Si un père, une mère, un aïeul ou un tuteur a des sujets graves de mécontentement sur la conduite d'un enfant ou d'un pupille, dont il ne pourrait plus réprimer les écarts, il pourra porter sa plainte au tribunal domestique de la famille, assemblée au nombre de huit parens les plus proches, ou de six au moins, s'il n'est pas possible d'en réunir un plus grand nombre ; à défaut de parens, il y sera suppléé par des amis ou voisins.

V. Ce tribunal de famille, après avoir vérifié les sujets de plainte, pourra arrêter que l'enfant, s'il est âgé de moins de vingt ans, sera renfermé pendant un tems qui ne pourra excéder celui d'un an.

VI. Mais, dans tous les cas, surtout lorsque les plaintes seront portées par un tuteur, qui ne sera ni le père, ni la mère, ni l'aïeul de l'enfant, la plainte et les motifs sur lesquels elle sera fondée, seront communiqués avant de prononcer, à l'enfant, pour y répondre dans huitaine, à défaut de répondre dans ledit délai, de la part de l'enfant, le tribunal de famille sera tenu de prononcer ; mais à défaut de communication dans ledit cas, le tribunal de famille ne pourra prononcer qu'après qu'elle aura été donnée, et que le délai pour répondre sera expiré.

VII. Les jeunes gens détenus d'après l'arrêté des familles, seront séparés de ceux qui auront été condamnés par la police correctionnelle.

VIII. Toute maison de correction, sera maison de travail, il y sera établi par le Directoire, divers genres de travaux communs ou particuliers, convenables aux personnes des deux sexes. Les hommes et les femmes seront séparés.

IX. La maison fournira le pain, l'eau et le coucher. Sur le produit du travail du détenu, un tiers sera appliqué à la dépense commune de la maison.

Sur une partie des deux autres tiers, il lui sera permis de se procurer une nourriture meilleure et plus abondante.

Le surplus sera réservé pour lui être remis, après que le tems de sa détention sera expiré.

Il lui sera permis de se procurer une nourriture meilleure et plus abondante sur sa fortune particulière, à moins que le jugement de condamnation n'en ait ordonné autrement.

Section II.

Classification des délits et des peines qui seront prononcées.

Les délits punissables par la voie de la police correctionnelle, seront,

1°. Les délits contre les bonnes mœurs ;

2°. Les troubles apportés publiquement à l'exercice d'un culte religieux quelconque ;

3°. Les insultes et les violences graves envers les personnes ;

4°. Les troubles apportés à l'ordre social et à la tranquillité publique, par les tumultes, attroupemens ou autres délits.

5°. Les atteintes portées à la propriété des citoyens, par dégâts, larcins ou simples vols, escroqueries, ouverture de maisons de jeux où le public serait admis.

Section III.

Premier genre de délit.

Art. Ier. Ceux qui seront prévenus d'avoir attenté publiquement aux mœurs, par outrage à la pudeur des femmes, par actions deshonnêtes, par expositions ou ventes d'images obscènes, d'avoir favorisé la débauche ou corrompu des jeunes gens de l'un ou de l'autre sexe, pourront être saisis sur-le-champ et conduits devant le juge de paix, lequel est autorisé à les faire retenir jusqu'à la prochaine audience de police correctionnelle.

II. Si le délit est prouvé, les coupables seront condamnés, selon la gravité des faits, à une amende de cinquante à cinq cents livres, et à un emprisonnement qui ne pourra excéder six mois, s'il s'agit d'images obscènes, les estampes et planches seront en outre confisqués et brisés. Si ce délit est commis par quelques personnes comprises dans l'une des trois classes indiquées en l'article II, section première, titre premier, de la présente loi, la peine sera double.

Quant aux tuteurs, instituteurs et autres chargés de l'éducation des jeunes gens qui les auront corrompus, ils seront livrés au pouvoir judiciaire qui prononcera la déportation de la colonie.

Section IV.

Deuxième genre de délits.

Art. Ier. Ceux qui auraient outragé les objets d'un culte religieux quelconque, soit dans un lieu public, soit dans les lieux destinés à l'exercice de ce culte, ou ses ministres en fonctions, et ceux qui auraient interrompu, par un trouble public, les cérémonies religieuses de quelque culte que ce soit, seront condamnés à une amende de cinquante à trois cents livres, et à un emprisonnement qui ne pourra excéder trois mois. En cas de récidive, l'amende sera toujours de trois cents livres et l'emprisonnement de six mois.

II. Les auteurs de ces délits pourront être saisis sur-le-champ et conduits devant le juge de paix.

Section V.

Troisième genre de délits.

Art. Ier. Ceux qui hors les cas de légitime défense et sans excuse suffisante, auraient blessé ou même frappé des citoyens, seront jugés par la police correctionnelle ; et, en cas de conviction, condamnés, selon la gravité des faits, à une amende qui ne pourra excéder cinq cents livres, et s'il y a lieu, à un emprisonnement qui ne pourra excéder six mois.

II. La peine sera plus forte, si les violences ont été commises envers des femmes ou des personnes de soixante-dix ans et au-dessus, ou envers des enfans au-dessous de quatorze ans, ou par des apprentis, compagnons, ouvriers à gages ou domestiques, à l'égard de leurs maîtres ou de ceux qui les emploient ; enfin, s'il y a effusion de sang, et en outre dans le cas de récidive ; mais elle ne pourra excéder mille livres d'amende et une année d'emprisonnement.

III. En cas d'homicide dénoncé comme involontaire et reconnu tel par la déclaration du juré, s'il est la suite de l'imprudence ou de la négligence de son auteur, celui-ci sera condamné à une amende qui ne pourra être au-dessous de cinq cents livres, ni excéder trois mille livres, et à un emprisonnement qui ne pourra être moindre de trois mois, ni excéder six mois.

IV. Si quelqu'un ayant blessé un citoyen dans les rues et voies publiques, par l'effet de son imprudence ou de sa négligence, soit par la rapidité de ses chevaux, soit de toute autre manière, s'il en est résulté fracture de membres ; ou si, d'après le certificat légal des gens de l'art, la blessure est telle qu'elle exige un traitement de quinze jours, le délinquant sera condamné à une amende de cinq cents livres, aux frais de traitement et à un emprisonnement qui ne pourra excéder six mois ; les maîtres seront civilement responsables des condamnations pécuniaires encourues par leurs esclaves conducteurs de chevaux et autres, leurs domestiques.

V. Toutes les peines ci-dessus, seront prononcées indépendamment des dommages et intérêts des parties, et les maîtres en seront responsables jusqu'à concurrence de la valeur de leurs esclaves.

VI. Quant aux simples injures verbales, si elles ne sont pas adressées à un fonctionnaire public en exercice de ses fonctions, et si la partie offensée ne s'est pas pourvue par la voie criminelle, elle suivra son action devant le tribunal de paix, qui prononcera telle amende et dommages et intérêts que les circonstances lui paraîtront exiger.

VII. Les injures, les outrages et les menaces par paroles ou par gestes, faits aux fonctionnaires publics dans le service de leurs fonctions, seront punis d'une amende qui ne pourra excéder trois mille livres et d'un emprisonnement qui ne pourra excéder deux ans. La peine sera double en cas de récidive.

VIII. Les mêmes peines seront infligées, 1° à ceux qui outrageront ou menaceront par paroles ou par gestes, soit les gardes nationales, soit la gendarmerie coloniale, soit les troupes de ligne, se trouvant sous les armes ou en service, au corps-de-garde ou dans un autre poste de service ; 2° à ceux qui après avoir été repris ou arrêtés par une patrouille de garde nationale ou de troupe de ligne, provoqueraient ensuite au combat singulier, soit les sergens ou caporaux commandans ces patrouilles ; soit tout autre citoyen qui en aura fait partie, sans préjudice des peines plus fortes, s'il y a lieu, contre ceux qui les frapperaient, et sans préjudice également de la défense et de la résistance légitime, conformément aux lois militaires.

IX. Les coupables des délits mentionnés aux articles Ier, II, III, IV, V, VIII et IX de la présente section, seront saisis sur-le-champ et conduits devant le juge de paix.

Section VI.

Quatrième genre de délits.

Art. Ier. Tous ceux qui dans l'adjudication des propriétés ou de la location, soit des domaines nationaux, soit des biens appartenans à des particuliers, troubleraient la liberté des enchères ou empêcheraient que les adjudications ne s'élevassent à leur véritable valeur, soit par offre d'argent, soit par des conventions frauduleuses, soit par des violences ou voies de fait exercés avant ou pendant les enchères, seront punis d'une amende qui ne pourra excéder cinq cents livres, et

d'un emprisonnement qui ne pourra excéder six mois. La peine sera double en cas de récidive.

II. Les personnes comprises dans l'une des trois classes mentionnées en l'article Ier de la section première, du titre premier de la présente loi, qui seront surprises, dans une rixe, attroupement ou acte quelconque de simple violence, ou en contravention à quelque loi ou réglement de police, seront punies par un emprisonnement qui ne pourra excéder trois mois ; en cas de récidive, la détention sera d'une année.

III. Les citoyens domiciliés qui, après avoir été réprimés une fois par la police municipale, pour rixes, tumultes, attroupemens nocturnes ou désordres, en assemblées publiques ou pour avoir contrevenu à quelque loi ou réglement de police, commettraient pour la deuxième fois, le même genre de délit, seront condamnés par la police correctionnelle, à une amende qui ne pourra excéder trois cents livres, à un emprisonnement qui ne pourra excéder quinze jours.

IV. Ceux qui se rendront coupables des délits mentionnés en la présente section, seront saisis sur-le-champ et conduits devant le juge de paix.

Section VII.

Cinquième genre de délits.

Art. Ier. Les larcins, filouteries ou simples vols, qui ne seront pas commis de nuit, ou par plusieurs personnes, ou par une seule, qui ne seraient pas munis d'armes à feu ou autres armes meurtrières, ou avec effraction, sera puni par la voie de la police correctionnelle ; et ceux qui en seront couvaincus, seront, outre la restitution des choses volées ou de la valeur d'icelles et les dommages et intérêts envers les parties lésées, punis d'un emprisonnement qui ne pourra excéder deux ans. La peine sera double en cas de récidive.

II. Le vol de deniers ou d'effets mobiliers appartenans à la République ou aux particuliers, qui ne sera pas commis de nuit et avec effraction, et dont la valeur n'excédera pas vingt livres, sera puni par la police correctionnelle, d'une amende de deux fois la valeur des choses volées et d'un emprisonnement d'un an. La peine sera double en cas de récidive.

III. Ceux qui seront convaincus d'avoir reçu gratuitement, acheté ou recelé lesdits deniers ou effets, ou partie d'iceux, sachant qu'ils provenaient d'un vol fait par un esclave, subiront le double des peines ci-dessus prononcées ; et en cas de récidive, lesdits receleurs seront déportés de la colonie.

IV. Ceux qui se rendront coupables de ces délits, ainsi que ceux mentionnés en l'article Ier de la présente section, pourront être saisis sur-le-champ et conduits devant le juge de paix.

V. Si le vol mentionné en l'article II est d'une valeur au-dessus de vingt livres, ceux qui en seront prévenus, ainsi que leurs complices et ceux qui auront reçu gratuitement, acheté ou recelé lesdits deniers ou effets ou partie d'iceux, sachant qu'ils provenaient d'un vol, seront renvoyés au pouvoir judiciaire, pour leur procès y être fait et jugé suivant les lois qui seront établies.

VI. Ceux qui, par vol, ou à l'aide de faux noms ou de fausses entreprises, ou d'un crédit imaginaire, ou d'espérances ou de craintes chimériques, auraient abusé de la crédulité de quelques personnes et escroqué la totalité ou partie de leurs fortunes, seront poursuivis devant le tribunal judiciaire ; et si l'escroquerie est prouvée, lesdits tribunaux après avoir prononcé les restitutions, dommages et intérêts, sont autorisés à condamner par voie de police correctionnelle, à une amende de cinq à dix mille livres, et à un emprisonnement qui ne pourra excéder deux ans. En cas d'appel, le condamné gardera prison, à moins que les juges ne trouvent convenable de le mettre en liberté, sur une caution triple de l'amende et des dommages et intérêts prononcés. En cas de récidive, la peine sera double.

Tous les jugemens de condamnation à la suite des délits mentionnés au présent article, seront imprimés et affichés.

VII. Tous ceux qui tiendront des maisons de jeu de hasard, où le public serait admis, soit librement, soit sur la présentation des affiliés, seront poursuivis devant le tribunal de police correctionnelle, et punis d'une amende de mille à trois mille livres, avec confiscation des fonds trouvés exposés au jeu, et d'un emprisonnement qui ne pourra excéder un an. L'amende, en cas de récidive, sera de cinq à dix mille livres, et l'emprisonnement audit cas, ne pourra excéder deux ans, sans préjudice de la solidarité pour les amendes qui auraient été prononcées par la police municipale, contre les propriétaires et principaux locataires, dans le cas et aux termes de l'article VIII. section première, titre premier, de la police municipale.

VIII. Ceux qui tiendront ces maisons de jeux de hasard, s'ils sont pris en flagrant délit, pourront être saisis et conduits sur-le-champ devant le juge de paix.

IX. Toute personne convaincue d'avoir vendu des boissons falsifiées par des mixtions nuisibles, sera condamnée à une amende qui ne pourra excéder mille livres et à un emprisonnement qui ne pourra excéder un an.

Le jugement sera imprimé et affiché et la peine sera double en cas de récidive.

X. Les marchands ou tous autres vendeurs, convaincus d'avoir trompé dans les ventes de matières d'or et d'argent, ou sur la qualité d'une pierre fausse vendue pour fine, seront, outre la confiscation des marchandises en délit, et la restitution du prix envers l'acheteur, condamnés à une amende de mille à trois mille livres, et à un emprisonnement qui ne pourra excéder un an ; les jugemens seront imprimés et affichés, et la peine sera double en cas de récidive.

XI. Ceux qui, déjà condamnés par la police municipale, pour infidélité sur les poids et mesures, commettraient de nouveau le même délit, seront condamnés par la police correctionnelle, à la confiscation des marchandises ainsi vendues, à la restitution du prix envers l'acheteur, à une amende qui ne pourra excéder mille livres, et à un emprisonnement qui ne pourra excéder une année. Leurs poids et mesures seront confisqués et brisés, et le jugement imprimé et affiché.

A la seconde récidive, ils seront livrés au pouvoir judiciaire, pour y être poursuivis criminellement.

XII. Les dommages et intérêts, ainsi que la restitution et les amendes qui seront prononcées en matière de police correctionnelle, emporteront la contrainte par corps et toutes les amendes, soit de la police municipale, soit de la police correctionnelle, seront solidaires entre les complices.

XIII. Tout capitaine ou autre officier commandant un vaisseau qui se trouvera dans le cas d'être renvoyé à la police correctionnelle, en vertu de l'article XXIII de la section IV, du titre premier, sur la police municipale, sera, outre sa responsabilité, ainsi que celle de l'état-major, envers les créanciers des individus embarqués furtivement sur ce vaisseau, condamné à une amende de mille livres.

XIV. Les appels qui seront interjetés des jugemens de police municipale ou correctionnelle, ne pourront être admis dans les tribunaux, qu'après que les condamnés à une amende, auront justifié de la consignation de cette amende, par certificat du secrétaire-greffier de la municipalité ou du tribunal de police correctionnelle ; l'appel suspendra provisoirement et ne pourra être retardé plus de trois jours après la signification, et plus de huit jours en cas de jugement par défaut. Le tout à peine d'interdiction pendant trois mois, contre les juges qui auraient admis l'appel avant l'observation de ces formalités, et de pareille peine contre l'officier qui, remplissant les fonctions du ministère public près les tribunaux, ne se sera pas opposé à l'admission dudit appel, lequel appel ne pourra au surplus jamais être interjeté d'office.

Section VIII.

Des assemblées de citoyens d'un même état ou profession.

Art. Ier. Les citoyens d'un même état ou profession, les entrepreneurs, ceux qui ont boutique ouverte, les ouvriers et compagnons d'un art ou profession quelconque, ne pourront, lorsqu'ils se trouveront ensemble, se nommer ni président, ni secrétaires, ni syndics, tenir des registres, prendre des arrêtés ou délibérations, ni former des réglemens sur leurs prétendus intérêts communs.

II. Les corps administratifs et municipaux, ne recevront aucune adresse ni pétition, sous la dénomination d'un état ou profession, et ils n'y feront aucune réponse. Il leur est enjoint de déclarer nulles les délibérations qui pourraient être prises de cette manière, et de veiller soigneusement à ce qu'il ne leur soit donné aucune suite ni exécution.

III. Si des citoyens attachés aux mêmes professions, arts et métiers, prenaient entre eux des conventions tendantes à refuser de concert, ou à n'accorder qu'à un prix déterminé, le secours de leur industrie ou de leurs travaux, lesdites délibérations et conventions, quelque caractère et conditions qu'elles portent, sont déclarées inconstitutionnelles, attentatoires à la liberté et aux droits de l'homme, et de nul effet. Le directoire et les corps municipaux, sont tenus de les déclarer telles. Les auteurs, chefs, et instigateurs, qui les auront provoquées, rédigées ou présidées, seront cités devant le tribunal de police correctionnelle, à la requête des procureurs de la commune, et condamnés chacun en cinq cents livres d'amende, suspendus pendant un an de l'exercice de tous droits de citoyen actif, et de l'entrée dans les assemblées primaires, et le jugement sera imprimé et affiché aux frais des condamnés.

IV. Défenses sont faites aux corps-administratifs et municipaux, à peine par leurs membres d'en répondre en leur propre et privé nom, d'admettre ou de souffrir qu'on admette aux ouvrages de leurs professions, dans aucun des travaux publics, dont lesdits corps administratifs et municipaux auront la direction ou la surveillance, ceux des entrepreneurs, ouvriers ou compagnons qui provoqueraient ou signeraient lesdites délibérations ou conventions, si ce n'est dans le cas où, de leur propre mouvement, ils se seraient présentés au greffe du tribunal de police correctionnelle, pour les rétracter ou désavouer.

V. Si lesdites délibérations ou conventions, affiches apposées, circulaires contenaient quelques menaces contre les entrepreneurs, artisans, ouvriers ou autres de la même profession qui n'auraient ni signé, ni rédigé, ni approuvé, ni présidé lesdites délibérations ou conventions, affiches et circulaires, ou contre ceux qui les ayant signées, rédigées, présidées ou autrement approuvées, les rétracteraient ou les désavoueraient ensuite de leur plein gré, en tems utile, ou contre ceux qui viendraient travailler sur le lieu, ou enfin qui se contenteraient d'un salaire inférieur, tous auteurs, instigateurs et signataires desdits actes et desdits écrits, seront punis par la police correctionnelle, chacun d'une amende de mille livres et de trois mois de prison.

VI. Ceux qui useraient de menaces ou de violences contre les ouvriers usant de la liberté accordée par les lois, au travail et à l'industrie, seront poursuivis par la voie criminelle et punis selon la rigueur des lois, comme perturbateurs du repos public.

VII. Tous attroupemens composés d'artisans, ouvriers, compagnons journaliers ou de toutes autres personnes excitées par eux, contre le libre exercice de l'industrie et du travail, appartenant à tous les citoyens et sous toutes conditions de gré à gré, ou contre l'action de la police, et l'exécution des jugemens rendus en cette matière ; ainsi que contre les enchères et adjudications publiques de toutes entreprises quelconques, seront considérés comme attroupemens séditieux, et comme tels, dissipés par tous les moyens qui sont à la disposition des corps constitués ; les auteurs, instigateurs, chefs et participes desdits attroupemens, et tous ceux qui auront commis des voies de fait et des actes de violences, seront livrés au pouvoir judiciaire, poursuivis criminellement et punis comme séditieux et perturbateurs du repos public.

SECTION IX.

Des délits commis dans les campagnes, et qui sont de la jurisdiction du tribunal de police municipale ou correctionnelle.

Art. Ier. Tout délit rural, mentionné en la présente section, sera puni d'une amende ou d'une détention municipale ou correctionnelle, ou de ces deux peines réunies, suivant les circonstances et la gravité du délit, sans préjudice de l'indemnité qui pourra être due à celui qui aura été lésé. Dans tous les cas, l'indemnité sera payée par préférence à l'amende. L'indemnité et l'amende sont dues solidairement par les délinquans.

II. Les moindres amendes seront de dix-huit livres. Toutes les amendes ordinaires qui n'excéderont pas la somme de trois journées de travail, seront doubles en cas de récidive dans la même année, ou si le délit a été commis avant le lever ou après le coucher du soleil ; elles seront triples, quand les deux circonstances précédentes seront réunies. Elles seront versées dans la caisse de la municipalité du lieu.

III. Le défaut de payement des amendes et des indemnités, n'entraînera la contrainte par corps, que vingt-quatre heures après le commandement. La détention remplacera l'amende à l'égard des insolvables ; mais la durée, en commutation de peine, ne pourra excéder quinze jours dans les délits pour lesquels cette peine n'est point prononcée ; et dans les cas graves où la détention est jointe à l'amende, elle pourra être prolongée d'un quart du tems prescrit par la loi.

IV. Les délits mentionnés en la présente section, qui entraîneront une détention de plus de trois jours dans la campagne, et de plus de huit jours dans la ville, seront jugés par voie de police municipale.

V. Les officiers municipaux veilleront généralement à la tranquillité, à la salubrité et à la sûreté des campagnes.

VI. Toute personne qui ordonnera ou fera faire un brûlement, sera responsable de tous dommages que ses voisins en auront éprouvés.

VII. Les dégats que les bestiaux de toute espèce, laissés à l'abandon, feront sur les propriétés d'autrui, soit dans l'enceinte des habitations, soit dans un enclos rural, soit dans les champs ouverts, seront payés par ceux qui ont la jouissance de ces bestiaux ; et, en cas d'insolvabilité par le propriétaire, celui qui éprouvera le dommage, aura le droit de saisir les bestiaux ; mais il en donnera avis sur-le-champ à celui en aura la jouissance, et au procureur de la commune du canton.

Il sera satisfait aux dégats, par la vente des bestiaux, s'ils ne sont pas réclamés, ou si le dommage n'a point été payé, ou enfin, s'il n'a pas été transigé entre parties, dans la huitaine de l'avis donné au possesseur desdits bestiaux et au procureur de la commune du canton.

Si ce sont des volailles, de quelqu'espèce que ce soit, qui causent le dommage, le propriétaire, le détenteur ou le fermier, qui l'éprouvera, pourra les tuer, mais seulement sur le lieu et au moment du dégat.

VIII. Chaque propriétaire fera brûler et réduire en cendres, sur son terrain, les bestiaux de toute espèce qui y mourront; sinon, ils seront voiturés au lieu indiqué à cet effet, par chaque municipalité dans son canton, pour y être brûlés, sous peine par le délinquant, de payer une amende de cinquante livres, les frais de transport et ceux qu'il sera nécessaire de faire pour brûler lesdits bestiaux.

IX. Personne ne pourra inonder la propriété de son voisin, ni lui transmettre volontairement les eaux d'une manière nuisible, sous peine de payer le dommage et une amende qui ne pourra excéder la somme du dédommagement.

X. Il est défendu à toutes personnes, de combler les fossés, de dégrader des clôtures, de couper des branches, de haies vives, d'enlever des bois secs des haies, sous peine d'une amende de trente livres; le dédommagement sera payé au propriétaire; et selon la gravité des circonstances, la détention aura lieu, mais au plus pour huit jours.

XI. Les propriétaires ou les fermiers d'un même canton, ne pourront se coaliser pour faire baisser, à vil prix, la journée des ouvriers ou autres personnes à gages, sous peine d'une amende de cinquante livres contre les délinquans, même de la détention de police municipale, s'il y a lieu.

XII. Les ouvriers ou autres personnes à gages, employés dans les campagnes, ne pourront se liguer entre eux, pour faire augmenter et déterminer le prix des gages ou les salaires, sous peine d'une amende qui ne pourra excéder la valeur de cent vingt livres, et en outre de la détention de police municipale.

XIII. Un troupeau atteint de maladie contagieuse, qui sera rencontré en paturage sur des terrains autres que ceux du propriétaire ou du fermier dudit troupeau, pourra être saisi par toutes personnes, et conduit au dépôt qui sera indiqué à cet effet par chaque municipalité dans son canton.

Le maître de ce troupeau, sera condamné à une amende de quarante livres par tête de bœufs, vaches, veaux et vedelles, et de dix livres pour chaque mouton, cabrit et chèvre; il sera en outre responsable du dommage que son troupeau aura occasionné

XIV. Il est défendu à toutes personnes, de mener ou de laisser paître dans aucun tems des bestiaux sur le terrain d'autrui, sous peine de répondre du dédommagement envers le propriétaire ou fermier dudit terrain, et d'une amende de la valeur du dédommagement

dû audit propriétaire ou fermier, et suivant les circonstances, le délinquant pourra être condamné à la détention de la police municipale.

XV. Ceux qui conduisant des troupeaux d'un lieu à un autre, les laisseront pacager sur les terres des particuliers, seront, outre le dédommagement, punis d'une amende de vingt livres, l'amende sera égale à la somme du dédommagement, si le dommage est fait sur un terrain ensemencé, ou qui ne sera pas dépouillé de sa récolte.

A défaut du payement, les bestiaux pourront être saisis et vendus, jusqu'à concurrence de la somme du dédommagement, de l'amende et des frais y relatifs; il pourra même y avoir lieu envers les conducteurs à la détention municipale, suivant les circonstances.

XVI. Quiconque, sera trouvé gardant à vue ses bestiaux sur le terrain d'autrui, sera condamné, outre le dédommagement, à une amende égale à la somme dudit dédommagement, et suivant les circonstances, il pourra l'être à une détention qui n'excédera pas un mois.

XVII. Si quelqu'un, autre que le propriétaire ou ses agens, entre, même à pied, dans les bleds ou dans les riz, lorsqu'ils sont en tuyau, ainsi que dans toute autre récolte pendante, l'amende sera au moins de trente livres, et pourra être d'une somme égale à celle due pour dédommagement au propriétaire.

XVIII. Quiconque sera convaincu d'avoir dévasté des récoltes sur pied, de quelque nature qu'elles soient, ou abattus des plants venus naturellement, ou faits de main d'homme, sera puni d'une amende double du dédommagement dû au propriétaire, et d'une détention qui ne pourra être moindre de deux mois.

XIX. Toute personne convaincue d'avoir, sur le terrain d'autrui, blessé ou tué des bestiaux ou chiens de garde, sera condamné à une amende double de la somme du dédommagement; le délinquant pourra être détenu huit jours, si l'animal est mort de sa blessure, ou s'il en est resté estropié. L'amende et la détention seront doublés, si le délit a été commis la nuit, ou dans un parc ou dans un enclos rural.

XX. Quiconque aura déplacé ou supprimé des bornes ou arbres plantés et reconnus pour établir les limites entre différentes propriétés, sera, outre le dommage et les frais de remplacement des bornes, condamné à une amende de cinq mille livres, et sera puni d'une détention, dont la durée ne pourra excéder trois mois.

XXI. Quiconque dérobera des fruits de la terre, qui peuvent servir à la nourriture des hommes, ou d'autres productions utiles, sera condamné à une amende égale au dédommagement dû au propriétaire; il pourra aussi, suivant les circonstances du délit, être puni de la détention de police municipale.

XXII. Tout vol de récolte, de quelque nature qu'elle soit, commis avec des paniers ou des sacs, à l'aide d'animaux de charge, sera puni d'une amende double de la valeur du dédommagement dû au propriétaire desdites productions ; la détention qui aura toujours lieu en pareil cas, ne pourra être moindre de huit jours, et pourra être étendu jusqu'à quinze jours, suivant la gravité des circonstances, en cas de récidive l'amende sera double.

XXIII. L'enlèvement de bois fait à dos d'hommes dans les bois taillis ou futaies, ou autres plantations d'arbres des particuliers ou de la nation, sera puni d'une amende double du dédommagement dû au propriétaire, et la peine de la détention sera la même que celle portée en l'article précédent.

Si cet enlèvement est fait à charge de bêtes de somme ou de charrette, l'amende sera triple de la valeur du dédommagement dû au propriétaire, et la détention ne pourra être moindre de quinze jours, ni excéder un mois. Cependant les habitans de la ville, pourront continuer d'en prendre en l'enfoncement du Champ-de-Mars sur les biens nationaux, avec un permis de la municipalité.

XXIV. Les dégats faits par des bestiaux dans les bois taillis nationaux ou des particuliers, seront punis d'une amende de quarante sols pour chaque bête à laine ou cochon ; de quatre livres pour chaque chèvre, cabrit, cheval, pour chaque bœuf, vache, ou veau, ou autres bêtes de somme.

Si le dégat est commis en présence du pâtre, l'amende sera double.

Elle sera triple, s'il y a récidive dans l'année ; elle sera quadruple, si la récidive est commise en présence du pâtre.

Le dédommagement dû au propriétaire des bois taillis, sera estimé de gré à gré, ou à dire d'experts.

XXV. Les cultivateurs et tous autres qui auront dégradé ou détérioré de quelque manière que ce soit, les chemins publics, ou usurpé sur leur largeur, seront condamnés à la réparation ou à la restitution, et à une amende qui ne pourra être moindre de dix livres, ni excéder cent francs.

XXVI. Tout voyageur qui déclora un champ pour se faire un passage dans sa route, payera le dommage fait au propriétaire ; de plus une amende de la valeur de trente livres, à moins que le juge de paix ne décide que le chemin public était impraticable ; en ce dernier cas, les dommages et les frais de reclôture, seront à la charge de la commune du lieu. Toute propriété sera réputée close, lorsqu'elle sera entourée d'un mur avec barrière ou porte, ou lorsqu'elle sera exactement fermée et entourée de palissades ou de treillages, ou d'une haie sèche ou vive cordelée avec des branches, ou d'un fossé.

XXVII. Le voyageur qui, par la rapidité de sa voiture ou de sa monture, tuera ou blessera des bestiaux sur les chemins, sera condamné à une amende égale à la somme du dédommagement dû au propriétaire des bestiaux.

XXVIII. Les gazons, les terres ou les pierres des chemins publics, ne pourront être enlevés en aucun cas, sans l'autorisation du directoire; les terres ou matériaux qui appartiendront aux communes, ne pourront également être enlevés, si ce n'est en vertu d'une délibération du conseil-général de la commune à laquelle appartiendront lesdites terres ou matériaux.

Ceux qui commettront l'un de ces délits, seront, outre la réparation du dommage, condamnés à une amende qui ne pourra être moindre de dix livres, ni excéder cent livres ; ils pourront en outre être condamnés suivant la gravité des circonstances, à la détention de la police municipale.

XXIX. Les propriétaires sont libres de cultiver leurs terres à leur gré, et de disposer de toutes les productions de leur propriété dans l'intérieur de la colonie et au dehors, sans préjudice aux droits d'autrui, et en se conformant aux lois.

XXX. Tout propriétaire peut obliger son voisin au bornage de leurs propriétés contigues en payant la moitié des frais.

XXXI. Nul agent d'agriculture, employés à l'exploitation des habitations, ne pourra être arrêté, sinon pour crime, avant qu'il ait été pourvu à la sûreté des habitations, et que les propriétaires, ou, en cas d'absence, leurs représentans aient été légalement avertis. En cas de poursuites criminelles, il y sera également pourvu immédiatement après l'arrestation du prévenu, sous la responsabilité de ceux qui l'auront exercée.

XXXII. Si un ou plusieurs esclaves commis à la garde des troupeaux de la République, ou des citoyens, sont prévenus de crimes, ils pourront être saisis, même gardant lesdits troupeaux ; mais en ce cas, ceux qui seront chargés de l'arrestation, seront tenus, sous leur responsabilité, de pourvoir incontinent à la sûreté des bestiaux commis à la garde des esclaves arrêtés, sans que ceux qui exerceront ladite arrestation, puissent se permettre de déplacer lesdits bestiaux.

XXXIII. Les agens d'aucune administration ne pourront fouiller dans les terrains appartenant aux citoyens, pour y chercher des pierres, de la terre ou du sable nécessaires à l'entretien ou à la confection des grandes routes ou autres ouvrages publics, qu'au préalable ils n'aient averti le propriétaire ou son représentant, et qu'il ne soit justement indemnisé à l'amiable ou à dire d'experts.

XXXIV. La poursuite des délits ruraux sera faite au plus tard dans le délai d'un mois, soit par les parties lésées, soit par le procureur de la commune, ou leur substitut, s'il y en a ; faute de quoi et ledit délai expiré, il n'y aura plus lieu à aucune poursuite.

XXXV. Tous les dommages causés et les amendes encourues par les esclaves, seront supportés par leurs maîtres, si mieux n'aiment ceux-ci, en faire l'abandon jusqu'à concurrence, auquel cas ils seront vendus, le prix appliqué au payement des dédommagemens, des amendes et des frais, et le surplus, si surplus il y a, sera rendu aux maîtres.

Section X.

Forme de procéder composition des tribunaux en matière de police correctionnelle

Art. Ier. Dans le cas où un prévenu, surpris en flagrant délit, serait amené devant le juge de paix, le juge, après l'avoir interrogé, après avoir entendu les témoins, et, s'il y a lieu, dressé procès-verbal sommaire, le renverra en liberté s'il le trouve innocent; le renverra à la police municipale, si l'affaire est de sa compétence, donnera le mandat d'arrêt, s'il est justement suspect d'un crime, et renverra au pouvoir judiciaire; enfin s'il s'agit d'affaire de la compétence de la police correctionnelle, il fera retenir le prévenu pour être jugé par ce tribunal où il admettra sous caution à se présenter à toute réquisition : la caution ne pourra être moindre de 3000 livres, ni excéder 20,000 livres.

II. La poursuite des délits dont la connaissance est déféré au tribunal de police correctionnelle, sera faite soit par les citoyens lésés, soit par le procureur de la commune ou son substitut soit dans les cantons où il n'y a pas de substitut, et en cas d'empêchement ou d'absence du procureur de la commune, par un des notables qui sera commis à cet effet par la municipalité du canton où se poursuivra le délit.

III. Sur la dénonciation des citoyens ou du procureur de la commune; ou de son substitut; ou du notable commis à cet effet, le juge de paix pourra donner un mandat d'amener, et après les éclaircissemens nécessaires, prononcera, ainsi qu'il est dit en l'article premier de la présente section.

IV. Le tribunal de police correctionnelle, sera composé dans chaque canton du juge de paix et de deux assesseurs, et le greffier du juge de paix servira auprès de chaque tribunal de police correctionnelle.

V. Les huissiers des juges de paix feront le service à l'audience du tribunal de police correctionnelle.

VI. Les audiences de chacun de ces tribunaux seront données sur chaque fait, trois jours au plus tard après le renvoi prononcé par les juges de paix.

VII. L'instruction se fera à l'audience, le prévenu y sera interrogé; les témoins pour et contre entendus en sa présence; les reproches et défenses proposées, les pièces lues, s'il y en a, et le jugement prononcé de suite, ou au plus tard à l'audience suivante.

VIII. Les témoins préteront serment à l'audience, le greffier tiendra note de leurs nom, âge, qualités et demeure, ainsi que leurs principales déclarations et des principaux moyens de défenses. Les conclusions des parties et celles de la partie publique, seront fixées par écrit et lues, et les jugemens seront motivés.

IX. Il ne sera fait aucune autre procédure, mais tout prévenu pourra en tout état de cause exercer le droit qui lui est naturellement acquis, d'employer pour la défense, le ministère d'un défenseur officieux.

X. Les jugemens en matière de police correctionnelle, ne pourront être attaqués que par la voie de l'appel; mais les appelans ne pourront être admis dans leur appel, qu'en justifiant qu'ils ont rempli les formalités prescrites par les articles VIII et XVIII, section IV, titre Ier de la police municipale, et dans tous les cas, l'appel ne pourra être reçu après les quinze jours de la signification des jugemens, soit à la personne du condamné, soit à son dernier domicile.

XI. Si parmi les condamnés, par même jugemens, et pour les mêmes délits, il s'en trouve un ou plusieurs qui ne veulent point appeler, le jugement du tribunal d'appel réglera leur sort; de manière que si ce jugement confirme celui des tribunaux de police municipale ou correctionnelle, les condamnés qui n'auront point appelé, subiront la peine qui leur aura été infligée. Si au contraire, le premier jugement est infirmé et les appelans relevés de la peine prononcée par icelui, ceux qui n'auront point appelés, en seront de droit relevés de même; mais ils seront en ce cas tenus de rembourser aux appelans leur cote part des frais, des dépenses et déboursés que ceux-ci auront pu être obligés de faire pour suivre leur appel.

XII. L'instruction sur l'appel se fera à l'audience, et dans la forme déterminée en la présente loi, pour les tribunaux de police municipale et correctionnelle; les témoins, s'il est jugé nécessaire, y seront de nouveau entendus, et l'appelant s'il succombe, sera condamné en l'amende usitée jusqu'à ce jour, et jusqu'à ce qu'autrement il en ait été ordonné.

XIII. Dans tous les cas d'appel des jugemens des tribunaux de police municipale ou correctionnelle, les conclusions seront données par le citoyen qui remplira les fonctions du ministère public auprès du tribunal devant lequel l'appel sera relevé.

XIV. Les produits des confiscations et amendes prononcées en police correctionnelle dans chaque canton, seront appliqués un tiers aux mêmes frais de la municipalité, un tiers à ceux du bureau de paix, et un tiers au soulagement des pauvres de la commune.

Justification de cet emploi sera faite aux corps municipaux et surveillée par le Directoire.

XV. Les peine des délits et des crimes mentionnés en la présente loi, seront toujours doubles, si les délits ou crimes sont commis par quelqu'une des personnes désignées en l'article IV, section première de la police municipale.

218. CODE PENAL.

Séance de l'Assemblée coloniale, du 7 Août 1793.

L'Assemblée coloniale, après avoir entendu le rapport de son commissaire et la lecture de la loi du 6 Octobre 1791, sur le Code pénal, a arrêté et arrête ce qui suit :

PREMIERE PARTIE.

Des Condamnations.

TITRE PREMIER.

Des peines en général.

Art. Ier. Les peines qui seront prononcées contre les accusés trouvés coupables par le jury, sont la peine de mort, les fers, la réclusion dans la maison de force, la gêne, la détention, la déportation, la dégradation civique, le carcan.

II. La peine de mort consistera dans la simple privation de la vie, sans qu'il puisse jamais être exercé aucune torture envers les condamnés.

III. Tout condamné aura la tête tranchée.

IV. Quiconque aura été condamné à mort pour crime d'assassinat, d'incendie ou de poison, sera conduit au lieu de l'exécution revêtu d'une chemise rouge.

Le parricide aura la tête et le visage voilés d'une étoffe noire ; il ne sera découvert qu'au moment de l'exécution.

V. L'exécution des condamnés à mort, se fera dans la place publique de la ville où le juré d'accusation aura été convoqué.

VI. Les condamnés à la peine des fers, traineront à l'un des pieds un boulet attaché avec une chaîne de fer, et seront transportés en France, pour y subir leur châtiment.

VII. La peine des fers ne pourra dans aucun cas être perpétuelle.

VIII. Dans le cas où la loi prononce la peine des fers pous un un certain nombre d'années, si c'est une femme ou une fille qui est convaincue de s'être rendue coupable desdits crimes, ladite femme ou fille sera condamnée pour le même nombre d'années, à la peine de réclusion dans la maison de force.

IX. Les femmes et les filles condamnés à cette peine, seront enfermées dans une maison de force, et seront employées dans l'enceinte de ladite maison à des travaux forcés au profit de la colonie.

X. Le corps administratif, pourra déterminer le genre des travaux auxquels les condamnés seront employés dans lesdites maisons.

XI. Il sera statué par un arrêté de l'Assemblée coloniale, dans quel nombre et dans quels lieux seront formés les établissemens desdites maisons.

XII. La durée de cette peine ne pourra dans aucun cas être perpétuelle.

XIII. Tout condamné à la peine de la gêne, sera enfermé seul dans un lieu éclairé, sans fers, ni liens ; il ne pourra avoir dans la durée de sa peine, aucune communication avec les autres condamnés ou avec les personnes du dehors.

XIV. Il ne sera fourni au condamné à ladite peine que du pain et de l'eau, aux dépens de la maison ; le surplus sur le produit de son travail.

XV. Dans le lieu où il sera détenu, il lui sera procuré du travail à son choix dans le nombre des travaux qui seront autorisés.

XVI. Le produit de son travail sera employé ainsi qu'il suit :

Un tiers sera appliqué à la dépense commune de la maison.

Sur une partie des deux autres tiers, il sera permis au condamné de se procurer une meilleure nourriture.

Le surplus sera réservé, pour lui être remis au moment de sa sortie, après que le tems de sa peine sera expiré.

XVII. Cette peine ne pourra en aucun cas être perpétuelle.

XVIII. Les condamnés à la peine de la détention seront enfermés dans l'enceinte d'une maison destinée à cet effet.

XIX. Il leur sera fourni du pain et de l'eau aux dépens de la maison, le surplus sur le produit de leur travail.

XX. Il sera fourni aux condamnés, du travail à leur choix, dans le nombre des travaux qui seront autorisés.

XXI. Les condamnés pourront, à leur choix, travailler ensemble ou séparément, sauf toutefois les réclusions momentanées qui pourront être ordonnées par ceux qui seront chargés de la police de la maison.

XXII. Les hommes et les femmes seront enfermés et travailleront dans des enceintes séparées.

XXIII. Le produit du travail des condamnés à cette peine, sera employé, ainsi qu'il est dit en l'art. XVI ci-dessus.

XXIV. La durée de cette peine ne pourra excéder six années.

XXV. Quiconque aura été condamné à l'une des peines des fers, de la réclusion de la maison de force, de la gêne, de la détention, avant de subir sa peine, sera préalablement conduit sur la place publique de la ville où siégera le tribunal criminel, jusqu'à l'établissement des jurés au criminel.

Il y sera attaché à un poteau placé sur un échafaud, et il y demeurera exposé aux regards du peuple pendant six heures, s'il est condamné aux peines des fers, ou de la réclusion dans la maison de force ; pendant quatre heures, s'il est condamné à la peine de la gêne ; pendant deux heures, s'il est condamné à la détention : au-dessus de sa tête, sur un écriteau, seront inscrits en gros caractères, ses noms, sa profession, son domicile, la cause de sa condamnation et le jugement rendu contre lui.

XXVI. La peine de la déportation aura lieu dans le cas, et dans les formes qui seront déterminées ci-après.

XXVII. Le lieu où seront conduits les condamnés à cette peine, sera le même que celui déterminé par le décret de l'assemblée nationale.

XXVIII. Le coupable qui aura été condamné à la peine de dégradation civique, sera conduit au milieu de la place publique où siège le tribunal criminel qui l'aura jugé.

Le greffier du tribunal lui adressera ces mots à haute voix: votre pays vous a trouvé convaincu d'une action infâme. La loi et le tribunal vous dégradent de la qualité de citoyen français.

Le condamné sera ensuite mis au carcan au milieu de la place publique, il y restera pendant deux heures, exposé aux regards du peuple. Sur un écriteau seront tracés en gros caractères, ses noms, son domicile, sa profession, le crime qu'il a commis, et le jugement rendu contre lui.

XIX. Les femmes condamnées à la peine du carcan, et qui seront trouvées enceintes au moment de leur condamnation, ne subiront point cette peine, et ne seront point exposées en public; mais elles garderont prison pendant un mois, à compter du jour de leur jugement, qui sera imprimé, affiché, et attaché à un poteau planté à cet effet sur la place publique.

XXX. Les dommages et intérêts et réparations civiles seront prononcées lorsqu'il y échoira, indépendamment des peines ci-dessus spécifiées.

XXXI. Toutes les peines actuellement usitées, autres que celles qui seront établies ci dessus, sont abrogées.

TITRE II.

De la récidive.

Art. Ier. Quiconque aura été repris de justice pour crime, s'il est convaincu d'avoir, postérieurement à la première condamnation, commis un second crime emportant l'une des peines des fers, de la réclusion dans la maison de force, de la gêne, de la détention, de la dégradation civique ou du carcan, sera condamné à la peine prononcée par la loi contre ledit crime, et après l'avoir subie, il sera transféré, pour le reste de sa vie, au lieu fixé pour la déportation des malfaiteurs.

II. Toutefois, si la première condamnation n'a emporté autre peine que celle de la dégradation civique, ou du carcan, et que la même peine soit prononcée par la loi, contre le second crime dont le condamné est trouvé convaincu, en ce cas, le condamné ne sera pas déporté; mais attendu la récidive, la peine de la dégradation civique ou du carcan sera convertie en celle de deux années de détention.

TITRE III.

De l'exécution des jugemens contre un accusé contumax.

Art. Ier. Lorsqu'un accusé aura été condamné à l'une des peines établies ci-dessus, il sera dressé dans la place publique de la ville où le juré d'accusation aura été convoqué, un poteau auquel on appliquera un écriteau indicatif des noms du condamné, de son domicile, de sa profession, du crime qu'il aura commis, et du jugement rendu contre lui.

II. Un écriteau restera exposé aux yeux du peuple pendant douze heures, si la condamnation emporte la peine de mort; pendant six heures, si la condamnation emporte la peine des fers ou de la réclusion dans la maison de force; pendant quatre heures, si la condamnation emporte la peine de la détention et de la dégradation civique ou du carcan.

TITRE IV.

Des effets des condamnations.

Art. Ier. Quiconque aura été condamné à l'une des peines des fers, de la réclusion dans la maison de force, de la gêne, de la détention, de la dégradation civique ou du carcan, sera déchu de tous les droits attachés à la qualité de citoyen actif, et rendu incapable de les acquérir. Il ne pourra être rétabli dans ses droits, ou rendu habile à les acquérir, que sous les conditions et dans les délais qui seront prescrits au titre de la réhabilitation.

II. Quiconque aura été condamné à l'une des peines des fers, de la réclusion dans la maison de force, de la gêne ou de la détention, indépendamment des déchéances portées en l'article précédent, ne pourra, pendant la durée de la peine, exercer par lui-même, aucun droit civil. Il sera, pendant ce tems, en état d'interdiction légale, et il lui sera nommé un curateur pour gérer et administrer ses biens.

III. Le curateur sera nommé dans les formes ordinaires et accoutumées pour la nomination des curateurs aux interdits.

IV. Les biens du condamné lui seront remis après qu'il aura subi la peine, et le curateur lui rendra compte de son administration et de l'emploi de ses revenus.

V. Pendant la durée de sa peine, il ne pourra lui être remis aucune portion de ses revenus; mais il pourra être prélevé sur ses biens, les sommes nécessaires pour élever et doter ses enfans, ou pour fournir des alimens à sa femme, à ses enfans, à son père ou à sa mère, s'ils sont dans le besoin.

VI. Ces sommes ne pourront être prélevées sur ses biens, qu'en vertu d'un jugement rendu à la requête des demandeurs, sur l'avis des parens et du curateur, et sur les conclusions du commissaire chargé du ministère public.

VII. Les conducteurs des condamnées, les commissaires et gardiens des maisons où ils sont enfermés, ne permettront pas qu'ils reçoivent, pendant la durée de leur peine, aucun don, argent, secours, vivres, ou aumônes, attendu qu'il ne peut leur être accordé de soulagement, qu'en considération et sur le prix de leur travail.

Ils seront responsables de leur négligence à exécuter cet article, sous peine de destitution.

TITRE V.

De l'influence de l'âge des condamnés sur la nature et la durée de la peine.

Art. Ier. Lorsqu'un accusé déclaré coupable, aura commis le crime pour lequel il est poursuivi, avant l'âge de seize ans accomplis, le tribunal en attendant l'établissement des jurés décidera la question suivante : le coupable a-t-il commis le crime avec ou sans discernement ?

II. Si le tribunal décide que le coupable a commis le crime sans discernement, il sera acquitté du crime ; mais il pourra, suivant les circonstances, ordonner que le coupable rera rendu à ses parens, ou qu'il sera conduit dans une maison de correction, pour y être élevé et détenu pendant tel nombre d'années que le jugement déterminera ; et qui toutefois ne pourra excéder l'époque à laquelle il aura atteint l'âge de vingt ans.

III. Si le tribunal décide que le coupable a commis le crime avec discernement, il sera condamné, mais à raison de son âge, les peines suivantes seront commuées.

Si le coupable a encouru la peine de mort, il sera condamné à vingt années de détention dens une maison de correction.

S'il a encouru la peine des fers, de la réclusion dans la maison de force, de la gêne, ou de la détention, il sera condamné à être enfermé dans la maison de correction pendant un nombre d'années égal à celui pour lequel il aurait encouru l'une desdites peines à raison du crime qu'il a commis.

IV. Dans les cas portés en l'article précédent, le condamné ne subira pas l'exposition aux regards du peuple, sinon lorsque la peine de mort aura été commuée en vingt années de détention, dans une maison de correction, auquel cas, l'exposition du condamné aura lieu pendant six heures, dans les formes qui sont ci-dessus prescrites.

V. Nul ne pourra être déporté, s'il a soixante-quinze ans accomplis.

VI. Dans les cas où la loi prononce l'une des peines des fers, de la réclusion dans une maison de force, de la gêne ou de la détention pour plus de cinq années, la durée de la peine sera réduite à cinq ans, si l'accusé trouvé coupable est âgé de soixante-quinze ans accomplis ou au-delà.

VII. Tout condamné à l'une desdites peines, qui aura atteint l'âge de quatre-vingts ans accomplis, sera mis en liberté par jugement du tribunal criminel, rendu sur sa requête, s'il a subi au moins cinq années de sa peine.

TITRE VI.

De la Prescription en matière criminelle.

Art. Ier. Il ne pourra être intenté aucune action criminelle pour raison d'un crime après trois années révolues, lorsque dans cet intervalle, il n'aura été fait aucunes poursuites.

II. Quand il aura été commencé des poursuites, à raison d'un crime, nul ne pourra être poursuivi pour raison dudit crime, après six années années révolues, lorsque dans cet intervalle aucun juré d'accusation n'aura déclaré qu'il y a lieu à accusation contre lui, soit qu'il ait été ou non impliqué dans les poursuites qui auront été faites. Les délais portés au présent article et au précédent, commenceront à courir du jour où l'existence du crime aura été connue ou légalement constatée.

III. Aucun jugement de condamnation, rendu par un tribunal criminel, ne pourra être mis en exécution quant à la peine, après un laps de vingt années révolues, à compter du jour où ledit jugement aura été rendu.

TITRE VII.

De la réhabilitation des condamnés.

Art. Ier. Tout condamné qui aura subi sa peine, pourra demander à la municipalité du lieu de son domicile, une attestation à l'effet d'être réhabilité.

Savoir : les condamnés aux peines des fers, de la réclusion dans la maison de force, de la gêne, de la détention, dix ans après l'expiration de leurs peines ; les condamnés à la peine de la dégradation civique ou du carcan, après dix ans, à compter du jour de leur jugement.

II. Aucun condamné ne pourra demander sa réhabilitation, si depuis deux ans accomplis, il n'est pas domicilié dans le territoire de la municipalité à laquelle sa demande est adressée, et s'il ne joint à ladite demande des certificats et attestations de bonne conduite, qui lui auront été délivrés par les municipalités, sur le territoire desquelles il a pu avoir son habitation ou son domicile pendant les deux années qui ont précédé sa demande ; lesquels certificats ou attestations de bonne conduite, ne pourront lui être délivrés qu'à l'instant où il quittera lesdits domicile ou habitation.

III. Huit jours au plus, après la demande, le conseil-général de la commune sera convoqué, et il lui sera donné connaissance de la demande.

IV. Le conseil-général de la commune, sera de nouveau convoqué au bout d'un mois ; pendant ce tems, chacun de ses membres pourra prendre sur la conduite du condamné, les renseignemens qu'il jugera convenables.

V. Les avis seront recueillis par la voie du scrutin, et il sera décidé à la majorité des voix, si l'attestation sera ou non accordée.

VI. Si la majorité est pour que l'attestation soit accordée, deux officiers municipaux revêtus de leur écharpe, ou, avec leur procuration, deux officiers municipaux du lieu où siége le tribunal criminel, conduiront le condamné devant ledit tribunal.

Ils y paraîtront avec lui dans l'auditoire, en présence des juges et du public.

Après avoir fait lecture du jugement prononcé contre le condamné, ils diront à haute voix : « un tel a expié son crime en subissant sa peine ; maintenant sa conduite est irréprochable : nous demandons, au nom de son pays, que la tache de son crime soit effacée. »

VII. Le président du tribunal, sans délibération, prononcera ces mots : « sur l'attestation et la demande de votre pays, la loi et le tribunal effacent la tache de votre crime. »

VIII. Il sera dressé procès-verbal du tout.

IX. Si le tribunal où le jugement de réhabilitation sera prononcé, est autre que celui où a été rendu le jugement de condamnation, la copie dudit procès-verbal sera envoyée pour être transcrite sur le registre, en marge du jugement de condamnation.

X. La réhabilitation fera cesser dans la personne du condamné, tous les effets et toutes les incapacités résultant de la condamnation.

XI. Toutefois l'exercice des droits de citoyen actif du condamné, demeurera suspendu à l'égard du réhabilité, jusqu'à ce qu'il ait satisfait aux dommages et intérêts, ainsi qu'aux autres condamnations pécuniaires qui auront pu être prononcées contre lui.

XII. Si la majorité des voix du corps municipal, est pour refuser l'attestation, le condamné ne pourra former une nouvelle demande que deux ans après, et ainsi de suite de deux ans en deux ans, tant que l'attestation n'aura pas été accordée.

DEUXIÈME PARTIE.

Des crimes et leur punition.

TITRE PREMIER.

Crimes et attentats contre la chose publique.

Section Première.

Des crimes contre la sûreté extérieure de l'état.

Art. Ier. Quiconque sera convaincu d'avoir pratiqué des machinations ou entretenu des intelligences avec les puissances étrangères ou avec leurs agens, pour les engager à commettre des hostilités, ou pour leur indiquer les moyens d'entreprendre la guerre contre la France, sera puni de mort, soit que les machinations ou intelligences aient été ou non suivies d'hostilités.

II. Lorsqu'il aura été commis quelques agressions hostiles ou infractions de traités, tendant à allumer la guerre entre la France et une nation étrangère, et que le corps législatif trouvant coupables lesdites agressions hostiles ou infractions des traités, aura déclaré qu'il y a lieu à accusation contre les auteurs, celui qui en aura donné ou contresigné l'ordre, ou le commandant des forces nationales de terre ou de mer, qui, sans ordres, aura commis lesdites agressions hostiles, ou infractions de traités, sera puni de mort.

III. Tout français qui portera les armes contre la France, sera puni de mort.

IV. Toute manœuvre, toute intelligence avec les ennemis de la France, tendant, soit à faciliter leur entrée dans les dépendances de l'Empire français, soit à leur livrer des villes, forteresses, ports, vaisseaux, magasins ou arsenaux appartenant à la France, soit à leur fournir des secours en soldats, argent, vivres ou munitions, soit à favoriser d'une manière quelconque le progrès de leur armes sur le territoire français, ou contre nos forces de terre et de mer, soit à ébranler la fidélité des officiers, soldats et des autres citoyens envers la nation française, seront punis de mort.

V. Les trahisons de la nature de celles mentionnées en l'article précédent, commises en tems de guerre envers les alliés de la France, agissant contre l'ennemi commun, seront punis de la même peine.

VI. Tout fonctionnaire public chargé du secret d'une négociation, d'une expédition ou d'une opération militaire, qui sera convaincu de l'avoir livré méchamment et traitreusement aux agens d'une puissance étrangère, ou, en cas de guerre, à l'ennemi, sera puni de mort.

VII. Tout fonctionnaire public chargé à raison des fonctions qui lui seront confiées, du dépôt des plans, soit de fortifications, d'arsenaux, soit de ports ou rades, qui sera convaincu d'avoir méchamment et traitreusement livré lesdits plans, aux agens d'une puissance étrangère, ou en cas de guerre, à l'ennemi, sera puni de la peine de vingt années de gêne.

Section II. — TITRE PREMIER.

Des crimes contre la sûreté intérieure de l'Etat.

Art. Ier. Toutes conspirations et complots tendant à troubler la colonie, par une guerre civile, en armant les citoyens les uns contre les autres, ou contre l'exercice de l'autorité légitime, seront punis de mort.

II. Tout enrôlement de soldats, levée de troupes, amas d'armes et de munitions pour exécuter les complots et machinations mentionnées en l'article précédent. Toute attaque ou résistance envers la force publique, agissant contre l'exécution desdits complots. Tout envahissement de ville, forteresse, magasins, arsenal, port ou vaisseau, seront punis de mort.

Les auteurs, chefs et instigateurs desdites révoltes et tous ceux qui seront pris les armes à la main, subiront la même peine.

III. Les pratiques et intelligences avec les révoltés, de la nature de celles mentionnées et l'article IV de la première section du présent titre, seront punis de la même peine.

IV. Tout commandant d'un corps de troupes, d'une flotte ou d'une escadre, d'une place-forte ou d'un poste qui en retiendra le commandement contre l'autorité légitime ; tout commandant qui tiendra son armée rassemblée lorsque la séparation en aura été ordonnée,

tout chef militaire, qui retiendra sa troupe sous les
drapeaux, lorsque le licenciement en aura été ordonné, seront coupable du crime de révolte, et punis
de mort.

SECTION III. — TITRE PREMIER.

Crimes et attentats contre la constitution.

Art. Ier. Tous complots ou attentats pour empêcher
la réunion ou pour opérer la dissolution d'une assemblée primaire, seront punis de la peine de la gêne
pendant quinze ans.

II. Quiconque sera convaincu d'avoir par force ou
violence, écarté ou chassé un citoyen actif d'une assemblée primaire, sera puni de la peine de la dégradation civique.

III. Si les troupes investissent le lieu des séances
desdites assemblées ou pénètrent dans son enceinte,
sans l'autorisation ou réquisition desdites assemblées,
le commandant qui en aura donné ou signé l'ordre,
les officiers qui l'auront fait exécuter, seront punis de
la peine de la gêne pendant quinze années.

IV. Toutes conspirations ou attentats pour empêcher
la réunion ou pour opérer la dissolution du Corps
Législatif provisoire, ou pour empêcher par force et
violence, la liberté de ses délibérations ;

Tous attentats contre la liberté individuelle d'un de
ses membres, seront punis de mort ;

Tous ceux qui auront participé auxdites conspirations ou attentats, par les ordres qu'ils auront donnés
ou exécutés, subiront la peine portée au présent article.

V. Si les troupes de ligne approchent ou séjournent
plus près de trente mille toises de l'endroit où le Corps
Législatif tiendra ses séances, sans qu'il en ait autorisé
ou requis l'approche ou le séjour, celui qui en aura
donné ou contresigné l'ordre, ou le commandant en
chef qui, sans ordres donnés, aura fait approcher ou
séjourner lesdites troupes, sera puni de la peine de
dix années de gêne.

VI. Quiconque aura commis l'attentat d'investir
d'hommes armés le lieu des séances du Corps Législatif
provisoire, ou de les y introduire, sans son autorisation ou sa réquisition, sera puni de mort.

Tous ceux qui auront participé audit attentat par
les ordres qu'ils auront donnés ou exécutés, subiront
la peine portée au présent article.

VII. Toutes machinations ou violences, ayant pour
objet d'empêcher la réunion ou d'opérer la dissolution
de toute assemblée administrative, d'un tribunal ou de
toute assemblée constitutionnelle et légale, soit de commune ou municipale, seront punis de la peine de six
années de gêne, si lesdites violences ont été exercées
avec armes : et de trois années de détention, si elles
l'ont été sans armes.

VIII. Tout commandant qui sera coupable du crime
mentionné en l'article précédent, par les ordres qu'il
aura donnés ou contre-signés, sera puni de la peine
de douze années de gêne.

Les chefs, commandans et officiers coupables des

crimes mentionnés en l'article précédens, par des ordres qu'ils auraient donné ou qui auraient contribué
à les exécuter, seront punis de douze années de gêne.

Si, par l'effet lesdites violences, quelque citoyen perd
la vie, la peine de mort sera prononcée contre les auteurs desdites violences, et contre ceux qui, par le
présent article, en seront rendus responsables.

IX. Toute violence exercée par l'action des troupes
de ligne contre les citoyens, sans réquisition légitime
et hors des cas expressément prévus par la loi, sera
punie de la peine de vingt années de gêne.

Les chefs, commandans ou officiers qui en auront
donné ou contre-signé l'ordre, les commandans et
officiers qui l'auront exécuté, ou qui, sans ordre auront fait commettre lesdites violences, seront punis de
la même peine.

Si par l'effet desdites violences, quelque citoyen perd
la vie, la peine de mort sera prononcée contre les auteurs desdites violences, et contre ceux qui par le présent article, en seront rendus responsables.

X. Tout attentat contre la liberté individuelle, base
essentielle de la constitution française, sera puni ainsi
qu'il suit :

Tout homme, quels que soient sa place ou son emploi,
autre que ceux qui ont reçu de la loi le droit d'arrestation, qui donnera, signera, exécutera l'ordre d'arrêter une personne vivant sous l'empire et la protection des lois françaises, ou l'arrêtera effectivement ; si
ce n'est pour la remettre sur-le-champ à la police,
dans les cas déterminés par la loi, sera puni de la
peine de la peine de six années de gêne.

XI. Si ce crime était commis en vertu d'ordre émané
du pouvoir exécutif, le chef qui l'aura contre-signé,
sera puni de la peine de douze ans de gêne.

XII. Tout geolier et gardien de maison d'arrêts, de
justice, de correction ou de prison pénale, qui recevra
ou retiendra ladite personne, sinon en vertu de mandat,
ordonnance, jugement ou tout autre acte légal, sera
puni de six années de gêne.

XIII. Quoique ladite personne ait été arrêtée en
vertu d'un acte légal, si elle est détenue dans une maison autre que les lieux légalement et publiquement
désignés pour recevoir ceux dont la détention est autorisée par la loi ; tous ceux qui auront donné l'ordre
de le détenir, ou qui l'auront détenue, ou qui auront
prêté leur maison pour la détenir, seront punis de la
peine de six années de gêne.

Si ce crime était commis en vertu d'un ordre émané
du pouvoir exécutif, le chef qui l'aura contre-signé
sera puni de la peine de douze années de gêne.

XIV. Quiconque sera convaincu d'avoir volontairement et sciemment supprimé une lettre confiée à la
poste, ou d'en avoir brisé le cachet et violé le secret,
sera puni de la peine de la dégradation civique.

Si le crime est commis, soit en vertu d'un ordre
émané du pouvoir exécutif, soit par un agent du service des postes, le chef qui en aura signé ou contre-

signé l'ordre, quiconque l'aura exécuté, ou l'agent du service des postes qui, sans ordre, aura commis ledit crime, sera puni de la peine de deux ans de gêne.

XV. S'il émanait du pouvoir exécutif quelque acte ou quelqu'ordre pour soustraire un de ses agens, soit à la poursuite légalement commencée de l'action en responsabilité, soit à la peine légalement prononcée en vertu de ladite responsabilité, le chef qui aura contresigné ledit ordre ou acte, et quiconque l'aura exécuté, sera puni de la peine de dix ans de gêne.

XVI. Dans tous les cas mentionnés en la présente section et dans les précédentes, où les chefs sont rendus responsables des ordres qu'ils auront donnés ou contre-signés, ils pourront être admis à prouver que leur signature a été surprise, et en conséquence, les auteurs de la surprise seront poursuivis, et s'ils sont convaincus, ils seront condamnés aux peines que le chef aurait encourues.

Section IV. — TITRE PREMIER.

Délits des particuliers contre le respect et l'obéissance dues à la loi, et à l'autorité des pouvoirs constitués pour la faire exécuter.

Art. Iᵉʳ. Lorsqu'un ou plusieurs agens préposés, soit à l'exécution d'une loi, soit à la perception d'une contribution légalement établie, soit à l'exécution d'un jugement, mandat, d'une ordonnance de justice ou de police ; lorsque tout dépositaire quelconque de la force publique, agissant légalement dans l'ordre de ses fonctions, aura prononcé cette formule : « Obéissance à la loi, » quiconque opposera des violences et voies de fait, sera coupable du crime d'offense à la loi, et sera puni de la peine de deux années de détention.

II. Si ladite résistance a été opposée avec armes, la peine sera de quatre années de fers.

III. Lorsque ladite résistance aura été opposée par plusieurs personnes au-dessous du nombre de seize, la peine sera de quatre années de fers, si la résistance est opposée sans armes ; et de huit années de fers, si la résistance est opposée avec armes.

IV. Lorsque ladite résistance aura été opposée par un attroupement de plus de quinze personnes, la peine sera de huit années de fers, si la résistance est opposée sans armes ; et de seize années de fers, si la résistance est opposée avec armes.

V. Les coupables des crimes mentionnés aux articles Iᵉʳ, II, III et IV de la présente section, qui auraient commis personnellement des homicides ou incendies, seront punis de mort.

VI. Quiconque aura outragé un fonctionnaire public, en le frappant au moment où il exerçait ses fonctions, sera puni de la peine de deux années de détention.

VII. Quiconque aura délivré ou sera convaincu d'avoir tenté de délivrer par force ou violence, des personnes légalement détenues, sera puni de trois années de fers.

VIII. Si le coupable du crime mentionné en l'article précédent était porteur d'armes à feu ou de toutes autres armes meurtrières, la peine sera de six années de fers.

IX. Lorsque les crimes mentionnés aux deux précédens articles, auront été commis par deux ou plusieurs personnes réunies, la durée de la peine sera de six années, si le crime a été commis sans armes ; et de douze années, si les coupables dudit crime étaient porteurs d'armes à feu, ou de toutes autres armes meurtrières.

Section V. — TITRE PREMIER.

Crimes des fonctionnaires publics dans l'exercice des pouvoirs qui leur sont confiés.

Art. Iᵉʳ. Tout agent de pouvoir exécutif ou fonctionnaire public quelconque, qui aura employé ou requis l'action de la force publique, dont la disposition lui est confiée, pour empêcher l'exécution d'une loi, ou la réception d'une contribution légitimement établie, sera puni de la peine de la gêne pendant dix ans.

II. Tout agent du pouvoir exécutif, tout fonctionnaire public quelconque, qui aura employé ou requis l'action de la force publique, dont la disposition lui est confiée, pour empêcher l'exécution d'un jugement, mandat, ou ordonnance de justice ou d'un ordre émané d'officiers municipaux de police, ou de corps administratifs, ou pour empêcher l'action d'un pouvoir légitime, sera puni de la peine de six années de détention.

III. Si par suite, et à l'occasion de la résistance mentionné aux deux précédens articles, il survient un attroupement séditieux de la nature de ceux désignés aux articles IV, V et VI de la présente section, l'agent du pouvoir exécutif ou le fonctionnaire public en sera responsable, ainsi que des mesures, violences et pillages auxquels cette résistance aura donné lieu ; et il sera puni des peines prononcée contre les séditieux et les auteurs des meurtres, violences et pillages.

IV. Tout dépositaire ou agent de la force publique qui, après en avoir été requis légitimement, aura refusé de faire agir ladite force, sera puni de trois années de détention.

V. Tout fonctionnaire public qui, par abus de ses fonctions, et sous quelque prétexte que ce soit, provoquerait directement les citoyens à désobéir à la loi ou aux autorités légitimes, ou les provoqueraient à des meurtres ou à d'autres crimes, sera puni de la peine de six années de gêne.

Et si par suite et à l'occasion de ladite provocation, il survient quelqu'attroupement séditieux de la nature de ceux désignés aux articles IV, V et VI de la présente section, meurtres ou autres crimes, le fonctionnaire public en sera responsable, et subira les peines portées contre les séditieux et les auteurs de meurtres et autres crimes qui auront été commis.

VI. Tous fonctionnaires publics révoqués ou destitués, suspendus ou interdits par l'autorité supérieure qui avait ce droit ; tous fonctionaires publics électifs et temporaires, après l'expiration de ses pouvoirs, qui continueraient l'exercice des mêmes fonctions publiques, seront puni de la peine de deux années de gêne.

Si, par suite et à l'occasion de sa résistance, il survient un attroupement de la nature de ceux mentionnés aux articles IV, V et VI de la précédente section, meurtres ou autres crimes, ledit fonctionnaire public en sera responsable, et subira les peines portées contre les séditieux, et les auteurs des meurtres et autres crimes qui auront été commis.

VII. Tout membre de la législature qui sera convaincu d'avoir, moyennant argent, présent ou promesse, trafiqué de son opinion, sera puni de mort.

VIII. Tout fonctionnaire, tout citoyen placé sur la liste des jurés, lors de leur établissement, qui sera convaincu d'avoir, moyennant argent, présent ou promesse, trafiqué de son opinion ou de l'exercice du pouvoir qui lui est confié sera puni de la peine de la dégradation civique.

IX. Tout juré, après le serment prêté, tout juge criminel, tout officier de police en matière criminelle, qui sera convaincu d'avoir, moyennant argent, présent ou promesse, trafiqué de son opinion, sera puni de la peine de vingt années de gêne.

X. Les coupables mentionnés aux deux articles précédens, seront en outre condamnés à une amende égale à la valeur de la somme de l'objet qu'ils auront reçu.

XI. Tout fonctionnaire public qui sera convaincu d'avoir détourné ou soustrait les deniers, effets, actes, pièces ou titre dont il était dépositaire, à raison des fonctions publiques qu'il exerce, et par l'effet d'une confiance nécessaire, sera puni de la peine de douze années de fers.

XII. Tout fonctionnaire public qui sera convaincu d'avoir détourné les deniers publics dont il était comptable, sera puni de quinze années de fers.

XIII. Tout geolier ou gardien qui aura volontairement fait évader ou favorisé l'évasion des personnes détenues légalement et dont la garde lui est confiée, sera puni de la peine de douze années de fers.

XIV. Tout fonctionnaire ou officier public, toute personne commise à la perception des droits et contribution publique, qui sera convaincu d'avoir commis par lui ou par ses préposés, le crime de concussion, sera puni de la peine de six années de fers, sans préjudice de la restitution des sommes reçues illégalement.

XV. Tout fonctionnaire ou officier public, qui sera convaincu de s'être rendu coupable du crime de faux dans l'exercice de ses fonctions, sera puni de la peine des fers pendant vingt ans.

Section VI. — TITRE PREMIER.

Crimes contre la propriété publique.

Art. Ier. Quiconque sera convaincu d'avoir contrefait ou altéré les espèces ou monnaies nationales ayant cours, ou d'avoir contribué sciemment à l'exposition desdites espèces ou monnaies contrefaites ou altérées, ou à leur introduction dans l'enceinte de la colonie, sera puni de la peine de quinze années de fers.

II. Quiconque sera convancu d'avoir contrefait des papiers nationaux ayant cours de monnaie dans la colonie, ou d'avoir contribué sciemment à l'exposition desdits papiers contrefaits, ou à leur introduction dans l'enceinte de la colonie, sera puni de mort.

III. Toute personne autre que le dépositaire comptable, qui sera convaincu d'avoir volé des deniers publics ou effets mobiliers appartenant à l'Etat, d'une valeur de dix livres ou au-dessus, sera puni de la peine de quatre années de fers, sans préjudice des peines plus graves portées ci-après contre les vols avec violence envers les personnes, effactions, escalades ou fausses clés : si ledit vol est commis avec l'une desdites circonstances, dans ces cas les peines portées contre lesdits vols seront encourues, quelle que soit la valeur de l'objet volé.

IV. Quiconque sera convaincu d'avoir mis le feu à des édifices, magasins, arsenaux, vaisseaux ou autres propriétés appartenant à l'Etat, ou à la colonie, ou à des matières combustibles disposées pour communiquer le feu aux édifices, magasins, arsenaux, vaisseaux ou autres propriétés, sera puni de mort.

V. Quiconque sera convaincu d'avoir détruit par l'explosion d'un mine, ou disposé l'effet d'un mine pour détruire les propriétés mentionnées en l'article précédent, sera puni de mort.

TITRE II.
Crimes contre les particuliers.

Section Première.

Crimes et attentats contre les personnes.

Art. Ier. En cas d'homicide commis involontairement, s'il est prouvé que c'est par un accident qui ne soit l'effet d'aucune sorte de négligence, ni d'imprudence de la part de celui qui l'a commis, il n'existe point de crime, il n'y a lieu à prononcer aucune peine, ni même aucune condamnation civile.

II. En cas d'homicide commis involontairement, mais par l'effet de l'imprudence ou de la négligence de celui qui l'a commis, il n'existe point de crime et l'accusé sera acquitté ; mais en ce cas il sera statué par les juges sur les dommages et intérêts, et même sur les peines correctionnelles, suivant les circonstances.

III. Dans le cas d'homicide légal, il n'existe point de crime, et il n'y a lieu à prononcer aucune peine, ni aucune condamnation civile.

IV. L'homicide est commis légalement, lorsqu'il est ordonné par la loi, et commandé par une autorité légitime.

V. En cas d'homicide légitime, il n'existe point de crime, et il n'y a lieu à prononcer aucune peine, ni même aucune condamnation civile.

VI. L'homicide est commis légitimement, lorsqu'il est indispensablement commandé par la nécessité actuelle de la légitime défense de soi-même et d'autrui.

VII. Hors les cas déterminés par les précédens articles, tout homicide commis volontairement envers quelques personnes, avec quelques armes, instrumens, et par quelque moyen que ce soit, sera qualifié et puni ainsi qu'il suit, selon le caractère et les circonstances du crime.

VIII. L'homicide commis sans préméditation, sera qualifié meurtre, et puni de la peine de vingt années de fers.

IX. Lorsque le meurtre sera la suite d'une provocation violente, sans toutefois que le fait puisse être qualifié homicide légitime, il pourra être déclaré excusable, et la peine sera de dix années de gêne.

La provocation par injures verbales, ne pourra en aucun cas être admise comme excuse de meurtre.

X. Si le meurtre est commis dans la personne du père ou de la mère légitimes ou naturels, ou de tout autre ascendant légitime du coupable, le parricide sera puni de mort, et l'exception portée au présent article, ne sera point admissible.

XI. L'homicide commis avec préméditation, sera qualifié d'assasinat et puni de mort.

XII. L'homicide commis volontairement par poison sera qualifié de crime d'empoisonnement et puni de mort.

XIII. L'assassinat, quoique non consommé, sera puni de la peine portée en l'article XI, lorsque l'attaque à dessein de tuer aura été effectuée.

XIV. Sera qualifié assassinat, et comme tel puni de mort, l'homicide qui aura précédé, accompagné et suivi d'autres crimes, tels que ceux de vols, d'offense à la loi, de sédition ou tous autres.

XV. L'homicide par poison, quoique non consommé, sera puni de la peine portée en l'article XII, lorsque l'empoisonnement aura été effectué, ou lorsque le poison aura été présenté ou mêlé avec des alimens ou breuvages spécialement destinés, soit à l'usage de la personne contre laquelle ledit attentat aura été dirigé, soit à l'usage de toute une famille, société ou habitans d'une même maison, soit à l'usage du public.

XVI. Si toutefois, avant l'empoisonnement effectué, ou avant que l'empoisonnement des alimens ou breuvages ait été découvert, l'empoisonneur arrêtait l'exétion du crime, soit en supprimant lesdits alimens ou breuvages, soit en empêchant qu'on n'en fasse usage, l'accusé sera acquitté.

XVII. Quiconque sera convaincu d'avoir, par breuvage, par violence ou par tout autre moyen, procuré l'avortement d'une femme enceinte, sera puni de vingt années de fers.

XVIII. Toutes les dispositions portées aux articles Ier, II, III, IV, V et VI de la présente section, relatives à l'homicide involontaire, à l'homicide légal et à l'homicide légitime, s'appliqueront également aux blessures faites, soit involontairement, soit légalement, soit légitimement.

XIX. Les blessures qui n'auront pas été faites involontairement, mais qui ne porteront point les caractères qui vont être spécifiés ci-après, seront poursuivis par action civile, et pourront donner lieu à des dommages et intérêts, et à des peines correctionnelles sur lesquelles il sera statué d'après les dispositions de la loi concernant la police correctionnelle.

XX. Les blessures qui n'auront pas été faites involontairement et qui porteront les caractères qui vont être spécifiés, seront poursuivis par action criminelle, et punies des peines déterminées ci-après.

XXI. Lorsqu'il sera constaté par les attestations légales des gens de l'art, que la personne maltraitée est, par l'effet desdites blessures, rendue incapable de vaquer pendant plus de quarante jours à aucun travail corporel, le coupable desdites violences, sera puni de deux années de détention.

XXII. Lorsque, par l'effet desdites blessures, la personne maltraitée aura eu un bras, une jambe, ou une cuisse cassée, la peine sera de trois années de détention.

XXIII. Lorsque, par l'effet desdites blessures, la personne maltraitée aura perdu l'usage absolu, soit d'un œil, soit d'un membre, ou éprouvé la mutilation de quelque partie de la tête ou du corps, la peine sera de quatre années de détention.

XXIV. La peine sera de six années de fers, si la personne maltraitée s'est trouvée privée par l'effet desdites violences, de l'usage absolu de la vue, ou de l'usage absolu des deux bras, ou des deux jambes.

XXV. La durée des peines portées aux quatre articles précédens, sera augmentée de deux années lorsque lesdites violences auront été commises dans une rixe, ou que celui qui les aura commises aura été l'agresseur.

XXVI. Toute mutilation commise dans la personne du père et de la mère, naturels ou légitimes, ou de tout autre ascendant légitime des coupables, sera puni de vingt années de fers.

XXVII. Lorsque les violences spécifiées aux articles XXI, XXII, XXIII, XXIV et XXVI, auront été commises avec préméditation et de guet-à-pens, le coupable sera puni de mort.

XXVIII. Le crime de la castration, sera puni de mort.

XXIX. Le viol sera puni de six années des fers.

XXX. La peine portée en l'article précédent, sera de douze années de fers, lorsqu'il aura été commis dans la personne d'une fille au-dessous de quatorze ans accomplis, ou lorsque le coupable aura été aidé dans son crime, par la violence et les efforts d'un ou plusieurs complices.

XXXI. Quiconque aura été convaincu d'avoir, par violence et à l'effet d'en abuser ou de la prostituer, enlevé une fille au-dessus de quatorze ans accomplis, hors de la maison des des personnes sous la puissance desquelles est ladite fille, ou de la maison dans la quelle lesdites personnes la font élever ou l'ont placée, sera puni de la peine douze années de fers.

XXXII. Quiconque sera convaincu d'avoir volontairement détruit la preuve de l'état civil d'une personne, sera puni de la peine de douze années de fers.

XXXIII. Toute personne engagée dans les liens du mariage, qui en contractera un second avant la dissolution du premier, sera punie de douze années de fers. En cas d'accusation de ce crime, l'exception de la bonne foi pourra être admise, lorsqu'elle sera prouvée.

Section II. — TITRE II.

Crimes et délits contre les propriétés.

Art. Ier. Tout vol commis à force ouverte ou par violence envers les personnes, sera puni de dix années de fers.

II. Si le vol à force ouverte et par violence envers les personnes, est commis, soit dans un grand chemin, rue ou place publique, soit dans l'intérieur d'une maison, la peine sera de quatorze années de fers.

III. Le crime mentionné en l'article précédent, sera puni de dix-huit années de fers, si le coupable s'est introduit dans l'intérieur de la maison ou du logement, où il a commis le crime, à l'aide d'effraction, faite par lui-même ou par ses complices, aux portes et clôtures, soit en ladite maison, soit dudit logement, ou à l'aide de fausses clefs, ou en escaladant les murailles, toits ou autres clôtures extérieures de ladite maison, ou si le coupable est habitant commensal de ladite maison, ou reçu habituellement dans ladite maison pour y faire un travail ou un service salarié, ou s'il était admis à titre d'hospitalité.

IV. La durée de la peine des crimes mentionnés aux trois articles précédens, sera augmentée de quatre années par chacune des circonstances suivantes qui s'y trouvera réunie.

La première, si le crime a été commis la nuit.

La deuxième, s'il a été commis par deux ou plusieurs personnes.

La troisième, si le coupable ou les coupables dudit crime étaient porteurs d'armes à feu ou de toute autre arme meurtrière.

V. Toutefois la durée des peines des crimes mentionnés aux quatre articles précédens, ne pourra excéder vingt-quatre ans, en quelque nombre que les circonstances aggravantes s'y trouvent réunies.

VI. Tout autre vol commis sans violence envers des personnes à l'aide d'effraction faite, soit par le voleur, soit par son complice, sera puni de huit années de fers.

VII. La durée de la peine dudit crime, sera augmentée de deux ans par chacune des circonstances suivantes qui s'y trouvera réunie.

La première, si l'effraction est faite aux portes et clôtures extérieures de bâtimens, maisons ou édifices.

La deuxième, si le crime est commis dans une maison actuellement habitée ou servant à habitation.

La troisième, si le crime a été commis la nuit.

La quatrième, s'il a été commis par deux ou plusieurs personnes.

La cinquième, si le coupable ou les coupables étaient porteurs d'armes à feu ou de toutes autres armes meurtrières.

VIII. Lorsqu'un vol aura été commis avec effraction intérieure dans une maison, par une personne habitante, ou commensale de ladite maison, ou reçue habituellement dans ladite maison, pour y faire un service ou un travail salarié, ou qui y soit admise à titre d'hospitalité, ladite effraction sera punie comme effraction extérieure, et le coupable encourra la peine portée aux articles précédens, à raison de la circonstance de l'effraction extérieure.

IX. Le vol commis à l'aide de fausses clefs, sera puni de la peine de huit années de fers.

X. La durée de la peine mentionnée en l'article précédent, sera augmentée de deux années pour chacune des circonstances suivantes, qui se trouvera réunie audit crime.

La première, si le crime a été commis dans une maison actuellement habitée, ou servant à habitation.

La deuxième, s'il a été commis de nuit.

La troisième, s'il a été commis par deux ou plusieurs personnes.

La quatrième, si le coupable ou les coupables étaient porteurs d'armes à feu, ou de toute autre arme meurtrière.

La cinquième, si le coupable a fabriqué lui-même, ou travaillé les fausses clefs dont il aura fait usage pour consommer son crime.

La sixième, si le crime a été commis par l'ouvrier qui a fabriqué les serrures ouvertes à l'aide des fausses clefs, ou par le serrurier qui est actuellement, ou qui a été précédemment employé au service de ladite maison.

XI. Tous vols commis en escaladant les toits, murailles ou autres clôtures extérieures de bâtimens, maisons et édifices, sera puni de la peine de huit ans de fers.

XII. La durée de la peine mentionnée en l'article précédent, sera augmentée de deux années par chacune des circonstances suivantes qui se trouvera réunie au crime.

La première, si le crime a été commis dans une maison actuellement habitée ou servant à habitation.

La deuxième, s'il a été commis la nuit.

La troisième, s'il a été commis par deux ou plusieurs personnes.

La quatrième, si le coupable ou les coupables étaient porteurs d'armes à feu ou de toute autre arme meurtrière.

XIII. Lorsqu'un vol aura été commis dans l'intérieur d'une maison, par une personne habitante, ou commensale de ladite maison, ou reçue habituellement dans ladite maison, pour y faire un service ou un travail salarié , ou qui soit admise à titre d'hospitalité, la peine sera de huit années de fers.

XIV. La durée de la peine mentionnée en l'article précédent, sera augmentée de deux années par chacune des circonstances suivantes, qui se trouvera réunie audit crime.

La première, s'il a été commis la nuit.

La deuxième, s'il a été commis par deux ou plusieurs personnes.

La troisième, si le coupable ou les coupables étaient porteurs d'armes à feu ou de toute autre arme meurtrière.

XV. La disposition portée en l'article XIII ci-dessus, contre les vols faits par les habitans ou commensaux d'une maison, s'appliquera également aux vols qui seront commis dans les hôtels garnis, auberges, cabarets, maisons de traiteurs, logeurs, cafés et bains publics. Tout vol qui sera commis par les maîtres desdites maisons, ou par les domestiques, envers ceux qu'ils y reçoivent, ou par ceux-ci, envers les maîtres desdites maisons, ou toute autre personne qui y est reçue, sera puni de huit années de fers.

Toutefois ne sont point comprises dans la précédente disposition, les salles de spectacle, boutiques, édifices publics ; les vols commis dans lesdits lieux, seront punis de quatre années de fers.

XVI. Lorsque deux ou plusieurs personnes non armées, ou une seule personne portant arme à feu, ou toutes autres armes meurtrières, se seront introduites sans violences personnelles, effractions, escalades, ni fausses clefs, dans l'intérieur d'une maison, actuellement habitée ou servant à habitation, et y auront commis un vol, la peine sera de six années de fers.

XVII. Lorsque le crime aura été commis par deux ou plusieurs personnes, si les coupables, ou l'un des coupables était porteur d'arme à feu ou de toute autre arme meurtrière, la peine sera de huit années de fers.

XVIII. Si le crime a été commis la nuit, la durée des peines portées aux deux précédens articles, sera augmentée.

XIX. Quiconque se sera chargé d'un service ou d'un travail salarié et aura volé les effets ou marchandises qui lui auraient été confiés pour ledit service ou ledit travail, sera puni de quatre années de fers.

XX. La peine sera de quatre années de fers, pour le vol d'effets confiés aux conducteurs de bateaux, allèges et toutes autres embarcations de cette nature.

XXI. Tout vol commis dans lesdites embarcations, par les personnes qui y occupent une place, sera puni de la peine de quatre années de détention.

XXII. Tout vol qui ne portera aucun des caractères ci-dessus spécifiés ; mais qui sera commis par deux ou par plusieurs personnes sans armes, ou par une seule personne portant armes à feu, ou toute autre arme meurtrière, sera puni de la peine de quatre années de détention.

XXIII. Lorsque le crime aura été commis par deux ou plusieurs personnes, et que les coupables ou l'un des coupables, seront porteurs d'armes à feu ou de toute autre arme meurtrière, la peine sera de quatre années de fers.

XXIV. Si le crime mentionné aux deux précédens articles, a été commis la nuit, la durée de chacune des peines portées auxdits articles sera augmentée de deux années.

XXV. Tout vol commis dans un terrain clos et fermé, si ledit terrain tient immédiatement à une maison habitée, sera puni de la peine de quatre années de fers.

La durée de la peine portée au présent article sera augmentée de deux années par chacune des circonstances suivantes, dont ledit crime aura été accompagné.

La première, s'il a été commis la nuit.

La deuxième, s'il a été commis par deux ou par plusieurs personnes réunies.

La troisième, si le coupable ou les coupables étaient étaient porteurs d'armes à feu, ou toute autre arme meurtrière.

XXVI. Tout vol commis dans un terrain clos et fermé, si ledit terrain ne tient pas immédiatement à une maison habitée, sera puni de quatre années de détention, la peine sera de six années de détention, si le crime a été commis la nuit.

XXVII. Tout vol de charrues, instrumens aratoires, chevaux et autres bêtes de somme, bétail, ruches d'abeilles, marchandises ou effets exposés sur la foi publique, soit dans les campagnes, soit sur les chemins, ventes de bois, foires, marchés et autres lieux publics, sera puni de quatre années de détention ; la peine sera de six années de détention, lorsque le crime aura été commis la nuit.

XXVIII. Tout vol qui n'est pas accompagné de quelqu'une des circonstances spécifiées dans les articles précédens, sera poursuivi et puni par voie de police correctionnelle.

XXIX. Quiconque sera convaincu d'avoir détourné à son profit, ou dissipé, ou méchamment et à dessein de nuire à autrui, brûlé ou détruit d'une manière quelconque, des effets, marchandises, deniers, titres de propriétés ou autres emportant obligation ou décharge, et toutes autres propriétés mobilières, qui lui avaient été confiées gratuitement, à la charge de les rendre ou de les représenter, sera puni de la peine de la dégradation civique.

XXX. Toute banqueroute faite frauduleusement et à dessein de tromper les créanciers légitimes, sera puni de la peine de six années de fers.

XXXI. Ceux qui auront aidé ou favorisé lesdites banqueroutes frauduleuses, soit en divertissant les effets, soit en acceptant des transports, ventes ou donations simulées, soit en souscrivant tous autres actes qu'ils savent être faits en fraude des créanciers légitimes, seront punis de la peine portée en l'article précédent.

sans préjudice des dommages et intérêts envers les créanciers.

XXXII. Quiconque sera convaincu d'avoir, par malice ou vengeance, et à dessein de nuire à autrui, mis le feu à des maisons, bâtimens, édifices, navires, bateaux, magasins, chantiers, forêts, bois taillis, récoltes en meule ou sur pied, ou à des matières combustibles disposées pour communiquer le feu auxdites maisons, bâtimens, édifices, navires, bateaux, magasins, chantiers, forêts, bois-taillis, récoltes en meule, ou sur pied, sera puni de mort.

XXXIII. Quiconque sera convaincu d'avoir détruit par l'effet d'une mine, ou disposé une mine, pour détruire des bâtimens, maisons, édifices, navires ou vaisseaux, sera puni de mort.

XXXIV. Quiconque sera convaincu d'avoir verbalement ou par écrits anonymes ou signés, menacé d'incendier la propriété d'autrui, quoique lesdites menaces n'aient pas été réalisées, sera puni de quatre années de fers.

XXXV. Quiconque sera convaincu d'avoir volontairement, par malice ou vengeance, et à dessein de nuire à autrui, détruit ou renversé par quelque moyen violent que ce soit, des bâtimens, maisons, édifices quelconques, digues et chaussées qui retiennent les eaux, sera puni de la peine de six années de fers ; et si lesdites violences sont exercées par une ou plusieurs personnes réunies, la peine sera de neuf années de fers, sans préjudice de la peine prononcée contre l'assassinat, si quelque personne perd la vie, par l'effet dudit crime.

XXXVI. Quiconque sera convaincu d'avoir, par malice ou vengeance et à dessein de nuire à autrui, brûlé ou détruit d'une manière quelconque, des titres de propriétés, billets, lettres de change, quittances, écrits, opérant l'obligation ou décharge, qui auraient été enlevés par adresse ou violence, sera puni de la peine de quatre années de fers.

XXXVII. Quiconque sera convaincu d'avoir, par malice ou vengeance, et à dessein de nuire à autrui, empoisonné des chevaux et autres bêtes de charge, moutons, porcs, bestiaux et poissons dans les étangs, viviers ou réservoirs, sera puni de six années de fers.

XXXVIII. Lorsque ledit crime aura été commis par deux ou par plusieurs personnes réunies, la peine sera de six années de fers.

XXXIX. Toute espèce de pillage et dégats de marchandises, d'effets et de propriétés mobilières, commis avec attroupement, et à force ouverte, sera puni de la peine de six années de fers.

XL. Quiconque sera convaincu d'avoir extorqué par force ou par violence, la signature d'un écrit, d'un acte emportant obligation ou décharge, sera puni comme voleur à force ouverte et par violence envers les personnes et encourra les peines portées aux cinq premiers articles de la présente section, suivant les circonstances qui auront accompagné lesdits crimes.

XLI. Quiconque sera convaincu d'avoir, méchamment à dessein de nuire à autrui, commis le crime de faux, sera puni ainsi qu'il suit.

XLII. Si ledit crime de faux est commis en écriture privée, la peine sera de quatre années de fers.

XLIII. Si ledit crime de faux est commis en lettre de change et autres effets de commerce ou de banque, la peine sera de six années de fers.

XLIV. Si ledit crime est commis en écriture authentique et publique, la peine sera de huit années de fers.

XLV. Quiconque aura commis ledit crime de faux ou aura fait usage d'une pièce qu'il savait être fausse, sera puni des peines portés ci-dessus, contre chaque espèce de faux.

XLVI. Quiconque sera convaincu d'avoir sciemment et à dessein, vendu à faux poids ou à fausses mesures, après avoir précédemment été puni deux fois par voie de police, à raison d'un délit semblable, subira la peine de quatre années de fers.

XLVII. Quiconque sera convaincu du crime de faux témoignage en matière civile, sera puni de la peine de six années de gêne.

XLVIII. Quiconque sera convaincu du crime de faux témoignage, en matière criminelle, sera puni de la peine de vingt années de fers, et de la peine de mort, s'il est intervenu condamnation à mort contre l'accusé, dans le procès duquel aura été entendu le faux témoin.

TITRE III.

Des complices des crimes.

Art. Ier. Lorsqu'un crime aura été commis, quiconque sera convaincu d'avoir par dons, promesses, ordres ou menaces, provoqué le coupable ou les coupables à le commettre ; ou d'avoir sciemment et dans le dessein du crime, procuré au coupable, ou aux coupables, les moyens, armes, ou instrumens qui ont servi à son exécution ; ou d'avoir sciemment et dans le dessein du crime, aidé ou assisté le coupable ou les coupables, soit dans les faits qui ont préparé ou facilité son exécution, soit dans l'acte même qui l'a consommé, sera puni de la même peine prononcée par la loi contre les auteurs dudit crime.

II. Lorsqu'un crime aura été commis, quiconque sera convaincu d'avoir provoqué directement à le commettre, soit par des discours prononcés dans les lieux publics, soit par placards ou bulletins affichés ou répandus dans lesdits lieux, soit par des écrits rendus publics par la voie de l'impression, sera puni de la même peine prononcée par la loi, contre les auteurs dudit crime.

III. Lorsqu'un vol aura été commis avec l'une des circonstances spécifiées au présent article, quiconque sera convaincu d'avoir reçu gratuitement, ou acheté ou recélé tout ou partie des effets volés, sachant que lesdits effets provenaient d'un vol, sera réputé complice, et puni de la peine prononcée par la loi contre les auteurs dudit crime.

IV. Quiconque sera convaincu d'avoir caché et recélé le cadavre d'une personne homicidiée, encore qu'il n'ait pas été complice d'homicide, sera puni de la peine de quatre années de détention.

Pour tout fait antérieur à la publication du présent Code, si le fait est qualifié crime par les lois actuellement existantes, et qu'il ne le soit pas par le présent arrêté, ou si le fait est qualifié crime par le présent et qu'il ne le soit par par les lois a███████ l'accusé sera acquité, sauf à être correctionnellement puni s'il y écheoit.

Si le fait est qualifié crime par les lois anciennes et par le présent arrêté, l'accusé qui aura été déclaré coupable, sera condamné aux peines portées par le prérent code.

L'Assemblée déclare que les dispositions du présent code n'auront lieu que pour les citoyens, et que les lois anciennes continueront à être exécutées pour les gens non libres jusqu'à la confection du nouveau code.

ARRÊTÉ.

219. DECAEN, Capitaine-Général, etc.;

Sur la proposition du Préfet colonial et du Commissaire de justice, Arrête :

Art. Ier. Les droits et honoraires des docteurs en médecine et en chirurgie et des officiers de santé exerçant aux îles de France et de la Réunion, seront taxés ainsi qu'il suit : en francs, la piastre à 5 liv. 10 s. l'une.

Consultation verbale, dix francs ;

Première visite en ville, de jour, dix francs ;

Visites suivantes, chaque, cinq francs ;

Visites de nuit,, le double ;

Nuit passée auprès d'un malade, chaque, cinquante francs ;

La nuit est réputée commencer à neuf heures du soir et finir à cinq heures du matin ;

A chaque docteur réuni en assemblée près le lit du malade, quinze francs ;

Levée et ouverture de cadavre, soixante francs.

II. Lorsqu'ils seront appelés hors du chef-lieu ou hors de leur résidence, il leur sera en outre des sommes taxés, alloué pour frais de voyage, y compris ceux du départ et du retour, savoir :

Pour une lieue, vingt-francs ;

Au-delà jusqu'à trois, trente francs.

Lorsque le voyage excédera six lieues y compris le retour, il sera payé par chaque journée, cinquante francs.

III. Les mémoires concernant toutes autres consultations, vacations et opérations, tant médicales que chirurgicales seront, en cas de contestations, renvoyés par le juge à la taxe de deux docteurs choisis par les parties, sinon nommés d'office ; ces experts seront toujours pris à l'île de France, parmi les membres de la commission, laquelle désignera à l'île de la Réunion pour le même objet, quatre docteurs ou officiers de santé.

Les experts choisis ou nommés, pourront percevoir vingt francs pour chacun des mémoires qu'ils auront à régler.

IV. Dans les procès criminels où il y aura partie civile, les droits des médecins, chirurgiens et officiers de santé seront les mêmes que pour les cas ci-dessus désignés qui pourront les concerner.

V. Dans toutes les affaires criminelles, poursuivies à la requête du ministère public et où il n'y aura point de partie civile, ils recevront du domaine, la moitié des honoraires fixés.

VI. Les officiers de santé ne recevront que les deux tiers de ce qui est alloué aux docteurs en médecine et en chirurgie, sans préjudice du prix des remèdes et pansemens qu'ils pourront fournir.

VII. Le présent sera lu et enregistré ; expédition en sera adressée au Préfet colonial et au Commissaire de justice.

A l'Ile de France, le 19 Fructidor an XIII.

Le Capitaine-général, DECAEN.

ARRÊTÉ.

220. DECAEN, Capitaine-Général, etc.,

Sur la proposition du Commissaire de justice, après en avoir délibéré avec le Préfet colonial et le Commissaire de justice, Arrête :

Art. Ier. Il y aura à Mahé, pour la colonie des îles Seychelles, un tribunal de paix composé d'un juge et d'un greffier ; il sera établi près de ce tribunal un huissier.

II. Le juge de paix aura deux suppléans qui, en cas de maladie, absence ou autre empêchement, le remplacement dans l'ordre de leur nomination et prononceront conjointement avec lui, suivant les cas qui seront ci-après déterminés.

III. Le tribunal de paix jugera sur simples mémoires respectivement signifiés ; les parties pourront néanmoins être admises à présenter verbalement leurs demandes et moyens de défenses : les séances se tiendront chez le juge de paix.

IV. Les assignations pour comparaître ou fournir mémoire seront données à personne ou domicile, à trois jours au moins, et au plus à huitaine.

V. Le juge de paix connaîtra seul et sans appel de toutes les causes purement personnelles et mobilières jusqu'à la valeur de deux cents francs, ou quarante piastres ; et à la charge de l'appel jusqu'à la valeur de six cents francs, ou cent-vingt piastres ; en ce dernier cas ses jugemens seront exécutoires par provision nonobstant appel en donnant caution.

VI. Il connaîtra de même seul et sans appel jusqu'à la somme de deux-cents francs, et à la charge de l'appel, à quelque valeur que la somme puisse monter.

1°. Des actions pour dommages faits par animaux aux champs, fruits et récoltes.

2°. Des déplacemens de borne, des usurpations de terre, arbres, haies, fossés et autres clôtures, commis dans l'année, des entreprises sur les cours d'eau servant à l'arrosement, également commises dans l'année, et de toutes autres actions possessoires.

3°. Des réparations locatives des maisons et habitations louées ou tenues à bail.

4°. Des indemnités prétendues par le bailliste ou locataires pour non jouissance, lorsque le droit à indemnité ne sera pas contesté, et des délégations alléguées par le propriétaire.

5°. Du payement du salaire des gens de travail de loyers d'esclaves et l'exécution des engagemens respectifs des habitans et de leurs gens de travail.

6°. Des actions pour injures verbales, rixes ou voies de fait, lorsque les parties ne seront pas pourvues par la voie criminelle.

VII. L'appel des jugemens du juge de paix, dans les cas prévus par les articles V et VI ci-dessus, sera porté devant le tribunal de première instance de l'île de France, et jugé en dernier ressort par ce tribunal à l'audience et sommairement sur le simple exploit d'appel.

VIII. Dans les matières qui excéderont une valeur de six cents francs, ou cent vingt piastres, le juge de paix et les deux suppléans décideront comme arbitres sur la contestation.

IX. La partie qui se croira lésée par la décision arbitrale, pourra y former opposition, ce qu'elle sera tenue de faire dans les quinze jours de la signification à personne ou domicile.

L'acte d'opposition portera sommation de constituer avoué au Port Napoléon, et de comparaître dans le délai fixé, par-devant le tribunal de première instance de cette colonie. Il en sera usé de même pour les actes d'appel.

X. Le délai pour comparaître par-devant les tribunaux de l'île de France, sera de deux mois à compter du jour du départ du premier bâtiment qui, postérieurement à l'assignation, aura fait voile des îles Seychelles pour cette colonie.

XI. A défaut d'opposition dans le délai prescrit par l'article IX, la décision arbitrale aura son effet et sera rendue exécutoire par la simple ordonnance du juge de paix, qui sera tenu de la mettre en marge de l'expédition.

XII. Les exploits se feront sur papier libre, et ne seront soumis à aucune formalité d'enregistrement ; mais ils devront être visés dans les vingt-quatre heures, par le juge de paix, ou l'un des suppléans ; en cas d'appel, toutes les pièces de la procédure seront soumises aux formalités du timbre et de l'enregistrement.

XIII. Lorsqu'il y aura lieu à l'apposition des scellés, elle sera faite par l'un des suppléans qui procédera à leur reconnaissance et levée, sans pouvoir connaître des contestations auxquelles elle donnera lieu, lorsqu'elles seront jugées par le juge de paix ou un autre suppléant.

XIV. Le juge de paix remplira, pour les nominations ou confirmations des tuteurs et des curateurs aux enfans à naître, aux émancipés et aux interdits, et pour tous les autres actes y relatifs, les fonctions attribuées aux juges de paix par le Code civil, et il ordonnera l'homologation en son greffe des délibérations auxquelles il aura présidé.

XV. Il connaîtra seul des délits entre personnes libres, qui n'emportent pas peine afflictive ou infâmante. Ses jugemens seront sans appel, lorsqu'ils porteront une peine moindre de dix piastres d'amende et de quinze jours d'emprisonnement.

XVI. Les jugemens qui prononceront une plus forte peine seront sujets à l'appel par-devant la cour séante à l'île de France.

XVII. Dans les matières criminelles, le juge de paix ou l'un des suppléans, recevra les plaintes et en donnera acte, constatera le délit par tous les moyens possibles, recevra les dépositions des témoins ; interrogera les prévenus, procédera enfin à tous les actes propres à l'instruction de l'affaire ; les accusés seront envoyés à l'île de France, avec les pièces de l'instruction, pour y être jugés conformément aux lois.

XVIII. Il connaîtra, conjointement avec les suppléans, sauf l'appel au tribunal de l'île de France, des crimes commis par les esclaves ; dans le cas où les jugemens porteraient la peine de mort, le coupable et ses complices seront envoyés, avec les pièces de leur procès, à l'île de France, pour y être jugés en définitif.

XIX. L'un des suppléans désignés par le juge de paix sera chargé de tenir les registres de l'état civil, et de remplir toutes les fonctions attribuées par le code aux officiers publics en cette partie.

XX. Aucune inscription sur les régistres de l'état civil, hors des délais fixés, ne pourra se faire sans une autorisation expresse du juge de paix, laquelle devra être annexée au régistre.

XXI. Les régistres de l'état civil seront cotés et paraphés par le juge de paix, et arrêtés par lui à la fin de chaque année. Ils seront faits triples ; l'un sera déposé chez l'officier de l'état civil, l'autre au greffe de la justice paix, et le troisième sera envoyé chaque année au commissaire de justice.

XXII. Le notaire établi à l'île Mahé pour les Seychelles, pourra exercer en même temps les fonctions de greffier de la justice de paix.

XXIII. Le notaire retiendra aux frais des parties deux minutes des actes qu'il recevra, dont l'une sera destinée pour être envoyée tous les ans, au Commissaire de justice.

XXIV. Il correspondra avec le curateur aux biens vacans établi à l'île de France, pour les successions vacantes qui pourront s'ouvrir aux îles Seychelles, fera toutes les diligences et actes conservatoires y relatifs, et se conformera aux instructions qui lui seront données à cet égard par ledit curateur.

XXV. Le greffier, le notaire et l'huissier prêteront serment entre les mains du juge de paix.

XXVI. Jusqu'à ce qu'il en soit autrement ordonné, le commandant civil et militaire des îles Seychelles, outre les fonctions militaires et administratives à lui déléguées par le Capitaine-général et le Préfet colonial, remplira celles de juge de paix, il recevra en cette partie les instructions du Commissaire de justice et lui rendra tous les comptes qui lui seront demandés.

XXVII. Le juge ou le suppléant qui le remplacera, le greffier, le notaire et l'huissier jouiront de tous les droits, honoraires et vacations attribués par l'arrêté du 12 Brumaire an XIV, aux juges et aux officiers ministériels de l'île de France et de la Réunion.

XXVIII. Les arrêtés et règlemens publiés aux îles de France et de la Réunion seront suivis aux îles Seychelles en ce qu'ils auront d'applicable à la localité.

XXIX. Il est dérogé à toutes dispositions contraires au présent, qui sera lu, enregistré, imprimé et affiché où besoin sera, et dont expédition sera adressée au Préfet colonial colonial et au Commissaire de justice.

Au Port Napoléon de l'île de France, le 23 Septembre 1806,

Le Capitaine-général,   DECAEN.

ARRÊTÉ.

221. DECAEN, Capitaine-Général, etc.,

Sur les observations et la proposition du Commissaire de justice,

Après en avoir délibéré, Arrête :

Art. Ier. Pour parvenir aux adjudications des biens immeubles aux îles Seychelles, il sera procédé ainsi qu'il suit ;

II. Les experts pour l'estimation des biens à liciter seront pris parmi les habitans desdites îles ; ils prêteront serment par-devant le juge de paix et déposeront en son greffe la minute de leur rapport.

III. Leur rapport sera entériné un mois après le dépôt ; pendant ce délai, les parties intéressées qui se trouveront sur lieux, pourront en prendre connaissance ou greffe.

IV. S'il s'élève des contestations, soit sur la qualité des experts, soit sur l'entérinement de leur procès-verbal, elles seront jugées par le tribunal de paix, qui pourra nommer d'autres experts.

V. Les affiches, tant pour ventes de biens saisis que pour licitations, seront apposées sur les lieux, et elles annonceront que dans les quinze jours de l'arrivée à l'île de l'île de France, du premier bâtiment qui, après la troisième affiche partira desdites îles Seychelles, elles y seront rendues publiques par la voie de la gazette, et que toutes les autres poursuites pour l'adjudication définitive s'y continueront par-devant le tribunal de première instance, conformément au code de procédure.

VI. Après les affiches, il sera envoyé au greffe du tribunal de première instance de l'île de France, une expédition visée et certifiée par le juge de paix, 1º. de la nomination des experts ; 2º de la prestation de leur serment ; 3º de leur rapport entériné ; 4º des actes qui auraient pu en résulter ; 5º des procès-verbaux d'affiches.

VII. Dans les quinze jours de l'arrivée du bâtiment qui aura apporté l'expédition ci-dessus exigée, les affiches seront annoncées par la gazette qui sortira dans cet intervalle.

VIII. Il sera ensuite procédé par devant le juge de première instance, aux adjudications préparatoires et définitives, suivant les autres formalités et dans les délais déterminés par le code de procédure ; néanmoins, le terme proportionnel fixé par l'article 708, sera d'un mois pour tout délai.

IX. Le juge de première instance, pourra au surplus, ordonner ce qu'il jugera convenable à l'intérêt et aux droits des parties, et il commettra, pour cet effet, le juge de paix aux actes et opérations qui pourraient être nécessaires.

X. Le présent sera lu, enregistré, imprimé et affiché ; expédition en sera adressée au Préfet colonial et au Commissaire de justice.

Ile de France, le 12 Mars 1810.

Le Capitaine-général,   DECAEN.

222. *EXTRAIT de l'arrêt de réglement du Conseil supérieur, du 16 Septembre 1772. ***

Art. X. Tout esclave qui sera puni de mort ou condamné à la chaîne à perpétuité pour crimes qui mériteront ces peines, même les esclaves fugitifs, avec l'enlèvement d'armes ou récidive de marronnage, ou

---

* On a souvent à recourir aux divers réglemens émis sur l'indemnité à laquelle ont droit les propriétaires d'esclaves suppliciés ou condamnés à la chaîne. C'est par ce motif qu'on a joint à ce supplément les deux arrêtés de réglement qui le terminent.

de marronnage au troisième chef, ou pendant leur désertion, convaincu d'être chefs de bandes ou auteurs et complices pendant leur désertion de crimes dérivant du marronnage, comme enlèvement de négresses, bestiaux, etc., seront estimés par deux des principaux habitans du quartier du maître desdits esclaves, dont un desdits experts sera nommé par le maître de l'esclave et l'autre par le conseiller commissaire, pour, si l'esclave est condamné à mort, la totalité du prix d'icelui, suivant ladite estimation, être remboursée à son maître par la commune. Et à l'égard de l'esclave qui sera condamné à la chaîne à perpétuité et à servir sur les travaux du Roi, la moitié seulement du prix dudit esclave, sera remboursée par la commune. MM. les chefs de l'administration sont invités à prendre en considération que le travail dudit esclave appliqué sur les travaux du Roi, tombe uniquement à son profit, ayant bien voulu consentir à faire payer l'autre moitié par le Roi, ainsi que les journées sur le pied de cinq sous par jour de tout esclave condamné à la chaîne pour un temps sur les travaux de Sa Majesté.

Art. XI. L'habitant auquel appartiendra l'esclave condamné à mort, nommera un de ses experts pour en faire l'estimation, et le commissaire-rapporteur du procès nommera l'autre ; en cas d'absence du maître et à défaut de procuration de sa part, le commissaire nommera les deux experts qui seront choisis parmi les habitans du Port-Louis, afin de ne pas retarder le cours de la justice.

Signés, Maillart, Dumesle, de Chazal et Thebaut.

223. *ARRET de réglement du Conseil supérieur, en date du 13 Mai 1776.*

La Cour, ouï le Procureur-général du Roi, en ses conclusions, interprétant en tant que de besoin, l'article X du réglement de la commune du 16 Septembre 1772, enregistré au conseil, le même jour, a arrêté et ordonné qu'à compter du Ier Janvier dernier, et à l'avenir, dans les estimations des noirs condamnés à mort ou aux galères perpétuelles, pour quelque cause que ce soit, les experts qui y procéderont, n'auront égard qu'à la caste, à l'âge et à l'état des sujets pour en faire l'évaluation selon les prix courans des noirs bruts de la même espèce, et néanmoins, pour exciter les propriétaires d'esclaves à dénoncer ceux de leurs noirs qu'ils sauront s'être rendus coupables d'aucuns délits, la Cour a statué que les propriétaires, dénonciateurs de leurs noirs qui seront par suite de ces dénonciations, condamnés à mort ou à la chaîne à perpétuité, seront indemnisés, en sus de ladite estimation, de telle somme qui sera arbitrée par la Cour, à raison du talent du sujet, constaté par experts.

Signés, Maillart, Dumesle, Gardé et Thebault.

FIN du Supplément.

TABLE SOMMAIRE

DES LOIS ET RÉGLEMENS CONTENUS DANS CE VOLUME.

(La lettre A, précédant les numéros, indique ceux du Code Decaen, et la lettre B ceux de la partie du Recueil qui contient les lois publiées depuis la conquête de l'île. Les chiffres indiquent les numéros et non les pages.)

TABLEAU de la dépréciation du papier monnaie annexé à la loi du 15 Floréal an XII.

1792.

Dates.	Janvier. Piastre.	Indigo.	Coton.	Février. Piastre.	Indigo.	Coton.	Mars. Piastre.	Indigo.	Coton.
1 au 10	11 l. 3 s. 6 d.	9 l. 10 s. „ d.	4 l. 18 s. 4 d.	11 l. 15 s. „ d.	9 l. 13 s. 4 d.	4 l. 15 s. 10 d.	11 l. 15 s. 7 d.	9 l. 18 s. 4 d.	5 l. „ s. „ d.

Dates.	Avril. Piastre.	Indigo.	Coton.	Mai. Piastre.	Indigo.	Coton.	Juin. Piastre.	Indigo.	Coton.
1 au 10	11 l. 15 s. 8 d.	10 l. 4 s. 2 d.	5 l. „ s. „ d.	11 l. 18 s. 8 d.	10 l. 16 s. 8 d.	5 l. „ s. „ d.	12 l. 10 s. 6 d.	11 l. 6 s. 8 d.	4 l. 18 s. 10 d.
11 au 20	11 15 8	10 10 „	5 „ „	12 „ 3	11 „ „	5 „ „	12 15 8	11 10 „	4 18 4
21 au 30	11 17 2	10 13 4	5 „ „	12 5 4	11 3 4	4 19 5	13 8 1	11 3 4	4 18 10

Dates.	Juillet. Piastre.	Indigo.	Coton.	Août. Piastre.	Indigo.	Coton.	Septembre. Piastre.	Indigo.	Coton.
1 au 10	14 l. „ s. 7 d.	10 l. 16 s. 8 d.	4 l. 19 s. 5 d.	15 l. 3 s. 4 d.	11 l. 3 s. 4 d.	5 l. „ s. „ d.	15 l. 15 s. 7 d.	11 l. 3 s. 4 d.	5 l. 6 s. 8 d.
11 au 20	14 13 1	10 10 „	5 „ „	15 8 6	11 10 „	5 „ „	15 19 2	11 „ „	5 10 „
21 au 30	14 18 2	10 16 8	5 „ „	15 12 „	11 6 8	5 3 4	16 6 4	11 18 10	5 10 10

Dates.	Octobre. Piastre.	Indigo.	Coton.	Novembre. Piastre.	Indigo.	Coton.	Décembre. Piastre.	Indigo.	Coton.
1 au 10	16 l. 13 s. 6 d.	13 l. 17 s. 9 d.	5 l. 11 s. 8 d.	17 l. 11 s. 7 d.	13 l. 18 s. 10 d.	6 l. „ s. 6 d.	18 l. 2 s. 1 d.	14 l. „ s. „ d.	6 l. 4 s. „ d.
11 au 20	17 „ 8	13 16 8	5 12 6	17 17 1	14 „ „	6 4 6	„ „ „	„ „ „	„ „ „
21 au 30	17 6 1	13 17 9	5 16 6	17 19 7	14 „ „	6 4 3	„ „ „	„ „ „	„ „ „

1793.

Dates.	Janvier. Piastre.	Indigo.	Coton.	Février. Piastre.	Indigo.	Coton.	Mars. Piastre.	Indigo.	Coton.
1 au 10	18 l. 6 s. „ d.	14 l. 11 s. „ d.	6 l. 2 s. „ d.	19 l. „ s. „ d.	15 l. „ s. 8 d.	6 l. 2 s. 9 d.	17 l. 15 s. „ d.	14 l. 6 s. 8 d.	5 l. 19 s. 2 d.
11 au 20	18 10 „	15 2 „	6 „ „	19 5 „	15 „ „	6 4 2	17 „ „	14 „ „	5 16 8
21 au 30	18 15 „	15 1 4	6 1 4	19 10 „	14 13 4	6 1 8	17 „ „	13 17 10	5 17 4

Dates.	Avril. Piastre.	Indigo.	Coton.	Mai. Piastre.	Indigo.	Coton.	Juin. Piastre.	Indigo.	Coton.
1 au 10	17 l. „ s. „ d.	13 l. 15 s. 7 d.	5 l. 18 s. „ d.	17 l. 12 s. 4 d.	13 l. 10 s. „ d.	6 l. 6 s. 3 d.	18 „ „	13 l. 2 s. 10 d.	6 l. 14 s. 5 d.
11 au 20	17 „ „	13 13 4	5 18 9	18 „ „	13 8 4	6 10 „	18 „ „	13 „ „	6 16 8
21 au 30	17 6 8	13 11 8	6 9 6	18 „ „	13 5 7	6 19 9	18 l. 13 s. 4 d.	13 „ „	6 16 8

Dates.	Juillet. Piastre.	Indigo.	Coton.	Août. Piastre.	Indigo.	Coton.	Septembre. Piastre.	Indigo.	Coton.
1 au 10	19 l. 6 s. 8 d.	13 l. „ s. „ d.	6 l. 16 s. 8 d.	21 l. 13 s. 4 d.	13 l. „ s. „ d.	6 l. 18 s. „	24 l. 16 s. 8 d.	12 l. 17 s. 4 d.	7 l. 3 s. 11 d.
11 au 20	20 „ „	13 „ „	6 16 8	22 10 „	13 „ „	6 18 9	26 „ „	12 16 „	7 6 6
21 au 30	20 16 8	13 „ „	6 17 4	23 13 4	12 18 8	1 1 4	26 13 4	12 17 4	7 9 10

Dates.	Octobre. Piastre.	Indigo.	Coton.	Novembre. Piastre.	Indigo.	Coton.	Décembre. Piastre.	Indigo.	Coton.
1 au 10	27 l. 6 s. 8 d.	12 l. 18 s. 8 d.	7 l. 13 s. 3 d.	28 l. „ s. „ d.	12 l. 13 s. 4 d.	8 l. 3 s. 4 d.	30 l. 2 s. „ d.	13 l. 3 s. 4 d.	9 l. 2 s. 2 d.
11 au 20	28 „ „	13 „ „	7 16 8	28 10 „	12 10 „	8 6 8	30 18 „	13 10 „	9 10 „
21 au 30	28 3 4	12 6 6	8 „ „	29 6 „	12 16 8	8 14 5	31 19 „	14 4 5	9 2 10

1794.

Dates.	Janvier. Piastre.	Indigo.	Coton.	Février. Piastre.	Indigo.	Coton.	Mars. Piastre.	Indigo.	Coton.
1 au 5	32 l. 18 s. „ d.	14 l. 18 s. 10 d.	8 l. 15 s. 7 d.	33 l. 2 s. 8 d.	15 l. 17 s. 9 d.	8 l. 9 s. 5 d.	33 l. 7 s. „ d.	18 l. 2 s. „ d.	8 l. 12 s. „ d.
6 au 10	„ „ „	„ „ „	„ „ „	„ „ „	„ „ „	„ „ „	33 11 „	18 16 „	8 12 9
11 au 20	33 16 „	15 13 4	8 8 4	32 15 „	16 „ „	8 10 „	33 15 „	19 10 „	8 13 6
21 au 25	„ „ „	„ „ „	„ „ „	32 19 „	16 14 „	8 10 8	33 15 „	20 4 „	8 13 4
26 au 30	33 10 4	15 15 6	8 8 10	33 3 „	17 8 „	8 11 4	33 15 „	20 18 „	8 13 2

Dates.	Avril. Piastre.	Indigo.	Coton.	Mai. Piastre.	Indigo.	Coton.	Juin. Piastre.	Indigo.	Coton.
1 au 5	33 l. 15 s. „ d.	21 l. 12 s. „ d.	8 l. 13 s. „ d.	33 l. 15 s. „ d.	21 l. 13 s. 4 d.	8 l. 14 s. 2 d.	33 l. 18 s. „ d.	18 l. 12 s. „ d.	8 l. 17 s. „ d.
6 au 10	33 15 „	22 6 „	8 12 9	„ „ „	„ „ „	„ „ „	33 19 „	17 16 „	8 18 „
11 au 20	33 15 „	23 „ „	8 12 6	33 15 „	21 „ „	8 15 „	34 „ „	17 „ „	8 18 9
21 au 25	„ „ „	„ „ „	„ „ „	33 16 „	20 4 „	8 15 9	34 6 4	17 8 10	8 17 6
26 au 30	33 15 „	22 6 8	8 13 4	33 17 „	19 8 „	8 16 6	„ „ „	„ „ „	„ „ „

Dates.	Juillet. Piastre.	Indigo.	Coton.	Août. Piastre.	Indigo.	Coton.	Septembre. Piastre.	Indigo.	Coton.
1 au 5	34 l. 12 s. 8 d.	17 l. 17 s. 9 d.	8 l. 16 s. „ d.	34 l. 9 s. 4 d.	17 l. 10 s. 8 d.	8 l. 14 s. 3 d.	33 l. 14 s. 4 d.	16 l. 18 s. 3 d.	8 l. 10 s. 7 d.
6 au 10	„ „ „	„ „ „	„ „ „	34 6 1	17 5 4	8 14 „	„ „ „	„ „ „	„ „ „
11 au 20	34 19 „	18 6 8	8 15 3	34 2 10	17 „ „	8 13 9	33 10 „	16 17 4	8 9 „
21 au 25	34 15 10	18 7 4	8 14 9	33 18 7	[illegible]	[illegible]	[illegible]	[illegible]	[illegible]

N.° 2.

AN III DE LA REPUBLIQUE.

Dates	Piastre	Indigo	Coton	Piastre	Indigo	Coton	Piastre	Indigo	Coton
	Vendémiaire.			Brumaire.			Frimaire.		
1	32 l. 19 s. 4 d.	16 l. 10 s. 8 d.	8 l. 9 s. „ d.	32 l. 19 s. 1 d.	16 l. 8 s. „ d.	8 l. 10 s. „ d.	34 l. 6 s. 5 d.	17 l. 3 s. 4 d.	8 l. 13 s. 4 d.
11	32 8 9	16 4 „	8 10 „	33 4 3	16 10 „	8 10 „	34 17 6	17 10 „	8 15 „
21	32 13 11	16 6 „	8 10 „	33 15 4	16 10 8	8 11 8	35 2 1	17 6 8	8 13 4
	Nivose.			Pluviose.			Ventose.		
1	35 l. 6 s. 7 d.	17 l. 3 s. 4 d.	8 l. 11 s. 8 d.	35 l. 7 s. 11 d.	17 l. 13 s. 4 d.	8 l. 4 s. 10 d.	36 l. 10 s. 6 d.	20 l. 17 s. „ d.	8 l. 8 s. 10 d.
11	35 11 1	17 „ „	8 10 „	35 6 3	18 „ „	8 2 2	37 6 8	21 15 „	8 5 „
21	35 9 6	17 6 8	8 7 5	35 14 4	18 19 „	8 2 8	37 13 10	23 2 „	8 6 „
26	„ „ „	„ „ „	„ „ „	36 2 5	19 18 „	8 3 3	38 1 „	23 9 „	8 7 „
	Germinal.			Floréal.			Prairial.		
1	38 l. 8 s. 2 d.	23 l. 16 s. „ d.	8 l. 8 s. „ d.	39 l. 4 s. 7 d.	26 l. 8 s. „ d.	8 l. 13 s. „ d.	42 l. 8 s. 4 d.	28 l. 18 s. „ d.	9 l. 1 s. 6 d.
6	33 15 4	24 3 „	8 9 „	39 5 4	26 14 „	8 14 „	43 9 2	29 9 „	9 3 9
11	39 2 6	24 10 „	8 10 „	39 6 1	27 5 „	8 15 „	44 10 „	30 „ „	9 6 „
21	39 3 2	25 1 „	8 11 „	40 6 10	27 16 „	8 17 2	44 13 10	30 8 „	9 8 1
26	39 3 10	25 12 „	8 12 „	41 7 7	28 7 „	8 19 4	45 13 „	32 8 „	9 18 10
	Messidor.			Thermidor.			Fructidor.		
1	46 l. 12 s. 2 d.	34 l. 8 s. „ d.	10 l. 9 s. 8 d.	54 l. 12 s. 4 d.	40 l. „ s. „ d.	14 l. 18 s. 8 d.	77 l. 13 s. „ d.	51 l. 16 s. 6 d.	19 l. 10 s. „ d.
2	46 16 1	34 16 „	10 11 10	54 18 11	40 „ „	15 2 4	78 16 „	52 11 3	19 12 6
3	47 „ „	35 4 „	10 14 „	55 5 6	40 „ „	15 6 „	79 19 „	53 6 „	19 15 „
4	47 3 11	35 12 „	10 15 2	55 12 1	40 „ „	15 9 8	81 2 „	54 „ 9	19 17 6
5	47 7 10	36 „ „	10 18 4	55 18 8	40 „ „	15 13 4	82 5 „	54 15 6	20 „ „
6	47 11 9	36 8 „	11 „ 6	56 5 3	40 „ „	15 17 „	83 8 „	55 10 3	20 2 6
7	47 15 8	36 16 „	11 2 8	56 11 10	40 „ „	16 „ 8	84 11 „	56 5 „	20 5 „
8	47 19 7	37 4 „	11 4 10	56 18 5	40 „ „	16 4 4	85 14 „	56 19 9	20 7 6
9	48 3 6	37 12 „	11 7 „	57 5 „	40 „ „	16 8 „	86 17 „	57 14 6	20 10 „
10	48 7 5	38 „ „	11 9 2	57 11 7	40 „ „	16 11 8	88 „ „	58 9 3	20 12 6
11	48 11 4	38 8 „	11 11 4	57 18 2	40 „ „	16 15 4	89 3 „	59 4 „	20 15 „
12	48 15 3	38 16 „	11 13 6	58 4 9	40 „ „	16 19 „	90 6 „	59 18 9	20 17 6
13	48 19 2	39 4 „	11 15 8	58 11 4	40 „ „	17 2 8	91 9 „	60 13 6	21 „ „
14	49 3 1	39 12 „	11 17 10	58 17 11	40 „ „	17 6 4	92 12 „	61 8 3	21 2 6
15	49 7 „	40 „ „	12 „ „	59 4 7	40 „ „	17 10 „	93 15 „	62 3 „	21 5 „
16	49 13 7	40 „ „	12 3 8	60 7 8	40 14 10	17 12 6	94 14 1	62 14 11	21 7 9
17	50 „ 2	40 „ „	12 7 4	61 10 9	41 9 8	17 15 „	95 13 2	63 6 10	21 10 6
18	50 6 9	40 „ „	12 11 „	62 13 10	42 4 6	17 17 6	96 12 3	63 18 9	21 13 3
19	50 13 4	40 „ „	12 14 8	63 13 11	42 19 4	18 „ „	97 11 4	64 10 8	21 16 „
20	50 19 11	40 „ „	12 18 4	65 „ „	43 14 2	18 2 6	98 10 5	65 2 7	21 18 „
21	51 „ 6	40 „ „	13 2 „	66 „ „	44 9 „	18 5 „	99 9 5	65 14 6	22 1 6
22	51 13 1	40 „ „	13 5 8	67 6 „	45 3 9	18 7 6	100 8 5	66 6 5	22 4 3
23	51 19 8	40 „ „	13 9 4	68 9 „	45 18 6	18 10 „	101 7 5	66 18 4	22 7 „
24	52 6 3	40 „ „	13 13 „	69 12 „	46 13 3	18 12 6	102 6 5	67 10 3	22 9 9
25	52 12 10	40 „ „	13 16 8	70 15 „	47 8 „	18 15 „	103 5 5	68 2 2	22 12 6
26	52 19 5	40 „ „	14 „ 4	71 18 „	48 2 9	18 17 6	104 4 5	68 14 1	22 15 3
27	53 6 „	40 „ „	14 4 „	73 1 „	48 17 6	19 „ „	105 3 5	69 6 „	22 18 „
28	53 12 7	40 „ „	14 7 8	74 4 „	49 12 3	19 2 6	106 2 5	69 17 11	23 „ 9
29	53 19 2	40 „ „	14 11 „	75 7 „	50 7 „	19 5 „	107 1 5	70 9 10	23 3 6
30	54 5 6	40 „ „	14 15 „	76 10 „	51 1 9	19 7 6	108 „ 5	71 1 9	23 6 3

AN IV DE LA REPUBLIQUE.

Dates	Piastre	Indigo	Coton	Piastre	Indigo	Coton	Piastre	Indigo	Coton
	Vendémiaire.			Brumaire.			Frimaire.		
1	108 l. 19 s. 5 d.	71 l. 13 s. 8 d.	23 l. 9 s. „ d.	137 l. 14 s. 9 d.	95 l. 2 s. 4 d.	31 l. 11 s. 6 d.	172 l. 3 s. 2 d.	123 l. 4 s. 8 d.	54 l. 12 s. „ d.
2	109 18 5	72 5 7	25 11 6	138 14 „	96 1 2	31 10 3	173 9 3	124 3 4	55 14 „
3	110 17 5	72 17 6	25 14 6	139 13 5	97 „ „	32 7 „	174 15 4	125 2 „	56 16 „
4	111 16 5	73 9 5	25 17 3	140 12 9	97 18 10	32 14 9	176 1 5	126 „ 7	57 18 „
5	112 15 5	74 1 4	24 „ „	141 12 1	98 17 8	33 2 6	177 7 6	126 19 2	59 „ „
6	113 14 5	74 13 3	24 2 9	142 11 6	99 16 6	33 10 3	178 13 7	127 17 9	60 2 „
7	114 13 5	75 5 2	24 5 3	143 10 9	100 15 4	33 18 „	179 19 8	128 16 4	61 4 „
8	115 12 5	75 17 1	24 8 3	144 10 1	101 14 2	34 5 9	181 5 9	129 14 11	62 6 „
9	116 11 5	76 9 „	24 11 „	145 9 5	102 13 „	34 13 6	182 11 10	130 13 6	63 8 „
10	117 10 5	77 „ 10	24 13 8	146 8 9	103 11 10	35 1 3	183 17 11	131 12 1	64 10 „
11	118 9 5	77 12 8	24 16 4	147 8 „	104 10 8	35 9 „	185 4 „	132 10 8	65 12 „
12	119 8 5	78 4 6	24 19 „	148 7 3	105 9 6	35 16 9	186 10 1	133 9 3	66 14 „
13	120 7 5	78 10 4	25 1 8	149 6 6	106 8 4	36 4 6	187 16 2	134 7 10	67 16 „
14	121 6 5	79 8 2	25 4 4	150 5 9	107 7 2	36 12 3	189 2 3	135 6 5	68 18 „
15	122 5 5	80 „ „	25 7 „	151 5 2	108 6 „	37 „ „	190 8 4	136 5 „	70 „ „
16	123 4 5	80 18 11	25 14 10	152 11 2	109 4 8	38 2 „	190 14 9	137 10 10	70 10 „
17	124 4 1	81 17 10	26 2 8	153 17 4	110 3 4	39 4 „	191 1 2	138 16 8	71 „ „
18	125 3 5	82 16 9	26 10 6	155 3 6	111 2 „	40 6 „	191 7 7	140 2 6	71 10 „
19	126 2 9	83 15 8	26 18 3	156 9 8	112 „ 8	41 8 „	191 14 „	141 8 4	72 „ „
20	127 2 1	84 14 7	27 6 2	157 15 10	112 19 4	42 10 „	192 „ 5	142 14 2	72 10 „
21	128 1 „	85 13 6	27 14 „	159 2 „	113 18 „	43 12 „	192 6 10	144 „ „	73 „ „
22	129 „ 9	86 12 5	28 1 9	160 8 2	114 16 8	44 14 „	192 13 3	145 5 10	73 10 „
23	130 „ 1	87 11 4	28 9 6	161 14 4	115 15 4	45 16 „	192 19 8	146 11 8	74 „ „
24	130 19 5	88 10 3	28 17 3	162 „ 6	116 14 „	46 18 „	193 6 1	147 17 6	74 10 „
25	131 18 9	89 9 2	29 5 „	164 6 8	117 12 8	48 „ „	193 12 6	149 3 4	75 „ „
26	132 18 1	90 8 1	29 12 9	165 12 9	118 11 4	49 2 „	193 18 11	150 9 2	75 10 „
27	133 17 5	91 7 „	30 „ 6	166 18 10	119 10 „	50 4 „	194 5 4	151 15 „	76 „ „
28	134 16 9	92 5 10	30 8 3	168 4 11	120 8 8	51 6 „	194 11 9	153 „ 10	76 10 „
29	135 16 1	93 4 8	30 16 „	169 11 „	121 7 4	52 8 „	194 18 2	154 6 8	77 „ „
30	136 15 5	94 3 6	31 3 9	170 17 1	122 6 „	53 10 „	195 4 7	155 12 6	77 10 „

SUITE DE L'AN IV DE LA RÉPUBLIQUE.

Dates	Piastre — Nivose	Indigo	Coton	Piastre — Pluviose	Indigo	Coton	Piastre — Ventose	Indigo	Cotou
1	195 l. 11 s. „ d.	156 l. 18 s. 4 d.	78 l. „ s. „ d.	227 l. 3 s. 4 d.	195 l. 16 s. „ d.	96 l. 9 s. 4 d.	343 l. 10 s. 4 d.	234 l. 10 s. 8 d.	108 l. 18 s. „ d.
2	195 17 5	158 4 2	78 10 „	228 17 3	197 2 „	97 3 8	349 6 1	235 16 4	109 1 „
3	196 3 10	159 10 „	79 „ „	230 11 2	198 8 „	97 18 „	355 1 10	237 2 „	109 4 „
4	196 10 3	160 15 10	79 10 „	232 5 1	199 14 „	98 12 4	360 17 7	238 7 8	109 7 „
5	196 16 8	162 1 8	80 „ „	233 19 „	201 „ „	99 6 8	366 13 4	239 13 4	109 10 „
6	197 3 „	162 7 6	80 10 „	235 12 11	202 6 „	100 1 „	372 9 1	240 19 „	109 13 „
7	197 9 4	164 13 4	81 „ „	237 6 10	203 12 „	100 15 4	378 4 10	242 4 8	109 16 „
8	197 15 8	165 19 2	81 10 „	239 „ 9	204 18 „	101 9 8	384 „ 7	243 10 4	109 19 „
9	198 2 „	167 5 „	82 „ „	240 14 8	206 4 „	102 4 „	389 16 4	244 16 „	110 2 „
10	198 8 4	168 10 10	82 10 „	242 8 7	207 10 „	102 18 4	395 12 1	246 1 8	110 5 „
11	198 14 8	169 16 8	83 „ „	244 2 6	208 16 „	103 12 8	401 7 10	247 7 4	110 8 „
12	199 1 „	171 2 6	83 10 „	245 16 5	210 2 „	104 7 „	407 3 7	248 13 „	110 11 „
13	199 7 4	172 8 4	84 „ „	247 10 4	211 8 „	105 1 4	412 19 4	249 18 8	110 14 „
14	199 13 8	173 14 2	84 10 „	249 4 3	212 14 „	105 15 8	418 15 1	251 4 4	110 17 „
15	200 „ „	175 „ „	85 „ „	250 18 2	214 „ „	106 10 „	424 10 10	252 10 „	111 „ „
16	201 14 „	176 6 „	85 14 4	251 14 „	215 5 8	106 13 „	426 15 „	254 19 „	112 1 10
17	203 8 „	177 12 „	86 8 8	262 9 10	216 11 4	106 16 „	428 19 2	257 8 „	113 3 8
18	205 2 „	178 18 „	87 3 „	268 5 7	217 17 „	106 19 „	431 3 5	259 17 „	114 5 6
19	206 16 „	180 4 „	87 17 4	274 1 4	219 2 8	107 2 „	433 7 8	262 6 „	115 7 4
20	208 10 „	181 10 „	88 11 8	279 17 1	220 8 4	107 5 „	435 11 11	264 15 „	116 9 2
21	210 4 „	182 16 „	89 6 „	285 12 10	221 14 „	107 8 „	437 16 2	267 4 „	117 11 „
22	211 18 „	184 2 „	90 „ 4	291 8 7	222 19 8	107 11 „	440 „ 5	269 13 „	118 12 10
23	213 12 „	185 8 „	90 14 8	297 4 4	224 5 4	107 14 „	442 4 8	272 2 „	119 14 8
24	215 5 11	186 14 „	91 9 „	303 „ 1	225 11 „	107 17 „	444 8 11	274 11 „	120 16 6
25	216 19 10	188 „ „	92 3 4	308 15 10	226 16 8	108 „ „	446 13 2	277 „ „	121 18 4
26	218 13 9	189 6 „	92 17 8	314 12 7	228 2 4	108 3 „	448 17 5	279 9 „	123 „ 2
27	220 7 8	190 12 „	93 12 „	320 7 4	229 8 „	108 6 „	451 1 8	281 18 „	124 „ 2
28	222 1 7	191 18 „	94 6 4	326 3 1	230 13 8	108 9 „	453 5 11	284 7 „	125 3 10
29	223 15 6	193 4 „	95 „ 8	331 18 10	231 19 4	108 12 „	455 10 2	286 16 „	126 5 8
30	225 9 5	194 10 „	95 15 „	337 14 7	233 5 „	108 15 „	457 14 5	289 5 „	127 7 6

Dates	Piastre — Germinal	Indigo	Coton	Piastre — Floréal	Indigo	Coton	Piastre — Prairial	Indigo	Cotou
1	459 l. 18 s. 8 d.	291 l. 14 s. „ d.	128 l. 9 s. 4 d.	511 l. 3 s. 6 d.	392 l. 2 s. 8 d.	144 l. 8 s. 4 d.	572 l. 12 s. 2 d.	509 l. 14 s. 8 d.	154 l. 6 s. 8 d.
2	462 2 11	294 3 „	129 11 2	512 8 10	396 5 8	144 9 2	575 6 10	513 9 4	154 18 4
3	464 7 2	295 12 „	130 13 „	513 14 2	400 8 „	144 10 „	578 1 6	517 4 „	155 10 „
4	466 11 5	299 1 „	131 14 10	514 19 6	404 10 8	144 10 10	580 16 2	520 18 8	156 1 8
5	468 15 8	301 10 „	132 16 8	516 4 9	408 13 4	144 11 8	583 10 10	524 13 4	156 13 4
6	470 19 11	303 19 „	133 18 6	517 „ 10	412 16 „	144 12 6	586 5 6	528 8 „	157 5 „
7	473 4 2	306 8 „	135 „ 4	518 15 3	416 18 8	144 13 4	589 „ 2	532 2 8	157 16 8
8	475 8 5	308 17 „	136 2 2	520 „ 6	421 1 4	144 14 2	591 14 10	535 17 4	158 8 4
9	477 12 8	311 6 „	137 4 „	521 5 9	425 4 „	144 15 „	594 9 6	539 12 „	159 „ „
10	479 6 11	313 15 „	138 5 10	522 11 „	429 6 8	144 15 10	597 4 2	543 6 8	159 11 8
11	482 1 2	316 4 „	139 7 8	523 16 3	433 9 4	144 16 8	599 18 10	547 1 4	160 3 4
12	484 5 5	318 13 „	140 9 6	525 1 6	437 12 „	144 17 6	602 13 6	550 16 „	160 15 „
13	486 9 8	321 2 „	141 11 4	526 6 9	441 14 8	144 18 4	605 8 2	554 10 8	161 6 8
14	488 13 11	323 11 „	142 13 2	527 12 „	445 17 4	144 19 2	608 2 10	558 5 4	161 18 4
15	490 18 2	326 „ „	143 15 „	528 17 3	450 „ „	145 „ „	610 17 6	562 „ „	162 10 „
16	492 3 6	330 2 8	143 15 10	531 12 „	453 14 8	145 11 8	613 1 11	562 14 8	163 „ 10
17	493 8 10	334 5 4	143 16 8	534 6 9	457 9 4	146 3 4	615 6 4	563 9 4	163 11 8
18	494 14 2	338 8 „	143 17 6	537 1 6	461 4 „	146 15 „	617 10 9	564 4 „	164 2 6
19	495 19 6	342 10 8	143 18 4	539 16 2	464 18 8	147 6 8	619 15 2	564 18 8	164 13 4
20	497 4 10	345 13 4	143 19 2	542 10 10	468 13 4	147 18 4	621 19 7	565 13 4	165 4 2
21	498 10 2	350 16 „	144 „ „	545 5 „	472 8 „	148 10 „	624 4 „	566 8 „	165 15 „
22	499 15 6	354 18 8	144 „ 10	548 „ 2	476 2 8	149 1 8	626 8 5	567 2 8	166 5 10
23	501 „ 10	359 1 4	144 1 8	550 14 10	479 17 4	149 13 4	628 12 10	567 17 4	166 16 8
24	502 6 2	363 4 „	144 2 6	553 9 6	483 12 „	150 5 „	630 17 3	568 12 „	167 7 6
25	503 11 6	367 6 8	144 3 4	556 4 2	487 6 8	150 16 8	633 1 8	569 6 8	167 18 4
26	504 16 10	371 9 4	144 4 2	558 18 10	491 1 4	151 8 4	635 6 1	570 1 4	168 9 2
27	506 2 2	375 12 „	144 5 „	561 13 6	494 16 „	152 „ „	637 10 6	570 16 „	169 „ „
28	507 7 6	379 14 8	144 5 10	564 8 2	498 10 8	152 11 8	639 14 11	571 10 8	169 10 10
29	508 12 10	383 17 4	144 6 8	567 2 10	502 5 4	153 3 4	641 19 4	572 5 4	170 1 8
30	509 18 2	388 „ „	144 7 6	569 17 6	506 „ „	153 15 „	644 3 9	573 „ „	170 12 6

DÉPRÉCIATION du mois de Messidor an IV.

Le 1er, 646-8-2 — 573-14-8 — 171-3-4. ✒ Le 2, 648-12-7 — 574-9-4 — 171-14-2. ✒ Le 3, 650-17-„ — 575-4-„ — 172-5-„, ✒ Le 4, 653-1-5 — 575-18-8 — 172-15-10. ✒ Le 5, 654-5-10 — 576-13-4 — 173-6-8. ✒ Le 6, 657-10-3 — 577-8-„ — 173-17-6. ✒ Le 7, 659-14-8 — 578-2-8 — 174-8-4. ✒ Le 8, 672-10-1 — 578-17-4 — 174-19-2. ✒ Le 9, 664-3-7 — 579-12-„ — 175-10-„, ✒ Le 10, 666-7-11 — 580-6-8 — 176-„-10. ✒ Le 11, 668-12-4 — 581-1-4 — 176-11-8. ✒ Le 12, 670-16-9 — 581-16-„ — 177-2-6. ✒ Le 13, 673-1-2 — 582-10-8 — 177-18-4.

(Ici s'arrête la dépréciation aux termes de la loi.)

9 782014 114577